rowohlt
BERLIN

ANDREAS PLATTHAUS

Lyonel Feininger

PORTRÄT EINES LEBENS

ROWOHLT · BERLIN

2. Auflage Oktober 2023
Originalausgabe
Veröffentlicht im Rowohlt · Berlin Verlag, Juni 2021

Satz aus der Minion
bei Dörlemann Satz, Lemförde
Druck und Bindung CPI books GmbH, Leck, Germany
ISBN 978-3-7371-0116-5
Die Rowohlt Verlage haben sich zu einer nachhaltigen Buchproduktion verpflichtet. Gemeinsam mit unseren Partnern und Lieferanten setzen wir uns für eine klimaneutrale Buchproduktion ein, die den Erwerb von Klimazertifikaten zur Kompensation des CO_2-Ausstoßes einschließt.
www.klimaneutralerverlag.de
FSC www.fsc.org MIX Papier | Fördert gute Waldnutzung FSC® C083411

INHALT

Für meinen Vater, der das Buch hatte lesen wollen.
Nun muss es ohne ihn zurechtkommen.

VORWORT

Porträt eines Lebens – es ist das Bild eines Künstlers im Zwiespalt, das ich zeichnen möchte, ein Bild, das symptomatisch ist für jene Zerrissenheit, die die erste Hälfte des 20. Jahrhunderts ausmachte: zwischen Tradition und Moderne, Ideologie und Intellekt, Politik und Kunst, auch geographisch zwischen Europa und Amerika. Letzterer Zwiespalt war für Lyonel Feininger der größte. Sein ganzes Leben steht im Zeichen einer doppelten Heimatliebe, die jedoch von beiden Heimaten nicht so erwidert wurde, wie er es erhoffte. Dabei liebte er intensiv: «Berlin», so schrieb er etwa als über Achtzigjähriger aus seiner Geburtsstadt New York an einen deutschen Freund, «war überhaupt – und ist heute noch in der Erinnerung – für mich die einzigwahre Heimatstadt, mit Gassenhauern und den alten Fliegenden Blättern an den Verkaufsstellen von Tageszeitungen Ecke der Dorotheenstraße und Friedrichstraße, und Passage-Panoptikum, mit dem Laden der Ost-Preußischen Bernstein-Industrie, wo man noch in den Vorkriegsjahren für billiges Geld – von Mark 3,00 aufwärts – ECHTE Meerschaum Cigarettenspitzen erstehen konnte.»[1] Damit sprach er Leidenschaften an, die sein ganzes Leben geprägt hatten: Musik, Karikaturen, das Kino, Nikotin. Und dafür stand ihm Berlin: Lebenslust. Ohne dass er die Metropole allerdings zu einem wichtigen Gegenstand seiner Kunst gemacht hätte. Seine 1901 geborene Tochter Lore, die im Gegensatz zu ihm die Stadt nie verlassen hat, war 1987 Ehrengast, als anlässlich der Siebenhundertfünfzigjahrfeier Berlins das Feininger-Gemälde «Gasanstalt in Schöneberg» von 1912 dem dortigen Stadtmuseum zum Geschenk gemacht wurde. Sie nannte es damals «das einzige ‹Berlin-Motiv› meines Vaters»,[2] und in der Tat ist es überraschend, dass der Künstler, der wie kein anderer seit Caspar David Friedrich die Ostseeküste und wie überhaupt niemand sonst thüringische Dörfer zu Themen eines weltbekannten

Werks gemacht hat, offenbar kaum ästhetische Reize in jener Stadt entdecken konnte, in der er dreißig Jahre seines Lebens verbrachte.

Aus Berlin stammten seine beiden Frauen, dort wurden vier seiner fünf Kinder geboren, dort wurde er berühmt, aber zum Maler wurde er dort nicht. Dafür musste er 1906, als Mittdreißiger, für zwei Jahre nach Paris gehen, wo er sich an seinen ersten Bildern versuchte, nachdem er bereits eine erfolgreiche Karriere als Karikaturist hinter sich hatte. Alltagsszenen aus dem Leben des Kaiserreichs in der Hauptstadt finden sich ebenso regelmäßig im Schaffen des Pressezeichners Feininger wie Porträts der Berliner politischen Klasse. Doch als würdig, von ihm auch gemalt und damit der profanen Vergänglichkeit tagesaktueller Phänomene entrissen zu werden, erschien ihm das Bild dieser Stadt nicht – ganz im Gegensatz zu dem von Paris und später von New York, wohin Feininger als Fünfundsechzigjähriger nach einem halben Jahrhundert in Deutschland wieder zurückkehrte. Berlin erscheint in Feiningers Erinnerungen als pittoresk, aber dennoch nicht der Bebilderung wert.

Gerade als ein zur Malerei Spätberufener wollte er kein einziges Bild verschwenden, und so erfasst das drei Jahre nach seinem Tod erstellte erste Werkverzeichnis trotz einer fünfzigjährigen Schaffenszeit keine sechshundert Gemälde.[3] Feiningers Jahresablauf gehorchte seit 1906 einem strengen Regiment: Im Sommer wurde auf langen Spaziergängen und Radfahrten rund um den jeweiligen Aufenthaltsort gezeichnet, um Motive für die Gemälde bereitzustellen, die dann während des Winters im Atelier entstanden. Aquarelliert hat Feininger dagegen zwanglos zu allen Jahreszeiten, so wie er auch als Karikaturist pausenlos tätig gewesen war. Diese Atmosphäre künstlerischer Unbeschwertheit dürfte die Ursache seiner nach erstem Fremdeln immer größeren Begeisterung für Berlin gewesen sein: Hier arbeitete er nicht nur, hier lebte er. Schon längst wieder nach New York zurückgekehrt, schrieb Lyonel Feininger an seinen jüngsten Sohn Theodore Lux: «Heute dürfte es kaum eine Ecke in Berlin und der Umgebung geben, für die ich keine starken Gefühle hege. Es ist seltsam. Da drüben liegt ein ganzer Friedhof an Erinnerungen, und hier sitze ich ganz allein in der Stadt, in der ich geboren wurde, die aber kaum jemanden, den ich getroffen habe, gekannt zu haben scheint.»[4]

Vertrautheit und Freundschaften machten also den Unterschied zwischen diesen beiden Städten aus, obwohl Feininger am Ende seines fünfundachtzigjährigen Lebens doch noch ein wenig mehr Zeit in New York als in Berlin gelebt haben sollte: die ersten sechzehn und die letzten neunzehn Jahre. Aber dazwischen hatte er sich fast ganz von seiner amerikanischen Heimat verabschiedet: Obwohl er zeitlebens Bürger der Vereinigten Staaten blieb, war er im Herzen Deutscher geworden. Woran er noch festhielt, war ein nostalgisches Amerikabild, das seiner Jugendzeit in den siebziger und achtziger Jahren des 19. Jahrhunderts entsprach, während er für die dynamische und deshalb weltweit bewunderte Nation des frühen 20. Jahrhunderts nichts übrighatte. Im Gegenteil, er fürchtete den amerikanischen Einfluss und einen daraus resultierenden kulturellen Niedergang: «Danke! meinen Bedarf an Amerikanern decke ich im Kino, wo ich allerdings mit Entzücken Land und Leute im besten ‹Lichte› widergespiegelt bekomme. Aber sonst bin ich kühl bis ans Herz unserer amerikanischen Oberflächen Kultur gegenüber. Lieber die Tiefen des Leidens kennen und fühlen, aber eine Seele im Leibe haben – Gefühl und nicht ‹Emotion›. Und das ganze unsagbar brutale Boxertum ist aus dem Sklavengefühl hysterischer Rohlinge geboren – man wage, eine Wahrheit dem Menschen ins Gesicht zu sagen, Puff! da hat man eine Faust gegen die Kinnlade. Freilich, Amerika macht auch sogar in Europa Schule, in dieser Hinsicht.»[5] Nicht zuletzt in seiner Überheblichkeit gegenüber einer angeblichen amerikanischen Unkultur war Feininger typisch deutsch geworden.

Wer war Lyonel Feininger überhaupt? Man kennt ihn als Maler und Meister am Bauhaus. Als dessen Gründer Walter Gropius im Frühjahr 1919 den Lehrbetrieb an der revolutionären Kunsthochschule in Gang brachte, war Feininger schon dabei, und er war länger Meister als jeder andere, bis zum von den Nationalsozialisten erzwungenen Ende des Bauhauses im Jahr 1933. Seine Bilder gehören zum Kernbestand der modernen Kunst, sie sind unverkennbar in ihrem Farb-, Formen- und Linienspiel, erzielen als Originale Millionenpreise, sind aber auch als Kunstdrucke derart weit verbreitet, dass ihre Individualität bisweilen als Masche missverstanden wird. Feininger war jedoch schon zu Lebzeiten Opfer seines Erfolgs: Kaum ein anderer Gegenwartskünstler wurde in den zwanziger Jahren in Deutschland so begeistert von Museen angekauft, er galt als Mittler zwischen gegenständlicher Tradition und abstrakter Avantgarde. Damit geriet er in den Fokus eines modernefeindlichen Kunstverständnisses, das ihn im «Dritten Reich» unter die «Entarteten» einreihte. Von der Kulturnation, der er sich zugehörig fühlte, wurde er ausgestoßen. Er, der die Konstanz in seinem Leben schätzte – den festen Arbeitsrhythmus ebenso wie die fünfzigjährige Partnerschaft mit seiner Frau Julia Feininger, die ein bewegendes Beispiel für eine symbiotische Künstlerehe abgibt, in der der Mann die Aufopferung der Frau mit unbedingter Treue vergalt – und von allen, die ihn kannten, für seine Menschlichkeit und Toleranz gepriesen wurde, sah sich konfrontiert mit einer hasserfüllten Irrationalität, die diesen Werten hohnsprach. Sie trieb ihn schließlich außer Landes. Zum Wanderer zwischen den Welten hatte er nie werden wollen, aber das 20. Jahrhundert zwang ihm diese Rolle in seinem letzten Lebensdrittel noch auf – wie vielen anderen seiner Freunde. Drei von ihnen sind in diesem Buch eigene Kapitel gewidmet: Galka Scheyer, Alois Schardt und Marguerite Friedlaender. Sie gingen zu unterschiedlichen Zeiten und aus unterschiedlichen Gründen aus Deutschland in die Vereinigten Staaten, doch ihre Erfahrungen dort erlauben erhellende Vergleiche mit Feiningers Rolle als Amerikaner in Deutschland und mit dem, was er selbst nach seiner Rückkehr ins Heimatland erlebte.

Lyonel Feiningers Leben steht für die Zerrissenheit einer individuellen Existenz im Zeitalter der Extreme. Und für die Verführbarkeit des Künstlers. In der Zeit, die er von 1887 bis 1937 in Deutschland verbrachte, erlebte er drei verschiedene politische Systeme: Monarchie, Demokratie, Diktatur. Und es gab darunter zwei Phasen, in denen man einen Amerikaner in Berlin nicht erwartet hätte: die Jahre des Ersten Weltkriegs, besonders nach dem Eintritt der Vereinigten Staaten im April 1917 in die Kampfhandlungen, und die Jahre des «Dritten Reichs». Im ersten Fall galt Feininger offiziell als «feindlicher Ausländer», durfte aber bleiben und arbeiten, auch weil er Frau und Kinder in Deutschland hatte. Im zweiten Fall harrte er aus, obwohl seine Kunst von Beginn der nationalsozialistischen Herrschaft an verfemt und seine Frau als Jüdin klassifiziert wurde. Dass er vier Jahre lang unter diesen Bedingungen im Land der Nazis lebte, obwohl er im Gegensatz zu vielen Emigrationswilligen als amerikanischer Staatsbürger jederzeit hätte ausreisen können, das ist aus heutiger Sicht schwer zu begreifen.

Die bisherige biographische Forschung zu Lyonel Feininger hat just um diese interessantesten Jahre seines Lebens einen Bogen gemacht. Ihr Interesse galt der Zeit als Bauhaus-Meister, bereits mit Abstrichen auch der als «Exilant» (der ja ein Rückkehrer in die Vereinigten Staaten war), und seit einem Vierteljahrhundert ist der Karikaturist Gegenstand intensiverer Forschungen geworden. Diese Karriereabschnitte waren bezeichnenderweise die Jahre eines weitgehenden Einverständnisses Feiningers mit der eigenen Rolle. Doch gerade die Phasen der Konfrontation von Feiningers persönlichen Lebensumständen mit seinem Selbstverständnis machen diesen Künstler zum Exempel für die Ambivalenz des 20. Jahrhunderts, für dessen Zwiespalt zwischen absoluter Modernität im Ästhetischen und politischem Totalitarismus. In Feininger spiegelt sich seine Zeit.

ORIGINALITÄT ALS VERBRECHEN

Lyonel Feiningers erste Hälfte seines deutschen Lebens

Als Carl Léonell Feininger am 13. Oktober 1887 seine Geburtsstadt New York verließ, war er sechzehn, und es sollte ein halbes Jahrhundert dauern, bis er zurückkehren würde. Dazwischen änderte sich alles, nicht nur sein Vorname, den er aus eigenem Entschluss «Lyonel» schreiben sollte, weil niemand sonst in Berlin (oder irgendwo anders auf der Welt) so hieß. Als er aus New York wegging, gab es noch nicht die markante Hochhauskulisse; das höchste Gebäude in der Stadt waren die Pylonen der 1883 eröffneten Brooklyn Bridge. Sein Heimatland war gerade dabei, die letzten Regionen des Wilden Westens zu erschließen und mischte sich gemäß der Monroe-Doktrin von 1823 nicht in außeramerikanische Angelegenheiten ein. 1937 dagegen waren die Vereinigten Staaten zur ökonomisch und militärisch stärksten Macht geworden – und zum Leuchtfeuer der Demokratie in einer Epoche, die nahezu überall sonst auf der Welt im Zeichen des Totalitarismus stand. Besonders galt das für das Land, in dem Feininger seit 1887 gelebt hatte. Es war ein Kaiserreich gewesen, und er hatte dessen Zusammenbruch begleitet und dann den Aufbau einer Demokratie, doch als er das Land wieder verließ, herrschte Hitler.

Die erste umstürzende Veränderung aber war eine private, und sie vollzog sich bereits wenige Tage nach seiner Ankunft. Am 25. Oktober 1887 lief Feiningers Schiff in Hamburg ein, von wo aus er nach Leipzig hätte weiterreisen sollen, um sich am dortigen Konservatorium zum Geiger ausbilden zu lassen. Beide Eltern waren Musiker: Die Mutter Elizabeth Cecilia trug die Schutzpatronin der Musik sogar im zweiten Vornamen und wurde Konzertsängerin und Pianistin, während der

Vater Karl Friedrich Violine spielte. Begonnen hatten beide jeweils als Musiklehrer, doch daneben traten sie gemeinsam erfolgreich als Duo auf, seit 1882 hauptberuflich, und das nicht nur in den Vereinigten Staaten, sondern rund um die Welt, mit Schwerpunkten in Südamerika und Frankreich. In Deutschland waren sie auch gerade auf Konzertreise unterwegs, als ihr Sohn ankam. Sie erwarteten ihn einige Tage später in Berlin und wähnten ihn dabei auf der Durchreise nach Leipzig. Doch der für seine Ausbildung vorgesehene Lehrer war außer Landes und dessen Rückkehr unbestimmt. Da die Eltern selbst noch bis Weihnachten Engagements außerhalb von Berlin hatten, schickten sie Feininger zurück nach Hamburg, wo er bei einer betagten Freundin der Familie unterkam. Während der Wartezeit auf den abermaligen Aufbruch gen Leipzig schnupperte er in einen Kunstkurs an der Allgemeinen Gewerbeschule hinein – und binnen Monatsfrist erklärte er seinen Eltern, dass er in Hamburg bleiben wolle, um statt eines Musikstudiums Zeichenunterricht zu nehmen. Was diesen Sinneswandel ausgelöst hatte, ist bis heute rätselhaft.[1]

Interessant ist eine sonst nirgends kolportierte Darstellung des ursprünglichen Anlasses für die Reise des Jugendlichen nach Deutschland, die sich in Alois Schardts Materialien zu seiner seit den zwanziger Jahren geplanten, aber nie ausgeführten Feininger-Biographie findet, die auf langen Gesprächen mit dem befreundeten Künstler beruhen. Als seine Eltern nach Europa abreisten, war Feininger zu einem Bankier in die Lehre gegeben worden: «Der Vater war nicht lange in Europa, als er von seinem New Yorker Bankfreunde einen Brief erhielt, der sich lobend ueber den Eifer des Jungen aussprach und auch nebenher bemerkte, dass er mit seinen aelteren Mitlehrlingen beim Rennen gewesen sei und sogar gewettet habe. Diese Nebenbemerkung hatte eine gaenzlich andere Folge, als der Bankmann erwartete, der hierin den Unternehmungsgeist als kuenftiger Geldmann sah. Der alte Feininger aber sah hierin die ersten Anzeichen eines zukuenftigen Spekulanten und Abenteurers. Er sandte ein Telegramm, der Sohn solle mit dem naechsten Schiff nach Europa kommen. Ja, sein Abscheu war so gross, dass er bestimmte, er solle zunaechst in Hamburg bei einer Tante bleiben, ehe er zu ihm nach Berlin kommen durfte.»[2] Die Weigerung des Sohnes, Musiker zu werden, ließe sich dann als Trotzreaktion gegen väterliche Willkür verstehen.

Dieser Sinneswandel bescherte der Welt einen der größten Künstler des 20. Jahrhunderts. Aber bis dahin war es noch ein weiter Weg. So entschlussfreudig der Sechzehnjährige zunächst dadurch erscheinen mag, dass er sich als Minderjähriger die elterliche Genehmigung zum Fachwechsel ertrotzt hatte, so zögerlich wurde sein Handeln danach. Der Künstlertraum war ihm familiär eingepflanzt, und das Zeichnertalent hatte sich schon in New York gezeigt, sonst hätten die Eltern seinem Ansinnen nie zugestimmt. Doch bis Feininger das wurde, was er schon 1887 werden wollte, ein Maler, dauerte es noch einmal zwanzig Jahre. Und diese beiden Jahrzehnte waren ein steter Kampf um Autonomie, der sich erst dann zu Gunsten des Künstlers entschied, als er mit allem wieder brach, was er sich bis dahin in Deutschland aufgebaut hatte: Familie, berufliche Karriere, kurzfristig auch mit dem Land selbst.

Ein weiterer wichtiger Beschluss war im Sommer 1888 der Umzug nach Berlin. Vom zweitägigen Kurzbesuch Feiningers bald nach seiner Ankunft war ihm der Eindruck einer prachtvollen und wohlorganisierten Metropole geblieben, die New York weit übertraf: «Es ist eine wunderschöne Stadt, selbst die ärmsten Straßen sind wohltuend sauber, und die Pferdebahn hält nur an bestimmten Stationen», hatte er im ersten Brief aus Deutschland an seinen besten amerikanischen Freund, den Nachbarsjungen H. Francis Kortheuer, geschrieben.[3] Hamburg dagegen war als große Hafen- und Handelsstadt New York zu ähnlich, als dass sie ihn hätte beeindrucken können. Von November 1887 an besuchte Feininger dort zwar eine Zeichen- und Malklasse in der Allgemeinen Gewerbeschule, aber es hielt ihn nur für zwei Semester in Hamburg.

Nicht, dass er keine Fortschritte gemacht, keine Erfolge erlebt hätte: Schon auf der ersten Leistungsschau der Gewerbeschüler, die in seine Zeit fiel, zu Ostern 1888, stellte er dreizehn Zeichnungen aus. Aber die Ausbildung war eine berufspraktische, keine künstlerisch freie, wie der junge Feininger sie sich erhofft hatte. Acht Stunden täglich waren dort zu absolvieren, und die Eltern hatten die Zustimmung zu seinem Wunsch, Maler zu werden, an die Bedingung geknüpft, dass er sich durch nichts ablenken ließe; selbst das Briefeschreiben war reglementiert: einmal wöchentlich und nur an die Familie! Er fürchtete, aus Mangel an Austausch mit englischsprachigen Bekannten seine Muttersprache zu verlieren.[4] Heimisch konnte er so in Hamburg nicht werden. Am 25. Juni 1888 meldete er sich von der Gewerbeschule wieder ab und bewarb sich im Sommer am renommiertesten Künstlerausbildungsinstitut in Berlin, der Königlichen Akademie. Die Eltern waren damals auf einer Konzerttournee in Brasilien, also bezog er bis zu deren Rückkehr ein gemietetes Zimmer – eine willkommene Notwendigkeit, weil er sich dort ganz auf die Vorbereitung zur Aufnahmeprüfung konzentrieren konnte, die er am 1. Oktober bestand.

Im Rückblick hat es den Anschein, als wäre Feiningers Weg aus New York über Hamburg nach Berlin ebenso ganz aus eigenem Entschluss erfolgt wie der zur Kunst. Doch es waren die Eltern, die ihn am Ende zum Wechsel in die Reichshauptstadt ermutigt hatten; die Kosten seiner Hamburger Unterkunft belasteten das familiäre Budget. Karl und Elizabeth Feininger hatten sich entschlossen, im Anschluss an ihre brasilianischen Auftritte dauerhaft in Deutschland zu bleiben, und als Wohnung wählte der Vater eine exklusive Adresse in Berlin: Unter den Linden 16. Es war nur pragmatisch, auch den Sohn dort einziehen zu lassen, der sich als noch Minderjähriger den elterlichen Weisungen gar nicht entziehen konnte. Die Rückkehr in den Familienkreis verhieß ihm jedoch immerhin so etwas wie ein Gefühl von Amerika in Berlin – während er sich sonst weiterhin als Fremder fühlte. «Wie satt habe ich Deutschland!», schrieb er Kortheuer im ersten Brief aus der neuen Stadt: «Oh, wie heimwehkrank bin ich beim Gedanken an New York und Dear old America! Mein Lieber:

warte nur, bis Du in ein fremdes Land gehst, dann wirst Du auch vor Sehnsucht nach alten Freunden und vertrauten Orten bersten und Dich genau wie ich fühlen.»[5]

Freiwillig war er ja gar nicht in Deutschland. Bereits 1887 waren es die Eltern gewesen, die ihren Ältesten hierherbeordert hatten. Nirgendwo sonst auf der Welt, das stand für sie fest, konnte man Musik richtig erlernen, vor allem das romantische Repertoire von Schumann, mit dessen Stücken sie selbst als Duo auftraten. Schumanns wichtigster Wirkungsort war Leipzig gewesen und das dortige Konservatorium eine Gründung von Felix Mendelssohn Bartholdy, dessen Kompositionen eine weitere fixe Größe in ihren Programmen darstellten. Und dann war da die Thomaskirche, für die Bach als Kantor komponiert hatte. Nichts ging über Bach – nicht für die Eltern und zeit seines Lebens dann auch nicht für Lyonel Feininger. Der Gedanke, dass der Sohn zeitgenössische Musik spielen könnte, gar die von amerikanischen Komponisten, war für Elizabeth und Karl Feininger unvorstellbar.

Beider Familien stammten aus Deutschland, Karl war sogar dort geboren, 1844 im badischen Durlach, doch schon als Vierjähriger mit seinen Eltern, die unter dem Eindruck der gescheiterten Revolution von 1848 ihre preußische Heimat verließen, in die Vereinigten Staaten ausgewandert, in den Bundesstaat South Carolina. Trotzdem wuchs er konsequent deutsch auf, in Sprache und Kultur, und zur Musikausbildung wurde er natürlich zurück nach Deutschland geschickt, bezeichnenderweise genau in dem Alter, in dem er später seinen Sohn dorthin holen sollte. Bei Elizabeth dagegen, fünf Jahre jünger als ihr Mann, war das anders. Sie kam bereits in den Vereinigten Staaten zur Welt. Ihr Vater Jean-Baptiste Lutz war mit seiner Familie 1848 aus dem pfälzischen Lingenfeld nach New Jersey ausgewandert, wo er sich in der Ortschaft Elizabeth ansiedelte.

Die Benennung seines ersten amerikanischen Kindes nach dem neuen Heimatort war ein symbolischer Akt; die Familie Lutz amerikanisierte sich viel konsequenter als die Feiningers. Elizabeths Vater kämpfte im Bürgerkrieg für die Nordstaaten als Captain und wurde in der legendären Schlacht am Bull Run verwundet.[6] Auch Karl Feininger kämpfte für die Nordstaaten, allerdings nicht mit der Waffe in der Hand. Er war nach seiner Ausbildung zum Geiger im September 1864 gerade noch rechtzeitig aus Deutschland in die Vereinigten Staaten zurückgekehrt, um sich für die letzten Bürgerkriegsmonate zum Armeedienst zu melden, jedoch nicht in seinem Heimatstaat, der zur abtrünnigen Konföderation zählte, sondern in einem Freiwilligenkorps des zu den Nordstaaten gehörenden New Hampshire: als Musiker der Militärkapelle der New Hampshire's Second Brigade, die dann nach dem Sieg ausgerechnet in South Carolina stationiert wurde. Karl Feininger diente dort unter dem Namen Frederick Hoffman – wie sein Enkel Theodore Lux Feininger vermutete, um seine Eltern nicht dadurch zu kompromittieren, dass ihr Sohn Teil der Besatzungsmacht war.[7] Der Militäreinsatz qualifizierte ihn sofort nach der Entlassung aus der Armee im Juli 1865 für seine erste Stelle: als Leiter der Musikabteilung in einem Mädchen-College in Plainfield, New Jersey, einem Vorort von New York City. Siebzehn Jahre lang bekleidete Karl Feininger diese Position, und dort verliebte er sich in Elizabeth Lutz, die er selbst als neue Lehrkraft verpflichtet hatte.[8] Sie heirateten am 21. April 1870; im Jahr danach, am 17. Juli, kam ihr erstes Kind zur Welt, ein Sohn, die beiden Töchter Helen und Elsa folgten 1873 und 1876.

Carl Léonell bekam seinen Doppelvornamen nach dem Vater und gemäß einer frankophilen Tradition in der Familie Lutz – Elizabeths Vater Jean-Baptiste war geboren worden, als die Pfalz Bestandteil des französischen Kaiserreichs war. Die junge Familie war nach Manhattan gezogen, in ein Haus in der 53. Straße, nur ein paar Blocks entfernt vom Central Park. Daheim wurde vor allem Deutsch gesprochen, und das Musizieren war selbstverständlicher Teil des Familienlebens. «Ich erinnere mich gut daran, dass wir, als ich ein kleiner Junge von vier oder fünf Jahren war, ganz allein in einem dreistöckigen Gebäude lebten», erinnerte sich Feininger 1905. «Ich saß gewöhnlich im halbdunklen großen Speisezimmer im Untergeschoss. Dessen großer Ofen heizte auch das darüberliegende Musikzimmer. Die Klappe des Ofens war für mich geöffnet worden, damit ich besser hören konnte – und so saß ich da – vollständig gebannt, während meine Eltern spielten, mein Vater die Geige, meine Mutter begleitete ihn auf dem Klavier, Musik von Bach, Beethoven, Mendelssohn, Schumann, Schubert! Mich durchliefen Wellen des Wohlgefallens – ich glaube, niemand begriff, was mir da widerfuhr; trotzdem hielt mein Vater mich später nicht für besonders musikalisch.»[9] So war Lyonel bereits neun Jahre alt, als sein Vater ihn an der Geige auszubilden begann; das Klavierspielen hatte ihm die Mutter da schon beigebracht. Er erwies sich immerhin als so begabt, dass er im privaten Rahmen mit zwölf seine ersten Auftritte als Violinist hatte.

Doch eine noch weitaus größere Leidenschaft war das Zeichnen. Als Kind freundete er sich mit dem gleichfalls deutschstämmigen H. Francis Kortheuer an, dessen Tante den beiden Jungen ersten Kunstunterricht erteilte. Fanatisch zeichnete Feininger am Hafen, wo er Schiffe beobachtete. Das war der Beginn einer lebenslangen motivischen Vorliebe, während sich im Fall der Dampflokomotiven, die ihn als Kind in der Grand Central Station und anderen Bahnhöfen von Manhattan ebenfalls beeindruckten, die Faszination des erwachsenen Künstlers unter dem Eindruck der Truppen- und Materialtransportzüge im Ersten Weltkrieg wieder abkühlen sollte. Weil die Eltern in den langen College-Sommerferien, und wann immer sie es sonst ermöglichen konnten, auf mitunter monatelange Konzertreisen gingen, gaben sie ihre drei Kinder währenddessen zur Betreuung an ein befreundetes Farmerehepaar im ländlichen Connecticut, wo Feininger seine Begeisterung für Kleinstadtmotive entwickelte – zweites Hauptmotiv des gesamten künstlerischen Schaffens. Die regelmäßige Trennung der Familie war aber auch der Ursprung seines Rückzugs in eine ganz eigene phantastische Welt: «Wir vergaßen unsere Eltern während ihrer Abwesenheiten fast; die braven Bauersleute in Sharon standen uns viel näher als unsere beinahe hypothetischen

Eltern; so ziemlich das Einzige, was wir über sie wussten, hörten wir von anderen Leuten, was sie für uns sehr besonders und ungewöhnlich machte: meine Mutter zur allerschönsten Dame, meinen Vater zum größten Geiger der Welt.»[10]

Ein Jahrzehnt später, in Berlin, sollte sich diese Idealvorstellung als Trugbild erweisen, denn die Ehe der Feiningers steckte in einer tiefen Krise. Kurz nachdem ihr Sohn sein Studium an der Königlichen Akademie aufgenommen hatte, trennten sich die Eltern, und Karl Feininger ging 1889 nach New York zurück, während die beiden Töchter zur Mutter nach Berlin zogen. Da aber Elizabeth Feininger die Wohnung Unter den Linden nicht mehr halten konnte, wechselte sie mit ihren drei Kindern in eine Pension. Fortan arbeitete sie als Klavier- und Gesangslehrerin; die Ehe sollte 1895 geschieden werden. Lyonel Feininger flüchtete sich angesichts dieser familiären Entwicklungen noch tiefer in seine Selbstwahrnehmung als Außenseiter. Als Alfred H. Barr, der Direktor des Museum of Modern Art in New York, ihn 1944 nach seinem Verhältnis zu Amerika befragte, antwortete Feininger ihm: «Es gab nie einen überzeugteren amerikanischen Jungen als mich. Und in Deutschland, in den ersten paar Jahren dort drüben, war ich hoffnungslos heimwehkrank.»[11] Das kam auch in seinem äußeren Erscheinungsbild zum Ausdruck. Stolz schrieb er 1894 an Kortheuer: «Manchmal kommt es mir unmöglich vor, dass ich jemals in Amerika gelebt haben soll, aber dennoch versichere ich Dir, dass ich trotz der seit 6½ Jahren anhaltenden ‹Verunreinigung› mit Deutschen nichts von meiner amerikanischen Erscheinung eingebüßt habe.»[12]

Der Schriftsteller Walter Mehring erinnerte sich noch nach Jahrzehnten an die Faszination, die Feiningers Selbststilisierung zum Amerikaner in Berlin auf ihn als Kind ausgeübt hatte, als er den Zeichner in der Redaktion der Satirezeitschrift «Ulk» kennenlernte, wo sowohl sein Vater Sigmar Mehring als auch Feininger arbeiteten: «Hochaufgeschossen, langbeinig, federnd, reitgertenschlank, mit scharfer, witternder Windhundnase, mit vorgespitztem Kinn, dünnen, zurückgekniffenen, doch sanfmütigen Lefzen: so schweift er auf den Prärien meiner frühesten Trapper- und Indianervorstellungen.»[13] Feiningers Bekanntschaften in Berlin rekrutierten sich fast ausschließlich aus anderen Studenten englischsprachiger Herkunft; sobald er mit Zeitschriftenillustrationen sein erstes eigenes Geld verdiente, verließ er die Pension und nahm sich gemeinsam mit zweien dieser Freunde eine Studentenbude. Wichtigster Gesprächspartner aber blieb der alte Freund Kortheuer, der in seinen Briefen dem heimwehkranken New Yorker immer wieder über das Leben in «dear old America» erzählen musste. Heimat in Deutschland bot alleine die Kunst; im Februar 1888 schrieb Feininger an Kortheuer: «Willst Du ein Maler und mein Kamerad fürs ganze Leben sein? Ich liebe sie [die Kunst] und bin so überzeugt von meiner Berufung dazu, dass das Leben nicht lebenswert wäre, würde ich ihr nicht folgen.»[14] Das hielt ihn vorerst noch in Deutschland, an der Akademie. Aber im März 1890 war ganz klar: «Ich mag Deutschland immer weniger. Ich sehe es vielmehr als ein Gefängnis an und würde alles geben, um nach Amerika zurückzukommen.»[15]

Drei Monate später schien es so weit zu sein. «Mein Vater trifft in 3 Wochen hier ein», schrieb er Mary Werner, der Schwester seines australischen Mitbewohners Fred Werner. «Er wird sich nur zwei Monate hier aufhalten, und dann nimmt er mich mit nach Amerika zurück. So könnte mein nächster Brief aus New York kommen. Ich werde sehr glücklich darüber sein, aus diesem öden Land ins alte Amerika zurückzugelangen, werde Fred aber vermissen. (…) Wenn ich in New York ankomme, will ich für amerikanische Magazine und Wochenzeitschriften illustrieren. Das wird viel angenehmer sein, als für die dummen deutschen Zeitungen zu zeichnen, auch wenn ich hier nennenswerte Summen damit verdiene.»[16] Feininger hatte mittlerweile einige Zeichnungen veröffentlichen können, und so bekam er das Gefühl, dass sich ihm hier ein künstlerischer Berufsweg auftat, der nicht an Berlin gebunden sein musste. Dass die Rückkehr des

Vaters pünktlich zu seinem neunzehnten Geburtstag erfolgen sollte, weckte in Feininger zusätzlich die Erwartung, als besonderes Geschenk die Heimkehr nach New York in Empfang nehmen zu können.

Doch diese Hoffnung wurde bitter enttäuscht. Die Reise des Vaters hatte einen ganz anderen Zweck: Er kam, um ein Exempel zu statuieren. Lyonel Feininger hatte im Frühjahr 1890 für drei Mark seine Uhr versetzt, um einem Berliner Kommilitonen finanziell auszuhelfen. Darin erkannte Karl Feininger das klare Anzeichen, dass seinem Sohn eine strenge väterliche Hand fehlte, und er meldete ihn für den Herbst auf einem Jesuitenkolleg im weit entfernten Lüttich an, um den angeblich schädlichen Einfluss der Berliner Freunde zu beenden. Lyonel Feininger war sowohl vom Vater enttäuscht als auch vor ihnen blamiert. Gegenüber seinem zweiten Mitbewohner, dem amerikanischen Kunststudenten Alfred Vance Churchill, beschönigte er die verhinderte Rückkehr nach New York als Aufbruch nach Paris. Drei Wochen nach der Ankunft in Lüttich schrieb er ihm: «Was tue ich hier in einem französischsprachigen Jesuitenkolleg? Ich bin hier aus dem einzigen Grund, das französische parly-voom zu erlernen und neben der Sprache so viele Informationen einzusaugen, wie sie in meine Gehörgänge eindringen und sich der formbaren Oberfläche meines Intellekts einprägen können. Dear old Al! um offen zu sprechen: Die französische Sprache wird mir in der französischen Hauptstadt nützlich sein, in Paris, wohin ich höchstwahrscheinlich gehen werde, wenn ich hier fertig bin! Der Grund, warum ich nicht in New York bin, ist vor allem der, dass mein Vater für einen zweimonatigen Besuch nach Berlin kam und wir eine große Unterredung hatten, deren Ergebnis war, dass ich während der nächsten zwei oder drei Jahre zunächst einmal so viel Ausbildung wie nur möglich bekommen soll, um mich zufriedenstellend zu entwickeln, und dann darf ich entweder nach München oder Paris gehen. Wenn es dabei bleibt, dass ich wirklich wählen kann, wenn die Zeit reif ist, kannst Du sicher sein, dass ich nach Paris gehen werde.»[17]

Das klingt selbstbewusst, aber in Wirklichkeit war einmal mehr über Feiningers Kopf hinweg entschieden worden, und er empfand das Scheitern seiner Amerikapläne als traumatisch. Noch fast vierzig Jahre später erinnerte er sich in einem Brief, den er seiner Frau aus Anlass des neunzehnten Geburtstags ihres Sohnes Laurence schrieb, an den eigenen neunzehnten Geburtstag und den damaligen Schock darüber, dass ihn drei Mark die erträumte amerikanische Zukunft kosten sollten. Bis zur Abfahrt aus Berlin nach Lüttich am 2. September 1890 habe Karl Feininger zudem nicht mehr mit ihm gesprochen.[18] Nach dem Abschied auf dem Bahnhof sollten sich Vater und Sohn nie mehr wiedersehen; der eine würde zurück nach New York fahren, und dem anderen wurde diese Heimkehr versagt. Auch wenn die Rede von einer amerikanischen Zukunft ein Cantus firmus in Feiningers Äußerungen blieb, war damit sein Verbleiben in Deutschland festgelegt, ohne dass er es wahrhaben wollte.

Der Zeitpunkt für diesen Bruch in der Biographie hätte kaum heikler sein können. Feininger hatte ja seine ersten beruflichen Erfolge gerade hinter sich. Vermittelt hatte sie ihm der zwölf Jahre ältere Karikaturist Johann Bahr, den Feininger als Pensionsgast kennengelernt hatte, als er noch bei seiner Mutter wohnte. Bahr führte den unbekannten jungen Amerikaner bei einigen von ihm belieferten Zeitschriften ein, «gelegentlich brachte er Zeichnungen von mir zu der Redaktion der ‹*Humoristischen Blätter*› und des ‹*Dorfbarbiers*›, und wie stolz und glücklich machte es mich, wenn Bahr (…) mir mitteilen konnte, diese oder jene Karikatur ‹*hatte gefallen*› und ‹*wurde akzeptiert*›, worauf er 3 Mark als mein Honorar auf den Tisch legte!»[19]

Im Mai 1890 hatte Feininger einem seiner Freunde stolz vermeldet: «Ich habe gleich mehrere Aufträge für jeweils 5 oder 6 Zeichnungen von den ‹Humoristischen Blättern› und habe bereits einige Zeichnungen in meinem besten Stil, formvollendet für diese Wochenschrift gemacht. (…) Bislang habe ich 217 Mark verdient! Ich lege ein kleines Beispiel Tuscharbeit bei, die ich kürzlich angefertigt habe, aber im Regelfall zeichne ich nur mit der Feder. Ich mache [für die Zeitschrift] nur selten phantastische Motive. Das wird aber wieder mehr werden, denn ich arbeite gerade an regelrechten Lagerbeständen der lebendigsten, schrecklichsten, drastischsten Chiaroscuro-Effekte, die die Menschheit jemals gesehen oder erträumt hat – natürlich nicht bevölkert, denn meine Einbildungskraft reicht generell nicht hin, um Figuren zu ersinnen, die drastisch genug für diese Umgebungen wären. Mein Einfallsreichtum wird täglich größer, aber bevor ich nicht mehrere Jahre Akt gezeichnet habe, werde ich meinem eigenen Anspruch an das, was die göttliche menschliche Gestalt betrifft, nicht entsprechen.»[20] Weder an dieses leicht frivol formulierte Ansinnen noch an die Fortsetzung der so erfolgreich begonnenen Zusammenarbeit mit einer der damals beliebtesten deutschsprachigen Satirezeitschriften war dann im Jesuitenkolleg noch zu denken: «Derzeit laufe ich Gefahr, meine Zeichenkünste einzubüßen, denn ich habe wenig Zeit zum Üben», schrieb er demselben Freund kurz nach seiner Ankunft in Belgien. «Allerdings habe ich mich seit dem Frühjahr stark verbessert, habe einiges Geld durch die Zeitungen verdient und – was noch erfreulicher zu berichten ist – radikale Verbesserungen beim Skizzieren in freier Natur erreicht!»[21]

Das war der Beginn jener feiningertypischen kleinen Zeichnungen, die er später seine «Naturnotizen» nennen sollte – ein unerschöpfliches Kompendium von Gebäuden, Typen und Szenerien, die ihn fasziniert hatten, das zur Grundlage seines gesamten malerischen und graphischen Werks wurde. In den kleinen belgischen Ortschaften rund um Lüttich fand Feininger zum ersten Mal das Erscheinungsbild jenes alteuropäischen Dorfs, das er später so häufig als Motiv wählte. Und auf dem Weg von Berlin dahin hatte er noch einen mehrtägigen Abstecher nach Brüssel gemacht und dort einen Stadttyp kennengelernt, der nichts mit den relativ jungen Metropolen zu tun hatte, die ihm bislang vertraut waren. Dem Pittoresken gehörte fortan seine große Liebe.

Zeichner aus eigenem Entschluss

Im Mai 1891 war Feiningers belgische Strafzeit vorbei und von Paris erst einmal keine Rede mehr; er ging zurück nach Berlin, wo er in der Dreizimmerwohnung unterkam, die seine Mutter mit den beiden Schwestern mittlerweile gemietet hatte, und schrieb sich für einen Malkurs in der privaten Kunstschule von Adolf Schlabitz ein, der in Frankreich ausgebildet worden war und die Pleinair-Malerei propagierte. An die Königliche Akademie zog es Feininger erst wieder im Herbst, wobei er dann das umsetzte, was er Churchill im Jahr zuvor angekündigt hatte: Als Schüler in der Höheren Antikenklasse betrieb er intensives Aktstudium. Vor allem aber bemühte er sich wieder um Zeitschriftenengagements als Illustrator, und diesmal tat er das in Berlin selbst, während sein bisheriger Hauptauftraggeber, die «Humoristischen Blätter», in Wien angesiedelt war. Die erst 1873 begründete Publikation kopierte damals erfolgreich den Stil der berühmten «Fliegenden Blätter», die seit 1844 in München herausgegeben wurden und von der politischen Aufbruchstimmung des Vormärz profitiert hatten: Karikaturen, zuvor in Deutschland kaum populär, versprachen in der zweiten Jahrhunderthälfte ein großes Geschäft. Bereits 1848 wurden die «Fliegenden Blätter» um die Schwesterpublikation «Münchener Bilderbögen» ergänzt, die alle zwei Wochen als einzelnes Blatt mit jeweils einer Bildergeschichte erschienen. In beiden Publikationen fand von 1859 an Wilhelm Busch sein Forum, und dessen Stil prägte nicht nur das deutsche, sondern seit den späten sechziger Jahren des 19. Jahrhunderts, als «Max und Moritz» ihren Siegeszug rund um die Welt antraten, ebenso das internationale Verständnis von witzigen Illustrationen. Und nicht zuletzt Lyonel Feininger, der Busch bewunderte und anfangs nachahmte.

Die Wiener Redakteure der «Humoristischen Blätter» glaubten 1890 denn auch, in dem noch nicht einmal Zwanzigjährigen einen neuen Busch gefunden zu haben. Dabei übersahen sie den entscheidenden Unterschied: Busch schrieb die Texte zu seinen Bildergeschichten und Illustrationen selbst; Feininger dagegen fertigte Zeichnungen zu von der Redaktion vorgegebenen Texten an. Die größte Verwandtschaft lag im technischen Produktionsprozess des Holzstichs: Die Stecher, die die Vorzeichnungen der Illustratoren für die «Humoristischen Blätter» für den Druck in Holzblöcke schnitten, waren angehalten, dabei den erfolgreichen Stil des Münchner Vorbilds zu imitieren. Busch war mit seinen Zeichnungen dieser schnellen und dadurch billigen Xylographietechnik entgegengekommen, weil er auf fließende Linien ohne allzu viele Details im Hintergrund setzte; er war ein Meister der Auslassung, mit sicherem Verständnis dafür, was eine Geschichte an konkreter Darstellung brauchte und was nicht. Er wusste, dass sein Publikum gerade bei Bildergeschichten einmal eingeführte Elemente wie etwa Möbelstücke oder Landschaftsbestandteile im Geiste einfach ergänzen würde, wenn er sie auf den Folgebildern bisweilen wegließ. So reduzierte sich sein Strich immer mehr und fand zu jenem unverkennbaren Schwung, den in den Folgejahrzehnten etliche Illustratoren nachzuahmen versuchten, insbesondere die ersten amerikanischen Comiczeichner. Und da Busch einen Teil der Arbeit an den Holzblöcken selbst übernahm, nämlich die Übertragung der Vorlage darauf, sodass dem Stecher nur noch das Aushöhlen überlassen war, um den Druckstock zu erstellen, kam das Ergebnis den eigentlichen Bleistiftvorzeichnungen so nahe wie nur möglich. Solche Mühe des «ins Holz Gehens», wie Busch die zeitaufwendige und durch die Wiederholung der Zeichnung für ihn langweilige Arbeit nannte, machten sich andere Zeichner nicht.

Auch Feininger nicht. Er beschränkte sich außerdem auf Einzelzeichnungen und war dadurch weitaus detailversessener als Busch. Die Vorlagen schickte er nach Wien, wo sie dann gestochen wurden, und somit konnte sein Stil dem Zeitgeschmack noch besser angepasst werden, indem die Holzstecher glätteten, was von Beginn an Merkmal des jungen Künstlers war: seine Freude an einer kantigen Linienführung, die etwas Nervöses in die Komposition brachte, eine

Vorahnung jener Aufsplitterung oder besser: Auskristallisierung der Welt, die Feininger als Maler und Graphiker zwanzig Jahre später im Anschluss an den Kubismus zu seinem ureigenen Ausdrucksmittel machen sollte. Die Physiognomien seiner frühen Witzfiguren – denn darum handelte es sich erst einmal; Karikaturist wurde er erst später – waren expressiver, detaillierter, auch im dann schließlich doch karikaturesken Sinne hässlicher als in Buschs Bildern. Und zu einem wirklich eigenständigen Stil fand Feininger erst, als bei seinen Blättern die Farbe mit ins Spiel kam. Und die Fläche einer ganzen Zeitschriftenseite.

Beides bekam man als deutscher Illustrator in den neunziger Jahren des 19. Jahrhunderts nur dann zugestanden, wenn man das Titelbild einer Publikation gestaltete. Farbdruck war vorerst noch zu teuer für das ganze Blatt, aber als Blickfang auf dem Cover wurde er nun vermehrt eingesetzt. Zumal sich die großen Berliner Zeitungshäuser eigene humoristische Zeitschriften zugelegt hatten, die sich optisch vom nahezu rein typographisch bestimmten Erscheinungsbild der Tageszeitungen unterscheiden sollten, mit denen zusammen sie im Straßenverkauf angeboten wurden. Deshalb war der Anteil an Illustrationen darin höher als in den älteren Humormagazinen, und Farbtitelseiten waren Pflicht. Seine ersten Aufträge erhielt Feininger 1894 vom «Ulk», einem Humormagazin, das sich seine Reputation vor allem mit politischer Bildsatire erworben hatte und im Verlag von Rudolf Mosse erschien, der das liberale «Berliner Tageblatt» herausgab, dessen Beilage der «Ulk» war.

Damit wurde auch die politische Neigung Feiningers erstmals deutlich. Sie war entscheidend geprägt worden durch einen sechsmonatigen Aufenthalt, der ihn von November 1892 bis zum folgenden Mai doch noch nach Paris geführt hatte: zum Studium an der privaten Académie Colarossi, die damals als ungleich progressiver galt als die staatlichen französischen Kunstakademien. Typischerweise ließen sich dort schon gestandene Künstler schulen, und Feininger war deshalb einer der jüngsten Studenten. Die älteren Kollegen führten ihn in die Pariser Szene der Dritten Republik ein, und durch die im Europa dieser Zeit einmaligen publizistischen Schlachten um die öffentliche Meinung bekam Feininger erstmals eine Vorstellung davon, was die Macht von Karikaturen bedeuten konnte. Als er nach Berlin zurückkam, erschien ihm seine ursprüngliche Vorstellung, Maler zu werden, plötzlich weitaus weniger attraktiv. Feininger machte sich als Illustrator selbständig, und sein Hauptmetier wurde die Karikatur – Ulrich Luckhardt, der beste Kenner dieses Werkkomplexes, hat insgesamt fast tausendachthundert Zeichnungen aufgestöbert, die Feininger in verschiedenen Publikationen publiziert hat, die meisten davon angesiedelt in Berlin.[22] Die Möglichkeiten, die sich ihm in der Reichshauptstadt boten, hatten Feininger nach der Rückkehr aus Paris dazu gebracht, seinen ständigen Amerikaplänen abzuschwören und die Ausbildung an der Königlichen Akademie abzubrechen: «Erst einmal bin ich zufrieden, meine eigene Kunst für eine Weile zu pflegen, und da es nirgendwo in Europa leichter für einen Anfänger ist als in Berlin, bin ich auch zufrieden, noch eine Weile hierzubleiben. Die Mehrheit der Kunststudenten ist, wie Du sagen würdest, *rotten*. Oh, was war ich enttäuscht von meinen Landsleuten!», schrieb er dem inzwischen wieder in Amerika lebenden Studienfreund Alfred Vance Churchill.[23]

Dennoch streckte er nun seine Fühler ebenso in Richtung der Presse in den Vereinigten Staaten aus, wobei ihm seine intensiven Kontakte zur amerikanischen Community in der Reichshauptstadt halfen. Im Januar 1894 ergatterte er einen ersten Auftrag aus der Heimat: Der Kinderzeitschrift «Harper's Young People» hatten einige von ihm probeweise eingesandte Blätter mit phantastischen Motiven, auf die sich Feininger in den Jahren davor spezialisiert hatte, gefallen, und sie schickte ihm Kurzgeschichten zur Illustration. Im Jahr darauf änderte die Zeitschrift Name und Zielgruppe: Fortan sollte sie als «Harper's Round Table» Jugendliche ansprechen, und vor allem ihr Chefredakteur, der als Satiriker in New York schon lange bekannte John Kendrick Bangs, blühte angesichts der neuen Ausrichtung auf. Für Feininger schwärmte er besonders, darum ließ er ihn freie Zeichnungen aus Berlin schicken, um die herum Bangs dann Nonsensgeschichten schrieb.[24] Der deutsche Hintergrund des Illustrators war entscheidend für die Aufträge gewesen. Bereits beim ersten hatte es sich um Illustrationen für eine Geschichte namens «Wie Fritz zum Zauberer wurde» gehandelt, angesiedelt in einem Ort namens «Schnitzelhammerstein-on-the-Zugwitz». Spätere Aufträge verlangten nach Schweizer Motiven, und bei «Harper's» erwartete man eine Fortführung des teutonischen Touchs. Aber erstmals wurden Feininger dabei eigene Bildideen abverlangt, und das wiederum festigte sein Selbstvertrauen gegenüber deutschen Auftraggebern.

In der zweiten Hälfte der neunziger Jahre arbeitete er sich so zu einem der gefragtesten Karikaturisten von Berlin hoch. In den erst 1886 gegründeten «Lustigen Blättern», die anfangs als Wochenbeilage zur Tageszeitung «Berliner Börsen-Courier» erschienen, seit 1891 aber separat herauskamen und Furore machten, war Feininger von 1896 an vertreten, und nur ein Jahr später bekam er eine erste Festanstellung beim «Ulk», weil man dort fürchtete, dass er zu viel für die Konkurrenz arbeiten könnte. Redaktionsarbeit aber war nichts für den Individualisten Feininger, schon am 1. Februar 1898 wurde der Vertrag mit der Zeitschrift wieder aufgelöst. Nachdem er danach vor allem kleinformatige Witzzeichnungen für den Innenteil der «Lustigen Blätter» gezeichnet hatte, war er von 1899 an regelmäßig mit farbigen Titelblättern vertreten. Spätestens zur Jahrhundertwende war Feininger zum Star unter den Berliner humoristischen Illustratoren geworden, anerkannt von allen Seiten. Seine Karikaturen erschienen auch in den kurzlebigen Satirezeitschriften «Das Narrenschiff» und «Der liebe Augustin» sowie im sozialistisch ausgerichteten und deshalb beim bürgerlichen Publikum verrufenen Satiremagazin «Der wahre Jacob».

Er legte seine im Regelfall ganzseitigen Blätter in einem Stil an, der mit allem brach, was man kannte: Freiflächen, in kräftigen Farben monochrom gedruckt, wurden wichtige Bildelemente, die Physiognomien der Figuren wurden ins Groteske verlängert, und neben die Kontur trat die Kolorierung als gleichberechtigtes künstlerisches Mittel – Lyonel Feininger hatte in Paris die japanischen Farbholzschnitte, die dort groß in Mode waren, studiert. Der Jugendstil findet bei ihm einen frühen Ausdruck, aber immer bewahrte er den karikaturesken, im doppelten Sinne verzeichnenden Blick: Er beobachtete, und er formte um. Originalitäts- und Schönheitsideal entstanden aus dem Bedürfnis nach Gewitztheit.

In einem Brief an seine spätere Frau Julia Berg schrieb er auf dem Höhepunkt seines Erfolgs in diesem Metier: «Dafür bin ich, dass ich solche Phantasien habe, eben Karikaturist, ein Mensch, der alles stärker empfindet als die vorgeschriebene Norm; auch, ja vor allen Dingen die Schönheit! Grotesker Gedanke, verdammt zu sein in ewiger Travestie zu schaffen und zu bilden; im Innern ein Himmel von Schönheit, die die Alltagsphilister niemals so empfinden können, die das Wort von Schönheit ewig im Munde führen – kein Wunder, dass wir vom ‹Bau›, wir Karikaturisten aus Innerlichkeit, dass wir alle melancholisch werden.»[25] Die Eigencharakterisierung als «Bauarbeiter» zeigt indes auch, als wie drückend Feininger trotz seines Erfolgs damals die Tätigkeit als Karikaturist empfand. Oder gerade wegen seines Erfolgs, denn die Anfragen von Zeitschriften hatten sich gehäuft; er kam mit der meist tagesaktuellen Produktion kaum nach, und künstlerische Freiheit galt in den Redaktionen nicht viel. Nach wie vor blieben es meist Auftragsarbeiten, klar definiert bezüglich Gegenstand und politischer Aussage. Das Einzige, worauf Feininger selbst einwirken konnte, war die Form der Darstellung.

In einer 1902 für die «Lustigen Blätter» gezeichneten Karikatur, «Das Friedens-Pfeifchen», zeigt sich der künstlerische Zwiespalt Feiningers perfekt. Porträtiert sind der britische König Eduard VII., der erst im Jahr zuvor als Nachfolger der mehr als sechs Jahrzehnte regierenden Queen Victoria den Thron bestiegen hatte – im Alter von fast sechzig Jahren –, und hinter ihm sein Kolonialminister Joseph Chamberlain. Dieser war um die Jahrhundertwende ein in Deutschland besonders verhasster Politiker, weil ihm der Ausbruch der seit 1895 geführten Burenkriege in Südafrika angelastet wurde, die das Klima zwischen Großbritannien und dem Deutschen Reich nachhaltig vergiftet hatten. Vor dieser historischen Folie ist Feiningers Karikatur zu verstehen, die Eduard VII. als bemüht biederen Phlegmatiker zeigt, während die scharf akzentuierten Züge von Chamberlain als buchstäblichem Mann im Hintergrund von einer ganz anderen, nämlich der in den Augen des Karikaturisten wahren britischen Entschlusskraft zeugen. Nur aus Eduards Pfeifenkopf und dessen Mund steigt der Qualm des titelgebenden «Friedens-Pfeifchens» auf, während Chamberlains Tabak kalt genossen wird, aus der Kriegspfeife. Der Kolonialminister ist als exakt jene graue Eminenz gezeichnet, als die ihn die deutschen Kommentatoren sahen: ein böser Geist des britischen Imperialismus, der hinter der gemütlich wirkenden Fassade des bereits betagten neuen Monarchen seine Ränkespiele aus viktorianischen Tagen fortsetzen konnte. Die Signatur unten rechts weist das Werk übrigens als eigenständige Idee Feiningers aus, also nicht als Auftragsarbeit: «erf. und gez.» steht da unter dem Namenszug – erfunden und gezeichnet.

Wie Feininger das Duo ins Bild setzt, ist nicht nur kompositorisch meisterhaft, sondern auch koloristisch. Der rote Uniformrock des Königs ist der markante Farbakzent auf diesem Titelbild der «Lustigen Blätter», obwohl das fahle Antlitz Eduards die aquarellierte Bleistiftzeichnung dominiert. Die Köpfe sind physiognomisch im korrekten Maßstab gehalten, also nicht nach altem politkarikaturistischen Brauch vergrößert. Und sie sind malerisch aufgefasst: Feininger verzichtet weitgehend auf Konturlinien. Im Gesicht Chamberlains deutet sich bereits die spätere Kristallisierungsästhetik des Künstlers an – es ist gegenüber der massigen unakzentuierten Fläche der königlichen Züge eine wahre Seelenlandschaft, in die sich die charakterlichen Abgründe eingefressen haben. Immer mehr verabschiedete sich der Zeichner von dem, was man von einem Karikaturisten erwartete, und betrieb stattdessen in seinen humoristischen Zeichnungen eine Art

Privatvergnügen, in dessen Rahmen er jene Bilderwelten vorbereitete, die 1906 zunächst in zwei für die «Chicago Tribune» angefertigten Comicserien, «The Kin-der-Kids» und «Wee Willie Winkie's World», Ausdruck fanden.

Die Bedeutung dieser Comics für Leben und Werk von Feininger ist gar nicht zu überschätzen. Vor allem brachte der Auftrag aus Chicago erstmals vollständige finanzielle Sicherheit mit sich. Er hätte ihm auch gestattet, nach Amerika zurückzukehren, doch diese Chance nutzte er nicht, obwohl er noch wenige Jahre zuvor gegenüber seinem Freund Kortheuer in einem Brief von Berlin nach New York gejammert (und damit einen Topos seiner Selbstbetrachtungen begründet) hatte: «Hier sitze ich, durchaus erfolgreich, aber gerade darum unfähig, den Ort meines Erfolgs zu verlassen, weil ich dann anderswo wieder ganz neu beginnen müsste. Ich bin seit mehr als 16 Jahren hier und 32 Jahre alt, bald wird es mehr als mein halbes Leben sein. Doch stell Dir mich nach all diesen Jahren immer noch als typischen Amerikaner vor, dem das aus jeder Pore dringt, sodass die Leute auf der Straße mit Fingern auf mich zeigen: ‹*ein echter Amerikaner*› [im Original deutsch]. Nun, ich schätze, ich werde eines Tages zurückkommen, aber wann, das wissen nur die Götter!»[26]

In der Tat: Feininger war mittlerweile in jeder Hinsicht in Berlin gut etabliert. Er fühlte sich dort wohl, allerdings gerade nicht wegen des modernen, vibrierenden Lebens in der boomenden Reichshauptstadt, sondern wegen der beschaulichen Aspekte abseits des Zentrums: «Wie habe ich den neuen Westen geliebt, Anfang dieses Jahrhunderts», schrieb er fünf Jahrzehnte später an den befreundeten Bildhauer Gerhard Marcks. «Berlin, ohne Taxis und Autos, war ein Traum, und noch schöner war die Große Berliner Pferdebahn, mit Einspännern über den Hafenplatz, Zweispännern sonst, inclusive der Doppeldecker. Das erste Anzeichen von beginnendem Unheil war doch wohl schon die Einführung der ‹Elektrischen› um 1899, in liebevoller Untermischung mit den Pferdekoben. Später ging's mit steigernder Rapidität abwärts in das Gewimmel und in die gesteigerten Ansprüche der Weltstadt die dann bald daraus wurde.»[27]

Wobei es gerade dieser Weltstadtanspruch und die damit verbundene Presse- und Kunstkonzentration war, die Feiningers Karriere begünstigten. Als Karikaturist hatte er ein solides Auskommen, und 1901 war ihm auch als Künstler ein Coup gelungen, als er erstmals auf der Jahresausstellung der Berliner Secession mit Zeichnungen vertreten war. Dafür hatte Gustav Fürst gesorgt, ein Maler, der Mitglied dieser avantgardistischen Künstlervereinigung war – und seit kurzer Zeit Feiningers Schwiegervater. Die alte Musikleidenschaft hatte den Karikaturisten 1900 in ein Konzert geführt, wo er sich in die Pianistin Clara Fürst verliebte. Sie war acht Jahre jünger als er und verkehrte, obwohl sie einen jüdischen Vater hatte, in der besseren Berliner Gesellschaft, weil Gustav Fürst als Dekorationsmaler einen ausgezeichneten Ruf in der Reichshauptstadt genoss und zahlreiche großbürgerliche Villen ausgestattet hatte. Nach der Heirat zu Jahresbeginn 1901 zog das Ehepaar Feininger in eine eigene Wilmersdorfer Wohnung, und schon im Dezember wurde die erste Tochter Eleonore geboren; im Jahr darauf folgte mit Marianne das zweite Kind.

Damit schien Feininger eine familiäre Geborgenheit zurückzugewinnen, die er seit der Trennung der Eltern vermisst hatte. Vereinzelte Liebesbeziehungen hatten keine lange Dauer gehabt,[28] und noch weitaus schlimmer war, dass mittlerweile seine Schwestern gestorben waren, beide in kurzem Abstand an Tuberkulose; die jüngere Elsa im Alter von nur zweiundzwanzig am 26. November 1898 und die drei Jahre ältere Helen lediglich sieben Wochen später, am 11. Januar 1899, auf Korsika, wohin sie schon vor dem Tod der Schwester zur Kur geschickt worden war. Feiningers Mutter hatte nun mit Ausnahme des Sohnes keine Verwandten mehr in Deutschland, und deshalb war dessen Familiengründung mit Clara Fürst und die Geburt der beiden Töchter für sie eine Art Kompensation der eigenen persönlichen Verluste.

Umso schwerer traf sie das Scheitern dieser Ehe nach nur vier

Jahren, als Feininger sich im Frühling 1905 beim Ostseeurlaub in Julia Berg verliebte, eine mit einem Mediziner verheiratete Berlinerin, die zwar nur ein Jahr jünger war als seine Frau Clara, aber als angehende Malerin auf den Karikaturisten einzuwirken begann, sich ebenfalls für eine künstlerische Laufbahn zu entscheiden. Beide verließen sofort ihre bisherigen Ehepartner, und Feininger machte seine Trennung sogar öffentlich, als er im Juni eine für ihn doppelt ungewöhnliche Arbeit in den «Lustigen Blättern» publizierte. Einerseits war es keine Einzelzeichnung, sondern eine am Vorbild von Wilhelm Busch geschulte gereimte Bildergeschichte über den missglückten Gartenhausbau eines Familienvaters: «Hier dieses Plätzchen mieten wir, / Die Laube mach ich selber hier! / Die Latten her – zur Laubenstütze! / Ich bin der reine Lattenfritze! / Das Werk, es muß den Meister loben, / Herrje, wie steht das da, verschroben! / Das Zeugs in Klumpen werfe ich, / Ex est die Laube! – Na denn nich!»[29] Dazu zeichnete Feininger als Protagonisten sich selbst in seiner typisch amerikanischen Dandykleidung mit Frau und zwei kleinen Töchtern – und im Frust über das missratene Bauwerk als großen Zerstörer des eigenen Heims.

Das zweite Ungewöhnliche war der Signaturzusatz «erf.» als Nachweis der eigenen Autorschaft (wie schon bei der Karikatur Eduards VII.), womit jede Zufälligkeit der autobiographischen Komponente ausgeschlossen wird. Feininger witzelte hier über die eigene Situation, und das zeigt, wie sicher er sich der neuen Liebe war. Er hatte eine Partnerin gefunden, die ihn in seinen künstlerischen Ambitionen bestärkte: «Es ist merkwürdig nur, daß ich solche Bestätigung brauche, seit Jahren mich danach gesehnt habe, einmal das zu hören, was Du mir heute sagtest. … daß auch Du das fandest was ich, bisher allein, gut darin fand.»[30] Clara Feininger hatte ihm solchen Zuspruch anscheinend nie bieten können.

Als er und Julia Berg zusammenkamen, hatte sie sich allerdings bereits entschieden, von Berlin nach Weimar umzuziehen, wo sie Kunst studieren wollte. Doch gerade diese räumliche Trennung so kurz nach dem Beginn ihrer Beziehung festigte diese. Später sollte Lyonel Feininger ihr schreiben: «Schon ‹damals›, als Du nach Weimar gingst, hast Du gleich damit angefangen, mich zu verwöhnen. Es geschah das, in meinem bisherigen Leben Unerhörte, dass ein Mensch (Du, Geliebte! und das war so märchenhaft schön) mir gleich ankündigte bei der ersten Zeile er wolle jeden Tag einen Brief an mich schreiben!»[31] Und so hielten es die späteren Eheleute auch tatsächlich in den folgenden fünfzig Jahren, sobald sie getrennt waren.

Durch seine Besuche bei Julia Berg wurde Feininger von Herbst 1905 an rund um Weimar mit einer Gegend vertraut, die zu einer der wichtigsten Quellen seiner Bildmotive werden sollte. Zuvor aber waren beide gemeinsam in die Sommerfrische gefahren: nach Rügen, wo Feininger schon seit 1901 regelmäßig die Ferien verbracht und Naturnotizen angelegt hatte. Auf den Spaziergängen, die er als junger Mann in und rund um Berlin gemacht hatte, war seine Phantasie nicht angeregt worden: «Ich weiß nicht, warum wir niemals etwas fanden auf unseren Wanderungen in den Vororten, und wieso heute nach sechzig Jahren die Erinnerungen an die Gegend um Berlin mich mit Wehmut erfüllten. (…) Ja, und trotz alledem war Berlin für mich niemals im Bilde zu erfassen.»[32] Aber die Ostseeküste wurde ihm zur festen Inspirationsquelle, und er erkannte in Caspar David Friedrich, der dort ebenfalls viel gezeichnet hatte und zur Jahrhundertwende zunächst von einem norwegischen Kunsthistoriker und dann von den deutschen Museen wiederentdeckt worden war, einen Geistesverwandten. Kunst und Literatur der Romantik hatten den eigenbrötlerischen Feininger bereits früher fasziniert, doch im Falle Friedrichs studierte er nicht nur die Motive akribisch, sondern auch dessen Arbeitsweisen: sowohl die Behandlung von Landschaft und Himmel als kompositorische Einheit als auch die von Friedrich verwendeten graphischen Techniken.

Es war jedoch vor allem Julia Bergs Einfluss, der ihn dazu brachte, mit Radierung und Lithographie diese für ihn neuen Ausdrucksmittel selbst auszuprobieren. Als er die Geliebte in Weimar besuchte, konnte er dort die Druckwerkstätten der Großherzoglichen Gewerbeschule, der Vorläuferinstitution des Bauhauses, nutzen. An Julia Berg bewunderte er aber nicht nur deren künstlerisches Interesse, sondern ebenso ihre Unabhängigkeit. Als Frau Kunst zu studieren, war im Kaiserreich ungewöhnlich, umso mehr, als Julia schon Mitte zwanzig und verheiratet war. Es wurde ihr dadurch erleichtert, dass sie aus einer reichen Kaufmannsfamilie stammte: Die Eltern, Jeanette und Bernhard Lilienfeld, waren konvertierte Juden, die auch ihre einzige Tochter hatten taufen lassen. Die neue Verbindung versprach Feininger also finanzielle Absicherung für den Fall, dass er sich tatsächlich an einer ganz neuen Karriere versuchen wollte. Davon war jedoch zunächst noch keine Rede.

Lyonel Feininger war, nachdem er sich von Clara Feininger getrennt hatte, mit Julia Berg in eine eigene Berliner Wohnung gezogen. Die beiden Töchter blieben bei der Mutter; sie hätten bei der Neuausrichtung des väterlichen Privatlebens nur gestört; Lore Feininger erinnerte sich später: «Wir wurden nicht weiter ‹eingeweiht› und durften nach einigen Jahren unseren Vater besuchen, als dort die ersten zwei Söhne geboren waren.»[33] Lyonel Feininger war sich gewiss, die Liebe seines Lebens gefunden zu haben, und dessen weiterer Verlauf gab ihm recht: Julia Berg blieb bis zum Tod an seiner Seite, das Paar sollte schließlich drei Söhne haben, und die umfangreiche Korrespondenz (mehr als zweitausendvierhundert Briefe), die beide unterhielten, sobald sie – wie kurz auch immer – voneinander getrennt waren, lässt niemals auch nur eine Ahnung von erkaltender Zuneigung füreinander erkennen.

Allerdings ordnete sich die anfangs so selbstbewusste Julia Berg immer mehr Feiningers Interessen unter: Ihm und seiner Arbeit zuliebe begrub sie die eigenen Träume, Malerin zu werden; stattdessen sollte sie im Laufe seines Lebens (und darüber hinaus) zur nimmermüden Managerin des künstlerischen Erfolgs ihres Mannes werden. Das durfte indes nicht nach außen getragen werden, denn Feininger hatte ein traditionelles Geschlechterverständnis, und er wollte nicht vom Organisationsgeschick seiner Frau abhängen – und schon gar nicht von Geldzuwendungen ihrer Eltern. Aus seiner Sicht oblag ihm als Mann die Sicherstellung des gemeinsamen Lebensunterhalts. So schrieb er Ende Oktober 1905, als er und Julia Berg durch deren Abreise zum Studium erst einmal wieder getrennt waren, geradezu beschwörend: «Seit 6 Uhr war ich auf (auch gestern) und habe gut gearbeitet bis jetzt, 11 Uhr. (...) Oktober war ein guter Monat für mich, auch pekuniär, ich hatte 846,70 Mark, und das mit 12 multipliziert ergäbe im Jahr schon 10 150,40 Mk – aber es muss noch besser werden, viel besser. Allerdings durch die beiden Blätter allein ist das kaum zu verlangen, aber es kommt ja noch.»[34]

Mit den «beiden Blättern» waren jene Berliner Zeitschriften gemeint, für die Feininger damals als Karikaturist überwiegend tätig war: die «Lustigen Blätter» und der «Ulk», und noch verschwendete er gar keinen Gedanken an einen etwaigen Berufswechsel, zu dem Julia ihn ermutigen wollte. Vielmehr vermeldete er nur drei Tage später einen weiteren Erfolg, als mit der «Berliner Illustrirten Zeitung» das damals populärste – und am besten bezahlende – deutsche Magazin eine Zeichnung von ihm annahm: «Soeben von der ‹Illustrierten› Rohrpost Brief erhalten, die waren von dem gestrigen Regenwurm so entzückt, dass sie gleich dazu eine Ergänzung wollten. Also, das Geschäft geht gut – das ist ja alles extra Arbeit nämlich. Gott, musst Du mich für einen geldgierigen Menschen halten. Du, nicht wahr, die Freude verstehst Du wohl an mir, dass ich jetzt viel verdiene (...) bin plötzlich wieder übermenschlich heiter und stark – elastisch wie ein Gummiball – je tiefer herab ich falle, desto höher springe ich wieder auf. Nur kein Stumpfsinn!»[35] Die Abhängigkeit von finanziellem Erfolg sollte zum Charakteristikum von Feiningers Launen werden.

Das Gefühl, von Julia Bergs Eltern nicht akzeptiert zu werden, dürfte diese Empfindlichkeit verstärkt haben. Das wohlhabende Ehepaar Lilienfeld sah die Verbindung ihres einzigen Kindes mit dem vergleichsweise mittellosen Zeichner skeptisch, zumal beide

Liebende noch anderweitig verheiratet waren – ein moralisch höchst dubioses Verhalten im Kaiserreich. Feininger hätte es am liebsten gesehen, wenn sein Privatleben ganz ohne Berührung zu Julias Familie geblieben wäre, aber das war auf Dauer natürlich unmöglich. Nach dem ersten Besuch von Bernhard Lilienfeld bei seiner Tochter in Weimar, von dem er durch einen Brief erfahren hatte, schrieb er zurück: «Ich kann nicht ganz stillschweigend über den Besuch Deines Vaters bei Dir hinweggehen. Nicht als wenn ich etwas dazu sagen könnte – es war zu erwarten, dass er Dich besuchen würde … Seit Deiner Abreise [aus Berlin] scheint er nicht müssig gewesen zu sein (vide der ‹Auskunftsfritze›) … wenn ich nicht immer so ohnmächtig bei der ganzen Sache dastehen müsste, mir ist es ganz schrecklich, so hilflos zu sein. Wenn ich auch nur den Schein der Legitimität für mich hätte … denn mit unserer Moral ist doch nichts für Deinen Vater anzufangen.»[36] Diese außermoralische Legitimität versprach sich Feininger allein von finanziellem Erfolg, mit dem er vor den Augen der Eltern seiner Geliebten Gnade zu finden hoffte.

Eine nachhaltige Erhöhung seiner Einkünfte aber erwartete Feininger schon seit den Jahren der Mitarbeit an «Harper's Round Table» weniger von deutschen als von amerikanischen Aufträgen. Und im Februar 1906 war es endlich wieder so weit: «Und dann habe ich ein sehr grosses Ereignis zu berichten, etwas schwer-Wichtiges, etwas worauf ich früher wie auf einen Ruf wartete – meine Zukunft in America. Der Chefredakteur der grössten Chicagoer Zeitung, ‹The Chicago Tribune› war bei mir und will mich haben. Er besah sich meine Arbeiten und wir haben wohl 1½ Stunden gesprochen, er will Sonntag mit mir ins Reine kommen, und – zittere nicht, Liebe Du, ich werde nicht annehmen, ich kann nicht. Vielleicht dass ich ihn dazu kriege in 2–3 Jahren wieder an mich sich zu wenden – aber er hat's eilig, à brûle pourpoint, und wird wohl nicht wieder mir später den Vorschlag machen. – Ironie des Schicksals.»[37] Der Brief in seinem steten Wechsel zwischen Begeisterung und Abwiegelung betreffs eines etwaigen amerikanischen Abenteuers ist symptomatisch für Feiningers Zerrissenheit zwischen seiner alten und jener neuen europäischen Welt, die ihm durch Julia Berg nun mehr und mehr zur eigentlichen wurde.

Zu seinem Glück wollte ihn James Keeley von der «Chicago Tribune» wirklich um jeden Preis – auch um den einer Lieferung der von Feininger gezeichneten Comicstrips aus Deutschland. Die «Tribune» hatte die Vorstellung, auf dem hart umkämpften amerikanischen Zeitungsmarkt dadurch reüssieren zu können, dass sie in ihrer sonntäglichen Comicbeilage nicht wie ihre Konkurrenten einheimische Zeichner präsentierte, sondern deutsche. Das hatte seinen Grund einmal darin, dass sich im Verbreitungsgebiet des Blattes viele deutsche Einwanderer angesiedelt hatten. Mehr aber noch setzte die Redaktion auf die gute Reputation humoristischer Zeichnungen aus Deutschland, die seit dem Erfolg von Wilhelm Buschs Bildergeschichten und des diese plagiierenden Comicstrips «The Katzenjammer Kids» aus der Feder des deutschen Emigranten Rudolph Dirks in den Vereinigten Staaten als sichere Bank galten. Tatsächlich engagierte die «Chicago Tribune» außer Feininger gleich noch vier weitere deutsche Zeichner – Karl Pommerhanz, Viktor Schramm, Lothar Meggendorfer und den von Feininger empfohlenen Hans Horina –, die allesamt nicht nach Amerika kamen. Das wurde von Keeley sogar als besonderes Qualitätsmerkmal seiner neukonzipierten Comicbeilage vermarktet.

Nur drei Tage nach dem ersten Gespräch wurden Feininger und die «Tribune» sich einig, und das vereinbarte Honorar von sechstausend Dollar jährlich für eine wöchentlich erscheinende Serie betrug umgerechnet das Doppelte von dem, was der Karikaturist im Vorjahr an deutschen Einkünften gehabt hatte. Mit dieser Vereinbarung in der Tasche bereitete er seinen Umzug nach Weimar für März vor und teilte Fritz Engel, dem Chefredakteur der «Lustigen Blätter», kurz vor der Abreise mit, dass er künftig nicht mehr für die Satirezeitschrift zeichnen werde: «Ich war heute früh bei Engel. Alles geht nach Wunsch. Er war sehr gut und offensichtlich ergriffen, als ich ihm eröffnete dass ich, einstweilen von hier aus, für America arbeiten wollte und feste Abschlüsse in der Weise getroffen hätte dass ich dies könne – und dass ich in Anbetracht der gesteigerten Geldinteressen mich nicht länger fest hier verpflichten kann. Jedenfalls habe ich ohne Mühe ihn … an den Gedanken gewöhnt, dass ich über kurz oder lang kündigen müsse – wiewohl ich weiter mitarbeiten würde so lange es eben gehe. … Das Bewusstsein endlich sein eigener Herr, auch in Gelddingen zu sein ist herrlich wunderbar, das quälerische ist die Ungewissheit, aber da alles jetzt bestimmte Formen angenommen hat und die Mittel mir zur Verfügung stehen unsere Pläne auszuführen, ist Heiterkeit und Ruhe in mich gekehrt. … Von Juli an bindet mich überhaupt nichts mehr an einen bestimmten Ort solange ich meinen Americanischen Verpflichtungen genüge.»[38] Und so wurde für Ende Juni bereits der nächste Ortswechsel ins Auge gefasst: Da für die Zukunft finanziell gesorgt schien, konnte die mittlerweile schwanger gewordene Julia Berg ihr Studium an den Nagel hängen und Lyonel Feininger in eine Stadt begleiten, in die es ihn schon einmal gezogen hatte: nach Paris.

Aufbruch nach Paris zur Malerei

Die französische Metropole war gewissermaßen ein Kompromiss zwischen Amerika und Deutschland. Julia Berg wollte nicht in die Vereinigten Staaten, Feininger aber trieb es angesichts seiner neu gewonnenen Unabhängigkeit zumindest an einen anderen Platz als Berlin. Dort, so erzählte er in den zwanziger Jahren seinem Freund Alois Schardt, habe er in all den Jahren der Vorkriegszeit nur einmal ein «atmosphärisches Erlebnis» gehabt: «In Paris, meinte er, sei es ein Leichtes, Maler zu werden. Die Kultur, der Rhythmus der Straßen ging ihm instinktiver ein. Die Häuser, der Nebel. Alles war malerischer, tiefer, phantasieanregender.»[39]

Im Monat vor der Abreise nach Paris war er noch einmal in Berlin und machte dort wie im Triumphzug seine letzte Runde: «I was so very busy today. First I went to Birkholz because he had not written to me. It is arranged that I shall go to him tomorrow morning and ‹drucken›. Von B. ging ich dann nach der Motzstrasse und habe Zeichnungen für Engel ausgesucht. Habe auch Mama dort angetroffen. Dann bin ich zum Schneider gefahren, hatte Anprobe und fuhr zur Americanischen Gesandtschaft und habe mir meinen Pass erneuern lassen. Es hat mich sehr gefreut, dass ich das in Berlin tat, denn vermutlich hätte ich in Weimar Schwierigkeiten gehabt. Ich habe auch etwas mit dem Mann dort gesprochen, er war ausserordentlich nett. Ich erzähle Dir alles wenn wir zusammen sind. Es hat jedenfalls meinen Entschluss bestätigt, erst hier völlig ins Reine mit unserer Angelegenheit zu werden, ehe wir daran denken hinüber zu gehen. Dann war ich bei Fritz Engel, der ebenso sehr freundlich war, wie jemals zuvor. (…) Und nach Café und einer Cigarre habe ich meine Zeichnung für den ‹Ulk› gemacht.»[40]

Der Plan, in die Vereinigten Staaten zu übersiedeln, war also nicht ganz passé, aber er war damit wieder einmal aufgeschoben worden. Das sollte sich noch viele Male wiederholen. Feiningers jüngster Sohn Theodore Lux fasste rückblickend die gesamte Existenz seines Vaters in dem Satz zusammen: «Meiner Ansicht nach ist das wichtigste Charakteristikum seines ganzes Lebens und Schaffens die Tatsache, dass er in Wahrheit nirgendwo zu Hause war.»[41]

Die Abfahrt nach Paris erfolgte am 24. Juli 1906, und kaum angekommen, geriet Feininger in einen wahren Schaffensrausch. Er belieferte nicht nur zuverlässig die «Chicago Tribune», die mit dem wöchentlichen Abdruck seines Comicstrips «The Kin-der-Kids» am 6. Mai begonnen hatte, er versorgte auch seine deutschen Kunden weiter mit Karikaturen und fand sogar noch die Zeit, sich an einem erst wenige Monate zuvor von dem Zeichner Paul Iribe ins Leben gerufenen Zeitschriftenprojekt zu beteiligen: «Le Témoin». Dort wurden Einzelblattzeichnungen veröffentlicht, die entgegen den üblichen Gepflogenheiten in der Branche nicht redaktionell vorgegebene Themen und Texte illustrierten, sondern als freie Arbeiten ganz gemäß dem Willen der Zeichner entstanden.[42] Entsprechend attraktiv war die Mitarbeit – nicht nur für Feininger, sondern ebenso für damals noch am Beginn ihrer Karrieren stehende Künstler wie Marcel Duchamp, Juan Gris oder Jean Cocteau. Der deutsche Zeichner bewegte sich damit mitten im Kreis der Pariser Avantgarde, zumal er in der Académie Colarossi, wo er sich ein weiteres Mal eingeschrieben hatte, zusammen mit Amadeo Modigliani studierte.

Doch sowohl der Altersunterschied des Mittdreißigers zu den jeweils ein bis anderthalb Jahrzehnte jüngeren Kollegen als auch die für Feininger typische private Zurückgezogenheit, die durch die junge Partnerschaft mit Julia Berg und die Geburt ihres Sohnes Andreas am 27. Dezember 1906 noch verstärkt wurde, verhinderten einen Austausch oder gar Freundschaften. Die einzige prominente Ausnahme war Jules Pascin, den Feininger in einem Künstlerkreis kennenlernte, der sich regelmäßig im Café de Dôme traf.[43] Es ist bezeichnend, dass es sich dabei um deutsche Maler handelte – der aus Bulgarien stammende Pascin sprach fließend Deutsch; zur sonstigen Pariser Kunstszene, die mit der Ausbildung des Kubismus durch Picasso just zum Zeitpunkt von Feiningers Anwesenheit ihre größte Revolution erlebte, hatte er kaum Kontakt.

Seine Comicstrips für die «Chicago Tribune» waren vielmehr so etwas wie eine Summa des in Deutschland seit der Jahrhundertwende erfolgreichen Jugendstils. Das war ganz im Sinne der Auftraggeber, die ihren Lesern ja den vielgerühmten «German wit» präsentieren wollten und es deshalb gerade so typisch deutsch wie möglich wünschten. Die großen Zeitungsseiten boten Feininger ein Format, das er als Zeichner noch nie zuvor zur Verfügung gehabt hatte, und er nutzte es zu einem Fest des Ornamentalen und Skurrilen, in dem er all seine Leidenschaften unterbrachte: Seeansichten und vereinzelte Küstenlandschaften, wie er sie von Rügen her kannte, geben die Szenerie für den Auftakt seiner «Kin-der-Kids» ab, in dem die Titelfiguren, drei denkbar unterschiedlich begabte Jungen (eine Leseratte, ein Vielfraß, ein Sportler), sich in Begleitung einer autonom agierenden mechanischen Puppe auf die Überfahrt von New York nach Europa begeben, wo sie ihre Eltern treffen wollen. Feininger verarbeitete damit seine eigenen Jugenderlebnisse, aber er verschob sie ins Phantastische – die drei Kinder sind in einer Badewanne über den Atlantik unterwegs und werden von einer puritanischen amerikanischen Tante und deren sinistrem Faktotum im Fesselballon verfolgt. Jede Woche schilderte eine neue Folge die abenteuerlichen Erlebnisse einer der beiden beteiligten Reisegruppen, doch Feininger hatte erkennbar kein Interesse an einer klar strukturierten Geschichte; er arbeitete assoziativ, man könnte angesichts der Entwicklung der Handlung von einer vorweggenommenen *écriture automatique* sprechen, und geradezu surrealistisch sind auch die Dialoge. Immerhin darf man es revolutionär nennen, dass er überhaupt eine Fortsetzungsgeschichte erzählte, denn in dieser Frühzeit der Comics hatte das bislang nur Winsor McCay mit «Little Nemo» vorgemacht; ansonsten beschränkten sich die Autoren auf wöchentlich abgeschlossene Episoden.

Die Aufmerksamkeit Feiningers, der noch nie in seinem Leben Comics hatte lesen können (als er 1887 New York verlassen hatte, war diese Erzählform noch gar nicht erfunden, und in Deutschland war sie bis 1906 nicht angekommen), galt viel mehr den Bildern als der Handlung, und es ist faszinierend zu beobachten, wie dort erstmals abseits der rein privaten Naturnotizen die spätere Motivwelt Feiningers zum Vorschein kommt. So ist etwa der Kirchturm von Gelmeroda, den er im Winter in der Umgebung Weimars entdeckt hatte und dem er später zahllose Graphiken und von 1913 an eine ganze Gemäldeserie widmen sollte, schon in zwei Episoden der «Kin-der-Kids» vom Juni 1906 wichtiges Accessoire für die Handlung, und im Laufe des Sommers sollten noch weitere thüringische Dorfansichten dazukommen. Kombiniert mit Seitenarchitekturen, die von Folge zu Folge wechselten und zudem keine Rücksichten auf die Sehgewohnheiten des amerikanischen Publikums nahmen – geschweige denn auf dessen Erwartungen an eine Abenteuergeschichte –, stellten Feiningers

«Kin-der-Kids» eine Herausforderung dar, für die seine Auftraggeber nicht die nötige Geduld hatten.

Der Comichistoriker Bill Blackbeard hat für den Effekt der deutschen Serien das schön-schaurige Äquivalent vom «isolierten Pesterreger» gefunden,[44] weil die «Chicago Tribune» eigentlich gehofft hatte, durch Feininger und seine vier deutschen Kollegen eine solch ansteckende Begeisterung zu entfachen, dass andere Blätter deren Serien übernehmen und so ein lukratives Lizenzgeschäft in Gang bringen würden. Das Gegenteil war der Fall: In den Augen der Redaktion erwies sich die mit viel Aplomb eingeführte neue Comicbeilage als Reinfall, weil die Auflage der «Tribune» just im Sommer 1906 signifikant zurückging. Nach kaum mehr als einem halben Jahr wurden die «Kin-der-Kids» deshalb Mitte November 1906 bereits wieder eingestellt, mitten in der Handlung, die allerdings inzwischen so konfus geworden war, dass sich das Geschehen binnen einer Woche von einer englischen Küstenstadt in die russischen Wälder und dann beim nächsten Mal in eine polnische Arztpraxis verlagern konnte.

Trotzdem blieb Feininger dem Blatt zunächst erhalten. Bereits in der Woche nach dem Aus für seinen ersten Comic begann am 25. November der Abdruck eines zweiten: «Wee Willie Winkie's World». Schon der Titel signalisierte den Lesern Vertrautheit, weil Wee Willie Winkie als Held eines schottischen Wiegenlieds seinerzeit in englischsprachigen Kinderstuben rund um die Welt zu den vertrautesten Figuren gehörte. Feininger zeichnete den kleinen Jungen als passiven Betrachter in stetem Staunen über seine Umgebung, und alles ist dabei erzählerisch ganz konventionell, tatsächlich wie die Strophen eines Kinderlieds: jeweils in einer Episode abgeschlossene Ereignisse, keine Dialoge mehr – es ist, als hätte Feininger geradezu die Notbremse gezogen.

Doch das gilt nicht für seine Zeichnungen. Sie kommen in dieser seinem kontemplativen Naturell entsprechenden Serie erst zu ihrem vollen Recht: Feininger zieht alle Register, die des Karikaturisten, aber auch die des Landschafters und vor allem einmal mehr des Architekturzeichners. Zu den thüringischen Dorfansichten treten jetzt erste Pariser Eindrücke: Der Eisenbahnviadukt von Arcueil taucht erstmals im Werk auf, und in einzelnen Folgen, die Wee Willie Winkie mit Heuschobern und am Strand liegenden bunten Segelbooten konfrontieren, erweist der deutsche Künstler Bildern von Monet und Van Gogh und damit der damals modernen Malerei die Reverenz. Feininger drückt wie die Impressionisten vor allem Stimmungen aus, das Licht ist sein wichtigster Regisseur auf den farbigen Blättern, aber darüber hinaus belebt er die Objekte: Häuser schlagen vor Wee Willie Winkie die Fenster wie Augen auf, Felsformationen mutieren ihm zu faltigen Gesichtern, Baumgruppen hält er für Wandergesellschaften. Und die meisten dieser imaginierten Akteure ängstigen den kleinen Jungen – Feiningers zweite Comicserie erzählt keine Abenteuer mehr, sondern eine Abfolge von Träumen, aus denen es jedoch anders als bei «Little Nemo» kein Erwachen gibt. Die insgesamt zwanzig Ausgaben von «Wee Willie Winkie's World» sind aber auch selbst ein Traum: der graphische Höhepunkt aus der Pionierzeit des Comics.

Genutzt hat das jedoch dieser in jeder Hinsicht visionären Arbeit damals nichts mehr: Die Auflage der Sonntagsausgabe sank zugunsten der lokalen Konkurrenz immer weiter, und die «Chicago Tribune» kündigte genau ein Jahr nach Abschluss ihren Vertrag mit Feininger wieder auf. In den letzten Wochen der Zusammenarbeit hatte er sich bisweilen schon auf halbe Zeitungsseiten beschränken müssen, und so überraschte ihn das endgültige Aus nicht. Es hatte seinen Grund auch nicht nur im mangelnden Verkaufserfolg der deutsch dominierten Sonntagsbeilage. Bereits in deren Ankündigungstext vom 29. April 1906 war zum Abschluss einer Vorausschau auf die «Kin-der-Kids» ein verräterischer Satz zu lesen gewesen: «Mr. Feininger wird, wenn er in Amerika ankommt, eine bereits ausgedachte weitere Serie haben, die dann gleichzeitig mit ‹The Kin-der-Kids› laufen wird.»[45] Einerseits macht die Formulierung klar, wieso Feininger nach dem Abbruch der ersten schon in der nächsten Woche die zweite Serie starten konnte: Sie war bereits verabredet und konzipiert. Andererseits wird deutlich, dass die Zeitung fest damit rechnete, dass er in die Vereinigten Staaten übersiedeln würde, dies auch für notwendig hielt, um einen spezifisch fürs amerikanische Publikum geschaffenen Comic zeichnen zu können. «Wee Willie Winkie's World» deutete diese Absicht mit seinem Titel zwar an, doch seine Szenerie war eine komplett kontinentaleuropäische, durch die französischen Einflüsse sogar gegenüber den «Kin-der-Kids» noch einmal verstärkt. Einige Jahre später teilte Feininger seinem früheren Berliner Mitbewohner Fred Werner rückblickend mit: «Die Sache stoppte, weil ich nicht in die Staaten kommen konnte oder es einfach nicht wollte! Manchmal wünsche ich mir, ich wäre damals einfach gegangen. Aber ich glaube, dann hätte ich mich niemals der ernsthaften Kunst zugewandt.»[46]

Die Entscheidung dazu war ein viel gewichtigerer Einschnitt als die Aufkündigung der Vereinbarung mit der «Tribune». Die mit einem Jahr Tätigkeit verdienten sechstausend Dollar waren mehr als genug, um das Pariser Leben der Familie noch eine Weile zu finanzieren, zumal Julia Berg von ihren Eltern eine monatliche Zuwendung von neunhundertfünfzig Mark erhielt, die allein schon zur Begleichung von Miete, Lebenshaltungskosten und sogar zur Bezahlung eines Haus- und Kindermädchens für den neugeborenen Andreas ausreichte.[47] Durch die eigenen hohen Einkünfte empfand Feininger diese Unterstützung damals nicht als Demütigung, wie es später dann in Berlin der Fall sein würde, und so wurde die Pariser Zeit, die noch bis zum Mai 1908 währen sollte, zur sorgenfreiesten und zu einer der kreativsten seines Lebens.

Seine Arbeit für «Le Témoin» faszinierte ihn. Hier konnte er wieder im Einzelbild experimentieren, ohne Rücksicht auf Publikumserwartungen. Vor allem aber bereitete er sich systematisch auf jenen Schritt vor, der sich dem Einfluss von Julia Berg verdankte: Feininger wurde zum Maler. Seine Gefährtin hatte ihm nach der Ankunft in Paris im Sommer 1906 ihre Palette überreicht. Damit wollte sie, wie sie ein halbes Jahrhundert später dem ersten Feininger-Biographen, Hans Hess, noch persönlich erzählt hat, im Vorgriff auf die Geburt ihres ersten Kindes das Ende der eigenen Malerei symbolisieren – ebenso wie die Erwartung, stattdessen fortan ihren Mann malen zu sehen.[48] Wobei Julia Berg dann doch noch ein paar eigene Zeichnungen im «Témoin» unterbrachte. Es waren ihre letzten künstlerischen Versuche, und sie erschienen in der Zeitschrift unter dem Pseudonym «Regninief» – «Feininger» von hinten gelesen. Sie hatte sich ihm verschrieben, und er sah sich nun zusätzlich zum eigenen Willen zur Kunst verpflichtet, ihre Erwartungen einzulösen.

In der gemeinsamen Wohnung am Boulevard Raspail zeichnete Feininger nur. Das Malen betrieb er in der Académie, um Julia Berg später mit seinen ersten Gemälden überraschen zu können. Dies dauerte bis zum April 1907, und die Ergebnisse waren noch denkbar konventionell: Stillleben und Stadtansichten aus Paris und Umgebung. Impressionistische Einflüsse sind ebenso zu sehen wie Motive, die schon in den Comics Verwendung gefunden hatten: markante Gebäude oder Brücken. Zu dem, was Feiningers Stil in seinen ersten Jahren als Maler ausmachen sollte, fand er erst mit einem Gemälde, das nach einer seiner Zeichnungen für «Le Témoin» entstand: «Die Werbung». Darin treten zum ersten Mal auf einer seiner Leinwände Personen auf, und sie tun es ganz im karikaturesken Stil, mit verzerrten und extrem gegensätzlichen Physiognomien, dazu in geradezu schreienden Farben, die einen Vorgriff auf Feiningers kommende Begeisterung für die Expressivität der Fauves darstellten, jener um Henri Matisse gebildeten französischen Künstlergruppe, die kurz nach der Jahrhundertwende mit ihrem wilden Kolorit Epoche und Skandal machte. Mit dem «Weissen Mann» gelang ihm dann zum Jahresende das erste gemalte Hauptwerk, auch dies eine Variation auf eine seiner Zeitschriftenillustrationen für «Le Témoin», die dort der amerikanisch anmutenden Kleidung des riesigen Flaneurs wegen «Les Regrets de M. Hearst» betitelt worden war – Feininger nahm einfach seinen eigenen extravaganten Kleidungsstil zum Vorbild.

Doch weil der größte Teil der frühen Gemälde entweder epigonal war oder eben noch ganz im Zeichen seiner bisherigen Karriere stand, stellte der spätberufene Maler sie lange Zeit nicht aus. Erst 1910 sollte er sich in der Frühjahrsschau der Berliner Secession, der er nach der Rückkehr aus Paris beigetreten war, mit einem Gemälde («Longueil, Normandie» von 1909) an die Öffentlichkeit wagen, das bezeichnenderweise in Komposition und Personnage wie ein isoliertes Panel aus einem seiner Comics gearbeitet war. Noch einmal wurde dadurch deutlich, welche Bedeutung diese Arbeiten bei der Herausbildung der Feiningerschen Bildersprache besaßen – gerade nach den buchstäblich akademischen Anfängen als Maler, die noch auf Menschen als Motiv verzichtet hatten. Das änderte sich mehr und mehr, zumal Feininger in Paris im Rahmen seiner Naturnotizen nun vor allem Typenbeobachtung in den Straßen betrieb. Diese Fixierung auf die menschliche Figur sollte im malerischen Frühwerk dominant bleiben.

In Paris hatte er zu Beginn gemalt wie ein Wilder, mehr als dreißig Bilder verzeichnet der Werkkatalog von Achim Moellers «Feininger Project» für das Jahr 1907.[49] Im Sommer 1907 war er in den Schwarzwald gefahren, um nach der Natur zu malen, und aus seinen Briefen an die mit dem Sohn daheim in Paris zurückgebliebene Julia Berg spricht noch größte Zufriedenheit mit seiner neuen künstlerischen Leidenschaft: «Ich male naiv das was ich sehen lerne. Ich habe seit einigen Tagen mich in Harmonie mit den Mitteln befunden, die Überlegung fehlt dabei nicht, es ist wundervoll, diese neu entwickelte Fähigkeit – Töne und Farbe nebeneinander versetzen zu können und miteinander zu vergleichen, und sie zu analysieren.»[50]

Der Stolz auf den abermaligen Aufbruch im reifen Künstleralter von sechsunddreißig Jahren ist spürbar, gleichzeitig zeigt die Betonung des koloristischen Aspekts seiner Malerei, dass Feininger zunächst noch der Farbe mehr Beachtung schenkte als der Form. Wobei jedoch der Begriff der «Analyse» bereits ein Ideal andeutet, das Feininger später zur Aufspaltung seiner Motive nach einer subjektiven

Lichtregie führen würde – die vielbeschworene «Kristallisation» seiner Bilder. Er selbst prägte den Begriff erstmals in einem Brief vom 29. August 1907: «In den kommenden Werken muss ich auf das aufbauen, was ich mühsam gelernt habe. Meine Farbe ist nun insgesamt stärker geworden, mein Werk muss mehr kraftvoller wachsen. Was man sieht muss auseinander genommen werden, um das Neue zu erschaffen (...) mir schweben schon ganz andere, Leucht- und Tonwerte, andere Übersetzungsmöglichkeiten als bisher, vor. Aber es ist fast unmöglich von der gewohnten Wirklichkeit abzugehen. Das Gesehene muss innerlich umgeformt und crystallisiert werden.»[51]

Doch davon ist in den ersten Bildern selbst noch keine Spur. Es wurde aber in den autonomen Zeichnungen vorbereitet, die Feininger nun zahlreich anfertigte. Hier fanden die eigentlichen Experimente mit der Form statt, und wie schon bei den Gemälden erwiesen sich die Comics und Karikaturen dabei als wichtige Katalysatoren. Zum Beispiel sollte Feininger zeit seines Lebens graphische Arbeiten mit Rahmenlinien versehen[52] – einem *finito*, das untypisch für freie Zeichnungen oder Aquarelle ist, an das er aber aus der Tätigkeit als Karikaturist gewohnt war. Durch die Anlehnung an die eigenen kommerziellen Illustrationen wurde er so etwas wie ein Pop-Art-Künstler *avant la lettre*, zumal auch Einflüsse aus der Pariser Plakatkunst, von Schießscheibenbildern oder dem Silhouettentheater Eingang ins Feiningersche Repertoire fanden. Darüber hinaus wich die anfängliche Zufriedenheit mit den eigenen Gemälden und die entsprechende Produktivität bald einem viel skrupulöseren Umgang mit der Malerei. Aus dem Jahr 1908 sind gerade noch elf Gemälde überliefert. Von nun an begann jene zweifelnde Werkphase, in der Feininger immer wieder Bilder zerschnitt oder gar vernichtete, wenn sie ihn nicht überzeugten.

Neues Leben, ganz neuer Stil

Im Aufbruchsjahr 1907 war er auch darangegangen, sein Privatleben neu zu ordnen. Die Geburt des Sohnes Andreas Ende Dezember 1906 machte eine Legitimation der Beziehung mit Julia Berg unvermeidlich, wenn Feininger erziehungsberechtigt sein wollte. Er reichte in Berlin die Scheidung von seiner Frau Clara ein, in die diese einwilligte – gegen die Zusage, monatlich neunhundert Mark an Alimenten für die beiden Töchter aus der Ehe zu zahlen, eine Regelung, die Feininger später als Zugeständnis seinerseits bezeichnete, weil ihm das Gesetz eigentlich nur fünftausend Mark jährlich vorgeschrieben habe.[53] Diese finanzielle Verpflichtung zwang ihn noch einige Jahre lang, seine Arbeit als Karikaturist für die deutschen Blätter fortzusetzen, vor allem, nachdem die amerikanischen Einnahmen wieder weggebrochen waren. Während des ersten Pariser Jahres hatte die Frequenz des Abdrucks seiner Karikaturen in den Berliner Zeitschriften gelitten, weil man Feiningers künstlerische Neuerfindung seiner selbst dort als Stilbruch empfand. Auf eine Zusendung im August 1907 reagierte Otto Eysler, der Herausgeber von Feiningers wichtigstem deutschen Forum, den «Lustigen Blättern», mit Unverständnis: «Wir haben Ihre Zeichnungen stets als Zierde und wertvolle Bereicherung unseres Blattes betrachten. Aber leider hat sich dem allgemeinen Urteil gezeigt, dass Sie während Ihres Pariser Aufenthaltes eine gewisse groteske und stark übertriebene Note angenommen haben, die dem deutschen Publikum nicht mehr verständlich ist.»[54] Das war selbst eine einigermaßen groteske Bewertung, ist doch gerade die Überzeichnung das Wesensmerkmal der Karikatur, aber man hatte Feininger dessen Abgang im Vorjahr eben nicht so einfach verziehen.

Feininger verstand die Absage als Aufkündigung der langjährigen Zusammenarbeit und reagierte darauf seinerseits beleidigt. Ein Jahr später musste er diese Empfindlichkeit allerdings wieder vergessen, und wie sich zeigte, war es von Berlin aus gar nicht mehr schwierig, die alten Auftraggeber zurückzugewinnen. Zugleich akzeptierte Feininger den erneuerten Zwang zur Disziplin als wichtiges Regulativ zur freien Künstlertätigkeit und als Trainingsfeld für das, was er mit seinen Zeichnungen und mittlerweile auch der Malerei anstrebte: einen neuen Gestus, der sich ganz der Komposition der jeweiligen Motive verdankt. Das Arrangement war ihm weitaus wichtiger als das Motiv selbst, und so wiederholte Feininger bestimmte Themen immer wieder, um eine einmal gefundene Komposition zu perfektionieren.

Ausgangspunkt waren dabei stets seine Naturnotizen, aber entscheidende Inspiration für die Formfindung wurde ihm der karikaturtypische Gang in die Groteske, und das blieb so, als er im Spätsommer 1908 nach Berlin zurückkehrte. Für den «Ulk» und die «Lustigen Blätter» sollte er noch zwei Jahre lang regelmäßig zeichnen, und mit der Zeitschrift «Das Schnauferl – Fliegende Blätter für Sport-Humor» fand er einen neuen Kunden, der ihm nun auch in Deutschland die Freiheit zur eigenständigen Motivwahl bot, wie er sie bei «Le Témoin» liebgewonnen hatte.[55] Die Familie bezog eine großzügige Wohnung im damals noch selbständigen Vorort Zehlendorf, südwestlich der Hauptstadt. Von hier aus frönte Feininger vor allem seiner Leidenschaft fürs Fahrradfahren, die er seit den Ausflügen rund um Weimar im ersten Halbjahr 1906 entwickelt hatte und umso passionierter betreiben sollte, je intensiver er sich in den Folgejahren während seiner Ferien- und Studienaufenthalte an der Ostsee oder in Thüringen auf Motivsuche in die Dörfer seiner Umgebung begab.

Den finanziell motivierten Abschied aus Paris hatte Feininger als Rückschlag empfunden. Unmittelbar vor der Rückkehr nach Berlin hatte er Julia Berg wie zur Versicherung, dass damit seine amerikanischen Zukunftspläne nicht begraben wären, geschrieben: «Ich will nicht Deutscher werden. Ich hätte bis vor kurzem nicht gedacht, dass mir dieser Gedanke so ganz bis in die Seele widerstreben könnte. So lieb wie ich das Land in vielem habe, es würde mir alles vergällen, mein amerikanisches Geburtsrecht aufzugeben.»[56] Vor dem Wegzug aus Frankreich hatte es noch eine einigermaßen skurrile private Episode gegeben: Feininger und Julia Berg begaben sich im April 1908 nach London, um dort zu heiraten, weil das weder in Deutschland noch in Frankreich so rasch nach einer Scheidung möglich war. Aber sie hatten übersehen, dass das britische Recht vor der Eheschließung einen mindestens dreiwöchigen Aufenthalt im Land verlangte, sodass sie unverrichteter Dinge wieder abreisen mussten. Im Herbst machten sie es besser: Am 25. September schlossen Feininger und Berg den Bund fürs Leben, zum Abschluss eines diesmal mehrwöchigen Aufenthalts in der britischen Hauptstadt. Julia war da bereits mit dem zweiten Kind schwanger; Laurence sollte am 5. April 1909 in Berlin zur Welt kommen, im Jahr danach, am 11. Juni 1910, folgte der dritte Sohn Theodore Lucas, genannt Lux.

Nun hatte Feininger eine große Familie zu versorgen, aber just 1910 gab er das einträgliche Karikieren auf und verlegte sich ganz auf eine Laufbahn als freier Künstler. Die erwähnte erste Ausstellung eines Gemäldes bei der Secession im Frühjahr war der Auftakt dazu, doch weitaus besser als seine Malerei verkaufte sich die Graphik, weil Feininger damit an seine Popularität als Illustrator anknüpfen konnte. In der im November 1910 stattfindenden Herbstschau der Secession, die den graphischen Künsten vorbehalten war, zeigte er gleich mehr als vierzig Arbeiten, die er zudem in «Fantastische Serien» nach Motivgruppen ordnete: Montmartre-Szenen, Darstellungen von Arbeitern und Lokomotiven sowie eine Werkgruppe, die er «Am Ende der Welt» betitelte. So kamen seine drei unterschiedlichen nationalen Einflüsse in einer Ausstellung zusammen: Der noch frische Eindruck aus Paris war in der ersten Gruppe vertreten, die lange zurückliegenden amerikanischen Reminiszenzen wurden von Lokomotivenbildern repräsentiert, und schließlich war da die deutsche Umgebung mit den Dorfmotiven, die nur halb scherzhaft als «Ende der Welt» bezeichnet wurden. Für Feininger hatte sich der Wiederbeginn in Deutschland vermutlich so angefühlt. Verstärkt wurde dieses Empfinden von Verlorenheit durch seine alte Faszination für Romantik, die in Berlin neu erwachte, während er in den Pariser Jahren vor allem die realistische französische Literatur des 19. Jahrhunderts schätzen gelernt hatte. Aber auch dort hatten die Feuilletonromane von Eugène Sue ein romantisches Korrektiv zu den sozialkritischen Büchern von Balzac, Hugo oder Zola dargestellt. Diese Ambivalenz seiner ästhetischen Vorlieben blieb bestimmend für Feininger, und in der späteren Anfangszeit am Bauhaus sollte daraus eine produktive Spannung zwischen dem Willen zur Weltveränderung und dem zur Weltflucht entstehen. «Am Ende der Welt» – das war sowohl Ironie als auch ein Sehnsuchtstopos.

Die Berliner Kunstkritik ließ indes kein gutes Haar an Feiningers graphischen Arbeiten. Das traf ihn besonders deshalb, weil er zu deren programmatischem Verständnis sogar einige Naturnotizen mitausgestellt und somit erstmals die Grundlage seines Schaffens offenbart hatte. Es wurde nicht honoriert, man rückte ihn in die Nähe von Jahrmarktssensationen, wenn vom «Jonglieren von Möglichkeiten» oder einem «Schock seiner phantastischen Grotesken» die Rede war, und ein Kritiker warnte seine Leser sogar: «Man darf nicht zu Feininger gehen.»[57] Im Rückblick bezeichnete der Künstler die Jahre von 1908 bis 1911 als «unsere am wenigsten glückliche Zeit», was er allerdings zugleich als künstlerisch selbstverschuldet ansah, weil er, wie er seiner Frau schrieb, «zunächst ins Unklare geraten war und zunächst mich hilflos gegen Impressionismus wand, und Du mir nicht ins Ungewisse etwa bestätigend folgen konntest».[58] Der Vorwurf an die Gattin, ihn nicht ausreichend auf seinem Weg unterstützt zu haben, kündet von einem Egoismus, der seine Schwierigkeiten damit hatte zu akzeptieren, dass die Mutter von mittlerweile drei Kindern noch anderes zu tun haben könnte, als ihren Mann permanent künstlerisch zu ermutigen. Hier wird zum ersten Mal explizit ein egozentrischer Charakterzug bei Feininger sichtbar, der nach 1933, bei der Frage, ob die Familie in Deutschland bleiben sollte, eine entscheidende Rolle spielen würde.

Im November 1910, auf dem Höhepunkt der eigenen Unzufriedenheit, entstand das erste gemalte Selbstporträt. Das Bild war das Resultat einer vorangegangenen intensiven zeichnerischen Beschäftigung mit sich selbst, die mehr als zwei Jahre umfasste, also nach der Rückkehr aus Paris nach Berlin begonnen hatte. Das Gemälde setzt auf die Schockwirkung der für Feininger damals typischen Farbkontraste, die sich immer noch seinen Erfahrungen mit den lithographierten Karikaturen aus den «Lustigen Blättern» verdankten: Das Giftgrün des Gesichts trifft auf das Lachsrosa der Krawatte. Am auffälligsten aber ist die schwarze Kleidung, vor allem der breite Hut – viel eher ein amerikanischer Stetson als ein zu Beginn des 20. Jahrhunderts in Deutschland gängiges Accessoire. Feininger stilisiert sich hier plakativer als in den gezeichneten Selbstporträts zum Amerikaner in Berlin, als ein Fremdkörper im buchstäblichen Sinne, dem nicht einmal ein ausgefertigter Hintergrund vergönnt wird – ein Unangepasster. Einziger sichtbarer Verweis auf seine deutsche Umgebung ist die dünne Tonpfeife als Relikt des damaligen karikaturesken Klischeebilds dekadenter Jugendlichkeit. Ein dreifacher Familienvater ist es jedenfalls nicht, der uns da anblickt, vielmehr ein als diabolisch porträtierter Charakter, dessen Verteufelung aber im Auge des Betrachters liegt.

Genau so empfand Feininger seine Rolle in Berlin. Das Bild stellte er nie aus; es blieb bis 1933 in seinem Atelier. Als dann wieder einmal eine Rückkehr nach Berlin anstand, diesmal aus Dessau, sonderte er das Bild als Reminiszenz an eine schlechte Phase in der Reichshauptstadt aus. «Er trennte es von seinem Keilrahmen, packte die vier Hölzer zum Mitnehmen ein, zerknüllte die Leinwand und warf sie zum Verbrennen in den Papierkorb», erinnerte sich später sein Freund Hermann Klumpp, der den Feiningers 1933 beim Umzug geholfen und das verworfene Gemälde vor seinem Schicksal gerettet und aufbewahrt hatte.[59] Das einzige weitere gemalte Selbstporträt Feiningers entstand 1915, und es sollte nicht nur einen ganz anderen Duktus, sondern auch ein ganz anderes Selbstbewusstsein aufweisen. Das glühende Grün des Vorläufers allerdings setzte sich in den Augen des späteren Bildes fort – im englischsprachigen Kulturkreis gilt Grün als die Farbe der Eifersucht. Dieses Gefühl kannte der Künstler Feininger.

Die für ihn enttäuschende Rezeption in den Ausstellungen der Secession ließ ihn wieder von Paris träumen. Schon im Frühherbst 1910 waren die Überlegungen für einen weiteren kurzen Aufenthalt derart konkret geworden, dass er in bewährter Manier die Mitwirkung seiner Frau einforderte, allerdings verbrämt als Ermutigung, nach der Geburt des dritten Sohnes doch nun ihre künstlerischen Ziele wiederaufzunehmen: «Wir werden unseren Plan vorantreiben, im März für ein paar Wochen nach Paris zu gehen, was die größte *Anregung* und der größte *Anstoss* [jeweils im englischen Original auf deutsch] für uns beide sein wird. Jetzt oder nie musst Du die Mühe auf Dich nehmen zu arbeiten. Stell Dir 30 – 40 kommende Jahre ohne Aktivität oder Produktion vor, das wäre einfach unmöglich für Dich, Du musst und ich werde nach Kräften alles dafür tun, Dich bei der Stange zu halten.»[60]

Es dauerte dann aber doch bis Mai 1911, ehe Feininger sich ein weiteres Mal in die französische Hauptstadt begab (und zwar bezeichnenderweise allein); diesmal allerdings nur für zwei Wochen, jedoch mit einer Einladung in der Tasche, als Mitglied der Berliner Secession einige Bilder im Salon des Artistes Indépendants auszustellen. Sechs Gemälde wählte Feininger dafür aus, vor allem solche mit französischen Motiven, darunter als repräsentativstes die für seine Verhältnisse großformatige «Grüne Brücke» aus dem Jahr 1909, ein Gemälde von immenser Farbgewalt, das aber durch die von der Literatur des 19. Jahrhunderts angeregten Staffagefiguren wie eine Reminiszenz an das Paris einer vergangenen Zeit wirkte. Immerhin hat die amerikanische Schriftstellerin Charlotte Teller, die Feininger später in Berlin besuchte, dessen Erinnerung an einen Besuch von Henri Matisse auf der Pariser Ausstellung kolportiert. Dieser soll angesichts der «Grünen Brücke» gesagt haben, nun müsse er ein in der Nähe hängendes eigenes Bild überarbeiten, damit es dem Vergleich mit Feiningers Gemälde standhalten könne.[61]

Diskutiert dagegen wurde auf dem Salon über die radikalste Avantgarde jener Jahre: die Kubisten. Nicht, dass Feininger immer noch nichts von ihnen gehört hätte. Auch Berliner Galerien wie Cassirer hatten die umstrittene Kunstrichtung schon ausgestellt, aber er war nie ein großer Freund von Besuchen in solchen Einrichtungen gewesen, also wird er davon gelesen oder erzählt bekommen haben. Nun aber sah er sie nachgewiesenermaßen zum ersten Mal, und der Eindruck war tief, denn wenn es einen Stil gab, auf den sein eigener Begriff der «Kristallisation» zutraf, dann die facettierte Wirklichkeit von Picasso, Braque, Gris und deren Adepten.

Im folgenden Jahrzehnt wurde Feiningers Malerei immer wieder als kubistisch beschrieben. Er selbst wies dies vehement zurück, doch welch starken Eindruck die neue Form zumindest auf seine Überlegungen zur Kunst machte, findet man in der Korrespondenz aus der Zeit bis 1920 immer wieder bestätigt. Noch in einem der ersten Katalogaufsätze, die über sein Werk erschienen, schrieb der Kunsthistoriker Paul Erich Küppers, der sich zur Vorbereitung seines Textes mit dem Maler unterhalten hatte, im Jahr 1919: «Lyonel Feininger hat die Grundsätze des Kubismus auf seine persönliche Art ausgelegt und abgewandelt. Während Picasso die objektive Daseinsform ganz der zwingenden Logik seiner Bildkonstruktion opfert, bleibt bei Feininger das anregende Naturmotiv hinter den Strahlungen und Brechungen seiner Raumkristalle sichtbar. Aber indem sich diese in klarer, unbegreiflich beglückender Ordnung aufeinandertürmen, lassen sie die Zufälligkeiten und Fragwürdigkeiten der äußeren Erscheinung hinter sich und wachsen so in die geläuterte Ruhe einer Welt hinein, in der alle Willkür überwunden ist. Und da der Künstler dem ungeordneten Chaos da draußen den geschliffenen Kristall seines Kosmos gegenüberstellt, kündet er, ein gläubiger Apostel, von der göttlichen Kraft, die die Sterne in ihre Bahnen zwingt und das ganze All nach ewigen, unwandelbaren Gesetzen regiert.»[62]

Der unmittelbare Bezug des letzten Satzes auf Feiningers nur wenige Monate zuvor publiziertes Titelblatt für das Eröffnungsmanifest des Bauhauses ist evident, ebenso das Bemühen von Künstler und Interpret, die Eigenständigkeit gegenüber dem mittlerweile zum Inbegriff des Umstürzlerischen gewordenen Kubismus zu betonen: Feininger verstand seine eigene Kunst nicht als eine die Wirklichkeit zerlegende, sondern als organisierende. «Mein Kubismus, um es fälschlich zu bezeichnen, weil es das Gegenteil der Ziele darstellt, die die französischen Künstler verfolgen, beruht auf dem Prinzip von Monumentalität und Konzentration bis zum absoluten Extrem meiner Wahrnehmungen, entweder kompositorisch oder gemäß der Natur», schreibt er aus einem Abstand von zwei Jahren und führt weiter aus: «Kubismus ist eine Synthese, aber läuft leicht Gefahr, ins Mechanische abzurutschen. Ich hatte den Mut, absolut mechanisch zu beginnen, um mich dann zur lebendigen Form durchzuarbeiten, mein ‹Kubismus› (noch einmal: das ist falsch bezeichnet, nenn es lieber, wenn es denn einen Namen tragen muss, ‹Prisma-ismus›, obwohl das auch nur ein Element davon darstellt) ist visionär, nicht körperlich.»[63]

Der Kunsthistoriker Ulrich Luckhardt erkennt denn auch eine unmittelbar nach der Begegnung mit dem Kubismus einsetzende Gegenbewegung in Feiningers Malerei: «Es ist für ihn nicht das einzelne Objekt, das neu definiert werden soll, sondern es ist das gesamte Bild, das er zergliedert, ‹chrystallisiert›, und als Bildraum wieder neu aufbaut und strukturiert.»[64] Am ehesten wird man Feiningers Entwicklung wohl gerecht, wenn man sagt, dass er die analytischen Prinzipien des Kubismus übernahm, aber konsequent konstruktiv umdeutete.

Geradezu leidenschaftlich war dagegen seine Abgrenzung von der Malerei Robert Delaunays, die zusammen mit der seinen im Salon des Artistes Indépendants ausgestellt war – kein Wunder, waren die Gemeinsamkeiten zwischen dessen Bildern und vor allem Feiningers «Grüner Brücke» in ihrer jeweiligen Farb- und Formästhetik doch unübersehbar. Zudem sollten sich beide Künstler in den folgenden Jahren immer intensiver mit Gemäldeserien beschäftigen, die jeweils himmelstrebende Gebäude zum Gegenstand hatten: Delaunays Bilder vom Eiffelturm haben in der öffentlichen Wahrnehmung dieselbe

Bedeutung wie der Kirchturm von Gelmeroda bei Feininger. Als beide Künstler zwei Jahre später in Berlin noch einmal mit Bildern in einer Ausstellung vertreten waren, riss es Feininger zu einem seiner sehr selten explizit negativen Urteile über das Schaffen eines anderen Künstlers hin; er nannte Delaunays Gemälde «nur sterile und verrannte, nicht einmal abgeklärte Versuche über rein physikalische Lichtprobleme».[65] Wie sehr ihm der Vergleich mit dem orphischen Kubismus Delaunays und die in seinen Augen darin implizite mangelnde Anerkennung der eigenen Originalität nachging, zeigt noch ein Brief, den er 1928 an Alfred H. Barr schrieb: «Ich weiß wenig oder gar nichts über Picasso, Braque oder Delaunay und bin einigermaßen überrascht, dass Sie irgendeine Ähnlichkeit zwischen ihrem und meinem Werk erkennen wollen.»[66]

Zurückgekehrt nach Berlin, wurde seine Malerei durch die Gewalt der neuen Eindrücke aber erst einmal gehemmt. Gerade einmal fünf Bilder sind aus dem Jahr 1911 überliefert, im folgenden dagegen, einem der produktivsten seines Lebens, entstanden deren einunddreißig. Feininger malte sich mit wachsendem zeitlichen Abstand zum Paris-Besuch frei, und 1912 wird erstmals das auf der Leinwand sichtbar, was ihn berühmt machen sollte: «Brücke 0», «Benz 1» und «Teltow 1» führen die Ver- und Umarbeitung des kubistischen Einflusses vor, und es ist bezeichnend, dass nur das erste Gemälde dieser Trias ein bereits aus seinem Werk vertrautes französisches, stark bevölkertes Motiv variiert, während danach immer mehr dezidiert deutsche und jeder Anwesenheit von Menschen entkleidete Schauplätze zum Zentrum der malerischen Erkundung wurden. Es sind dann die Konturen von Gebäuden oder Naturformationen, die Feininger über diese Gegenstände hinaus verlängert. Die dadurch entstandenen ungegenständlichen Räume verwandelt er durch Farbabschattungen in imaginäre Bauelemente und baut seine Himmel damit gleichsam architektonisch auf – eine Welt, die ganz und gar dem konstruktiven Prinzip des Künstlers gehorcht.

In den Hintergrund rückten für eine ganze Weile im Atelier auch die bislang so dominanten amerikanischen Kindheitserinnerungen in Form von Schiffen und Lokomotiven. Die Beschäftigung damit verlagerte sich auf bemaltes Holzspielzeug für seine kleinen Söhne. Bemerkenswert ist, dass Feininger eines seiner bislang großformatigsten Gemälde (89 mal 134 Zentimeter), «An der Seine», eine französische Szene, zwar noch beginnt, aber aus Unzufriedenheit nie beendet und es schließlich verwirft: «Bild vernichtet», notierte er auf einer erhaltenen Fotografie der ersten Fassung des Bildes, das er mutmaßlich bis 1917 immer wieder umgearbeitet, auch in seinen Ausmaßen drastisch beschnitten hatte, sodass das schließlich doch überlebende Fragment heute fast um zwanzig Zentimeter flacher ist als die ursprüngliche Leinwand. Der vergebliche Versuch, in «An der Seine» noch einmal alle Elemente seiner bisherigen Malerei zu bündeln – Brücken, Stadtansichten, Schiffe, grotesk porträtierte Figuren, dazu die Farbexperimente der Karikaturistentätigkeit –, kündet ebenso von Feiningers neuem Bildverständnis wie die vielen vollendeten Gemälde des Jahres 1912.

1912 war auch das Jahr, in dem er in Deutschland künstlerische Bekanntschaften machte, die ihn ähnlich beeindruckten wie die Pariser Erfahrung. Die Maler der sächsischen Künstlergruppe «Die Brücke» waren mittlerweile aus Dresden nach Berlin gezogen, und mit einem von ihnen, Karl Schmidt-Rottluff, schloss Feininger eine lebenslange Freundschaft. Die expressionistische Bildsprache der Gruppe übertraf an Drastik die der französischen Fauves, und vor allem in den Reaktionen der Berliner Kritiker auf diese Kunst erkannte Feininger ein ähnliches Muster wie gegenüber dem eigenen Schaffen. «Wer nur meine Arbeiten, die bisher ausgestellt waren, kennt, neigt durchweg zur Meinung, ich sei boshaft, pervers, dem Ekelhaften ergeben, voll Freude daran! Oh, die Esel! Keinen Pfifferling wert ist die ganze deutsche Art, vom Menschen auf den Künstler so schliessen zu wollen – es ist ganz sicherlich <u>immer</u> das Gegenteil der Fall.»[67]

Diese Philippika formulierte er in einem seiner frühesten Briefe an Alfred Kubin, der ihn einen Monat zuvor angeschrieben und den gegenseitigen Tausch von Zeichnungen vorgeschlagen hatte. Daraus entwickelte sich eine enge Freundschaft, begleitet von einer sieben Jahre währenden intensiven Korrespondenz, die erst mit Feiningers Berufung ans Bauhaus abbrach. Im österreichischen Meister des Unheimlichen erkannte Feininger eine verwandte Seele.

In Paris hatte er Georges Seurats und Odilon Redons Kohlezeichnungen mit ihren Visionen von der Nachtseite der menschlichen Psyche kennengelernt, deren Einfluss man in seinen eigenen Kohlestudien, mit denen er damals begann, feststellen kann. Durch die Faszination für Kubin wurde diese Prägung noch vertieft. 1909 war dessen Roman «Die andere Seite» erschienen, der literarisch einen präsurrealistischen Eskapismus betrieb, wie ihn auch Feiningers frühe Gemälde aufwiesen – und für Kubins in zahlreichen deutschen Zeitschriften veröffentlichte Tuschzeichnungen galt das ohnehin. «Wir haben der Zeichenkunst neue Gebiete erobert – das merken heute noch verdammt wenige»,[68] proklamierte der neue Freund, und Feininger fand sich erstmals von einem Kollegen zur Gänze verstanden, erfreulicherweise von einem, der wie er nicht auf Gruppenbildung erpicht war: «Herdenweise können solche Menschen wie wir sich nicht zusammenschliessen; ich ziehe daher eine eherne Grenze um mich herum, sobald landläufige Kunstinteressen an mich stossen; ich fühle mich als Eigenwesen und die Kunst ist keine Profession sondern höchster Ausdruck, höchste Notwendigkeit. Eine Volkskunst kann es nicht mehr geben, die ist endgültig aus, durch die Maschine getötet; und, noch viel sicherer: durch die sogenannte ‹Bildung› der Massen getötet.»[69] Mit dieser Absage an ein egalitäres Kunstverständnis hatte «das Eigenwesen» Feininger alle seine Herkünfte abgetan: Amerika als das prototypische Land der Maschine, Deutschland als das ebenso prototypische Land der Bildung und auch die Karikatur, die ihm ja Profession gewesen war und somit keinen Anspruch mehr auf Kunst erheben konnte. Mit dem Jahresende 1912 hatte Feininger sich völlig neu erfunden.

Allerdings hatte er wieder eine amerikanische Enttäuschung zu verkraften. Im März war ein Mitglied des Organisationskomitees einer großen für 1913 geplanten Kunstausstellung in New York an Feininger herangetreten und hatte ihn zur Teilnahme eingeladen: «Sie müssen dem amerikanischen Publikum die Möglichkeit geben, einige Ihrer Arbeiten zu sehen (…) vielleicht könnten Sie uns über die Situation in Berlin Auskunft geben (…) und uns auf real new blood aufmerksam machen.»[70] Es ging um die berühmteste Kunstausstellung, die es jemals in den Vereinigten Staaten gegeben hat: die Armory Show, mit der die Moderne nun auch in Amerika durchgesetzt wurde. Feininger wartete allerdings vergeblich auf konkretere Mitteilungen; er war zwar im Dezember immer noch als Teilnehmer im Gespräch, doch als die Ausstellung schließlich am 17. Februar 1913 eröffnete, waren an «real new blood» aus Deutschland nur Wassily Kandinsky und Ernst Ludwig Kirchner vertreten. Es sollte Feiningers letzte große amerikanische Chance für anderthalb Jahrzehnte gewesen sein.

Trotzdem kam 1913 endlich der ersehnte Erfolg, wenngleich in Deutschland. Der war auch bitter nötig, denn in der ersten Jahreshälfte wartete Feininger vergeblich auf Verkäufe seiner Bilder. An Alfred Vance Churchill schrieb er Mitte März tief enttäuscht: «Ist es nicht Beweis genug, dass (…) ich bisher noch kein einziges Bild, keine Radierung oder Zeichnung verkauft habe? Du machst Dir keine Vorstellung, als was für ein Verbrechen in Deutschland Originalität gilt! Mit was für einem Misstrauen, ja beleidigender Skepsis der Erneuerer hier betrachtet + behandelt wird.»[71] Die aus den fehlenden Verkäufen resultierende finanzielle Abhängigkeit von der Familie seiner Frau beklagte er genauso heftig: «Mein Selbstvertrauen leidet unter dem Zustand meiner Finanzen, ich kann mich des Gefühls nicht erwehren, dass ich in eine Abhängigkeit geraten bin, weil ich nicht lukrativ angestellt bin.»[72]

Das steht im ersten Brief, den Feininger an seine Frau aus Weimar schrieb, wo er sich im Sommerhalbjahr 1913 immerhin fünfeinhalb Monate lang aufhalten sollte, um seine geliebten thüringischen Dörfer zu besuchen – dafür hatte der so ums selbständige Auskommen besorgte Familienvater dann doch noch genug Geld übrig. Dort fand er auch seine Inspiration wieder: «Seit 10 Tagen grinst mich ein aufgezeichnetes Bild, Kohle auf Leinwand, 80 × 100 (cm) an, zu dem ich immer sehnsuchtsverzehrtere Blicke hinübersende – die Gelmerodaer Kirche. Aber ich bin im Gleichgewicht jetzt und weiss, wenn ich es wieder aufnehme, wird's gut werden.»[73] Tatsächlich sollte Feininger im Herbst 1913 gleich zwei Gemälde der Kirche anfertigen. Sie gefielen ihm selbst so gut, dass sie zum Ausgangspunkt für eine ein Vierteljahrhundert umspannende serielle Beschäftigung mit diesem Motiv wurden, die schließlich neben zahllosen Zeichnungen und Graphiken ein Dutzend Gemälde umfassen sollte.

Doch der Sommer gestaltete sich zunächst noch heikel. Seine Unzufriedenheit über die finanzielle Situation wurde dramatischer: «Ich leide darunter, als wäre meine Seele krebskrank, was mich erniedrigt und mir meine Energie, meinen Stolz raubt als Mann, der einer Familie vorsteht, die er finanziell nicht versorgen kann.»[74] Kein Wort allerdings darüber, dass der Familienvorstand seine Frau und die Kinder in Berlin zurückgelassen hatte. Nun durften sie ihm immerhin für zwei Monate nachreisen, doch in dieser Zeit konnte Feininger nicht ungestört malen. Somit drohte eine neue künstlerische Durststrecke, als ein Brief von Alfred Kubin eintraf, der Feininger eine baldige Ausstellungsmöglichkeit für Berlin verhieß – abseits der mittlerweile längst konventionell gewordenen Bahnen der Secession, der er gerade erst seine Mitgliedschaft aufgekündigt hatte. «Es wird im Sept. (20.) in Berlin eine sehr schöne Bilderschau vereinigt – ein ‹Herbstsalon›, der alle strebenden Elemente bringen soll», schrieb ihm Kubin. «Man wird auch Sie einladen und vielleicht, es wäre sehr schön: geben Sie auch etwas von Ihren herrlichen Bildern hin. Der Moment ist sehr günstig, da die Secession so kläglich scheiterte.»[75]

Was Feininger selbst nicht gelungen war, erledigte Kubin aus der Ferne für ihn: Anschluss an die wirkliche Berliner Avantgarde zu finden, vor allem an deren Mentor, den Schriftsteller Georg Lewin, der unter seinem Künstlernamen Herwarth Walden 1912 die Galerie «Der Sturm» gegründet hatte und nun nach Pariser Vorbild einen ersten Salon organisieren wollte. Dieser sollte ganz der zeitgenössischen Kunst gewidmet sein, nicht mehr den auch in Deutschland bereits durchgesetzten Impressionisten. Dafür warb Walden vor allem die eigenen Künstler an, darunter die Maler des «Blauen Reiters» um Franz Marc und Wassily Kandinsky sowie Paul Klee, Alexej von Jawlensky, August Macke und Kubin, der wiederum Feininger empfohlen hatte. Dessen spätere Freundschaft am Bauhaus mit Klee und Kandinsky nahm auf dem Herbstsalon ihren Anfang, als Feininger zunächst deren Bilder kennenlernte (allerdings da noch nicht schätzen: «Kandinsky zum Beispiel ist in seinem Schaffen mir ganz wesensfremd – denken Sie an meine gewisse Härte und, wie Sie schrieben: Kühle, Klarheit – Ordnung – und dann an das gänzliche Gelöstsein aller formalen Fesseln eines Kandinsky!»,[76] teilte er Kubin mit). Mit Jawlensky war auch schon jener Maler dabei, der sich mit ihm, Klee und Kandinsky 1924 zur Künstlergruppe «The Blue Four» zusammentun würde, um ihre Werke gemeinsam in Amerika vermarkten zu lassen. Allerdings war zu Feiningers Ärger auch Delaunay reich auf dem Herbstsalon vertreten, während die Protagonisten des französischen Kubismus ebenso wie die Brücke-Maler fehlten, weil ihre Galeristen dem jungen Konkurrenten Herwarth Walden nicht die eigenen Künstler zuspielen wollten.

Insgesamt verzeichnete Waldens Katalog neunzig Namen mit dreihundertsechsundsechzig Werken, darunter vier 1912 angefertigte Gemälde von Feininger (unter anderem «Teltow 1»), während Kubin neunzehn Zeichnungen schickte. Charakteristischerweise scheuten beide die Öffentlichkeit: Kubin kam gar nicht nach Berlin, und Feininger besuchte den Salon erst zwei Wochen nach dessen Eröffnung, war dann aber begeistert.

Auch die Resonanz in der Presse war positiv. Nur der Rezensent des «Berliner Tageblatts» hatte harsche Kritik speziell an Feininger geübt: «Bedauerliche Entgleisungen eines an sich amüsanten Talentes», hieß es dort, aber das wurde von Feiningers Freunden gedeutet als «peinliche Verlegenheit, ein immerhin doch ehemaliges Redaktionsmitglied in einem so kompromittierenden Milieu anzutreffen».[77] Diese eine Ausfälligkeit war zu verkraften, zumal Feininger zwei seiner vier Gemälde verkaufen konnte und von der auf Gegenwartskunst spezialisierten Galerie Arnold in Dresden das Angebot bekam, dort zu Beginn des neuen Jahres auszustellen.

Damit fühlte Lyonel Feininger sich in seiner neuen Heimat endlich akzeptiert. Ein Jahr nach dem Brief an Churchill mit dem Zornesausbruch über das deutsche Desinteresse an seiner Kunst schrieb er – wieder einmal für Monate allein nach Weimar abgereist – an Julia Feininger: «Jetzt, schon seit langer Zeit, aber ganz begründet seit dem vorigen Jahre, sind die Wege klar und Dein Verstehen so sicher und so ganz bei mir! Darum war ich noch nie so glücklich wie jetzt.»[78]

EIN GEZEICHNETES WESEN

Lyonel Feininger im Ersten Weltkrieg

Zwei Monate später war Krieg. Und den Krieg verbrachte Feininger nahezu komplett in Zehlendorf. Reisen ins geliebte Paris war nun unmöglich geworden, und aus Rücksicht auf die Familie verzichtete er bis 1917 auf die bislang üblichen Sommeraufenthalte an der Ostsee oder in Thüringen – zu prekär war die finanzielle Situation, und die Versorgungslage wurde im Zuge der britischen Seeblockade immer schlechter.

Einige Wochen nach Kriegsausbruch schrieb Karl Feininger seinem Sohn aus New York einen Brief. Beide hatten sich seit mittlerweile vierundzwanzig Jahren nicht mehr gesehen, aber über diese Zeit hinweg eine regelmäßige, wenn auch nur in größeren Abständen aufrechterhaltene Korrespondenz geführt. Seinem letzten Brief kurz vor Kriegsbeginn jedoch hatte Lyonel Feininger unter dem Eindruck der Ereignisse ungewöhnlich rasch einen weiteren folgen lassen, und so antwortete der Vater am 8. September 1914 gleich auf zwei Schreiben: «Mein lieber Sohn Leo – beide Deiner Briefe (vom 21. Juli und 2. August) erhalten. Ersterer erreichte mich genau an meinem Geburtstag [31. Juli], der Letztere am 4. September. Dass ich den früheren nicht beantwortet habe, liegt daran, dass es keinen Postverkehr nach Deutschland gibt. Ich hoffe nun, dass dies hier Dich durch Glück erreicht. Aber ich bedanke mich sehr für die Glückwünsche zu meinem Geburtstag und für die Bemühungen, meine Ängste um Euch alle zu zerstreuen. Im Hinblick auf die jüngsten und noch zu erwartenden Entwicklungen ist das allerdings leichter gesagt als getan; und ich spüre jeden Tag, dass Du und die Deinen in großer Gefahr sein müsst. Diese Sorge um Euch ist so heftig, dass der

Gedanke an eine friedvolle Korrespondenz derzeit völlig außerhalb meiner Vorstellung ist. Deshalb wirst Du nicht übel nehmen, dass ich weder Stimmung und Tonfall Deines Briefes vom Juli aufnehmen kann, wie ich es vorhatte, noch in eine Diskussion über den Krieg eintreten werde, der nach meiner Meinung bereits jetzt der größte Krieg in der Geschichte ist. Darüber nachzudenken erfüllt mich mit akutem Schmerz – alle Freude, selbst die eines einzelnen Moments, ist mir unmöglich. Möget Ihr alle die schrecklichen Folgen dieses fürchterlichen Kriegs in Sicherheit überstehen; aber damit erhoffe ich wahrscheinlich zu viel, weil alles in größter Gefahr ist. Ich denke an Euch in fast jedem Augenblick und bitte Dich inständig, mich wann immer möglich wissen zu lassen, wie es Euch geht – auch wenn es nur mit einer einzigen Zeile wäre. Ich werde keine Ruhe finden, bis dieser Krieg vorbei ist. Mit größter Zuneigung für Dich und die Deinen von Jane und mir, Dein ängstlicher Vater Karl Feininger.»[1]

Man kann diesem Brief entnehmen, wie eng trotz des traumatischen Bruchs vom Sommer 1890 das Verhältnis der beiden Feiningers wieder geworden war. Obwohl der Vater nach der Scheidung von der Mutter ein weiteres Mal geheiratet hatte, werden die räumliche Distanz und Lyonel Feiningers stetes Kokettieren mit einer Rückkehr nach Amerika diese persönliche Wiederannäherung erleichtert haben. Doch das von Karl Feininger erhoffte Glück sollte angesichts der abgebrochenen regulären Postverbindungen – Briefe zwischen den Vereinigten Staaten und dem Deutschen Reich waren zuvor überwiegend von britischen Schiffen transportiert worden, die nun aber jede Mitnahme von Postsendungen ins Feindesland verweigerten – während der Kriegszeit nur noch selten eintreten. Um die Möglichkeit eines weiteren Austauschs mit seinem Vater in dessen letzten Jahren ist Feininger durch den Krieg betrogen worden; Karl Feininger starb 1920, und in den sechs Jahren zuvor hatte nur noch eine Handvoll seiner Briefe den in Deutschland lebenden Sohn erreicht.

Wie groß dessen Schmerz über diese erzwungene Wiederentfremdung war, kann man einem Brief vom 15. September 1919 entnehmen, geschrieben, kurz bevor der Kontakt zum Vater noch einmal kurzzeitig wiederhergestellt werden konnte, und adressiert an Fred Werner, den ehemaligen Mitbewohner aus Berliner Studententagen: «Von meinem Vater habe ich seit Februar 1916 kein einziges Wort gehört – ich weiß nicht einmal, ob er noch lebt. Ich habe ihm geschrieben, rund 40 Briefe in fünf Jahren, aber nie eine Antwort erhalten, außer auf einen Brief, den ein amerikanischer Künstler, der im Dezember 1915 nach New York zurückkehrte, meinem Vater mitgebracht hatte. Ich vermute, meine Briefe waren zu ‹pro-deutsch›, um von den englischen Zensoren akzeptiert zu werden, und sind alle beschlagnahmt worden.»[2] Diese Befürchtung traf allerdings nicht zu: Wie ein ausgerechnet am selben Tag verfasster Brief Karl Feiningers zeigt, der schließlich als erstes Schreiben nach Kriegsende den Sohn erreichen sollte, waren einige Briefe an den Vater aus den Jahren 1914 bis 1918 durchgekommen.[3] Vielmehr hatte wohl die deutsche Zensur sämtliche Briefe des Vaters aus Amerika abgefangen; sie haben sich jedenfalls bis auf den vom September 1914 nicht erhalten; ebenso wenig gibt es derzeit eine Spur der angeblich vierzig Briefe von Lyonel Feininger.

Die vom Vater befürchtete Gefahr für seinen Sohn und dessen Familie bestand zunächst nicht. Lyonel Feininger war sofort nach Ausbruch des Kriegs aus Weimar nach Berlin zurückgekehrt. Als amerikanischer Staatsbürger musste er nicht mit einer Einberufung rechnen, die viele der ihm bekannten deutschen Kollegen ereilte. August Macke sollte bereits zwei Monate nach Kriegsausbruch fallen, der Bielefelder Avantgardist Hermann Stenner im Dezember, der Maler und Karikaturist Albert Weisgerber im Mai 1915 und Franz Marc schließlich im März 1916 – um nur einige der prominentesten Kriegsopfer unter den Künstlern zu nennen. Unter den von ihren Erlebnissen als Soldaten an der Front schwer Traumatisierten waren etwa Otto Dix, Max Ernst, Max Beckmann oder Carl Lohse; mehr Glück hatte Feiningers späterer Freund und Bauhaus-Kollegen Paul Klee, der zwar eingezogen, aber als Zeichner zu einem Flugversuchsfeld abgeordnet worden war, was ihm jegliche Kampfhandlung ersparte.

Gerade im Vergleich mit dem gebürtigen Schweizer Klee, der jedoch durch seinen deutschen Vater zugleich Staatsangehöriger des Reichs war, bewährte es sich, dass Feininger nie um eine Einbürgerung nachgesucht hatte. Und als Amerikaner kam er auch um die Ausweisung ins Heimatland oder in einen neutralen Staat herum, die jene im Reichsgebiet lebenden ausländischen Künstler traf, die aus den jetzigen Feindstaaten stammten. Dabei war es ganz egal, auf welcher Seite sie persönlich standen – und nicht wenige von ihnen sympathisierten mit dem Deutschen Reich als ihrem langjährigen Gastland. So schrieb etwa der fassungslose Wassily Kandinsky, nachdem ihn sofort nach der deutschen Kriegserklärung an Russland der amtliche Ausweisungsbeschluss erreicht hatte, der ihm eine Frist von nur achtundvierzig Stunden für die Ausreise ließ: «Von den 16 Jahren, die ich in Deutschland lebe, habe ich nicht wenige vollkommen dem deutschen Kunstleben abgegeben. Wie soll ich mich jetzt plötzlich hier fremd fühlen?»[4] Aber die Bürokratie kannte nur das Kriterium der Nationalität. Am folgenden Tag verließ Kandinsky das Reich und ging in die neutrale Schweiz, wohin auch sein Landsmann Alexej von Jawlensky bereits notgedrungen aufgebrochen war. Eine Rückkehr nach Russland, selbst wenn sie den beiden Künstlern erwünscht gewesen wäre, war unmöglich, weil der Weg dorthin mitten durchs Kampfgebiet geführt hätte.

Blieb Feininger von dergleichen verschont, wurde sein Leben dennoch durch den Kriegsbeginn gravierend verändert. Im Frühjahr 1913, als er noch im Zweifel über seine Zukunft als Maler gewesen war, hatte er eine alternative Geschäftsidee entwickelt, die auf seiner Begeisterung beruhte, Spielzeug für seine drei kleinen Söhne anzufertigen: Er plante eine industriell produzierte Serie von aus Holz geschnitzten und bemalten Eisenbahnen, und da er mit amerikanischem Unternehmergeist an das Projekt heranging, dachte er sogleich im Weltmaßstab und bereitete eine entsprechende Patentanmeldung vor: «Ich arbeite von früh bis spät an den Modellen. Ich sehe in den Gedanken der Modellzüge eine unerschöpfliche Quelle von pikantesten, reizendsten Möglichkeiten. Mir ist jetzt bei der Arbeit, als sorgte ich für die Zukunft, in materieller Hinsicht; meine Idee ist aber auch, einen Artikel für den Welthandel zu gestalten. Nicht immer nur eine lokale ‹gute Idee› für den Weihnachtstisch oder ein, zwei Jahre; sondern, wie etwa ‹Anker-Stein-Bau-Kästen› oder die bereits bestehenden mechanischen Eisenbahnen auf Schienen und sonstigem System von Wagen, Zutaten, etwas zu begründen was jeden Jungen, und die meisten Erwachsenen, reizt und erfreut. Ich kann mir vorstellen, dass Erwachsene, die sonst die Eisenbahnen lieben oder, als Kinder liebten, sich Modelle kaufen und aufstellen.»[5]

Im Grunde hatte Feininger bei diesen Entwürfen nur Leute wie sich selbst im Auge – große Kinder voller Begeisterung für Nostalgie. Nachdem noch kurz vor dem Berliner Herbstsalon von 1913 die Geschmacksmusteranmeldung beim Patentamt erfolgt war, machte er sich auf die Suche nach industriellen Interessenten für sein Vorhaben und war damit auch erfolgreich: Just im Sommer 1914 sollte bei der Spielzeugfabrik Otto Löwenstein in München die Herstellung von Modellen nach seinen Entwürfen beginnen.

Die Eisenbahnserie war groß angedacht: Achtundsechzig verschiedene Wagen hatte Feininger bereits geschnitzt, nun ergänzte er diese Prototypen noch um minuziöse Zeichnungen, was aber gar nicht seiner neu erweckten Begeisterung fürs freie Künstlertum entsprach: «Gestern abend ging's mir einfach scheusslich, schlecht vor Hundemüdigkeit. Das Gehirn war wirklich nicht zur Ruhe zu kriegen, sondern paukte immer die dümmsten Eisenbahnzeichnungen und Millimeterzahlen. Ich begreife jetzt den Nervenklaps. Ja, ich begreife sogar das Wahnsinnigwerden eines klugen und innerlich reichen Menschen.»[6] Die Malerei schob er bis zum Abschluss dieser monotonen Arbeit beiseite, aber immer wieder lenkte er sich damit ab, lieber noch weitere neue Spielzeugmodelle zu schnitzen und zu bemalen, als die mühsamen Detailzeichnungen für die Löwenstein-Techniker zu Ende zu bringen. Dieser Zwang zur Akribie vertiefte Feiningers bereits vorhandene Abneigung gegen die Bedingungen mechanischer Produktion noch weiter; sein Widerstand später am Bauhaus gegen jede Annäherung an industrielle Fertigung hat hier ihren plausiblen autobiographischen Ursprung. Doch rechtzeitig zu Sommerbeginn war die Sache von seiner Seite her abgeschlossen; der Beginn der Serienfertigung schien damit nur noch eine Frage von Wochen zu sein, und als Letztes schickte Feininger am 29. Juni eigens gestaltete Etikettenentwürfe für die Verpackungen nach München. Das geschah am Tag nach dem Attentat auf den österreichischen Thronfolger in Sarajevo.

Im Zwiespalt als Neutraler

Der Monat darauf war die Zeit der berühmten «Julikrise», der letztlich gescheiterten Bemühungen der europäischen Großmächte, die aus dem Attentat entstehenden außenpolitischen Konflikte wieder einzudämmen. Nach der am 28. Juli erfolgten Kriegserklärung Österreich-Ungarns an das für den Mord an Erzherzog Franz Ferdinand verantwortlich gehaltene Serbien machte dessen Schutzmacht Russland mobil, was im Deutschen Reich, dem Verbündeten Österreichs, mit derselben Maßnahme beantwortet wurde. Die deutsche Kriegserklärung an das Zarenreich erging am 1. August, zwei Tage danach folgte die an den russischen Verbündeten Frankreich, worauf am 4. August Großbritannien dem Reich den Krieg aussprach. Fortan rollten Eisenbahnräder nur noch für den Sieg. Wenn Feininger in den kommenden Jahren mit seinen Söhnen aus der Zehlendorfer Wohnung in der Königstraße 32 zum nahegelegenen Bahnhof spazierte, um dort die Lokomotiven zu bestaunen, trafen sie vor allem auf Truppentransporte: «Wir werden zum Bahnhof hingehen und sehen was das grosse Haupttier heute gequarrt hat. Armes Deutschland! Siegt sich seinem Untergang entgegen!»,[7] spottete Feininger genau ein Jahr nach Kriegsausbruch, aber für die Kinderzimmer (oder, wie Feininger es sich vorstellte, für die Kaminsimse erwachsener Männer) hatte die Firma Löwenstein keinen Bedarf mehr gesehen und das Modelleisenbahnprojekt im Herbst 1914 kurzerhand begraben. So wurde die Hoffnung auf ein regelmäßiges Einkommen enttäuscht.

Zugleich drohten Feiningers gerade erst geknüpfte Kontakte zur deutschen Avantgardeszene wieder abzureißen. Ein Vierteljahrhundert später behauptete er gegenüber einem amerikanischen Kunsthändler, im Jahr 1914 beinahe der Künstlergruppe «Der Blaue Reiter» um Marc und Kandinsky beigetreten zu sein, aber «der Krieg kam dazwischen. Tja!»[8] Und in den letzten Friedenstagen wieder einmal hoffnungsfroh aufgenommene Kontakte zu Zeitschriften in den Vereinigten Staaten – Feininger hatte an das alteingesessene New Yorker Satiremagazin «Puck» Arbeitsproben geschickt – blieben ohne Resonanz. Stattdessen fertigte er noch einmal jeweils eine einzelne Karikatur für die ihm vertrauten Berliner Zeitschriften «Ulk» und «Lustige Blätter» an. Doch über das aktuelle Weltgeschehen zu witzeln, wie man es dort von ihm als Karikaturisten erwartete, widerstrebte Feininger, zumal sich Ende August 1914 Japan als erste außereuropäische Macht am Krieg gegen Deutschland beteiligt hatte und im November auch die Türkei in den Strudel der Ereignisse gezogen worden war. Damit war das erreicht, was fortan «Weltkrieg» genannt werden würde, und Feininger fürchtete den Eintritt der Vereinigten Staaten in die Kampfhandlungen. Doch ungeachtet der engen diplomatischen Verbindungen zu Großbritannien blieb sein Heimatland zunächst neutral, weil es einerseits durch die neunzig Jahre alte Monroe-Doktrin als Maßgabe der amerikanischen Außenpolitik an jeder Einmischung außerhalb des eigenen Kontinents gehindert wurde und andererseits große Einwanderergruppen aus allen am Krieg beteiligten Ländern in den Vereinigten Staaten lebten. Hätte Amerika sich auf eine Seite geschlagen, wäre mit inneren Zerwürfnissen zu rechnen gewesen.

Wo aber stand Feininger, der Amerikaner in Berlin? Er war keineswegs neutral, obwohl man nach der zitierten Aussage vom August 1915 erwarten sollte, dass er von Beginn an skeptisch gegenüber Deutschlands Ambitionen im Krieg gewesen wäre. Das Gegenteil war der Fall, Feininger gebärdete sich geradezu deutschnational. Im Januar 1915, als der anfängliche Vormarsch der Truppen des Kaiserreichs in Frankreich längst gestoppt worden und die Auseinandersetzung dort mehr und mehr in den dann vier Jahre anhaltenden grausamen Stellungskrieg übergegangen war, schrieb er an Alfred Kubin ins verbündete Österreich: «Die Ereignisse, draussen auf den Schlachtfronten, denen ich mit leidenschaftlichem Interesse gefolgt bin, haben sich zu einer sicheren Bürgschaft des endgiltigen Sieges für Deutschland crystallisiert. Es ist ungeheuer, was bereits geleistet, erreicht und gesichert worden. Gesichert, Kubin! Nun aber weiter, zum zwingenden, endgiltigen Siege! Das wird ja noch eine Zeitlang dauern. Aber: Euch Deutsche, und ich kann sagen wir Deutsche, kriegt keine Macht der Menschen unter! Deutschland, das in den 27 Jahren, die ich hier lebe, sich seit 1887 so ungeheuer entwickelt und emporgearbeitet hat, musste wohl die Weihe seiner Weltstellung durch diesen unerhörtesten alle Kriege erhalten; die Bestätigung seiner Grösse ist hiermit die ungeheuerste die die Welt jemals erfuhr.»[9]

Bemerkenswert ist nicht nur, dass sich Feininger umstandslos in die deutsche Schicksalsgemeinschaft einreiht, sondern auch, dass er mitten im Unterstreichungsgewitter dieses Briefs ganz beiläufig das Wort «crystallisiert» gebraucht – die damals für ihn zentrale Kategorie seines künstlerischen Selbstverständnisses. Dadurch wird das deutsche Handeln im Krieg gleichgesetzt mit dem eigenen Schaffen, und das war eine noch stärkere Identifikation mit seinem Gastland als die Formulierung «wir Deutsche». Dabei hatte Feininger kurz vor Kriegsausbruch gegenüber seiner Frau noch geklagt: «Es ist etwas im Deutschen, wenigstens Norddeutschen Volkscharakter, eine Unlieblichkeit, ich weiss nicht wie ich's bezeichnen soll – aber es besteht in der Hauptsache in einer selbstverständlichen Hinnahme alles Gewöhnlichen (dieser Begriff schliesst aber eine ganz infame Welt von Dingen in sich) und ein breites, gröhlendes Verhöhnen alles wirklich Schönen, Anmutigen, Exquisiten, Exotischen – das auf die Dauer einen an die Grenzen der Raserei bringt. Ich kriege es nicht fertig, die Menschen zu hassen – sie haben – jeder Einzelne, ihre guten, oft prachtvollen Eigenschaften; aber der blöde, sich immer breitmachende Deutsche Dünkel ist mir bei Gott das Verhassteste auf dieser Erdenrinde! Boofketum! Es ist das schlimmste für den Künstler, was es geben kann.»[10] Nur ein halbes Jahr danach erschien ihm das deutsche Handeln nicht mehr als dummdreistes «Boofketum», sondern als eines, das wie er die Welt «crystallisierte».

Diese Briefpassage vom Juni 1914 macht allerdings klar, dass Feininger sich damals mit seiner Kritik am deutschen Wesen allein auf dessen Verhältnis zur Kunst (seiner Kunst!), nicht jedoch auf die für die Wilhelminische Epoche so typische ambivalente Mischung aus politischem Machtanspruch und Minderwertigkeitsgefühl bezog. Die hatte Feininger in seinen mittlerweile siebenundzwanzig deutschen Jahren längst selbst übernommen, wie etwa seine chauvinistischen Karikaturen für Berliner Zeitschriften und Buchpublikationen aus den Jahren der Burenkriege zeigen. Es war angesichts dieser bereits zuvor außenpolitisch angepassten Haltung der Karikaturisten nur konsequent, dass er sich unmittelbar nach Kriegsausbruch kompromisslos auf die deutsche Seite schlug und dort – bei aller generellen Skepsis gegenüber dem Krieg an sich – während dessen ganzer Dauer verblieb. Noch im März 1918, trotz der immer prekären Versorgungslage im Inneren und den ersten Streiks in der Rüstungsindustrie, bekräftigte Feininger in einem Brief an einen seiner Sammler seinen persönlichen Standpunkt: «Seit gestern ist die grosse Schlacht im Westen entbrannt. Ebenso wie Sie, leiden wir. Unsere Herzen gehören ganz Deutschlands Sache. Und doch ist der Krieg, vielmehr noch, Sache der Menschheit; und qualvoll ist der Gedanke daran, wie er ausgehen soll. Nicht dass wir befürchten, er könnte militärisch zu Deutschlands Nachteil ausgehen; aber ein militärischer

Abschluss des Ringens erscheint uns völlig undenkbar. Über jede militärische Lösung hinaus, gehen die Fragen, unter den [sic] die Menschen leiden.»[11]

Solche Äußerungen hatten ihren Grund allerdings auch in einem naheliegenden Opportunismus der Kriegszeit, als alles Fremde in Deutschland Misstrauen erregte – und der nach wie vor äußerlich auffällige Feininger allemal: «Neulich im Café mit Schneider und Frau und Rössner und Frau war es ja ganz nett, aber ich merkte doch dass Abends die Leute viel mehr Zeit haben, sich mit meiner Amerikanischen Wenigkeit zu beschäftigen, als am Tage. Mehrere geradezu auffallende Blicke habe ich erwischt.»[12] Als sich später der Sammler Erich Rosenhain nach dem 1915 beendeten Gemälde «Am Palais» erkundigte, das er gekauft hatte, erläuterte Feininger den Aufbau dieser Weimarer Stadtansicht so: «Die überaus gerade, rechteckige Form alles Gegenständlichen im Bilde; die Ausschaltung der Naturperspektive; und die unweltliche Farbe, sind eine direkte Folge meiner damaligen Verfassung, unter Einwirkung des Krieges. ‹Am Palais› ist das erste einer Reihe von Bildern, die in ähnlicher kompromissloser Form entstanden sind. Die Formtendenz ist nach Abschliessung nach aussen; Flucht, und Asyl in einer Welt der abstrakten Ruhe. Das Bild ist noch fast heiter zu nennen; spätere Bilder wurden viel mehr Ausdruck meiner Melancholie.»[13]

Aber dieser melancholische, von seiner Umgebung scheel angesehene Amerikaner war bereit, sich künstlerisch für die Deutschen in die Bresche zu werfen. So wenig ihm angesichts des Ernstes der Zeit die Rückkehr zu seinen früheren Witzblättern gefallen hatte, so leicht ließ er sich dafür gewinnen, als Illustrator an einem neuen ambitionierten Publikationsprojekt namens «Wieland» mitzuarbeiten, das 1915 von dem Maler Emil Orlik und dem Architekten Bruno Paul als Wochenzeitschrift für Kunst und Dichtung gegründet worden war, deren Erlös dem Roten Kreuz zukommen sollte. Hier zeigten nicht zum Frontdienst verpflichtete deutsche Künstler mittels ihrer Beiträge martialisch Flagge, darunter Gerhart Hauptmann, Hermann

Hesse, Alfred Kerr, Max Liebermann, Peter Behrens, Walter Hasenclever, Thomas Theodor Heine oder Wilhelm Trübner.

Feininger lieferte von der sechzehnten Ausgabe an in dichter Abfolge immerhin acht ganzseitige farbige Illustrationen, unter anderem das Titelbild zur Nummer 22, dem er den Titel «Ein zeitgemäßes Wappen Amerikas» gab. Darin karikierte er den amerikanischen Adler mit einer Munitionskiste als Wappenschild vor der Brust, Schwanzfedern in Form eines prallen Dollarsacks und Klauen, die rechts einen Olivenzweig als Symbol des Friedens (laut Aufschrift «für England») und links ein Gewehrbündel mit aufgepflanzten Bajonetten («für Deutschland») umklammern. Feininger gab damit überdeutlich – und ganz im Sinne der deutschen Propaganda – seinem Abscheu über das bisherige Verhalten der Vereinigten Staaten im Krieg Ausdruck, die zwar offiziell als weiterhin neutrale Macht die «Grundsätze d. Menschlichkeit» (so verkündet von einem Banner, das der Adler im Schnabel hält) verträten, sich inoffiziell aber längst auf die Seite Großbritanniens und damit der alliierten Gegner Deutschlands geschlagen hätten. Den Abschluss seines letzten karikaturesken Engagements lieferte Feininger dann für die Nummer 28 des «Wieland», in der er den englischen König Eduard VII. am Periskop eines U-Boots zeichnete, in dem ein Höllenfeuer lodert. Feininger war nicht zimperlich, wenn es um die Diskreditierung der Gegner Deutschlands ging.

Das verband ihn mit einem Landsmann, mit dem er sich im Oktober 1915 in Berlin anfreundete. Der Maler Marsden Hartley, sechs Jahre jünger als Feininger, war 1913 in die Reichshauptstadt gekommen, nachdem er zuvor in Paris gelebt hatte, wo er durch Gertrude Stein in den Kreis der Kubisten eingeführt worden war und unter anderem Picasso und Delaunay kennengelernt hatte. Für Feininger waren Hartleys Berichte über diese Bekanntschaften nicht nur eine Art Kompensation der Versäumnisse während seiner eigenen Pariser Zeit. Sie boten auch nostalgische Reminiszenzen, und zudem galten die politischen Sympathien beider Künstler im Krieg eindeutig

Deutschland. Auf der New Yorker Armory Show des Jahres 1913 waren die ersten Berliner Bilder Hartleys ausgestellt worden – ein Zeichen für ihn, dass die deutsche Hauptstadt der französischen künstlerisch überlegen war –, und seitdem hatte der homosexuelle Maler in preußischen Militäruniformen das Vorbild gefunden, dem er die Accessoires für seine kubistischen Kompositionen entnahm. Im Gegensatz zu Feininger sollte er allerdings Ende 1915 das Reich wieder verlassen und nach Amerika zurückgehen, wo er sich dann gegen die in der dortigen Öffentlichkeit immer lauter werdenden Stimmen, die einen Kriegseintritt der Vereinigten Staaten auf alliierter Seite verlangten, wandte und sich für die deutsche Sache einsetzte.

In der Kritik an der vermeintlichen Neutralität ihres Heimatlandes, das in Wahrheit Großbritannien unterstütze, waren sich Hartley und Feininger in Berlin einig gewesen, und sie blieben auch nach Hartleys Abreise so lange in Kontakt, wie es die Umstände des Krieges gestatteten. Diese Freundschaft sollte sich für Feininger fast dreißig Jahre später auszahlen, als er 1944 im Museum of Modern Art seine erste amerikanische Retrospektive ausgerichtet bekam. Da er selbst damals dem heimischen Publikum noch nicht bekannt genug war, koppelte das Museum die Schau mit einer Ausstellung des ungleich berühmter gewordenen Hartley. Pikanterweise sollten damit mitten im Zweiten Weltkrieg zwei Amerikaner präsentiert werden, die sich im Ersten über ihr Engagement für Deutschland angefreundet hatten. Darüber indes verlor man 1944 im MoMA vorsichtshalber kein Wort.

Feiningers öffentliches Wirken als deutschfreundlicher Karikaturist ging zu Ende, kurz bevor Hartley Berlin verließ. Der Entschluss, diese Tätigkeit in der zweiten Hälfte des Jahres 1915 wieder einzustellen, ging einher mit der Anfertigung seines zweiten und letzten Selbstporträts. Feininger hat in seinen Gemälden durchaus eine intensive Selbstbespiegelung unternommen, aber die erfolgte im Regelfall indirekt: über seine Motivwahl, die immer Stimmungsmesser war. Die für ihn offensichtlich unvermeidliche Notwendigkeit einer abermaligen unmittelbaren Beschäftigung mit sich selbst kündet von der Ambivalenz jener Zeit, aber auch diesmal fiel das Resultat in seiner Aussage eindeutig aus: War das Selbstporträt des Jahres 1910 noch eine Selbstbehauptung des Amerikaners in Berlin gewesen, wurde das von 1915 zur Bekräftigung von Feiningers gewandelter Identität. In dem Gemälde artikuliert sich der Wille zum Deutschsein, nachdem er nun fast zwei Drittel seines Lebens in Berlin verbracht hatte – Ergebnis wohl nicht zuletzt der Gespräche mit Hartley.

Dass sich Feininger bei seinem dem Betrachter zugewandten Dreiviertelporträt an Bildnistypen der deutschen Renaissance (vor allem Dürers) orientiert, ist ebenso eindeutig wie der Rekurs der Bogenarchitektur im Hintergrund auf die seinerzeit als exemplarisch deutsch geltende Gotik und die Romantik, als Caspar David Friedrich den gotischen Bogen oftmals benutzt hatte – nicht nur als Motiv, etwa in seinen Bildern von Klosterruinen, sondern auch als Gestaltungsprinzip seiner Kompositionen wie im «Tetschener Altar». Aber Feiningers Selbstporträt ist dennoch kein Manifest der Gegenwartsverweigerung: In die Gesichtszüge sind die Prinzipien des von ihm 1913 proklamierten «Prismaismus» eingezeichnet. Das Gemälde ist deshalb geradezu das Musterbeispiel für eine spätere Feststellung des MoMA-Direktors Alfred H. Barr, der ein entscheidendes Charakteristikum Feiningers in dessen Jahrhunderte überspannender Hybridkunst sah: «Feiningers Bezug auf die deutsche Tradition – seine Verschmelzung von kubistischen Formen mit dem hochromantischen Gefühl von Weite, Distanz, der See, gotischen Häusern und Kirchen etc. – ist übertragen gesprochen eine Art Verschmelzung von Braque und Caspar David Friedrich, selbstverständlich mit vielen originellen und persönlichen Elementen.»[14]

Feiningers Selbstporträt bietet jedoch nicht die analytische Multiperspektivität des Kubismus, sondern eine synthetische Konstruktion, die Irritation nicht über die Form, sondern durch die Farbe erzeugt: ein fahlgelbes Inkarnat und die funkelnden pupillenlosen grünen Augen. Porträtähnlichkeit ist im Gegensatz zum Gemälde von 1910 nicht mehr Feiningers Ziel; er inszeniert einen Typus, der dank schlichtem

Kittel und kalottenartiger Kappe überhaupt nichts Amerikanisches mehr hat, sondern einen mönchischen Eindruck vermittelt – ein Eremit der Kunst. In der klar identifizierbaren Vorlage für den Kopf, einer Pastellzeichnung aus dem Jahr 1908, ist Feiningers Blick bereits ähnlich skeptisch festgehalten, aber sieben Jahre später ist er unnahbar geworden. Die Pose vermittelt den Stolz eines Eigenbrötlers, doch der Maler selbst beschrieb das Bild, als er es zwei Jahre später erstmals ausstellte, als Gegenteil eines «scheenen Ideal-Selbstportraits». «Was ist nun vorzuziehen? Selbst-Ironie, doch entschieden. Das Incognito einer ‹Maske›, (wie vor 200 Jahren, wo es noch Kultur gab in Europa,) vor der neugierigen Menge.»[15]

Was Feininger mit dem Bild betrieb, war die Übertragung des Maskenspiels seiner «Mummenschanzbilder» (wie er zeit seines Lebens jene Gemälde nannte, die seinen Karikaturen insofern angelehnt waren, als sie Menschen in Kleidung des 19. Jahrhunderts zeigten) auf ein monumentales Porträt – gleichsam Höhepunkt und Abschluss seines Karikaturenwerks, ausgeführt im Bildnis seiner selbst, also auf eigene Kosten. Kein Wunder, dass er selbst seinen Spaß an der Irritation des Publikums über dieses Porträt hatte, aber der glich dem Kafkaschen Lachen über das eigene Werk, das von anderen als Ausdruck größter Verzweiflung angesehen wurde. Feininger wollte nicht wahrhaben, konnte es wohl auch gar nicht, dass er in seiner Kunst die Abgründe einer Gesellschaft darstellte, der er sich doch zugehörig fühlte. Und zwar so intensiv wie nie zuvor.

Feiningers Bindung an Europa, wie sie sich in jungen Jahren schon in seiner Begeisterung für Brüssel und Paris gezeigt hatte, war über die Kunst erfolgt, weil sie ihn mit dem seiner Ansicht nach Besten verband, was der alte Kontinent zu bieten hatte: eben dessen Alter, die Nostalgie. In einer fernen Vergangenheit, eher noch länger zurückliegend als die erwähnten zweihundert Jahre, hatte in Feiningers Augen eine Einheit aus Leben und Kunst geherrscht, die mit dem mechanischen Zeitalter verlorengegangen war. An sie suchte er Anschluss, und das erforderte angesichts der gerade in Kriegszeiten immer weiter wachsenden Mechanisierung des gesellschaftlichen Lebens einen Rückzug ins Private, das noch abgeschottet werden konnte gegen die Zumutungen der Gegenwart.

Der Haushalt der Feiningers war durch eine familiäre Innigkeit geprägt, die nicht zuletzt darin zum Ausdruck kam, dass die Kosenamen der Kinder für ihre Eltern – Papileo und Mamijulia – auch in den erwachsenen Freundeskreis eingeführt wurden. Die kindliche Unschuld wurde somit zum Signum der eigenen Existenz, und im häuslichen Glück fand Feininger den so lange vermissten Rückhalt für seine Malerei, mit der er gerade 1915/16 rückhaltlos zufrieden war, weil sie ihm eine Vision der Zukunft bot, die nach dem Ende des Krieges auf die ganze Gesellschaft übertragbar sein sollte: «Wir sind doch rechte Glückskinder», schrieb er im Sommer 1916 an Julia Feininger, «und ich meine: nach dem Kriege! wird das Leben sich uns ganz wunderbar zeigen. Nur ‹Kopf hoch›!»[16] Neben das Datum dieses Briefs schrieb Feininger geradezu triumphierend «Quatorze juillet!», das Datum des Sturms auf die Bastille. Das war keine versteckte Sympathiebekundung für Frankreich, sondern Reminiszenz an die gemeinsamen Jahre des Paars in Paris – und eine generelle Revolutionserklärung, allerdings nicht im Sinne eines politischen Umsturzes, sondern einer allgemeinen Wandlung der privaten, vor allem finanziellen Lebensumstände, wie Feininger sie regelmäßig aufs Neue erwartete, wenn er künstlerisch wieder einmal mit sich im Reinen war.

Die Frage, ob er es seiner Familie zumuten durfte, weiterhin in Deutschland zu bleiben – die Einschränkungen der Lebensmittelversorgung waren 1916 längst selbst in der Hauptstadt zu spüren –, stellte sich für Feininger auch aufgrund wiederholter Nachfragen der amerikanischen Botschaft, die ihm nahelegte, das Land zu verlassen. Es ist bezeichnend, dass er dieses Ansinnen im August 1916 mit der Begründung ablehnte, die Überfahrt in die Vereinigten Staaten böte zu viele Gefahren, aber nicht etwa für sich oder seine Familie, sondern für die Bilder, die er ja mitnehmen müsse, um seinen Lebensunterhalt bestreiten zu können.[17] Die Widersprüchlichkeit dieser Argumentation fiel ihm offenbar gar nicht auf – als hätte man ihn selbst mit einem Fingerschnippen über den Atlantik bringen können, während die gefürchteten deutschen U-Boote Jagd allein auf seine Kunst machen würden.

Hintergrund sowohl der amerikanischen Bemühungen, die eigenen Staatsbürger aus Deutschland herauszubringen, als auch von Feiningers Ängsten war die traumatische Erfahrung der Versenkung des englischen Passagierdampfers «Lusitania», der am 7. Mai 1915 auf dem Weg von New York nach Liverpool durch deutsche U-Boote torpediert worden war; fast tausendzweihundert Menschen starben, darunter hundertachtundzwanzig Amerikaner. Die deutsche Marine rechtfertigte den Angriff auf das zivile Schiff mit an Bord befindlichen Munitionslieferungen für Großbritannien, was die Regierung der neutralen Vereinigten Staaten empört zurückwies – fälschlicherweise, wie sich aber erst fast ein Jahrhundert später erweisen sollte, als Taucher 2008 im Frachtraum des in großer Tiefe vor der irischen Küste liegenden Wracks Patronen eines amerikanischen Waffenherstellers entdeckten, deren Stückzahl auf vier Millionen geschätzt wurde; die «Lusitania» war also tatsächlich als Munitionstransporter missbraucht worden.

Die Wirkung ihrer Versenkung auf die internationale Öffentlichkeit, besonders in den damals noch neutralen Staaten und darunter natürlich noch einmal gesteigert in Amerika, war derart verheerend, dass die kaiserliche Marine ihre U-Boot-Kriegsführung, die eine Blockade der britischen Inseln zum Ziel hatte, am 13. Mai 1915 einschränkte: Fortan sollte nicht mehr ohne Warnung auf Schiffe, die für die Alliierten bestimmte Güter geladen hatten, geschossen werden. Dadurch hoffte man, die Vereinigten Staaten aus dem Krieg heraushalten zu können. Weil man damit jedoch die erwünschte Blockade nicht aufrechterhalten konnte, wurde schon im Februar 1916 vom Deutschen Reich abermals die generelle Versenkung bewaffneter Handelsschiffe verkündet und ein Jahr später der «uneingeschränkte

U-Boot-Krieg» in der Form wieder aufgenommen, wie er bis Mai 1915 betrieben worden war. Das sollte dann den Anlass für die Vereinigten Staaten bieten, Deutschland am 6. April 1917 den Krieg zu erklären.

In der Zwischenzeit jedoch bestand für Schiffe, die von Europa nach Amerika fuhren, kaum Gefahr. Die im Sommer 1916 an Feininger ergangene Aufforderung der Botschaft, in sein Heimatland zurückzukehren, war also durchaus vernünftig, die Ablehnung dagegen irrational. Doch das als Argument gegen eine Rückkehr vorgebrachte Risiko eines Verlusts seines bisherigen Werks war offenbar aus seiner Sicht schlagender als ein Verweis auf Gefahr für Leib und Leben seiner Familie. Tatsache war aber auch, dass er gar nicht aus Deutschland wegwollte. Während die meisten seiner geschätzt zwei- bis dreitausend Landsleute, die 1915 im Deutschen Reich lebten, bis zum Kriegseintritt der Vereinigten Staaten längst ausgereist waren, erwog Feininger diese Option erst gar nicht. Er fühlte sich ja zu Hause im künftigen Feindesland.

Für seine Kunst sah Feininger in der aktuellen Situation sogar Vorteile. Ausgerechnet kurz nach der Wiederaufnahme des uneingeschränkten U-Boot-Kriegs erklärte er im März 1917: «Die schrecklichen Weltgeschehnisse lasten schwer auf uns und hinterlassen dunkle Spuren in meinen Bildern (…). Was könnte da verständlicher sein als meine immer wiederkehrenden Bemühungen um Fröhlichkeit in einem Gemälde, zum Beispiel Bewegung und Farbenvielfalt, um damit das genaue Gegenteil anzustreben?»[18] Und anderthalb Jahrzehnte später, als Feininger sich in einer ähnlich angespannten persönlichen Situation befand, weil er sich zu entscheiden hatte, ob er angesichts der gerade etablierten nationalsozialistischen Herrschaft in Deutschland bleiben wollte, verwies er gegenüber seiner aus jüdischer Familie stammenden Frau auf die «vertiefte Introspektion», die ihm die Entwicklung der Dinge nun aufzwingen werde, «nicht unähnlich den Kriegsjahren von 1914 bis 18».[19] Für das eigene Schaffen schien ihm die jeweils unerfreuliche Weltlage also durchaus zuträglich.

Tatsächlich ist Feiningers Werk der Kriegszeit bemerkenswert darin, dass er wie schon im Falle seines Selbstporträts von 1915 gerade in den ersten beiden Jahren wieder die erst kurz zuvor überwundenen Mummenschanzmotive benutzte. Der für sein weiteres Werk so typische Rückgriff auf frühere Kompositionen etabliert sich hier nun auch abseits von deklarierten Serien wie den Gelmeroda-Bildern. So malte Feininger etwa 1916 seine «Grüne Brücke», die er fünf Jahre zuvor in Paris ausgestellt hatte, ein weiteres Mal, diesmal jedoch in weitaus subtilerer Gestaltung: Was 1909, als die erste Fassung entstand, noch fauvistische Farbflächenmalerei gewesen war, die sich bemühte, die Erscheinung des Lithographiedrucks der Zeitschriften zu imitieren, war jetzt im Sinne Feiningers kristallisiert. Die nunmehr nuancierte Farbgebung wurde dadurch ermöglicht, dass Feininger sie aus sich überschneidenden Kreisformen entwickelte, die er über das Bild streute – ein Prinzip, das er, horribile dictu, nur beim «orphischen Kubismus» eines Delaunay kennengelernt haben konnte. Die «Grüne Brücke» von 1916 ist viel mehr Bühnenbild als die von 1909, nicht zuletzt deshalb, weil die neugewonnenen Formen und Farben größere Künstlichkeit vermitteln. Durch die aus den übereinandergelegten Kreisstrukturen resultierenden Auflösungen der Formen bekommen nicht nur die Figuren der Straßenszene etwas Beschwingtes, auch die flankierenden Häuser scheinen in Bewegung versetzt.

Es ist kein Wunder, dass angesichts solcher Effekte später die Frage an Feininger herangetragen werden sollte, ob er an der Ausstattung von Robert Wienes stilprägendem Film «Das Cabinett des Dr. Caligari» aus dem Jahr 1920 beteiligt gewesen sei. Kein Geringerer als Siegfried Kracauer, der wichtigste deutsche Filmtheoretiker der Zwischenkriegszeit, erkundigte sich noch 1944 im amerikanischen Exil bei Feininger danach, der ihm allerdings sichtlich genervt antwortete: «Wenn es irgendetwas gegeben hat, an dem ich weder Anteil hatte noch auch nur die leiseste Kenntnis in jener Zeit, dann ist es der Film CALIGARI. Ich habe den Film nicht einmal gesehen, wenn es auch seit vielen Jahren mein Wunsch ist, mich mit ihm vertraut zu machen; ich habe keinen der Künstler, die Sie als Ausstatter nennen

(Warm, Röhrig und Reimann), jemals getroffen oder gekannt. (…) Mehr kann ich Ihnen nicht sagen.»[20] Angesichts der verblüffenden Ähnlichkeit der Filmkulissen mit Feiningers Gestaltungsprinzip darf man jedoch vermuten, dass die Ausstatter sein Werk kannten; Film und Bilder sollten 1937 in der NS-Propagandaausstellung «Entartete Kunst» gemeinsam gezeigt werden.

Als Kracauer die Frage an Feininger richtete, arbeitete er an seinem Opus magnum «Von Caligari zu Hitler», einer Geschichte des deutschen Films, die den Siegeszug des Nationalsozialismus im Irrationalismus des Kinos der Weimarer Republik vorgeahnt und begünstigt findet. Dass Kracauer in diesem Zusammenhang einer stilistischen Verwandtschaft Feiningers zu «Das Cabinett des Dr. Caligari» nachging, ist im Kontext dessen, wie sich Feininger während seiner Jahre im «Dritten Reich» verhielt, hochinteressant. Kracauer war bereits 1944 dem Widersprüchlichen in Feiningers verspäteter Rückkehr nach Amerika auf der Spur, um das sich spätere Interpreten konsequent herumgemogelt haben.

Neben der Wiederaufnahme seiner Karikaturenmotive entwickelte Feininger im Ersten Weltkrieg eine ganz neue Bildersprache, indem er Werke schuf, die wie von Kinderhand gezeichnet wirken: krakelige Figuren vor wild aquarellierten Farbflächen, die etliches von dem vorwegnehmen, was später Paul Klee zu einem charakteristischen Bestandteil seiner Malerei machen sollte. Feininger flüchtete sich mit diesem Stil in eine alternative Wirklichkeit; es ist, als ob er seine Bilder in jener «Stadt am Ende der Welt» ansiedelte, die er damals für seine drei kleinen Söhne aus Holz schnitzte – eine vollständig aus der Zeit gefallene altdeutsche Szenerie, die ihm Inbegriff kindlicher Unschuld war, weil hier nichts von den ihm verhassten Begleitumständen der Technisierung zu finden war.

Andererseits gibt es in Feiningers Bildern aus der Kriegszeit auch Beispiele für erkennbare Verzweiflung an den Schrecken der Ereignisse, etwa das Aquarell «Das verlassene Kind», angefertigt am 15. März 1915, noch während seiner aktiven Zeit als Karikaturist. Es ist ein revolutionäres Blatt, formal wie inhaltlich, weil Feininger das ihm vertraute Spiel mit den unterschiedlichen Größenproportionen seiner Figuren für einen dramatischen Effekt einsetzte. Drei Männer im Anzug mit Stock und Hut, jeweils als Rückenansicht mit kantigen Tuschelinien konturiert und monochrom in Braun koloriert, bilden gemeinsam mit einem seitwärts rechts aus dem Bild gehenden, hellrot gehaltenen vierten Mann, der ohne Stock und in Uniform gegeben wird, eine anonym-bedrohliche Gruppe, deren hochaufgerichtete und karikaturesk gelängte Körper vier Fünftel des Blattes ausfüllen. Sie schreiten wie teilnahmslose Riesen vor giftig senfgelbem Horizont über einen kleinen spitzen grünen Hügel hinweg, an dessen Fuß ein winziger hellblau aquarellierter elend dreinblickender Junge kauert. Die im von Feininger offenbar erst später gewählten Titel[21] angesprochene Verlassenheit ist virtuos zum Ausdruck gebracht, und es wäre undenkbar gewesen, dieses Motiv etwa als Karikatur zu veröffentlichen, weil man es ihm als Defätismus hätte auslegen können, einen solchen Aufbruch der Männer ohne jedes Interesse für das elende Kind darzustellen. Ihr Weg führt jenseits des Hügels in eine Zone des Blattes, bei der Feininger das Grün über die Konturen der Landschaft hinaus hat verlaufen lassen – eine Region der Unbestimmtheit im sonst ganz scharf durch die Tuschelinien abgegrenzten Kolorit.

Die Bedeutung dieses frühesten der dezidiert kriegsskeptischen Bilder Feiningers sollte von den Kennern seines Werks sofort erkannt werden. Nach dem Krieg verkaufte Feininger das Aquarell an den Kunsthistoriker Alois Schardt, seinen besten Freund während der Weimarer Republik, der als Museumsdirektor in Halle auch zum wichtigsten öffentlichen Förderer seiner Kunst werden sollte. Eine heute nur als Schwarzweißabbildung zugängliche Wiederholung des Motivs als Gemälde (ein Jahr später begonnen und wie die zweite Fassung der «Grünen Brücke» in kubistisch inspirierter Bildsprache mit aus Kreissegmenten komponierten Figuren dargestellt) gelangte 1919 in die Sammlung des späteren deutschen Außenministers Walther Rathenau. Dass gerade dieser Industrielle, der zu Beginn des Weltkriegs die Kriegsrohstoffabteilung geleitet hatte und bis zum Waffenstillstand von 1918 einer der vehementesten Befürworter der deutschen Kriegsführung gewesen war, sich vom «Verlassenen Kind» fasziniert zeigte, wird vor dem Hintergrund seiner eigenen Kunstauffassung verständlich. In seinem Buch «Zur Mechanik des Geistes» hatte Rathenau, selbst ein begeisterter Maler im impressionistischen Stil, 1913 die Kunst als «Sprache der Seele» definiert, und nach seiner Wandlung vom kaisertreuen Kriegstreiber zum Befürworter der neuen Republik – als der er 1922 ermordet werden sollte – war Feiningers Gemälde so etwas wie ein Spiegelbild für ihn geworden. Feininger hatte ja einen ähnlichen Zwiespalt durchlebt: zwischen unbedingter Parteinahme für die deutsche Seite und Ablehnung des Kriegs als solchem.

Diese innere Zerrissenheit findet ihr markantestes Zeugnis in einer ganzen Serie von Bildern, die das neue formale Element des Kinderkritzelstils aufnahmen, auf den Feininger bis zu seinem Tod in Krisenmomenten immer wieder zurückgriff. Unschuld sollte hier suggeriert werden, und diese Gestaltung kam im Verlauf der Kriegszeit bevorzugt bei Motiven wie dem «Verlassenen Kind» zur Anwendung, die sich skeptisch mit der politischen Lage beschäftigten. Nicht, dass Feininger nicht auch im autonomen Teil seines Werks ähnlich explizit wie in den Karikaturen die jeweils aktuelle Situation kommentiert hätte. Aber ein Aquarell wie «Auf dem Seesteg» von 1916, das einen unter deutscher Flagge fahrenden Dampfer beim Einlaufen in einen Hafen zeigt, oder «Der Geiger» von 1917, auf dem ein winziger Mann vor einer sonst menschenleeren Dorfkulisse musiziert – ein Alter Ego des musikbegeisterten Geigers Feininger –, sind nur vor den Erfahrungen der Kriegszeit mit ihren Auseinandersetzungen um die deutsche Seekriegsführung und den Entvölkerungen der Städte durch Einberufungen und Arbeitszeitverlängerungen zu verstehen.

Im Jahr 1918 nimmt unter dem Eindruck der für Deutschland immer desaströseren militärischen Lage die Zahl solcher «Kinderzeichnungen» stark zu: «Friedliche Schiffahrt» mit einer kleinen Flotte deutsch beflaggter Segelboote ist geradezu ein Programmbild, zumal am Himmel über der Flottille ein Luftschiff schwebt – seinerzeit ein von den alliierten Mächten gefürchtetes deutsches Kriegsinstrument, mit dem französische und englische Städte bombardiert wurden. Auch die Luftschifffahrt als eine «friedliche» zu bezeichnen, durfte damals als utopisch gelten. Und als Kritik an der Kriegsführung. Auf einem der Schiffe findet sich als Besatzung eine Gruppe von zylindertragenden Männchen, die Feininger im Laufe des letzten Kriegsjahres immer häufiger einsetzte: als personifizierte stumme Beobachter mit ganz nach Kinderart überproportional großen Köpfen auf kleinen Kegelleibern, die kreisrunden Gesichter nur auf Augen und Münder unter ihren hohen Hüten beschränkt – eine Versammlung höchst freundlich aussehender, aber hilflos passiver Gestalten, die im Zweiten Weltkrieg und den letzten, von Krankheit überschatteten Lebensjahren als «spooks» und «ghosties» in Feiningers Bildern wieder auftauchen sollten. Sie spukten buchstäblich durch seine dunklen Phantasien.

Stürmische Zeiten dank Herwarth Waldens «Sturm»

Mit den für Feininger künstlerisch so inspirierenden mehrmonatigen Aufenthalten außerhalb Zehlendorfs war es in der Kriegszeit wie erwähnt vorbei. Das hatte 1915 noch den ganz praktischen Grund gehabt, dass die wiederaufgenommene Tätigkeit als Karikaturist seine Anwesenheit in Berlin erforderte; in jenem Sommer war es Julia Feininger gewesen, die mit ihren beiden älteren Söhnen für einige Wochen «in Wald- und Bergeinsamkeit hinein»[22] verreisen konnte, während Feininger sich daheim um den kleinen Theodore Lux kümmerte. Aber auch im Folgejahr konnte er sich eine längere Abwesenheit nicht leisten, denn nun waren mangels regelmäßiger Zeitschrifteneinkünfte seine Mittel begrenzt; seine fünfköpfige Familie war nahezu zur Gänze auf die Zuwendungen der Schwiegereltern angewiesen («War die Not am Höchsten, so war Opa am Nächsten»,[23] witzelte Feininger in einem Brief an Julia).

Um zumindest so etwas wie einen Studienurlaub zu simulieren, durchstreifte Feininger im Sommer 1916 regelmäßig den von seiner Wohnung leicht mit dem Fahrrad zu erreichenden Wildpark Potsdam, doch der historische Landschaftsgarten bot ihm keine mit Thüringen oder der Ostseeküste vergleichbaren Reize, und daheim wartete bereits die Familie, die ihn nicht ungestört arbeiten ließ. Zudem musste er damit rechnen, sich bei seinen Ausflügen aufs Land verdächtig zu machen. Das deutsche Kriegsministerium hatte am 20. Mai 1915 ein Schreiben an die Landkreise verschickt, das vor «feindlichen Agenten» warnte, die «den Versuch machen, verbrecherisches Gesindel zu Brandstiftungen und dergl. zu verleiten. Es wird sich daher empfehlen, im Einvernehmen mit den Zivilbehörden auch in dieser Beziehung eine scharfe Kontrolle über zweifelhafte Elemente – Ausländer, stellungs- und beschäftigungslose Personen, Landstreicher, Bettler – usw. auszuüben.»[24] Ausländer galten somit uneingeschränkt als potenzielle Hochverräter.

Einmal immerhin verbrachte das Ehepaar Feininger allein ein paar Tage im Wildpark, während sich zu Hause das Kindermädchen Lis um die drei Söhne kümmerte – eine Erleichterung, an die Lyonel Feininger sich noch im Jahr danach deshalb genau erinnerte, weil er mit diesem Ausflug nicht zuletzt eine positive Kriegswende für Deutschland verband: «Ich kann Dir garnicht sagen, wie oft jetzt ich an unsere Tage in Wildpark, vorigen September, denke! Nur, wenn ich daran denke, dass wir auch damals mitten in diesem furchtbaren Kriege standen, und dass sogar August-September die Wende war, nach eigentlich einer ungeahnt kritischen Zeit für Deutschland, wird mir ganz schudderig. Nur nicht daran denken! Nur vorwärts schauen und hoffen, es ist anders nicht zu ertragen; ich könnte den Verstand verlieren, wenn ich daran dächte.»[25]

Aber das Risiko, dass Feininger zu viel an den Krieg dachte, bestand ohnehin nicht, dazu war er zu sehr mit sich selbst beschäftigt.

Rückblickend auf die für ihn ungewohnt sesshafte Zeit seit Kriegsbeginn, klagte er im August 1917 gegenüber seiner Frau: «Ich brauche Draussensein, Draussenarbeiten; ich brauche zeitliche[s] Einsamsein, oder vielmehr Alleinsein, und bin dann hinterher ein ganz anderer Mensch. Die 3 Jahre Krieg und Zurückgezogenheit von ‹Draussen› haben mich ganz schrecklich heruntergebracht, bis an den Rand.»[26] Als er das schrieb, hatte er aber gerade einen mehrwöchigen Aufenthalt weitab von Berlin hinter sich, den ersten seit drei Jahren, zwar nicht an der See oder in Weimar, jedoch gemeinsam mit der Familie in Braunlage im Harz, und entsprechend fuhr er geradezu jubilierend und dann wiederum tief nachdenklich fort: «Aber ich habe jetzt erlebt, wie Federball-leicht ich wieder empor komme, wenn sich die Gelegenheit bietet zum Arbeiten. Einfach mich zu ‹erholen›, körperlich, und nicht diese Gelegenheit zum Weiterbilden wahrzunehmen, kriege ich nicht fertig. Die ganze, kaum sonst zu ahnende Leidenschaftlichkeit meiner Natur, reisst mich einfach über jede Rücksicht hinweg, und die Folgen hast Du ja, armes Kind, zu spüren bekommen. Ich kann dagegen nicht ankommen – es ist stark wie der Tod und ganz unerbittlich.»[27]

Dass Feininger den Großraum Berlin für den ganzen Juli 1917 hatte verlassen dürfen, war keine Selbstverständlichkeit. Zwar war die fünfwöchige Reise schon seit dem Winter geplant und die Unterkunft fest gebucht. Als Staatsangehöriger eines Landes, mit dem Deutschland nun auch noch im Krieg stand, war er jedoch seit April besonderen Repressalien unterworfen. Die entsprachen einem Erlass des deutschen Oberkommandos vom November 1914 zu «Maßnahmen gegen feindliche Ausländer», die aber geheim gehalten wurden. Sie umfassten nicht zuletzt eine tägliche Meldepflicht.[28]

Feiningers Aufenthaltsrecht beschränkte sich somit seit dem 6. April 1917, dem Tag der amerikanischen Kriegserklärung, auf das Gebiet der Gemeinde Zehlendorf, aber unter besonderer Beobachtung stand er wie alle Amerikaner schon zwei Monate länger, weil die Vereinigten Staaten bereits am 5. Februar die diplomatischen

Verbindungen zu Deutschland abgebrochen hatten. Die Angehörigen ihrer Berliner Botschaft und der Konsulate im Reich wurden daraufhin zur Ausreise aufgefordert, und die diplomatische Vertretung von weiterhin in Deutschland verbliebenen amerikanischen Staatsbürgern wurde in die Hände der spanischen Botschaft gelegt.[29] Feininger kam jedoch offenbar zugute, dass er mit einer Deutschen verheiratet war und drei Kinder hatte, obwohl er seine Söhne – im Gegensatz zu den beiden Töchtern aus erster Ehe – bei der Geburt alle als amerikanische Staatsbürger und nicht als Deutsche hatte registrieren lassen. Er musste sich entgegen den Usancen nur einmal täglich bei der Zehlendorfer Polizei melden, auch wenn er sich einige Jahrzehnte später anders daran erinnern sollte.[30]

Im Falle einer freiwilligen Reise ins neutrale Ausland, etwa in die Schweiz, wie Feininger sie erwog, als seine Söhne unter der verschlechterten Lebensmittelversorgung litten, fürchtete er allerdings, dass ihm die Rückkehr ins Reich verwehrt würde.[31] Bei Verstößen gegen die Meldepflicht drohte umgekehrt Ausweisung, wie man einem Brief Feiningers entnehmen kann, der nach einem Besuch seiner Mutter, die ja ebenfalls amerikanische Staatsbürgerin war, aufgesetzt wurde: «Mama war auch zu Tische bei Papa [dem Schwiegervater]. Sie hatte erklärt, sie wolle ihre [sic] Urlaub, die nur bis zum 1. reicht, überschreiten, um in die Ausstellung zu gehen – aber wir haben es ihr wieder ausgeredet; sie könnte die schlimmsten Folgen daraus erleben – zum Beispiel, dass sie des Landes verwiesen würde.»[32]

Feininger hielt sich deshalb sklavisch an die Vorschriften. Er war sogar stolz darauf, jeden Tag auf der Polizeidienststelle zu erscheinen, wie eine bezeichnende Episode belegt: «Um 8 Uhr, beim ‹Melden› sagte der Gendarm beim Eintragen ins Buch: ‹Sie haben sich gestern nicht gemeldet!› Da ich noch kein Mal von Anfang an das Melden versäumt habe, war ich eine Sekunde lang wie vor den Kopf geschlagen. Dann natürlich gab ich Bescheid, erzählte wann (um 1, mit Luxchen, als ich zur Bahn ging, auf dem Wege zu Opa) und erhielt die Antwort: ‹es steht hier nicht vermerkt!› Na, es standen 3–4 Leute herum, aber ich zeigte meinen Vermerk auf dem Zettel, da stand's richtig: 26/8. Aber der Mann schien mir immer noch ein wenig misstrauisch. Ich sagte noch, ich hätte niemals versäumt, mich zu melden, und dann ging ich, nicht sehr ergötzt, ohne Gruss zur Tür hinaus.»

Doch die Sache ließ Feininger keine Ruhe, und so kehrte er mittags noch einmal zurück: «Der Gendarm war allein da, ich ging gerade auf ihn zu und ich sagte, ich käme noch ein Mal wegen der Sache. ‹Ja, ja, ich habe Sie schon eingetragen, es ist in Ordnung› – aber ich war nicht ‹in Ordnung›, innerlich, (…) und habe ihm erklärt, dass die Sache ein Versehen des gestrigen Beamten sei, der habe die Zeitung dabei gelesen und dass wenn ich auch mich freiwillig der täglichen Demütigung des Sichmelden-Müssen fügte, ich doch nicht obendrein ertragen wollte, mein Wort in zweifel gezogen zu bekommen. Der Mann fragte mich dann, ob ich die Befreiung von der Pflicht der täglichen Meldung beantragt hätte, worauf ich sagte: ‹Nein!› (und es platzte dann aus mir heraus: ‹aus Stolz nicht!!› Es sei uns nahegelegt worden, wir könntens ohne Weiteres erreichen, aber es sei unser freier Entschluss, eine Pflicht zu erfüllen. Wir seien treue Freunde Deutschlands und verabscheuten die Politik der amerikanischen Regierung, hielten es aber für gerecht, wenn wir es auf uns nähmen, das zu erfüllen, was die politische Lage uns auferlegte (…) – und weisst Du, ich habe ein für alle Mal damit aufgeräumt, dass die Leute uns für die nächstbesten feindlichen Ausländer halten könnten, denen die Sache wurscht sei.»[33]

Aber die Reise in die Sommerfrische im Harz wäre den «Maßnahmen gegen feindliche Ausländer» zufolge eigentlich unmöglich gewesen, weil Feininger ja auferlegt war, sich täglich zu melden – und auch die täglichen Bahnfahrten nach Berlin, um Bilder für Ausstellungen nach und nach persönlich in Herwarth Waldens Galerie «Der Sturm» zu transportieren, waren nicht mit den Bestimmungen vereinbar. Doch Feiningers Andeutung, dass man ihm Erleichterungen in Aussicht gestellt hatte, geben Aufschluss darüber, weshalb er sich so vergleichsweise frei bewegen konnte – für die Urlaubsreise besorgte er sich einen Abmeldevermerk in seinem Pass.[34] Dabei machte er aber einmal mehr die Erfahrung, dass man ihm mit Misstrauen begegnete: als auffällig, nämlich immer noch amerikanisch aussehender Passagier im Zugabteil. Das störte ihn, der sich als loyal zu Deutschland empfand, besonders, und deshalb ließ er sich im Sommer 1917, beginnend mit der Zeit im Harz, einen Schnurrbart stehen, um in der wilhelminischen Gesellschaft nicht länger als typisch glattrasierter Amerikaner aufzufallen und angefeindet zu werden: «Und komisch, wie sie alle hier stutzen, und mich zunächst kaum wiedererkennen», schrieb er aus Berlin in seinem ersten Brief an die in Braunlage zurückgebliebene Julia Feininger. «Das kurze Haar, der sprossende Schnauzbart – Der Zeitungs-Wilhelm sah mich mit offenem Munde an. Lis findet es viel schöner so, ich sähe richtig wie ein Deutscher aus.»[35] Ein paar Tage später stellte er fest: «Ich schätze ihn hauptsächlich, weil ich mit ihm weniger auffalle; das ist mir sehr lieb, wo ich so sehr viel auf der Bahn und in Berlin sein muss.»[36]

Doch bald schon widerstrebte ihm die deutsche Maskerade, so erfolgreich sie auch war: «Übrigens mein ‹Schnauz› wächst und gedeiht, und einstweilen geniesse ich es, unauffällig überall mich bewegen zu können. Du glaubst kaum, was das bisschen Schatten unter der Nase für einen Unterschied macht. Aber mögen tu ich ihn nicht und betrachte die Tracht als Verkleidung und sich verstecken hinter seinem wahren Wesen. (…) Wir wollen ihn als ‹praktisch› ansehen. Vor allem, falls ich noch mal die Reise nach Braunlage antrete, wird es mir angenehm sein, ‹incognito› zu fahren.»[37]

Es besteht dennoch kein Zweifel daran, dass Feininger als eigentlich «feindlicher Ausländer» eine vergleichsweise begünstigte Existenz führte, und einer seiner wichtigsten Fürsprecher bei den Behörden war sein Galerist Herwarth Walden, mit dem Feininger seit dem Herbstsalon von 1913 zusammenarbeitete. Wobei es bis 1916 gedauert hatte, ehe Walden ein weiteres Mal Bilder von Feininger ausstellte, dann allerdings in seiner mittlerweile legendären Berliner «Sturm»-Galerie, der Feininger zu Beginn ihrer Bekanntschaft wegen ihrer provokanten ästhetischen Ausrichtung noch eine gewisse Skepsis entgegengebracht hatte. Er war kein Gruppenmensch, und der Erfolg des Herbstsalons war in seinen Augen vor allem der dort präsentierten Breite der künstlerischen Positionen zu verdanken. «Nun kommt endlich eine regsamere Zeit nach Aussen hin, ich bin sehr gespannt, was alles kommen wird», hatte er damals unmittelbar vor Beginn der Ausstellung an Julia geschrieben, ehe er seiner prinzipiellen Skepsis gegen das «Stürmische» der «Sturm»-Kreise Ausdruck gab. In der englischen Transkription dieser Briefpassage durch Julia Feininger findet sich nach dem ersten Satz ein Einschub, den die deutsche Fassung nicht enthält: «But intercourse with them might bring quite some stimulation.»[38]

Die öffentliche Aufmerksamkeit für die Ausstellungen in der «Sturm»-Galerie war jedenfalls enorm. Nachdem Feininger dort im Frühsommer 1917 mit zwei Gemälden in einer Gruppenausstellung vertreten gewesen war, teilte er seiner Frau erfreut mit: «In der ‹Continental Times› vom 3. August soll ein Aufsatz über die Ausstellung stehen, und meine Bilder sind auch erwähnt. Ich bin ja neugierig! Jedenfalls schadets nichts, wenn die Amerikaner hier etwas Interesse kriegen.»[39] Die «Continental Times» war eine von 1914 bis 1919, über die ganze Zeit des Ersten Weltkriegs hinweg in Berlin publizierte englischsprachige Zeitung, die sich an Amerikaner in Europa richtete und eine eindeutig prodeutsche Haltung vertrat. Dass Feininger sich freute, dort erwähnt zu werden, obwohl er sie selbst offenkundig nicht las, zeigt, dass er bei aller Identifikation mit der deutschen Seite im Krieg immer noch landsmannschaftliche Sympathien hegte – wobei die Zeitung natürlich nur noch im Reich oder im neutralen Ausland lebende Amerikaner erreichte.

In der Kriegszeit wurde das Umfeld von «Sturm»-Galerie und gleichnamiger Zeitschrift mit deren Kraftzentrum Herwarth Walden erst zum Rückzugs- und dann zum Angriffsraum für Feininger. Die Avantgardezeitschrift «Der Sturm» hatte Walden bereits 1910 gegründet, sie erschien im gleichzeitig etablierten «Sturm»-Verlag, der dann die Kataloge der im Frühjahr 1912 eröffneten Galerie publizieren sollte. Mitten im Krieg erweiterte Walden sein kleines Imperium noch um die «Sturm»-Kunstschule (an der Feininger mit Georg Muche einen späteren Bauhaus-Protagonisten kennenlernte) und die «Sturm»-Bühne um den expressionistischen Schriftsteller Lothar Schreyer (ebenfalls ein künftiger Bauhaus-Meister). Waldens Aktivitäten ergaben «ein privates Kunstunternehmen, das auch in der Zeit des Ersten Weltkriegs europäisch, interdisziplinär und pluralistisch handelte».[40] Hier fand Feininger einen Kreis von Intellektuellen, mit denen er sich austauschen konnte, insbesondere mit Künstlern, die einberufen worden waren und nun während der kurzen Fronturlaube von ihren Erlebnissen berichteten.

«Herwarth Waldens ‹Sturm› war eine Oase», resümierte Schreyer in einer Erinnerung an diese Zeit. «Hier, in der Potsdamer Straße 134a, wurden ungehindert die ‹feindlichen Ausländer› ausgestellt. Es war Herwarth Walden gelungen, dies beim Auswärtigen Amt durchzusetzen. Lyonel Feininger war amerikanischer Staatsbürger und als solcher in einem Internierungslager in der Nähe von Berlin untergebracht. Herwarth Walden konnte oft einen Urlaub auch für Feininger nach Berlin erwirken. Dann saß Lyonel Feininger mit Freunden bei Herwarth Walden und seiner Frau, Nell Walden. Zu dem Freundeskreis gehörten Dr. Rudolf Blümner, der Hauptmitarbeiter Waldens, der Dichter Adolf Knoblauch, der Dichter Theodor Däubler und der Schreiber dieses Berichts. Dann wurden künstlerische Probleme leidenschaftlich diskutiert, oder es wurde musiziert. Lyonel Feininger saß meist still dabei, und wenn er etwas sagte, schwiegen wir anderen, weil sein Wort wie aus großer Ferne und doch in Freundesnähe erklang.»[41]

Wenngleich Schreyers Behauptung einer Internierung Feiningers Unsinn ist, so mag doch Waldens Intervention bei den Behörden für die Genehmigung der Harzaufenthalte im Juli 1917 und noch einmal im Jahr danach gesorgt haben. Seit 1916 zählte er Feininger zu «seinen»

Künstlern, was durch die erwähnte Ausstellung in der «Sturm»-Galerie bekräftigt wurde. Diesen Auftritt bestritt der Maler gemeinsam mit den beiden in Berlin lebenden sächsischen Kollegen Paul Kother und Conrad Felix Müller (der später als Conrad Felixmüller berühmt werden sollte). Zwar stellte Feininger mit nur zehn Arbeiten – vier Gemälde, darunter «Gelmeroda IV», und sechs Zeichnungen – den kleinsten Teil der Präsentation, doch war er dank seiner Bekanntheit als Karikaturist der Prominenteste des Trios und stand deshalb im Katalog an erster Stelle.[42]

Der damals achtunddreißigjährige Kother war 1915 zum Kriegsdienst eingezogen worden, der erst neunzehnjährige Müller sollte kurz danach die Einberufung verweigern und als zwangsverpflichteter Krankenpfleger eine Art Ersatzdienst leisten. Mit beiden tauschte sich Feininger über ihre Ansichten und Erfahrungen ebenso aus wie mit Adolf Knoblauch. Zu dem 1882 geborenen Dichter entwickelte sich bald eine besondere Freundschaft, in deren Verlauf beide einen Briefwechsel begannen, den Walden so interessant fand, dass er 1917 im Septemberheft von «Der Sturm» unter dem Titel «Zwiesprache» Auszüge daraus publizierte.[43] Das war Feiningers erster Auftritt als Theoretiker in eigener Sache und zugleich ein Werbemittel für seine erste Einzelausstellung, die im selben Monat in der «Sturm»-Galerie stattfand. Hatte er im Vorjahr noch vornehme Zurückhaltung bei der Zahl seiner eigenen Arbeiten walten lassen, klotzte Feininger nun mit insgesamt hundertelf Werken,[44] darunter fast fünfzig Gemälden, und es hätten leicht noch mehr sein können, denn er war mit Ausnahme des Harzurlaubs den ganzen Sommer über damit beschäftigt, ältere Bilder für die Ausstellung zu überarbeiten, so etwa das «Verlassene Kind»,[45] das dann aber gar nicht gezeigt wurde.

Mit der Parallelaktion des Zeitschriftenabdrucks von «Zwiesprache» wollte Walden sich selbst und Feininger vor zu erwartender Kritik an der Präsentation eines Künstlers aus den nun als Feindesland hervorgetretenen Vereinigten Staaten in Schutz nehmen. Was passte da besser als ein Briefwechsel mit einem deutschen Frontsoldaten wie

Knoblauch, der zudem schon früher mit literarischen Beiträgen im «Sturm» vertreten gewesen war? Es sind denn auch Briefe von Knoblauch, die den insgesamt siebenseitigen Abdruck der Korrespondenz (inklusive zweier ganzseitig reproduzierter Feininger-Zeichnungen aus jüngster Zeit) einleiten und abschließen.

Gleich zum Beginn der Auswahl klingt die Misere der Kriegsgegenwart an, allerdings kaschiert im individuellen Schicksal Feiningers als Künstler: «Lieber Feininger», schrieb Knoblauch da, «Sie sind traurig, nicht so sehr über den Mißerfolg Ihres bisherigen Kunstschaffens, als über das Mißliche und Fragwürdige des endlich sich durchsetzenden Erfolges.»[46] Das traf Feiningers zweifelnde Grundeinstellung genau, während Knoblauch im Fortgang seines ersten Briefs dann einen metaphysischen Ton anschlug, der wenig mit dem tatsächlichen Denken des Adressaten, aber alles mit der augenblicklichen Kriegsstimmung zu tun hatte. Knoblauch bezog sich in seinen Schreiben nämlich zuvorderst auf Feiningers Bilder von Kirchen, die ihm als Hoffnungszeichen in der Bedrängnis erschienen: «Sie glaubten nicht mehr daran, Götter mit Ihren Händen des zwanzigsten Jahrhunderts bilden zu können. Gott riß Sie von Ihrem Ich fort (und Sie waren doch einstmals stark und glücklich dahingeschritten) und lehrte Sie Bilder zu machen, während die Aengste Ihr Dasein verschlingen wollten. Gott sprach zu Ihnen in Ihrer Angst und unendlichen Not, und Sie erhoben sich zu ihm durch das Lob seiner geringsten und ärmsten Kirchen, und Sie zeigten ihm jene wundersamen Winkel unserer Städte, in denen unsere Gebrechlichkeit, unsere Selbstentäußerung und unsere Bedürftigkeit zum Opfer verborgen wohnt, wo das Licht verging und der Schrecken seinen Stachel verlor.»

Der göttliche Funke als Inspiration, das musste Feininger zum Lachen bringen, der sich als amerikanischer Selfmademan verstand und nur dem Einfluss seiner Frau Wirkungsmacht aufs eigene künstlerische Schaffen zugestand. Dementsprechend seine Antwort: «Nicht umsonst bin ich, als letzte Möglichkeit, mich auszudrücken, Maler geworden; und dazu ein unsinnig sich plagender, hundert Mal versagender. In meiner stillen Kammer führe ich verzweifelte Kämpfe; täglich stehe ich auf zu neuem Kampfe, beseelt von neuer Hoffnung; um dann abends vollkommen zu verzagen, vollkommen zu verzichten. Nur ist mir, je älter ich werde – und darum preise ich das älter werden! – desto stärkerer Willen beschieden. Heute gibt es für mich wahrhaftig nur die Vertiefung, den Willensakt zum Ausdruck; mit vielleicht keiner einzigen Gabe des zeitgenössischen rein ‹malerisch›, ‹amüsant› schaffenden Künstlers. Menschen mit Sehnsucht verstehen mich. Sehnsucht will auch niemals amüsiert werden. Die Kirche, die Mühle, die Brücke, das Haus – und der Friedhof – haben mich, von Kindheit auf mit tiefen, andächtigen Gefühlen erfüllt. Sie sind sämtlich sinnbildlich; ich bin mir hierüber aber erst seit diesem Kriege klar geworden, warum ich sie im Bilde immer von Neuem darstellen muß. Im Laufe der Zeit erreiche ich es wohl, mich immer mehr vom Verquälten und Zerstückelten zu entfernen. Letzte Form kann nur durch die vollkommene Ruhe im Bilde erreicht werden.»[47] Er korrigierte Knoblauch, indem er die eigene Motivwahl auf autobiographische Elemente zurückführte, und er deklarierte den eigenen Willen zum Movens seiner Kunst, bis zu dessen Durchsetzung es aber schwere Kämpfe zu bestehen galt.

Feininger stilisierte sich zu einem Krieger wie all die deutschen Männer um ihn herum, die Kriegsdienst zu leisten hatten, und er betonte die Ernsthaftigkeit seiner Kunst – gegen das immer noch an ihm haftende Klischee vom malenden Karikaturisten. Im Rückgriff auf Knoblauchs expressionistisch-pathetischen Duktus traf er zudem genau den damaligen Nerv der Zeit.

Sein Korrespondenzpartner nahm Feiningers Stilisierung zum Schmerzensmann auf und sprach ihm als deutscher Frontkämpfer Absolution für die erzwungene Kriegsabstinenz aus: «Franz Marc hoffte, daß aus diesem Artilleriekriege eine erneuerte volksnahe Kunst hervorgehen müßte, aber ich glaube nicht, daß das Reich der Kunst durch einen Krieg errungen werden kann. Der Preis und Ruhm wird meiner Ueberzeugung nach denen zufallen, die dem schwersten Erleiden, der schwersten Prüfung nachfolgen und nicht in allgemeine Heils- oder andere Theoreme verfallen.»[48] Feininger stand in Knoblauchs Augen durchaus auch im Krieg, weil er inmitten all der Bedrängnis an dem arbeitete, zu dem er berufen war. Somit zählte er für ihn nicht zu jenen «Schwachen», die ihm kriegsuntauglich schienen, weil sie vergeistigt waren: «Die Schwachen leiden, mitten in den Triumphen der Mechanik und ungehemmten Zerstörungen schwinden ihre ohnmächtigen Stimmen hin (...). Sie stehen abseits, die zur Geistigkeit berufen sind. Härte und Strenge des Lebens halten ihre reinen Stirnen darnieder. Da sie zu nichts tauglich sind, als ihrer täglichen Arbeit und den kleinen Freuden des engsten Kreises zu leben, da ihr Herz so groß ist, alle Widrigkeit und Erhabenheit in sich zu fassen, und sie jede Beschränkung verschmähen, da sie die sittlichen Grenzen aufrichten und heiligen: so ist ihr Platz nicht im kriegerischen Dasein der Völker.»[49]

Feininger wiederum betonte, dass gerade das Jahr 1917, trotz des Kriegseintritts seines Vaterlandes gegen Deutschland, ein Jahr der Befreiung für ihn gewesen sei, und zwar wegen eines spezifisch deutschen Einflusses auf seine Malerei, den er für sich als Moderner exklusiv in Anspruch nahm: «Seit Neujahr bin ich sehr glücklich in meiner Arbeit geworden. Ich habe mich von einem großen Teil Ballast befreit, und bin imstande, gelassener an Dinge, die ich liebe, zu gehen, als vorher. Hauptsächlich verdanke ich dieses Glück dem Besuche, nach fast zwei Jahren, wieder bei den alten Kölner und schwäbischen Meistern und den herrlichen van Eyck, Breughel, Lukas Kranach dem Aelteren. Wie unübertrefflich und für alle Zeiten steht diese Malerei da! Wie gehen alle Maler dieser Kraft und Geradheit tuschelnd und künstelnd aus dem Wege, ‹Reize› hinstreuend, um den Geist vom direkten Ziel abzulenken. Dieses Glück ist mir nicht über Nacht gekommen – es steckt seit Urzeiten tief in mir verborgen, immer ersehnt und erstrebt und immer von neuem überwuchert durch unser neuzeitliches ‹Milieu› – aber letzten Endes doch faßbar, wenn ich den ganzen, ganzen unseligen Sauerteig verdaut und ausgeschieden habe. Ich glaube, dieses Mal hat es einen größeren Schub nach vorne gegeben, als bisher.»[50]

Knoblauch stimmte ihm vorbehaltlos zu: «Es ist stets ein gut Teil Martyrium darin, wenn man fest seinen Weg innehält, und es ist eine Kühnheit darin, wenn ein erprobter Künstler sein Urteil über das Schaffen seiner Zeit fällt.»[51] Damit sprach er Feininger die Rolle eines ästhetischen Richters zu, was dieser jedoch scheinbescheiden zurückwies: «Ich muß weiter im Stillen und Verborgenen schaffen; nur meine Werke können den Beweis dafür erbringen, daß ich dazu berechtigt war, *so* und nicht anders zu schaffen. Nach meinem Tode mag man sich zu meinem positiven Lebenswerk meine schriftlichen Aeußerungen zusammensuchen, um vielleicht über dasselbe klarer ins Reine zu kommen.»[52] Der Verweis auf die postume Rechtfertigung seiner ästhetischen Position war einerseits ein Topos in der Kunstgeschichtsschreibung, der durch den Siegeszug der Malerei Vincent van Goghs in jüngster Zeit noch einmal eindrucksvolle Bestätigung erhalten hatte; zum anderen klingt darin eine Todessehnsucht an, die genau in jene Zeit des massenhaften Sterbens passte. Der im Jahr zuvor gefallene Franz Marc ist als gemeinsamer Bekannter Feiningers und Knoblauchs in der publizierten Korrespondenz ständig präsent.

Nie mehr in seinem späteren Leben hat Feininger öffentlich erschöpfender Selbstauskunft über sein Schaffen gegeben als im «Sturm». Womit er privat immer schon kokettiert hatte, das schien nun genau zum Geist einer Zeit zu passen, die sich angesichts der im Krieg gipfelnden Mechanisierung in die Vormoderne zurücksehnte; nicht als Revolutionär wollte Feininger gesehen werden, sondern als Reaktionär: «Viele halten mich für einen Umstürzler, während ich eine unbändige Reaktion nur in mir weiß *gegen* das ganze Heutige.»[53] Selbst das Intimste, die Arbeit im Atelier mit ihren ständigen Überarbeitungen, die zu jahrelangen Fertigungsprozessen an einzelnen Bildern führte oder gar zur Zerstörung einer Komposition durch Übermalung, wird hier offengelegt, aber erklärt durch den Einfluss der äußeren Umstände in einer Zeit, die keine Nachsicht duldet –

und auch keine Fröhlichkeit: «Auf der Staffelei steht vor mir ein angefangenes Bild. Voller Frische, voll leuchtender Farbe: mit kühnem, breitem Auftrag. Seit drei Tagen berausche ich mich daran. Und nun: ich habe zwei, drei Bilder aus diesen letzten, schrecklichen, verquälten Wintermonaten hervorgeholt und vergleiche sie mit dem neuen Glückskind! Ja, was meinen Sie? Das Glücksbild zerfällt in Bravour – und die Schmerzensbilder sind verklärte Werke – mit einem Zauberschlag scheint es zu gestehen, daß aus diesen verquälten Kindern dunkler Zeiten diamantharte, unvergängliche Visionen entstehen, voller verborgener Schönheit. Sie sind nicht von der heutigen Zeit. Das Glücksbild ist es. (…) Soll ich noch von meinem Glücksbild berichten? Es ist im Modder und Schlamm unreiner Farben untergegangen und besteht nicht mehr, sondern wird überspachtelt als Grundfläche für ein künftiges ‹ernstes› Bild. Dagegen habe ich mit Härte und Zorn mich gezwungen, dasselbe Bild noch einmal anzufangen und mir die größte Strenge zum Gesetz gestellt. Es wird jetzt erst ein Bild, das diszipliniert und festgefügt vielleicht einmal ein ‹Glücksbild› werden kann.»[54] Die Betonung des Ernstes, der Schmerzen, der Härte nahmen die Verlautbarungen einer Gesellschaft im Krieg auf. Auch Feininger selbst sah sich als Frontkämpfer: an vorderster Front der Kunst, die jedoch dieselbe Unnachgiebigkeit von ihm verlangte, gerade sich selbst gegenüber. Die Geburt des Schönen aus dem Schrecken und der Qual nimmt eine ästhetische Kriegsdeutung vorweg, die in den zwanziger Jahren durch die Schriften Ernst Jüngers populär werden sollte.

Knoblauch als dem wirklichen Frontkämpfer gehörte dann aber das Finale des programmatischen Briefwechsels. Zunächst nahm er die Erläuterungen seines Korrespondenzpartners auf und verglich sie mit dem eigenen Schreiben, ehe er auf jenen Antimodernismus zu sprechen kam, den Feininger seit Jahren für sich proklamierte, vor allem in Abgrenzung vom üblichen europäischen Blick auf seine amerikanische Heimat: «Feininger malt, dient, seufzt, quält sich, presst das All zusammen, geht in den dunkelsten Schlüften. Ich dichte, gehe

Hand in Hand mit den Liebsten, halte Kameradschaft, öffne Brust und Geschlecht, prüfe die Stimme und kläre sie von Trunkenheit, Wollust, Sorge, Verdruß. Ich liebe das natürliche Licht und kann es nicht extensiv genug, auf Alles ausströmend haben. Feininger kennt die Welt besser und malt also das Licht, welches er mitten im Dunkel findet. Ich kenne die Welt schlecht, liebe sie umsomehr und verherrliche ihre Beziehungen. Schaudernd blicke ich in ihre Abgründe. Aber wir beide haben Eines gemeinsam: den Haß gegen Mechanik, die Wut auf seelenlose Vernichtung, und wir machen Kino, Grammophon, unsere ganze Automaten- und Fabriken-Kultur lächerlich, indem wir den Glauben an die Ausschließlichkeit unserer Kunstaufgabe hüten und verteidigen.»[55]

Diese Ausführung entsprach der spezifischen Rechtfertigung der Kriegsführung durch den intellektuellen Nationalismus in Deutschland, wie ihn etwa Thomas Mann in seinen «Betrachtungen eines Unpolitischen» vertrat. Die «deutsche Kultur» mit ihrer angeblichen Tiefe wurde der «Zivilisation» entgegengesetzt, unter der man eine in den Feindstaaten triumphierende oberflächliche Massenkultur verstand. So mündete der «Sturm»-Abdruck denn auch in Knoblauchs resignative Feststellung angesichts des drohenden Untergangs alles kulturell Wertvollen durch die wirtschaftliche Übermacht des feindlichen Amerikas und dessen vermeintlicher Unkultur: «Wenn die Kultur verfinstert ist, wenn der leichte Glaube an die vielen Allheilmittel zur Abstellung des Uebels und des Leidens wankend geworden ist, wenn es klar wird, daß die Schöpfung ihre Kräfte ökonomisch unter den Völkern verteilte und diese einander beiordnete zur Hervorbringung der Werke, die die kurze Spanne des Lebens eines Volkes überdauern, wenn es schließlich eine Kleinigkeit ist, das Genie so gut wie eine Kathedrale oder ein ganzes Volk zu Grunde zu richten: dann wird es schwer, die unverwüstliche Wohlmeinung über sich selbst beizubehalten.» Aber die letzten Sätze wurden ihm mit Blick auf die deutschen Anstrengungen im Krieg und die verwandten Prinzipien des freundlichen Amerikaners Feininger zu einem ästhetischen Durchhalteappell: «Laßt uns die ewig frische Epoche der Werke ankündigen, die aus unbekannten Ueberwindungen, Not und Kraft und Leiden eines großen ringenden Herzens hervorströmen, wenn der Weg bereit ist und feierlicher Sonntag anhebt. Laßt uns dies Herz nicht verleugnen.»[56]

Bei Feininger spielte jedoch viel mehr als das Herz der Kopf die entscheidende Rolle in einer Zeit, als er all das verleugnen musste, was ihm an nostalgischer Liebe zu den Vereinigten Staaten geblieben war. Es gibt ein Gemälde aus dem Jahr 1917, das zu spät fertig wurde, als dass es in der am 2. September beginnenden Ausstellung in Waldens «Sturm»-Galerie gezeigt werden konnte, doch deutlich zum Ausdruck bringt, wie genau Feininger im Briefwechsel mit Knoblauch seine damalige Disposition in Wort fasste: Es trägt den Titel «Kopf in Architektur». Der Kunsthistoriker Roland März sieht in diesem Gemälde ein «selbstbildnishaftes Symbol für das aufs Äußerste gefährdete Künstler-Ich», weil der Kopf sich in seiner «Versteinerung» gegen das ringsum tobende Inferno des Kriegs abschotte.[57] Tatsächlich hat Feininger hier noch einmal das gelbe Inkarnat seines zwei Jahre zuvor entstandenen Selbstporträts benutzt. Wenn man aber das Gemälde als Selbstauskunft lesen will, sollte auch beachtet werden, dass sich die felsenartige kristalline Komposition um den Kopf herum in ihrer rechten Hälfte als Stadtansicht aus jenen Giebeln und Häuserwänden deutscher Provenienz zusammensetzt, die Feininger seit 1912 immer stärker zu seinen zentralen Gegenständen gemacht hatte.

Die Verschmelzung des zentralen, sichtbar leidenden Kopfs mit dem ihn umgebenden Stein ist somit zugleich eine Einbettung, und die «Unangreifbarkeit», die März dem Motiv attestiert, entspricht der deutschen Propaganda des Jahres 1917, die ihren Ton seit Kriegsbeginn entscheidend gewandelt hatte: Statt an expansive Ziele wurde im erstarrten Stellungskrieg an die Beharrungskräfte von Kriegs- und Heimatfront appelliert, das gegenwärtige Leid wurde gerechtfertigt durch die Aussicht auf einen doch noch erreichbaren Siegfrieden – Deutschland also als ein Bollwerk aus Mensch und Kultur, wie Feininger es mit dem «Kopf in Architektur» vorführte und im Briefwechsel mit Knoblauch auch beschworen hatte. Zugleich jedoch entspricht Feiningers Bild der allgemein resignierten Stimmung im Lande, die selbst die bewunderten Frontkämpfer angesichts des endlosen Stellungskriegs ereilte: «[Knoblauch] ist, wie er selbst betont, herzlich abgestumpft jetzt, und langweilt sich fast zu Tode. Der Krieg interessiert wohl nur wenige noch», stellte Feininger nach den fünf Urlaubswochen im Harz fest.[58]

Als die Korrespondenz mit dem Dichter für den Druck vorbereitet wurde, war Feininger einmal mehr in tiefen Selbstzweifeln gefangen. Das hatte seinen Grund nicht in künstlerischer Unzufriedenheit – im Gegenteil. In einem Brief an Julia Feininger vom 14. August, als er die kommende große Ausstellung in der «Sturm»-Galerie vorbereitete, äußerte er sich über die eigene Entwicklung in der Kriegszeit geradezu euphorisch, wenn er sie hier auch in einem etwas weiter zurückreichenden Kontext sah als noch gegenüber Knoblauch: «Es ist mir dabei klar gemacht worden, wie viel weniger ‹pathetisch› ich jetzt bin. Die Bildelemente sind so viel direkter jetzt und entstanden der reinen Form, während ich früher die Form auf ziemlich naturalistischer (oder besser, historischer) Anschauung aufbaute. Naturalistisch, d. h. schärfer und eigener wahrgenommen, ist jetzt erst recht meine Anschauung. Und viel abstrakter und erfundener zugleich, abgesehen von der Vertiefung, von der psychischen Notwendigkeit meiner Malerei. Ich schaffte noch vor 3 Jahren ‹malerisch›. Dies habe ich jetzt überwunden. Da Du meine Arbeiten kennst, weisst Du, wie ich dieses meine. Das Bild ist nach wie vor gemalt gedacht, aber ist heute unvergleichlich viel unmittelbarer, freier allen Beiwerks, sogenannten ‹Malerischen›. Viel Dimension haben ja die früheren Sachen nicht; ich habe nur die Oberfläche geformt. Darum ist jetzt die Überarbeitung fast wie eine Spielerei.»[59] Nun, nach drei Jahren Krieg, sah Feininger endlich genügend Tiefgang in seinem Schaffen.

Doch diese Euphorie kam bei Julia Feininger nicht gut an. Ihr

Mann war mit den beiden jüngeren Söhnen Anfang August aus Braunlage nach Zehlendorf zurückgekehrt. Die Briefe an die mit Andreas noch im Harz gebliebene Gattin zeugen von einer abermaligen familiären Missstimmung, die diesmal stärker von Julia Feininger ausging. Angesichts des mittlerweile zehn Jahre währenden Wartens auf den Durchbruch ihres Mannes glaubte sie nicht mehr daran, und die Trennung zugunsten der Ausstellungsvorbereitung ertrug sie nicht. Am 15. August verfasste Feininger deshalb einen Brief an sie, den längsten ihrer gesamten Korrespondenz, in dem er in nie zuvor und auch nie mehr danach erreichter Intensität private Rechenschaft über sich selbst ablegte und einen ganz anderen Tonfall anschlug als im heroisch-pathetischen Briefwechsel mit Knoblauch (der in seiner karrierestrategischen Zielsetzung klar benannt wird).

«Dein Brief vom 13. klingt doch so traurig (…). Du darfst aber nicht den Mut sinken lassen, über das, was Du unsern ‹sozialen Niedergang› nennst. Es sind Gründe dafür vorhanden, genau das Gegenteil zu erwarten, so wie Du nur darunter wahrhafte soziale Stellung meinst. Es hat an meiner bisherigen Zurückhaltung gelegen, dass äussere Merkmale des Erfolgs ausblieben; aber in bald 10jähriger Arbeit habe ich eine felsenfeste Grundlage für gerade wertvolle und unvergängliche Verhältnisse geschaffen. Sollte die September-Ausstellung auch kein pekuniärer Erfolg bedeuten, was auch bei den furchtbaren Zeiten nicht zu erwarten ist, so ist doch mit einem Schlage unsere gesellschaftliche Stellung eine ganz andere; denn zum ersten Male wird man kennen lernen, wer wir sind. Die Ausstellung selbst wird, glaube ich, ungewöhnlich reichhaltig sein; und dann kommt hinzu, die publizistische Öffentlichkeit der ‹Sturm-Nummer› die sicher gerade an massgebenden Stellen, wo moderne Kunst verstanden wird, viel Aufmerksamkeit erregen wird.»

Feininger erhoffte sich, wie er dann weiter ausführte, von etwaigen Verkäufen die ersehnte Anerkennung durch seinen Schwiegervater, dem er immer noch unterstellte, die Eheschließung der Tochter mit ihm aus finanziellen Gründen als Mesalliance zu werten: «Ich habe in den letzten Jahren nicht darüber viel gesprochen – aber der Wille, aus unserem bedrückten Verhältnis, unter dem wir beide seelisch leiden, rücksichtslos uns zu befreien, sobald mir genügend Mittel zu Gebote stehen, ist hart und fest. Dieser Wille ist wirklich kein sanfter, zarter; sondern tief und entschlossen, genau so wie der Wille, der in meiner Arbeit steckt.»

Der entscheidende Punkt aber war einer, der mit Feiningers eigener Herkunft zusammenhing. Seine Familie bot das Muster, vor dem er eigentlich Angst hatte – aber auch einen Hoffnungsschimmer: «Mein Lieb, Du, wie kannst Du glauben, dass Du mir, uns, Deinem Leo und Deinen Kindern überflüssig bist? Wir Männer, ich meine hiermit speziell uns Feiningers damit, gehen wohl durch Dick und Dünn unsere vorgezeichneten Wege weiter. Ich kann Dir nicht sagen, wie das Leben meiner Großeltern war, Feiningerscherseits, aber jedenfalls haben meine Eltern Schiffbruch erlitten in der Ehe, und ich selbst früher auch einmal. Und doch, hast Du vor Augen, dass wir, Vater und Sohn, zuerst unglücklich verkuppelt waren, und dies gerade aus übermäßigem Mitempfinden, die solchergestalt und bei kräftigen Egoisten wie wir, wiederum Schwäche oder zumindest, Unreife war. Mein Vater, (ebenso wie ich später in meiner verlobten Zeit) wusste bald, dass er und Mama nicht für einander geschaffen waren und hat sie doch geheiratet und nach qualvollen 25 Jahren hat er sich doch getrennt, wo es bereits, für normale menschliche Begriffe, etwas vom Verbrechen seiner Familie gegenüber hatte. Die Folgen sind auch nicht ausgeblieben. Der frühe Tod meiner Schwestern wäre wohl, unter vereinter elterlicher Bewachung und Obhut über die Kinder, vermeidlich gewesen – das glaube ich heute noch. (…) Die zweite Ehe meines Vaters ist glücklich, auch wenn sein sehnlicher Wunsch nach Kindern aus der Ehe unerfüllt blieb, und unsere Ehe ist doch eine innige und glückliche zu nennen, weil zwei Seelen sich voll und ganz begreifen. Oder ist es Dir fühlbar, dass es nicht so ist? Ich weiss, ich lasse Dich viel zu viel allein, äusserlich in jeder Weise, aber in mir, so tief, dass ich, bei meiner verschwiegenen Natur, es niemals zum wörtlichen Ausdruck bringen könnte – Du weisst kaum, wie seelisch verschämt ich bin – ist die ständige Gewissheit, dass ich ohne Dich nicht zu leben imstande wäre.»

Und dann setzte er eine Liebeserklärung hinzu, die dadurch umso glaubhafter wirkt, weil sie nichts am selbstgewählten Künstlerdasein mehr beschönigt: «Was soll ich Dir noch sagen, oder was kann ich? Ein verfluchtes Arbeitsvieh bin ich, und Deine Seele und Dein Herz hast Du mir gegeben, sonst wäre ich weiter nur Arbeitsvieh geblieben, und heute noch Mitarbeiter an verschiedenen Witzblättern, ohne jemals den Weg daraus hinaus zu finden. Ich bin nicht so, wie andere Menschen, ich bin ein gezeichnetes Wesen und stumm in der Äusserung gerade der schönsten Gefühle. Das macht Dein Dasein bei mir so quälend schwer. (…) Du armes Kind! Aber ein Herz habe ich doch. – Meine Kunst! Sie wurde aufgepfropft auf eine vorhergehende, bereits zu ziemlicher Entwickelung gediehene, gewerblich-artistische Tätigkeit. Meine Malerei wuchs nicht in mir frei und hatte keine Wurzeln in einem jungen Leben, einer unberuhrten Anschauung der Jugend – sondern hatte zu kämpfen gegen allerlei bereits Verbildete, Routinierte, Voraussetzliche. Es ist etwas Qualvolles in meinem ganzen Bestreben, die Kunst frisst alles in mir auf. Du siehst ja, wie verquält ich schaffe, wie verquält ich bin. Das ist das Schwere, woran wir gemeinsam tragen.»[60] Vom Leichten, Spielerischen seines derzeitigen Malens, das er noch im Brief vom Vortag gefeiert hatte, sollte plötzlich nichts mehr zu spüren sein. Wenn Julia litt, war auch Lyonel sofort ein Gequälter.

Die Unterschiede zu den Briefen an Knoblauch sind bemerkenswert. In dem langen Schreiben an seine Frau spricht Feininger von «furchtbaren Zeiten», an anderer Stelle ist von «Kriegsgreueln» die Rede. Seine Verzweiflung über das Schlachten an der Front und die immer heikler werdende Versorgungslage in den Städten – die Söhne verloren durch Mangelernährung an Gewicht, eine ausreichende Versorgung war nur noch auf dem Schwarzmarkt und durch die finanzielle Unterstützung der Schwiegereltern möglich – ließen ihn eine andere Sprache wählen als die für die Öffentlichkeit bestimmte des Briefwechsels mit Knoblauch. Und doch ist immer wieder zu erkennen, dass für Feininger all die äußeren Umstände nur Prüfungen waren, gegen die es die eigene Kunst zu behaupten galt.

Bezüglich des Abdrucks von «Zwiesprache» befand er sich allerdings ernsthaft im Zwiespalt. Als er gemeinsam mit Herwarth Walden Ende August über dem endgültigen Redigat der ausgewählten Briefe saß, brach es aus ihm heraus: «Von mir aus könnte ebensogut die ganze Schreiberei unterbleiben. Wir, Kno[blauch] und ich, haben später viel gescheitere Dinge uns geschrieben.»[61] Aber Feininger wollte den künstlerischen Durchbruch um jeden Preis, und das verlangte nach so viel öffentlicher Aufmerksamkeit, wie sie unter den eingeschränkten Kriegsbedingungen eben zu erlangen war. Für seine hektische Situation in den Tagen vor der Eröffnung der «Sturm»-Ausstellung wählte er einen tagestypischen und gerade deshalb geschmacklosen Vergleich: «Ich bin tatsächlich jetzt richtig im ‹Trommel-Feuer› drin, so dass ich jede Störung gleich mit einem etwas weniger fertigen Bilde als ich hoffte, zahlen muss.»[62] Immerhin rasierte er den «deutschen» Schnurrbart wieder ab. Angesichts der bevorstehenden Ausstellung wollte er wieder er selbst sein.

Er war es jedoch auch in anderer Hinsicht wieder. Die selbstbewusste, ja bisweilen selbstherrliche Haltung, gerade gegenüber anderen Künstlern, die aus den Briefen an Knoblauch spricht, war kurz vor der Eröffnung den üblichen Selbstzweifeln gewichen. Feininger litt an dem, was er gegenüber Knoblauch gepriesen hatte: der unberührbaren Einsamkeit als Künstler: «Es geht mir ja immer so, wenn ich bei Waldens gewesen bin; ich sehe zu viele hervorragend schöne und kräftige Kunstwerke und bin wie erschlagen. Mir fehlt, und wird immer fehlen, jede Berührung mit der Kunst der Anderen, und im Augenblick fühle ich, wie viel mir fehlt, wie ganz abseits der grossen und lebenden Kunst und ihrer Mitteln ich stehe.»[63] Am Tag vor der Ausstellungseröffnung konnte Feininger aus Nervosität an seine Frau nur einige Alltagsbeobachtungen aus der Kriegszeit vermelden:

Schießübungen des Militärs auf dem nahe der Zehlendorfer Wohnung gelegenen Düppeler Feld, die Übersendung von Fleisch durch eine offenbar schwarzmarkterfahrene Bekannte und schließlich den Besuch der Frau von Adolf Knoblauch, die ihm mitteilte, dass ihr Gatte ausgerechnet jetzt von seinem Regiment an die vorderste Front geschickt worden war.[64]

Den Eröffnungstag selbst, ein Sonntag, verbrachte Feininger natürlich nicht etwa in der «Sturm»-Galerie, sondern zu Hause, wo er ungeduldig – «Es schlägt die Stunde, läuten die Glocken. ‹Historischer Augenblick›! Möchte Mäuschen sein, wiederum auch nicht» – den Besuch seines Schwiegervaters erwartete, um dessen Eindrücke von der Ausstellung zu erfahren. Um sich abzulenken, ging er ins leergeräumte Atelier: «Es ist fortgeräumt worden, mit allem Hinderlichen, die Fantasie braucht nicht mehr bei halbfertigen Bildern Halt zu machen, aus Gewissenhaftigkeit einem begonnenen Werk gegenüber – sondern kann sich von Grund auf mit neuen Problemen beschäftigen.» Bei der Rückkehr war Bernhard Lilienfeld bereits eingetroffen: «Papa empfing mich an der Tür in der Wohnung mit einem strahlenden Gesicht und den Worten: ‹Na, Junge! Du kannst lachen!› Diese Worte gaben, so, seinen Eindruck von der Sache erschöpfend wieder (…) Die Menschen-Fülle, das anständige und interessirte Publikum; die Fülle, die von den Wänden herabschaute, gaben ihm die gute Stimmung.»[65]

Berlin hatte den Amerikaner also endlich adoptiert, als deutschen Künstler anerkannt, und nun wurde Feininger auch über den «Sturm»-Kreis hinaus gesellschaftlich interessant. Der Schriftsteller Walter Mehring lud ihn regelmäßig zu sich ein, doch Feininger blieb ein soziophober Gast, wie sich in Mehrings Erinnerungen an gemeinsame Abende mit dem Dichter Rainer Maria Rilke zeigt, der in diesem Kreis über seine Erlebnisse mit der Malerei von Marc Chagall sprechen wollte: «Rilke kam noch zweimal abends zu mir, als Theodor Däubler und Lyonel Feininger anwesend waren; er kam, sichtlich verstört, um sich auszusprechen. Feininger (…) beteiligte sich an der

Diskussion nur mit scheuen, versonnenen Randbemerkungen, während Theodor Däubler, dieser massige, jupiterköpfige *Nordlicht*-Epiker, (…) eine Apologie der Gegenwartskunst dem erblassenden Rilke vortrug, bis der Morgen graute, bis das Außerkrafttreten der militärischen Verdunkelungsvorschriften es Rilke ermöglichte, sich zu verabschieden.»[66] Von politischen Gesprächen ist leider nichts überliefert.

Aus der Niederlage neuen Antrieb schöpfen

Im Winter 1917/18 hatte sich angesichts des von der neuen russischen Revolutionsregierung verkündeten Waffenstillstands und der beginnenden Friedensverhandlungen von Brest-Litowsk, die dem Deutschen Reich nicht nur ein Ende des bisherigen Zweifrontenkrieges, sondern auch die Erschließung reicher Ressourcen in Osteuropa verhießen, die Stimmung in Berlin wesentlich verbessert. Doch in vielen kriegswichtigen Betrieben wurde aus Protest gegen die mangelhafte Versorgung gestreikt – und zur Unterstützung der kommunistischen Revolution in Russland gegen die aggressive Verhandlungsführung der deutschen Delegation in Brest-Litowsk.

Feiningers lebenslanges Misstrauen gegen den Kommunismus hat in diesem Erlebnis seine Wurzel; er sollte nie der Begeisterung für das gesellschaftliche Experiment der Sowjetherrschaft verfallen, wie sie viele seiner späteren Bauhaus-Kollegen zeigten. Er hatte sich der deutschen Sache verschrieben und litt unter der unveränderten Wahrnehmung seiner Person als Amerikaner, wie er dem Sammler Wilhelm Mayer erklärte: «Fürs Erste werde ich, so lange dieser Krieg dauert, kaum aus meinen vier Pfählen mich hinausbegeben, so sehnlich gerne ich verreisen möchte (und so dringend Not mir eine Abwechslung täte, menschlich wie künstlerisch!), denn ich bin ja amerikanischer Staatsbürger, und der Gedanke, mir könnte es passieren, unterwegs als ‹verdächtig› angehalten zu werden, ist schier greulich! In Braunlage, in der Pension, hielten mich ein paar alte Herren nebst ihren Damen für einen ‹Spion›! Das habe ich allerdings erst hinterher erfahren – die Leute waren aber reichlich unangenehm, und ich schrieb diese Zurückhaltung dem Umstande zu, daß sie vielleicht sehr patriotisch gesinnt waren und in mir nur das verkörperte Amerika erblickten. (Und das habe ich ihnen gewiß nicht übel genommen!, hätten sie nur geahnt, wie es mir im innersten Herzen ist! wären sie gewiß freundlicher geworden).»[67] Worauf Feininger damit anspielte, kann man gerade der Korrespondenz mit Mayer entnehmen. Im Mai 1918 betonte Feininger ihm gegenüber geradezu stolz, dass er und seine Söhne durch die Kriegsumstände nun offiziell «keine Feinde mehr» seien, «unsere Pässe sind vernichtet worden, durch die Vertretung der Ver. Staaten, und können nicht wieder erneuert werden, solange sich diese im Krieg mit Deutschland befinden».[68] Pass weg, Staatsangehörigkeit weg – die Naivität Feiningers ist erstaunlich.

Kurz vor dem Kriegsende schien er die Ernte seines Durchbruchs im Vorjahr einbringen zu konnen. Im Oktober 1918 stellte er erstmals alleine in München aus, in der Galerie «Neue Kunst» von Hans Goltz, und mit vierunddreißig Gemälden, zwanzig Aquarellen und jeweils sieben Tusche- und Kohlezeichnungen war das nach der «Sturm»-Präsentation sein bislang größter Auftritt. Was Feininger besonders gefreut haben wird: Der bekannte Kritiker Wilhelm Hausenstein nannte ihn in den «Münchner Neuesten Nachrichten» einen «Berliner Maler», obwohl die amerikanische Herkunft erwähnt wurde.[69] Der Löwenanteil der gezeigten Werke war während des Kriegs entstanden; nur insgesamt zehn bei Goltz präsentierte Arbeiten waren älter als vier Jahre. Feininger selbst sollte später die Jahre von 1917 an als seine «zweite Arbeitsphase» bezeichnen, die er bis 1937, dem Ende seines Aufenthalts in Deutschland, bezifferte, und bizarrerweise charakterisierte er sie mehrfach, auch schon in der Endphase des Kriegs, als eine in Teilen besonders fröhliche – 1947 sprach er gar von «der absoluten Heiterkeit» seines Werks aus dieser Zeit.[70]

Das hatte seinen Grund nicht nur im Gefühl neugewonnener

Produktivität und öffentlicher Beachtung durch die «Sturm»-Ausstellung. Schon zuvor, im März 1917, zur Zeit seines Briefwechsels mit Knoblauch, präzisierte er sein künstlerisches Grundverständnis auch in anderen Korrespondenzen. Eines dieser Schreiben sollte Alois Schardt vierzehn Jahre später in der von Paul Westheim herausgegebenen Zeitschrift «Das Kunstblatt» publizieren – aus Anlass von Feiningers sechzigstem Geburtstag und der in der Berliner Nationalgalerie ausgerichteten Retrospektive. Leider erfolgte der Abdruck des Briefs ohne Nennung des Empfängers, aber mit der zutreffenden Einschätzung, dass es sich bei dem Schreiben um einen «geistigen Schlüssel» zum jüngeren Schaffen Feiningers handele. Der hatte darin nämlich seine Arbeit vehement vom in der Vorkriegszeit triumphierenden Impressionismus abgegrenzt und für sich selbst die Zugehörigkeit zum Expressionismus in Anspruch genommen, der durch seine als spezifisch deutsch angesehene Herkunft und den Soldatentod der wichtigen Protagonisten Marc und Macke als nationale Kunstrichtung verstanden wurde.

Vor allem aber rechtfertigte Feininger mit dem Brief seine persönliche Arbeitsweise: das Nebeneinander von gegen den Betrachter abgeschotteten, dunkel verschatteten Architekturvisionen, regelrechten Festungswerken einerseits und farbschrillen karikaturesk-grotesken Motiven andererseits. Thema war auch die bisweilen jahrelange Konstruktion von Gemälden im Atelier, der Rückzug also von der Außenwelt als Voraussetzung, um diese adäquat zu durchdringen – man kann in diesen Ausführungen eine Selbstverteidigung des vom Kriegseinsatz verschonten Künstlers mitlesen.

«Das einzelne Werk dient jedesmal als Ausdruck unseres jeweiligen eigensten Seelenezustandes und der unabweislichen, imperativen Notwenigkeit der *Befreiung*, durch entsprechende *Gestaltung*: in Rhythmus, Form, Farbe und Stimmung des Bildes. Daher nur entspringt die *Verschiedenartigkeit* der Gestaltungen bei einem und demselben Maler, die nach dem üblichen bisherigen Maßstabe der Beurteilung, so leicht zu der Auffassung des Widersprechenden beim

Künstler führt. (…) Der Impressionist bleibt draußen vor irgendeiner Stelle in der Natur stehen, packt sein Malzeug aus und fängt an, aus einem plötzlichen Impuls das wiederzugeben, was ihm im Augenblick zwingend gegenübersteht. Der Expressionist dahingegen wird durch eine langsam steigende, bis zur *Unerträglichkeit* starkgewordenen *Sehnsucht* nach einer *bestimmten* Gestaltung, die sich in seinem Bewußtsein gebildet hat, dazu *getrieben*, zum Bilde, zur Erlösung von Pein zu kommen. Von dieser *Sehnsucht* könnte ich vieles erzählen. (…) Die fürchterlichen Weltereignisse lasten auf uns, und hinterlassen auf meinen Bildern düstere Spuren, wie Sie wissen. Was ist denn selbstverständlicher als meine immer wiederkehrenden Kämpfe um die Fröhlichkeit im Bilde, die genau das *Gegenteil* anstrebt, d.h. Bewegung und Buntheit? Befreiung? Der Mensch hinter all diesen verschiedenartigen Werke ist doch der gleiche. In dem fröhlichsten wie in dem resigniertesten Werke ist das Ziel: *letzte Form* für den Gedanken. Immer: *letzte Form*, denn nur sie hat Bestand – und das Bild ist für mich alles andere, nur keine momentane Angelegenheit.»[71]

Dieser Brief war eine Unabhängigkeitserklärung, die jedoch in Tonfall und Tendenz dem existenzialistischen Grundgefühl der Kriegsgeneration entsprach. Ein Jahr danach nahm Feininger den seit längerem ruhenden Briefwechsel mit Kubin wieder auf und blickte auf die eigenen Kriegserfahrungen als Künstler in scharfer Selbstkritik zurück: «Bei Kriegsausbruch, gleich, geriet ich in eine Psychose, eine gewaltige, alles lähmende Selbsthypnose; und damit habe ich niemandem gedient, und mich selbst fast an den Rand gebracht. Es gab nur noch Wille, aber Wille, der jede Gestaltung wie mit Mordwerkzeugen abtötete. Ich übte mich darin, den Willen als Selbstzweck stark zu ziehen und vergass ganz jeden erlaubten, ja lebensnotwendigen Überschwang. (…) Ich wollte leiden, habe gelitten, wollte mein Anteil an der allgemeinen Umklammerung der Geister nicht meiden, aus vermeintlicher Pflicht dem grossen Leiden gegenüber.»[72] Seit sechs Monaten, direkt nach dem Trubel der erfolgreichen «Sturm»-Ausstellung, habe er kein Gemälde mehr beendet, allerdings auch der «unzweckmässigen, verschlechterten technischen Mittel» wegen. Damit sprach Feininger die Mangelsituation in Deutschland an: Angesichts der mittlerweile ganz auf Kriegsproduktion ausgerichteten Versorgungslage war es für ihn nicht nur immer schwieriger geworden, die Ernährung seiner Familie sicherzustellen; Leinwände konnte er ebenfalls keine mehr bekommen.

Feiningers Ausweg aus diesem Dilemma bescherte uns seinen wichtigsten Beitrag zum Expressionismus: seine Holzschnitte. Sie sollten lebenslang ein ebenso probates wie privates Ausdrucksmittel für ihn bleiben – kein persönliches Schreiben, das fortan ohne einen aufs Briefpapier gedruckten kleinen Holzschnitt auskam. Die Technik eignete er sich auf seiner zweiten Harzreise an, die ihn im Sommer 1918 ein weiteres Mal mit der Familie nach Braunlage führte, und für wie bedeutend er diese neue Errungenschaft hielt, zeigt die Tatsache, dass er das Frontispiz des Katalogs für die Münchner Ausstellung bei Goltz nicht mit der Reproduktion eines Gemäldes, sondern mit einem Originalholzschnitt versah. Diesmal war es Feininger gelungen, gleich drei Monate Ferien bewilligt zu bekommen, während derer er sich nicht in Zehlendorf bei der Polizei melden musste, und er nahm als Material zur Anfertigung von Druckstöcken die dünnen Deckel seiner leergerauchten Zigarrenkisten mit.

In Braunlage geriet er in einen wahren Schaffensrausch, der mehr als hundert kleinformatige Motive hervorbringen sollte – alle ausgeführt als Handabzüge. Für zwei Jahre, in denen mit zweihundertsiebenunddreißg Arbeiten vier Fünftel seines gesamten Holzschnittschaffens entstanden, wurde ihm diese Kunstform zum liebsten Medium. Wie sehr sie ihm damals entsprach, zeigt deren Einsatz zu Beginn der Bauhaus-Zeit: natürlich in Gestalt seiner legendären Kathedralendarstellung auf dem Titelbild des ersten Bauhaus-Manifestes, aber auch in Feiningers anfänglicher Funktion als Leiter der Druckwerkstätten in Weimar, in denen er 1921 als erstes Mappenwerk des Bauhauses eine Sammlung von zwölf eigenen Holzschnitten herstellen ließ – Höhepunkt und zugleich Abschluss seiner Begeisterung;

danach schnitt er in größeren Abständen nur noch kleinformatige Platten für seine Briefbögen.

Eine Wiederaufnahme der Holzschnittästhetik sollte allerdings zum Ende seines Lebens noch einmal in ganz unerwarteter Form erfolgen: in Gemälden der amerikanischen Jahre von 1940 an, die akribisch genau frühere graphische Blätter nachbildeten. Das würde Feiningers Antwort auf den beginnenden Siegeszug der Abstraktion in Amerika sein: Reduktion seiner Malerei auf Linien und häufig eine einzige dominante Farbstimmung – eben wie bei den Handabzügen auf teilweise farbigen Papieren aus dem Jahr 1918. Was die beiden Werkphasen biographisch verband, war das Gefühl der Machtlosigkeit. Die Bescheidenheit des Materials und der Motive schien Feininger in den ersten Jahren nach der Rückkehr in die Vereinigten Staaten wie schon in der Endphase des Ersten Weltkriegs und den Krisenmonaten der neuen Republik das richtige Ausdrucksmittel zu sein angesichts der Bedrängnisse der jeweiligen Zeit: 1940 für den nun wieder unbekannten Künstler im Heimatland, dessen eigentlicher Resonanzraum in Europa gerade verheert wurde, und 1918 bis 1920 für den Künstler in einem Gastland, das im Zeichen des – aus deutscher Sicht – desaströsen Kriegsendes stand.

Ein Debakel war es seinerzeit aber auch in den Augen des Amerikaners Feininger. Aus dem Jahr 1918 gibt es nur wenige Briefzeugnisse, die über sein Erleben der letzten Kriegsmonate Auskunft geben. Dadurch, dass ihn die Familie während der gesamten dreimonatigen Harzreise begleitete, entfiel die sonst übliche sommerliche Korrespondenz mit seiner Frau. So bekommt für 1918 / 19 vor allem der Briefwechsel mit Wilhelm Mayer hohe Relevanz, zumal sich Feininger ihm gegenüber – wie erwähnt – noch bis kurz vor dem Waffenstillstand vom 11. November als deutschnational gebärdet hatte.

Dann aber revidierte der Künstler unter dem Eindruck der in den ersten Novembertagen einsetzenden revolutionären Aufstände im Reich seine bisherige Position: «Ach, lieber Herr Doktor! Was habe ich neulich für einen aufgeregten Brief an Sie losgelassen! Gut, dass Sie wissen, dass ich kein ‹Alldeutscher› bin – sondern Deutschland wie ein Ausländer, immer noch nach 31 Jahren, ansehe! Und das Land hat wahrhaftig meine ganze Liebe. Und doch bin ich erst jetzt, in diesen Tagen, sehend geworden. Gott! wäre es nur vor 2 Jahren mir geworden! Die Zusammenhänge zu erfassen. Es ist mir ein ganz neues, grosses Erlebnis, dass ich, in wenigstens beschränktem Umfange, den ‹Zwecke› dieses letzten Jahres einsehen lernte – worum es sich, für die anderen, handelt. Mein Verhältnis zur übrigen ganzen Menschheit wird dadurch wieder wach. Nun schön! ich politisiere nicht – also brauchen Sie nicht zu glauben, dass Sie wieder Absurditäten aus einem Traumdasein mitanhören brauchen! Meine Versponnenheit gilt nur meiner Welt, fortan. Mit der ‹wirklichen› Welt, kann ich mich vielleicht jetzt wieder abfinden. (…) Die letzten Wochen hauste der Tod unter uns – wir haben liebe Menschen verloren, und andere schweben noch in Lebensgefahr. Sie begreifen meine Aufgeregtheit vielleicht besser, wenn Sie das wissen. Und diese schwebende Frage um den Frieden! Wie quält sie alle! Doch kommen muss jetzt der Schluss; das ist einfach elementar.»[73]

Dieses erwartete Ende des Kriegs kam, aber es war eines mit unerwartetem Schrecken: ein Waffenstillstandsabkommen, das auf deutscher Seite dem Eingeständnis einer Niederlage gleichkam, obwohl die Oberste Heeresleitung das Land immer im Gefühl des sicheren Sieges gewiegt hatte. Wilhelm II. hatte sich zwei Tage zuvor widerstrebend ins niederländische Exil abgesetzt, die noch von ihm bestimmte Regierung unter Prinz Max von Baden daraufhin eigenmächtig den Thronverzicht des Kaisers verkündet und die Macht an ein Kabinett unter Führung des SPD-Vorsitzenden Friedrich Ebert übergeben, der auf eine parlamentarische Mehrheit im Reichstag setzen konnte, vor allem jedoch den gesellschaftlichen Druck mindern sollte, der von der Straße ausging. Noch am 9. November wurde zudem die deutsche Republik ausgerufen, allerdings nur, weil der Kommunistenführer Karl Liebknecht angekündigt hatte, am selben

Tag eine Räterepublik zu proklamieren. Dem wollte man seitens der SPD zuvorkommen, denn im vorangegangenen Jahr hatte man in Russland, dem erklärten Vorbild des Liebknechtschen Plans, den Zusammenbruch nicht nur des politischen Systems, sondern auch aller bisherigen Kriegsanstrengungen beobachten können; das sollte gerade nun, wo man als Regierunsgpartei mit den Feindstaaten in Verhandlungen über den endgültigen Friedensschluss eintreten würde, in Deutschland nicht passieren.

Neuwahlen wurden für Januar verkündet, doch in der Zwischenzeit kehrten die nach dem Waffenstillstand demobilisierten und deshalb demoralisierten Truppen zurück, nachdem sie mehr als vier Jahre lang auf französischem und belgischem Boden gekämpft hatten. Im Reich trafen sie auf eine weiterhin brodelnde revolutionäre Stimmung, die man ihnen in den letzten Monaten als Ursache des drohenden Zusammenbruchs der Front verkauft hatte. Allerdings war die Revolution erst entstanden, nachdem das deutsche Waffenstillstandsgesuch das ganze Versagen des kaiserlichen Regiments deutlich gemacht hatte. Viele Soldaten schlugen sich auf ihre Seite, doch ein Teil des Heeres und vor allem das Offizierskorps blieben kaisertreu. So prallten in Deutschland Revolution und Reaktion aufeinander, beide durch die heimkehrenden Truppen bis an die Zähne bewaffnet. Nach dem Ende des Tötens im fernab des Reichsgebiets geführten Krieg wurde nun im Inneren um die zukünftige politische Form des öffentlichen Lebens gekämpft, und die Künstler ergriffen dabei größtenteils Partei für die Revolution.

Feiningers unmittelbare Erleichterung über das Kriegsende fand ihren künstlerischen Ausdruck in zwei Aquarellen gleichen Themas, von denen er eines als «Sieges Rausch» betitelte: Beide zeigen euphorisierte Menschengruppen in den Straßen mit deutschen Fahnen, die meisten schwarzweißrot, in den alten Reichsfarben, aber in «Sieges Rausch» wird auch die schwarzrotgoldene mitgeführt, das Emblem der frisch ausgerufenen Republik. Wobei auf diesem Blatt keine Konfrontation rivalisierender Gruppen inszeniert wird, sondern ein gemeinsamer dynamischer Vormarsch, der jedoch gar nichts Militärisches mehr hat: Die wieder einmal im für die Kriegszeit so typischen Feiningerschen Kinderstrich skizzierten Männlein – keine einzige Frau ist auf diesen Revolutionsszenen zu sehen – sind ein wilder Haufen von unterschiedlichster Größe, auch übereinander gezeichnet, als hätte die politische Dynamik der Novembertage selbst Feder und Pinsel geführt.

Ganz unten auf «Sieges Rausch» ist ein Geiger dargestellt, Feiningers symbolisches Alter Ego, ganz im lichten Blau der Romantik koloriert. Doch noch interessanter ist der Mann neben dem Geiger: Mit Schnauzbart und einem Stetson als amerikanisches Attribut ausgestattet, ähnelt seine Physiognomie auf verblüffende Weise der Comicfigur Mutt aus Bud Fishers 1907 begründeter Zeitungsserie «Mutt and Jeff», dem ersten täglichen Fortsetzungscomic überhaupt. «Sieges Rausch» lässt so noch einmal Feiningers Faszination für die Comics seines Heimatlandes sichtbar werden, zugleich ist das Aquarell damit aber auch eine erneuerte Beschwörung der amerikanischen Identität des Künstlers – wobei die Figur des Amerikaners bezeichnenderweise integriert ist in eine freudig den Umsturz feiernde Gruppe von Deutschen.

Dennoch war Feininger nur halbherzig Revolutionär. In Berlin wurde er rund um den Jahreswechsel mit den seinerzeit heftigsten Auseinandersetzungen konfrontiert. Nach der Ermordung Rosa Luxemburgs am 15. Januar 1919 machte er in einem der Briefe an Wilhelm Mayer zwar seinen Abscheu über diese Tat ebenso deutlich wie seine Sympathie für die Person der KPD-Politikerin, aber er ließ gegenüber dem ebenfalls von Luxemburg beeindruckten Mayer keinen Zweifel daran, dass diese Gefühle völlig unpolitisch seien: «Sie stehen, wie es nicht von Ihnen anders zu erwarten wäre, weit über dem feigen, bürgerlichen ‹Urteil›, in Ihrer Schätzung der lauteren, unentwegten Persönlichkeit Rosa Luxemburgs. Ihr Ende war schauderhaft und einer ‹Menschheit› unwürdig. Andere, etwa ‹politische›, Erwägungen kommen für mich nicht in Betracht – ich sehe den Menschen, in ihrer

Erscheinung, und habe, ohne sie irgendwie zu kennen, stets Bewunderung vor der reinen Persönlichkeit dieser Frau gehabt.»[74]

Auf eine politische Position wollte Feininger keinesfalls festgelegt werden, aber das war in Berlin und besonders in den Künstlerkreisen der Stadt schwierig. Hier war der Zwang zum Selbstbekenntnis im Sinne der revolutionären Umgestaltung noch größer als in anderen Teilen des Reichs. Anfang Dezember hatte der expressionistische Maler Georg Tappert Feininger zum Beitritt in eine Künstlervereinigung eingeladen, die Tappert unmittelbar nach der Revolution unter dem programmatischen Namen «Novembergruppe» mitbegründet hatte. Feiningers Antwort war indes deutlich: Seine Kunst gestatte kein politisches Engagement.[75] Doch diese Haltung war für ihn angesichts seines Bekanntenkreises auf Dauer nicht durchzuhalten. Eine ganze Reihe von Persönlichkeiten aus Feiningers engerer Umgebung, darunter die Brücke-Maler Karl Schmidt-Rotluff, Erich Heckel und Max Pechstein sowie der Bildhauer Gerhard Marcks und der Kunsthistoriker Wilhelm Valentiner, gehörten dem Leitungskomitee des «Arbeitsrates für Kunst» an, einer ebenfalls seit dem Novemberumsturz existierenden Interessenvertretung von Künstlern, die nach dem Vorbild der damals als für die Revolution maßgeblich betrachteten Arbeiter- und Soldatenräte geschaffen worden war, allerdings nicht, um unmittelbaren politischen Einfluss auszuüben, sondern um der Bevölkerung moderne Kunst nahezubringen. Dieses Ziel war Feininger ungleich sympathischer, aber selbst hier war er erst einmal vor der Unterzeichnung des Manifests der Gruppe zurückgeschreckt, ehe er ihr dann später, im März 1919, doch noch offiziell beitrat. Er steuerte sogar einen Gelmeroda-Holzschnitt für eine Mappe bei, die zur Finanzierung der vom Arbeitsrat mit durchgeführten «Ausstellung für unbekannte Architekten» diente.

Seine Holzschnitte in ihrer rauen Manier und schnellen Herstellung wurden Feininger nun zu so etwas wie einer revolutionären Ablasszahlung: Einen weiteren stellte er der «Novembergruppe» für deren Broschüre «An alle Künstler!» zur Verfügung. Darin waren titelgerecht als Beiträger nicht nur bildende Künstler vertreten, sondern mit Johannes R. Becher, Walter Hasenclever und Kurt Eisner auch revolutionär gestimmte Schriftsteller. Den programmatischen Einleitungstext «Was wir wollen» aber hatte Feiningers Malerkollege Max Pechstein verfasst, und er verlangte darin einen völligen Neubeginn der Kunst, für den es bei der Ausbildung anzusetzen gelte: «Winckelmanns Verherrlichung der Antike ist immer noch der Grundstein zum Kunststudium an den staatlichen Kunstakademien. Verpönt ist das Leben und das Auseinandersetzen mit demselben. Handwerk wird nicht gelehrt. Das sorgfältigste Herstellen von sauberen Blättern verbirgt das nicht vorhandene Können. Ein jeder wahrhaft Beflissene muß selbst sehen, wie er sich die notwendigsten Techniken aneigne (…). Wacht auf! Zersprengt Eure Trägheit! Werdet fähig, vom Leben zu lernen und für das Leben zu wirken. Dann findet Ihr Ausdruck genug und braucht nicht zurückzugreifen zu alten Emblemen früherer Stilepochen. Werdet schöpferisch im Lernen, und Ihr seid dann Meister im Lehren! Wir erhoffen durch die sozialistische Republik nicht nur eine Gesundung der Kunstverhältnisse, sondern auch das Entstehen einer einheitlichen Kunstepoche für unsere Zeit. Auf der Basis des von allen bildenden Künstlern je nach Art verschieden zu erlernenden Handwerkes soll uns die Morgenröte der Einheit ‹Volk und Kunst› erglänzen.»[76]

Damit war ein Nerv bei Feininger getroffen. Politik interessierte ihn weiterhin nicht, aber die Chance, einen Kunstaufbruch mit in Gang zu bringen, begeisterte ihn. An Wilhelm Mayer hatte er zu Beginn des Jahres mit deutlicher Sympathie für die aktuellen Entwicklungen im Reich – allerdings auch mit einer bösen Spitze gegen Pechstein – geschrieben: «Wollten nicht, (wie ich mit Deprimirtheit und Ärger, schon vor Jahren, constatirte) gewisse Mediziner oder Psychiater, hierzulande, nicht geradezu die ‹neue Kunst›, selbst eine so brave, bürgerliche, wie die Pechsteins! als pathologisch anschauen und darüber Abhandlungen verfassen, dann wäre es gewiss nicht zu der Gegenstellungnahme seitens ebenfalls ‹gewisser› Literaten gekommen. Es ist für mich, seit einem Jahrzehnte schon, ein trostloser Gedanke, dass in Deutschland die Fantasie und die Urschöpferkraft als durchaus etwas krankhaftes angesehen wurden. Ich selbst hatte sehr unmittelbar viele, viele Jahre, darunter zu leiden gehabt; ganz besonders aber in meiner Familie, d. h. der Familie meiner Frau, wo viele tüchtige Wissenschaftler und Ärzte vertreten sind. – – – Erst die ‹greifbaren› Erfolge meiner Kunstübung haben, in den paar letzten Jahren, vermocht, mir ein gewisses ‹Ansehen› bei ihnen zu verschaffen. Nicht viele, überhaupt, vermögen sich mit der reinen Gestaltung, beim Künstler, hierzulande zu befreunden. Es macht, für viele Künstler, das Leben schwer erträglich in Deutschland. Vielleicht, ja sehr wahrscheinlich, gehen wir, hierin, besseren Zeiten entgegen. ‹Michel› als Politiker, hat viel Fantasie! Das haben wir ja zur Genüge jetzt gesehen. Sonst aber steckt er gar tief im Rationalismus drin.»[77] Den neuen revolutionären Schwung in Deutschland gedachte er nun selbst zu nutzen – rein ästhetisch, versteht sich.

Dabei war er durch seine Bekannten im «Arbeitsrat für Kunst» auf einen dort wirkenden Geistesverwandten gestoßen: Walter Gropius. Die Freundschaft mit ihm hatte Gerhard Marcks vermittelt, der als Bildhauer an Projekten beteiligt gewesen war, die Gropius als Architekt geplant hatte. Die Forcierung solcher Kunst am Bau war das erklärte Ziel des «Arbeitsrats», in dem zahlreiche Architekten aktiv waren, die nach dem Kriegsende wieder ins Geschäft kommen wollten. Gropius, zwölf Jahre jünger als Feininger, war als Frontkämpfer schwer verwundet worden, hatte aber keinen leichten Stand in seiner Zunft und war zudem extrem wählerisch. Seit dem gemeinsam mit Adolf Meyer konzipierten Bau der in der preußischen Provinz Hannover gelegenen Fagus-Werke im Jahr 1911 galt er als Aushangeschild einer architektonischen Moderne, die mit ihrer konsequenten Nutzung industrieller Materialien wie Stahl und Glas sowie den klaren Fassadenlinien in radikalem Gegensatz zu dem im Wilhelminismus dominierenden Historismus stand.

Ein ästhetischer Revolutionär also. Und schon während des Kriegs hatte ein anderer Mann vom selben Schlag, der belgische Architekt Henry van de Velde, der 1908 in Weimar eine Kunstgewerbeschule gegründet hatte, die durch ihre handwerkliche Ausrichtung dem akademischen Betrieb in der dort bestehenden Hochschule für Bildende Kunst den Kampf angesagt hatte, Gropius als Leiter eines geplanten Zusammenschlusses der beiden konkurrierenden Einrichtungen vorgeschlagen. Damit wäre eine Reformanstalt für Kunstausbildung entstanden, doch Gropius hatte die Berufung in eine Stadt abgelehnt, die das Synonym für deutsche Klassik war. Kurz vor Kriegsende wurde der Ruf nach Weimar aber noch einmal erneuert, und mit der vollständigen Neuordnung der inneren Verhältnisse im Reich, die auch die Abdankung des Großherzogs von Sachsen-Weimar und die Verlegung der am 19. Januar 1919 neugewählten verfassungsgebenden Nationalversammlung aus dem umkämpften und deshalb unsicheren Berlin in die ebenso berühmte wie beschauliche Kulturstadt Weimar mit sich brachte, wurde der Posten für Gropius plötzlich denkbar attraktiv. Parallel zum Aufbau des neuen Staates würde am selben Ort der Aufbau eines neuen Kunstverständnisses erfolgen. Als Name für die neue Institution wählte Gropius deshalb die Bezeichnung «Bauhaus».

Die Aufnahme des Lehrbetriebs sollte noch 1919 erfolgen, aber nur mit dem bereits in Weimar vorhandenen Personal wollte Gropius seine Schule nicht betreiben. Ein Engagement ausländischer Fachkräfte war vor dem noch ausstehenden Friedensschluss nicht möglich, also kam dem künftigen Direktor die durch Gerhard Marcks gestiftete Bekanntschaft mit Feininger gerade recht. Er und Marcks waren die ersten beiden Meister, die Gropius mit Zustimmung des nunmehr als Freistaat firmierenden ehemaligen Großherzogtums Sachsen-Weimar-Eisenach für das Bauhaus engagierte. Die Wahl des Begriffs «Meister» für die Lehrer sollte an das traditionelle Gewerbegefüge anknüpfen und die handwerkliche Ausrichtung der Ausbildung betonen – wie auch die Titulierung als «Bauhaus» eine bewusste Variation der mittelalterlichen Institution der «Bauhütte» war, in der sich die an der Errichtung der gotischen Kathedralen beteiligten Handwerker zusammengefunden hatten.

Das von Gropius formulierte Bauhaus-Manifest, ein Werbeprospekt für künftige Schüler (die als «Lehrlinge» bezeichnet wurden, ehe sie im Zuge ihres Studiums zu «Gesellen» oder gar «Jungmeistern» aufsteigen konnten), schmückte dementsprechend als Blickfang jener schon erwähnte Holzschnitt Feiningers, der später als «Kathedrale des Sozialismus» berühmt werden sollte, obwohl ein solcher Titel niemals von Feininger selbst hätte stammen können. Die Wahl des Motivs ließ aber solche ambivalenten Deutungen zu, und der Text von Gropius irrlichterte auch zwischen politisch revolutionärem und ästhetisch reaktionärem Pathos: «Wollen, erdenken, erschaffen wir gemeinsam den neuen Bau der Zukunft, der alles in einer Gestalt sein wird: Architektur und Plastik und Malerei, der aus Millionen Händen der Handwerker einst gen Himmel steigen wird als kristallenes Sinnbild eines neuen kommenden Glaubens.»[78] So schloss die Vorbemerkung des neuen Direktors. Alle Kräfte sollten sich vereinen im Dienst an einem höheren Ziel, wie es in früheren Jahrhunderten das Gotteslob und nunmehr – unausgesprochen, aber in der Kombination mit Feiningers Kathedralenmotiv unmissverständlich – der Wieder- und Neuaufbau der deutschen Kultur war. Im Krieg war sie propagandistisch gegen die als minderwertig diffamierte «Zivilisation» der alliierten Gegner in Stellung gebracht worden; nach der Niederlage musste sie nun als diskreditiert gelten. Das Bauhaus sollte retten, was davon zu retten war, es hatte bei aller avantgardistischen Programmatik also einen politisch reaktionären Kern. Um das mit seiner durchaus revolutionären Ausrichtung zu vereinbaren, wurde gerade in der Anfangszeit immer wieder betont, wie unpolitisch die Schule sei.

Umso besser für Feininger. Es ging ihm in Weimar um die Kunst, alle anderen Probleme mochten bitte schön in der Hauptstadt zurückbleiben. Die Berufung zum Meister bedeutete für ihn die erste Festanstellung seit seinem Intermezzo als Redakteur beim «Ulk» in den Jahren 1897/98. Zudem lockte ihn der dauerhafte Umzug in jene Region, die er seit der ersten Phase der Liebe zu Julia Berg als seinen Seelenort und wichtigste Inspirationsquelle ansah. Nach den Berliner Kriegsjahren, die ihn isoliert hatten von dem, was zuvor sein Leben ausgemacht hatte, empfand er den Neuanfang im idyllischen Thüringen als Befreiung. Am 19. März fuhr er gemeinsam mit Gropius im Zug von Berlin nach Weimar. Ihre Ankunft war die Geburtsstunde des Bauhauses.

ICH HABE HIER EINE MISSION AUF DER ERDE

Feiningers Prophetin in den Vereinigten Staaten: Galka Scheyer

Mehr als ein Vierteljahrhundert später und nach einem weiteren Weltkrieg schrieb Lyonel Feininger seinen letzten Brief an eine Frau, die ihm in der Zwischenzeit zur engen Freundin, vor allem jedoch zur wichtigsten Propagandistin seiner Kunst geworden war: Galka Scheyer. Er verfasste ihn an ihrem Todestag, dem 13. Dezember 1945, und aus dieser kurzen Antwort auf eine ebenso knappe Nachricht, die er von ihr erhalten hatte, spricht eine Zärtlichkeit, die doppelt traurig macht, dass Scheyer dieses Schreiben nicht mehr erhielt: «Dearest Little Friend, was für ein trauriger kleiner Brief??? Galka ist sehr krank, Galka hört sich keine Musik mehr an, auch liest sie nicht mehr; nur Bilder kann sie sich noch ein bisschen ansehen; Bilder haben für sie immer das größte Glück bedeutet, ihr großes Lebensziel. Es ist ein großer Kummer zu wissen, dass Galka so krank ist; wir senden Galka all unsere Liebe und Wünsche für wiederhergestellte Gesundheit. Liebe Galka! Julia und Papileo.»[1] Die ständige Wiederholung des Kosenamens «Galka» wirkt wie die Beschwörung einer ungetrübten Zeit, und das allerletzte Wort, das er für sie hatte, war sein eigener Kosename, den Feiningers Sohn Andreas als kleines Kind in die Familie eingeführt hatte und der in der Weimarer Bauhaus-Zeit vom ganzen Freundeskreis übernommen worden war. Galka Scheyer gehörte seit 1922 dazu, und obwohl sie und Feininger sich nach 1924 nur noch so selten gesehen hatten, dass es an den Fingern einer Hand abzuzählen ist, war er für sie tatsächlich jener väterliche Freund, den die Bezeichnung «Papileo» verheißt.

1924 ging Scheyer in die Vereinigten Staaten. Das war keine Entscheidung für ein Exil, und es war doch eine Flucht: vor der eigenen Familie und vor enttäuschter Liebe. Die 1889 geborene Emilie Scheyer war die Tochter einer jüdischen Braunschweiger Industriellenfamilie, ihre beiden älteren Brüder Paul und Erich übernahmen nach dem Tod des Vaters im Jahr 1909 die Leitung der von ihm erst kurz zuvor erworbenen Konservenfabrik W. Maseberg, der größten ihrer Art in Braunschweig. Im selben Jahr begann die Tochter ein Sprachstudium in Oxford, der erste von zahlreichen Auslandsaufenthalten, den ihr das Erbe des Vaters ermöglichte – was die Brüder, die das dafür notwendige Geld dem Betriebsvermögen entnehmen mussten, ungern sahen. Emilie wiederum interessierte sich nicht für das Familienunternehmen. Nach Oxford wechselte sie an eine private Hochschule in Paris, und von 1912 an verlebte sie einige Jahre in Münchner Künstlerkreisen, bevor sie 1915 ein Studium der Malerei und Bildhauerei im deutsch besetzten Brüssel begann, wo sie mit Lette Heinemann, einer alten Braunschweiger Freundin, zusammenlebte. Ein Jahr später stieß sie dort in einer Ausstellung auf Bilder eines Malers, die sie derart begeisterten, dass sie prompt zu ihm in die Schweiz reiste und kurz danach in Begleitung von Heinemann nach Zürich umzog: Alexej von Jawlensky.

Der lebte seit 1896 in Deutschland, wurde jedoch anders als Feininger beim Ausbruch des Kriegs wegen des russischen Vaterlands von seinem Gastland als feindlicher Ausländer angesehen und nicht mehr geduldet, weshalb er in die Schweiz übersiedelte. Dort lernte Emilie Scheyer ihn kennen und lieben. Ihm verdankte sie ihren ungewöhnlichen Vornamen Galka, der auf Russisch «Dohle» bedeutet, womit der Maler auf die pechschwarzen Haare seiner neuen Muse anspielte. Die Jahre nach dem stürmischen Beginn ihrer Affäre waren geprägt von einem Wechselbad der Gefühle für beide: Der gegenüber Scheyer fast ein Vierteljahrhundert ältere Jawlensky wollte sich nicht von der russischen Malerin Marianne von Werefkin trennen, mit der er seit 1892 zusammenlebte. Als er 1921 wieder nach Deutschland umzog, keimte bei Scheyer, die ihm in Wiesbaden jene Ausstellung orga-

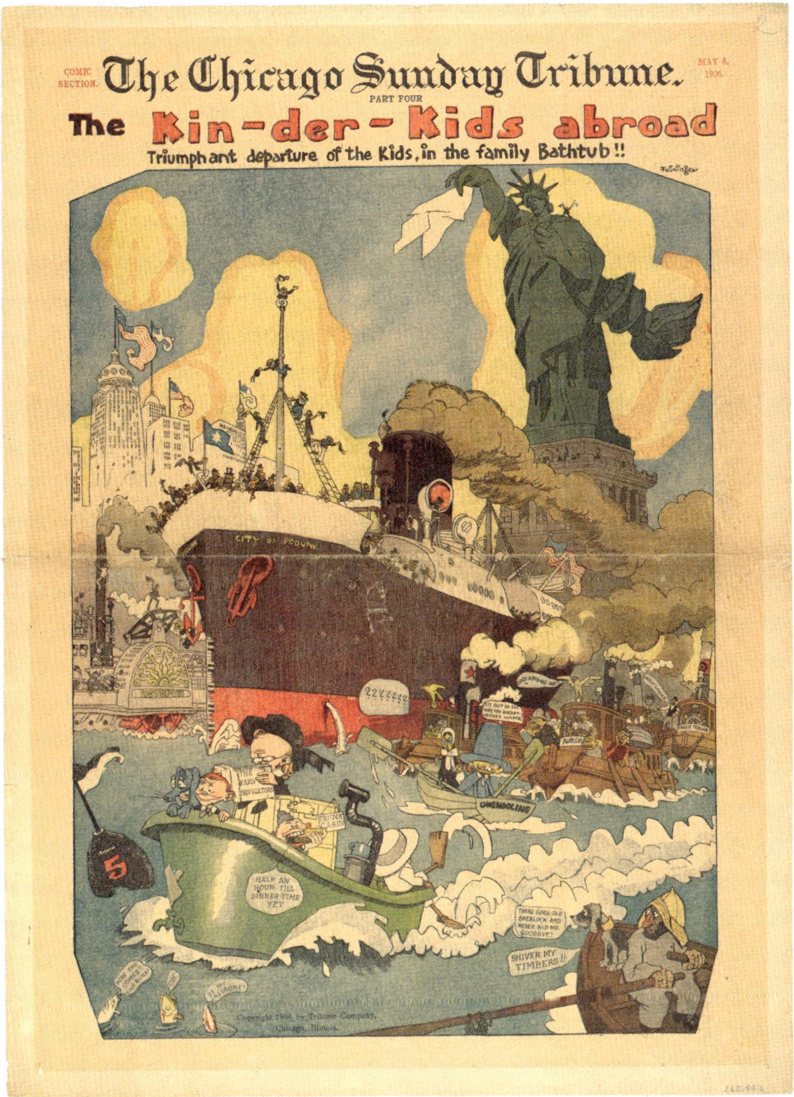

Wie der Zeichner, so seine Figuren: Mit der Abfahrt aus New York in der ersten Episode der «Kin-der-Kids» (1906) beginnt das Comicabenteuer.

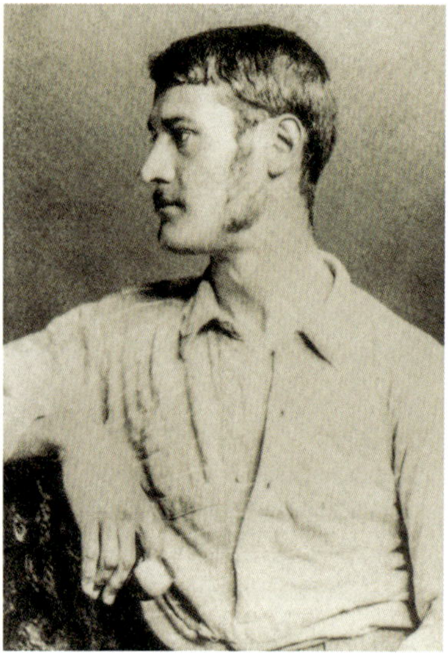

Derangierte Kleidung als jugendwilde Absage ans Bürgerliche: Lyonel Feininger im Jahr 1892.

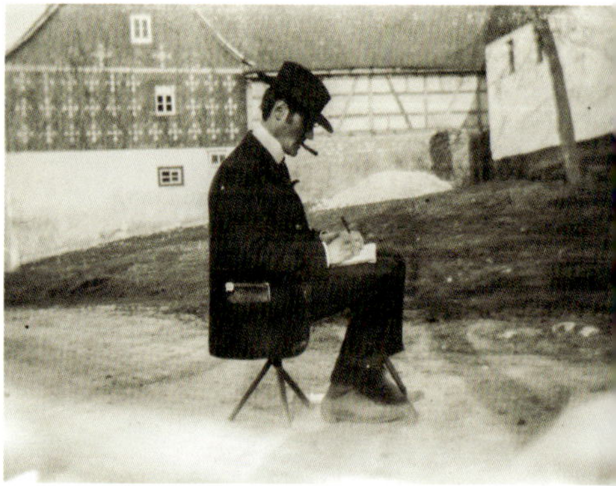

Auf der Jagd nach «Naturnotizen»: Lyonel Feininger zeichnet im Herbst 1905 in Niedergrunstedt (Weimarer Land).

Fürs deutsche Publikum ein Duo infernal: der britische König Eduard VII. und sein Kolonialminister Joseph Chamberlain in Feiningers Karikatur «Das Friedens-Pfeifchen», erschienen 1902 in den «Lustigen Blättern».

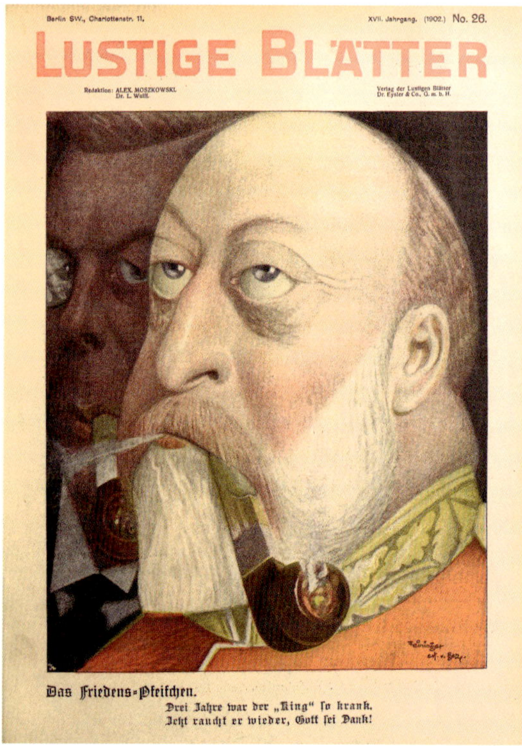

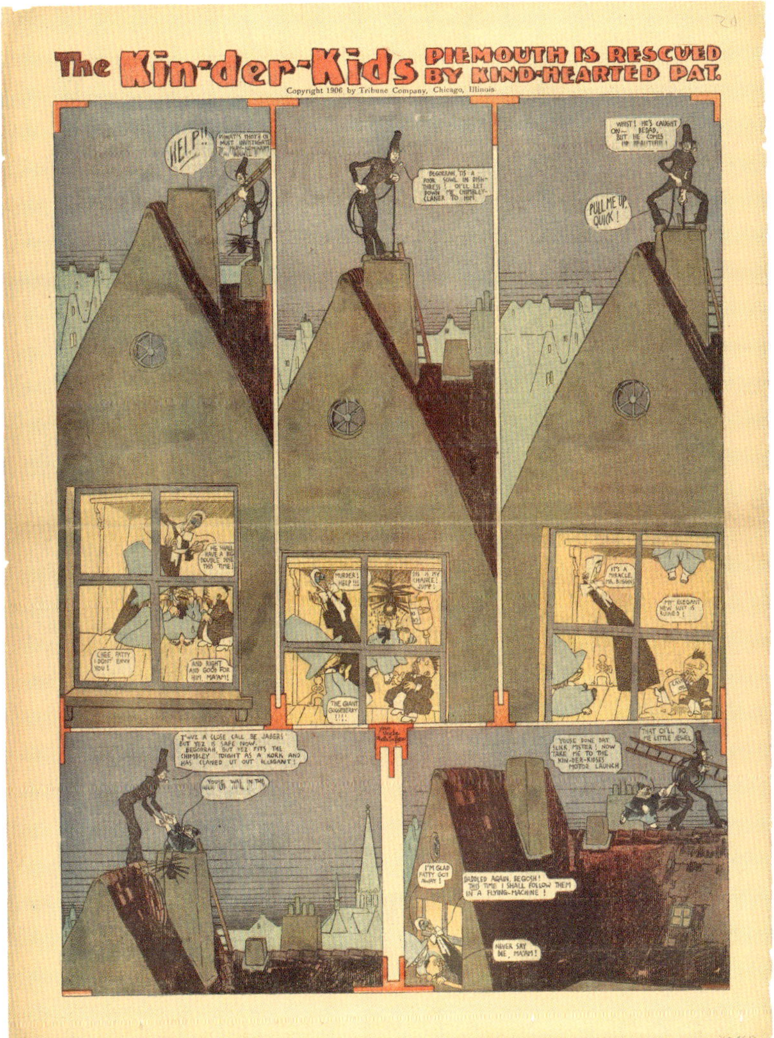

Von Wilhelm Busch lernte damals die ganze Comicwelt: Der Aufriss von Witwe Boltes Haus stand Pate für diese Folge von Feiningers «Kin-der-Kids».

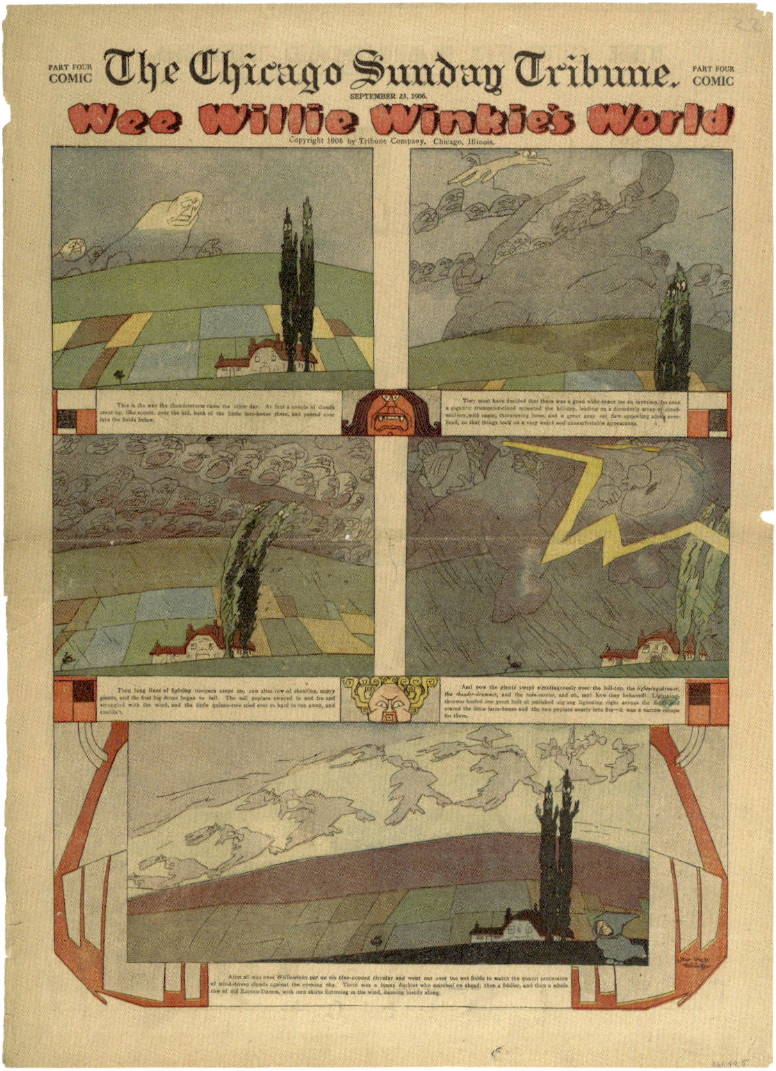

Feininger findet zu sich selbst: In seiner zweiten Comicserie, «Wee Willie Winkie's World», publiziert 1906/07, kommen die Motive zusammen, die das ganze Lebenswerk prägen sollten, hier das ländliche Thüringen.

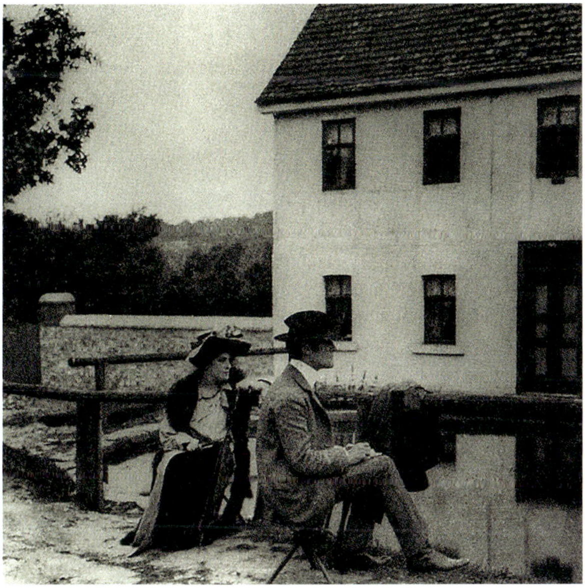

Zu Beginn ihrer Lebenspartnerschaft: Julia Berg und Lyonel Feininger in Ettersburg bei Weimar am 17. Juli 1906, Feiningers fünfunddreißigstem Geburtstag.

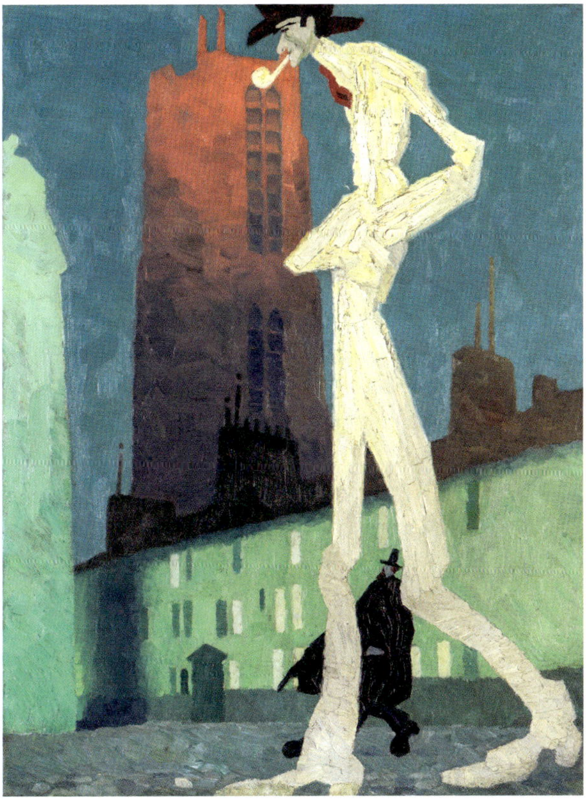

Aus Feiningers erstem Malerjahr: das Gemälde «Der weiße Mann» von 1907.

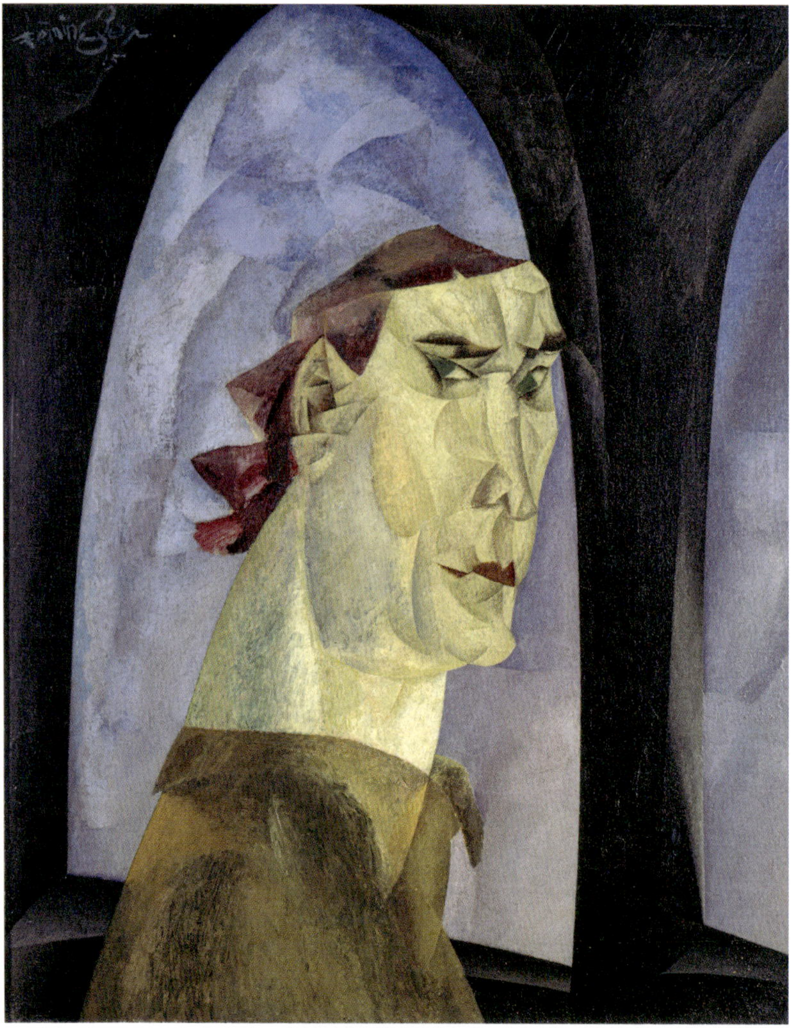

Mephistophelischer Blick auf den Künstler im Ersten Weltkrieg: Feiningers Selbstporträt aus dem Jahr 1915.

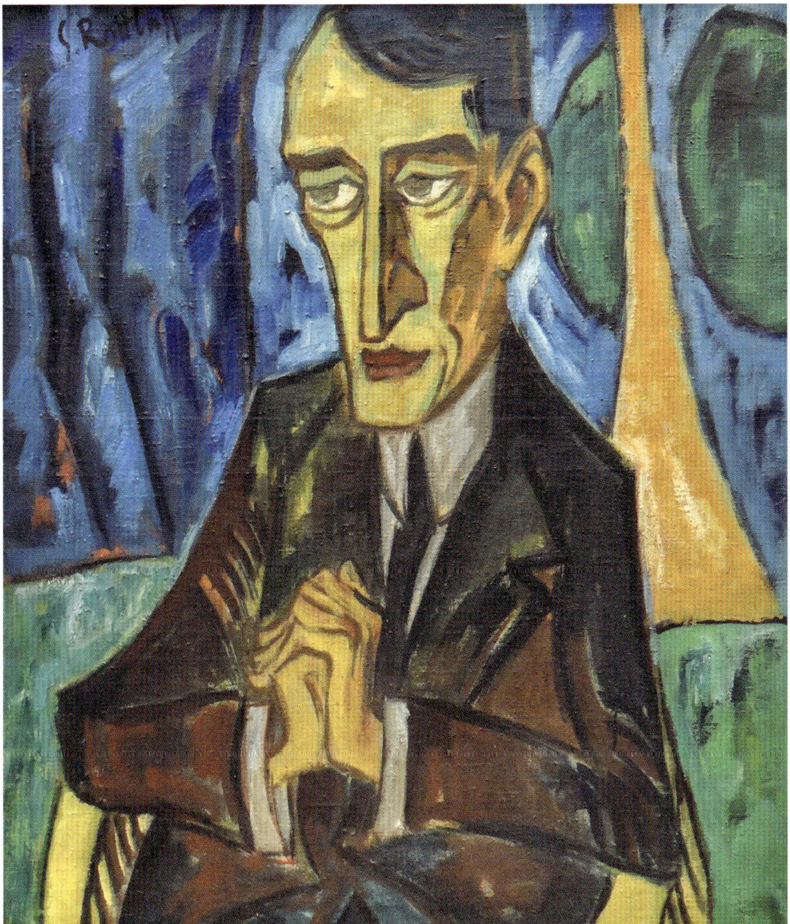

Weitaus weniger dämonisch im gleichen Jahr aus der Sicht seines Freundes Karl Schmidt-Rottluff: Porträt von Lyonel Feininger (1915).

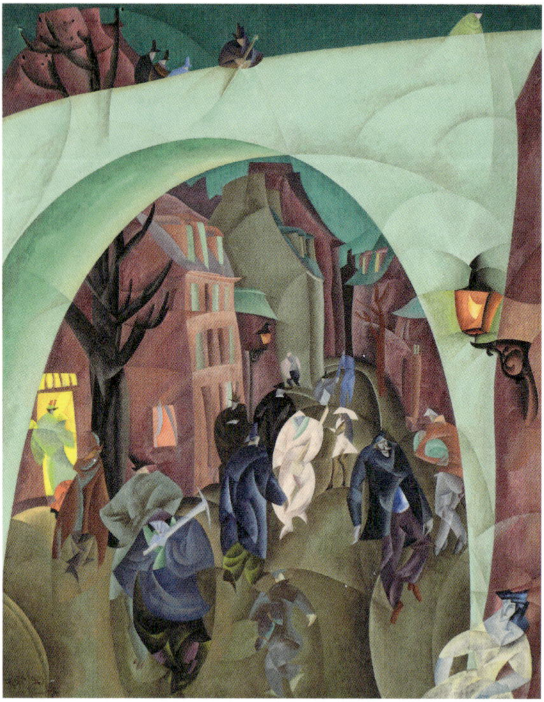

Bonbonfarben
mit munteren
Kreissegmenten in
düsteren Tagen:
«Grüne Brücke II»,
gemalt 1916.

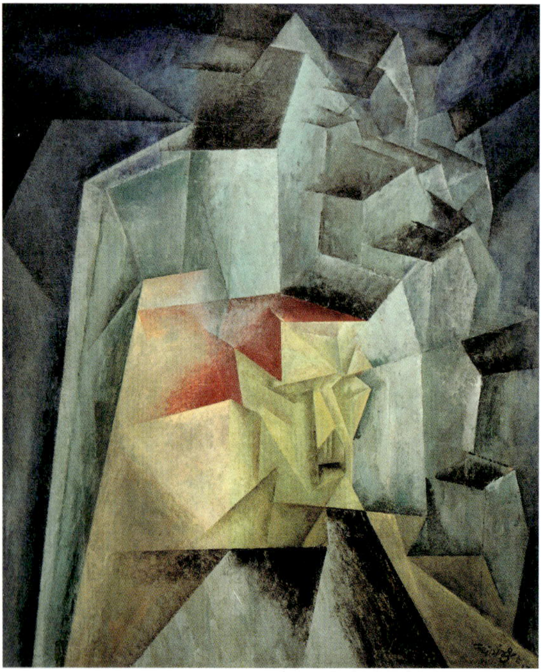

Steinerne Miene
in schwerer Zeit:
«Kopf in Architektur»
aus dem Jahr 1917.

nisiert hatte, die erst den Anlass für diese Rückkehr geboten hatte, die Hoffnung auf ein Zusammenleben wieder auf. Sie wurde aber bitter enttäuscht, als Jawlensky zwar kurz danach tatsächlich mit Werefkin brach, dann aber seine russische Haushälterin Helene Nesnakomoff heiratete. Was Scheyer von ihrer Leidenschaft blieb, war das verabredete gemeinsame Vorhaben, ein Buch über den Künstler Jawlensky zu schreiben. Es wäre die erste größere Studie zu seinem Leben und Werk geworden.

Mit den Gesprächen dazu hatten beide bereits in der Schweiz begonnen, ehe die Deutsche im November 1919 in ihr Heimatland zurückgekehrt war. Als Malerin eigenen Rechts sah sie sich unter dem Eindruck ihrer Begegnung mit einem Mann, den sie als Genie empfand, mittlerweile nicht mehr; nun wollte sie als Biographin seiner Kunst den Weg bereiten. Mehr als das: Sie verstand sich fortan als Vorkämpferin der modernen Kunst. Damit kompensierte sie wohl auch ihre enttäuschte Liebe, die sie nun einem höheren Zweck widmete, den sie selbst als göttlichen Auftrag begriff, wie sie damals in ihrem Tagebuch notierte: «Das ist meine Aufgabe, glaube ich für mich in diesem Leben, ganz gleich wie die äusseren Lebensbedingungen sich für mich gestalten werden. Ob ich verheiratet bin u. Kinder habe, arm oder reich, ist im Grunde gleich. Das Eine ist dem Anderen vorzuziehen, die Hauptsache bleibt, meine Seele empor zu bringen zu dem was Göttlich ist u. das nur ist der Weg der Liebe.»[2] Irgendwie musste sie aber auch ihren Lebensunterhalt bestreiten, und so schlug sie Jawlensky vor, als seine Agentin in Deutschland aufzutreten. Am 21. Juni 1920 erteilte der Künstler eine Generalvollmacht an Emilie Scheyer: «Dieselbe soll insbesondere ermächtigt sein mich in allen meinen geschäftlichen Angelegenheiten zu vertreten.»[3] Dieses Zwitterverständnis als Prophetin und Agentin der Moderne sollte den Rest von Scheyers Leben prägen.

In dieser Doppelfunktion kam sie 1922 für mehrere Wochen nach Weimar ans Bauhaus, wo sie sich eine Ausstellung für Jawlensky erhoffte. Dort lebte mit Paul Klee ein enger Freund des Malers, den

Scheyer bereits kennengelernt hatte und nun für ihre Biographie umfassend zur gemeinsamen Zeit der beiden Maler in der Vorkriegskünstlergruppe «Der Blaue Reiter» befragen wollte. Erst im Juni war zudem mit Jawlenskys Landsmann Wassily Kandinsky ein weiteres Mitglied des «Blauen Reiters» ans Bauhaus berufen worden, und in der familiären Atmosphäre unter den Meistern traf Scheyer dann schließlich auch auf Lyonel Feininger. Das kreative Umfeld und die freundschaftliche Aufnahme gaben ihr die Idee ein, selbst um eine Anstellung als Dozentin am Bauhaus nachzusuchen, denn die finanzielle Abhängigkeit von ihren Brüdern war durch die bislang eher erfolglose Tätigkeit als Kunstagentin Jawlenskys nicht gemildert worden – Klagen über fehlende Verkäufe im Briefwechsel sind Legion.

Umso größer war ihr Entsetzen, als just während ihres Weimaraufenthalts im Kreis um Klee die Behauptung kursierte, dass sie von Jawlensky verworfene Bilder veruntreut hätte: Sie sollte diese Arbeiten im Juli 1919 unerlaubt aus dem Atelier entfernt haben. Dieses Gerücht konnte nur von Jawlensky selbst stammen. Die Hoffnungen, vom Bauhaus engagiert zu werden, zerschlugen sich, und den Grund für die Absage sah Scheyer allein in der Zerstörung ihres guten Rufs. Fassungslos schrieb sie an Jawlensky nach Wiesbaden und verlangte eine Richtigstellung, doch er redete sich in seinem Antwortbrief auf Missverständnisse heraus. Scheyer brach ihren Aufenthalt am Bauhaus ab und fuhr zu ihrer Familie, doch vor der Abreise schenkte ihr Lyonel Feininger ein Aquarell mit dem Titel «Aufsteigender Ballon» und einer Widmung: «Wahrhaftig soll Ihnen Weimar nur gute und liebe Erinnerung sein!» Er war der Einzige im Freundeskreis der Meister, der sich dezidiert auf Scheyers Seite geschlagen hatte, und das sollte sie ihm nie mehr vergessen. Noch elf Jahre später, als zwischen beiden ein zeitweiliges Zerwürfnis bestand, beschwor sie ihn, sich dieses Ursprungs ihrer Freundschaft zu erinnern: «Ich war damals seelisch so unglücklich, dass diese menschliche, warme Zuneigung ohne Übertreibung mich tief berührte, und ich von diesem

Ereignis Monate zehrte. So wurde ich Ihr ‹little friend› und Sie wurden ‹Papileo Vertrauensperson›.»[4]

Fortan begeisterte Galka Scheyer sich für Feiningers Kunst und begriff sich nun auch als seine Förderin. Allerdings verfügte sie nicht über die dafür notwendigen Mittel, weshalb sie versuchte, bei ihren Brüdern Interesse für die Kunst des neuen Freundes zu wecken. An den Maler Walter Dexel, der den Kunstverein in Jena leitete, wo Anfang der zwanziger Jahre zahlreiche Bauhaus-Meister ausstellten, schrieb sie kurz nach ihrer Rückkehr aus Weimar: «Dann möchte ich Sie noch fragen, ob Sie mir die Preise ungefähr von einem kleinsten Holzschnitt von Feininger schreiben können. Es handelt sich darum: Feininger schenkt mir zum Abschied 1 sehr schönes Aquarell und 6 Holzschnitte, worüber ich sehr glücklich war. Meinem Bruder gefiel der Holzschnitt so sehr, dass meine Schwägerin so einen zum Geburtstag meines Bruders schenken möchte. Ehe ich aber Feininger darum bitte, möchte ich den ungefähren Preis erfahren. Da ich keine Ahnung habe.»[5] Diese Unkenntnis sollte sich bald ändern, als sie damit begann, als Vermittlerin von Feininger auf dem Kunstmarkt aufzutreten – und konsequenterweise, wo sie nun schon einmal mit ihm in Kontakt getreten war, bald auch von Dexel.

Das führte zwischen dem egozentrischen Jawlensky und seiner Agentin zu weiteren Verstimmungen. Da beide ständig in Geldnöten waren, häuften sich schriftliche Gefühlsausbrüche mit Ausschlägen in beide Richtungen. Jawlensky mahnte bei Scheyer Verkäufe an und Exklusivität, sie aber wollte ihr Portfolio als Kunsthändlerin eher noch erweitern. Angesichts der eskalierenden Inflation in Deutschland kam ihr dabei zugute, dass sie wertbeständige Honorare für Bilder in Form von Konservendosen aus der Fabrikation ihrer Brüder anbieten konnte, die sie von diesen umsonst erhielt. Feininger amüsierte sich über dieses Geschäftsgebaren, nahm aber das Angebot, mit Obst und Gemüse bezahlt zu werden, gerne an und bezeichnete die Praxis als «entgegenkommend und überhaupt sehr zeitgemäß».[6] Dennoch lebte die Kunsthändlerin und Agentin Scheyer in prekären

Verhältnissen. Eine Vorstellung davon gibt ein Brief an Dexel, der sich bei ihr zuvor darüber beklagt hatte, dass sie die Preise für seine Bilder drücken wollte: «Sehen Sie: Ich Konservenfabrikantentochter erhalte 10 000 Mark monatlich / zu meiner Erhaltung u. meine Pension (ein Loch von Zimmer mit Wanzen, die einen nicht schlafen lassen auf einem Schlafdivan) das 30 000 Mark kostet. Ich frage mich auch manches, aber dann höre ich auf wenn ich an Euch denke. Es gibt nicht nur hungrige, sondern auch kältefrierende Menschen. Das war eine Privatmitteilung, die unter uns bleibt, sonst geht es mir gut.»[7]

Ihr größter Ehrgeiz galt aber weiterhin dem gemeinsamen Buchprojekt mit Jawlensky, das nie recht vom Fleck gekommen war, nicht zuletzt weil Scheyer keinen Verlag dafür gefunden hatte. Als ihr das mit dem in Dresden ansässigen, auf kostspielige Liebhaberausgaben zur Avantgardekunst spezialisierten Rudolf Kaemmerer Verlag im Sommer 1923 endlich gelungen war und sogar bereits ein Subskriptionsprospekt für das schmale Buch, das in lediglich fünfzig Exemplaren mit einer signierten Lithographie erscheinen sollte, gedruckt war,[8] antwortete ihr der davon in Kenntnis gesetzte Jawlensky, dass er sich mittlerweile einen prominenteren Biographen wünsche, weil er sich vom Buch einer unbekannten Autorin wie Galka Scheyer keinen Erfolg verspreche.[9]

Darauf verfasste Scheyer einen zehnseitigen engst beschriebenen Brief voller Ergänzungen am Rande und zwischen den Zeilen an Helene von Jawlensky, dessen zwischen Pathos und Verzweiflung schwankender Ton typisch ist für die Korrespondenz dieser persönlichen Krisenzeit: «Mit diesem Buch kann ich der Welt, die für uns in Frage kommt, zeigen, wie ich diese Kunst liebe u. verstehe, wie nur ich allein nicht nur das Recht sondern auch die heilige Pflicht habe meinen unerschütterlichen Glauben an A. J. u. seine Kunst zu dokumentieren für heute u. morgen. (…) Feininger Klee Kand. gaben mir für meine Lichtbildvorträge Aquarellzeich als Klischees. Das Buch ist für mich eine ethische Forderung u. keine Reklame (…) A. G. [Alexej

Georgijewitsch, d.i. Jawlensky] fragt nicht ob ich zu leben habe u. wodurch ich mir meine Zukunft aufbauen werde, nachdem durch Jawlenskys Irrtum mir die Existenz am Bauhaus zerstört wurde. Das Buch ist zugleich eine Reparationsfrage u. eine Basis zu einer neuen Zukunft. (…) Ich bin Jawlenskys Jünger, es bleibt mir nur noch der einzige Beweis, dass ich nur für seine Kunst gelebt hab, dass ich dafür sterbe. Dann habe ich wohl das getan wie früher die Jünger für ihre Religion lebten und starben.»[10] Dieser Brief ist aber nicht nur ein Zeugnis der grundlegenden Erschütterung, die trotz aller Bemühungen, sich mit Jawlensky nach den Vorwürfen von 1922 auszusöhnen, das Verhältnis zwischen beiden weiter belastete, sondern auch die erste gemeinsame Erwähnung jener vier Künstler, die von nun an das Schicksal von Galka Scheyer bestimmen würden. Neben Jawlensky waren das die hier nur in einem zwischen den Zeilen eingeschobenen Satz erwähnten Feininger, Klee und Kandinsky, ihre «vier Könige», wie es bald heißen würde.

Aus Enttäuschung außer Landes

In Deutschland sah Scheyer keine Zukunft mehr für sich. Ihre Reputation empfand sie als zerstört, die Liebe zu Jawlensky war hoffnungslos, und die finanzielle Abhängigkeit von ihren Brüdern ließ sich nicht mit ihrem Selbstbild einer unabhängigen Geschäftsfrau im Dienste eines höheren ästhetischen Zwecks vereinbaren. In den Weimarer Gesprächen mit Feininger war die Rede oft auf dessen amerikanisches Heimatland gekommen, das seit Kriegsende die bestimmende Nation in der Welt darstellte, vor allem ökonomisch. Dort eröffnete sich in Scheyers Augen ein neues Feld – für sie persönlich und für die von ihr geliebte Kunst. Die erste Erwähnung ihres Wunschs, dorthin auszuwandern, findet sich in einem Brief an Jawlensky vom September 1923: «Lieber, wenn alles sich arrangieren lässt, möchte ich im Frühjahr hinüber. Ich werde drüben eine Ausstellung von Ihnen machen u. vielleicht kann ich Dollars senden, so dass Sie nicht mehr auf die Bank rennen müssen.»[11]

Der Maler reagierte begeistert, deutete sich damit doch die Lösung gleich zweier langjähriger Probleme an: seiner Finanzen und des angespannten Verhältnisses zu Scheyer. «Galka, ich bin sehr froh zu denken, dass Sie vielleicht nach Amerika fahren werden. Es ist etwas neues. Die Frau in Amerika, auch in Frankreich und Russland spielen eine Rolle. Gegenteil in Deutschland.»[12] Mitten in der nunmehrigen Hochphase der deutschen Inflation stieß ihr Vorhaben ebenso bei den anderen mit ihr bekannten Künstlern auf größtes Interesse. Kaum hatte etwa Kandinsky in Weimar von den sich konkretisierenden Plänen Scheyers gehört, schrieb er seinen ersten Brief an sie: «Wir freuen uns für Sie und (…) beneiden Sie wegen Ihrer Reise nach Amerika. Wie lange träume ich schon davon und meine Frau möchte auch so gerne hin. Dafür sind aber viele Dollars notwendig.»[13]

Das wusste auch Galka Scheyer und suchte deshalb wieder einmal ihre Brüder um Unterstützung an, die ihr äußerst widerwillig monatlich dreihundert Mark gewährten. Dabei war die Überlegung, die Schwester möglichst weit weg von Jawlensky zu bringen, entscheidend. Im Vorjahr hatten ihre Angehörigen unmittelbar erfahren müssen, wie emotional abhängig Galka Scheyer von dem Maler war. Nach dem Scheitern ihrer Bauhaus-Pläne war sie Hals über Kopf aus Weimar nach Braunschweig geflohen und hatte dort einen Nervenzusammenbruch erlitten. Daraufhin warf Galkas Schwägerin Margarete Scheyer, die mit ihr früher einmal Jawlensky besucht hatte und dort selbst das Ziel der Avancen des unermüdlichen Womanizers geworden war, dem Maler in einem zornbebenden Brief «kaltblütige Herzlosigkeit» vor.[14] Gut also, dass Galka Scheyer in die Vereinigten Staaten gehen wollte. Aber sollte ausgerechnet auf die geschäftliche Zusammenarbeit mit jenem Mann, der in den Augen der Familie ihr Unglück bedeutete, eine amerikanische Zukunft gegründet werden?

Um solchen Einwänden zu begegnen, beschloss Scheyer, nicht wie bislang Jawlensky in den Mittelpunkt ihrer Bemühungen als Kunsthändlerin zu stellen, sondern sein Werk in das einer Gruppe von Malern einzubinden, die in den Vereinigten Staaten noch unbekannt waren. Feininger, ihr wichtigster Gesprächspartner über das amerikanische Vorhaben, bestärkte sie darin. Dem notorisch eifersüchtigen Jawlensky schrieb sie am letzten Tag des Jahres 1923: «Ich habe eine glänzende Idee. Um mein Unternehmen in Amerika mit so viel Aussicht wie möglich zu beginnen, wäre ein geschlossenes Vorgehen, wie seinerzeit die Idee des ‹Raumes› war wohl sehr gut. Ich dachte, dass in Amerika eine neue Möglichkeit gegeben wäre, diesen Gedanken zu verwirklichen, aber diesmal ganz in Ihrem, Klees, Kandinskys und Feiningers Sinne, ich schreib in diesem Sinne an Klee und Kandinsky und wenn sie sich dafür interessieren, fahre ich zur näheren Besprechung deshalb nach Weimar.»[15]

Tatsächlich waren ihre Pläne zu diesem Zeitpunkt schon viel weiter gediehen, weil sie gemeinsam mit den drei in Weimar lebenden Künstlern längst konkrete Verabredungen getroffen hatte. Klee etwa hatte bereits an den mit ihm gut bekannten Reichskunstwart Edwin Redslob, der über die deutsche auswärtige Kulturförderung entschied, ein Empfehlungsschreiben geschickt – und zwar auf Bauhaus-Briefpapier, um der Sache einen möglichst offiziellen Anstrich zu geben: «Darf ich Ihnen Frau Emmy Scheyer vorstellen, die sich seit einigen Jahren ernsthaft mit bildender Kunst befasst. Anlässig ihrer Reise nach Amerika, wo sie die Werke einiger wichtiger Künstler Deutschlands zeigen, propagieren und amerikanischem Besitz zugänglich machen will, wird sie sich erlauben, bei Ihnen Rat zu holen. Und ich bin fest überzeugt, dass Sie sie auf meine wärmste Empfehlung hin gern unterstützen und mit eventuell zu beschaffenden Ausweisen versehen werden. Ich betone, dass sie kein gewöhnlicher Kunsthändler ist, sie hat vielmehr durch ein ideelles Verhältnis zur bildenden Kunst sich soweit herangebildet, dass, wenn sie nun für einige Künstler, die ihr besonders nahe liegen, mit persönlicher Autorisierung derselben einige Werke verkaufen wird, diese, verbunden mit Vorträgen, in hervorragend vornehmer Weise besorgen kann.»[16]

Sosehr er sich damit für seine Bekannte engagiert hatte, wollte Klee sich doch nicht in eine feste Struktur zwängen lassen. Zu Beginn des neuen Jahres schrieb er an Scheyer: «Über Ihren Vorschlag vom vorigen Jahr möchte ich Ihnen im Einvernehmen mit Kandinsky sagen, dass an eine offizielle Vereinigungsgründung nicht gedacht werden soll. Sie haben das wohl auch nicht im Sinn. Andererseits ist es vielleicht ganz gut, die Zusammengehörigkeit der von Ihnen überzuführenden Werke mit einem sammelnden Wort zu kennzeichnen. Dagegen ist jedenfalls nichts zu sagen, und es kann drüben gut wirken; wie es auch hier gut wirken würde, wenn aus dem Morgenland eine Gruppe unbekannter Künstler Werke anhersandte, dass diese Gruppe einen charakteristischen Namen führte. Über diesen Namen sind wir uns unklar. Keinesfalls darf er mit -ismus oder -isten oder -ist's enden, sondern er soll was die Namen Jawl Fein Kand und Kl betrifft höchstens den Gründercharakter, der geistigen Führerschaft oder auch – was das Schönste daran ist – der Freundschaft Rechnung tragen.»[17]

Drei Tage später hatte Feininger den Namen für die Künstlergruppe schon gefunden. Er berief sich dabei auf seine Jugenderinnerungen aus den Vereinigten Staaten: «Aus eigener Anschauung weiss ich, dass eine derartige ‹Vereinigung der 4› eine grosse suggestive Kraft auf unsere Amerikaner ausüben kann, namentlich die Bezeichnung ‹The 4›, da wir seit vielen Jahrzehnten drüben eine Eisenbahn-Vereinigung haben, die ‹die Grosse 4› (‹The big 4›) heisst. Blos auf das Wort ‹big› wollen wir gerne verzichten.»[18] Dass Feininger damit in erster Linie seine eigene Eisenbahnfaszination ins Spiel brachte und gar nicht ahnte, dass man in seinem Heimatland längst nicht mehr über diesen bereits 1906 von einer noch größeren Gesellschaft übernommenen Verbund sprach, konnten die deutschen Beteiligten nicht wissen. Scheyer antwortete ihm geradezu beseelt: «Ich weiss nicht, ob Sie mit Klee und Kandinsky schon gesprochen haben über den Namen der Gruppe, aber mir scheint Ihre Idee ‹The 4› sehr gut, da das in jeder Sprache zu lesen ist. Mich beglückt die Idee, dass diese

4 Künstler mir in ihrer Kunst so nah stehen und es mir daher möglich sein wird mit gläubiger Seele diese Idee zu führen.»[19]

Wer dann auf die Idee kam, das «Big» der Vierergruppe durch ein «Blue» zu ersetzen, sodass als Gruppenname «Die Blaue Vier» entstand, ist nicht überliefert. Damit wurde jedenfalls sehr geschickt an den auch in Amerika bekannten «Blauen Reiter» angeknüpft, aus dem mit Kandinsky und Klee zwei prägende Mitglieder in der neuen Vereinigung vertreten waren. Die Euphorie beim Gedanken an einen Siegeszug in seiner Heimat war allerdings bei Feininger schon bald wieder verflogen: «Was sonst das amerikanische Geschäft angeht – ich bin alles andere denn optimistisch! Aber darüber werden wir sprechen, wenn Sie uns besuchen! Wir freuen uns alle sehr darauf, Sie wieder zu sehen!»[20]

Am 31. März 1924 war es dann aber doch so weit. Ungeachtet Klees anfänglicher Ablehnung eines offiziellen Zusammenschlusses, bevollmächtigten er, Feininger, Kandinsky und Jawlensky in einem notariell beglaubigten Vertrag[21] Galka Scheyer, ihre Interessen als Künstler in den Vereinigten Staaten zu vertreten. Damit verbunden war die Erklärung, dass die vier Maler sich zur «Gruppe der blauen Vier» vereint haben. Sie verpflichteten sich, Scheyer «eine Reihe von Bildern und Material» nach Amerika mitzugeben und ihre Aufwendungen zu ersetzen, die sie dort «im Interesse der Gruppe macht». Die Reisekosten selbst wurden von Scheyer allein getragen, vulgo von ihren Brüdern, wofür sie wiederum das Recht eingeräumt bekam, auch weitere Künstler als Agentin zu vertreten, allerdings nicht unter dem Namen «Blaue Vier». Künftige amerikanische Verkaufserlöse von Bildern der Gruppe sollten wie folgt verteilt werden: fünfzig Prozent für den jeweiligen Künstler, dreißig Prozent für Scheyer und zwanzig Prozent für die gemeinsame Gruppenkasse zur Deckung der Auslagen.

Eine Passage für die Überfahrt hatte Scheyer schon für den 8. Mai gebucht, und nun galt es, in größter Eile von ihren vier Vertragspartnern die versprochenen Arbeiten zu bekommen. An Jawlensky, dessen zögerliches künstlerisches Arbeiten sie lange genug kannte, schrieb sie Mitte April: «Malen Sie mit Terpentin, damit die Bilder schnell trocknen. Wenn Sie wirklich innerlich möchten, dann weiss ich, dass Sie es können.»[22] Zur Sicherheit munitionierte sie sich aber auch mit Arbeiten weiterer Künstler, die sie am Bauhaus kennengelernt hatte. So schrieb etwa László Moholy-Nagy am 30. April an Scheyer, dass ein von ihr für Amerika erbetenes großes Bild wegen diverser Überarbeitungen noch nicht transportfähig sei, und bot ihr an, stattdessen ein älteres zu entrahmen und somit reisefertig zu machen. «Aber ich denke, dass sie mit den Aquarellen schon ziemlich viel haben um von mir etwas zeigen zu können.»[23]

Wenige Tage vor Scheyers Abreise besuchte Feininger in Weimar einen Vortrag seines Meisterkollegen Georg Muche, der auf offizieller Mission in die Vereinigten Staaten gereist war. Im Jahr zuvor hatte die erste offizielle Bauhaus-Ausstellung für eine interne Polarisierung gesorgt. Gropius hatte sich in einem Vortrag zum Auftakt der Ausstellung konsequent für die Neuausrichtung der Lehranstalt hin zur industriell nutzbaren Formgestaltung ausgesprochen. Sein besonderes Interesse dabei richtete sich auf die Vereinigten Staaten, weil das Land bei Rationalisierung und Massenfabrikation in der Welt als führend galt. Das waren genau jene Ausprägungen von Modernisierung, die Feininger an seiner alten Heimat abstießen, weshalb das Bauhaus anstatt seiner den enthusiastischen Muche als ersten Kundschafter entsandt hatte.

Nun berichtete Muche über seine Eindrücke, und Feininger zeigte sich in einem Brief, den er sofort noch an Galka Scheyer schrieb, aufs Höchste alarmiert: «Muche, der am 28. März nach Amerika abfuhr, ist schon wieder hier! Er war knapp 2 Wochen in New York, und, anstatt nach Los Angeles weiter zu fahren, wie er vorhatte, ist er kurz entschlossen wieder nach Deutschland gekehrt, weil er klar erkannt hatte, dass unsere europäische Kunst und sonstigen Angelegenheiten einfach nicht in Amerika irgend welchen Platz haben. Er hat gestern Abend in der Bauhaus-Kantine ca. 2 Stunden vor uns allen gesprochen und ganz sachlich und klar, mit ungewöhnlichem Scharfsinn seine Eindrücke drüben geschildert. Nichts, was ich in den Jahren gelesen oder gehört habe von den Verhältnissen drüben, im Gegensatz zu Europa, hat mich so überzeugt wie das, was Muche sagte; und ich habe meine eigenen Wahrnehmungen und Erinnerung an Amerika vollauf bestätigt und bestärkt gefunden, nur, dass die Entwicklung, seit 35 Jahren, noch rasender vor sich gegangen ist als früher, und die Gegensätze noch verstärkt hat. Also, hoffen Sie nicht, gleich Jedermann zu überzeugen, oder auch nur zu interessieren, für unsere Europäische Kunst; Unsere Intellektualität wird niemals dort in Amerika begriffen, und ein zielbewusstes Hinarbeiten auf ein neues Schönheitsideal gibt's überhaupt nicht, sondern moderne Malerei und Architektur und das neue Kunstgewerbe findet dort jedermann abscheulich. Es wird dort Zweckmässigkeit verquickt mit mittelalterlicher Romantik – Zweckform beklebt mit Frührenaissance oder Gothischen Ornamenten – alles wird in absonderster Weise ‹geschmückt› aus dem Bestreben, alles nicht nur ‹zweckmässig› sondern auch ‹schön› zu haben – aber eine Schönheit, die ganz aus sich selbst, aus eigenen Maassen und Formelementen entspränge, kennt Niemand und will Niemand! Wright, der begabte Amerikanische Architekt im europäischen Begriffe, ist ganz ‹erledigt›, drüben.»[24]

Man kann sich kaum einen desillusionierenderen Gruß zu Scheyers Abschied von Deutschland und zum Beginn ihres amerikanischen Abenteuers vorstellen als diese Worte Feiningers. Eine Antwort darauf schickte sie ihm vor der Abfahrt nicht mehr.

Amerikanische Frustration, deutscher Schock

Ihr Schiff kam nach zehntägiger Überfahrt am 18. Mai 1924 in New York an, wo sie sich im Vorort Ossining bei der (ihr bis dahin nur schriftlich bekannten) Malerin Rajah Lilyan von Rubio einquartierte. Der erste Weg führte Scheyer in die Public Library, um aus Adressbüchern eine Liste aller amerikanischen Universitäten, Schulen und

Museen zusammenzustellen, die als Interessenten für Kunstvorträge und Ausstellungen in Frage kamen; Ende August hatte Scheyer fünfhundert Briefe an solche Institutionen versandt, aber nicht mehr als zwanzig Antworten erhalten, sämtlich Absagen.[25] Auch die Hoffnung auf eine Dozentur am Smith College in Massachusetts, das von Feiningers altem Freund Alfred Vance Churchill geleitet wurde, zerschlug sich im Sommer. Feiningers Warnung vor ihrer Abreise schien sich zu bestätigen.

Das größte Hemmnis ihres Wirkens in den Vereinigten Staaten war der Status als alleinstehende Frau. Bei aller damals weltweit bewunderten Modernität des Landes gestaltete sich das dortige gesellschaftliche Leben traditioneller als in Europa. Die Umbrüche durch den Ersten Weltkrieg hatten die schon zur Jahrhundertwende deutlich sichtbaren Auflösungen des alten europäischen Gesellschaftsgefüges noch verstärkt, während in den Vereinigten Staaten, die erst spät in den Krieg eingetreten waren, nach 1919 erst einmal alles beim Alten geblieben war – die Position sowohl als Sieger- als auch als Gläubigerland war eine höchst komfortable, weil es den inneren Zwang zur sozialen Umgestaltung, der in allen europäischen Ländern eingetreten war, nicht gab. Das führte dazu, dass eine Frau wie Galka Scheyer – in ihren Dreißigern, unverheiratet, modern eingestellt in Lebensstil und ästhetischen Vorlieben – nicht ernst genommen wurde, weil sie der amerikanischen Vorstellung von der Rolle einer Frau nicht entsprach. Zwar war 1920 in den Vereinigten Staaten das Frauenwahlrecht eingeführt worden, doch gerade an der besonders europäisch dominierten Ostküste schien sich noch weit mehr vom Gesellschaftsverständnis der Vorkriegszeit erhalten zu haben, als es in Europa der Fall war.

Das Selbstbewusstsein von Galka Scheyer, das ohnehin durch den demütigenden Streit mit den Brüdern um deren Alimentierung ihres Amerikaaufenthalts gelitten hatte, bekam nun einen weiteren Knacks. Gegenüber der Familie in Braunschweig wahrte sie aber den Schein. Ihrer Mutter schrieb sie kurz nach dem ersten Jahreswechsel in Amerika: «Alle Misserfolge hier müssen einem dienen, dieselben so schnell zu vergessen und am nächsten Tage mit Mut etwas Neues zu beginnen. Bis jetzt ist mir so gut wie alles missglückt und doch betrachte ich das als eine Fügung des Himmels, um daraus zu lernen. Trotz aller Misserfolge bin ich gerne in Amerika und glaube auch an eine Zukunft, wenn man im Stande ist, pekuniär und gesundheitlich durchzuhalten.»[26] Das war eine unmissverständliche Aufforderung, sie weiterhin finanziell zu unterstützen.

Immerhin hatte Scheyer kurz zuvor den ersten Verkauf eines Bildes der «Blue Four» bewerkstelligt. Aus New York konnte sie Feininger mitteilen, dass sie für dessen 1923 gemalten «Torturm I» einen Interessenten gefunden hatte, und einen Scheck über dreihundertfünfzehn Mark (der Anteil des Künstlers am Preis von hundertfünfzig Dollar) schickte sie gleich mit.[27] Das war ein erster Triumph. Hatte sie doch bisher in ihren regelmäßigen Rechenschaftsbriefen an ihre «vier Könige», wie sie die Künstler darin nun konsequent anredete, neben anfangs euphorischen, später dann immer melancholischeren Schilderungen des Lebens in New York immer nur Durchhalteparolen liefern können. Wobei sie diese Sammelbriefe insofern individualisierte, als sie jedem einzelnen Empfänger ein paar handschriftliche Zusätze widmete, die diesem das Gefühl geben sollten, gerade er erfreue sich Scheyers besonderer Gunst. Über den Verkauf des Bildes schrieb sie deshalb nur Feininger. Allerdings war der erzielte Erlös lächerlich im Vergleich mit dem, was Feiningers Bilder seinerzeit in Deutschland erzielten – er selbst nannte für Ende 1924 Preise von drei- bis fünftausend Mark pro Gemälde.[28] Trotzdem war er hocherfreut über die Verkaufsnachricht: «Ich sehe – – dass sogar sehr reine, strenge Arbeiten, wie der ‹Tor-Turm› dort Verständnis und Gegenliebe finden können. Das macht mir Mut, Ihnen in nächster Zeit etwas von neuen Arbeiten zu senden.»[29]

Ein Brief von Feininger an Galka Scheyer aus dem Jahr 1926, als sie ihn um Zusendung neuer Aquarelle bat, obwohl sie noch den größten Teil ihres zwei Jahre zuvor aus Deutschland mitgebrachten Bestands besaß, zeigt aber ihr Dilemma als weiterhin eher erfolglose amerikanische Agentin des Malers: «Sobald ich ein paar Aquarelle geschafft habe, werden sie mir von den Kunsthändlern aus den Händen gerissen – ich muss alles weggeben, selbst solche Studienblätter, die ich in der Absicht anfertige, sie für den Zweck der Arbeit an zukünftigen Bildern zu bewahren. Im Vergleich dazu scheint es mir ziemlich sinnlos, Arbeiten in die Vereinigten Staaten zu schicken, wo sich offensichtlich niemand dafür interessiert, während hierzulande jeder sie haben will.»[30] Mit ihren anderen drei Künstlern verhielt es sich genauso; auch deren Kunst verkaufte sich in Deutschland wesentlich besser und brachte überdies zunächst noch mehr Geld ein als in den Vereinigten Staaten.

Die ersten amerikanischen Jahre Galka Scheyers waren somit ein Desaster. Schon im ersten Sommer, als sie aus dem Vorort nach Manhattan umgezogen war, musste sie ihre Brüder um einen Extrabetrag von fünfhundert Dollar bitten, den diese ihr auch schickten; zugleich erbat sie eine Verdoppelung ihrer monatlichen Unterstützungszahlung auf hundertfünfzig Dollar – von den «Blue Four» erhielt sie als deren Agentin nur fünfzig –, was Paul Scheyer aber rundweg ablehnte und seine Schwester stattdessen zur Rückkehr nach Deutschland aufforderte. Deren Antwort kam prompt und entschieden: «Ich habe hier eine Mission auf der Erde und ich weiss jeder, der von Gott dazu Auserwählt ist, hat dafür zu leiden, denn man kann nur etwas vertieft von sich geben, wenn man durch Leiden Erkenntnisse gesammelt hat und wächst innerlich. (…) Niemals werde ich etwas arbeiten wie andere junge Mädchen auch, gerade um mein Leben fristen zu können, dazu unterscheide ich mich zu sehr vom Durchschnitt und habe bis jetzt so gelebt um in einem grösseren Maasse wirken zu können. Den Geist müsstet Ihr ja als Scheyers wohl verstehen, da Ihr in Eurer Arbeit dasselbe Bestreben habt. (…) Ich weiss, dass meine Arbeit in Amerika Pionierarbeit ist, die in der Zukunft ihre kulturellen Früchte tragen wird, wievel ich davon ernte ist für solch geistige Arbeit nicht von Wichtigkeit, sicher aber genug um davon leben zu können, sicher aber soviel dass meine

Tätigkeit, wenn nicht mir persönlich späteren Generationen zu gute kommt.»[31]

Es war unvermeidlich, dass diese familiäre Auseinandersetzung eskalierte. In einem Brief vom Winter 1924 / 25 an ihre Brüder brach es aus Galka Scheyer schließlich heraus: «Wenn irgend ein Mann nach einem Riesenlande geht um sich dort eine Existenz zu gründen, so muss er etwas Mittel hinter sich haben um nicht beim Strassenkehren anfangen zu müssen. Eine Frau aber, die Ossining hinter sich hat, die eine Einladung vom Smith College erhalten hat, das es nicht für der Mühe wert hält auch nur zu antworten und dann noch Auskunft über mich gibt, es hätte mich nie eingeladen, nichts wie Kummer und Enttäuschungen und dann lieblose Briefe, wo von brüderlicher Fürsorge, nein nicht mal menschenfreundlicher Gesinnung eine Spur zu finden ist, das ist sehr viel auf einmal, dem ich nicht gewachsen bin. (…) Entweder Ihr haltet Eure Versprechen und sendet mir 300 Mark, ca. 70 dollar oder niemand von meiner Familie hört von mir je wieder eine Nachricht. Lügennachrichen bin ich nicht gewillt zu geben, und ich habe nur eine, dass es mir schlecht geht.»[32]

Mit New York hatte sie mittlerweile abgeschlossen. Ende Mai 1925 war sie gemeinsam mit dem Maler Alexander Archipenko, den sie kurz nach ihrer Ankunft in Amerika kennengelernt und entgegen den Vertragsbestimmungen für einen Eintritt in die Gruppe der «Blue Four» hatte werben wollen, auf eine Reise quer durch den nordamerikanischen Kontinent gegangen, die sie bis nach Los Angeles führte, dessen reiche avantgardistische Filmszene ihr die richtige Klientel für neue europäische Kunst und damit ihre selbsterklärte Mission zu bieten schien. Wegen der besseren Hochschulen und der daraus resultierenden Vortragsmöglichkeiten siedelte sie sich aber im August in San Francisco an, wo sie tatsächlich rasch auf die Resonanz stieß, die sie in New York so schmerzlich vermisst hatte. Während ihres dreijährigen Aufenthalts dort wurde sie immer wieder vom in der benachbarten Stadt Oakland residierenden Mills College – einer Hochschule für Frauen, die später entscheidend für Lyonel Feiningers Lebensweg werden sollte – als Rednerin eingeladen, und es gelang Scheyer sogar bald, mit der Galerie des Colleges eine Ausstellung für die «Blue Four» zu vereinbaren. Außerdem stellte sie ihre Künstler in Lichtbildvorträgen in Los Angeles, Portland and Spokane vor.[33]

Besonders stolz aber war Scheyer auf eine Einladung der Stanford University, die ebenfalls mit einer kurzen Ausstellung der «Blue Four» verbunden war. Im November 1925 schrieb sie in einem ihrer Rundbriefe an die vier Künstler: «Die Woche in Stanford Universität ist mein eigentlicher erster grosser Erfolg, der mich dankbar gegen das Schicksal stimmt. Mein zweiter sehr grosser Erfolg, der mich nachdenklich stimmt ist eine ‹ganze› Seite im San Francisco ‹Examiner›, eine Zeitung, die Beste hier, die von 2 Millionen Menschen gelesen wird. Eine solche Seite für Reklame zu mieten kostet 1500 $ – Man hat die Blauen Vier Könige photographiert, das Kindermädchen, und 4 Arbeiten, von jedem Künstler eine.»[34] Allerdings betrieb sie kunsthandelsübliche Übertreibung: In der Ausgabe des «San Francisco Examiner» vom 1. November 1925 sind zu dem Artikel auf Seite 33 nur zwei «Blue Four»-Arbeiten abgebildet, von Feininger und Jawlensky. Sie wollte ihre Geschäftspartner aber alle bei guter Laune halten.

Das Jahr 1926 brachte Scheyer endlich den ersehnten Durchbruch jenseits akademischer Kreise – und damit beim erhofften Zielpublikum: den Sammlern. Nicht, dass sie besonders viel verkauft hätte, aber sie etablierte sich in der kalifornischen Öffentlichkeit als die lokale Expertin für moderne europäische Kunst.[35] In der städtischen Kunstgalerie von Oakland fand eine zweimonatige «Blue Four»-Ausstellung statt, und Scheyer wurde zur ehrenamtlich tätigen «European Representative» des Hauses ernannt, was ihr zwar kein Geld, aber einen offiziellen Titel einbrachte, mit dem sie in Zukunft bei Verhandlungen mit anderen Institutionen wuchern konnte. Bald streckte sie ihre Fühler abermals gen Hollywood mit seinem ebenso solventen wie künstlerisch interessierten Publikum aus, als sie im Herbst sowohl mit dem Los Angeles County Museum of Art als auch mit der dortigen University of Southern California Ausstellungen vereinbaren konnte.

Im folgenden Jahr hielt sie sich dann selbst für mehrere Monate in Los Angeles auf, wo sie im Gästezimmer von Rudolph Michael Schindlers ultramodernistischem, aber winzigem Wohnhaus unterkam, das der österreichische Architekt sich 1921 gebaut hatte. Zur gleichen Zeit lebte dort Schindlers Kollege und Landsmann Richard Neutra. Die beiden Architekten wurden sich durch die von ihrem Domizil erzwungene räumliche Nähe spinnefeind, aber Scheyer gelang es, sich mit beiden anzufreunden, und das sollte noch wichtige Folgen für sie haben. In den nächsten zwei Jahren festigte sie ihre Position im Kunstleben beider Metropolen an der Westküste und ergänzte ihr Angebot mit Werken der «Blue Four» durch Ausstellungen zu anderen zeitgenössischen Künstler aus dem Bauhaus-Umfeld wie Schlemmer, Moholy-Nagy, El Lissitzky oder Schwitters, aber auch Expressionisten (Marc, Nolde, Kokoschka, Kirchner, Schmidt-Rotluff) oder einem Vertreter der Neuen Sachlichkeit wie Dix.

Am 21. Mai 1928 brach Galka Scheyer von San Francisco nach New York auf, um von dort aus erstmals nach vier Jahren wieder nach Deutschland zurückzukehren. Am 5. Juni traf sie in Hamburg ein und verbrachte zunächst eine Woche bei ihrer Familie in Braunschweig, ehe sie nach Dessau fuhr,[36] um sich über die Situation des Bauhauses am neuen Standort Orientierung zu verschaffen und für Nachschub an Bildern zu sorgen. Insgesamt blieb Scheyer drei Monate lang in Europa. Sie genoss den Aufenthalt und die wiederbelebten Freundschaftsbande; nach ihrer Rückreise nach San Francisco räumte sie erstmals Heimweh ein: «Wenn ich wieder nach Europa komme, komme ich für ein Jahr.»[37]

Doch dank ihrer beharrlichen Tätigkeit als Kunstvermittlerin an der Westküste konnte sie nun häufiger Verkäufe nach Deutschland melden, und mittlerweile erzielte sie für die Bilder der «Blue Four» sogar Preise, die über denen in der Heimat lagen. Anderthalb Jahre vor dem Börsencrash des «Schwarzen Freitags» saß das Geld den Amerikanern noch locker in der Tasche, und viele Kunden von Scheyer reisten nach Europa, wo sie dann allerdings feststellen mussten, dass man dort für Kunst, die sie bei ihr teuer gekauft hatten, weniger bezahlen musste. Deshalb erreichte Feininger die Bitte seiner Agentin, auch in Europa höhere Preise zu verlangen, doch die schlug ihr Julia Feininger stellvertretend für ihren Mann ab. Der Begründung ist einmal mehr die Skepsis angesichts der vermuteten amerikanischen Zustände abzulesen: «es ist eine ungeheuer schofle einstellung der americaner, und sie dürfen nicht böse sein, dass ich es so klar und unumwunden ausspreche, dass sie nicht bedenken, dass deutschland den krieg verloren hat und wirklich im land kein geld vorhanden ist, dass america im gold der ganzen welt schwimmt und doch immer billig kaufen will. was hier für kulturelle zwecke ausgegeben wird, ist im Verhältnis zu drüben so überwiegend mehr, und vor allem, hier wird es aus einem innerlichen verständnis für die dinge ausgegeben, während es drüben nur in den besten fällen, mit denen sie ja sicher zu tun haben, der fall ist, meistens ist es ein fürchterlicher snobismus, der treibt, das wissen sie ebenso gut, wie wir. so wäre also die erhöhung der preise eine zweifache schädigung: erstens für uns, die wir nichts mehr verkaufen würden und verhungerten und zweitens für die menschen, die wirklich ein tiefes bedürfnis und innerliches verständnis für die bilder haben, und die sich dann einfach diesen wirklich unerschwinglichen luxus nicht mehr leisten könnten.»[38] Der wirtschaftliche Einbruch nach dem Börsencrash ließ das amerikanische Kaufinteresse dann wieder sinken, und das passte genau ins pessimistische Bild der Feiningers.

1930 verlagerte Galka Scheyer ihre Tätigkeit endgültig nach Los Angeles und beantragte zudem die amerikanische Staatsbürgerschaft, die ihr am 3. August 1931 zugesprochen wurde. Als Amerikanerin und nunmehr auch mit dem amtlich anerkannten Vornamen Galka kam sie Ende November 1932 zum letzten Mal nach Deutschland. Abgereist war sie bereits Mitte Oktober, aber den ersten Monat in Europa hatte sie in Paris verbracht, wo sie sich vergebens bemüht hatte, Picasso zu treffen,[39] ehe sie zu ihrer Familie nach Braunschweig fuhr. Sie ahnte nicht, dass es ihr letzter Besuch werden würde. Im Gegenteil hatte sie sich diesmal bewusst nicht einmal auf eine konkrete Dauer ihrer Reise festgelegt; sie wollte bleiben, solange es ihr gefiel. Kurz vor Weihnachten schrieb sie aus Braunschweig an Jawlensky, der auf ihren baldigen Besuch in Wiesbaden gedrängt hatte: «Da ich so lange in Europa bleibe bis ich fühle, dass es Zeit ist, abzureisen, möchte ich das Leben in etwas langsamerem Tempo in die jeweilige Umgebung einreihen. Deshalb mache ich keine Pläne u. lasse selbst dringenden Dingen einen vernachlässigten Lauf.»[40] Sie gedachte auch, ihre angegriffene Gesundheit in Deutschland zu kurieren, und begab sich zu diesem Zweck am 31. Januar 1933 nach Braunlage in den Harz, wo sie bis Mitte März blieb. Diese sechs Wochen fielen ausgerechnet in jene Zeit, in der die Nationalsozialisten nach Hitlers Ernennung zum Reichskanzler am 30. Januar alles daransetzten, um bei den für den 5. März vorgesehenen Reichstagswahlen ihre neue Macht zu festigen. Von den Exzessen gegenüber politischen Gegnern drangen nur Gerüchte in die Abgeschiedenheit des Kurorts, und so erlebte Scheyer nach Verlassen des Sanatoriums die dann völlig veränderte politische Lage in Deutschland als einen Schock.

Das war umso erschreckender, als sie vor dem Harzaufenthalt in ihrer Heimatstadt bereits die Folgen einer Regierung mit nationalsozialistischer Beteiligung hatte erleben müssen. Im Freistaat Braunschweig war die NSDAP seit 1930 Juniorpartner in einer Koalition mit der Deutschnationalen Volkspartei und stellte den Innenminister. Dieser hatte im Februar 1932 dafür gesorgt, dass Hitler zum Regierungsrat im Vermessungsamt ernannt wurde, sodass der seit 1925 staatenlose Politiker die deutsche Staatsbürgerschaft erhielt und somit im Sommer als Reichspräsident kandidieren konnte. Die jüdische Fabrikantenfamilie Scheyer erfuhr dadurch früher als die meisten anderen Juden in Deutschland, was es bedeutete, regierungsamtlicher Schikane ausgesetzt zu sein. Nicht, dass es in Braunschweig bereits eine antisemitische Gesetzgebung gegeben hätte, aber die nationalsozialistische Propaganda konnte angesichts der Leitung des Innenministeriums durch einen Parteigenossen ungehindert im Freistaat agieren, und in Betrieben mit jüdischen Eigentümern wurde gezielt unter den Belegschaften agitiert. Da ihre beiden Brüder Galka Scheyer diese Entwicklungen verschwiegen hatten, erlebte sie bei der Ankunft die judenfeindliche Stimmung in der Heimat unvorbereitet.

Doch der Höhepunkt ihrer negativen Erfahrungen stand noch bevor: Nach den sechs Wochen im Harz und einem abermaligen Aufenthalt bei ihrer Familie reiste Scheyer Ende März nach Dessau, um die nach dem Wegzug des Bauhauses letzten dort verbliebenen Freunde zu treffen, die nun auch davorstanden, die Stadt endgültig zu verlassen. Klees Frau Lily löste gerade ihren Hausstand auf, um den Umzug nach Düsseldorf vorzubereiten, wo Paul Klee bereits seit 1931 an der Kunstakademie lehrte. Das Ehepaar Feininger lebte zwar noch in ihrem Meisterhaus, doch dieses war kurz zuvor, am 17. März, von der Gestapo durchsucht worden, nachdem Bilder von Feininger zusammen mit anderen in öffentlichem Besitz befindlichen Bauhaus-Gemälden in den Schaufenstern der «Mitteldeutschen Anhaltischen Tageszeitung», dem der NSDAP nahestehenden Lokalblatt, in diffamierender Absicht ausgestellt worden waren, samt einem Begleittext, der Feininger zum Bolschewiken erklärt hatte.

Diese Denunziation und die Hausdurchsuchung hatten ihn und Julia Feininger im Entschluss bekräftigt, aus Dessau fortzugehen; die Stadt wies wie Braunschweig schon länger einen hohen Anteil nationalsozialistischer Wählerschaft auf, entsprechend stark waren die lokalen Parteiorganisationen. Als Scheyer eintraf, saß das Ehepaar Feininger bereits auf gepackten Koffern – das war keine Situation für ruhige vertraute Gespräche. «Nur einmal gingen wir zusammen an einem trostlos grauen Tag in die Stadt», erinnerte sich Scheyer einige Monate später, «und ich hätte gern mit Ihnen gesprochen wie mirs ums Herz stand, aber der Tag und die Luft waren zu schwer.»[41]

Dieser Tag war der 1. April 1933 gewesen, als die NSDAP einen deutschlandweiten Boykott jüdischer Geschäfte organisierte. Scheyer muss in Dessau Szenen auf der Straße erlebt haben, die ihre Weiterreise am folgenden Tag zu Jawlensky ins verschlafene Wiesbaden wie eine Befreiung wirken ließen. Was genau ihr in Dessau widerfuhr, ist unbekannt, weil ein Brief mit Schilderungen darüber, den sie kurz danach an Kandinsky geschrieben hat, nicht mehr erhalten ist. Der Empfänger fasste ihn in seiner Antwort nur insoweit zusammen, dass die Ereignisse vom 1. April «wie alle dortigen Erlebnisse stark auf Sie gewirkt haben müssen».[42] Dazu gehörte allerdings auch ein Streit mit Feininger über Aquarelle, die Scheyer von ihm in größerer Zahl für ihr amerikanisches Portfolio erbeten hatte, was dieser als Aufforderung zu einer seriellen Produktion missverstand – eine Vorstellung, die er grundsätzlich ablehnte. Dieser Konflikt wirkte ebenfalls noch monatelang nach: «Die kleine Auseinandersetzung, die wir wegen Ihrer Aquarelle hatten, bestürzte mich sehr, weil ich nicht wusste, worum es sich eigentlich handelte, aber ich fühlte, hätten wir mehr Zeit füreinander gehabt, dass wir uns sicherlich wieder verstanden hätten.»[43] Aber diese Zeit fehlte eben, weil die Feiningers sich darauf vorbereiteten, nach vierzehnjähriger Abwesenheit nach Berlin zurückzukehren.

Dorthin reiste Ende April auch Scheyer schließlich noch einmal, um Kandinsky zu besuchen. Die Feiningers hatten da bereits – früher als bislang üblich – ihr Sommerdomizil in dem kleinen Badeort Deep (heute Mrzeżyno) an der pommerschen Ostseeküste bezogen. Wohin Galka Scheyer nun in Deutschland kam, dem Schatten der staatlichen Repressionsmaßnahmen entging sie nicht mehr, weder beim von den Nazis verachteten Jawlensky in Wiesbaden noch danach wieder daheim in Braunschweig bei ihrer jüdischen Familie. Und schon gar nicht in der Reichshauptstadt. Die Durchsuchung des im Herbst 1932 nach Berlin umgezogenen Bauhauses durch die Gestapo am 11. April 1933 hatte kurz vor Scheyers Visite bei Kandinsky deutlich gemacht, dass die Hochschule auch an ihrem neuen Standort im Fadenkreuz der nationalsozialistisch dominierten Reichsregierung stand; der Lehrbetrieb war seit der Durchsuchung unterbrochen, das Gebäude amtlich versiegelt, die staatlichen Gehaltszahlungen an die Mitarbeiter wurden eingestellt.

Die Fülle an Schikanen, der die ihr nahestehenden Personen ausgesetzt waren, konnte Scheyer nicht mehr aushalten. Am ersten Abend in Berlin diktierte sie Kandinsky spontan einen Brief an die anderen drei Mitglieder der «Blue Four», in dem sie ihre baldige Abreise aus Deutschland ankündigte: «Es steht jetzt so: Ich muss am 12. Mai mit der City of Hamburg, Baltimore mailline, nach U.S.A. fahren. Schluss für Europa!»[44] Zugleich regte sie im Gespräch mit Kandinsky an, dass dieser seine Berliner Bauhaus-Kollegen fragen sollte, ob die sich eine Übersiedelung in die Vereinigten Staaten vorstellen könnten, und bot ihre Vermittlung dabei an. Kandinsky zog die Erkundigungen ein und konnte Scheyer wenig später mitteilen, dass ihr Vorschlag auf «großes Interesse» gestoßen sei. «Albers und Peterhans würden sofort fahren, wenn etwas Bestimmtes vorliegt. Unser ‹Chef› [Ludwig Mies van der Rohe] bittet jedenfalls die Angelegenheit der amerik. Presse nicht bekannt zu geben, weil diese Presse leicht zu ‹Viel Lärm um Nichts› macht.»[45]

Ob es dann Scheyer zu verdanken war, dass Josef Albers zusammen mit seiner Frau Anni tatsächlich im Sommer 1933 in die Vereinigten Staaten emigrierte, als ihn ein Lehrangebot des Black Mountain College erreichte, ist nicht mehr festzustellen. Sie hatte aber in ihrer Abreiseankündigung keinen Zweifel daran gelassen, als wie ernst sie die Lage einschätzte. Julia Feininger zeigte sich befremdet darüber: «liebes emmychen, das war ja eine schöne überraschung, als gestern ihr eilbrief kam, es tut uns aus mehr als einem grund sehr leid, dass sie so üble erfahrungen gemacht haben, dass sie reissaus nehmen, was wir ihnen allerdings in keiner weise verdenken. nur wirft es so ziemlich alle verabredungen, die wir in dessau getroffen haben, über den haufen.»[46] Scheyer jedoch ließen alle Einwände kalt; es konnte ihr mit dem Abschied aus dem neuen «Dritten Reich» gar nicht mehr schnell genug gehen. Letztlich fuhr sie sogar schon am 5. Mai mit dem Passagierdampfer «City of Havre» von Hamburg zurück nach New York.[47] Nun erst war sie Exilantin geworden, fast exakt neun Jahre nach ihrem freiwilligen Umzug in die Neue Welt.

Galka Scheyers höchste Eile beim Verlassen Deutschlands war das genaue Gegenteil von Feiningers Verhalten. Als amerikanischer Staatsbürger hätte er genauso problemlos wie seine nunmehrige Landsfrau Deutschland den Rücken kehren können, aber Feininger setzte ungeachtet der erst zwei Monate zuvor erlebten Hausdurchsuchung große Hoffnungen in den neuen Staat. Nicht, dass er zum Parteigänger des gerade entstehenden «Dritten Reichs» geworden wäre, aber nach mittlerweile siebenundvierzig Jahren in Deutschland und der im Ersten Weltkrieg erfolgten inneren Distanzierung von seiner amerikanischen Heimat gefiel ihm zumindest die außenpolitische Profilierung des neuen Regimes, die einer Revision der Bestimmungen des Versailler Vertrags das Wort redete. Das war ganz im Sinne Feiningers, der sich 1919 unter dem Eindruck des alliierten Friedensdiktats geradezu deutschnational gebärdet hatte und in der seitherigen Behandlung seines Gastlandes immer noch den Kardinalfehler der internationalen Nachkriegspolitik identifizierte, gerade auch der amerikanischen. Dazu kam die Sorge, in den Vereinigten Staaten als Künstler nicht akzeptiert zu werden. Eine Rückkehr in sein Heimatland kam deshalb 1933 für Feininger nicht in Frage, und diese Skepsis hatte Galka Scheyers Besuch in Dessau unfreiwillig noch bestärkt, denn er hatte ihre künstlerischen Ratschläge als unerwünschte amerikanische Einmischung in seine Arbeit empfunden.

So ließ Feininger in seinem ersten Brief, der Scheyer nach ihrer Rückkehr in den Vereinigten Staaten erreichte, keinen Zweifel daran, dass aus seiner Sicht ein Bruch vollzogen war. Er kündigte den Abschied aus der Scheyerschen Künstlergruppe an: «Wenn mein gegenwärtiger Beitrag zu den Blue Four für meine Freunde in den Vereinigten Staaten eine Enttäuschung darstellt, tut das niemandem mehr leid als mir selbst. Man scheint dort andere Wertschätzungen zu haben. (…) ‹the Blue 3› wird genauso gut auf den Einladungskarten aussehen, wird sogar noch exklusiver klingen, und, was das Wichtigste ist, wird mir die Unannehmlichkeit ersparen, mit Ihren Anmerkungen zu meinen künstlerischen Fähigkeiten umgehen zu müssen.»[48]

Feiningers bis dahin immer wieder einmal auflebender amerikanischer Traum schien damit ausgeträumt. Ganz anders verhielt es sich bei den anderen drei Künstlern der «Blue Four». Die Klees kehrten noch im selben Jahr Deutschland den Rücken und zogen in die Schweiz, deren Staatsangehörigkeit Paul Klee seit seiner dortigen Geburt besaß. Am 21. April 1933 war er auf Betreiben des in Preußen als Reichskommissar eingesetzten Hermann Göring von seiner Düsseldorfer Professur beurlaubt worden, man schmähte ihn in der Öffentlichkeit als «galizischen Juden». Nachdem das Ehepaar den Brief mit der Nachricht von Scheyers Abreise erhalten hatte, schrieb Lily Klee ihr sofort zurück: «You are a happy girl! (…) Wie froh wären wir, wenn für Kl. in USA Chancen wären seine Bilder betreffend!!! Wir haben nun wenigstens wieder eine Hoffnung!!»[49] Genauso sah es Kandinsky, den es im Herbst 1933 nach Paris trieb: «Ich muss verkaufen!», schrieb er von dort an Scheyer. «Und das letzte Absatzland sind U. S. A.»[50] Jawlensky blieb zwar aus Gesundheitsgründen in Wiesbaden, berichtete aber im Oktober: «Traurig. Ich darf hier nicht ausstellen, ich glaube Klee und Kand. auch nicht. Feininger ist erlaubt.»[51] Auch er sah sich nun darauf angewiesen, dass Scheyer seine Kunst in Amerika an die Leute brachte. Das galt für den vom NS-Regime anfangs noch geduldeten Feininger eben nicht.

Scheyers Freunde in den Vereinigten Staaten nahmen die Nachricht von ihrer Rückkehr mit Erleichterung auf. William H. Clapp, der Direktor der Oakland Art Gallery, schrieb ihr, nachdem sie ihm sofort nach ihrer Ankunft in Los Angeles eine Ausstellung mit den aus Deutschland mitgebrachten neuen Arbeiten ihrer Künstler – sie selbst sprach von zweihundertfünfzig Bildern – angeboten hatte: «Wir waren schon kurz davor, Erkundigungen einzuholen, ob Sie die

Hitler-Geschichte überlebt haben. Im Wissen um Ihre Begeisterung für Freiheit und die Moderne fürchteten wir, dass Sie in Schwierigkeiten geraten sein könnten. Ich freue mich zu hören, dass es Ihnen gelungen ist, so viele Werke der ‹Blue Four› mitzubringen, und auch noch das Glück hatten, ‹das Beste vom Besten› zu bekommen.»[52]

Die Kunsthändlerin Scheyer wusste ihren Schock über die neuen deutschen Zustände zu kaschieren und die Reise für ihre amerikanischen Bekannten und Kunden in eine Abenteuergeschichte umzumünzen. Sie wollte als starke Frau erscheinen. Gleichzeitig saß ihr selbst in den Vereinigten Staaten das «Dritte Reich» im Nacken. Über das deutsche Konsulat in Los Angeles wurde fortan regelmäßig erkundet, wie es um Scheyers finanzielle Situation bestellt sei, um ihr für den Fall, dass sie dort auf eigenen Füßen stehe, die Überweisung der monatlichen Unterstützungszahlung ihrer Brüder zu verweigern. Auch wurde sie mehrfach vom Konsulat aufgefordert, ins Reich zurückzukehren, was sie in ihrer letzten Antwort auf ein solches Ansinnen mit der sarkastischen Bemerkung ablehnte, «dass es mir in Deutschland wohl kaum möglich sein wird, einen neuen Wirkungskreis zu erhalten, zudem die Lebensverhältnisse für Nichtarier in Deutschland doch erschwerten Bedingungen unterliegen».[53]

Mit der Rückkehr in die Vereinigten Staaten entschied sich auch die zuvor immer noch offengehaltene Frage nach ihrem Lebensmittelpunkt: Aus der permanenten Untermieterin wurde eine Hauseigentümerin. Das erste Lebenszeichen an ihre Künstlergruppe traf erst im August in Deutschland ein, denn in den drei Monaten dazwischen hatte Scheyer all ihre Energie auf die Schaffung eines Domizils in Los Angeles verwandt, von dem sie nunmehr wusste, dass es das endgültige sein würde. Zunächst schlüpfte sie noch einmal bei Bekannten unter, ganz nach ihrem Geschmack wieder in einem architektonisch ungewöhnlichen Gebäude, dem von Frank Lloyd Wright errichteten Haus des Ehepaars Freeman am Fuß der Hollywood Hills. Sie hatte jedoch eine monatliche Miete von sechzig Dollar zu entrichten, und die wrighttypischen Betonwände gestatteten kein Aufhängen ihrer Bilder und damit auch keine Etablierung eines Galeriebetriebs. Dann fasste sie den Entschluss, sich endlich ein eigenes Haus zu suchen, und das sollte im Einklang mit der von ihr vertretenen Kunst stehen, also absolut modern und europäisch sein.

«Glueck muss der Mensch haben … Ich fand einen Bauplatz … zehn Minuten von Hollywood … tausend Fuß ueber dem Meeresspiegel das heisst ueber Hollywood, gehoert noch zu Hollywood … auf dem Gipfel eines Berges mit einer Aussicht nach Sueden, wo Los Angeles und Hollywood wie ein Meer liegt, mit Aussicht nach Osten, wo man die Sierra-Schneeberge sieht, mit Aussicht nach Westen, wo man das Meer und die Feeninsel Catalina sieht. Man faehrt vom [Sunset] Boulevard eine langsam ansteigende Serpentine hinauf mit sich ploetzlich eroeffnenden Aussichten, die man nur mit der franzoesischen Riviera vergleichen kann und je hoeher man hinauf kommt, desto mehr dehnt sich die Seele aus, und wenn man oben ist, ist man im Reich des Goettlichen. Und all das fuer $150.– (…) und schon besitze ich das schoenste Stueck Land, das man sich traeumen kann und Neutra wird darauf ein Haus bauen.»[54] Weil sie wie üblich kein Geld hatte, ließ sie den Architekten aber erst einmal nur einen einzigen großen Raum mit angrenzender langer Galerie und Badezimmer errichten und das Gebäude dann in den Folgejahren sukzessive erweitern. Dadurch sollte Scheyer noch jahrelang auf einer Baustelle leben, nachdem sie im Februar 1934 eingezogen war.

Der Begeisterung für ihr in der Tat damals so hoch wie kein anderes Haus in der Nachbarschaft gelegenes neues Heim tat das keinen Abbruch, und es spielte auch keine Rolle, dass die «langsam ansteigende Serpentine» hinauf in Wirklichkeit extrem steil und vor allem unbefestigt war, sodass man mit dem Wagen nur äußerst schwerfällig und nach Regenfällen ohnehin nur noch zu Fuß hinaufgelangen konnte – keine günstige Voraussetzung für die von ihr dort eröffnete Galerie. Dafür gelang es der stolzen Hausbesitzerin, die bislang namenlose Piste, die zu ihrem Grundstück führte, bei der Stadt als Blue Heights Drive eintragen zu lassen, «blue» wie die «Blue Four», und die ihr zugeteilte Hausnummer 1880 deutete sie so: die 1 als Chiffre für sie selbst, dann jeweils die 8 als zweimal «Blaue Vier» und schließlich die Null als Zeichen dafür, dass es nichts außerdem gebe – «wenn das keine Liebe und Schicksal ist, das moechte ich wissen», wie sie anlässlich des Einzugs euphorisch an ihre vier Künstler schrieb.[55]

Die hätten jedoch lieber ein stärkeres Engagement ihrer Agentin auf dem Kunstmarkt als auf der eigenen Baustelle gesehen, denn sie waren immer dringender auf ausländische Verkäufe angewiesen, nachdem der deutsche Markt umso unberechenbarer wurde, je vehementer die moderne Kunst durch die nationalsozialistische Kulturpolitik diskreditiert wurde. Auch Feiningers anfängliche Hoffnungen, einfach weiter arbeiten zu können, waren mittlerweile zerstört worden, und die anderen drei der «Blue Four» fühlten sich an ihren jeweiligen Aufenthaltsorten wie gefangen, weil ihnen die Mittel zum Reisen fehlten. Da musste es in ihren Ohren fast frivol klingen, wenn Galka Scheyer ihnen über das Haus am Blue Heights Drive schrieb: «Von der Halle geht eine Wandleiter aufs Dach, das in Zukunft eine kleine Wohnung fuer meine Gaeste haben wird. Wer wird der erste sein? (...) Also ich rate allen auf den ‹Blauen Hoehen› zu wohnen.»[56]

Nur einer von ihnen sollte das tatsächlich einmal tun: Feininger, der im Sommer 1936 vom Mills College im kalifornischen Oakland als Gastdozent verpflichtet wurde und deshalb erstmals nach fast fünfzig Jahren in sein Heimatland zurückkehrte. Dem Besuch bei Scheyer vorangegangen war allerdings das bislang größte Zerwürfnis zwischen ihnen beiden. Scheyer schrieb ihren langjährigen Verbindungen zum Mills College das Verdienst zu, die Einladung an Feininger ermöglicht zu haben,[57] aber an der Mädchenhochschule war seit kurzem ein anderer guter Bekannter von Feininger tätig: Alfred Neumeyer. Der frühere Leiter der Pressestelle der Staatlichen Museen in Berlin war intensiv mit Feiningers Werk befasst gewesen, als die Nationalgalerie 1931 zu dessen sechzigstem Geburtstag eine große Retrospektive gezeigt hatte. Als Jude war Neumeyer 1933 entlassen worden, zwei Jahre später emigrierte er in die Vereinigten Staaten, wo er eine Stelle als Professor für Kunstgeschichte am Mills College erhielt. Feininger war der erste Gastdozent aus Europa, den er in dieser Funktion einlud. Der Zeitpunkt des Angebots hätte für die Freundschaft des Malers mit Galka Scheyer gar kein besserer sein können, denn als es Feininger in Berlin erreichte, Mitte Januar 1936, hatte der erst wenige Tage zuvor im Zorn wieder einmal die Verbindung mit ihr aufgekündigt – und die zur Künstlergruppe «Blue Four» gleich mit.

Anlass dafür war eine neue, durchaus kuriose Geschäftsidee von Scheyer gewesen, die Bilder ihrer Klienten gegen Entgelt auszuleihen: für Dreharbeiten in Hollywood oder private Partys, bei denen sich die Gastgeber mit europäischer Avantgardekunst schmücken wollten. Auf diese Weise, so meinte Scheyer, könne man trotz der zu hohen Verkaufspreise, die ihr von den Malern vorgegeben seien, doch noch Einnahmen mit deren Werken erzielen. Der einzige konkrete Nachweis, dass ihr das bisweilen auch gelang, ist ein Leihvertrag mit dem Paramount-Filmstudio vom August 1943, in dem für vier Gemälde – jeweils eines von Feininger, Jawlensky, Kandinsky und Klee – die stattliche Gebühr von zweihundert Dollar in der ersten Woche und hundert für jede weitere vereinbart wurde.[58]

Feininger hatte auf diese Idee extrem ungehalten reagiert: «Über meine Bilder zerbreche ich mir längst nicht mehr den Kopf. Die Preise sind Nebensache dabei. So oder so, sind sie nicht zu verkaufen, das ist klar erwiesen. Aber eins gestatte ich unter keinen Umständen; nämlich: dass meine Werke ‹ausgeliehen› werden gegen Tauschentgelt! – – – – Ich habe seit einigen Jahren so wenig gemalt – 3 – 4 Bilder im Jahre – dass mir jedes Bild, was ich jetzt habe, wichtig ist. Ich brauche dringend die Bilder, die Sie von mir dort haben; besonders die kleinen Gemälde. Lassen Sie mich, bitte, wissen wann Sie sie mir schicken können. Die ‹Blaue Vier› existiert nicht mehr, es sind nur noch ‹Blaue Einsen›, und ich löse meine Verbindung mit der Gruppe hiermit formell auf.»[59] Dann aber traf Neumeyers Einladung in Berlin ein, die verbunden war mit der Ankündigung, den Lehrauftrag am Mills College durch eine Ausstellung in der hochschuleigenen Galerie zu flankieren, und noch bevor Feininger am 5. Februar in Oakland zusagte, teilte er Scheyer bereits mit, dass sie seine Bilder doch nicht zurücksenden solle, weil er sie nun für den amerikanischen Aufenthalt brauche.

Diese Planänderung überschnitt sich mit der Postlaufzeit von Scheyers Antwort auf Feiningers vorherige Aufkündigung ihrer Zusammenarbeit, die sie am 27. Januar 1936 verfasst hatte – als eine geradezu verzweifelte Rechtfertigung. Aber eine, die deshalb erst mehr als drei Wochen nach Feiningers Brief erfolgte, weil Scheyer zuvor noch einmal versucht hatte, neue Fakten zu schaffen und damit ihre Unentbehrlichkeit als Agentin zu beweisen. Am 17. Januar hatte sie Alfred H. Barr am Museum of Modern Art angeschrieben, um ihn dazu zu bewegen, Bilder von Feininger in eine geplante große Kubismus-Ausstellung seines Hauses aufzunehmen, was Barr jedoch ablehnen sollte.[60] Es ist durchaus denkbar, dass Scheyer auch am Mills College vorgesprochen hat, um etwas für Feininger zu erreichen. Aber an der dortigen Entscheidung, ihn einzuladen, war sie unbeteiligt, wie man einem Brief an Neumeyer vom April entnehmen kann, in dem sie überhaupt erst die genauen Umstände der kommenden Lehrverpflichtung ihres Künstlers erfragte und Neumeyer bat, die vorgesehene Feininger-Ausstellung in seinem College so zu terminieren, dass sie selbst die dafür vorgesehenen Leihgaben noch im Haus hätte, wenn der so lang ersehnte Besuch aus Deutschland einträfe: «Die Gelegenheit, Feininger zusammen mit seinen Bildern in meinem eigenen Haus wohnen zu lassen, ist von größter Bedeutung für mich.»[61]

Gemeinsam mit seiner Frau fuhr Feininger dann im Mai von Hamburg nach New York, wo der mittlerweile vierundsechzigjährige Maler sich ein paar Tage lang auf die Spuren seiner Jugend begab, ehe es mit dem Schiff weiter durch den Panamakanal nach Kalifornien ging. Am 13. Juni kam das Ehepaar in Los Angeles an und nahm dort Quartier in 1880, Blue Heights Drive, wo inzwischen auch das angekündigte Gästezimmer fertig geworden war. Sechs Tage blieben die Feiningers, und diese Zeit war trotz aller früheren Querelen ungetrübt, wie man einer gemeinsam unterzeichneten Grußpostkarte vom letzten gemeinsamen Abend entnehmen kann, die in die Schweiz an die Klees ging: «Ist es nicht ein fantastisches Schicksal, dass wir hier in Emmy's Häuschen zusammen sitzen, 2000 Fuss über der Riesenstadt hinausschauen in die sonnige Unendlichkeit und uns von den ‹Blauen Brüdern› unterhalten?»[62]

Das blieb der einzige Besuch von Lyonel Feininger bei Galka Scheyer, obwohl er im Folgejahr Deutschland endgültig verlassen und in die Vereinigten Staaten übersiedeln sollte. Aber er und seine Frau wählten das ihm von alters her vertraute Manhattan als Wohnsitz, zumal dort mittlerweile auch sein sechsundzwanzigjähriger Sohn Theodore Lux lebte, der ein paar Monate vor seinen Eltern Europa verlassen hatte. Zwar unterrichtete Feininger im Sommer 1937 noch ein weiteres Mal am Mills College, aber diesmal machte er keinen Abstecher nach Los Angeles. Denn mit der endgültigen Rückkehr in sein Heimatland suchte er fortan direkte Kontakte zum amerikanischen Kunsthandel und den Museen, und so wurde Galka Scheyer als Agentin weniger wichtig für ihn. In einem kurzen Brief gab er ihr bereits im September 1937 faktisch den Laufpass: «So lange wir in Deutschland waren und ich über ein zum Leben ausreichendes Einkommen verfügte, mussten wir uns nicht groß darum kümmern, ob kaum etwas hier in Amerika verkauft wurde. Aber die Sachen haben eine ganz andere Bedeutung für uns gewonnen, seit wir vollständig abhängig davon geworden sind, was ich hier werde verkaufen können. Sie haben nie behauptet, eine Kunsthändlerin zu sein (und wir haben nie geglaubt, dass Sie eine wären) (…), und ich will nun einen amerikanischen Händler, der mit den amerikanischen Methoden gut vertraut und mit wichtigen Sammlern gut bekannt ist.»[63]

Die unverhohlene Ehrlichkeit war eine persönliche und geschäftliche Kränkung sondergleichen für Galka Scheyer, die ihre Tätigkeit für die «Blue Four» nach wie vor als Mission für die Moderne betrachtete, und ihre resignierte Antwort auf den Brief stellt denn auch die kürzeste Nachricht dar, die sie in mehr als zwanzig Jahren an Feininger schrieb: «Anything that is important for your new life in America is allright + important with me.» Handschriftlich fügte sie dann auf Deutsch noch hinzu: «Liebster Papileo. Das Leben ist zu schrecklich so wie so, lassen Sie uns beide doch versuchen, einander zu helfen u. zu verstehen.»[64]

Die Versöhnung gelang ein weiteres Mal, aber nur noch privat, nicht mehr professionell. Nachdem dann in den Jahren 1940 bis 1943 Klee, Jawlensky und Kandinsky starben, blieb Scheyer von den «Blue Four» nur noch Feininger, und so bemühte sie sich weiterhin intensiv auch um dessen geschäftliche Gunst – vergebens; es blieb beim Austausch freundschaftlicher Korrespondenz. Er hatte seine amerikanische Karriere selbst in die Hand genommen, und sie verlief glücklich. Galka Scheyers Schicksal dagegen war nun durchaus kein «fantastisches» mehr, wie sie es bei Feiningers Besuch noch gemeinsam beschworen hatten, sondern geprägt von Schicksalsschlägen.

Schrecken der Distanz

Die schlimmsten trafen ihre Familie in Deutschland. Es ist bemerkenswert, dass in kaum einem der zahlreichen Briefe, die zwischen Scheyer und ihren vier Künstlern während der Zeit des «Dritten Reichs» gewechselt wurden, die jüdische Abstammung der Agentin zur Sprache kam. Lily Klee hatte sie im Sommer 1935 immerhin einmal gefragt: «Wie geht es Ihren Brüdern? Mutter traf Margrit mit Kindern. Im Frühjahr schrieb ich ihr einiges Ausführlich, ohne Antwort zu erhalten. Ich hoffe, dass es Allen gut geht. Sie werden auch ihre Sorgen jetzt haben, nicht zu knapp.»[65] Das traf zu. Im September 1935, unmittelbar nach Erlass der Nürnberger Rassengesetze, wollte Paul Scheyer seinen älteren Sohn Leopold nach Amerika in Sicherheit bringen, und Galka bot sofort an, den damals siebzehnjährigen

Neffen in ihrem Haus unterzubringen.[66] Doch der Plan wurde obsolet, als es Anfang 1936 gelang, Leopold und dessen ein Jahr jüngeren Bruder Gerhard nach England zu schicken, während Erich Scheyer seinen Sohn Bernd in ein Schweizer Internat geben konnte.[67] Im Jahr darauf schrieb Margarete Scheyer aus dem Winterurlaub im noch nicht antisemitisch dominierten Südtirol an ihre Schwägerin: «Wir sind vollkommen isoliert. Ich glaube nicht, dass Du Dir davon einen Begriff machen kannst. (…) Ich hatte seelisch scheußlich abgebaut in diesem Winter. Das Umgittertsein unserer Situation ist schuld daran.»[68]

Im folgenden Jahr mussten die Scheyers ihre Braunschweiger Konservenfabrik an ein Konkurrenzunternehmen verkaufen. Diese «Arisierung» erfolgte noch vor dem zur «Reichskristallnacht» verniedlichten Pogrom, das der Familie dann klarmachte, dass sie nicht mehr länger bleiben konnte: Paul und Erich Scheyer waren am 9. November 1938 verhaftet und ins Konzentrationslager Buchenwald gebracht worden. Nach ihrer Freilassung im Dezember gelang beiden im Februar 1939 mit ihren Familien die Ausreise nach England, während ihre Mutter Henriette Scheyer in Braunschweig zurückbleiben musste, weil sich kein Land bereitfand, die Einreise der 1861 geborenen Frau zu gestatten. Galka Scheyer hatte die Ausreise ihrer Angehörigen nach dem Schock der Verhaftung intensiv befördert und unterstützt: «Meine beiden Brüder waren im concentration camp also Gefängnis», schrieb sie am 30. Dezember an Kandinsky. «Ich habe sehr viele Sorgen gehabt und sehr viel Arbeit um Affidavits für meine Familie zu verschaffen. Jetzt muss meine Mutter auch noch raus.»[69]

Feininger hatte sie nicht mit solchen Nachrichten behelligt. Und bei ihm hatte es bis zum November 1938 gedauert, ehe er, dessen geschiedene jüdische Frau Clara und beide Töchter aus erster Ehe noch weiterhin in Deutschland lebten, sich überhaupt einmal nach Scheyers Verwandten erkundigte, die er in den zwanziger Jahren kennengelernt hatte, als sie zu seinen Sammlern zählten. Aber dann ging er in seinem Brief nach nur einem Satz wieder zur allgemeinen Weltlage über: «Wie geht es ihren Angehörigen in Deutschland? Ist es nicht höllisch, was dort geschieht, unter der Ägide der ‹Gesetzlichkeit›? Ich fürchte, dies wird die ganz allgemeine Form der Machtentfaltung unter den Nationen werden; höchste Eignung zur Macht: Lüge, Hinterhältigkeit, Grausamkeit, Bedrohung durch unerhörte Rüstungs-Bereitschaft – – – – – – die Liste ist lang, und vergebens sucht man darunter nach einer einzigen menschlichen Tugend. – – – – Oh dear! I didn't want to write about it!»[70] Er tat es dann auch nie wieder. Erst nachdem Paul Scheyer mit seiner Familie im Frühjahr 1939 aus England in die Vereinigten Staaten gelangt war, informierte Galka Scheyer Feininger über diese Entwicklungen und erwähnte die heikle Situation ihrer Mutter. Doch ihr Freund verlor in den noch verbleibenden sechs Jahren ihres Briefwechsels, der sich über die ganze Kriegszeit erstreckte, kein Wort darüber.

In Los Angeles hatte Scheyer immerhin wenigstens eine Schicksalsgenossin an ihrer Seite: Lette Heinemann. Die alte Freundin aus Braunschweiger, Brüsseler und Schweizer Tagen hatte 1920 den Frankfurter Pharmazieunternehmer Ernst Heymann geheiratet und war mit ihm und der gemeinsamen Tochter Hella 1932 nach Paris umgezogen, wo Scheyer sie dann zum Auftakt ihrer letzten Europareise besucht hatte. Auch die Heymanns hatten Deutschland nicht aus politischen Gründen verlassen, aber als sie 1937 nach Frankfurt zurückkehren wollten, machte ihnen die Belegschaft des eigenen Unternehmens unmissverständlich klar, dass sie einen jüdischen Firmenchef nicht mehr dulden würde. Ihnen blieb noch der französische Teil ihres Besitzes, doch die Familie emigrierte nach dieser Erfahrung in die Vereinigten Staaten, nahm dort den Namen Heyman an und lebte in New York, bis die Ehe im Jahr danach zerbrach. Daraufhin lud Scheyer ihre alte Freundin im Sommer 1938 zu sich nach Los Angeles ein und beherbergte sie zusammen mit deren mittlerweile siebzehnjährigen Tochter in ihrem Haus.

Lette Heyman wurde für den Rest ihres Lebens zur wichtigsten Vertrauten, die auch beruflich als unentbehrliche Helferin auftrat, indem sie Galka Scheyer bei Kunstkursen für Erwachsene und Kinder, die mehr und mehr zu deren Haupteinnahmequelle geworden waren, unterstützte: Sie fotografierte die Veranstaltungen, um neue Sponsoren für die Finanzierung dieser Programme zu gewinnen, nachdem Scheyers Bewerbung um ein Guggenheim-Stipendium, das es ihr ermöglicht hätte, ihre Kunstkurse ebenso Kindern aus sozial schwachen Familien anzubieten, 1940 gescheitert war (Feininger hatte sich dafür als Gewährsmann eingesetzt, doch sein Gutachten[71] machte keinen Eindruck; noch kannte ihn kaum jemand in der amerikanischen Kunstszene). Heyman hatte mehr Glück: Durch ihre Aufnahmen von den Kursen etablierte sie sich in der Filmszene Hollywoods als Porträtfotografin, und Scheyer ermutigte sie, auch selbst zu malen, worauf sie den Künstlerinnennamen Lette Valeska annahm.

Beide Frauen teilten seit dem Herbst 1938 ihre großen Ängste um die noch in Deutschland lebenden Angehörigen, speziell ihre Mütter. Henriette Scheyer war mittlerweile siebenundsiebzig und Fanny Heinemann sogar noch sieben Jahre älter. Galka Scheyers Brüder hatten Deutschland verlassen, doch ein Bruder von Lette war in Braunschweig geblieben. Er sollte dann gemeinsam mit der greisen Fanny Heinemann in die Niederlande emigrieren, wo sie aber durch den Einmarsch der Wehrmacht im Mai 1940 von den Nazis eingeholt und 1941 in Gouda ermordet wurden.[72] Im selben Jahr wurde Henriette Scheyer aus Braunschweig nach Hannover in ein Judenhaus deportiert; am Vortag ihres angekündigten Weitertransports von dort in ein Vernichtungslager brachte sie sich 1942 mit einer Überdosis Schlaftabletten um.[73]

Für Galka Scheyer war diese Nachricht ein doppelter Schlag, denn er zerstörte den letzten Rest an Familienzusammenhalt. Galkas Neffe Bernd Scheyer, Erichs Sohn, der seinen Namen nach der Emigration zu Bernard Shire anglisiert hatte, erlebte noch 1985 die hochkochenden familiären Emotionen, als er seinen in Amerika lebenden Cousin Gerhard Scheyer, den jüngeren Sohn von Paul, auf die vierzig Jahre zuvor gestorbene Tante ansprach: «Galka zu erwähnen hatte auf ihn die Wirkung eines roten Tuchs. Ich hatte mir die tiefe Verbitterung, die in Teilen meiner Familie herrscht, nicht vorstellen können. Vor allem glauben sie, dass Galka nichts dazu beigetragen habe, ihre Mutter aus Deutschland zu retten; angeblich habe sie sich sogar geweigert, für sie ein Affidavit auszustellen. (…) Nachdem meine Eltern beide verstorben sind, habe ich keine Möglichkeiten, den Wahrheitsgehalt dieser Anschuldigungen zu überprüfen. Mir war bekannt, dass mein Vater ihr einige Bilder zur Aufbewahrung gegeben hatte, die mit der Zeit verschwanden. Ich wusste aber nicht, dass mein Onkel Paul, Gerhards Vater, ihr nahezu seine ganze Sammlung geschickt hatte, und Gerhard ist überzeugt, dass sein Vater von Galka und ihrem Nachlassverwalter betrogen worden ist.»[74]

Es spricht in der Tat einiges dafür, dass Paul Scheyer nach dem Tod seiner Schwester einige Bilder nicht zurückerhielt, doch wen daran die Schuld trifft, ist heute ebenso wenig zu klären wie die Frage, ob es darüber schon zu Lebzeiten von Galka Scheyer Streitigkeiten gab. Weitaus verletzender war für sie ohnehin der Vorwurf mangelnder Hilfe bei den Bemühungen, Henriette Scheyer zu retten, zumal er an einen besonders wunden Punkt rührte: In einem Interview, das die amerikanische Kunsthistorikerin Peg Weiss in den achtziger Jahren mit Elsa Heinemann, einer Schwägerin von Lette Valeska, führen konnte, erzählte diese, sie habe Ende der dreißiger Jahre über ihre damals noch in Braunschweig lebende Schwiegermutter Fanny gehört, dass auch Henriette Scheyer selbst sich bitter beklagt haben solle, dass ihre Tochter nichts für sie tue.[75] Undenkbar, dass Lette Valeska das ihrer Freundin nicht erzählt hätte.

Dabei war Scheyer seit den Nachrichten über das deutsche Novemberpogrom von 1938 doch verzweifelt darum bemüht gewesen, die Ausreise ihrer Familie in die Vereinigten Staaten zu bewerkstelligen. Da sie selbst gegenüber dem deutschen Konsulat in Los Angeles immer wieder beteuert hatte, keinerlei Vermögen zu besitzen, lief sie bei Einreichung der für die Visumerteilung notwendigen Affidavits Gefahr, gegenüber dem Deutschen Reich nachträglich als

Steuerbetrügerin dazustehen. Diese Bürgschaften enthielten nämlich die Verpflichtung gegenüber den amerikanischen Behörden, für die Kosten der Lebensführung einreisender Angehöriger einzustehen. Es hat sich trotzdem eine Bürgschaft von Anfang 1939 erhalten, die sie persönlich für Erich Scheyer und dessen Familie ausgestellt hat, wenn auch – ehrlicherweise – ohne Angabe größerer Sicherheiten als ihrer monatlichen Einkünfte von zwei- bis dreihundert Dollar durch Lehrtätigkeit und einiger Bankkonten mit insgesamt etwas mehr als zweitausend Dollar. Lette Valeskas Ehemann Ernst Heyman, den Scheyer noch von ihrem Pariser Besuch her kannte, unterzeichnete wiederum gleichzeitig eine Bürgschaft für Paul Scheyer und dessen Familie. Darin setzte er den ihm in Paris noch verbliebenen Unternehmensteil seiner chemischen Werke mit einem Wert von siebzigtausend Dollar als Sicherheit ein.[76]

Angesichts dieser unterschiedlichen finanziellen Garantien überrascht es wenig, dass Paul Scheyers Familie im März 1939 ein Visum für die Vereinigten Staaten erhielt, die von Erich Scheyer jedoch nicht. Eine Bürgschaft für die Mutter stellte Galka Scheyer nicht aus, weil, wie sie Anfang 1939 an ihre beiden damals noch in Deutschland festsitzenden Brüdern geschrieben hatte, «meine Affidavits für Euch dadurch an Wert verlieren, da eine Mutter vor den Brüdern dran kommt. (…) Wenn Euch etwas daran liegt, mit Euren Frauen herauszukommen, so kommt Ihr erst mal heraus. Dann wird mit einem Gesuch von 3 Kindern die Mutter ganz schnell zu holen sein. (…) In der Zwischenzeit werde ich mich erkundigen, ob es Heime für alte Damen gibt, wo Mutter gut aufgehoben und gepflegt wird.»[77]

Einem dann bereits in London verfassten Brief von Pauls Frau an Galka Scheyer vom März 1939 kann man entnehmen, dass diese sich zu diesem Zeitpunkt weiterhin intensiv nach in Braunschweig verbliebenen Bekannten erkundigte, die sich dort um ihre alte Mutter kümmern sollten.[78] Mit derselben Post schrieb ihr allerdings Paul Scheyer in harschem Ton: «Du hast keine Ahnung, was los ist!!!! Mutter muss fort & es wird Deine Sorge sein, wie Du es erledigst. Erich

& ich haben ALLES hier getan, was zu machen war. Erich hat ja nun eine Stellung, wo er 2 £ die Woche verdient & hat etwas Geld mitnehmen können, er hat eine Zukunft. Ich habe keine, weniger Geld & nichts wie Sorgen. Trotzdem werden Erich & ich für Mutter sorgen, wenn wir es können, ich würde mich freuen, wenn es morgen schon sein könnte. Aber vorläufig musst Du nun ALLES tun, um Mutter nach dort zu bringen (...) Mutter möchte gerne wissen, ob & was sie mitnehmen soll, sie hat von Dir keine Nachricht erhalten, schreib ihr doch mal Ausführlich!! Sie ist alt geworden, aber hat GROSSE Sehnsucht nach Dir, DU wirst es schon schaffen.»[79] Sie schaffte es nicht; die Nachricht vom Tod ihrer Mutter erreichte Galka Scheyer noch im Krieg.

Zwischenzeitlich war es für sie immer schwieriger geworden, ein Auskommen zu finden. Der Eintritt der Vereinigten Staaten in den Zweiten Weltkrieg im Dezember 1941 hatte sich sofort auf den amerikanischen Kunsthandel ausgewirkt; kaum jemand gab noch Geld für Bilder aus. Nachschub an moderner Kunst aus Europa, für die Scheyer stand, gab es nun gar nicht mehr, nachdem ihr Geschäft in den Jahren zuvor noch davon profitiert hatte, dass viele europäische Juden ihre Sammlungen zu Geld machen mussten, um den alten Kontinent zu verlassen. So hatte sie, die ja auch Emigrantin war, einige Bilder vermittelt bekommen – bezeichnend etwa ein Brief von Arnold Schönberg an Galka Scheyer, geschrieben kurz nach dem «Anschluss» Österreichs ans Deutsche Reich, in dem der seit 1933 in Los Angeles lebende Komponist sie fragte, «ob Sie jemanden wüssten, der ein Interesse hätte Bilder von Egon Schiele einem der besten österreichischen Maler (jüngerer) zu kaufen. (...) Ich werde darum von einem österreichischen jüdischen Freund angegangen, der früher wohlhabend genug war, Bilder zu kaufen und jetzt seinen Sohne durch den Verkauf modernerer (andere kriegt er ja nicht heraus) nach Amerika zu bringen.»[80] Auch die bezahlten Vorträge, die Scheyer lange über Wasser gehalten hatten, wurden in Kriegszeiten immer weniger, weil sich das Interesse des amerikanischen Publikums jetzt fast nur noch auf einheimische Künstler richtete – die nationalistische Stimmung im Krieg begünstigte das.

Ende April 1944 unternahm Galka Scheyer ihre letzte große Reise: noch einmal für sechs Wochen quer über den nordamerikanischen Kontinent von Los Angeles nach New York, vor allem, um dort Feininger zu treffen, den sie seit mittlerweile acht Jahren nicht mehr gesehen hatte. Der Besuch verlief in schönster Harmonie; in ihrem Tagebuch notierte sie: «Feininger as darling 73 years old + lovely looking as ever. Even Julia + I did not ‹curb›.»[81] Diese letzte persönliche Begegnung war auch insofern der perfekte Abschluss ihrer Begegnungen, als Feininger ihr noch einmal, wie schon 1922 im größten Krisenmoment in Weimar, ein Aquarell schenkte – als Ausdruck seiner trotz aller jüngeren Spannungen weiterhin unverbrüchlichen Freundschaft. Scheyer war zudem in geschäftlicher Sache unterwegs und besuchte etwa Alfred H. Barr, um über dessen Vermittlung beim Museum of Modern Art einen ihrer Workshops mit Kindern zu veranstalten.

Kurz nach ihrer Rückkehr wurde Galka Scheyer wegen einer Fleischvergiftung ins Krankenhaus eingeliefert, wie sie Feininger von dort Anfang August mitteilte; man habe bei ihr eine «toxic condition» festgestellt.[82] Um ihre Gesundheit war es schon immer schlecht bestellt gewesen; Nachrichten über Erkrankungen, Zusammenbrüche oder Autounfälle mit schweren Verletzungen sind Konstanten in ihrer Korrespondenz, aber sie hatte sich nie davon unterkriegen lassen. Diesmal aber sollten die Ärzte ihre Beschwerden nicht in den Griff bekommen, weshalb sie Ende Oktober am Magen operiert wurde. Man diagnostizierte eine weit fortgeschrittene Krebserkrankung, die bis August des Folgejahres noch drei weitere Operationen erzwang; in der mit Bestrahlungen ausgefüllten Zwischenzeit unterdrückte sie ihre Schmerzen mit Morphium.

Feininger, der ihr im November noch in Unkenntnis ihres prekären Gesundheitszustands geschrieben hatte, teilte sie kurz vor Weihnachten 1944 mit: «Meine Seele befand sich in einem schwarzen Loch, und in einem schwarzen Loch ist es sehr dunkel, aber durch Ihren zärtlichen Brief habe ich mich weniger verloren gefühlt. Zwischendurch schien es zu dunkel zu werden, aber ich habe aufgehört, traurig zu sein und mir selbst leid zu tun, und mit meiner Seele ist etwas geschehen. Ihr little friend ist also nicht mehr verloren, und es macht ihm nichts mehr aus, krank geworden zu sein, und es macht ihm nichts mehr aus, ins Krankenhaus gehen zu müssen und ein wenig aufgeschnitten zu werden, und es macht ihm nichts mehr aus, vielleicht zu sterben, und es macht ihm nichts mehr aus, vielleicht ein bisschen intensiver zu leben.»[83]

Aber die Verzweiflung kehrte doch immer wieder zurück, und Scheyer bereitete sich auf den Tod vor. Wie man einem ihrer erhaltenen Tagebücher aus dem letzten Lebensjahr entnehmen kann, veranstaltete sie im Januar 1945 ein Autodafé, dem alles zum Opfer fiel, an das sie unangenehme Erinnerungen hatte oder das ihr geeignet schien, ihre Lebensleistung in ein falsches Licht zu setzen. So verbrannten Geschäftskorrespondenzen, aber auch Gedichte («rather naughty»), die sie in ihren ersten amerikanischen Jahren gemeinsam mit Gela Archipenko, der Frau von Alexander Archipenko, geschrieben hatte, und neunzehn Tagebücher aus den Jahren 1907 bis 1944.

Auch die Korrespondenz mit Walter Arensberg warf sie in die Flammen, denn dieser zehn Jahre ältere Sammler moderner Kunst, der zu den wichtigsten Käufern in Scheyers Galerie zählte, war als letzte Liebe in ihr Leben getreten. Unglücklicherweise war er verheiratet, und seine Frau Louise war eine ebenso gute Kundin wie er. In den Tagebuchaufzeichnungen des Jahres 1945 wird stolz vermerkt, dass Galka Scheyer von Arensberg am 14. Februar, dem Valentinstag, als sein «Valentine» bezeichnet wurde, und es finden sich ganze Dialoge zwischen den beiden wiedergegeben, in denen sie ihm ihr Leben im Dienst der Moderne erzählt. Dabei wird noch einmal Scheyers tiefe Zuneigung für Feininger deutlich, etwa in der Rekapitulation von dessen Beistand in Weimar 1922 nach den Vorwürfen gegen sie, Bilder von Jawlensky veruntreut zu haben: «Ich kannte Feininger kaum. Er kam mit einem Aquarell, klopfte an meine Tür und hatte darauf geschrieben: ‹Wahrhaftig soll Ihnen Weimar nur gute und liebe Erinnerung sein›. Zwischen uns gab es eine so unausgesprochen zärtliche Liebe.»[84] Sie hatte kein Glück mit den Männern, die sie liebte. In ihren letzten Aufzeichnungen spielt dann auch Walter Arensberg keine Rolle mehr.

Am 27. Oktober 1945 setzte Galka Scheyer ihr Testament auf. Fünf engen Freunden in Los Angeles, darunter Arensberg und Lette Valeska, hinterließ sie jeweils ein Werk aus ihrer privaten Kunstsammlung. An die beiden Brüder Paul und Erich sollte eine nicht genau bestimmte Anzahl Bilder gehen, die eigens gekennzeichnet waren; mutmaßlich handelte es sich dabei um zumindest einige jener Werke, die der Schwester vor der Emigration anvertraut worden waren. Scheyers Enttäuschung über die Entfremdung von ihren Brüdern kann man einem Passus des Testaments ablesen: «Ansonsten hinterlasse ich ihnen nichts, denn ich habe mein Leben der Kunst geweiht und halte es für meine Pflicht, das Resultat daraus der Öffentlichkeit zukommen zu lassen.»[85]

Die Bilder, die sie von den vier Malern der «Blue Four» noch in Kommission hatte, sollten an diese beziehungsweise deren Witwen zurückgehen. Alle anderen Kunstwerke aus ihrem Besitz, darunter der von ihr selbst als «Blue Four Collection» ausgewiesene Kernbestand der Sammlung, aber auch Arbeiten von Picasso, Moholy-Nagy, El Lissitzky, Nolde, Schmidt-Rottluff, Archipenko, Schwitters, Schlemmer, Arthur Segal und Diego Rivera, sollten der University of California in Los Angeles vermacht werden, an der Scheyer in den vergangenen anderthalb Jahrzehnten immer wieder einmal gelehrt hatte. Allerdings war daran die Bedingung geknüpft, dass bis zum Jahr 1950 auf dem Campus der Universität ein eigenes Ausstellungsgebäude für die Bilder errichtet werden würde; andernfalls könne die Sammlung ans MoMA gehen – «oder an jede andere daran interessierte Institution. Es ist mein Wunsch, dass die Sammlung ihre dauerhafte Heimat in Los Angeles finden soll.»[86]

Bis zur Klärung dieser Frage sollte das Haus am Blue Heights Drive als temporärer Ausstellungsort dienen, blieb aber Sondereigentum, dessen Betreuung und etwaige Verwertung sie ihrem Nachlassverwalter überließ. Ein letzter Akt der großen Zuneigung Scheyers für Lyonel Feininger war die testamentarische Verfügung, dass ihm ein lebenslanges Gratiswohnrecht in ihrem Wohnhaus eingeräumt wurde. Sie selbst wollte dort ihre letzte Ruhestätte finden: «Ich weise meinen Nachlassverwalter an, meinen Körper verbrennen und die Asche über mein Grundstück verstreuen zu lassen. Ich wünsche nicht, dass jemand meinen Leichnam sieht oder zu dessen Kremierung erscheint; auch wünsche ich keine Bestattungsfeier, weder religiöser noch sonstiger Art. Während der Kremierung soll wenn möglich die Schallplatte mit der Sarabande von Bach (die sich in meinem Haus befindet) abgespielt werden.»[87]

Ihren letzten überlieferten Brief schrieb sie am 2. Dezember an Feininger, er ist kurz, und man merkt ihm an, dass seine Verfasserin bereits zwischen Leben und Tod schwebte. Feiningers am Todestag von Galka Scheyer verfasste Antwort kam zu spät in Los Angeles an. Die sollte aber nicht seine letzte Reminiszenz an die Freundin bleiben. Als ihn Anfang Januar 1946 die Nachricht von ihrem Ableben und den Nachlassregelungen erreicht hatte, schrieb er an Lette Valeska: «The group of the BLUE FOUR that was founded more than 20 years ago was Galka's inspiration: she lived for it, and it will pass into the art legend of the West Coast, owing to Galka's unremitting, loving administration.»[88]

Die Geschichte der Scheyerschen Sammlung fand aber erst 1953 ein glückliches Ende, denn die University of California trat das Erbe nicht an, weil sie die notwendigen Ausgaben für dessen Präsentation scheute. So blieben die Bilder im Besitz des Nachlassverwalters, und schließlich fand sich nach acht Jahren mit dem Pasadena Art Institute ein Interessent. Das damals noch kleine Museum in der Nachbarstadt von Los Angeles erfüllte damit immerhin den Wunsch Scheyers, dass ihre Bilder möglichst an ihrem letzten Lebensmittelpunkt bleiben sollten; heute ist die Galka Scheyer Collection neben der Privatsammlung des Unternehmers Norton Simon (dessen Namen das Museum seit 1972 trägt) der zweite Glanzpunkt eines Hauses, das mittlerweile zu den wichtigsten Kunstmuseen der Vereinigten Staaten zählt.

Von Lette Valeska erfuhr Feininger zudem, dass Scheyer sie testamentarisch mit der Herausgeberschaft ihrer persönlichen Dokumente betraut, ihm aber ein Vetorecht bei deren Veröffentlichung eingeräumt hatte. Diese Weisung der Verstorbenen befolgte Lette Valeska treu; noch in einer Projektskizze für eine Publikation des Briefwechsels zwischen Scheyer und den «Blue Four», die Lette Valeska nach Feiningers Tod im Jahr 1956 erstellt hatte, hieß es: «Auf besonderen Wunsch Lyonel Feiningers wurden alle Äusserungen der Künstler gestrichen, die einer negativen Laune entsprangen und geeignet sind, irrige Vorstellungen zu erwecken in Bezug auf Tatsachen oder Persönlichkeiten. Dazu gehörte auch manche herzhafte Äusserung politischen Charakters. Umso mehr, als Galka jede Beziehung zwischen Kunst und Politik prinzipiell verleugnete.»[89] Feininger wollte also offensichtlich auch hier die nachträgliche Glättung seiner persönlichen Korrespondenz durchsetzen, die schon die Abschriften des jahrzehntelangen Briefwechsels mit seiner Frau bestimmt hatte. Nur weitete er seinen Willen zur Beschönigung nun auf die Briefe seiner drei Malerkollegen Jawlensky, Kandinsky und Klee an Scheyer aus. Angesichts dessen muss man es glücklich nennen, dass Lette Valeska ihr Buchprojekt nie umsetzen konnte.

Und ebenso glücklich war der Umstand, dass sie in einem zentralen, auch für Feininger wichtigen Punkt den Wünschen von Scheyer nicht folgte. In deren Testament war sie angewiesen worden, alle Dokumente, die ihr ungeeignet für eine Publikation schienen, zu vernichten. Das aber brachte Lette Valeska nicht übers Herz, sogar den auf Scheyers vier letzten Tagebüchern eigens angebrachten unmissverständlichen Befehl «After my death burn unread» hat sie missachtet – mit der Begründung, dass sie selbst ein Buch über das Leben der verstorbenen Freundin schreiben wolle und also alles noch publikationswürdig werden könnte. Als diese Absicht nach einem Vierteljahrhundert immer noch nicht umgesetzt werden konnte – die erhaltene Korrespondenz von Valeska mit Institutionen und Verlagen über ihre Buchpläne ist gewaltig –, übergab sie all ihre Materialien und Vorarbeiten an die amerikanische Kunsthistorikerin und Kandinsky-Spezialistin Peg Weiss. Diese verfolgte dann ihrerseits den Plan, zumindest den Briefwechsel zwischen Galka Scheyer und den «Blue Four» herauszugeben. Auch das scheiterte, und als Peg Weiss 1996 im Alter von nur dreiundsechzig Jahren starb, kam ihr Nachlass ins Getty Research Institute. Dort, nur ein paar Hügelkuppen vom Blue Heights Drive entfernt, liegt heute das Leben von Galka Scheyer begraben.

ICH WANDELE ÜBER ABGRÜNDEN

Die Bauhaus-Jahre

Feininger war nie lebendiger als in der Anfangszeit am Bauhaus. Die neue Aufgabe im altvertrauten Weimar schien Feininger zu beflügeln. Nach dem ersten Vierteljahr jubelte er geradezu: «Überhaupt ich erlebe, ich lebe; ich bin jeden Augenblick am Tag wacher, gieriger Mensch ach, wie bin ich am gesundwerden hier, ich sehe den Weg wieder, es ist wundervoll, noch einmal so erlebend lebend zu sein – nach den 5 Jahren des dumpfen, tötlichen Grübelns und der Flucht nach innen. Nie, früher war ich ganz so neu, wie jetzt. Und es steckt die Gewalt in mir, Taten zu vollbringen, wie ich will, wenn ich mich so lebend fühle!»[1] Die Familie hatte er erst einmal in Zehlendorf zurückgelassen, was uns durch den sofort wieder einsetzenden intensiven Briefwechsel mit Julia Feininger nicht nur nach fünf Jahren ein weiteres Mal eine lückenlose Chronik seiner Befindlichkeit bescherte, sondern auch einen der faszinierendsten Augenzeugenberichte aus Weimar als kurzfristig zentralem Schauplatz der deutschen Politik.

Nicht, dass Feininger sich plötzlich für sie begeistert hätte, aber in der kleinen Residenzstadt, in der nun Hunderte von Abgeordneten der hierher verlegten Nationalversammlung mit ihren persönlichen Stäben lebten (was die Hotel- und Wohnungspreise derart hochgetrieben hatte, dass es Feiningers Familie unmöglich gewesen war, direkt mit ihm dorthin zu ziehen), konnte man sich der Konfrontation mit der Politik gar nicht entziehen – und das nicht nur auf nationaler Ebene. Als der frisch berufene Meister in Weimar eingetroffen war, liefen schon die Verfassungsberatungen, aber zugleich tagte in Paris die Friedenskonferenz der Alliierten, und man wartete auf die Bedingungen, die dort für einen Friedensschluss mit dem Deutschen

Reich formuliert werden sollten. Da keine deutsche Delegation daran beteiligt war, gingen die wildesten Gerüchte um, und als Anfang Mai der Entwurf zum Versailler Vertrag übergeben wurde, sah man in Deutschland die schlimmsten Befürchtungen noch als übertroffen an. Die folgenden Wochen bis zur Unterzeichnung waren eine Nervenprobe auch für die Weimarer Bevölkerung, weil sich die Aufmerksamkeit der ganzen Welt auf ihr Städtchen richtete, wo die parlamentarische Auseinandersetzung um Zustimmung oder Ablehnung tobte.

Als am 23. Juni schließlich doch die Zustimmung erfolgt war, schrieb Feininger: «Wir haben den Frieden! So schauerlich er ist – aber wir können wieder mit der Außenwelt uns verständigen. Ich denke so viel an Papa!»[2] Das kriegsbedingte Schweigen aus Amerika hatte ans jugendliche Trauma der väterlichen Verstimmung gerührt, aber dennoch sollte noch mehr als ein Monat vergehen, bis Feininger angesichts der neuen weltpolitischen Bedingungen die Korrespondenz wiederaufzunehmen versuchte. Und es dauerte dann wiederum Monate, bis er eine Antwort des Vaters erhielt, die allerdings knapp ausfiel – Karl Feininger war mittlerweile fünfundsiebzig und gesundheitlich angeschlagen; ihm sollten nur noch wenig mehr als zwei Jahre Lebenszeit bleiben. Aber sein Schreiben vom 15. September 1919 rahmt zusammen mit dem vom 8. September 1914 die Feiningerschen Kriegsjahre ein, weil aus beiden dieselbe Sorge um den Sohn spricht, die nun endlich gelindert war: «Mein geliebter Sohn, Dein teurer Brief vom 2. August traf heute ein, und das ist der erste Deiner Briefe, der mich seit September oder Oktober erreicht hat. Gott sei dank seid Ihr alle noch am Leben! Wie sehr musst Du, müssen die Deinen gelitten haben; aber es ist ein kleiner Trost, dass es Euch nun besser geht. Dein Körpergewichtsverlust auf beinahe hundert Pfund kündet von einer traurigen Leidensgeschichte. Seit 1914, als die Schwierigkeiten begannen, habe ich bis heute insgesamt drei oder vier Briefe von Dir erhalten. Drei meiner eigenen wurden als unzustellbar zurückgesandt. Ich werde dem Himmel inbrünstig danken, wenn der Frieden offiziell verkündet wird.»[3]

In der Tat: Mit den Vereinigten Staaten befand sich das Deutsche Reich pro forma immer noch im Krieg, weil ausgerechnet Feiningers Heimatland, dessen Präsident Woodrow Wilson die treibende Kraft hinter dem Versailler Vertrag gewesen war, den Friedensschluss nicht unterzeichnet hatte – der Senat fürchtete über den neugegründeten Völkerbund, dessen Funktionen der Vertragstext festlegte, eine zu starke Einbindung Amerikas in die europäischen Angelegenheiten. Bis zum Separatfriedensschluss zwischen dem Deutschen Reich und den Vereinigten Staaten im Berliner Vertrag vom 25. August 1921 galt Lyonel Feininger also weiterhin als «feindlicher Ausländer», aber das hatte noch weniger Konsequenzen für seinen Aufenthalt in Deutschland als während der Kriegsjahre. Nur seinen abgelaufenen amerikanischen Pass konnte er zunächst mangels einer diplomatischen Vertretung seines Heimatlandes in Berlin nicht erneuern lassen. Auslandsreisen waren Feininger somit erst einmal unmöglich.

Anfängliches Aufleben

Ihn trieb aber auch erst einmal nichts außer Landes, denn mit der Ankunft in Weimar war er ohne die Familie endlich wieder so frei wie zuletzt in den Sommerfrischen der Vorkriegszeit – mit dem Unterschied allerdings, dass er nun einer beruflichen Verpflichtung nachzukommen hatte. Doch Feininger dachte gar nicht daran, dass sie seiner Kunst in die Quere kommen könnte. Im Gegenteil erwartete er von der Lehrtätigkeit am Bauhaus ein Korrektiv für die vereinsamten Kriegsjahre, und diese Erwartung wurde noch übertroffen angesichts der Ernsthaftigkeit, die er an seinen ersten Studenten feststellte: «Was ich bis jetzt von Schülern gesehen habe sieht sehr selbstbewusst aus. Sie haben fast alle Jahre im Felde gestanden. Es ist ein ganz neuer Menschenschlag jetzt.»[4]

Auch ganz neu, aber von Feininger hier gar nicht erwähnt, war die Zusammensetzung der Studenten, denn am Bauhaus hatten sich in der ersten Bewerbungsrunde weitaus mehr Frauen als Männer beworben, und als der Unterricht losging, waren die Studentinnen mit vierundachtzig immerhin noch in einer leichten Überzahl gegenüber neunundsiebzig männlichen Kommilitonen. Doch die Bemerkung zu den Frontkämpfern in seinen Kursen kündet noch von der anhaltenden Faszination Feiningers für die deutsche Gesellschaft im Krieg. Für irgendetwas mussten die eigene frühere Begeisterung und das letztlich vergebliche Ringen doch gut gewesen sein. Der Amerikaner unterschied sich da nicht von seinen deutschen Mitbürgern: Man versuchte, das jahrelang eingeimpfte Gemeinschaftsgefühl nun auf neue Ziele zu übertragen. Dass die Zielsetzungen dabei aber ganz unterschiedlich waren – Revolution vs. Reaktion, Links vs. Rechts, Nationalismus vs. Internationalismus –, sollte sich als Grundproblem der Weimarer Republik erweisen.

Schon der inoffizielle Name, den diese neue Staatsform verliehen bekam, galt den einen als Verheißung, den anderen als Fluch. «Weimar» war das Synonym für die deutsche Klassik, und die Entscheidung, die Nationalversammlung hier tagen zu lassen, hatte neben den Sicherheitsüberlegungen für die Politiker auch die Hoffnung zur Grundlage, der Genius loci würde die anstehenden Beratungen über die neue Verfassung beflügeln. Diejenigen Deutschen jedoch, die die aus der Revolution hervorgegangene Republik als eine politische Perversion empfanden, die dem Wesen ihres Volkes diametral entgegenstünde, sahen in Weimar nur die ungeliebte Provinz als Gegenentwurf zum faszinierenden Machtzentrum Berlin, das verächtliche Kleindeutsche, in das die Glorie des Zweiten Kaiserreichs nun wieder zu zersplittern drohte. Und dass in Weimar auch über die von den alliierten Siegern diktierten Friedensbedingungen abgestimmt werden musste, verband aus Sicht der Nationalisten diesen Ort ein für alle Mal mit dem von ihnen konstatierten deutschen Niedergang.

Der Versailler Vertrag und seine Folgen sollten das gesellschaftliche Klima der Weimarer Republik stärker vergiften als jeder andere politische Faktor, und Feininger sah zumindest das deutlich voraus: «Heute wird der Friedensvertrag unterschrieben», heißt es am 28. Juni 1919, und von der spürbaren Erleichterung über die erst wenige Tage zurückliegende parlamentarische Zustimmung zum Vertragstext war keine Rede mehr: «Wenn es auch keine menschliche Gerechtigkeit gibt – eine logische gibt's doch; aber ich fürchte, auch diese weist nur auf künftige Kriege und Unglück unter den Menschen, ohne Ende.»[5] Bemerkenswert ist, dass diese fatalistische Prognose wiederum nur zwei Tage vor dem eingangs zitierten Jubelbrief erfolgte. Wie ganz Deutschland lebte Feininger in der Endphase des Kriegs – der ja mit dem Waffenstillstand vom 11. November 1918 nicht beendet wurde, sondern seinen Abschluss erst mit der als Demütigung des Deutschen Reichs inszenierten Unterzeichnung des Friedensvertrags im Spiegelsaal von Versailles fand – im steten Auf und Ab aus Hoffnung und Verzweiflung.

Bei ihm war dieses Wechselbad der Gefühle zusätzlich noch beruflich bedingt. Das Glück, am Bauhaus jungen lernbegierigen Menschen zu begegnen, wurde ihm vergällt durch die unvermeidlichen administrativen Aufgaben als Meister. Dabei verstand er es durchaus, sich einer zu umfassenden Beanspruchung durch die Hochschule zu entziehen. Wenn er am 1. Juni mitteilte: «Meine Vormittage vergehen am Schreibtische, ich habe täglich 5–6 Briefe zu beantworten, Korrespondenzen, Anfragen von Galerien, Unternehmungen Kunstgewerblicher Natur, Wohnungssachen», dann fällt dabei auf, dass ausschließlich Beschäftigungen privater Natur genannt werden. Gleich in den ersten Wochen von Feiningers Zeit am Bauhaus zeigte sich ein Verhaltensmuster, das er in den folgenden vierzehn Jahren beibehalten sollte: Den Meisterberuf sah Feininger vor allem als Ermöglichung seines eigenen künstlerischen Schaffens an – anfänglich durch die finanzielle Sicherheit, die der Posten bot (wobei das Salär von monatlich einunddreißig Goldmark nach Feiningers Meinung nur für zwei Wochen ausreichte), später, als sich der Erfolg auf dem Kunstmarkt einstellte, durch die Bereitstellung einer idealen

Arbeitsumgebung aus Atelier, Werkstätten, inspirierendem Kollegenkreis und in Dessau dann auch dem privaten Domizil im geliebten dortigen Meisterhaus.

Für den nimmermüden Einsatz, den Gropius an den Tag legte, hatte Feininger von Beginn an nur Unverständnis übrig: «Ich meine dass er sich zu Tode raxt und nicht eine Sekunde bisher zur Ruhe kommen konnte. Vielleicht ists gerade sein Element, viele Menschen zu besuchen und tausend Fäden zu spinnen. Zum selbst Schaffen kommt er jedenfalls nicht.» Feininger dagegen empfand schon seine erste Teilnahme an den Sitzungen des Meisterrats – er hatte sie, nachdem er bereits am 11. April in seiner neuen Funktion bestätigt worden war, mehr als anderthalb Monate lang geschwänzt – eher als Zeitverschwendung: «Ich wurde feierlich begrüsst und in diese Ehrwürdigkeit aufgenommen, und dann haben wir zwei und ein halb Stunden alle möglichen internen Fragen, die auf der Tagesordnung standen, darunter einige heikle Programmpunkte, beraten. Es war, im Grund ganz gemütlich – ich hatte so etwas wie Talar und Halskrause, à la ‹Senatoriae Hamburgiensis› erwartet. ‹Meisterrat› besagt doch so viel! Na, jedenfalls ging ein herrlicher Nachmittag flöten, wo ich so gern, ach so gerne draussen in Gelmeroda gesessen hätte!»[6] Voller Freude begrüßte er deshalb einen Tag danach die Ankunft des neuen Meisterkollegen Johannes Itten, der aus Wien nach Weimar gewechselt war und fortan gemeinsam mit Feininger für die Malereikurse am Bauhaus zuständig sein sollte: «Gottseidank, dann brauche ich nicht ganz allein für Akt und Porträt zu sorgen».[7]

Feininger zählte zu den Formmeistern, war somit gewissermaßen künstlerische Lehrkraft im Gegensatz zu den Werkmeistern, die sich um die Vermittlung handwerklicher Fertigkeiten an die «Lehrlinge» zu kümmern hatten. Ihm unterstanden die Druckwerkstätten des Bauhauses, er lehrte also zunächst gar nicht Malerei. Das darf man einigermaßen bizarr nennen, denn vor seinen beiden Harzaufenthalten in den Jahren 1917 und 1918 hatte sich Feininger nicht besonders intensiv mit Druckgraphik beschäftigt. Seine junge Begeisterung für den Holzschnitt aber ließ ihn das Angebot von Gropius gerne annehmen, zumal er hoffte, dadurch um die für ihn als Individualisten schwer vorstellbare Aufgabe, künftige Maler zum Arbeiten in einer bestimmten Manier anzuhalten, herumzukommen. Gropius selbst blickte dreißig Jahre später im Gespräch auf Feiningers Eigentümlichkeit als Meister so zurück: «Am Bauhaus war er zurückhaltend. Er spielte sich gegenüber den Schülern nicht auf. Er präsentierte ihnen seine große Menschlichkeit, sein Einfühlungsvermögen. Er begann immer damit, seine Schüler daran zu erinnern, dass sie vermutlich größeres Naturtalent besäßen als er selbst – er hatte ja eine Karriere als Musiker beginnen wollen, wie Paul Klee. Weil er sich immer etwas zurückhielt – er wartete, bis ein Schüler in Schwierigkeiten geriet –, sprach er danach mit mehr Autorität und wurde respektvoller betrachtet als jeder andere Lehrer.»[8]

Diese niemals belehrende oder gar auftrumpfende Methode, die jeden individuellen Stil gelten ließ, wenn er denn mit Ernsthaftigkeit des Strebens verbunden war, kam bei den Studenten in der Tat blendend an. Sie wussten ja nicht, dass diese Einstellung auch ein Schutzmechanismus vor zu großer Beanspruchung war: Wer keine kanonischen Vorgaben im Unterricht machte, wie es Itten und später Kandinsky taten, der hatte weniger Mühe bei der Korrektur der studentischen Arbeiten. Aber der Respekt war allgemein, auch im Lehrkörper: «Feiningers Unterricht vollzog sich eigentlich nur in dem Darbieten seines Werkes und seiner Person», erinnerte sich der frühere Berliner «Sturm»-Bekannte und spätere Meisterkollege Lothar Schreyer an die gemeinsamen frühen Weimarer Jahre. «Und dieses Darbieten war sehr verhalten. Wir haben Feiningers Wesen und Werk stets als Keuschheit des Geistes empfunden. Wesen und Werk waren keineswegs ‹unnahbar›; im Gegenteil: alles war ein Geschenk. Feininger wollte kein ‹Lehrmeister› sein, stets aber war er ein ‹Lebemeister›. Von sich selbst sagte er: ‹Meine Aufgabe am Bauhaus ist es, Atmosphäre zu erzeugen.› Darum hielt er sich fern von allem, was man ‹Bauhausbetrieb› nennen konnte, von den menschlichen und manchmal allzumenschlichen Erzeugnissen des Bauhaus-Alltags. Niemand am Bauhaus hat diese Zurückhaltung mißverstanden; alle haben sie geachtet. Feininger wurde zum Vorbild der Einsamkeit des Schöpferischen. Es ist, rückblickend, ein Ruhm für die Freiheit am Bauhaus Weimar, daß solche Einsamkeit als notwendig erkannt und verehrt wurde.»[9]

Diese gepriesene «Einsamkeit des Schöpferischen» diente aber vorrangig den Zielen eines Künstlers, der ungestört vom lästigen Lehrbetrieb seine eigenen Werke schaffen wollte. Als die Sommersemesterferien des ersten Jahrs am Bauhaus vorbei waren und sich zum Wintersemester rund hundert Studenten mehr als im Frühjahr eingefunden hatten, beklagte sich Feininger gegenüber dem belgischen Dichter Paul van Ostaijen, den er Anfang 1919 in Berlin kennengelernt hatte, weil beide dort als deutschfreundliche Ausländer galten: «Ja – hier geht es drüber und drunter; das Semester hat angefangen, und wir haben ungefähr 250 Studierende, und es melden sich noch immer weiter solche! und dabei haben wir keine Kohlen zum Heizen! Ja, wie soll das nur werden in diesem langen Winter, der vor der Tür steht? (…) Ich selbst, trauere um die kostbare Arbeits-Zeit, die ich infolge Kohlenmangels versäume.»[10] Mit der Arbeitszeit meinte er nicht etwa Kurse, sondern seine Tätigkeit im Atelier.

Während der stundenlangen Sitzungen des Meisterrats, an denen er nach dem herausgezögerten Beginn nun regelmäßig teilnahm, pflegte Feininger die täglich eintreffenden Briefe seiner Frau zu lesen. Und so erfuhr er dort von einem wichtigen Bilderverkauf, der ihm eine große Zukunft verhieß: «Gestern Nachmittag, mitten in der Sitzung, kam Dein so mutiger, so lieber Brief, my girlie! (…) Und ich las Deinen Brief so zwischendurch, und wie ich die Stelle sah, wo steht: Nationalgalerie hat ‹Vollersroda III› erworben für die Galerie der Lebenden, da platzte ich heraus mit dieser Nachricht, und sie schlug ein wie eine Bombe … fast schämte ich mich. Ich sehe darin keinen ‹Ruhm›, günstigenfalls einen Glücksfall. Eine Abschlagzahlung, die nur ich verbürgen kann, und kann ich's? – – Es bleibt mir mein Wille, meine Arbeit, das Ringen um Verwirklichung – auf Talent kann ich weniger als jeder andere Anspruch erheben, weniger als 9 / 10 der Schüler hier. Wie bin ich mir dessen bewusst! Es ist auf Leben und Tod, mein weiterer Weg. Weisst Du, wenn ich male, muss ich mit ganz anderen Energien arbeiten, als der Begabte. Mir fehlt jede ‹malerische› als solches. (…) Selten wohnen Unfähigkeit und Wille so nebeneinander im selben Menschen. Und ich bin fast allein mein eigenes Mass für die Dinge – ich wandele über Abgründen.»[11]

«Vollersroda III» stammt aus dem Jahr 1916 und war unmittelbar nach «Grüne Brücke II» entstanden, auf dem Höhepunkt von dem, was man Feiningers Kubismus nennen könnte. Weniger plastisch als das Brückenbild gemalt, bietet «Vollersroda III» die Ansicht der geduckt-kompakten Kirche im titelgebenden thüringischen Dorf südlich von Weimar als eine zweidimensionale origamiartige Faltung dar. Prägendes kompositorisches Element ist eine sich übers Bild hinaus erstreckende Pyramidenfläche, die der mehrfach vergrößerten Form des Turmhelms der Kirche entspricht. Das ganze Bild erscheint als ein Mosaik aus Dreiecken, aus denen sich die frontalsichtigen Gebäude aufbauen.

Das war die Anwendung einer Einsicht, die Feininger erstmals am 30. November 1913 in der Kohlezeichnung «Railroad Bridge» gewonnen hatte, als er eine schlichte Eisenbahnbrücke mit schräg nach oben verlängerten Konturlinien derart ins Bild setzte, dass sich der Eindruck einer exakt achsensymmetrischen Spiegelung ergab. Diese Komposition vermittelt etwas stark Kubistisches, erzielt aber durch die geometrische Regelmäßigkeit eine synthetische Wirkung statt einer auflösenden wie im Kubismus üblich. Die Kreuzungspunkte der Linien werden zu Eckpunkten von Flächen, die an ein zurück ins Zweidimensionale entfaltetes Architekturpapiermodell denken lassen, und Feininger ergänzte den ursprünglichen Titel noch um die programmatische Bezeichnung «inversion of values» – Umkehrung der Werte, eine bewusste Anspielung auf Nietzsches Forderung nach

«Umwertung aller Werte», was jedoch nicht moralphilosophisch, sondern ästhetisch gemeint war.

Dasselbe graphische Prinzip kam bei «Vollersroda III» zum Tragen, nur dass Feininger nun die resultierenden Flächen als Farbfelder gestaltet hatte, deren benachbarte bloß geringfügig voneinander abgestufte monochrome Ensembles bilden. Die selbstdefinierte Beschreibung dieses Bildaufbaus als «Prismaismus» trug dem Prinzip der Aufspaltung des Lichts in einem Prisma Rechnung: Genauso verstand Feininger die von ihm vorgenommene Aufteilung eines Gesamteindrucks in verschiedene Farbzonen auf seinen Bildern. Das für Berlin erworbene Gemälde war das bis dahin konsequenteste in dieser Technik, da der Blick auf die Kirche wie durch ein Kaleidoskop erscheint. Der modernefreundliche Ludwig Justi hatte als Direktor der Nationalgalerie mit untrüglicher Sicherheit ein Schlüsselwerk für Feiningers ästhetische Entwicklung ausgewählt.

Dessen Glücksgefühl, durch den Ankauf eines Gemäldes ins Pantheon der deutschen Kunst aufgenommen zu sein, stand im seltsamen Kontrast zur aktuellen politischen Situation, die Feininger am 22. Juni in Weimar erlebte. Es lief noch das Ultimatum der alliierten Mächte zur Annahme der Versailler Friedensbedingungen. Die Nationalversammlung zerfleischte sich über diese Frage, obwohl allen im Parlament vertretenen Parteien klar war, dass bei der für den Fall der Ablehnung angedrohten Wiederaufnahme der Kampfhandlungen keine Aussicht auf einen militärischen Erfolg existierte. Dieses nationale Gefühl der Machtlosigkeit löste Proteste und innere Unruhen im Reich aus, und Weimar erwies sich als gar nicht so abgeschieden, wie man es bei der Einberufung der Nationalversammlung gehofft hatte. Die konservativen Kräfte waren hier stark, und auch das Bauhaus geriet bereits ein Vierteljahr nach seiner Gründung unter ihren Beschuss, weil sie in der programmatisch modernen Schule ein Emblem der ihnen verhassten jungen Republik identifizierten, das möglichst rasch wieder beseitigt werden sollte.

Feininger hatte die doppelte unmittelbare Belastung durch Gerüchte, die nicht nur auf den Straßen der Stadt, sondern ebenso in den Fluren des Bauhauses kursierten, nur zu genau registriert: «Wir leben hier in Weimar in einem schweren beklemmenden Zustand der entsetzensvollen Erwartung und es ist uns allen unmöglich, diesem Druck zu entrinnen. Es sind so viele bange Fragen, die auftauchen; sogar die Zukunft unserer Kunstschule scheint in Frage gestellt zu werden. Nicht als hätte ich etwas unmittelbares darüber bis jetzt gehört – aber die Folgen der Friedensbedingungen sind – ob sie angenommen werden oder abgelehnt – gleich unübersehbar. Dann sind unweigerlich Unruhen zu erwarten. Die Kommunisten wollen Weimar isolieren. Jena ist bereits vom Verkehr mit uns abgeschnitten, seit Tagen. Und Erfurt ist ein Herd des drohenden Putschismus. Wie lange noch die Eisenbahn frei sein wird, ist ungewiss. Vielleicht dauert die Sache nicht lange, wird nicht gefährlich – aber wir wollen uns lieber auf schlimme Wochen gefasst machen. Hier ist die massgebende Ansicht, dass der Vertrag nicht unterschrieben wird. Was dann? Persönlich glaube ich kaum ein Zehntel von dem, was sie von den Alliierten erwarten, ich glaube vielmehr an Gefahren, durch Deutsche Uneinigkeit, Deutsche Kopflosigkeit, Deutschen Bruderhass.»[12]

Da war sie wieder, die Ambivalenz gegenüber seinem Gastland, das er so sehr liebte, dessen Menschen ihm aber immer wieder Rätsel aufgaben. Deshalb die anfängliche Freude Feiningers über die Annahme der Vertragsbedingungen – endlich gab es so etwas wie Klarheit. Als seine Frau ihm aber berichtete, dass die Proteste gegen den Friedensschluss in Berlin weiterhin eskalierten, zeigte Feininger sogar für einen kurzen Moment Verständnis für die kompromisslose Haltung der Alliierten: «Ich bin in Sorge um Euch; dieser abscheuliche Verkehrsstreik in Berlin – Euer Abgeschnittensein von Allem, die drohende Lebensmittelknappheit – und die abendlichen Plünderungen in den Vororten! Diesmal steckt etwas ganz schlimmes dahinter, glaube ich – diese verdammten Rindviecher von Menschen. (...)

Ich glaube, es waren die Engländer, die sagten: ‹They acted like brutes, they remain brutes›! So sehen die Ausländer die heutigen Deutschen an, und kann man behaupten, sie hätten nicht Grund? Es ist einfach und bleibt, ein unmündiges Volk und wird nie anders werden.»[13] Fünf Jahre später klang es unter dem Eindruck von sommerlichen Aufmärschen der politischen Rechten ähnlich: «Was in Weimar (…) vor sich ging bei den Verbrüderungsfestlichkeiten zwischen den ‹Völkischen› und den ‹Deutschnationalen›, ist grotesk. (…) Wenn der Deutsche sich seines ‹Deutschtums› ‹bewußt› wird, verliert er gerade seine schönsten, hervorragendensten Eigenschaften: Bescheidenheit und Maaß und wird dann der ganzen Welt unerträglich.»[14]

Solche Sympathien für die unnachgiebige Haltung der Siegermächte gegenüber Deutschland waren indes Ausnahmen. Immer noch fühlte sich Feininger eher als Deutscher denn als Amerikaner, und so reihte er sich und seine Familie in einem Brief des Jahres 1920 an die Frau seines Landsmannes und Berliner Studienfreundes Alfred Vance Churchill in eine Art Volksleidensgemeinschaft ein, wenn er seiner Klage über die Behandlung der Deutschen Ausdruck gab: «Die Welt gibt Europa preis, mehr noch als im Krieg: Wir sind in einer verzweifelten Lage und haben auf Jahre hinaus keinerlei Aussichten. Wie grausam die Menschheit geworden ist, wie grausam haben sich die Nationen entwickelt! Die Einzelnen sind jedoch freundlich, und ziemlich hilflos! Es ist alles ‹Politik›; die schlimmste aller Teufeleien. Uns geht es vergleichsweise gut; wir sind besser dran als viele, viele Millionen; aber wir werden uns wahrscheinlich niemals von den Auswirkungen dieser Jahre erholen.»[15]

Mit Schrecken hatte Feininger also den Rückzug der Vereinigten Staaten aus der Verantwortung für die europäischen Angelegenheiten betrachtet, und in den gesellschaftlichen Konflikten der unmittelbaren Nachkriegszeit sah er das Resultat der moralischen Verheerungen des Krieges. Seine anfängliche Faszination für die willensstarken stahlgewitterten Studenten am Bauhaus hatte jedenfalls nicht lange gehalten, und auch deren Selbstbewusstsein sollte sich als unangenehm erweisen, als sich das erste Sommersemester in den letzten Juniwochen 1919 dem Ende zuneigte.

Die für eine Kunsthochschule zu diesem Zeitpunkt obligatorische Ausstellung von Schülerarbeiten wurde somit just in jenem Moment durchgeführt, in dem die politische Unruhe in Weimar ihren Höhepunkt erreichte. Die Meister hatten die Ausstellung selbst gehängt, sodass der Rundgang – die erste Ausstellung im Bauhaus überhaupt, mit der zudem eine Auszeichnung der Semesterbesten verbunden war – von den «Lehrlingen» argwöhnisch beäugt wurde: Welche persönlichen und ästhetischen Präferenzen des Lehrkörpers würden sich zeigen? Bislang hatte es ja außer dem Bauhaus-Manifest von Gropius keine außenwirksame Selbstdarstellung der Lehranstalt gegeben, und ein einheitliches Selbstverständnis gab es schon gar nicht. Entsprechend geteilt waren die studentischen Reaktionen, und Feininger war fassungslos über die Heftigkeit der sich benachteiligt Glaubenden, die sofort den politischen Argwohn im Freistaat Sachsen-Weimar-Eisenach gegen das kunstpädagogische Experiment der neuen Hochschule für sich nutzen wollten.

«Hier auf dem Bauhaus geht es seit einigen Tagen toll her – alles ist in heller oder düsterer Empörung, die Preisverteilung. Es gibt viele empörte Abmeldungen, und eine ganz dunkle Kamarilla, die petitionieren will an den Minister, dass Gropius kurzerhand seines Direktorenamtes enthoben werde! Gestern Abend war nun grosse Aussprache zwischen Gropius und den Aufsässigen – Er ist in einer Versammlung erschienen, und hat jedem und jeder der etwas auf dem Herzen hatte, Rede gestanden. Dadurch ist manches gebessert, gefördert worden. Die Leutchen sind im Kleinen, wie Deutschland im Grossen – gleich aus dem Häuschen, ausser sich vor Empörung, unsicher über das, was gesagt, oder gemeint worden ist, oder einfach kopflos und geneigt, jeder Schauergeschichte Glauben zu schenken. Was Gropius am meisten, und nicht ganz mit Unrecht, von den Schülern verübelt wird, ist, dass er gesagt hat, er trete jederzeit für die ‹extremste Kunst› ein, die ein Zeichen der Zeit sei. Wie kann man aber von einer Schule von 150 jungen Leuten erwarten, dass sie ‹extreme Kunst› betreiben sollen! Das heisst einfach, sie wirklich über jede Entwicklung hinweg – die doch Jahrzehnte dauert – gleich in die Nachahmung irgend eines Vorbildes zu zwingen. Das sage ich heute Gropius. Ja, diese Tage sind voller Erlebnisse, innerer und äusserer Weltgeschichte.»[16]

Die Schwierigkeiten, denen sich das Bauhaus gleich zu Beginn ausgesetzt sah, werden angesichts des heutigen Mythos vom Labor der Moderne gerne unterschätzt. Die Verteidigung gegen meist politisch motivierte Angriffe war kräftezehrend für seine Exponenten, und wenn sie dann auch noch von innen kamen, bedrohte das den nach außen hin notwendigen Schulterschluss des Meisterrats. Die bis 1923 anhaltenden internen Auseinandersetzungen über die Ziele der Ausbildung führten zu einer Spaltung des Meisterkollegiums und zur Abwanderung prominenter Mitglieder wie Itten, der immerhin das Vorkurssystem, also die bauhaustypische obligatorische Grundausbildung der Studenten aller Fachrichtungen, konzipiert und durchgeführt hatte; er wollte sich nicht dem Schwenk von Gropius beugen, mit dem das ursprünglich propagierte handwerkliche Prinzip des Studiums zugunsten einer industriell verwertbaren und somit auf die Anforderungen der modernen Technik hin orientierten Ausbildung geopfert werden sollte.

Es war nicht allein die persönliche Überzeugung des Bauhaus-Direktors, der als Architekt viel mehr in kollektiven Schaffensprozessen dachte als die individualistischen Künstler unter den Meistern, die dieser Umorientierung zugrunde lag. Es war besonders auch der politische Druck, dem Gropius mit einer Nützlichkeitsargumentation begegnen wollte. Das trug ihm im Meisterrat den Vorwurf des Verrats an seiner eigenen Konzeption ein, wie sie das Bauhaus-Manifest in expressionistisch-emphatischem Tonfall festgelegt zu haben schien: «*Architekten, Bildhauer, Maler, wir alle müssen zum Handwerk zurück!* Denn es gibt keine ‹Kunst von Beruf›. Es gibt keinen Wesensunterschied zwischen dem Künstler und dem Handwerker. *Der Künstler ist eine Steigerung des Handwerkers.* Gnade des Himmels läßt in seltenen Lichtmomenten, die jenseits seines Wollens stehen, unbewußt Kunst aus dem Werk seiner Hand erblühen, *die Grundlage des Werkmäßigen aber ist unerläßlich für jeden Künstler.* Dort ist der Urquell des schöpferischen Gestaltens. Bilden wir also eine *neue Zunft der Handwerker* ohne die klassentrennende Anmaßung, die eine hochmütige Mauer zwischen Handwerkern und Künstlern errichten wollte!» So hatte das Bauhaus-Manifest gleich im Vorwort verkündet, und der erste der darin aufgelisteten Grundsätze lautete: «Kunst entsteht oberhalb aller Methoden, sie ist an sich nicht lehrbar, wohl aber *das Handwerk.* Architekten, Maler, Bildhauer sind Handwerker im Ursinn des Wortes, deshalb wird als *unerläßliche Grundlage für alles bildnerische Schaffen die gründliche handwerkliche Ausbildung* aller Studierenden in Werkstätten und auf Probier- und Werkplätzen gefordert.»[17]

Nun drohte in den Augen derjenigen, die im Zeichen dieses Programms als Lehrkräfte ans Bauhaus gekommen waren, ein Ausverkauf der handwerklich-traditionalistischen Ausrichtung, und besonders enttäuscht über die Abkehr von den Prinzipien des Manifests waren die beiden ersten Meister, die Gropius gewonnen hatte: Feininger und Gerhard Marcks. Letzterer leitete die Keramikklasse des Bauhauses und war mangels einer dafür geeigneten Werkstatt in Weimar im Frühjahr 1920 mit seinen Studenten ins dreißig Kilometer entfernte Dornburg umgezogen. Die räumliche Distanz verstärkte seine fachliche Distanzierung, während Feininger schwankte: Prinzipiell auf der Seite von Marcks und Itten stehend, wollte er sich nicht auf übermäßige Debatten im Meisterrat generell und mit dem befreundeten Gropius speziell einlassen – sie hätten von der eigenen künstlerischen Arbeit abgelenkt. So begleitete Feininger die Umorientierung des Bauhauses eher privat grummelnd als öffentlich protestierend und zog sich konsequenterweise noch mehr ins eigene Atelier zurück.

Das wurde ihm dadurch erleichtert, dass mit dem Beginn der Republik die kunstwissenschaftliche Beschäftigung mit seinem Werk einsetzte; die erste Monographie veröffentlichte Willi Wolfradt im Jahr 1924. Feininger ist nie so intensiv wie andere Kollegen mit dem Bauhaus identifiziert worden, obwohl er der einzige Meister überhaupt war, der vom ersten bis zum letzten Unterrichtstag amtierte. Aber er lehrte viel weniger als andere. Itten, Kandinsky und Klee in Weimar, später in Dessau auch Moholy-Nagy und Josef Albers prägten die Außenwahrnehmung der Reformhochschule durch Kurse, in denen sie ihre ästhetischen Konzepte vermittelten, neben denen sie keine Alternativen duldeten; Feininger dagegen war wie gesagt kein bestimmender, sondern ein begleitender Lehrer – einer, der seine Überzeugungen nicht zum Maßstab für die Studenten machte, sondern diese zu eigenen Experimenten ermutigte. Das gestattete auch den Interpreten seines Werks einen freieren Zugriff. Man musste Feininger nicht im Kontext des Bauhauses erklären, sondern konnte ihn als singuläre Erscheinung würdigen.

Der erste Text dieser Art erschien bereits im Herbst 1919. Autor war der dreißigjährige Kunsthistoriker Paul Erich Küppers, der drei Jahre zuvor in Hannover die Kestner-Gesellschaft mitbegründet hatte, einen Kunstverein mit dem dezidierten Anspruch, in der als konservativ verschrienen preußischen Provinzhauptstadt die zeitgenössische Kunst zu fördern. Küppers wurde erster Direktor der Gesellschaft. In dieser Funktion lud er Feininger gleich nach der Eröffnung des Bauhauses zu einer Ausstellung ein und stellte ihm hellsichtig Paul Klee an die Seite, der erst ein Jahr später als Meister nach Weimar berufen werden sollte. Die Freundschaft der beiden Künstler, vor allem auch ihrer beiden Frauen, nahm hier ihren Ausgang. Und Küppers profitierte in seinem einleitenden Aufsatz zum Ausstellungskatalog von einem intensiven Austausch mit Feininger.

Das merkt man seiner Deutung an, die das Werk des Malers zwar einmal mehr dem Kubismus zugesellte, aber zur Abgrenzung davon mit dem Naturbezug ein zentrales Motiv von Feiningers künstlerischem Selbstverständnis heranzog und auch gleich mehrfach dessen Signalwort der «Kristallisation» aufnahm: «Was Marées in der Tiefe seiner Künstlerschaft zu verwirklichen trachtete, was Cézanne klar erkannte und dann Picasso mit der Unerbittlichkeit eines Fanatikers zur letzten Konsequenz getrieben hatte: Diese Weltanschauung der Ordnung, der absoluten Gesetzmäßigkeit erweist schon durch ihre entwicklungsgeschichtliche Verknüpfung mit der Vergangenheit, daß sie keineswegs die Erfindung verstiegener Künstler ist oder der Aberwitz einer sensationshungrigen, vermorschten Zivilisation, nein, dieses wirklichkeitsferne, weltabgewandte, von inbrünstiger Mystik getragene Gestaltungsprinzip, das wir Kubismus nennen, ist der natürliche Rückschlag auf eine in allen Höhen und Tiefen haltlos schweifende Zeit. Lyonel Feininger hat die Grundsätze des Kubismus auf seine persönliche Art ausgelegt und abgewandelt. Während Picasso die objektive Daseinsform ganz der zwingenden Logik seiner Bildkonstruktion opfert, bleibt bei Feininger das anregende Naturmotiv hinter den Strahlungen und Brechungen seiner Raumkristalle sichtbar. Aber indem sich diese in klarer, unbegreiflich beglückender Ordnung aufeinandertürmen, lassen sie die Zufälligkeiten und Fragwürdigkeiten der äußeren Erscheinung hinter sich und wachsen so in die geläuterte Ruhe einer Welt hinein, in der alle Willkür überwunden ist. Und da der Künstler dem ungeordneten Chaos da draußen den geschliffenen Kristall seines Kosmos gegenüberstellt, kündet er, ein gläubiger Apostel, von der göttlichen Kraft, die die Sterne in ihre Bahnen zwingt und das ganze All nach ewigen, unwandelbaren Gesetzen regiert.»[18] Das hatte mit dem Verständnis einer konstruktiven Moderne als vom Intellekt bestimmter Kunst, wie sie das Bauhaus proklamierte, wenig zu tun. Es war vielmehr gemäß dem alten Geniegedanken ein vom göttlichen Funken beseelter Visionär, der einem da entgegentrat – und auf jeden Fall ein Einzelgänger.

Feininger genoss denn auch die Freiheiten, die ihm der neue Beruf zu bieten hatte. Die Semesterferien gestatteten ihm von 1920 an wieder die ersehnten monatelangen Sommeraufenthalte an der

Ostsee, wo er vor allem seine Naturnotizen anfertigte, die dann in den Wintermonaten zum Ausgangsmaterial der Atelierarbeit an Gemälden und Aquarellen wurden. Sein in den zwanziger Jahren wichtigster Gesprächspartner, Alois Schardt, sah in Feiningers Motiven im Gegensatz zu Küppers gar keinen Bezug zum Kubismus, sondern vielmehr eine Anknüpfung an die künstlerischen Anfänge des Malers und dessen damaliges romantisches Naturverständnis: «Wonach Feininger als junger Mensch in dem instinktiven Drang einer dunklen Ahnung gestrebt hatte, besass er in der Reife seines Mannestums: in der Natur jene hoehere Wahrheit zu sehen, wodurch sie uns ueber ihren Nutzwert hinaus zu einem Symbol unserer Daseins und Strebens wird.»[19]

Die Beeinflussung durch den Kubismus war für Schardt nur eine Episode, die nun überwunden war. Er sah eine neue Einfachheit Einzug in Feiningers Nachkriegsbilder halten, die er als Abbild des nun erreichten Einverständnisses mit dessen Umwelt deutete: «In der Zeit nach der Beendigung des Krieges lockert sich die geistige Spannung, die ihn seit 1910 gepackt hatte, der tiefe Ernst, von dem fast alle in dieser Zeit entstandenen Bilder erfüllt sind, weicht einer z. T. heiter lyrischen Stimmung. Der Strich in seinen Skizzen wird zarter und feiner. Die meisten Bilder der vorhergehenden Zeit konnte man symphonischer Natur nennen in dem Sinne, dass ein Thema mittels eines Gegenthemas so ueber die Flaeche hinweg durchgearbeitet wird, dass jedes Einzelteil in vielfaeltigsten Spannungsverhaeltnissen zu allen anderen steht. In vielen der nun folgenden Bildern laesst er sein Thema durch weniger Widerstaende hindurch gehen, sodass es unkomplizierter in Erscheinung tritt. Die Horizontale z. B. arbeitet er in ihrer Bedeutung als Ruheerlebnis an dem Thema eines Meeresstrandes oder einer Wolke ueber dem Meere mit heiterer, durchsichtiger Klarheit aus. Das Segelboot, als sinnvolles Motiv zur Gestaltung seines Grundthemas, tritt staerker in den Vordergrund. Mit seinem schwimmenden Koerper ist es der Tiefe verhaftet, und mit seinen fliegenden Segeln gehoert es der Hoehe an und wird so eines der schoensten Symbole, fuer die Faehigkeit des Menschen, die beiden widerstrebenden Kraefte sinnvoll zu vereinigen. Seine Farben naehern sich der Transparenz hintereinandergelegter Glasscheiben.»[20]

Das anschauliche Glasscheibenmotiv hatte Schardt direkt einem Feininger-Gemälde entlehnt: dem «Glasscherbenbild» von 1927, dem «Paradigma für Feiningers transparenten und fugal komponierten Flächenstil in der Mitte der zwanziger Jahre», wie der Kunsthistoriker Roland März es nennt.[21] Das beinahe quadratische, siebzig Zentimeter hohe Bild ist das radikalste Werk des Künstlers, weil es, wie sich der Nachbar Georg Muche erinnerte,[22] einer Zufallsbeobachtung im Dessauer Atelier entsprang, wo die Trümmer mehrerer zersprungener Glasplatten hintereinander an der Wand gelehnt hatten. Feininger erkannte darin ein durch Zufall gewonnenes Äquivalent zum Kristallisationsprinzip seiner Seestücke: Die farbig voneinander abgesetzten Bruchstücke auf dem nachtschwarz gemalten Fußboden vor der hellen Atelierwand entsprachen in der optischen Wirkung den Segeln seiner vielgeliebten Schiffe auf dem Meer, mit denen er die Ostseegemälde bevölkerte. Die Boote gaben ihm gerade in der farblichen Gestaltung zusätzliche Möglichkeit, Abstand von der Natur zu gewinnen.

Die «Naturnotizen» Feiningers waren ja prinzipiell in Schwarzweiß gehalten, und bei der Umsetzung in Gemälde und Aquarelle bemühte er sich um eine eigene Weltwahrnehmung. Mit Verweis auf zwei frühere gemeinsame Ostseeaufenthalte schrieb er 1931 an seine Frau: «Du weisst noch von Graal her, wie wenig ich mir aus ‹natürlichen› Farben in der Landschaft machte! Und was ich für trostlose Dinger gemalt habe, als ich mich in Lobbe dahintersetzte, die Natur abzumalen. Jedenfalls war ich niemals ein ‹Naturschwärmer› – diese Art Mensch wird auch nie Maler.»[23] Was ihn interessierte, war eine Künstlichkeit, aus der in seinen Augen erst Kunst entstand.

Menschliche Präsenz – in Form von Gebäuden oder eben Schiffen – war darum ein zentrales Element für Feiningers Malerei. Längst hatten die Boote als Zeugnisse menschlicher Präsenz in seinen Bildern die früheren Mummenschanzfiguren oder die wenigen expressionistischen Porträtversuche abgelöst. Das hatte auch einen guten Grund, den Schardt gnadenlos benannt hat: die Schwäche bei der Darstellung von Menschen in Feiningers Gemälden. «Es ist zweifellos, daß Feininger zeit seines Lebens dem Studium der menschlichen Figur nachgegangen ist und nie den Versuch völlig aufgegeben hat, sie zum Motiv seiner Darstellungen zu machen. Aber es ist auch ebenso sicher, daß es ihm niemals gelang, mit Hilfe dieses Motivs ein Gemälde zu schaffen, das mit den bedeutenden seiner übrigen Produktion konkurrieren könnte.»[24] Das traf sich mit Feiningers eigener Einschätzung; es ist auffällig, wie nach den noch einmal wild bevölkerten Bildern der letzten Kriegs- und ersten Revolutionsmonate kaum noch Menschen im Werk der zwanziger und dreißiger Jahre auftauchen – bestenfalls stehen sie als abstrahierte Staffagefiguren an weiten Stränden, und ihre geometrische Ausgestaltung im Stil von Architekturmodellzeichnungen hat nichts Individuelles mehr, geschweige denn etwas Karikatureskes.

Im «Glasscherbenbild» wurde die Entmenschlichung von Feiningers Welt dann auf die Spitze getrieben: Das, was man noch als belebte Elemente deuten könnte – die Glasscherben als Segelflächen –, hat in seiner kristallisierten Gesamtheit zugleich den Charakter eines monumentalen Eisbergs, der unberührbar vorbeitreibt. In seiner Gestalt und der malerischen Konsequenz hat Feininger damit hundert Jahre später das moderne Äquivalent zu Caspar David Friedrichs «Eismeer» (das in der ersten Hälfte des 20. Jahrhunderts als «Gescheiterte Hoffnung» bekannt war) gemalt, allerdings als Abbild eines geradezu banalen Zerstörungsakts, der in der Absichtslosigkeit seines Arrangements im Atelier nichts von dem Allegorisch-Metaphysischen der Naturgewalt mehr hat, das Friedrichs Phantasmagorie auszeichnet. In Feiningers Gemälde ist der Mensch in aller Unschuld Ursache der Szene – Glück und Glas, wie leicht bricht das –, die aber gleichwohl von großem Pathos ist, weil sie das damalige Schaffen des Künstlers auf ein Motiv bringt, das einmal ganz das seine ist: keine Naturnotiz als Ausgangspunkt und doch ganz schlüssig in der Bildersprache von Feiningers Werk gehalten. Und als Kombination von Bruchstücken auch Ausdruck der persönlichen Erfahrung des Künstlers in der ersten Hälfte der Weimarer Republik.

Er hatte Brüche der unterschiedlichsten Art erleben müssen. Ermutigende Stimmen wie die von Schardt und Küppers waren in den frühen zwanziger Jahren Ausnahmen. Schon kurz nach dem befreienden Erwerb von «Vollersroda III» durch die Berliner Nationalgalerie hatte in Weimar eine öffentliche Debatte um seine Kunst eingesetzt, die Feininger zeigte, dass es ein Trugschluss gewesen war zu hoffen, mit dem prominenten Ankauf wäre diese nun allgemein akzeptiert. Anlass war im Grunde eine örtliche Petitesse gewesen, nämlich der Streit um den Verkauf eines Gemäldes aus den Beständen der Staatlichen Kunstsammlungen von Weimar, in denen die ehedem großherzoglichen Bestände aufgegangen waren. Es handelte sich bei dem veräußerten Bild um das Werk eines Lokalhelden: Der in der Nähe von Weimar geborene Karl Buchholz war im späten 19. Jahrhundert als große Hoffnung der damals durchaus avantgardistischen «Weimarer Schule» gehandelt worden, die nach französischem Vorbild die Freiluftmalerei propagierte, aber im Alter von nur vierzig Jahren hatte sich der Künstler 1889 umgebracht.

Die Abgabe seines Gemäldes wurde von konservativen Kreisen in Weimar zum exemplarischen Fall stilisiert: Ein einheimisches Werk wird entfernt, und das auf Betreiben eines Zugereisten, denn Wilhelm Köhler, der 1918 eingesetzte Direktor der Staatlichen Kunstsammlungen, war Deutschbalte und aus Wien nach Weimar gekommen. Er hatte sich zudem als Fürsprecher des Bauhauses exponiert, und auch das galt vielen als Fremdkörper in der Stadt. So entstand dort das Gerücht, mit der Einnahme aus dem Buchholz-Verkauf sollte Bauhaus-Kunst angekauft werden, und da Feininger durch sein Bild in der Nationalgalerie Aufsehen erregt hatte und er als Amerikaner noch einmal fremder war als die anderen Bauhaus-Meister, kam sein Name als einziger explizit ins Spiel.

Diese Lokalposse war bezeichnend für die Weimarer Skepsis gegenüber dem Bauhaus, und sie schlug überregional Kreise, als im Oktober die altehrwürdige Leipziger Wochenzeitschrift «Kunstchronik», die gerade einen Relaunch durchlaufen hatte und somit besondere Beachtung erfuhr, einen anonymisierten Brief aus Weimar abdruckte: «Die Museumsleitung hat ein ausgezeichnetes Landschaftsgemälde von Karl Buchholz um den Preis von 25 000 M. an das Erfurter Museum verkauft. (...) Was wird mit dem Gelde geschehen? Werden wir etwas Besseres gegen das Verlorene eintauschen? Die Fragestellung, die keineswegs ein persönliches Bedenken des Briefschreibers zum Ausdruck bringt, zeigt bereits, daß weite Kreise der Galerieleitung nicht mehr das wünschenswerte Vertrauen entgegenbringen. Die Ursache dafür scheint weniger im Museum als in der Kunstschule zu suchen sein, die sich jetzt unter Herrn Gropius in ein ‹Bauhaus› verwandelt hat. Unser ehrwürdiges Weimar, das durch seine allen Deutschen heilige Tradition wohl berechtigt wäre, ein wenig konservativer zu sein als jüngere Städte, die keine Vergangenheit zu bewahren haben, ist jetzt zu einem wahren Versuchsgelände neuester Richtungen geworden. Ich weiß, daß das Wort ‹konservativ› heut niedrig im Kurse steht. Ich kenne auch die landesüblichen Redensarten vom ‹neuen Geiste›. Gewiß war Goethe zu seiner Zeit ein sehr moderner Mensch, aber er begnügte sich doch, in seiner Gegenwart zu leben, und wollte nicht als Futurist eine ungekannte Zukunft vorwegnehmen. Aber heut ist bei uns Feininger Trumpf. Und es scheint manchem wohl nicht mit Unrecht, als hätte sich das Museum allzusehr in das Schlepptau der Akademie nehmen lassen. (...) Kurzum, man fürchtet – sei es mit Recht oder Unrecht –, daß der Buchholz in Feiningers oder dergleichen umgetauscht werden soll, und es gibt nicht wenige Leute, die sich für diesen Tausch bedanken.»[23]

Drei Ausgaben später durfte Köhler auf diesen Angriff antworten und sich gegen die Insinuation verwahren, im Bauhaus Kunst zu kaufen, «etwa – schrecklich zu denken – ‹Feiningers und dergleichen›». Die Behauptung, er lasse sich vom Bauhaus «ins Schlepptau nehmen», könne nur darauf zurückgehen, dass er in den monatlich wechselnden Ausstellungen «bescheidene Versuche, auch moderne Kunst zu zeigen», gemacht habe.[26]

Tatsächlich konnte von Feininger-Erwerbungen in Weimar erst einmal keine Rede sein. Köhler nutzte die Nachbarschaft zum Bauhaus für Leihgaben, weil sie sein Haus billiger kamen. Den einzigen öffentlichen Ankauf vor der Nationalgalerie hatte Feininger im Frühjahr 1919 verzeichnen dürfen, als das Städtische Museum von Stettin sein Gemälde «Benz VI» von 1914, eine der typischen Stadtansichten mit Kirche im Mittelpunkt, erwarb. Mit der Aufnahme von «Vollersroda III» in die Sammlung der Nationalgalerie aber war der Weg in die deutschen Museen für Feininger geebnet, und 1921 hatte er die Genugtuung, dass man auch in seinem Heimatland auf ihn aufmerksam geworden war: Das Detroit Institute of Arts kaufte als erstes amerikanisches Museum ein Werk von Feininger: das Gemälde «Raddampfer II» von 1913. Zu verdanken war das allerdings einer bewährten Freundschaft: Der deutsche Kunsthistoriker Wilhelm Valentiner hatte vor 1914 in New York als Kurator für das Metropolitan Museum gearbeitet, war dann aber ins Reich zurückgekehrt, um als Soldat am Krieg teilzunehmen, und hatte sich 1918 im «Arbeitsrat für Kunst» engagiert, wo er Feininger kennenlernte. Nachdem endlich auch Frieden zwischen Deutschland und den Vereinigten Staaten geschlossen war, ging Valentiner abermals nach Amerika, diesmal als zunächst selbständiger Kunstberater, und in dieser Funktion bewirkte er in Detroit den Erwerb des «Raddampfer»-Bildes.

Nachdem Valentiner drei Jahre später zum Direktor des Museums berufen worden war, machte er das Institute of Arts zur musealen Speerspitze der modernen Kunst in Amerika, und Feininger gehörte fortan zu den Favoriten des Hauses. Valentiner war es auch, der im Herbst 1923 die erste größere amerikanische Präsentation von Feiningers Werk organisieren sollte: Im Rahmen einer Ausstellung mit expressionistischer deutscher Kunst in der New Yorker Anderson-Galerie waren fast fünfzig Arbeiten zu sehen, wenngleich darunter nur fünf Gemälde. Ursprünglich war die Schau schon für den Februar geplant gewesen, was sie zur überhaupt ersten mit deutscher Kunst in New York nach dem Krieg gemacht hätte. Feininger war elektrisiert: «Diese Ausstellung wird tatsächlich mein Debüt in meinem Heimatland, in meiner eigenen Stadt sein!» Mehr noch aber freute er sich darauf, Vermittler sein zu können zwischen den Vereinigten Staaten und Deutschland, wie er Valentiner weiterhin mitteilte: «Ich bin natürlich sehr traurig, dass die New Yorker Ausstellung für so viele Monate verschoben werden muss, denn wir alle hoffen sehr darauf, dass die Veranstaltung ein Erfolg wird. Wenn unsere deutsche Kunst uns nur ein paar Freunde in der Fremde gewinnen kann, denn gegenwärtig erfahren wir wenig Freundschaft in der Welt.»[27]

Beginnende Entfremdung

Je konfliktreicher sich die Weimarer Verhältnisse für Feininger darstellten – im Bauhaus hatte sich Gropius mit seinem auf industrielle Fertigung gerichteten Lehrplan durchgesetzt, in Thüringen war die staatlich finanzierte Schule immer heftigeren Angriffen von rechts ausgesetzt –, desto sehnsüchtiger kreisten seine Gedanken wieder um die Schauplätze seiner Kindheit, und seine Liebe zum Kino führte ihn regelmäßig auch in Vorstellungen amerikanischer Filme. Nach einem solchen Besuch gemeinsam mit seinem mittlerweile siebzehnjährigen Sohn Andreas schwärmte Feininger: «Ein fabelhafter Eisenbahn-Film, im Felsengebirg, alles echt! Ach, ganz prachtvolle Schnellzugaufnahmen, überhaupt das ganze Leben des Amerikanischen Eisenbahners. (…) Ich war, als wir wieder zu Hause waren, wie umgewandelt, mich hat meine Amerikanische ‹Kindheit› gepackt; ich habe mich ein wenig besonnen, (…) dass ich auch einmal ein ‹Freier› Amerikaner war, und dass das Land drüben ‹Mein› Land noch immer sei. Mir keine fremde Welt, die ich anstaune, sondern in Wahrheit meine Welt (…). Die rasenden Züge, die Landstrassen, die Häuser, und vor allem die Menschen, die im Film vorkommen, das sind meine Menschen, – nicht meiner Fantasie, auf Europäischem Boden entsprungen oder in Paris in den Strassen – sondern die nämlichen Menschen die ich als Kind liebte.»[28]

Die Vereinigten Staaten wurden deshalb nicht zum Gegenstand seiner Kunst, weil sie für ihn eine Welt boten, die er sich nicht schönzumalen brauchte. Allerdings auch eine, deren Aussehen er lieber nicht durch eigene Anschauung überprüfen wollte. Er wusste, wie sehr sich sein Heimatland in den mittlerweile fast vier Jahrzehnten seiner Abwesenheit verändert hatte, und von dieser Veränderung hielt er, wie etwa seine Warnungen an Galka Scheyer vor deren Aufbruch in die Vereinigten Staaten zeigen, nichts.

Damit stand Feininger in auffälliger Opposition nicht nur zu Gropius und den meisten anderen Bauhäuslern, sondern auch zur gesamtgesellschaftlichen Begeisterung für amerikanisches Leben, die in den zwanziger Jahren Deutschland erfasste. Die politische Rolle der Vereinigten Staaten war seit der unterbliebenen Ratifizierung des Versailler Vertrags eine neutrale, und gerade die vielfältigen außenpolitischen Krisen im ersten halben Nachkriegsjahrzehnt mit dem Höhepunkt der Ruhrbesetzung durch Franzosen und Belgier im Jahr 1923 hatten den Menschen in allen beteiligten Staaten die Vorzüge des isolationistischen Kurses der amerikanischen Regierung vor Augen geführt. Dazu kam der kulturelle Export von Jazzmusik und Hollywoodfilmen, die Europa im Sturm eroberten. Sie fanden vor allem in der seit 1920 durch zahlreiche Eingemeindungen umliegender Städte geschaffenen Vier-Millionen-Metropole «Groß-Berlin» einen Resonanzboden, der jene «Goldenen Zwanziger» hervorbrachte, von deren Mythos Berlin heute immer noch zehrt.

In Weimar war der amerikanische Einfluss weniger sichtbar, doch auch Gropius berief sich mit seiner Vision einer «neuen Einheit» von Kunst und Technik auf das gesellschaftliche Vorbild der Vereinigten Staaten und das dort entwickelte Produktionsprinzip des Taylorismus, bei dem jeder einzelne Arbeitsschritt spezialisiert zu erfolgen hatte.

Gropius präsentierte seine Idee am 15. August 1923 im erwähnten Vortrag zum Beginn der «Bauhauswoche», dem Auftakt der ersten offiziellen Bauhaus-Ausstellung in Weimar. Damit war der ganzheitliche Ansatz der frühen Bauhaus-Zeit obsolet, und dessen Verfechter verließen entweder die Schule wie Itten oder zogen sich in eine Art innerer Emigration zurück wie Marcks und auch Feininger. Letzterer verlor noch mehr als schon zuvor die Lust am Unterricht, weil er sich dabei exponieren, eine Stellung zum neuen Kurs beziehen musste. Die Arbeit mit den «Lehrlingen» machte ihm unverändert Spaß, aber nicht, weil er ihnen etwas beizubringen hoffte, sondern weil ihn die Gespräche mit jungen Künstlern bei der eigenen Arbeit inspirierten. Sein Traum war eine Existenz in der fruchtbaren Atmosphäre als Bauhaus-Meister, aber ohne Lehrverpflichtungen.

Der sollte in Erfüllung gehen, als das Bauhaus 1925 aus Weimar vertrieben wurde und sein neues Domizil in Dessau fand. Angedeutet hatte sich das schon zwei Jahre zuvor. Feininger berichtete im Dezember 1923 resigniert über die politischen Widerstände gegen das Reformprojekt und die Bevorzugung der konservativen Konkurrenz in Weimar selbst: «Allem Anschein nach wird's nicht sehr lange mit Weimar dauern; die Regierung geht ganz bewusst gegen das Bauhaus vor, unter Bevorzugung der ‹Hochschule› natürlich. Mit uns verlängert sie Verträge nur noch bis Frühjahr 1925 (auf Gropius' nachdrückliche Vorstellungen, denn zuerst sollten die Verträge nur bis 1924 laufen) aber der Hochschule bewilligen sie diese bis 1927! Ausserdem soll die Hochschule noch um 2 Professorenstellen vergrössert werden – während sie uns die zwei Abgänge nicht einmal zu ersetzen erlauben. (…) Die Aussichten für später sind so schlecht, so schlecht! Wir werden wieder vorsichtig werden und sparen müssen nach den Feiertagen. Halber Beamtensold!»[29]

Die von Feininger erwähnte Regierung war eine vom Deutschen Reich wiedereingesetzte, denn im November 1923 waren Reichswehrtruppen in Thüringen einmarschiert, um die erst einen Monat zuvor gebildete Mehrheitskoalition von Sozialdemokraten und Kommunisten aufzulösen. Von dieser befürchtete man in Berlin – zu Recht – revolutionäre Aktivitäten, die den durch die Ruhrbesetzung ausgelösten Zerfallserscheinungen des Reichs weiter Vorschub leisten würden. Das bedeutete für die Feiningers die Zwangseinquartierung eines Unteroffiziers in ihrer Wohnung in der nahe zum Bauhaus gelegenen Gutenbergstraße.[30] Der seit 1921 amtierende SPD-Ministerpräsident August Frölich blieb zwar Regierungschef, aber seine kurzfristige Zusammenarbeit mit der KPD hatte die konservativen Widerstandskräfte im Land gestärkt, sodass die Landtagswahlen vom Februar 1924 eine bürgerliche Koalitionsregierung unter Führung der Deutschen Volkspartei ans Ruder brachten. Die fühlte sich nicht mehr an die Vereinbarungen ihrer Vorgänger gebunden: Im neuen Etat wurden die Bezüge des Bauhauses um die Hälfte zusammengestrichen.

Das war zu wenig zum Leben und zu viel zum Sterben. An Weihnachten 1924 einigte sich der Meisterrat auf die Auflösung des Bauhauses zum 1. April 1925. Aus anderen Städten kamen Angebote zur Übersiedelung der Hochschule, darunter auch aus Dessau, wo mit den Junkers-Flugwerken ein Aushängeschild moderner Fertigungstechnik in Deutschland bestand, das finanzielle Unterstützung beim Umzug in Aussicht stellte. Die ehemalige Residenzstadt des Fürstentums Anhalt und jetzige Hauptstadt des gleichnamigen Freistaats war weitaus mehr als sein thüringisches Pendant Weimar durch Industrie geprägt, und dank der zahlreichen Arbeiterschaft in der Bevölkerung wurde Dessau ebenso sozialdemokratisch dominiert wie der dortige Landtag. Das verhieß günstige soziale und politische Rahmenbedingungen für das Bauhaus. Im Frühjahr 1925 fasste der Meisterrat den Umzugsbeschluss, und schon im September wurde der Lehrbetrieb am neuen Standort aufgenommen. Allerdings zunächst ohne Feininger, der bereits angesichts der Auflösungsentscheidung beschlossen hatte, «ein freier Mann im April zu werden», und dies den Kollegen vom Bauhaus auch mitgeteilt hatte – «doch wendet sich mein Schritt nicht gegen dieses Institut, sondern geschah, weil ich einfach hier verkomme».[31]

Angesichts der neuen Situation spielte er mit dem Gedanken, nach Halle an die Kunsthochschule Burg Giebichenstein zu wechseln. Gerhard Marcks hatte es ihm vorgemacht, und mit Alois Schardt war seit kurzem noch ein weiterer enger Freund in Halle, als Direktor des Städtischen Museums. Doch die Entscheidung fiel gegen einen Wechsel, weil Gropius seinem ältesten Mitstreiter am Bauhaus ein Angebot gemacht hatte, das Feininger nicht ablehnen konnte: Beibehaltung des Meisterstatus ohne Bezahlung, aber mit Gratiswohnrecht in den noch zu errichtenden Meisterhäusern (die Gropius selbst entworfen hatte) und keinerlei Lehrverpflichtungen mehr. Auch von der Mitwirkung im Meisterrat wurde Feininger entbunden, und so blieb er zunächst einmal weiterhin in Weimar, weil es vor der Fertigstellung seines neuen Domizils für ihn gar keinen Grund gab, sich in den Trubel des neuen Hochschulbetriebs zu begeben. Kandinsky berichtete, nachdem er selbst erst unmittelbar zum Beginn des ersten Bauhaus-Semesters in Dessau aus dem Urlaub zurückgekommen war, neidisch: «Feiningers kommen noch später, da F. nicht verpflichtet ist an den Sitzungen, die jetzt in Massen vorkommen werden, teilzunehmen – der glückliche!»[32] Zum Jahresende waren die Feiningers neben den Familien von Klee und Schlemmer die letzten Bauhäusler in Weimar, wobei die neugewonnene Freiheit vom Lehrbetrieb aus gesundheitlichen Gründen noch nicht genutzt werden konnte, wie Paul Klees Frau Lily festgehalten hat: «Bei Feiningers geht es gesundheitlich nie gut. Er hat eben eine schwere Grippe mit Herzschwäche überstanden, und sie laboriert an einem chronischen Drüsenleiden – einer Blutkrankheit, die sicher auch nicht ganz harmlos ist.»[33]

Tatsächlich sollte Feininger sogar noch für ein weiteres halbes Jahr in Weimar bleiben, weil sich der Abschluss der Bauarbeiten an den Meisterhäusern durch Streiks der beteiligten Arbeiter verzögerte. Die Errichtung des eigentlichen Bauhaus-Gebäudes in Dessau und auch seines eigenen Direktorenhauses hatte zudem für Gropius Vorrang gegenüber den benachbarten drei Doppelhäusern. Die waren im Aufbau weitgehend identisch: relativ kleine Wohnungen, aber mit großzügigen Atelierräumen im Obergeschoss und großen Terrassen. Nachdem er endlich hatte einziehen können, war Feininger des Lobes voll: «In unseren neuen Häusern wohnen wir ganz entzückend! Mami-Julia ist ganz glücklich, und kann sich gar nicht vorstellen, dass wir jemals in eine fremde, gewöhnliche Mietwohnung einziehen könnten. Mein Atelier ist auch gross, und schön zum Arbeiten. Was die Häuser bestaunt werden, von den Dessauern, glauben Sie garnicht! Sonntags kommen zehntausend Menschen vorbei und bleiben vor der Reihe der Häuser stehen.»[34]

Es gab ja auch einiges zu sehen in der Dessauer Ebertallee: die revolutionäre Architektur und nicht zuletzt veritable Berühmtheiten, denn in den Meisterhäusern sollten nur die prominentesten Lehrkräfte mit ihren Familien unterkommen: Neben Feininger, der mit Laszló Moholy-Nagy das direkt neben dem Haus von Gropius gelegene Gebäude zugewiesen bekommen hatte, waren das noch Paul Klee und Wassily Kandinsky in einem gemeinsamen Haus sowie Georg Muche und Oskar Schlemmer. Damit wurde eine Hierarchie im Bauhaus-Lehrkörper sichtbar, die mit den anfänglich egalitären Vorstellungen von Form- und Werkmeistern, also Theoretikern und Praktikern, brach – alle Meisterhausbewohner waren Formmeister. Und Feininger bekam dieses Wohnprivileg ja sogar als inaktive Lehrkraft zugesprochen. Die Bedeutung, die Gropius ihm als integrativem Faktor im Bauhaus zumaß, wird daran deutlich.

Feiningers Umzug aus Weimar nach Dessau war im Juli 1926 erfolgt, und damit war ein Erlebnis verbunden, das ihn wieder einmal, aber ganz überraschend, der eigenen Wurzeln versicherte. «Jetzt kommt etwas <u>Wichtiges</u>! Ich musste, um in Dessau angemeldet zu werden, meine Staatsangehörigkeit klären. Seit 1918 lebte ich als ‹Staatenlos› und solange ging es sehr schön und gut. In Weimar krähte kein Hahn danach, und wir waren so gut aufgehoben wie in Abraham's Schooss. Aber Dessau ist schon ein Stück näher an Preussen, und hier wollten sie ‹reinen Tisch› haben. Darum musste ich nach Leipzig auf's amerikanische Konsulat, und war dabei so bescheiden eingestellt, dass ich nur die Bestätigung nachsuchte, dass America mich als ‹Staatenlos› anerkennt. Aber nein! Da wurde gleich der ganze Consular-Apparat der grossmächtigen ‹United States of North America› in Bewegung gesetzt und nun musste ich mein Gesuch nach Washington einsenden, um Eintragung als amerikanischer Staatsbürger. Ob das von Washington bewilligt wird, steht nicht fest – in ca. 2 Monaten werde ich Bescheid erhalten, wie's darum steht. Und nun waren die guten Konsular-Leute so reizend und besorgt um das Gelingen dieses Projektes, dass sie uns jeden nur erdenklichen guten Rat vorschlugen und das freundliche Entgegenkommen hat auch unsere Herzen angefeuert, so dass wir tatsächlich uns jetzt darauf eingestellt haben und mit dem Gedanken umgehen, innerhalb der nächsten 2 bis 3 Jahre hinüber zu gehen, und uns drüben niederzulassen. Ob's gelingen wird im Falle dass wir die Anerkennung durch America erlangen, hängt natürlich in erster Linie davon ab, ob ich eine Lebensmöglichkeit drüben finde.»[35]

Es ist bezeichnend, dass Feininger, kaum in Dessau angekommen, schon wieder in Gedanken beim Absprung war. Heimisch sollte er in Dessau nie in dem Sinne werden, dass er sich außerhalb seiner eigenen Wände in der Stadt zu Hause gefühlt hätte. Zum städtischen Leben gab es keine Verbindung, seine Kontakte beschränkten sich auf die Meisterkollegen aus der unmittelbaren Nachbarschaft, vor allem Kandinsky und Klee. Dieses Verhältnis war allerdings umso herzlicher, wie man Kandinskys Schilderung eines gemeinsamen Weihnachtsabends im ersten Dessauer Jahr entnehmen kann: «Wir waren alle sehr vergnügt, alle hatten einen kleinen Schwips (…) und alle haben bei Grammophonmusik getanzt – Klee nach 20jähriger und ich nach 15jähr. Unterbrechung. Der arme Papileo liegt heute mit starker Migräne im Bettchen: er trinkt gerne ein Gläschen, ist aber leider immer krank danach.»[36]

Dieser Rückzug ins Private war im Vergleich mit Feiningers Weimarer Zeit ein gesellschaftlicher Bruch, weil er dort zumindest über die Feste und sonstigen Veranstaltungen des Bauhauses öffentlich sichtbar gewesen war. Nun blieb ihm das erspart; nichts sollte von der Arbeit im Atelier ablenken. Den Bruch mit den Weimarer Verhältnissen, die ihm zwar eine vielgeliebte Umgebung mit zahllosen Motivanregungen geschenkt, jedoch auch allerlei Ungemach in Amt und Würden beschert hatten, empfand er als äußerst wohltuend. Mittlerweile hatte sich sein landschaftliches Interesse ohnehin ganz auf die Ostsee verlagert, wo seit 1924 der Badeort Deep zu Feiningers bevorzugtem Sommerdomizil geworden war: «Es ist ein Leben, so bescheiden und an Luxus so unwahrscheinlich, wie man sichs in Amerika gar nicht vorstellen könnte», schrieb Feininger anlässlich seines zweiten dortigen Besuchs an Galka Scheyer nach San Francisco, «aber aus jedem Stückchen Natur ziehen wir so viel stille Freude wie wenn wir Gottweiss in was für einem irdischen Paradies wären. Baden. Sonnen am Strande, Rudern, Angeln, Spazierengehen – – und nicht wenig Naturstudien machen, das ist unser Alltag.»[37]

Naturnotizen aus den thüringischen Dörfern besaß er inzwischen in ausreichender Zahl, und im Laufe der zwanziger Jahre rückten auch immer mehr maritime Kompositionen ins Zentrum seines Schaffens. Angefertigt wurden sie weiterhin konsequent im Atelier, und noch nie hatte er es dahin so bequem gehabt wie in Dessau, wo zwischen Wohn- und Arbeitsbereich nicht mehr als eine Treppe lag. In Weimar hatte Feininger sein Atelier seit 1919 im Obergeschoss des Bauhaus-Hauptgebäudes gehabt. Auch das war nicht weit von seiner Privatwohnung entfernt, aber die Einbindung dieses intimsten Orts seiner künstlerischen Produktion in den öffentlichen Betrieb der Hochschule, zumal in der überregional berühmten Architektur von Henry van de Velde, vor der sich neben Studenten auch Schaulustige herumtrieben, hatte Feininger immer mehr gestört.

In Dessau hatte er es zwar nun wieder mit architekturinteressierten Zaungästen zu tun, doch er konnte sich leichter abschotten, weil die Meister ihre Ateliers daheim hatten statt im neuen Hauptgebäude.

Dessen feierliche Eröffnung erfolgte am 4. und 5. Dezember 1926, und Gropius war es gelungen, mit dieser ästhetischen Huldigung an Glas und Stahl nicht nur seine anderthalb Jahrzehnte zuvor mit den Fagus-Werken begonnene Mission des Neuen Bauens zu krönen, sondern auch das Andenken van de Veldes zu verdrängen, der ja Impulsgeber für die Bauhaus-Idee gewesen war. Nun stand die Institution ganz im Zeichen seines Direktors Gropius – und dass, angefangen bei ihm selbst über die Meister bis zu den Studenten, fortan alle Bauhäusler in Gropius-Bauten wohnen und arbeiten würden, machte die neue Hochschule zu einem Gesamtkunstwerk von seinen Gnaden.

Nach diesem Höhepunkt kamen die Mühen der Ebene, die Gropius entnervten. Zum 1. April 1928 kündigte er, empfahl aber noch Hannes Meyer als seinen Nachfolger, den er im Jahr zuvor aus der Schweiz als Meister ans Bauhaus berufen hatte und der nicht nur ebenfalls Architekt war, sondern auch ein noch rigiderer Vertreter der Idee, Industrie und Kunst zu verschmelzen. So wollte Gropius sein Erbe bewahrt sehen. Meyer verdarb es sich allerdings schnell mit dem Meisterrat, da er das Bauhaus politisieren wollte. Das Ende der zwanziger Jahren einsetzende Erstarken der Nationalsozialisten gerade unter den Arbeitern in Dessau tat ein Übriges dazu, den links stehenden Meyer in der Öffentlichkeit zu diskreditieren.

Bevor ihm jedoch selbst nach etwas mehr als zwei Jahren Direktorat zum 1. August 1930 fristlos gekündigt wurde und er in die Sowjetunion ging, wo er sein Ideal der gesellschaftlichen Umgestaltung verwirklicht sah, hatten die internen Konflikte altgediente Meister vergrault: Georg Muche war, weil ihm die immer technischere Ausrichtung des Bauhauses nicht passte, schon 1927 nach Berlin abgewandert und als Lehrer ausgerechnet in die private Kunstschule des ersten Bauhaus-Dissidenten Johannes Itten eingetreten. Moholy-Nagy verließ Dessau kurz nach Gropius, Oskar Schlemmer wechselte 1929 nach Breslau, und Paul Klee wurde durch Differenzen mit Meyer dem Bauhaus so entfremdet, dass er noch kurz vor dessen Weggang einen Ruf an die Kunstakademie in Düsseldorf annahm. «wir sind sehr traurig, dass auf die weise unsere gemeinschaft so zerrissen wird», beklagte sich Julia Feininger, «aber verdenken kann man es klee ja nicht, denn in dessau war es die letzte zeit wirklich nicht mehr erfreulich. wir bleiben, weil uns eigentlich die ganze geschichte nichts mehr angeht, aber wenn wir wegkönnten, täten wir es auch.»[38] Von den sechs Künstlern, die 1926 gemeinsam in die Meisterhäuser eingezogen waren, waren 1931 nur noch Feininger und Kandinsky im Amt.

Feininger hatte gute Gründe, in Dessau zu bleiben. Mietfreiheit war der eine, ein anderer das Studium seines Sohnes Theodore Lux am Bauhaus. Als er es aufnahm, im Wintersemester nach dem Umzug der Familie, war das jüngste der Feininger-Kinder gerade einmal sechzehn und damit auch der jüngste Schüler in Dessau – Felix Klee, der 1907 geborene Sohn von Paul Klee, hatte zwar sogar mit vierzehn Jahren schon am Bauhaus gelernt, war jedoch noch in Weimar mit seinem Studium fertig geworden. Die beiden älteren Söhne, Andreas und Laurence, hatten die Familie mittlerweile verlassen.

Andreas Feininger war in Weimar zurückgeblieben, nachdem er von 1922 bis 1925 eine Kunsttischlerausbildung am dortigen Bauhaus absolviert und danach ein Architekturstudium an der Staatlichen Bauschule in Weimar aufgenommen hatte. Dieses sollte er 1929 an der Anhaltischen Bauschule in Zerbst abschließen, bevor er kurzfristig noch einmal zu den Eltern nach Dessau zog, weil er dort erste Aufträge als Architekt bekam. 1930 ging er nach Hamburg, um eine Stelle als Dekorateur bei Karstadt anzunehmen, die er ein Jahr später bereits wieder verlor, weil ihm als ausländischer Staatsbürger in der damaligen Wirtschaftskrise die Arbeitserlaubnis in Deutschland entzogen wurde.[39] Daraufhin verließ Andreas Feininger Deutschland und fand 1932 für ein Jahr Anstellung im Pariser Architekturbüro von Le Corbusier. Aber auch in Frankreich bekam er 1933 keine Arbeitserlaubnis mehr, woraufhin er nach Stockholm ging, dem Herkunftsort seiner schwedischen Verlobten Wysse Hägg, der er noch am Bauhaus begegnet war. Nachdem ihm dort die Zulassung als Architekt verweigert worden war, machte er die Fotografie, die er über die entsprechende Leidenschaft seines Vaters kennengelernt hatte, zu seinem Beruf. Auf dem Feld der Architekturfotografie sollte Andreas Feininger später zu einem der bekanntesten Künstler des 20. Jahrhunderts werden.

Sein Bruder Laurence war beim Umzug der Familie nach Dessau siebzehn Jahre alt und kurz davor für die restlichen Jahre bis zum Abitur in die Freie Schulgemeinde Wickersdorf im Thüringer Wald gegeben worden, einem reformpädagogischen Internat, das einen Schwerpunkt auf musische Ausbildung, vor allem die darstellenden Künste, legte. Laurence Feininger sollte das musikalische Erbe seiner Großeltern väterlicherseits antreten und studierte von 1929 an Musikwissenschaft und Komposition in Hannover, Potsdam und Heidelberg, wobei er als Hauptinstrument die Orgel wählte – die heimliche musikalische Leidenschaft seines Vaters. Lyonel Feininger hatte zwar als Kind vor allem das Geigenspiel erlernt, bevorzugte aber zu Hause ein Harmonium und komponierte in seiner Bauhaus-Zeit bis 1927 insgesamt dreizehn Fugen, davon zehn für Orgel; schon 1917 war es aus ihm herausgebrochen: «Die Orgel – ihre mächtigen Klangsäulen, Klangvolumen und -stränge, wie wiederholen sie sich in meiner Malerei.»[40] Laurence Feininger blieb nach dem Studium zur Promotion in Heidelberg und spezialisierte sich auf Kirchenmusikgeschichte.

Somit lebte allein Theodore Lux mit den Eltern im Meisterhaus der Feiningers. Bis zu Schlemmers Weggang besuchte er dessen Bühnenklasse am Bauhaus, betätigte sich auch als Fotograf – einige der berühmtesten Aufnahmen des Dessauer Bauhaus-Alltags stammen von ihm – und wandte sich 1929 unter dem Einfluss seines Kommilitonen Clemens Röseler, eines Kandinsky-Schülers, schließlich der Malerei zu. Er sollte damit der einzige Sohn Lyonel Feiningers sein, der dessen Profession folgte, und ihm kamen dabei die langen Aufenthalte des Vaters in Deep zugute, während derer Theodore Lux das verlassene Atelier nutzen konnte. Auch die Leidenschaft für den Bau von wassertüchtigen Schiffsmodellen teilten diese beiden Feiningers – und die Vorliebe für Marinemalerei.

Als Theodore Lux Anfang 1931 gemeinsam mit Röseler eine kleine Bilderausstellung im Vestibül des Bauhaus-Gebäudes zeigte, fanden seine Arbeiten jedoch bei den anderen Studenten keine Gegenliebe: «Man habe keine Verwendung für die unter der Flagge des kapitalistischen Frankreich, England und Amerika segelnden Fahrzeuge ‹des Herrn Lux Feininger› war zu lesen.»[41] Die prominente Abkunft des jungen Malers rächte sich ebenso wie das noch durch Meyers Direktoratszeit geprägte politische Klima am Bauhaus, in dem man der weltoffenen Stimmung der mit Handelsschiffen bevölkerten Seestücke von Theodore Lux Feininger nichts abgewinnen konnte. Der wachsende Extremismus von links und rechts in der Endphase der Weimarer Republik trieb ihn zeitweise außer Landes: Im selben Jahr wie sein Bruder Andreas zog auch Theodore Lux Feininger nach Paris, doch im Gegensatz zu jenem besuchte er die Eltern noch einige Male in Dessau. Diese Stadt war ihm mehr als allen seinen Verwandten zur Heimat geworden, denn dort hatte der jüngste Feininger-Sohn seine prägenden künstlerischen Erfahrungen gemacht.

Dazu gehörte auch die Begegnung mit einem Gast aus den Vereinigten Staaten, der Lyonel Feininger im Oktober 1927 aufgesucht hatte und das weitere Schicksal des Künstlers entscheidend beeinflussen sollte: Alfred H. Barr, der spätere Gründungsdirektor des Museum of Modern Art. Er besuchte Feininger nach der Erneuerung von dessen amerikanischer Staatsbürgerschaft und zu einem Zeitpunkt, als zumindest ein paar Bilder in Amerika Interesse gefunden hatten, was vor allem dem Engagement Galka Scheyers zu verdanken war. Ende 1923, kurz vor Scheyers Übersiedelung in die Vereinigten Staaten als Agentin der «Blue Four», hatte Feininger noch feststellen müssen: «Von Galerie Möller soeben die Abrechnung mit New York bekommen. Ganze 30 Dollar nach Abzug der Spesen, für 6 Graphische Blätter. Da verkaufe ich lieber hier.»[42] Um was für Unterschiede bei den Kaufpreisen es dabei ging, macht ein Brief deutlich, den er wenig später an Galka Scheyer schrieb, die gerade ihren Aufbruch nach Amerika vorbereitete. «Für Holzschnitte, je nach Grösse», so führte der Künstler aus, «G.-M. [Goldmark] 25, 50, 75. – – und, für Aquarelle, zwischen 200.– 300.– bis 500.– Mk.»[43], während ihm der amerikanische Erlös beim festen Wechselkurs von 4,20 Goldmark pro Dollar nicht mehr als 126 Mark für sechs Arbeiten gebracht hatte.

Scheyer sollte dann allerdings, wie erwähnt, selbst erfolglos versuchen, für solche Preise Feiningers Bilder in den Vereinigten Staaten zu verkaufen. Es gelang ihr nicht einmal, an der Ostküste Ausstellungsmöglichkeiten für sie zu finden, obwohl sie sich dabei auch an Alfred Vance Churchill gewandt hatte, der mittlerweile das Smith College Museum of Art in Massachusetts leitete. Dass Churchill nichts für Scheyer und seine Kunst tun wollte, enttäuschte Feininger und beschwor wieder eine antiamerikanische Suada herauf: «Vielleicht ist der arme Ch. nur ein armer Sklave der diktatorischen Verhältnisse seines ‹freiesten aller Länder!› ‹The Country of the Free›, ist eigentlich ein Land der Kulis und dann ‹Bosses›! Ich habe von einem alten Freund aus Paris, der jedes Jahr ca. 6 Monate in Amerika verbringt, um sich dort das Geld für die übrigen 6 Monate in Paris für sich zu verdienen, einen Brief vor 2 Tagen erhalten, der schmerzliche Wahrheiten über das Leben in Amerika enthält. Ich möchte um Alles in der Welt nicht Deutschland mit dem gesegneten Amerika als Künstler vertauschen! (…) Jetzt geht's allmählig wieder bergauf – – ich verkaufte in Dresden 6 Aquarelle à 300,– und wahrscheinlich zwei gute Bilder (…) Das war eine lange Pause – – von Weihnachten 1923 bis November – Dezember 1924, ohne einen grösseren Verkauf, aber jetzt gibt's wieder 3 bis 5 Tausend Mk. pro Bild. Wozu sollte ich ausserhalb versuchen, Bilder an den Mann zu bringen? und zwar womöglich zu, für die dortigen Verhältnisse, Spottpreisen. Hier versteht man mein Werk und sucht sie in herzerfreuender Innigkeit zu erwerben. Dort, würde sie wohl als ‹Curiosity› gekauft werden.»[44]

Das hinderte Feininger aber nicht, wiederum ein halbes Jahr später, als das Bauhaus aus Weimar vertrieben, er selbst aber noch nicht nach Dessau umgezogen war, an Scheyer zu schreiben: «Wir denken so voller Sehnsucht an all die Stätten, die Sie beschreiben, und denken so oft an Sie selbst, die Sie den Mut und den Weg gefunden haben, aus dem Nachkriegsgefängnis, das sich ‹Deutschland› nennt, auf Jahre zu entkommen!»[45] Die «Stätten», das waren jene Stationen, die Scheyer auf ihrer Reise quer durch den Kontinent nach San Francisco berührt hatte. Nach einem Jahr voller Misserfolge in New York hatte sie ihr Wirkungsfeld an die Westküste verlagert, wo sie dann dank intensiver Ausstellungsaktivitäten Namen und Kunst ihrer vier Klienten tatsächlich bekannt machte.

Der wichtigste Fürsprecher des Feiningerschen Werks in New York, dem amerikanischen Kunstzentrum schlechthin, sollte jedoch wenig später Alfred H. Barr werden. Er war mehr als eine Generation jünger als Feininger. 1902 in Detroit geboren, hatte Barr als junger Dozent am Wellesley College Kunstgeschichte gelehrt und 1927 im Rahmen seiner Dissertation eine einjährige Reise durch Europa unternommen, um dort Ausstellungshäuser und Künstler zu besuchen, ehe er 1929 an das Museum of Modern Art berufen wurde. Dadurch sollte er für vierzehn Jahre eine museale Schlüsselposition innehaben, die ihn zur legendären Figur der Kunstgeschichte machte, zum bedeutendsten Propagandisten der Moderne in den Vereinigten Staaten und zum Wegbereiter eines neuen Ausstellungstyps, des White Cube, dessen Grundgedanke einer auf weiße Wandflächen beschränkten Präsentation sich dem Vorbild der Bauhaus-Ästhetik verdankte.[46]

Barr war im Oktober 1927 gemeinsam mit Jere Abbott, einem weiteren amerikanischen Kunsthistoriker, nach Dessau gekommen. Während des nur zweitägigen Aufenthalts war eine Freundschaft zwischen Feininger und Barr entstanden, die nicht zuletzt darauf gründete, dass sich da Amerikaner in der Fremde begegnet waren und der fünfundzwanzigjährige Gast sich besonders gut mit Feiningers jüngstem Sohn verstanden hatte, der endlich einmal mit jemand anderem Englisch sprechen konnte als nur mit seinem Vater: «Lux träumt immer noch von seinem amerikanischen Freund, und es vergeht kaum ein Tag, an dem wir nicht an Ihren Besuch erinnert werden.»[47] Der

Ton der nach Barrs Rückkehr in die Vereinigten Staaten intensiv geführten Korrespondenz war ein ungewöhnlich vertrauter, weil die Mitteilungen aus Deutschland vor allem von Familiärem erzählten. Barrs Briefe dagegen galten seinem vehementen Bemühen, Feiningers Kunst in dessen Heimatland durchzusetzen.

Feininger hatte die kommerzielle Chance erkannt, die sich aus der Bekanntschaft mit dem von Sendungsbewusstsein für die moderne Kunst erfüllten jungen Mann ergab. Dessen Bitten um eigene Einordnungen des Werks, die er etwaigen amerikanischen Interessenten zukommen lassen könnte, lehnte Feininger allerdings ab. Die Zeit des Krieges, als er sich als noch weitgehend unbekannter Maler im Zwiespalt seiner doppelten nationalen Identität bemüßigt gesehen hatte, persönlich aufschlussreich «Zwiesprache» mit Knoblauch zu halten, war vorbei; in Deutschland war sein Werk mittlerweile gut etabliert, zu dessen Ausdeutung hatte Feininger selbst keine Lust mehr. So schrieb er Barr, dass der sich entweder an den Weimarer Museumsdirektor Köhler oder dessen Hallenser Kollegen Schardt wenden solle, die Feininger als Einzige für befähigt hielt, «etwas wirklich Schlüssiges über mein Werk zu sagen».

Was dagegen ihn selbst betreffe: «Ich fühle mich der Aufgabe nicht gewachsen, weil ich mich nie darum gekümmert habe, zu schreiben oder zu reden, wenn ich malen konnte. Das ist natürlich, vom Standpunkt einer zeitgemäßen Reklame aus gesehen, ein schwerer Fehler und einer der Gründe dafür, dass ich immer noch (wie das Veilchen) ungesehen blühe. Aber mal ehrlich: Wenn ein Maler anfängt zu schreiben, dann ist er mit seinem Latein am Ende. Ich weiß wenig oder nichts über Picasso, Braque oder Delaunay und bin ziemlich überrascht, dass Sie irgendeine Ähnlichkeit zwischen deren und meinem Werk erkennen. – – – Es ist ja lächerlich, aber ich bin von gewissen Kritikern sogar ‹abgelehnt› worden, weil ich keinerlei Verbindung mit den ‹geheiligten› französischen Kubisten hätte! Dennoch bin ich sehr froh zu erfahren, dass Sie mein späteres Werk als Fortschritt gegenüber dem früheren ansehen – obwohl es mir scheinen will, dass einige ungefähr von '16–'17 bis '20 entstandene Bilder einen monumentaleren Charakter als die späteren haben. Ich schreibe das dem Umstand zu, dass ich seit 1921 meine intensiven Naturnotizen wieder aufgenommen hab, die während des Ersten Weltkriegs komplett brachgelegen hatten. Im Werk dieser fürchterlichen Jahre gibt es eine Zurückhaltung, die keiner bewussten Anstrengung, einem Ideal zu entsprechen, entsprang – es waren Leiden und Seelenpein, die meine Visionen so ‹endgültig› machten. Deshalb meine ich, dass ‹Zirchow› Nr. 5, 6 und 7 sowie ‹Vollersroda III› und ein paar andere Bilder jener Periode alle meine anderen Anstrengungen überragen – nicht technisch, aber im Hinblick auf Monumentalität des Gefühls und der Konzeption.»[48]

Er hatte seinen Frieden mit den Weltkriegsbildern also gemacht, ja sah in der zwiespältigen Situation jener Jahre sogar einen Antrieb, der ihm eine größere Innerlichkeit ermöglicht hatte. «Du weisst, dass ich sie sehr hochschätze», bekräftigte er aus dem Abstand von anderthalb Jahrzehnten, «und sie in einer ganz wesentlichen Hinsicht (der absoluten Naturfernen Gestaltung) für stärker als alle späteren halte.»[49] Es ist in diesem Kontext interessant, dass das bereits erwähnte «Glasscherbenbild» kurz vor Barrs Besuch in Dessau entstanden war – ein neues «Bruchgefühl» gegenüber der Gesellschaft prägte ja Feiningers Wahrnehmung nach dem Umzug nach Dessau, und das gab ihm wohl auch Hoffnung, nun wieder an die gepriesene Monumentalität seiner besten Weltkriegsbilder anzuknüpfen.

Kaum war Barr 1929 zum Gründungsdirektor des Museum of Modern Art berufen worden, frischte er den Kontakt zu Feininger wieder auf – mit gutem Grund, denn nach der Eröffnungsausstellung des Museums, die natürlich den auch in den Vereinigten Staaten unvermeidlichen europäischen Heroen des Modernismus, konkret Cézanne, Gauguin, Seurat und van Gogh, gewidmet war, plante Barr als zweite Schau zum Jahresende einen Überblick zur amerikanischen Gegenwartskunst, und darin sollte Feininger seinen Platz finden. Damit stand wieder einmal eine Reise in die alte Heimat zur

Debatte, doch der Maler dämpfte Barrs entsprechende Erwartungen: «Gegenwärtig ist es nicht wahrscheinlich, dass ich in die Staaten komme, aber Lux hegt große Hoffnungen, die Reise zu machen. Selbstverständlich ist es ein finanzielles Problem, sonst würden wir nicht zögern; aber ich bin dermaßen abhängig von meinem ständigen Ausstoß und hiesigen Verkäufen, und dann habe ich keinerlei Basis in den Staaten, und es ist schwierig genug, sich hier über Wasser zu halten angesichts der schrecklichen Geldknappheit im Lande. Wie ich höre, gilt in Amerika moderne Kunst gerade als schick – naja, das hat an sich schon wieder etwas Deprimierendes, weil es nicht auf einem grundlegenden Verständnis für neue Kunst beruht, sondern auf einer snobistischen Mode, die zweifellos bald wieder eingehen wird.»[50]

Die Grundskepsis Feiningers gegenüber seinem Heimatland und der dortigen Chancen für seine Kunst war unerschütterlich, weshalb er das damals durchaus vorhandene Geld lieber für die geliebten Sommerurlaube an der Ostsee ausgab als für eine Reise ins amerikanische Ungewisse. Einem Brief von Julia Feininger aus dem Sommer 1929 an Galka Scheyer, die kurz zuvor über Kontakte zu einem Kunsthändler in Hollywood berichtet hatte, der alle ihre deutschen Künstler nacheinander in seiner Galerie ausstellen wolle, kann man die Enttäuschung über die wieder einmal von ihrem Mann ausgeschlagene Gelegenheit, in die Vereinigten Staaten zu fahren, ablesen: «glauben sie mir, emychen, es wäre garzu herrlich, wenn sie wirklich diesmal einen grossen erfolg hätten denn ich wäre mehr glücklich, als ich sagen kann, wenn einmal wirklich etwas aus der so lange geplanten reise nach america werden könnte, einmal wieder die welt sehen, ehe es zu spät ist. nun sind wir doch wieder in deep, nun das sechste jahr und ich wäre so schrecklich gerne mal woanders hin gefahren, aber es war nichts zu machen, die männer wollten wieder hierher und da hat eine arme mami sich zu fügen.»[51]

Barrs Einladung an Feininger hatte einen ganz praktischen Hintergrund. Sonderausstellungen von Museen in der ersten Hälfte des 20. Jahrhunderts darf man nicht nach heutigen Maßstäben beurteilen.

Die Laufzeiten betrugen meist lediglich zwei bis vier Wochen, es gab keine anspruchsvolle Ausstellungsszenographie, und bei lebenden Künstlern standen im Regelfall etliche der gezeigten Bilder zum Verkauf, weshalb die Maler selbst und ihre Galeristen die wichtigsten Leihgeber waren. Das MoMA besaß vor der Eröffnung von «19 Living American Painters», wie die Überblicksschau schließlich heißen sollte, noch überhaupt keine eigene Sammlung, also musste alles geliehen werden, was man zeigen wollte. Im Falle Feiningers aber hätte der Transport von Werken über den Atlantik das Ausstellungsbudget zu sehr belastet, weshalb Barr, als sich seine Hoffnung, Feininger selbst (und mit ihm eine Bilderauswahl im Gepäck) nach Amerika zu bekommen, zerschlug, vor allem um Bilder bemüht war, die bereits ihren Weg in die Vereinigten Staaten gefunden hatten – sei es in andere Museen, zu Privatsammlern oder in den Bestand, den Galka Scheyer als amerikanische Agentin der «Blue Four» in San Francisco hütete.

Im Archiv des MoMA hat sich eine denkbar kurzfristige, nämlich erst drei Wochen vor Beginn von «19 Living American Painters» abgesandte Leihanfrage von Barr an seinen Detroiter Kollegen Valentiner erhalten. Barr bat um die damals zwei Feininger-Bilder aus dem Besitz des Institute of Arts, und er warb schmeichlerisch damit, dass «unsere Auswahl auch zu einem gewissen Ausmaß durch die Entscheidung bestimmt wird zu zeigen, wie viel fortschrittlicher andere Museen außerhalb New Yorks im Vergleich mit den hiesigen Institutionen sind. (…) Wenn Sie noch von anderen Feiningers im Lande wissen, könnten Sie mich dann mit einigen Notizen um deren Qualität wissen lassen? Ich glaube, dass Feininger hocherfreut sein wird, von seinem eigenen Land wieder für sich reklamiert zu werden.»[52] Feininger sollte dann indes alles andere als hocherfreut über das sich in seiner Heimat artikulierende Interesse an ihm sein. Es galt nämlich nicht seiner Kunst.

Die Ausstellung war trotz monatelanger Vorbereitungen am Ende mit ganz heißer Nadel gestrickt, und Scheyer etwa entlieh gar nichts, weil es für sie unattraktiv war, an der fernen Ostküste Reklame für Feininger zu machen. Noch hatte das MoMA nicht seinen später legendären Ruf, und Scheyer setzte gerade im Herbst 1929 nach dem Börsencrash des «Schwarzen Freitags» lieber auf Kundschaft im europäisch geprägten Filmgeschäft von Los Angeles als auf Spekulanten von der Wall Street. Als «19 Living American Painters» am 12. Dezember 1929 eröffnete, war Feininger dennoch mit immerhin sieben Bildern und damit einer der größten Werkgruppen vertreten; nur von den Malern Charles Demuth und Max Weber wurden in der Ausstellung ebenso viele Arbeiten gezeigt. Zwei Gemälde Feiningers (der aus dem Institute of Arts in Detroit entliehene «Raddampfer» von 1913 und «Eichelborn» von 1920 aus Valentiners Privatbesitz) wurden von fünf Aquarellen aus den Jahren 1912 bis 1927 flankiert, wobei die Versicherungssummen für diese Feininger-Arbeiten mit 60 bis 800 Dollar zu den niedrigsten der Schau zählten; lediglich die Aquarelle des Landschaftsmalers George Overbury «Pop» Hart waren noch niedriger eingeschätzt. Der Gesamtversicherungswert der insgesamt 206 Werke in «19 Living American Painters» machte 106180 Dollar aus, und auf Feiningers sieben Bilder entfielen davon gerade einmal 1870 Dollar, also nicht einmal zwei Prozent.[53] Die damalige Wertschätzung für den Künstler in seinem Heimatland kann man wohl am objektivsten an diesen Summen beurteilen.

Aber das war nicht der Grund, warum «19 Living American Painters» für Feininger eine der größten Enttäuschungen seines Lebens wurde. Nach dem fulminanten Auftakt des MoMA mit seiner Eröffnungsausstellung um vier europäische Großmeister der modernen Kunst, die fünf Tage zuvor zu Ende gegangen war, wirkte die Überblicksschau mit ihren gleich neunzehn Künstlern auf die Besucher beliebig. Nun konnte man aber aus Nationalstolz nicht einfach die ganze Ausstellung in Bausch und Bogen abtun, also konzentrierte sich die Kritik auf den Mann, der seit mehr als vierzig Jahren in Europa lebte: Lyonel Feininger. Edward Alden Jewell, der eine Generation jüngere Kunstkritiker der «New York Times», gab mit seiner

Besprechung die Leitlinie für seine Pressekollegen im ganzen Land vor: «Einige der höchst eingeschätzten amerikanischen Maler fehlen bemerkenswerterweise. Zwar wäre eine umfangreichere Liste kontraproduktiv gewesen, weil dann weniger Bilder von jedem einzelnen Künstler hätten gezeigt werden können. Aber manche Augenbraue mag sich heben angesichts gewisser Teilnehmer, deren Beteiligung an der ersten amerikanischen Darbietung solche Abwesenheit zwingend gemacht hat. (...) Die Weisheit, einen Mann wie Lyonel Feininger zuzulassen, scheint höchst fragwürdig. Die Tatsache, dass sich jeder plötzlich fragte: ‹Wer ist das?›, müsste doch schon die Entscheidung, ihn als repräsentativen amerikanischen Maler einzuschätzen, zweifelhaft machen. Im Berliner Kronprinzenpalais, so teilt man uns mit, wird Feininger als einer der zwölf besten deutschen Gegenwartskünstler klassifiziert; jetzt klassifiziert man ihn in New York als einen der neunzehn besten Amerikaner – ein Zahlenverhältnis, das ihn um sieben Grade mehr deutsch erscheinen lässt. Wir sollten auf der Hut sein, in einem solchen Fall zu buchstäblich zu urteilen. Es scheint aber allemal vorstellbar, dass sich unter unseren eingeborenen Malern, die noch nicht berücksichtigt wurden, einer gefunden hätte, der Feiningers Rolle zufriedenstellend hätte füllen können.»[54]

Als er von dieser Häme hörte, sah Feininger seine schlimmsten Erwartungen erfüllt: Man sprach ihm in der Heimat die Zugehörigkeit zur amerikanischen Kultur ab und spottete über seine Kunst. Nach dieser Erfahrung hatte sich das Thema Vereinigte Staaten für ihn wieder auf Jahre hinaus erledigt.

«Das Ausmaß an Diskussion, die Feininger ausgelöst hat, war höchst wertvoll», schrieb dagegen Barr zehn Tage vor Abschluss der Ausstellung trotzig an Valentiner. «Wie man es erwarten musste, haben die amerikanischen Kritiker sowohl Ignoranz als auch Borniertheit bewiesen in ihrer Wahrnehmung eines Malers, der im Ausland größeren Ruhm erworben hat als jeder andere lebende amerikanische Künstler. Wir haben trotzdem von mehreren Malern und Sammlern sehr begeisterte Bemerkungen über Feininger vernommen.»[55] Für den Künstler war das ein schwacher Trost.

Er hatte nun eine Scharte auszuwetzen, und deshalb vermutete Julia Feininger eine größere Bereitschaft, in die Vereinigten Staaten zu reisen: «ich glaube, einmal in seinem leben möchte papileo doch schrecklich gerne sein land wiedersehen, wenn auch nicht für dauernd, aber das wissen sie ja und wir ‹spannen leine›, wann das sein wird (leine spannen = pupille und det heest, auf jut berlinisch: ick kukke scharf hin).»[56] Die Gelegenheit schien sich früher zu ergeben als erwartet, denn die Feiningers hörten aus New York, dass Barr für das Ende des Jahres 1930 eine Übersichtsausstellung zur deutschen Gegenwartskunst im MoMA plante. Doch im September erreichte sie ein Brief des Direktors, in dem er seine Fehleinschätzung vom Vorjahr erstmals offen zugab und Feininger mitteilte, dass dessen Werk deswegen diesmal nicht gezeigt werden könne.

«Wie Sie wissen, waren Sie Teil der neunzehn lebenden Amerikaner in unserer zweiten Ausstellung des Vorjahrs. Ich fürchte, dass meine Begeisterung für Ihr Werk zu einem taktischen Fehler geführt hat, den Kritikern und nach ihnen einem Großteil der Öffentlichkeit missfiel die Teilnahme eines Malers, den sie nicht kannten und von dem sie annahmen, dass er in Wirklichkeit der deutschen Kunst angehöre. (…) In diesem Jahr wollen wir eine deutsche Ausstellung zeigen mit ungefähr zwanzig Künstlern, unter denen in Deutschland selbstverständlich Sie sein würden. Ich befürchte jedoch, dass durch den Umstand, dass Sie bereits Teil der amerikanischen Ausstellung waren, Ihr Wiederauftauchen als ein Deutscher nur zu weiterer sinnloser Auseinandersetzung führen und mit ziemlicher Gewissheit unseren ignoranten Kritikern Gelegenheit geben würde, sich ihre Mäuler zu zerreißen, statt sich an die Arbeit zu machen, eine Wertschätzung für die deutsche Malerei zu entwickeln, die gegenwärtig schon genug Vorurteile zu überwinden haben wird. Aus diesen Gründen halte ich es für das Beste, in diesem Jahr ihre Arbeit nicht zu zeigen und stattdessen zu versuchen, in den nächsten zwei oder drei Jahren eine Soloausstellung zusammenzustellen, die Ihr Werk auf dessen Höhe zeigen wird.»[57]

Diese vollmundige Ankündigung sollte Barr allerdings erst vierzehn Jahre später einlösen, und auch dann war es im strengen Sinne keine Soloschau, weil Feiningers MoMA-Retrospektive des Jahres 1944 aus marketingstrategischen Erwägungen mit einer des alten Berliner Bekannten Marsden Hartley gekoppelt wurde. Barr, der sich im Vorjahr vom Leitungsposten des Museums zurückgezogen hatte, aber die Doppelausstellung noch selbst kuratierte, sollte dabei, mitten im Zweiten Weltkrieg, noch einmal auf Feiningers amerikanische Herkunft setzen – aber zu diesem Zeitpunkt war der ja auch schon seit sieben Jahren wieder zurück in seinem Heimatland.

Auf dem Gipfel des Erfolgs

Den Höhepunkt seiner Karriere erreichte Lyonel Feininger 1931, im Jahr seines sechzigsten Geburtstags. Aus diesem Anlass richtete ihm das der Moderne besonders verbundene Museum Folkwang in Essen im Sommer eine Retrospektive mit 127 Gemälden sowie 55 Aquarellen und Zeichnungen aus, die dann etwas verkleinert (insgesamt 137 Arbeiten) von der Berliner Nationalgalerie übernommen wurde. Dort war sie vom 19. September an im Kronprinzenpalais zu sehen, jenem Ausstellungshaus, das Ludwig Justi für die Gegenwartskunst eingerichtet hatte. Danach folgten wieder in ursprünglichem Umfang weitere Stationen in Hannover, Hamburg und Leipzig – eine landesweite Bildertournee, die sich über mehr als ein Jahr erstreckte. Und dieser Triumph wurde Feininger noch versüßt durch eine Gratulation des amerikanischen Botschafters in Berlin anlässlich der Eröffnung der dortigen Ausstellung: «Und denk mal an, dass die Amerikanische Botschaft eingeladen wird! Ich hatte daran gedacht, aber gleichzeitig den Gedanken von mir gewiesen, irgendwie darauf anzuspielen, dass ich ‹Deutscher Künstler› nicht Reichsdeutscher Staatsangehöriger sei, sondern ‹amerikanischer Import!› Ob die Landsleute sich interessieren werden? Siehst Du, ich diene einem ‹internationalen guten Zwecke›; ‹herzliche Beziehungen zwischen meinem Adoptiv-Vaterland und den Vereinigten Staaten› werden durch Ehrung eines ihrer Künstler, an offizieller Stätte ‹dokumentiert.› Da hat das Lebenswerk sogar wirklich einen menschlich wertvollen Zweck erfüllt und ist nicht nur für den Luxus geschaffen. Schade, dass Barr nicht da ist!»[58]

Wobei auch Feininger selbst nicht da war, weder in Essen noch in Berlin, weil ihn seine Publikumsscheu wieder einmal vom Besuch der Eröffnungsveranstaltungen abgehalten hatte. Als die Schau im Folkwang begann, war er bewusst auf Reisen gegangen, erstmals in der Nachkriegszeit wieder in Frankreich, wo er sich erst einmal allein ein paar Tage auf den Spuren der Pariser Jahre durch die Hauptstadt treiben ließ und dann die Familie nachholte, als es in die Bretagne weiterging, um dort zu zeichnen. Vor seiner Abfahrt stellte er seiner Frau immerhin noch in Aussicht: «Ja, auf unserer Rückfahrt aus Frankreich, gut: sehen wir uns in Essen einmal diese Ausstellung an. Als Auftakt und Einkehr zum weiteren Jahrzehnt! Das hat Sinn und Bedeutung.»[59]

Was er dann im Folkwang sah – vor allem die Wirkung des Halle-Zyklus, seiner elfteiligen Auftragsarbeit aus den Jahren 1929 bis 1931, den die Stadt geschlossen ausgeliehen hatte –, stellte ihn zufrieden, weckte aber sofort neue Sorgen im Hinblick auf die Berliner Präsentation. Unmittelbar vor deren Beginn teilte er Julia Feininger aus Deep, dem nächsten Urlaubsdomizil des Jahres, mit: «Ich freue mich, dass die Halle-Bilder bei der Ausstellung im Kronprinzen-Palais nicht fehlen werden. Aber, ganz unter uns: ich habe wenig Vertrauen zu der Hängekunst und sicher wird das Vorwort zum Katalog zum Weinen sein! Ich sehe das Wort: ‹schnittig›. Es wird die wichtigste (und meistgesehene) Ausstellung meines Lebens werden. Ich bin gespannt, was Du darüber sagen wirst! Aber sie befindet sich in verkehrten Händen, dieses Gefühl werde ich nicht los …»[60] Das Misstrauen galt Ludwig Justi, und obwohl Feininger angesichts der Gratulation des Botschafters und der Begeisterung seiner Frau nach deren Besuch der Schau wenig später schriftlich Abbitte leistete,[61] hat er seinen Soupçon gegenüber dem Direktor der Nationalgalerie nie ganz abgelegt. Das sollte 1933 noch wichtig werden, als Justi von den Nationalsozialisten aus dem Amt gejagt wurde.

Mit der Retrospektive in der Nationalgalerie, dem Pantheon der deutschen Kunst, hatte Lyonel Feininger den Status eines Staatskünstlers der Weimarer Republik erreicht, zumal mit dem Halle-Zyklus ein öffentlicher Auftrag erstmals zu sehen war, wie es ihn in diesem Umfang nach dem Krieg in Deutschland nicht mehr gegeben hatte. Die Resonanz war mit sechzigtausend Besuchern allein in Berlin tatsächlich gewaltig, und angesichts dieser Popularität richtete Justi nach dem Ende der Laufzeit im Kronprinzenpalais einen eigenen Saal für Feininger ein. Von den dreizehn Bildern, die dort hingen, waren allerdings elf Leihgaben, alle aus dem Bestand des Malers, darunter das «Glasscherbenbild». Feininger und seine Frau sahen darin eine willkommene Reklame, und Mitteilungen über die Bemühungen, gerade diese Gemälde nun zu veräußern, ziehen sich durch den Briefwechsel der Jahre 1931 und 1932.

Die Hoffnung auf weitere prestigeträchtige Museumsankäufe oder Erwerbungen von Privatsammlern sollten sich jedoch angesichts der Wirtschaftskrise nicht erfüllen. Julia Feininger schrieb bereits ein halbes Jahr später resigniert: «es ist ja so viel zu erzählen, von leo's grossen ausstellungen, die ein besonders starker erfolg waren, allerdings nur ideell, verkauft haben wir in all den grossen, wunderschönen ausstellungen nur ein bild und das war voriges frühjahr, das ist längst aufgezehrt.»[62] Da Lyonel Feininger es ihr überließ, die Verhandlungen mit Käufern zu führen – selbst den städtischen Ankauf des Halle-Zyklus hatte Julia Feininger ausgehandelt[63] –, hatte sie ein wesentlich realistischeres Bild der Marktlage. Deshalb wollte sie die bei Publikum und Presse so gut angekommene Retrospektive zum sechzigsten Geburtstag auch noch in den Vereinigten Staaten zeigen und fragte bei Galka Scheyer nach: «wie wäre es überhaupt, die grosse ausstellung

1933 nach amerika kommen zu lassen? wenn sie jetzt beziehungen zu new york haben? sowohl klee, wie kandinsky hatten eine grosse ausstellung in new york, nur feininger, der americaner, nicht!!!!!! überlegen sie das. selbstverständlich müsste von drüben aus für deckung der entstehenden unkosten gesorgt werden, da das zu tragen, für uns eine unmöglichkeit ist. das wäre doch eine aufgabe für sie!!! es würde für leo unendlich viel bedeuten.»[64] Auch das in Deutschland verschmähte radikale «Glasscherbenbild» wurde schließlich nach Los Angeles zu Scheyer geschickt, die sich aber ebenfalls bis zu ihrem Tod 1945 vergeblich bemühte, einen Käufer dafür zu finden.

Die Vereinigten Staaten blieben in der Schlussphase der Weimarer Republik trotzdem eine Rückzugsoption für die Feiningers. Denn dem großen Erfolg des Jahres 1931 war der Schock der ersten offiziellen Verfemung von Feiningers Kunst vorangegangen, und die erfolgte ausgerechnet an seiner alten Wirkungsstätte in Weimar. Im Januar 1930 hatte sich nach der thüringischen Landtagswahl eine Regierungskoalition gebildet, an der zum ersten Mal überhaupt in Deutschland Nationalsozialisten beteiligt waren. Wilhelm Frick, der Fraktionschef der NSDAP im Reichstag, wurde auf Hitlers persönliches Geheiß thüringischer Staatsminister für Inneres und Volksbildung und damit zuständig für Museen und Universitäten. Mit Paul Schultze-Naumburg setzte er 1930 einen rechtsnationalen Eiferer als Leiter der Weimarer Kunsthochschule (die im ehemaligen Bauhaus-Gebäude residierte) ein, der im Oktober mit Fricks Billigung die Bestände der Staatlichen Kunstsammlungen «säubern» ließ.

Der Galerist Karl Haberstock, der im «Dritten Reich» mit der Verwertung der 1937 beschlagnahmten «entarteten Kunst» befasst sein sollte, nannte in einer unpublizierten Erinnerung an die nationalsozialistische Museumspolitik die Maßnahme vom Herbst 1930 «ein erstes Wetterleuchten, das dem im Jahr 1937 ausbrechenden Gewitter voranging».[65] Betroffen waren im Weimarer Museum «eine ganze Menge moderner Bilder und Plastiken», wie der Feuilletonist Paul

Fechter in der in Berlin erscheinenden «Deutschen Allgemeinen Zeitung» vom 2. Dezember 1930 berichtete: «Er hat Arbeiten von Barlach, Feininger, Kandinsky, Kokoschka, Klee u. a. aus den Sammlungen entfernt und hat diese Entfernung auch begründet.»

Der letzte Halbsatz ist bemerkenswert. Fechter war einer der wichtigsten Interpreten des deutschen Expressionismus, aber selbst er verhehlte sein Verständnis für Fricks Vorgehen nicht: «Es wäre bequem sich darüber zu entrüsten, daß die Politik nicht einmal vor den Hallen der heiligen Kunst Halt macht und sich bis in die Regionen der Malerei, der Musik, der Literatur wagt (…), denn es ist ganz selbstverständlich, daß was dem einen recht ist, dem Anderen billig ist. Als 1918 die Republik ans Ruder kam, sind aus den deutschen Museen der neueren Kunst die Bilder aus der Kaiserl. Zeit nur so in Rudeln verschwunden und zwar gute und weniger gute Bilder im trauten Verein. Die Republik hat durchaus nicht vor der heiligen Kunst halt gemacht. Sie hat die ihr gegenständlich nicht zusagenden Dokumente der preußischen und anderen Landesgeschichten, auch wenn sie noch so gut waren, auf den Speicher oder in Ruhmeshallen verbannt, blos daß man das damals selbstverständlich vom Standpunkt der höheren Kultur oder zumindest der reinen Kunst tat.»[66] Mehr als zehn Jahre nach der Aufregung um den Verkauf des Gemäldes von Karl Buchholz musste der Weimarer Museumsdirektor Köhler nun die seitdem angeschaffte moderne Kunst abhängen, und Kommentatoren wie Fechter empfanden das als ausgleichende Gerechtigkeit.

Julia Feininger mit ihrem jüdischen Familienhintergrund beobachtete den wachsenden Erfolg der antidemokratischen und antisemitischen Nationalsozialisten im von der Weltwirtschaftskrise besonders gebeutelten Deutschland mit Sorge. Lyonel Feininger dagegen verschloss lange die Augen vor der politischen Realität. Beobachten war zwar seine Profession, Interpretieren jedoch nicht seine Stärke. Aus Halle schrieb er 1931 seiner Frau ins vergleichsweise beschauliche Dessau: «Zu Tausenden stehen die Arbeitslosen herum, und es ist sehr bedrückend zu sehen, obwohl die Leute ruhig und friedlich, weiss Gott, sich verhalten. Aber es ist doch niederdrückend. Wie erst in Amerika, wo keine Fürsorge für die 9 000 000 dortigen Arbeitslosen besteht! Wie kann nur der mächtige amerikanische Staat das so weiter gehen lassen? Diese Schande eines mächtigen Landes, seine ‹unemployed› einfach verkommen zu lassen, und sie zusammen zu knüppeln, sie mit ‹Tränengas› (aus dazu extra neu erfundenen Gewehren!) umzuschießen! Eine Fürsorge zu schaffen, nach deutschem Vorbild, das wäre eine ungeheure Tat der Menschlichkeit und der Staatsmann der das vollbrächte, wäre wert als Nationalheld gefeiert zu werden! Aber wo sind Anzeichen dafür, dass das in absehbarer Zeit geschieht? Ein Staat, der nur die Reichen und die Einflussreichen schützt! Und seine Arbeiter auf der Strasse verkommen lässt. Nicht einmal demonstrieren dürfen sie! Wer soll denn da helfen? Ein Volk ohne Recht, ohne Schutz. Unser Protz-Staat! If you know what I mean!»[67] Feininger sah seinem Gastland im Vergleich mit dem Heimatland (oder dem, was er davon zu wissen glaubte) sehr viel nach.

Aber auch ihm konnte schließlich der Aufschwung der NSDAP nicht entgehen, weil deren Symbole spätestens 1932, dem Jahr des großen Stimmenzuwachses bei den Reichstagswahlen im Sommer und der vorangegangenen Kandidatur Hitlers als Reichspräsident gegen den Amtsinhaber Paul von Hindenburg, überall zu sehen waren. Aus Deep schrieb Feininger an seine noch daheim weilende Frau: «Ein sonderbares Land, Deutschland! am Strande prangen Unmengen von Hakenkreuzfahnen, untermischt spärlich mit Schwarzweissroten – aber die Schwarzrotgold sieht man in ganz Deep nur in ‹Ost› am Signalmast. Es ist ja eine Art, seine politische Gesinnung aller Welt unter die Nase zu schieben! Der Strand wirkt ja fast indisch, mit den fremdländischen Fahnen, jedenfalls ‹östlich›, mögen die Nazis nun sagen was sie wollen. Ich kann's ja ertragen, aber eine weltfremde Ungezogenheit, ein Schlag gegen gesellschaftlichen Anstand bleibt's doch, wenn ‹Gäste› in einen Ort ziehen und den politischen Parteizank aufmachen. Bei uns im Hause wohnen 3 Familien mit Kindern, und täglich ziehen sie los an den Strand mit ihrem Hakenkreuz, und mittags hängt so ein Emblem aus dem Verandafenster herunter, über unsern Köpfen. Ein 5jähriges Mädchen von den Leuten weinte vor Angst vor den heimkehrenden Kühen, da nahm es die Mutter auf, und sagte: «Du wirst doch nicht weinen, mein ‹Hitler-Mädchen›! Well, well! noch 3½ Wochen, dann ist wieder Ruhe.»[68]

Das war indes eine eitle Hoffnung, denn just im Sommer 1932 eskalierte auch die Situation in Dessau. Seit dem Vorjahr war die NSDAP mit fast vierzig Prozent bei den Kommunalwahlen stärkste Fraktion im Stadtrat und hatte sofort die Streichung aller Mittel für das ihr verhasste Bauhaus beantragt, explizit verbunden mit der Forderung nach fristloser Entlassung aller ausländischen Lehrkräfte, also auch Feiningers, weil in der aktuellen wirtschaftlichen Notlage kein Geld «für überreichliche Besoldung» ausgegeben werden dürfe. Am 21. Januar 1932 stellte die NSDAP-Stadtratsgruppe den Antrag, das Bauhaus-Gebäude abzureißen, was die anderen Parteien ablehnten. Nachdem jedoch am 24. April die Landtagswahlen in Anhalt die NSDAP auch landesweit zur mit Abstand stärksten Fraktion gemacht hatten, wurde Alfred Freyberg mit Unterstützung der Deutschnationalen Volkspartei zum ersten nationalsozialistischen Ministerpräsidenten in Deutschland gewählt.

Am 8. Juli empfing Freyberg den aus Weimar angereisten Paul Schultze-Naumburg, der sich dort im Kampf gegen die Moderne bereits bewährt hatte, um mit ihm gemeinsam eine neueröffnete Bauhaus-Ausstellung zu besichtigen. Julia Feininger berichtete ihrem Mann sofort über den Besuch des erklärten Feindes, und der antwortete resigniert: «Zu deiner Mitteilung über die Ausstellung am Bauhaus kann ich nur noch hervorstöhnen den Namen: ‹Schulze [sic] aus Naumburg!› und enthalte mich aller übrigen Betrachtungen die sich im heutigen Deutschen Reiche aus den Handlungen der Regierungen ergeben.»[69] Danach wies Freyberg den Dessauer Stadtrat an, die Einrichtung zu schließen; der entsprechende Beschluss erging mit achtzigprozentiger Zustimmung am 22. August, bis zum 30. September musste alles abgewickelt werden. Das von Gropius entworfene Hauptgebäude beherbergte im Folgenden bizarrerweise eine nationalsozialistische Gauführerschule (was dessen Überleben sicherte). Das Bauhaus selbst zog ein weiteres Mal um, diesmal als rein durch Lizenzeinnahmen für die eigenen Produkte finanzierte Privathochschule nach Berlin, wo schon im Oktober 1932 der Lehrbetrieb wieder aufgenommen wurde.

Lyonel Feininger erlebte diesen Umbruch aus der Ferne mit. Er blieb in der Deeper Sommerfrische, selbst dann noch, als in Dessau alles schon entschieden war. Am 19. September, keine zwei Wochen vor der Schließung des Bauhauses, teilte er Julia Feininger lapidar mit: «Es ist schlimm in Deutschland wenn erst politische Leidenschaften überhand nehmen. Wie garstig ist und unehrenvoll diese ganze Bauhausaffäre! Alles ist wankend, in grenzenloser Furcht vor den Zeiten, die hereinbrechen mögen und vergiftet durch Politik!» Im nächsten Satz war er jedoch schon wieder bei seiner eigenen Kunst gelandet, die nun mehr und mehr unter Beschuss der rechtsnationalen Publizistik geriet. Aber pauschales Lob passte ihm auch nicht: «Die Kritiken sind gerade das, was Schardt so richtig bekämpft – Phrasen und überschwengliche Einzelheiten, die garnichts zur Sache sagen; und zuletzt ist garnichts geblieben ausser der Bestätigung, dass die Kritikschreibenden ‹den besten Willen› hatten. Dass meine Farben ‹schön aufgestrichen› sind und dass meine ‹reife Zeit› seit etwa 5 Jahren anfing – dieses Lob, weil ich wieder naturalistischer und Naturbefangener geworden bin. Aber das heisst für sie so viel als: ‹endlich kann er was!› und war bloss früher nicht imstande, sich klar auszudrücken.»[70]

So wenig, wie Feininger sich im Sommer 1932 bemüßigt sah, dem Bauhaus in Dessau beizustehen, so wenig folgte er ihm nach seiner Rückkehr aus Deep an den neuen Berliner Standort. Dabei wurde er dort nach wie vor als Meister geführt. Doch in Dessau war das Meisterhaus, das er nicht aufgeben wollte, zumal der Stadtrat zwar die Hochschule geschlossen hatte, aber die Bewohner der in seinem Eigentum befindlichen Bauhaus-Liegenschaften weiterhin mietfrei duldete – eine seltsame Konstellation, die dem Gewohnheitsmenschen Feininger jedoch sehr zupasskam, und seiner finanziellen Lage ohnehin. Schon imaginierte er für die Zukunft ein Pendeln zwischen Dessau und dem viel liberaleren Halle, wo ihm die Stadt auf Vermittlung von Schardt seit 1929 ein Atelierzimmer im Torturm der Moritzburg zur Verfügung stellte. «Das würde uns in keiner Weise belasten und wir könnten erst recht freizügig leben. Einige Monate in Halle, zur neuen Anregung und Arbeit, im Verkehr mit unseren dortigen Freunden – dann wieder zurück in ‹unsere Möbel› und wieder eine gute Abwechslung, die neue Energien freiwerden lassen wird. (...) Und der Gedanke, letzten Endes eine Bleibe für unsere Söhne zu haben, ist beruhigend – bis sie wenigstens in der Welt auf eigenen Füssen stehen.»[71]

Theodore Lux Feininger erinnerte sich 1984 an die letzten Monate seiner Eltern in Dessau, als das Bauhaus schon fort und Feininger das letzte Überbleibsel der kreativsten Jahre war, die die Stadt je erlebt hatte: «Mein Vater blieb auf dem Hochschulgelände wohnen, bis eines Nachts 1933 die Nazis kamen und ihm mitteilten, dass sie eine Hausdurchsuchung durchzuführen hätten. Das ängstigte meine Eltern dermaßen, dass sie binnen einer Woche die Stadt verließen. Das Bauhaus war da schon geschlossen. Aber sie hatten das festgeschriebene Wohnrecht für dieses Haus; durch Vertrag mit der Stadt Dessau. Die hätte ihnen offiziell mitteilen müssen, dass sie dort nicht mehr wohnen durften; so aber hatten sie für ein weiteres Jahr Bleiberecht. Aber sie haben sich entschieden, es nicht einmal zu versuchen. Sie sind urplötzlich weggezogen. Ich war nicht da, ich lebte in Paris. Ich habe nur darüber gelesen.»[72]

Aber Galka Scheyer kam damals zu Besuch nach Dessau, und sie fand die beiden Feiningers Ende März 1933 in ihrem Haus schon auf gepackten Koffern vor. Seit zwei Monaten bestand das «Dritte Reich», und am 11. März 1933, nicht einmal eine Woche nach der plebiszitären Bestätigung der am 30. Januar von Reichspräsident Hindenburg ernannten Hitler-Regierung in den Reichstagswahlen, war die Gestapo

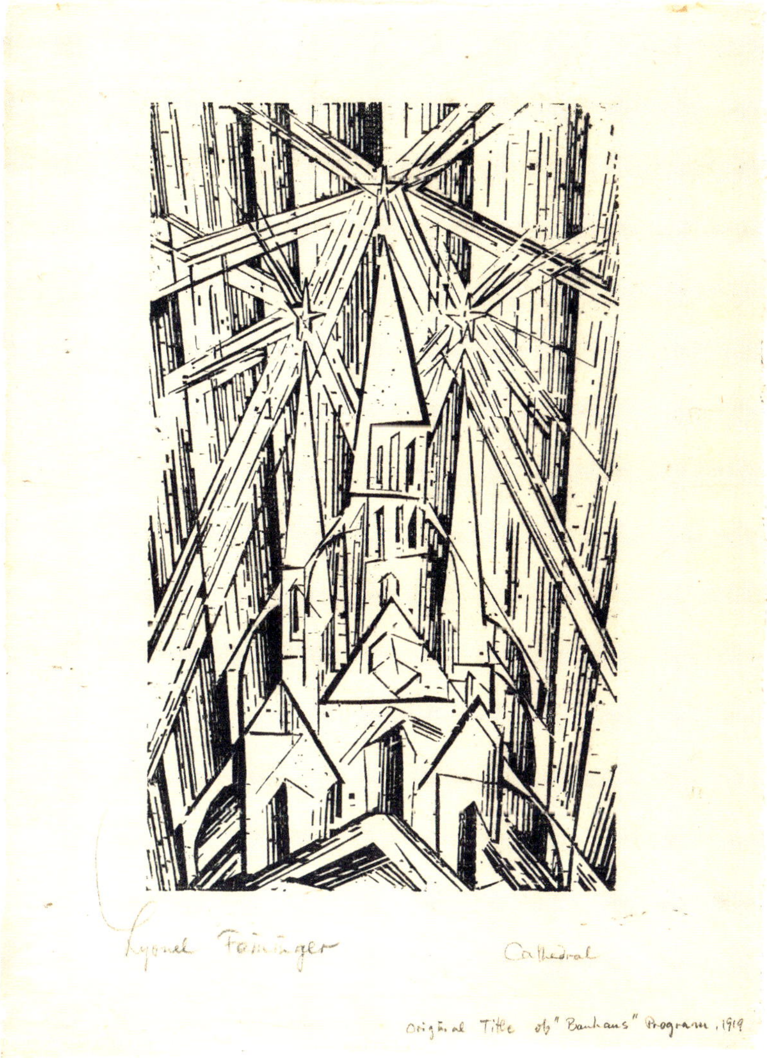

Emblem einer neuen Zeit: Lyonel Feiningers Holzschnitt für die Titelseite des Bauhaus-Manifests (1919).

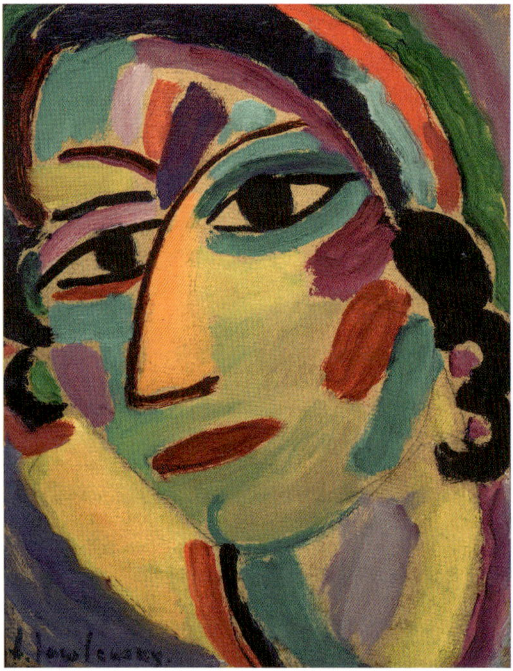

Als Freundin und Agentin Lyonel Feiningers lernte sie ihn von zwei verschiedenen Seiten kennen: Galka Scheyer in einem Porträt, das Alexej von Jawlensky 1917 von ihr gemalt und als «Mystischer Kopf» betitelt hat.

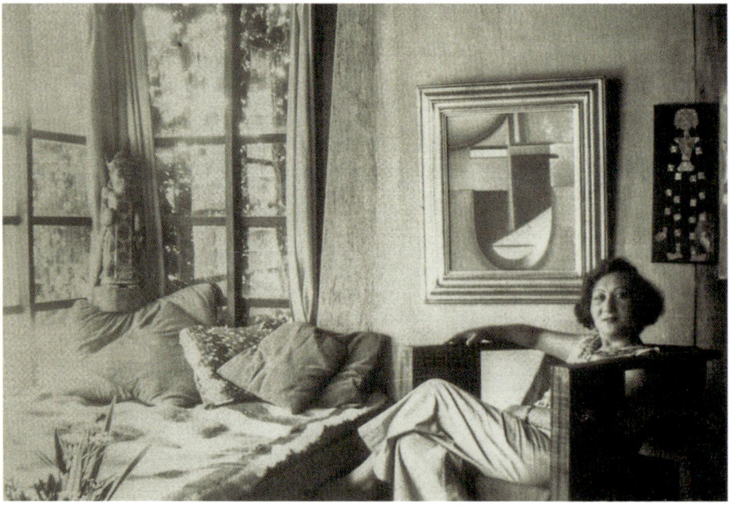

Bei der neureichen internationalen Filmszene in Hollywood erhoffte sich Galka Scheyer Interesse für ihre Künstlergruppe «The Blue Four», bestehend aus Feininger, Jawlensky, Wassily Kandinsky und Paul Klee. Aufnahme der Galeristin aus dem Jahr 1931, hinter ihr ein Jawlensky-Gemälde aus ihrem Besitz.

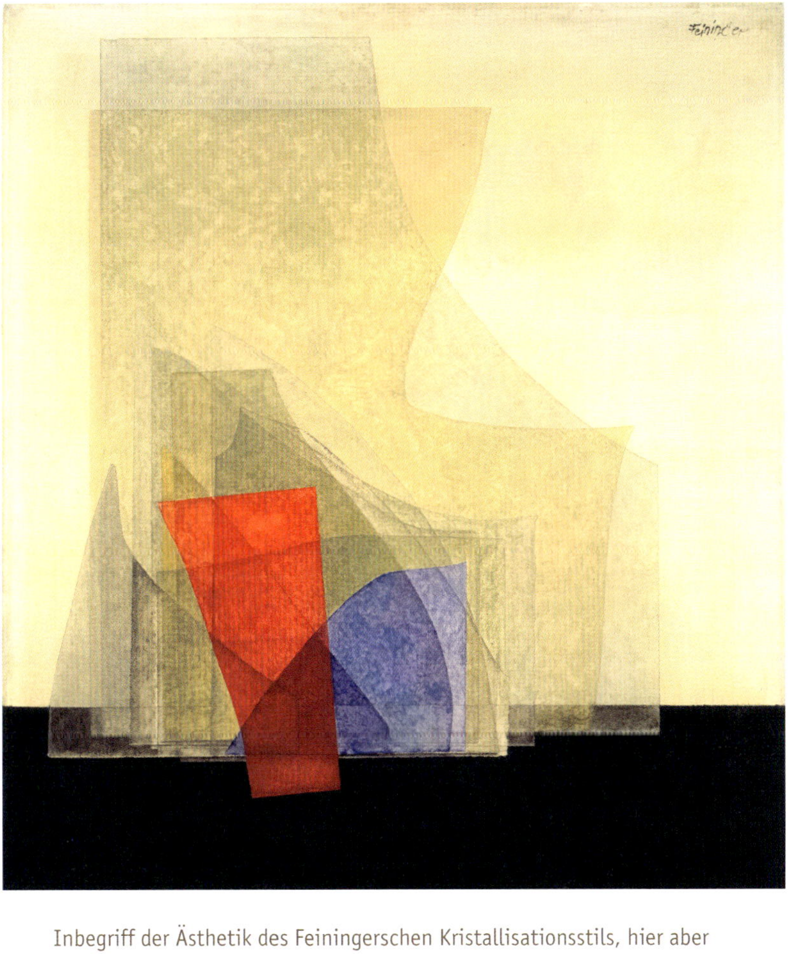

Inbegriff der Ästhetik des Feiningerschen Kristallisationsstils, hier aber vorgeführt als ganz realistische Darstellung zerbrochener Fensterscheiben im Dessauer Atelier des Künstlers: das «Glasscherbenbild» von 1927.

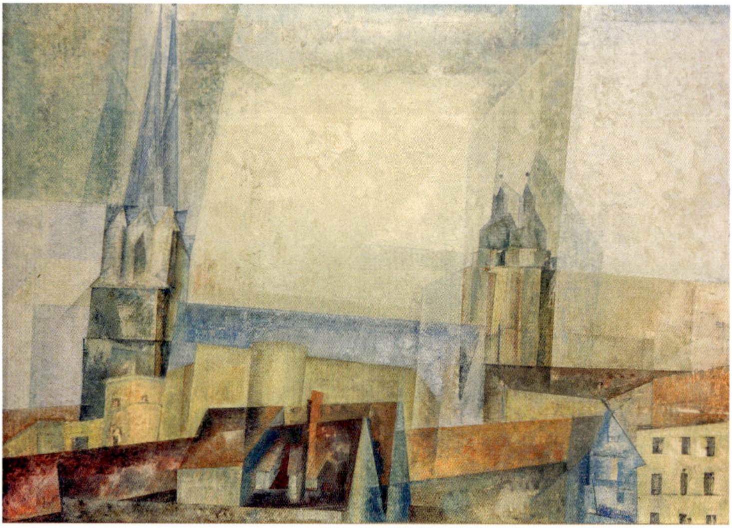

Der größte öffentliche Auftrag war Feiningers elfteiliger Halle-Zyklus (1930/31), daraus hier «Die Türme über der Stadt».

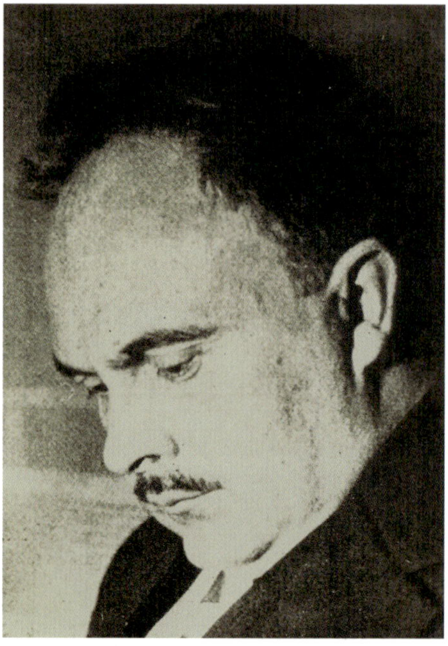

Feiningers wichtigster Freund und Förderer: Alois Schardt, Leiter des Städtischen Museums Moritzburg in Halle, 1933 kurzfristig Direktor der Berliner Nationalgalerie.

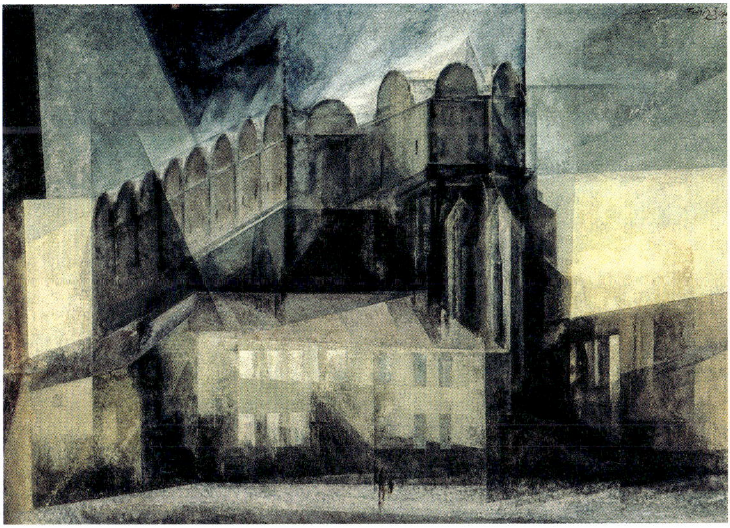

Während seiner Arbeit an den Bildern lebte Feininger im Torturm der Moritzburg, und der Schauplatz des Gemäldes «Der Dom in Halle» lag nur wenige Straßen entfernt. 1937 wurde der gesamte Halle-Zyklus als «entartet» beschlagnahmt.

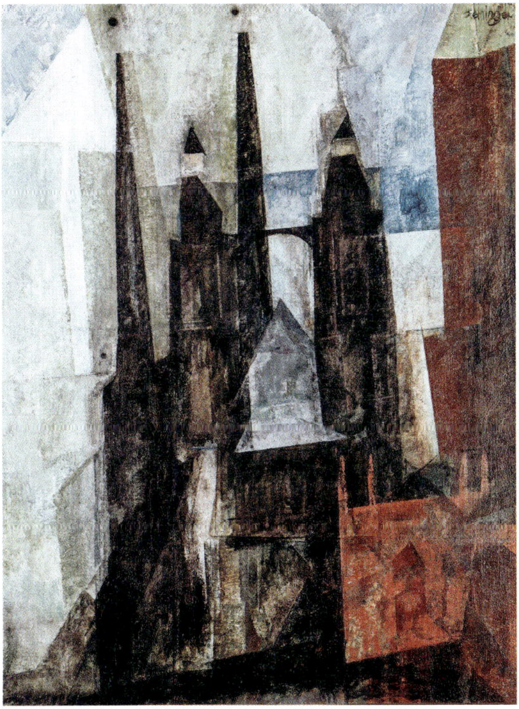

Suprematistische Symbolsprache verbunden mit Feiningers unverkennbarem Formenspiel: «Marienkirche mit dem Pfeil».

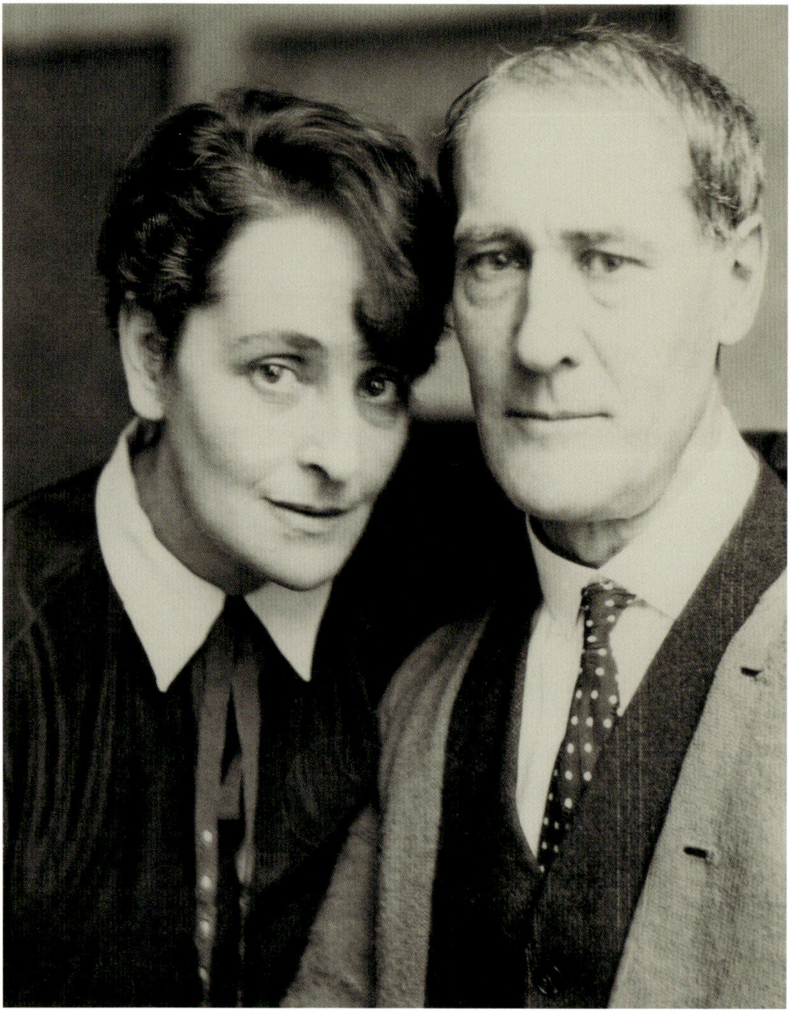

Julia Feininger war unentbehrlich für den Erfolg ihres Mannes, weil sie die Organisation des Ateliers übernahm: 1929, kurz vor dem Höhepunkt des Erfolgs von Lyonel Feininger, ließ sich das Ehepaar gemeinsam fotografieren.

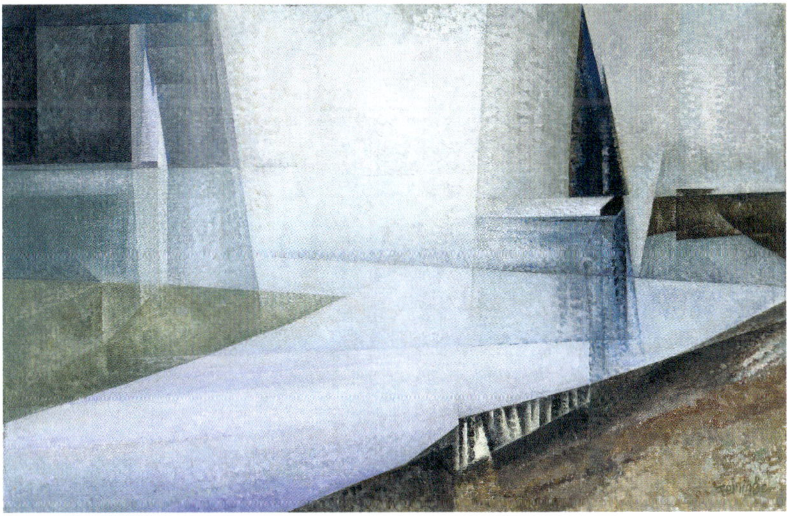

Eines der Resultate der jeweils im Sommerurlaub an der Ostsee angefertigten «Naturnotizen»: Das 1929 entstandene Gemälde «Regamündung III» zeigt Deep, den von Familie Feininger bevorzugten Badeort in Westpommern, noch ohne die kurz danach errichtete Betonbrücke über den Fluss.

Fünf Jahre später hatte sich in Deep nicht nur das Ortsbild gewandelt, das Dorf war auch ganz auf den nationalsozialistischen Kurs eingeschwenkt, um den Tourismus nicht zu gefährden: Postkarte mit dem hakenkreuzfahnengeschmückten Badestrand, Mitte der dreißiger Jahre.

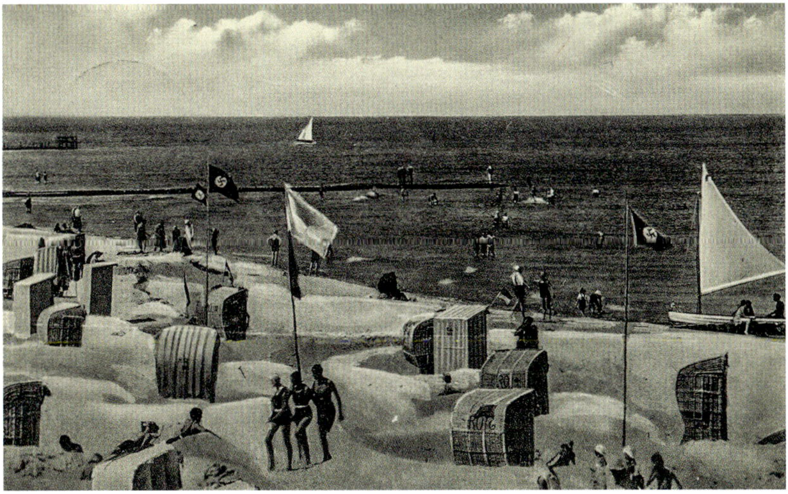

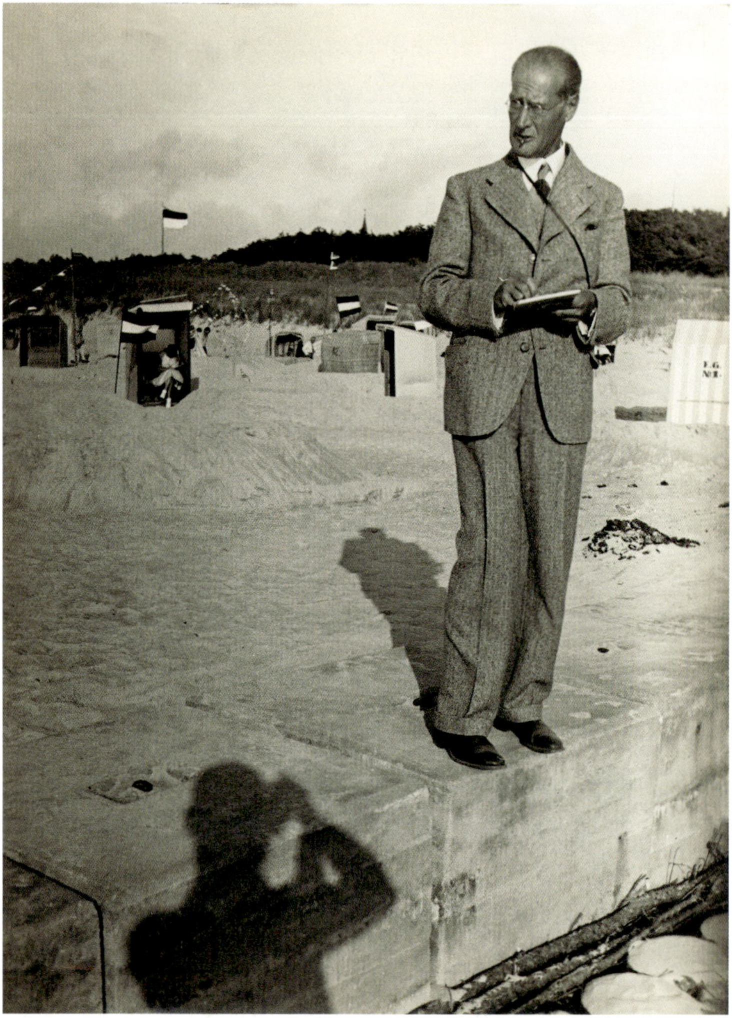

Bereits mit skeptischem Blick im Lieblingsbadeort: Lyonel Feininger beim Skizzieren Anfang der dreißiger Jahre am Strand von Deep. Fotografiert wurde er von seinem jüngsten Sohn Theodore Lux, dessen Schatten auf den Vordergrund fällt.

im Meisterhaus bei Feiningers vorbeigekommen. Der Wahlsieg der NSDAP war nicht so triumphal ausgefallen wie von Hitler erhofft, die angestrebte absolute Mehrheit hatte er nicht errungen, und so war seine Partei weiterhin auf eine Koalition mit der Deutschnationalen Volkspartei angewiesen. Aber das am 24. März verabschiedete Ermächtigungsgesetz hatte dem Reichskanzler diktatorische Vollmachten verschafft, und umso heftiger betrieben seine Parteigenossen nun überall im Land den angestrebten Umsturz der Gesellschaftsordnung. Die Repressionen gegen dem neuen Regime missliebige Personen steigerten sich kontinuierlich bis zum ersten wohlvorbereiteten Höhepunkt, dem «Juden-Boykott» am 1. April. Die Durchsuchung von Wohnung und Atelier in der Ebertallee hatte dem von der lokalen Presse als Bolschewiken diffamierten Feininger gegolten – ausgerechnet ihm, der doch seit dem Ersten Weltkrieg treudeutsch war.

Es wäre für einen Künstler wie Lyonel Feininger – Veteran des Bauhauses, Exponent der Moderne, verheiratet mit einer Frau aus jüdischer Familie – ratsam gewesen, das Land zu verlassen, zumal ihn als amerikanischen Staatsbürger niemand daran hindern konnte – ebenso wenig wie an der Einreise in die Vereinigten Staaten. Aber Feininger blieb. Mehr als das: Er und Julia Feininger zogen in die Höhle des Löwen, ins Zentrum des neuen totalitären Staates, zurück in die Reichshauptstadt Berlin.

INBRUNST EINER GLÄUBIGEN UND SEHNSÜCHTIGEN ZEIT

Feiningers Prophet in Deutschland: Alois Schardt

Es gab einen besonders guten Grund für Lyonel Feininger, sich wieder nach Berlin zu orientieren. Mitte Juni 1933 sollte im preußischen Kulturministerium, das seit Februar kommissarisch von dem Nationalsozialisten Bernhard Rust geleitet wurde, eine Denkschrift aus Halle eintreffen. Verfasst hatte sie der Direktor des dortigen Städtischen Museums für Kunst und Kunstgewerbe, und sie trug den Titel «Wesensmerkmale der deutschen bildenden Kunst». Ihr Inhalt war dazu gedacht, nicht nur die Karriere ihres Autors im neu etablierten «Dritten Reich» zu befördern, sondern auch die der mit ihm befreundeten Künstler. Einer von ihnen war Feininger, und als der Plan einen Monat später bereits aufs schönste aufgegangen schien, schickte er eine Gratulation nach Halle: «Es ist wohl der höchste Ruf den Deutschland zu vergeben hat, an Sie ergangen und das ist eine Wahl, die wir alle aus vollstem Herzen begrüssen. Für die Sache der lebenden Kunst, der deutschen Kunst. Lieber, verehrter Freund! Viel Glück kann sich Deutschland zu Ihrer Berufung wünschen.»[1] Feiningers Frau Julia war nicht weniger begeistert: «nun stehen sie an der stelle, an die wir sie seit langem, gewünscht hatten und von der aus sie zum segen der gesamten künstlerischen bestrebungen wirken können (...) aber einmal endlich musste ich ihnen sagen, wie froh wir über den ruf sind, der an sie erging und wie ihre berufung mir als symbol für die erfüllung sehr kühner hoffnungen für das ganze – ganz ausserhalb des gebietes, in dem sie wirken können – erscheint.»[2] Beide Feiningers glaubten ihre Zukunft im neuen Staat durch die Berufung nunmehr gesichert.

Die Gratulationen galten Alois Schardt, dem Vertrauten des Ehepaars seit 1919. Als man sich kennenlernte, hatte der 1889 in der mittelhessischen Provinz geborene Bauernsohn Schardt gerade seine erste bescheidene Museumsstelle als Kunsthistoriker angetreten, als wissenschaftliche Hilfskraft in der ägyptischen Abteilung der Staatlichen Museen Berlin. Aber ungeachtet seines Dissertationsthemas, «Der menschliche Haltungtypus und seine Bedeutung für die ägyptische, assyrisch-babylonische und griechische Plastik», war Schardts eigentliches Interesse die zeitgenössische Kunst, und so besuchte er in Berlin auch Lyonel Feininger in dessen Atelier. Schon im Folgejahr reiste Schardt nach Weimar, um Feiningers neue Arbeiten am Bauhaus zu studieren.

Seine Neugier für die Moderne brachte ihm die Sympathie von Ludwig Justi ein, dem Direktor der Berliner Nationalgalerie, der Schardt im Sommer 1920 an sein Museum holte, allerdings wieder nur in untergeordneter Funktion als Hilfskraft. Drei Jahre später nahm Schardt deshalb das Angebot an, gemeinsam mit seiner Frau Mary Dietrich die Leitung der Neuen Schule in Hellerau bei Dresden zu übernehmen, der 1909 gegründeten ersten deutschen Gartenstadt. Dort hatte die Schauspielerin Dietrich 1913 in einer Theateraufführung mitgewirkt, bei der sie wohl Harald Dohrn kennenlernte, der im Jahr danach die Geschäftsführung der Neuen Schule übernehmen sollte.[3] Dietrich und Schardt hatten 1916 geheiratet, nachdem er als Leutnant von der Westfront zurückgekehrt war. Eine Nervenzerrüttung ersparte ihm die Fortsetzung des Kriegs, und so konnte er die Arbeit an der Promotion wieder aufnehmen. Im Jahr 1918 wurde die gemeinsame Tochter Anna Margaretha (genannt Amagrit) geboren, 1923 dann der Sohn Wolfgang Alois. Die einträgliche Stelle in Hellerau kam für die größer gewordene Familie also gerade recht.

Die Leitung der als reformpädagogisches Projekt zur künstlerischen Ausbildung konzipierten Bildungsanstalt der Gartenstadt bot für Schardt nach dessen Anfangsjahren als subalterner Museumsmitarbeiter, dem aber gleichwohl von Justi die Kontaktpflege zu zahlreichen Künstlern überlassen worden war, die willkommene Chance, eigenes kulturpolitisches Profil zu entwickeln. Er richtete an der Schule Ende 1924 eine Galerie zeitgenössischer Kunst ein, für die er viele Leihgaben mit ihm bekannter Künstler einwarb, und ließ sich als Schulleiter von den Lehridealen des Bauhauses anregen. Zu den Schülern in Hellerau zählten von September 1924 an auch Lyonel Feiningers jüngere Söhne Laurence und Theodore Lux, die nach Hellerau ins Internat gegeben wurden, als sich der Abschied des Bauhauses aus Weimar abzuzeichnen begann. Das vertiefte den Kontakt zwischen den beiden Familien – zumal diese Intensivierung der Freundschaft in eine Zeit der persönlichen Krise für die Schardts fiel, deren drittes Kind, ein Mädchen, kurz nach der Geburt gestorben war.[4] Und nach nicht einmal zweijähriger Tätigkeit des neuen Direktorenpaars musste die Neue Schule im Frühjahr 1925 aus finanziellen Gründen schließen, die Schardts zogen im darauffolgenden November zurück nach Berlin.

Im Januar 1926 bewarb sich Alois Schardt um die Stelle als Direktor des Städtischen Museums in Halle, wo erst im Jahr zuvor das Lehrpersonal der örtlichen Kunstgewerbeschule Burg Giebichenstein um mehrere ihm wohlgesinnte ehemalige Bauhäusler erweitert worden war. Die Stadt unter ihrem ehrgeizigen Oberbürgermeister Richard Robert Rive nahm Anlauf, um Zentrum der modernen Kunstausbildung in Deutschland zu werden, und da kam der mittlerweile in Kreisen der Gegenwartskünstler einschlägig bekannte Schardt gerade recht. Rive selbst hatte ihn zur Bewerbung um den Posten aufgefordert, und der Magistrat beschloss seine Einstellung zum 5. August 1926. Mit seinem Amtsantritt endete eine Durststrecke am Städtischen Museum, weil es dort jahrelang nur jeweils kurzfristig amtierende Interimsdirektoren gegeben hatte.

Das hatte seine Ursache im bislang letzten regulären Direktor, dem gegenüber Schardt nur neun Jahre älteren Max Sauerlandt, der 1919 aus Halle nach Hamburg gewechselt war. Aber als persönlicher Vertrauter Rives entschied Sauerlandt bis zu Schardts Amtsantritt weiterhin aus der Ferne über die wichtigsten Ankaufsentscheidungen seines früheren Hauses mit. Dadurch war einerseits das Feld für die Moderne im Städtischen Museum bestens bestellt: Dank Sauerlandt waren schon vor dem Ersten Weltkrieg Werke des Impressionismus und Expressionismus in die Sammlungen gekommen. Aber der allerneuesten Kunst stand der ehemalige Direktor zurückhaltend gegenüber. Als ihm Rive im November 1921 berichtet hatte, dass das Museum erstmals ein Bild von Feininger anzukaufen gedenke – eines aus dessen heute als zentral geltender Werkgruppe mit Ansichten der Kirche von Gelmeroda, «ein mir unverständliches Gemälde u. eine mir verschlossene Kunst, aber das Museum verschließe ich ihm nicht»[5] –, unterblieb die erhoffte Ermutigung durch Sauerlandt, und Rive verlor seinen Mut wieder. Im Falle eines Bildes von Paul Klee wiederholte sich dieses Muster vier Jahre später noch einmal. Stattdessen wurden in der siebenjährigen Interimszeit für Halle weiter Werke von Künstlern angekauft, die seit Sauerlandts Direktorat schon vertreten waren: Rodin, Munch, Modersohn-Becker, Klinger, Lehmbruck oder Nolde.

Als die Stadt Halle dann endlich wieder eine reguläre Direktorenstelle am Museum ausschrieb und schließlich Schardt darauf berief, zog sich Sauerlandt auf Rives Wunsch grummelnd von der inoffiziellen Leitung des Museums zurück. Der Oberbürgermeister hatte sich mit Schardt für einen Mann entschieden, den Sauerlandt zuvor gar nicht gekannt hatte, was diesen verstörte, und zudem versprach der neue Direktor einen Aufbruch in die unmittelbare künstlerische Gegenwart. Schardt leitete in Halle denn nicht nur das Museum, sondern bekleidete zudem von Januar 1931 an eine Honorarprofessur für Kunstgeschichte und Museumskunde an der Universität Halle-Wittenberg, womit er seine Vorstellungen eines zeitgemäßen Kunstverständnisses fortan doppelt propagieren konnte. Im Museum hatte er wie schon in Hellerau sofort mit dem Aufbau einer Sammlung zeitgenössischer Künstler begonnen, aber nun konnte er auch ankaufen: So kamen jetzt die Klees und Feiningers in die Sammlung, darunter von Letzterem der legendäre Halle-Zyklus aus elf Gemälden und neunundzwanzig Zeichnungen, dazu Werke anderer Bauhaus-Protagonisten wie Wassily Kandinsky, Oskar Schlemmer oder El Lissitzky, aber ebenso weiterhin von Künstlern, die schon Sauerlandt geschätzt hatte, wie Nolde, Lehmbruck, Franz Marc oder Oskar Kokoschka. Schardt erstellte als Direktor in Halle einen Kanon der Moderne, der in der deutschen Öffentlichkeit als beispielgebend angesehen wurde und dem er sich fortan auch persönlich unbedingt verpflichtet sah – was zu seinem beruflichen Verhängnis werden sollte.

Der geplatzte Traum vom Staatskünstler

Besonders intensiv entwickelte sich in der zweiten Hälfte der zwanziger Jahre Schardts Zusammenarbeit mit Feininger. Er legte nach ihren Begegnungen handschriftliche Notizen über Feiningers Bemerkungen und Erinnerungen an, die als Grundlage für eine geplante Biographie des Künstlers fungieren sollten. Als Alfred H. Barr einige Monate nach seinem Besuch in Dessau Feininger um Auskünfte zu dessen Werk bat, verwies ihn dieser, wie erwähnt, an Schardt: «There is only one man (or possibly there are two) who really could tell you anything really conclusive about my work. One is Museumsdirektor Dr. Wilhelm Köhler, Schloss Weimar – and the other, Dr. Alois Schardt, Halle, Museum Moritzburg, who is at work since 8 years on a book about ‹Feininger›.»[6] Die Idee dieses Buchs muss Schardt also vom ersten Treffen mit Feininger an verfolgt haben.

Ihre Zusammenarbeit gipfelte dann 1931 in einem spektakulären Ankauf. Im erwähnten Atelierzimmer im Torturm der Moritzburg arbeitete der Bauhaus-Meister seit 1929 an einem öffentlichen Auftrag: einer Stadtansicht, die als Geschenk von Halle an das in Magdeburg residierende Provinzialamt der preußischen Sachsenprovinz gehen sollte. Feininger war jedoch derart begeistert von den mittelalterlichen Gebäuden der Stadt, den für ihn wohltuend isolierten Arbeitsbedingungen in der Moritzburg und dem gleichzeitig intensiven Austausch mit seinem Freund Schardt, dass er den ursprünglichen Plan eines einzelnen Gemäldes verwarf. Stattdessen führte er jene Serie von elf großformatigen Halle-Ansichten aus, die die Stadt samt den Vorzeichnungen für ihr Museum erwarb und sofort nach dem Ankauf für die großen Retrospektiven zu Feiningers sechzigstem Geburtstag in der Berliner Nationalgalerie und dem Essener Museum Folkwang auslieh – Ausstellungen, die aus Feininger einen der prominentesten Künstler der Weimarer Republik machten. Aber der entscheidende Impuls dazu ging von Halle aus, wo Schardt in seiner Amtszeit als Direktor der Moritzburg mit rund fünfzig Werken von Feininger dessen größten deutschen Museumsbestand zusammentrug und darüber hinaus noch einige Bilder privat besaß. Kein Wunder, dass Julia Feininger 1931 in einem Brief an ihren Mann lapidar zu Schardt feststellte: «wir sind uns wohl einig, dass er der einzige mensch ist, zumindest, den wir kennen, der in der weise über kunst denkt, sie betrachtet und fühlt und dementsprechend spricht, wie wir selbst.»[7] Der Aufstieg Feiningers war untrennbar mit dem museumspolitischen Wirken von Alois Schardt verbunden. Und dessen Reputation als kompromissloser Wegbereiter der Moderne war es wiederum mit der Kunst Lyonel Feiningers.

Mit dem Regierungsantritt der Nationalsozialisten im Januar 1933 aber drohte beiden Karrieren nach den Höhepunkten in den frühen dreißiger Jahre schon wieder das Ende, zumal sich Schardt, der im Gegensatz zu Feininger ein begeisterter und deshalb gerne zu Vorträgen eingeladener Redner war, in der Endphase der Weimarer Republik öffentlich als Gegner einer nationalistisch argumentierenden Kunstanschauung profiliert hatte. Seine besonders kritische Aufmerksamkeit galt dabei dem erwähnten Architekten Paul Schultze-Naumburg. Dieser war als Kunsttheoretiker eines der prominentesten und öffentlich aktivsten Mitglieder des 1928 vom offiziell als «NS-Chefideologen» firmierenden Alfred Rosenberg gegründeten Kampfbunds für deutsche Kultur, führte seit 1930 als Direktor der Weimarer Kunsthochschule den programmatischen Kampf gegen die abstrakte Kunst und ließ im Werkstattgebäude seiner Hochschule, dem ehemaligen Sitz des Bauhauses, die dortigen Wandbilder von Oskar Schlemmer abschlagen.

Derartige Aktionen profilierten ihn als führenden Vertreter einer antimodernen Ästhetik in Deutschland, und Feininger vermerkte 1931 deshalb mit Genugtuung, dass Schardt sich mit dem Gedanken trug, im Rahmen einer im Wintersemester 1930 / 31 durchgeführten Vortragsreihe mit dem Thema «Künstlerbekenntnisse» einen Abend davon Schultze-Naumburgs Kunstauffassung zu widmen. An seine Frau schrieb Feininger: «Alles was der Mann verteidigt als ‹Deutsch› ist das genaue Gegenteil. Ich sage [Schardt], er würde eine gute Tat damit vollbringen; der Vortrag müsste grösste Verbreitung finden, denn so sehr sich viele da empören über Herrn Sch. aus N., findet doch keiner den Dreh, ihn grundsätzlich zu widerlegen und seinen Unsinn sogar für Deutschnationalisten offenbar zu machen. Das kriegt nur Schardt fertig, und mit Glanz. Was nützt schimpfen und das Gegenteil von dem Unsinn behaupten?»[8]

Mit Schultze-Naumburg machte sich Schardt indes einen mächtigen Feind, der nach dem Erdrutschsieg der NSDAP bei den Wahlen vom 31. Juli 1932 als Abgeordneter in den Reichstag einzog. Kurz vorher hatte Feininger seine Besorgnis ausgedrückt, Schardt könne sich im rastlosen öffentlichen Einsatz für die Moderne überlasten: «Ich habe seit Jahren eine schreckliche Angst, dass Allo plötzlich einmal zusammenbricht. Was das bedeuten würde für Deutschlands heutige Kunstkultur lässt sich kaum ermessen, denn bis jetzt hat Schardt, so viel ich weiss, noch nicht ein Teil seiner Werke in feste Gestalt gebracht um sie für die kommenden Generationen nutzbar zu machen.»[9] Dabei fürchtete der Künstler allerdings vor allem um das Zustandekommen der seit Jahren von Schardt erhofften Monographie über ihn selbst. Im September jedoch, nach der endgültigen Schließung des Bauhauses in Dessau, trat die persönliche Anteilnahme in den Vordergrund: «Hast Du mit Schardt telefoniert?», schrieb Feininger an seine Frau. «Diesem zartnervigsten Menschen! Wenn es heute darauf ankommen sollte, sich nach Trost bei Freunden umzuwenden, zu wem noch könnte man gehen? Alles ist wankend, in grenzenloser Furcht vor den Zeiten, die hereinbrechen mögen und vergiftet durch Politik!»[10]

Doch weder Feininger noch Schardt wollten so einfach das Feld räumen. Letzterer passte sich rhetorisch rasch dem neuen Zeitgeist an und betonte Ende März 1933 bei einer Ausstellungseröffnung die «Notwendigkeit, die nationale Kunst von jetzt ab mehr in den Vordergrund zu stellen»;[11] den Ankauf etwaig missliebiger Kunst für sein Museum stellte er erst einmal ein. Anfang April trat er sogar dem Kampfbund für deutsche Kultur bei, den er zuvor so heftig befehdet hatte,[12] und als örtlichem Museumsdirektor wurde ihm die Leitung von dessen Sektion Halle übertragen.

Dennoch wurde Schardt mitgeteilt, dass er zum 1. Mai 1933 seine Honorarprofessur an der Universität Halle verlieren sollte: aufgrund des berüchtigten Paragraphen 3 des im April neuerlassenen Gesetzes zur Wiederherstellung des Berufsbeamtentums, der Juden von jeder Lehrtätigkeit an deutschen Hochschulen ausschloss. Da Schardt aus einer katholischen Familie stammte, erfolgte diese Entlassung allerdings aufgrund falscher Voraussetzungen, weshalb er kurzerhand zusätzlich zum 1. Mai 1933 in die NSDAP eintrat[13] und damit die Unterstellung, er wäre von «nicht-arischer Abstammung», höchstoffiziell entkräftete. Das sicherte ihm die Fortführung seiner Lehrtätigkeit. Zugleich aber hatte ihm die kurzfristige Affäre verdeutlicht, welche Wirkungsmacht Intrigen und ungerechtfertigte Denunziation im neuen politischen Klima besaßen. Mitte Mai wurde dann in der Lokalpresse angeblich im Namen der Halleschen Künstler «die Reinigung des Moritzburgmuseums» und eine Offenlegung der in den vergangenen Jahren für «undeutsches, artfremdes ‹Schlawinertum›» gezahlten Ankaufpreise gefordert.[14] Diese Erfahrungen sollten Schardts Strategie in den nächsten Monaten prägen. Es galt in seinen

Augen, sich nicht wegzuducken, sondern selbst die Initiative zu ergreifen.

Der Kontakt zu seinem ehemaligen Berliner Chef Ludwig Justi war nie abgebrochen, zumal dieser sich 1926 entscheidend für seinen früheren Mitarbeiter eingesetzt hatte, als es um dessen Berufung als Museumsdirektor ging. In einem Empfehlungsschreiben an die Stadt Halle erklärte Justi damals: «Schardt hat ein ebenso feines wie künstlerisches Empfinden, lebt die Bestrebungen der begabtesten Künstler unserer Zeit in klarem Verstehen und warmem Anteil mit. (...) Schardt ist ein Charakter von einer Ehrenhaftigkeit – bis zur Schädigung seiner Lebensgrundlagen – wie man sie heute selten findet. Er folgt ganz unbedingt seinen Überzeugungen, geht seinen Weg ganz geradeheraus.»[15] Für den Direktor der Nationalgalerie war Schardt ein willkommener Mitstreiter im Kampf um die museale Durchsetzung der Gegenwartskunst, die im Berliner Kronprinzenpalais in Gestalt der dort 1919 begründeten «Galerie der Lebenden» (jener von Justi begründeten Dependance der Nationalgalerie) ihr öffentlichkeitswirksamstes Forum in Deutschland gefunden hatte. Justi war dann aber 1933 durch ebendieses vehemente Engagement für zeitgenössische Künstler der Weimarer Republik bei den neuen nationalsozialistischen Machthabern diskreditiert; der neue preußische Kultusminister Bernhard Rust hatte ihm sofort die Frühpensionierung nahegelegt, doch der noch nicht sechzigjährige Direktor bevorzugte eine Rückstufung zum Kurator, worauf man ihn innerhalb der Staatlichen Museen in die Kunstbibliothek abordnete und dort kaltstellte.

Justis Entscheidung, das Feld ebenfalls nicht einfach zu räumen, durch seine Weiterbeschäftigung zugleich aber den Eindruck zu mildern, geschasst worden zu sein, wird es für seinen früheren Vertrauten Schardt leichter gemacht haben, einen denkbar überraschenden Schritt zu wagen: Als ausgewiesener Exponent der Weimarer Moderne bewarb er sich beim nationalsozialistisch geführten preußischen Kultusministerium auf die Nachfolge als Direktor der Nationalgalerie. Die frisch erworbene Parteimitgliedschaft konnte da nicht schaden, und Schardt frisierte seine 1917 entstandene Dissertation mit ihrem unverdächtigen klassischen Thema dem neuen Zeitgeist gemäß noch ein wenig zurecht. In seinem persönlichen Exemplar der Doktorarbeit, das neben deren Typoskript im Getty Research Institute aufbewahrt wird, ist dem zugehörigen Extraband mit Bildbeispielen ein weiteres Kapitel zur «deutschen Haltung» hinzugefügt, die im Mittelalter den klassischen Habitus abgelöst haben soll. Diese Tradition sei seitdem ungebrochen, behauptete Schardt, was er anhand von vier dokumentarischen Alltagsfotografien aus jüngerer Zeit, nämlich den Jahren 1931/32, belegen wollte. Unter ihnen findet sich auch eine Aufnahme des Publikums bei einem Hitler-Besuch in Halle, die Schardt selbst angefertigt haben wird. Eingeleitet wird diese kurze Bilderfolge durch die skurrile Zwischenüberschrift «Einige Zufallsaufnahmen, aus denen hervorgeht, dass sich der deutsche Körper bis in unsere Tage erhalten hat».

Es spricht viel dafür, dass Schardt diese Ergänzung seiner ursprünglichen Dissertationsschrift anlässlich der Bewerbung um den Posten des Nationalgaleriedirektors vorgenommen hat – auffällig ist schon das festere Kartonpapier des zusätzlichen Abschnitts im Bildband und die Tatsache, dass hier statt eigener Abzeichnungen von vorgestellten Bildwerken, wie sie sich im 1917 eingereichten Bildband ausschließlich fanden, nun Fotos eingeklebt wurden. Allerdings verleugnete Schardt seine früheren kunstwissenschaftlichen Überzeugungen nicht. In der Dissertation selbst hatte er 1917 die Darstellung von Juden in antiken Bildwerken gegen damals aktuelle antisemitische Lesarten verteidigt, so etwa in einer Anmerkung zur Theorie des Gynäkologen Carl Heinrich Stratz, der 1913 durch ein Buch zur weiblichen Schönheit bekannt geworden war und deshalb im späten Kaiserreich als Experte für Fragen des Habitus galt. Dessen bereits 1903 erschienene antisemitische Studie «Was sind Juden?» hatte Schardt in seiner Dissertation als «eine Schrift, die stark tendenziös gefärbt ist», abgefertigt, und ihm schien es 1933 noch nicht notwendig, solche Urteile zu zensieren.[16]

Der wichtigste Schritt bei der Bewerbung als Nachfolger Justis war jedoch die eingangs erwähnte Denkschrift «Wesensmerkmale der deutschen bildenden Kunst», die Schardt in größter Eile von Anfang Mai bis zum 10. Juni abfasste. Das Vorwort schlägt gleich einen den neuen Verhältnissen entsprechenden Ton an: «Die Kunstauffassung der materialistischen und individualistischen Weltanschauung ist überlebt. Kunst ist nicht um ihrer selbst willen da, auch nicht zur Erholung und zur aesthetischen Freude des Einzelnen. Die Aufgabe der Kunst muss daher im Geiste einer überstofflichen, volksgemeinschaftlichen Weltanschauung neu erfasst und formuliert werden. Für die deutsche Volksgemeinschaft ist von entscheidender Wichtigkeit, welche Werke arteigene, das heisst deutsche Kunst darstellen. Es soll der Versuch gemacht werden an Werken, die zweifellos nordisch-deutsch sind, die Eigenart der deutschen Kunst aufzuzeigen und sowohl gefühlsinhaltlich wie in ihrer äusseren Handschrift durch die Jahrhunderte zu verfolgen. Es soll ferner in grossen Zügen klar gestellt werden, welche Werke unter fremden Einflüssen entstanden sind. (…) Es kann nur das Ziel sein, ein Volk, das sich in der bildenden Kunst Jahrhunderte lang als zweiten Ranges, oder als: noch nicht so weit entwickelt – betrachtet hat, wieder zum Bewusstsein seiner eigenen Art zu führen. Aus diesem Wege wird sich von selbst ein Masstab ergeben, an dem wir prüfen können, welche Kunstwerke unserer Tage berufen sind, an der neuen Zeit mitzuwirken.»[17]

So unerfreulich diese rhetorische Anbiederung an die «neue Zeit» auch klingt, Schardt schickte mit seiner Denkschrift ein Trojanisches Pferd nach Berlin. Er grenzt die Darstellungen der «Körper der beiden Rassen» (das sind für Schardt die romanischen, also kunstgeschichtlich als klassisch angesehenen Südländer und die germanischen, von ihm «gotisch» genannten Nordländer) voneinander ab und kommt zu dem Schluss: «Der Ausdruck des deutschen Körpers ist weder geradlinig dahinschreitend, noch melodisch nach allen Seiten ausbalancierend, sondern gegensätzlich – kontrapunktisch.»[18] Damit will er aus der Kunst vor der Renaissance, namentlich der Gotik, die Rechtfertigung für die Moderne mit ihren scheinbar mit der Natürlichkeit brechenden Perspektiven und Proportionen herleiten. Gerade weil Kunst, wie schon im Vorwort behauptet, überindividualistisch sei, müsse sie ständig mit der Tradition brechen: «Der willensmässig bedingte Mensch ist irrational. Aus der Eigenart des Willens ergibt sich, dass der Verlauf der Willenshandlungen nicht im romanischen, melodischen Sinne verläuft, sondern in Gegenbewegungen. Man kann der romanischen Melodie den nordischen Kontrapunkt entgegensetzen. Diese innere Veranlagung lässt es in der bildenden Kunst nicht zum Kreis und zur Ellipse kommen. Die nordische Linie ist runenhaft, strebend, zurückweichend, sich verschlingend, und duldet nicht einen ständigen, festen Mittelpunkt, weil das Willensmässige sich die Unendlichkeit als Zielpunkt setzt. (…) Den nordischen Menschen treibt es nicht zu Persönlichkeitsbildung, sondern zum Führertum. Während die Persönlichkeit eine statische Angelegenheit ist, ist der Führer die Folgeerscheinung einer dynamischen Grundeinstellung. Auch das Wort selbst: Führer ist ja dynamischer Natur und bedeutet die Eignung, sich an die Spitze einer Bewegung zu setzen und somit Menschen Ziel und Richtung zu geben.»[19] Das ist nichts anderes als die Rechtfertigung von künstlerischer Avantgarde mit dem nationalsozialistischen Führerprinzip.

Wer aber unter den deutschen Gegenwartskünstlern entsprach diesem Ideal? Schardts letzter Abschnitt der Denkschrift nannte sechs Namen: «Es zeugt von dem Gesundungswillen der nordischen Völker, dass der Wille zu dem dynamischen überindividualistischen Welterleben in Menschen, wie van Gogh und Hodler mit grösster Leidenschaftlichkeit wieder aufwachte und dass uns in Deutschland in erbittertem Kampf gegen die Anhänger des französischen Impressionismus, unsere modernen, nordischen Künstler wie Franz Marc, Nolde, Feininger, Kokoschka, Barlach und Lehmbruck erstanden. Das ganze Deutschland nahm an dieser Erneuerung teil: Nolde als Holsteiner, Barlach als Hamburger, Lehmbruck als Westfale, Feininger als Schwabe, Franz Marc als Oberbayer, Kokoschka als Oesterreicher.»[20] Man kann sich kaum mehr Chuzpe vorstellen, als Schardt sie hier beweist, indem er sechs Künstler als exemplarisch «deutsch» (und dazu noch geradezu nach Proporz aus ganz Deutschland inklusive Österreich stammend) präsentiert, die allesamt mit ihren Werken im NS-Staat als «entartet» klassifiziert werden sollten.

Die unter diesem Begriff proklamierte offizielle Verfemung avantgardistischer Kunst nahm ihren Anfang just in den Tagen, als Schardts Denkschrift in Berlin kursierte. Am 26. Juni 1933 beschloss die Stadtverordnetenversammlung in Dresden die Einrichtung einer Ausstellung mit «sogenannten Kunstwerken», die für die städtischen Sammlungen in den Jahren der Weimarer Republik angekauft worden waren, um damit die angebliche bisherige Geldverschwendung anzuprangern.[21] Als Schauplatz dieser Diffamierung wurde das Rathaus ausgewählt und als Titel «Entartete Kunst», also jene berüchtigte Bezeichnung, die meist erst mit der im September 1937 in München ausgerichteten gleichnamigen Ausstellung verbunden wird, die als Wanderausstellung bis zum Kriegsbeginn in zehn weiteren Großstädten des Deutschen Reichs zu sehen war. Doch Schule hatte bereits die Dresdner Initiative gemacht. Die überregionale Wirkung der vierwöchigen Präsentation im Frühherbst 1933 war so groß, dass andere Kommunen um Entleihung baten. Vom Frühjahr 1934 sind Ausstellungen mit den Dresdner «entarteten» Kunstwerken in zwölf Städten nachweisbar – bis in den Sommer 1937 hinein, also kurz bevor die viel größer angelegte Münchner Schau begann, die den erfolgreich eingeführten Titel übernahm. Schon in Dresden waren 1933 jene sechs Künstler vertreten, deren Werke Schardt als vorbildlich für das Kunstverständnis des neuen Staates etablieren wollte.

Das war kein Zufall, denn bereits im März und April 1933, lange vor dem Stadtratsbeschluss, waren die entsprechenden Werke aus den Ausstellungen der Dresdner Museen entfernt worden – nach dem Vorbild von Schultze-Naumburgs Aktion drei Jahre zuvor im Schlossmuseum Weimar. Schardt wusste also genau, worauf er sich einließ. Seine Anbiederung an die nationalsozialistische Terminologie und der Eintritt in die NSDAP erfolgten auch als Reaktion auf diese Verfemung: Wollte er weiterhin Karriere als Verfechter der Moderne und der von ihm favorisierten Künstler machen, musste er sie aus dem Kontext der «Entartung» herauslösen. Daher seine Ausführungen zur organischen Entwicklung von deren Kunstverständnis aus der Tradition des deutschen Mittelalters. Und zum Führerprinzip als konstitutivem Element in den Werken dieser zeitgenössischen Künstler, die in einer dialektischen Volte als restaurative Umstürzler charakterisiert werden, ganz im Sinne des offiziell als «Revolution» propagierten Machtantritts der Nationalsozialisten.

Im Falle Feiningers, des Kronzeugen für Schardts Ausführungen, klingt das in der Denkschrift so: «Feininger gestaltet den Ausdruck der neuen Zeit in seinen Architekturerlebnissen. Seine Werke kann man von der frühesten Zeit, vom Jahre 1889 an, genau nachkontrollieren. Er war ein Meister des Striches und feinster, perspektivischer Beobachtung. Aber schon von Anfang an kann man an seinen Zeichnungen erkennen, wie das romantische Weltbild sich in ihm – zunächst ganz unbewusst, – bemerkbar macht. Weil er ein Meister perspektivischer Beobachtung und Wiedergabe war, war er in erster Linie dazu berufen, die Perspektive umzudeuten und aus ihr ein neues Ausdrucksmittel zu machen. (…) Mit diesem veränderten Blickpunkt ist von vornherein eine völlig andere Weltorientierung gegeben. Feininger geht noch weiter. Auch für ihn ist es selbstverständlich, dass nicht der Zufall die Natur beherrscht, sondern das Gesetz. Wenn man aber von dem Gesetz ausgeht, so muss jeder Strich gesetzmässig durchorganisiert sein. Die neue Welt und Geistesanschauung geht davon aus, dass der Generalnenner der Erscheinungen die Kraft ist, und dass jede Einzelerscheinung dieses Daseins nichts anderes ist als Kraft in einer bestimmten Zusammensetzung, sowie unsere moderne Naturwissenschaft in der wundervollsten und eindeutigsten Weise nachgewiesen hat. Der Stoff gilt nur noch als Aeusserung eines Kraftvorganges. Der moderne Maler hält sich nicht mehr an die Eigenschaften des Stoffes: der Schwere und der Undurchdringlichkeit. Feininger durchleuchtet die Materie, er entmaterialisiert sie. (…) Die Folge ist die, dass die Bilder Feiningers, – genau wie vor hundert Jahren bei Blechen – nicht mehr körperhaft perspektivisch, sondern flächenmässig gestaltet sind. Feininger erlebt das Symbol der Gemeinschaft in Bauwerken. Während des Krieges malt er das Bild des Turmes von Mark Wippach, – die Festigkeit des Turmes beginnt zu wanken, die Quadern werden auseinander geschoben und die Bäche des blauen Himmels stürzen herunter. Er erlebt in dem Turm von Gelmeroda die Inbrunst einer gläubigen und sehnsüchtigen Zeit.»[22] Provokant gesprochen macht Schardt aus Feininger das künstlerische Äquivalent zu Hitler.

Diese Argumentation war aber nicht nur taktisch; sie baute auf der festen Überzeugung Schardts auf, dass mit seinem Freund Feininger der Gipfelpunkt der ästhetischen Evolution erreicht war. Die artikulierte sich nicht erst im Bemühen, dessen Werk den Nationalsozialisten schmackhaft zu machen, sondern bereits erstmals explizit in Schardts bis heute unveröffentlichtem Manuskript «Kunsterlebnisse» aus dem Jahr 1926.[23] Dieses Konvolut ist eine Mischung aus eingeklebten, leicht korrigierten und teilweise maschinenschriftlich erweiterten Aufsätzen früherer Zeit, wobei das Spektrum der Betrachtungen von einem Wandfresko im Dom von Brixen aus dem 12. Jahrhundert über Altdorfer, Dürer, Friedrich, Böcklin bis zu Franz Marc, Nolde, Klee und Barlach reicht. Den Höhepunkt aber bildet erst ein Kapitel zu Feininger, das komplett als Typoskript vorliegt, also eigens neu geschrieben wurde. Der Künstler selbst kannte diese Überlegungen; am 31. Dezember 1925 schrieb er an Schardt, nachdem dieser ihn auf eine Ähnlichkeit seines Raumverständnisses mit einem Dürer-Aquarell hingewiesen hatte: «Vielen herzlichen Dank für die schöne Reproduktion des ‹Dürer›! ganz prachtvoll! und für mich eine Offenbarung – nämlich daß ich vielleicht ein viel ‹deutscherer› Maler bin als heute viele hier ahnen – denn ganz im Sinne meiner eigenen Entwicklung ist jener Raum auf dem Aquarell komponiert! Geradezu verblüffend ist diese innere Beziehung zur Architektur und Raumgestaltung.»[24]

In den mittleren zwanziger Jahren war eine solche These zur Kontinuität von altdeutscher und moderner Kunst freilich unheikel und nicht einmal originell. In Willi Wolfradts Feininger-Monographie aus dem Jahr 1924 war bereits zum Auftakt programmatisch festgestellt worden: «Feininger, nichts weniger als ein Nachahmer des Gotischen oder Romantischen, ist Gotiker. Und Romantiker von Grund seines Wesens auf und unmittelbar aus dem Formerleben der Gegenwart, aus der Aktualität dieses Zeitalters heraus.»[25] 1933 dagegen trat die proklamierte Traditionsfolge in Konkurrenz mit dem nationalsozialistischen Willen zur Diffamierung der Weimarer Avantgarde, der nun zur deutschen Staatsdoktrin im kulturellen Leben werden sollte. Das hielt Schardt nicht davon ab, den Freund zum Staatskünstler auszurufen und die Präsentation von dessen Werk und dem seiner anderen fünf Vorzeigedeutschen geradezu zur Schicksalsfrage musealer Aktivität zu machen: «In den Museen der grösseren Städte wäre es notwendig, die deutsche Kunst so auszustellen, dass man an ausgewählten Werken die Eigenart dessen, was deutsch ist, erkennen und erfühlen lernt. Innerhalb der deutschen Kunstentwicklung muss auf die Ueberfremdungserscheinungen und auf die Schädlichkeit einer falschen Schönheitsbildung hingewiesen werden.»[26] Diese Bemerkung aus dem Schlusswort seiner Denkschrift war das Eintrittsbillett ins Direktorenzimmer der Nationalgalerie.

Als Schardt Ende Juni vom preußischen Kultusminister Rust als Nachfolger Justis berufen wurde, glaubte er sich gleich doppelt am Ziel, da seine Bewerbung ja eigenes Karrierestreben mit dem Versuch verbunden hatte, Teile der von ihm präferierten Kunst vor der bereits begonnenen Verfemung zu retten – welche dieser beiden Motivationen überwog, ist nicht mehr festzustellen. Ihre Untrennbarkeit wird aber in einem Brief deutlich, den ein Mitarbeiter der Nationalgalerie, Alfred Hentzen, am 8. Juli 1933 an Paul Klee schrieb, nur vier Tage, nachdem Schardt seinen neuen Posten in Berlin angetreten hatte:

«Sie hörten sicher, daß Geheimrat Justi beurlaubt wurde. Durch die Ernennung von Dr. Schardt zu seinem kommissarischen Nachfolger ist die Linie, die Justi in der neuen deutschen Kunst vertreten hat, gesichert. Dadurch aber ist der Kampf noch nicht entschieden, die Reaktion wird sich weiter emsig rühren und um einem heute besonders beliebten Argument zu begegnen, bittet Sie Direktor Schardt durch mich uns kurz die Liste Ihrer Vorfahren, möglichst bis zu den Großeltern oder gar noch weiter, aufzuschreiben. Sie wissen ja, daß von bestimmter Seite immer wieder behauptet wird, Sie seien Jude.»[27] Solche Behauptungen wurden zu Beginn der nationalsozialistischen Herrschaft gegen die meisten Exponenten der Moderne erhoben; neben Klee ließ Schardt von Hentzen im Laufe des Juli nachweislich zumindest auch Barlach und Feininger diesbezüglich anschreiben; alle drei erbrachten den erbetenen Nachweis.[28]

Die Unterstellung jüdischer Abstammung hatte ihre Quelle in einem vielfach von anderen Zeitungen nachgedruckten Artikel eines Provinzblatts, der «Neuen Kreis-Zeitung» aus Bad Liebenwerda, der am 20. März 1933 unter dem Titel «Die Juden in den staatlichen Bildergalerien» erschienen war und entscheidend zu Justis Ablösung beigetragen hatte. Darin heißt es: «Was uns im Kronprinzen-Palais als junge deutsche Kunst vorgeführt wird, sind Juden, nichts als Juden, deutsche Juden und ausländische Juden! – In diesen Dokumenten einer langen Sammeltätigkeit zeigt sich aufs deutlichste, in wie verantwortungsloser Art sich die vom deutschen Volk angestellten und bezahlten Verwalter seines Kulturgutes dieser hohen Aufgabe entledigt haben!»[29] Dass Schardt, der ja im Mai bereits eigene Erfahrungen mit derartigen Diskreditierungen gemacht hatte, gleich nach seiner Bestallung als kommissarischer Nationalgaleriedirektor von ihm favorisierte Künstler anschreiben ließ, um sie vorsorglich um Ariernachweise zu bitten, zeigt, wie bewusst ihm der Ernst der Situation war.

Deshalb ging er von Beginn an in die Offensive. Bereits am 10. Juli, nicht einmal eine Woche nach Amtsantritt, hielt Schardt ausgerechnet in der Staatlichen Kunstbibliothek, der neuen Arbeitsstelle seines Vorgängers und Förderers Justi, einen Vortrag mit dem Titel «Was ist deutsche Kunst?», in dem er seine theoretischen Ausführungen aus der Denkschrift zusammenfasste. Schardt wollte das Programm öffentlich machen, unter dem er angetreten war, und in den Kreisen der ihm verbundenen Künstler wurde dieses Plädoyer für die Moderne – und damit für ihre Kunst – gefeiert. Wassily Kandinsky etwa schrieb Mitte Juli, als er Galka Scheyer über Justis Absetzung und die Nachfolge von Schardt informierte: «Vor einigen Tagen hat er einen ganz ausgezeichneten Vortrag gehalten, der mit *stürmischem* Beifall aufgenommen wurde. Er bewies einwandfrei, dass unsere ‹Brücke› eine echt nordische Kunst ist und keine von aussen beeinflusste. In manchen Kreisen hat es viel Ärger hervorgerufen und man versucht natürlich, seine Position unsicher zu machen. Hoffentlich gelingt es nicht. Mit Ausnahme des ‹Völk. Beobachters› hat sich, glaube ich, die ganze Presse sehr günstig über diesen Vortrag geäussert.»[30] Kandinskys Frau Nina bekräftigte wenige Tage danach in einem eigenen Brief an Scheyer die Erleichterung in Künstlerkreisen angesichts von Schardts Einsatz: «Und die Stimmung wird überall besser. Anstatt Justi in Nat.Galerie ist Dr. Schard [sic] als Kommissar ernannt. Diese Berufung war im allgemeinen begeistert empfunden. Er hat einen sehr interessanten Vortrag gehalten und hat sicher viel zu kämpfen!»[31]

Nach Schardts eigenen Erinnerungen begann dieser Kampf bereits am Abend in der Kunstbibliothek. In seinem wohl ersten im amerikanischen Exil entstandenen Buchprojekt, einem Überblick über die Entwicklung der modernen Kunst in Deutschland, rechtfertigte er in einem Kapitel über die Zeit des Nationalsozialismus seine Denkschrift von 1933, die in den Vereinigten Staaten Anlass zur Irritation geben musste. Er kam dabei auf die Ereignisse vom 10. Juli zu sprechen: «Aus der Erkenntnis der Gefahr, die der neuen Kunst drohte, arbeitete der Verfasser im Frühjahr 33 eine Denkschrift aus: ‹Wesensmerkmale der deutschen Kunst›, worin er unter Beigabe vieler Bildbeispiele darlegte, dass die moderne Kunst in Deutschland eine folgerichtige Weiterführung und teilweise Wiederaufnahme wesentlich deutscher Kunstmerkmale war, und dass ihre Vernichtung eine tiefe Schädigung der deutschen Kultur bedeute. Diese Denkschrift schickte er verschiedenen Ministerien. Hierauf an die National Galerie nach Berlin berufen, hielt er sofort nach Antritt seines Amtes einen Vortrag in dem Vortragssaal der Kunstgewerbe Bibliothek, der von Freunden und Gegnern der modernen Kunst überfüllt war. Hier wiederholte er die den Ministerien vorgetragenen Ansichten über die deutsche Kunst und insbesondere über die moderne deutsche Kunst. Als der Verfasser beim Zeigen einer Barlach Plastik die Worte sprach: ‹Das ist nicht Bolschewismus, sondern deutsche Gläubigkeit›, schien die Versammlung durch das Aufeinanderprallen beider Parteien gesprengt zu werden. (…) Am Tage nach dem Vortrage erhielt der Verfasser ein Rede- und Schreib-Verbot.»[32]

Dieses Redeverbot – für ein Publikationsverbot gibt es keine Belege außer dieser eigenen späteren Behauptung von Schardt – sprach mit Bernhard Rust ausgerechnet derjenige aus, der Schardt gerade erst auf den Berliner Posten berufen hatte; nach dem Vortrag und dem sofortigen Angriff des «Völkischen Beobachters» hatte Rust erkannt, was für ein Kuckucksei er sich da ins Nest gelegt hatte. Weil ihm nicht an großer Publizität dieses Fehlers gelegen war, erteilte er das Redeverbot nur intern, weshalb Schardt in den nächsten Wochen noch mehrfach gebeten wurde, seinen aufsehenerregenden Vortrag zu wiederholen oder wenigstens das Manuskript zu überlassen, um es unter Kollegen verbreiten oder veröffentlichen zu können – unter anderem vom Bruckmann-Verlag, der den Text der Rede in seiner weitverbreiteten Zeitschrift «Die Kunst» publizieren wollte. Doch Schardt rettete sich jeweils in die Ausrede, dass er einen freien Vortrag ohne Manuskript gehalten habe und er deshalb das Erbetene nicht liefern und auch nicht noch einmal reden könne; seine den Ausführungen zugrundeliegende Denkschrift verschwieg er.

Angesichts des neuen repräsentativen Postens an der Spitze der Nationalgalerie musste seine Ablehnung aller öffentlichen Auftritte allerdings irritierend wirken, insbesondere für wichtige Instanzen der neuen Kulturpolitik wie den nationalsozialistischen Kampfbund für deutsche Kultur, dessen Ortsverband in Halle er ja selbst vorstand; selbst die Bitte von dessen Magdeburger Sektion um einen Vortrag lehnte er ab.[33] Gerade einmal zwei Wochen lang hatte Schardt sich in der Gunst des neuen Regimes wähnen dürfen. Als ihn die Gratulationsbriefe des Ehepaars Feininger erreichten, war ihm bereits klar, dass er trotz des nach außen hin bewahrten Schweigens von Kultusminister Rust über ihren Dissens als Nationalgaleriedirektor unhaltbar sein würde.

Rust lehnte denn auch im Juli Schardts in größter Eile ausgearbeitete Neupräsentation der Moderneabteilung im Kronprinzenpalais noch vor deren Eröffnung ab; sie hätte just die in Denkschrift und Kunstbibliothekvortrag proklamierten Kontinuitäten durch ein Nebeneinander der Epochen seit der Romantik betonen sollen: Werke aus dem 19. Jahrhundert hatte Schardt bereits aus dem Stammhaus der Nationalgalerie ins Kronprinzenpalais herüberholen lassen, wo sie unmittelbar neben denen der Zeitgenossen gezeigt werden sollten. Stattdessen musste der Direktor in seiner ersten Hängung eine scharfe Trennung vornehmen: Die zeitgenössischen Bilder wurden in ihrer Zahl stark ausgedünnt und geschlossen ins zweite Obergeschoss verbannt; in den repräsentativen Schauräumen der ersten beiden Etagen war plötzlich nur noch Kunst des 19. Jahrhunderts und im Sinne nationalsozialistischer Ideologie genehme Bilder aus dem 20. Jahrhundert zu sehen. Das angestrebte Ziel, die Expressionisten sowie Barlach, Lehmbruck und Feininger in einen offiziellen deutschen Kanon des NS-Staats einzubinden, war nun auch für diese Künstler selbst offensichtlich gescheitert.

Am 14. November bestellte Rust Schardt zu einem Gespräch ein und entzog ihm die Leitung der Nationalgalerie – auf höchste Intervention, wie man einem Brief anlässlich der Regelung von Schardts vorzeitiger Pensionierung entnehmen kann, den der für Personalpolitik im Reichserziehungsministerium zuständige Ministerialdirektor

Siegmund Kunisch an Johannes Weidemann, den Oberbürgermeister von Halle, schrieb: «Die unter dem 14. November 1933 mit sofortiger Wirkung erfolgte Abberufung des seinerzeit mit der kommissarischen Leitung der Berliner Nationalgalerie beauftragten Museumsdirektors Pr. Dr. Schardt entsprach einem Wunsch des Führers.»[34]

Schardts Nachfolge trat am 21. November Eberhard Hanfstaengl an, bisher Direktor der Städtischen Galerie im Lenbachhaus München. Er erfüllte zunächst die kulturpolitischen Erwartungen der Machthaber an den Leiter der Nationalgalerie, sollte aber im Juni 1937 ebenfalls in Ungnade fallen, als er sich weigerte, an den Beschlagnahmungen der Aktion «Entartete Kunst» in seinem Haus mitzuwirken. Seine daraufhin folgende Entlassung fand – im Gegensatz zu der von Schardt – große internationale Aufmerksamkeit und brachte Hanfstaengl nach dem Krieg unter amerikanischer Besatzung die Generaldirektion der Bayerischen Staatsgemäldesammlungen ein. Er war in Nazideutschland geblieben; dem nach Los Angeles emigrierten Schardt eine Museumsposition in seiner Heimat anzubieten, fiel dagegen 1945 niemandem ein. Der ehedem wichtigste Fürsprecher der Moderne im deutschen Museumsleben fiel dem Vergessen anheim.

Beharrungsversuche im «Dritten Reich»

Dabei war Schardt in den ihm noch verbleibenden Jahren im NS-Staat durchaus mutig weiter für seine Überzeugungen eingetreten. Als er die Nationalgalerie verlassen musste, konnte er zwar auf seine alte Direktorenstelle in Halle zurückkehren, die er wegen der lediglich kommissarischen Berufung nach Berlin behalten hatte. Allerdings hatte der Oberbürgermeister (und studierte Kunsthistoriker) Weidemann, der im April 1933 den angeblich aus Altersgründen zurückgetretenen Rive abgelöst hatte, mit Bernhard Grahmann einen linientreuen Stadtschulrat als Leiter des Hauses eingesetzt, solange Schardt beurlaubt war. Zudem war im Sommer das Lehrpersonal der städtischen Kunsthochschule Burg Giebichenstein von politisch unerwünschten Personen gesäubert worden, wodurch Schardt auf einen Schlag seine wichtigsten Verbündeten in der Stadt verloren hatte. Dementsprechend fehlte ihm nach seiner Rückkehr die Basis, um seine frühere museale Konzeption fortführen zu können. Die Moderne war in Halle nicht mehr erwünscht, und nach einem Gespräch mit Schardt im März 1934 protokollierte Weidemann: «Herr Prof. Schardt teilte mit, dass s. E. die Wiederaufnahme seiner Tätigkeit als Direktor des Städtischen Museums nicht in Betracht kommen könne, da die von ihm vertretene Kunstrichtung von denjenigen Amtsstellen, die das Kulturwesen zu betreuen haben, nicht gebilligt werde.»[35] Einen Antrag Schardts auf Frühpensionierung lehnte die Stadt jedoch ab, worauf der sich in der Folgezeit immer wieder krankschreiben ließ – auch, um bei seiner Familie sein zu können, die im Juli 1933 mit ihm nach Berlin umgezogen war.

Eine städtische Aufstellung aus dem März 1936 listet akribisch die Anwesenheiten von Schardt in Halle seit seiner Beurlaubung am 4. Juli 1933 auf: Von insgesamt zwei Jahren und zweihundertvierundsechzig Tagen habe er nur hundertzwei an dem Ort verbracht, wo er seine Stelle hatte. Ein Großteil dieser Zeit fiel auf den Herbst 1934, als Schardt ultimativ aufgefordert worden war, in Halle zu bleiben, was Feininger erstmals auf die heikle Situation seines Freunds aufmerksam machte: «Über unseren guten Freund Allo bin ich ziemlich entsetzt, dass es ihm so schlimm ergehen musste – mir ist das ganze noch zu unfasslich, weil ich die Umstände noch nicht weiss, die näheren. Hier im Brief kann ich weiter nichts sagen. (…) Dass Schardt nicht in Berlin sein wird, will mir nicht recht in den Sinn! Ist er als ‹politischer Beamter› anzusehen? Er hat doch niemals auch im Geringsten, Politik getrieben! Aber darüber mehr, wenn wir uns sehen. Ich werde ihn sehr vermissen.»[36] Bislang hatte Schardt gegenüber seinem Freund offenbar Schweigen bewahrt.

Der Streit zwischen ihm und der Stadt Halle um die Frühpensionierung war eskaliert. Am 20. Juni 1934 übersandte ihm der Oberbürgermeister den Text einer Hitler-Rede von einer Kulturtagung der NSDAP und den Aufsatz «Revolution in der bildenden Kunst» des mittlerweile zum «Beauftragten des Führers für die gesamte geistige und weltanschauliche Erziehung der NSDAP» ernannten Alfred Rosenberg mit der Bitte, «sich innerhalb einer Woche zu äussern, ob Sie bereit sind, Ihr Amt im Sinne der in diesen Schriften enthaltenen Grundsätze zu führen».[37] Schardt berief sich in seiner Antwort auf seine Denkschrift aus dem Vorjahr und stellte fest: «Ich habe in der mir übersandten Kulturrede des Herrn Reichskanzlers keine Stelle gefunden, die mit den Ausführungen meiner Arbeit in Widerspruch stände.» Zu Rosenbergs Aufsatz dagegen, der für deutsche Künstler den Bruch mit der christlichen Kunsttradition proklamierte, erbat er von Weidemann Aufklärung, ob es sich dabei um «Erkenntnisurteile oder intuitive Aussagen, auf Grund einer Innenschau», handele.[38] Er weigere sich, seine eigenen Überzeugungen zu verraten, und hielt Weidemann weltanschauliche Nötigung vor. Daraufhin maßregelte der Oberbürgermeister ihn schriftlich wegen des Tons seiner Antwort, beließ Schardt aber weiterhin im Amt.

Im Februar 1935 wurde die Leitung der Moritzburg jedoch kommissarisch Bernhard Scheibe übertragen, der schon Direktor der Kunstschule Burg Giebichenstein war. Unter dem Vorwand, für eine Sonderausstellung zum zweihundertfünfzigsten Geburtstag des Komponisten Georg Friedrich Händel, der als größter Sohn Halles galt, Platz schaffen zu müssen, ließ Scheibe sofort die gesamte Moderne ins Dachgeschoss der Moritzburg verlegen[39] und ging damit die von der Stadtspitze längst erwartete Neugestaltung des Sammlungsauftritts an. Immerhin war die berühmte Hallesche Modernepräsentation zwei Jahre lang im «Dritten Reich» unangetastet geblieben. Der Oberbürgermeister hatte schon im September 1934 eine «Sonderabteilung Feininger, Marc, Nolde, Klee usw.» angeregt, für die ein spezieller Eintrittspreis entrichtet werden sollte, «um die hohen Kosten, welche die Beschaffung dieser Gemälde verursacht haben, und die z. T. noch beglichen werden müssen, etwas zu mindern».[40] Schardt als formell weiterhin amtierender Direktor wurde von ihm diesbezüglich gar nicht erst konsultiert und hörte erst über Grahmann von den Plänen. Prompt reaktivierte er noch einmal seine Argumentation aus der Denkschrift des Vorjahrs und führte aus, dass es sich bei den zum «Weghängen» vorgeschlagenen Bildern um «wesentlich deutsche und germanische Kunst» handele, deren Entfernung die Zerstörung des Deutungskontextes bedeuten würde.[41]

Doch ein Jahr später geschah genau das: Nach dem Ende der Händel-Ausstellung verblieben die dafür umgehängten Werke dauerhaft im Dachgeschoss, wo nun nach Dresdner Vorbild eine «Schreckenskammer» der eigenen Bestände eingerichtet wurde. Es war pikant, dass Schardt da immer noch offiziell als Direktor galt, denn die meisten der dort ausgestellten Bilder waren in seiner Amtszeit angekauft worden, darunter viele Feininger-Bilder und namentlich der Halle-Zyklus. Da die Stadt offenbar fürchtete, die denunziatorische Präsentation der kurz zuvor noch allgemein gefeierten Werke könnte mehr Interessenten anziehen als die übrige Sammlung, war für diese neue Abteilung nicht nur wie vorgeschlagen ein erhöhtes Eintrittsgeld zu entrichten; die Besucher mussten außerdem ihre Adressen in einem dort ausgelegten Gästebuch hinterlassen.[42] Unter den Eintragungen findet sich neben dem Namen von Emil Nolde, der selbst mit etlichen Werken in der offiziell als «Sonderpräsentation ‹Entarteter Kunst›» bezeichneten Ausstellung vertreten war, 1936 aber noch den Ankauf einer ästhetisch unverdächtigen Graphik durch das Museum erleben sollte, auch der des irischen Schriftstellers Samuel Beckett, der 1937 in seinem Tagebuch über diesen Besuch notierte: «20 Pf. Eintritt – 20 mehr für die Schreckenskammer, zu der ich mich, begleitet von einem charmanten bebarteten alten Diener, auf direktem Wege begebe. Ausgezeichnete Sammlung.»[43]

Schardt hatte sich schließlich in diese Entwicklung geschickt, die sein Lebenswerk zerstörte. Der Posten als Direktor der Moritzburg sicherte seiner Familie immerhin ein auskömmliches Gehalt von jährlich 10 968 Reichsmark, und auch seine Honorarprofessur an der

Universität Halle bestand fort, weil mit dem Abschied aus Berlin das gegen ihn verhängte Redeverbot aufgehoben worden war. Seinen ersten öffentlichen Vortrag nach der Rückkehr aus Berlin hatte er Anfang Dezember 1933 in der Volkshochschule Halle gehalten – über das unverdächtige Künstlerpaar Albrecht Dürer und Matthias Grünewald. Zwei Monate später wagte er sich mit Ausführungen über «Arteigenes und Artfremdes in Malerei und Bildhauerei» noch einmal auf das Terrain seiner Denkschrift. Es sollte der letzte öffentliche Auftritt in Halle sein, der für Schardt nachgewiesen ist.

Seine Zeit und Energie verwandte er in den Jahren 1934/35 auf die Anfertigung des ersten Werkverzeichnisses von Franz Marc, von dem er hoffte, dass es trotz der Einstufung des Malers als «Entarteter» erscheinen dürfe, weil Marc als Frontkämpfer im Ersten Weltkrieg gefallen war. 1936, zum zwanzigsten Todestag des Künstlers, wurde das Buch tatsächlich im Berliner Rembrandt-Verlag veröffentlicht, den der junge Kunsthistoriker Konrad Lemmer 1923 gegründet und noch während der Weimarer Republik zu einem der wichtigsten Publikationsorte des Expressionismus gemacht hatte. In der Kestner-Gesellschaft Hannover wurde mit Beständen aus dem Besitz von Marcs Witwe am 4. März eine Gedächtnisausstellung eröffnet, die Schardt mit einer Ansprache begleiten sollte.

Sein früheres Wirken als Advokat der Weimarer Moderne war aber nicht vergessen. Erst wenige Wochen zuvor war Siegmund Kunischs Brief bei Oberbürgermeister Weidemann eingegangen, der nicht nur Hitlers Rolle bei Schardts Berliner Entlassung erwähnte, sondern auch lapidar feststellte: «Die von Prof. Dr. Schardt vertretenen kunstwissenschaftlichen Ansichten und Theorien laufen der Anschauung der Partei, soweit diese in entsprechenden Artikeln und Kommentaren des Völkischen Beobachters zum Ausdruck kommt, zuwider.»[44] Diese denunziatorische Initiative Kunischs hatte zur Folge, dass die Stadt Halle Schardt im März endlich den von ihm ersehnten vorzeitigen Ruhestand (beginnend am 1. November 1936) anbot. Schardt willigte sofort ein. Kurz danach wäre er wohl ohnehin untragbar geworden, denn sein geplanter Auftritt als Redner in Hannover wurde von der Gestapo untersagt, die ihn zur Sicherheit kurzzeitig verhaftete.[45] Seine Marc-Bücher wurden beschlagnahmt, die Verlagsräume durchsucht, aber das war man bei Rembrandt schon gewohnt; im Jahr zuvor war dort mit einer Barlach-Biographie von Carl Dietrich Carls und der Studie «Deutsche Bildhauer der Gegenwart» des früheren Berliner Schardt-Mitarbeiters Alfred Hentzen jeweils das Gleiche passiert.

Trotzdem veröffentlichte der Rembrandt-Verlag in den Folgejahren noch zwei weitere Bücher Schardts: eines zur Initiale in der Buchillumination und eines zur Kunst des Mittelalters. Das waren im Gegensatz zur Marc-Monographie keine ideologisch heiklen Themen, aber Autor und Verlag standen unter genauer Beobachtung, und das Mittelalterbuch brachte Schardt 1939 wieder an den Rand eines Publikationsverbots. Er war ins Visier von Alfred Rosenberg geraten, der seinen Einfluss im Kulturleben durch Anschwärzungen missliebiger Personen geltend machte, nachdem er politisch von Goebbels weitgehend kaltgestellt worden war.

Einen Auslandsaufenthalt in der Schweiz, wo keine Postzensur zu befürchten war, nutzte Schardt zu einem Brief an den mittlerweile in New York lebenden Feininger, in dem er offener, als es sonst in Deutschland möglich war, seine Lage ansprach: «Inzwischen hat sich bei uns etwas ereignet, was meinen weiteren Aufenthalt in D. fast unmöglich macht. Rosenberg hat meinen Verleger aufgefordert, mir den Buchauftrag über mittelalterliche Kunst zu entziehen, da ich oder vielmehr meine Persönlichkeit für sie untragbar und deshalb ungeeignet sei, ein solches Buch, das doch für einen größeren Leserkreis bestimmt sei, zu schreiben. (…) Was das für eine Situation ist, können Sie sich gut vorstellen! Und selbst wenn wider Erwarten, die Druckgenehmigung gegeben werden sollte, so ist es doch die letzte Arbeit, die ich hier in D. erscheinen lassen kann. Denn nach diesem Intermezzo wird sich kein anderer Verleger mehr auf ein solches Risiko einlassen, mit mir als Autor ein Buch herauszubringen. Da der Geldwert unserer kümmerlichen Pension auch immer geringer wird, sehen wir keine andere Möglichkeit, als uns woanders umzusehen. Die Schweiz ist für alle Deutsche so gut wie verschlossen. So bleibt für uns nur noch England oder Amerika.»[46] Als es schließlich Amerika werden sollte, blieb das Manuskript des Mittelalterbuchs in Deutschland zurück, und Konrad Lemmer hatte den Mut, es 1943 noch zu publizieren, vier Jahre nach der Emigration des Autors.

Die allerdings war offiziell gar nicht erfolgt. Als Schardt mit seiner Familie Deutschland verließ, geschah das angeblich nur für die Dauer einer wenige Wochen umfassenden Werbetournee durch die Vereinigten Staaten, um die hohe Qualität deutscher Kunstbände zu propagieren. Tatsächlich aber hatte Schardt vom Frühjahr an systematisch den Weg ins Exil vorbereitet: Ein für zwölf Monate gültiges Visum für einen Aufenthalt in den Vereinigten Staaten hatte er bereits am 8. Mai 1939, kurz nach seiner Wiederkehr aus der Schweiz, im amerikanischen Konsulat in Berlin erhalten. Da er zusammen mit Frau und beiden Kindern dorthin reisen wollte, um nicht noch einmal zurückkehren zu müssen, verzögerte sich sein Abschied; die zunächst für den 19. August gebuchte Überfahrt wurde auf den 14. Oktober verlegt, aber der Ausbruch des Kriegs in Europa schien dann Anfang September alle diesbezüglichen Hoffnungen zunichtezumachen.

Doch bereits am 6. September wandte sich Schardt an Gotthold Schneider, den Mitbegründer und Leiter des Kunstdienstes der evangelischen Kirche, eines 1928 ins Leben gerufenen Vereins zur Förderung künstlerischer Arbeit in christlichem Sinne, der zwar im «Dritten Reich» gleichgeschaltet worden war, aber in Goebbels' Gunst und dezidierter Gegnerschaft zu Rosenbergs «Neuheidentum» stand. Schardts Kontaktaufnahme zu Schneider war also nur konsequent, zumal er hier mit dem Mittelalterprojekt hausieren gehen konnte, das seinen Fokus zwingend auf christlichen Motiven hatte. Er erläuterte Schneider: «Im Frühjahr dieses Jahres fasste ich den Entschluss nach

Beendigung eines grösseren Werkes über die mittelalterliche Kunst, das zur Zeit im Rembrandtverlag gedruckt wird, eine Studienreise durch Nordamerika zu unternehmen, um Buchmaterial über die dortigen Museumsverhältnisse, Privatsammlungen, Kunstpädagogik und Kunstpropaganda zu sammeln. Gleichzeitig sollte diese Reise, – in Verabredung mit meinem Verleger, – der Propaganda des guten deutschen Kunstbuches dienen. Letzterer Plan entstand, als ich von unseren Verwandten in Los Angeles hörte, dass bei ihnen im Westen jeder stolz sei, der ein gutes deutsches Kunstbuch besitze (…). Infolge der politischen Lage wollten wir unsere Reise nochmals verschieben, kamen aber dann zu der Ueberzeugung, dass es gerade jetzt der Augenblick sei, drüben für deutsche Geistesarbeit und Kultur einzutreten.»[47]

Die angesprochene Verwandtschaft war die amerikanische Familie Herron, der Schardts Frau mütterlicherseits entstammte; ihre Nichte, so betonte Schardt gegenüber Schneider, gehöre einem Kunstclub in Los Angeles an, der über Ausstellungsräume verfüge, in denen der deutsche Gast nicht nur Vorträge würde halten, sondern auch vom Kunstdienst zur Verfügung gestellte Fotos bedeutender deutscher Kunstwerke präsentieren können. Das verfing. Am 13. Oktober 1939, einen Tag vor dem Termin der immer noch gültigen Schiffspassage, die man aber in Kriegszeiten nur mit Sondergenehmigung antreten durfte, erhielt Schardt die notwendige Bestätigung für eine sechsmonatige Amerikareise: «Herr Professor Dr. Schardt (…) veranstaltet im California Art Club zu Los Angeles U. S. A. eine kulturpropagandistische Ausstellung ‹Das schöne deutsche Kunstbuch› und hält im Zusammenhang hiermit Lichtbildervorträge über die Kunst des Mittelalters, der Renaissance und des Barock. Die organisatorische Leitung übernimmt der Kunstdienst E. V. Wegen ihrer kulturpolitischen Bedeutung wird die Reise von hiesigen staatlichen Stellen befürwortet.»[48] Schardts konnten fahren.

Die Rettung nach Amerika

Sie kamen indes zunächst nur bis Ellis Island, die vor New York City auf einer Insel eingerichtete obligatorische Kontrollstelle der Vereinigten Staaten für Einreisende aus Übersee. Dort wurden die Schardts trotz der weiterhin gültigen Visa vom Mai festgehalten, und erst die Ursache dafür macht die wahre Bedeutung der Ausreise für die Familie klar. Als sie nach mehreren Wochen immer noch keine Einreisegenehmigung bekommen hatte, wurde der seit 1937 in New York lebende Lyonel Feininger, der seinen Freund erwartete, aktiv und schaltete zwei ihm gut bekannte Persönlichkeiten des amerikanischen Museumslebens ein: Wilhelm Valentiner, den deutschen Direktor des Detroit Institute of Art, und Alfred H. Barr vom Museum of Modern Art. Letzterer schickte daraufhin am 28. November ein Telegramm an Frances Perkins, eine wiederum mit ihm bekannte Politikerin der Demokratischen Partei, die seit 1933 Secretary of Labor in Franklin D. Roosevelts Regierungskabinett war und somit als erste Frau überhaupt das Amt einer Ministerin in den Vereinigten Staaten bekleidete: «Entschuldigung, dass ich Sie persönlich behellige, aber ich möchte Sie um Ihre Hilfe bei Einreiseformalitäten von Professor Alois Schardt und Familie auf Ellis Island bitten. Schardt früherer Professor Universität Halle, Direktor Museum Halle und später Direktor Nationalgalerie, dann entlassen wegen Verteidigung moderner Kunst. Prof. auf Ellis Island festgesetzt, offensichtlich wegen Missverständnisses. Vielen Dank. Grüße.»[49]

Die Reaktion auf das Hilfeersuchen erfolgte rasch. Eine Woche später konnte ihm Perkins zurückschreiben: «Mein lieber Mr. Barr, gleich nach Empfang Ihres Telegramms habe ich mir gerne die Unterlagen zum Fall der Familie von Professor Schardt angesehen. Wie Sie zweifellos wissen, war es möglich, die sofortige Entlassung von Professor Schardt, seines Sohnes und seiner Frau zu arrangieren, aber da seine Frau es vorzog, bei der Tochter zu verbleiben, nutzte sie diese Gelegenheit nicht. Die Umstände des Falls wurden geprüft, und ich freue mich, Ihnen mitteilen zu können, dass nun der gesamten Familie ein befristeter Aufenthalt in unserem Land gestattet worden ist.»[50]

Damit wird deutlich, dass Schardts Tochter Amagrit Ursache für die Schwierigkeiten auf Ellis Island war. Vom Stadtgesundheitsamt Halle wurde 1934 festgestellt, dass Amagrit Schardt «seit langen Jahren wegen einer auf Geburtsverletzung beruhenden schweren Behinderung im Gehen in Beobachtung» sei. «Wegen ihres Leidens ist sie nicht in der Lage zu wirtschaftlicher Selbständigkeit.»[51] Diese Mitteilung war notwendig, um zu gewährleisten, dass das Kindergeld an Schardt über Amagrits sechzehntes Lebensjahr hinaus fortgezahlt wurde. Drei Jahre später stand die nächste diesbezügliche Überprüfung an, und diesmal sandte Schardt ein am 19. Juni 1937 erstelltes Gutachten des Berliner Neurologen Karl Bonhoeffer an die Stadt Halle, das Amagrit eine doppelseitige zerebrale Kinderlähmung bescheinigte, «die zu einer spastischen Lähmung der Beine und auch zu entsprechenden, leichten Störungen im Bereich der oberen Extremitäten und des Gesichts geführt hat. Auf psychischem Gebiete besteht eine Entwicklungsverlangsamung leichten Grades.»[52]

Sie fiel damit in Deutschland unter die Bestimmungen des seit 1934 geltenden nationalsozialistischen «Gesetzes zur Verhinderung erbkranken Nachwuchses», das es ermöglichte, Kranke auf Beschluss eigens eingerichteter Erbgesundheitsgerichte zu sterilisieren; im Jahr darauf war zudem generell die Eheschließung von Menschen mit Erbkrankheiten verboten worden. Das Gerichtsverfahren zur Anordnung einer Sterilisation musste allerdings beantragt werden: laut Gesetzestext von den Kranken selbst oder deren gesetzlichen Vertretern, aber in der Praxis wurden vor allem Anträge von Ärzten verhandelt, die Zahl der Zwangssterilisationen überwog somit deutlich. Da Amagrit Schardt im Juli 1939 ihren einundzwanzigsten Geburtstag hatte und somit volljährig wurde, drohte sie die bisherige schützende Obhut ihrer Familie zu verlieren, das Risiko einer Selbst- oder Fremdanzeige ihrer Behinderung stieg. Ihr Vater sah deshalb nicht nur für sich keine berufliche Zukunft in Deutschland mehr; er fürchtete auch um sein ältestes Kind.

Diese Sorge verstärkte sich mit dem Kriegsausbruch, als die nationalsozialistische Regierung ohne Gesetzesgrundlage ihr Euthanasieprogramm in Gang setzte: die Ermordung als erbkrank eingestufter Menschen, des sogenannten lebensunwerten Lebens. Schon nach wenigen Wochen wurden im Geheimen reichsweit sechs Tötungszentren in bestehenden Behinderteneinrichtungen geschaffen, doch Gerüchte darüber sickerten sofort durch, vor allem in Berlin, wo die zentrale Organisation des Krankenmords angesiedelt war. Umso dringender wurde die Ausreise der Schardts, und umso dramatischer war der Umstand, dass dann die rettende Einreise in die Vereinigten Staaten just an der Behinderung von Amagrit Schardt zu scheitern drohte, weil die amerikanischen Einwanderungsgesetze die Zurückweisung kranker Menschen erlaubten. Dass die Familie bis zur Intervention von Frances Perkins geschlossen bei ihr auf Ellis Island blieb, zeigt einmal mehr die Sorge um die Tochter. In Amerika war Amagrit Schardts Leben nicht mehr bedroht; sie starb siebzigjährig 1988 in Reston, Virginia, einer in den sechziger Jahren nach dem Muster der Gartenstadtidee errichteten Wohnsiedlung in der Nähe der Hauptstadt Washington.

Wie angekündigt zogen die Schardts nach einem kurzen Wiedersehen mit den Feiningers zur kalifornischen Verwandtschaft in Los Angeles weiter, wo sie erst einmal unterkamen. Dort versuchte Schardt, Zugang zur örtlichen Kunstszene zu finden, doch abseits der Emigrantenkreise gestaltete sich das zunächst schwierig; seine alten Kontakte nach Amerika waren alle an der Ostküste oder in Chicago und Detroit zu finden. Immerhin freundete er sich in Los Angeles mit Galka Scheyer an. Das war nicht unbedingt zu erwarten gewesen, nachdem es in den frühen zwanziger Jahren in Deutschland noch große Rivalität zwischen beiden gegeben hatte, weil Scheyer ihre Pläne, eine große Jawlensky-Studie zu schreiben, durch die frische Popularität des als brillanter Interpret zeitgenössischer Kunst gerühmten jungen Kunsthistorikers gefährdet sah.[53] In Schardts amerikanischer Anfangszeit half sie ihm nun aber mit ihren eigenen Kontakten. Alsbald galt der verbindliche Schardt sogar als willkommener Ansprechpartner für Scheyers Geschäftspartner, wenn es um heikle Angelegenheiten ging – und die gab es häufig, weil die Agentin der «Blue Four» sich weiterhin als alleinige Sachwalterin der deutschen Avantgarde in den Vereinigten Staaten stilisierte.

So schrieb etwa der 1936 nach Amerika emigrierte Galerist Karl Nierendorf, der dort den im Jahr zuvor in der Schweiz verstorbenen Paul Klee vertrat, im Frühjahr 1941 aus New York an Schardt: «Ich hoere von Galka Scheyer, dass Sie bei der vom Museum of Modern Art veranstalteten Ausstellung mitgewirkt haben und moechte Ihnen dafuer im Namen Klees vielmals danken. Hoffentlich wird die Ausstellung in Los Angeles ebenso wuerdig verlaufen wie in anderen Städten und das Andenken des Meisters gebuehrend ehren. Galka Scheyer hat sich gewiss viel Muehe gegeben. Leider hat sie aber durch Kommissionsforderungen in ungewoehnlicher Hoehe eine geschaeftliche Note in die Sache gebracht, die beim Museum hier sehr uebel vermerkt wurde, zumal sie in Telegrammen und Briefen behauptete, dass das Museum Provisionsansprueche stellt und ‹most anxious to sell› ist. Das Gegenteil ist der Fall: die Museumsleitung hat ausdruecklich unverkaeufliche Bilder und Privatbesitz bevorzugt und haette die Ausstellung viel lieber im Los Angeles Museum gemacht, statt in einer Geschaeftsgalerie.»[54] Schardt erkannte bald, dass sich bei Scheyer private und geschäftliche Interessen an den mit ihr befreundeten Künstlern unlösbar mischten, und bemühte sich darum umso intensiver, auf eigenen Füßen zu stehen. Er hielt sich unter anderem als Kulissenbauer für Hollywoodfilme und Sprachlehrer über Wasser.[55]

Das war nötig, weil ihm seine einzige feste Einnahmequelle weggebrochen war. Von seinem in Berlin verbliebenen älteren Bruder hatte Alois Schardt im März 1940 erfahren, dass ihm die Stadt Halle die Ruhestandsbezüge streichen wolle, weil er das Reichsgebiet eigenmächtig verlassen habe. Mit Verweis auf den Auftrag des Kunstdienstes konnte dies abgewendet werden, obwohl Schardts Aufenthalt in Amerika die beantragten sechs Monate bald überschreiten würde. Doch erst zum Februar 1942, nach mehr als zweijähriger Abwesenheit und nach dem Kriegseintritt der Vereinigten Staaten, behielt Halle die Zahlungen an Schardt ein, weil sie nicht in Feindesland hätten überwiesen werden können, und ließ prüfen, ob man sie nicht generell einstellen könne. Zu einer Entscheidung darüber kam es allerdings nicht mehr: Noch im Februar 1945 wurden die Ruhestandsbezüge weiter für Schardt zurückgelegt, wenngleich weiterhin nicht ausgezahlt; eine Wiedervorlage zur Streichung sollte im Juli 1945 erfolgen. Ungeachtet des deutschen Zusammenbruchs beriet man dann auch darüber, aber nun war es nicht mehr opportun, jemandem, der sich den Nazis entzogen hatte, Gelder vorzuenthalten.[56] Durch die Übergabe der von den Amerikanern befreiten Stadt Halle an die Rote Armee war eine Auszahlung der angesammelten Pensionen an Schardt jedoch weiterhin unmöglich. So musste er sich mit seiner Familie in den Vereinigten Staaten allein durchschlagen.

In Schardts Nachlass haben sich diverse Manuskripte für Buchprojekte erhalten, aber publiziert hat er in Amerika nur noch einmal: im Katalog der 1944 vom Museum of Modern Art ausgerichteten Doppelausstellung zu Lyonel Feininger und Marsden Hartley. In Schardts handschriftlichem Manuskript zum MoMA-Katalog ist das Ringen um die Form des kurzen Aufsatzes sichtbar, von dem er wusste, dass es wohl die einzige gedruckte Frucht seiner nunmehr fast ein Vierteljahrhundert umfassenden Überlegungen zu Feininger bleiben würde. In einer wieder gestrichenen Passage sieht Schardt genau in einem solchen lebenslangen Kampf um Vollendung das zentrale Motiv von Feiningers Schaffen: «In unerbittlichem Ringen mit sich d.h. der Form, arbeitet er seine Themata, die sich alle mehr oder weniger um dasselbe Grundmotiv gruppieren lassen, bis zur letzten Konsequenz durch.»

Schardt, der seine Gedanken zu Feininger bereits in den zwanziger Jahren formuliert, aber nie gedruckt hatte, erkannte also eine Wahlverwandtschaft mit seinem Analyseprojekt, weil auch Feininger stets Motive variierte und perfektionierte, die auf früheste Naturnotizen zurückgingen. Es war für Schardt aber wohl zu schmerzhaft, diese offensichtliche Parallele zwischen dem Werk der beiden Freunde öffentlich zu machen – zumal Feininger im Gegensatz zu ihm ja Erfolg damit hatte: Auch in den Vereinigten Staaten noch machte sich der Maler immer wieder die Naturnotizen der deutschen Jahrzehnte zunutze. Schardt war 1944 der Erste, der dieses Phänomen benannte: «In jenen Jahren [1912 bis 1918] entdeckte er Motive, so reich an Entwicklungsmöglichkeiten, daß er noch nach über dreißig Jahren auf sie zurückgreifen konnte.»[57] Das Resultat der eigenen lebenslangen Beschäftigung mit Feininger umfasste dann im MoMA-Katalog gerade einmal vier Seiten.

1946 wurde Schardt schließlich Direktor des Art Departments der Olive Hill Foundation, einer Stiftung zur Forschungsförderung, die die Millionärin Forrest Murray im Gedenken an ihren im Zweiten Weltkrieg gefallenen Sohn 1944 ins Leben gerufen hatte. Als Sitz bekam sie von der Stadt Los Angeles das von Frank Lloyd Wright 1921 errichtete Hollyhock House vermietet, einen spektakulären Bau auf dem namengebenden innerstädtischen Hügel Olive Hill. Die Stiftung verpflichtete sich, das renovierungsbedürftige Gebäude zu erhalten und es für Kunstliebhaber frei zugänglich zu machen.[58] Schardt etablierte dort ein Vortragsprogramm, bei dem er selbst regelmäßig auftrat. Als Redner und Kunstexperte erwarb er sich in Los Angeles bald einen derart hervorragenden Ruf, dass er an der University of Southern California einen Lehrauftrag erhielt. In den folgenden Jahren beschäftigte ihn vor allem der Zusammenhang zwischen Intellekt und religiösem Glauben für die Entwicklung der Kunst.

Der Kontakt zum auf der anderen Seite des Kontinents lebenden Feininger wurde seltener. In einem nur unvollständig überlieferten, auf den 22. Juni 1955 datierten Typoskript eines Vortrags nimmt

Schardt jedoch noch einmal Bezug auf ihn, als Beispiel für die vermeintliche Naturnähe moderner Künstler. Dabei werden aber erstaunlicherweise nicht Feiningers Naturnotizen thematisiert. Schardt wiederholt vielmehr eine alte These, die er bereits 1931 in einem Aufsatz über den damals gerade angekauften Halle-Zyklus im «Jahrbuch der Denkmalpflege in der Provinz Sachsen und in Anhalt» vertreten hatte: dass die elf Bilder nach Fotos gemalt worden wären.[59] Dazu hatte er 1931 Aufnahmen abbilden lassen, die Hallesche Stadtansichten aus gleicher Perspektive wie die Gemälde zeigten, um die Wahrheitstreue der Malerei zu belegen. Feininger war, wie dessen erster Biograph Hans Hess berichtet, seinerzeit verärgert über diese Auffassung, die die Bedeutung des autonomen Bildes angeblich entwerte: «Schardts Verdienst, die Halle-Bilder ins Leben gerufen zu haben, bleibt unvermindert, aber er hat sowohl Feininger das Malen wie sich selbst das Verständnis unnötig erschwert.»[60] Dass er ungeachtet der Verstimmung des Freundes die These nach mehr als zwei Jahrzehnten noch einmal aufwärmte, verdeutlicht die mittlerweile gewachsene Distanz zwischen beiden, die nicht nur geographischer Natur war.

Im Dezember des Jahres 1955 reiste Schardt von Los Angeles nach Los Alamos in New Mexico, dem Zentrum der amerikanischen Nuklearforschung, wo sein Sohn Wolfgang Alois mittlerweile als Kernphysiker arbeitete. Er wollte das Weihnachtsfest und seinen Geburtstag am 28. Dezember mit dessen Familie verbringen, nachdem seine Frau Mary 1951 gestorben war. Beides sollte ihm nicht mehr vergönnt sein; Alois Schardt starb in Los Alamos am Tag des Heiligen Abends. Drei Wochen später folgte ihm Lyonel Feininger. Vom Tod seines wichtigsten Weggenossen hatte er nichts mehr erfahren.

ALSO DER WAHNSINN DORT ÜBERSCHLÄGT SICH

Vier Jahre im Tausendjährigen Reich

Dreiundzwanzig Jahre zuvor hatten die Feiningers noch kurzfristig erwogen, aus Dessau nach Halle in die Nachbarschaft von Schardt zu ziehen. Was dann erst einmal für Berlin als neuen Lebensmittelpunkt sprach, das hatte Julia Feininger schon im Sommer 1932, als die Querelen ums Bauhaus ihren Höhepunkt erreichten, Galka Scheyer mitgeteilt: «die jungens sind sowieso nicht mehr zu hause, laurence studiert in heidelberg, andreas und lux sind in paris. wir überlegen ob: halle, wo leo durch die halle bilder ja sehr beliebt ist und sehr gute beziehungen hat, oder berlin, was andererseits der anregung wegen wieder sehr reizvoll wäre, aber auch ebenso ablenkend, vielleicht. oder reisen, aber da käme das malen wohl zu kurz, das käme also nur zwischendurch in frage.»[1] Dann waren sie aber nicht mit dem Bauhaus nach Berlin umgezogen, und nun, 1933, als es sie doch aus Dessau wegtrieb, hatten sich die Umstände noch einmal gewandelt, und die Feiningers verzichteten zunächst auf ein festes Domizil in der Hauptstadt.

Lyonel brach von dort schon am 5. April wieder auf und fuhr so früh wie noch nie zuvor nach Deep, während Julia bei Bekannten in Berlin unterkam, um sich einer aufwendigen Zahnbehandlung zu unterziehen, ehe sie an die Ostsee nachreisen würde. Der Dessauer Hausrat wurde bis auf umfangreiche Teile des Atelierbestands, den Feininger in mehreren Kisten nach Deep schicken ließ, eingelagert. So sparte das Ehepaar vorerst die Mietkosten für eine Wohnung und konnte weiterhin seine drei Söhne finanziell unterstützen, die aktuell jeweils ohne eigene Einkünfte waren. «was im herbst dann aus uns wird, ist noch recht dunkel», schrieb Julia Feininger kurz vor dem Auszug in Dessau an den Berliner Architekten Erich Mendelsohn, «aber da bis dahin ja noch eine ganze menge zeit ist und sich inzwischen allerhand klären wird, brauchen wir uns im augenblick damit nicht den kopf zu beschweren. wir freuen uns auf ruhe und frieden, nachdem es hier ziemlich heiss hergegangen ist.»[2] Je weiter weg sie vom politischen Getriebe des sich etablierenden nationalsozialistischen Staates kämen, desto besser.

Und ungeachtet dessen, dass es noch bitterkalt in Deep war, setzte nach den Aufregungen der letzten Dessauer Zeit nun sofort so etwas wie eine künstlerische Befreiung in Feininger ein. Die Unsicherheit des vergangenen Dreivierteljahres über die eigene Zukunft war überwunden. Sie hatte sich 1932 bereits vor den finalen Auseinandersetzungen ums Bauhaus bemerkbar gemacht und nicht zuletzt mit Feiningers Alter zu tun. Gegenüber Julia Feininger hatte er damals beschrieben: «Wie mich manchmal die verzweifeltste Melancholie packt – aber sie ist in meinen Jahren begründet und in dem langsam aber stetig fortschreitenden Verfall der körperlichen Tauglichkeit, die bei mir vielleicht eine aussergewöhnlich grosse Rolle spielt. Es gibt schon ganz, in dieser ebenerwähnten Hinsicht, gleichmütig fühlende ältere Menschen, denen es nicht das Geringste ausmacht, nunmehr gemächlich und ihren 50–60 Jährchen angemessen, ausruhend und bequem durchs Leben zu gehen. Ich kann es vorläufig nicht!»[3]

Flucht in die Sommerfrische

Doch im Frühjahr 1933 gelang es ihm plötzlich: «Könnte ich Dir nur etwas von dem Frieden, der Glückhaftigkeit, vermitteln, die hier im kleinen Deep jetzt segnend um mich herum ist!», schrieb er schon kurz nach der Ankunft. «Um anzufangen mit strahlender Sonne, in einem Himmel von gestrichenem Cölinblau! Ein geringer Wind von der See her, kühl und rein; unspürbar für mich in der Veranda, vorbei gehen keine ‹Sommergäste› – nur friedfertige Deepianer, still und freundlich gesinnt und angenehm berührt davon, dass ein wohlbekannter Gast ihres Ortes sich entschlossen hat, so fabelhaft zeitig sich wieder einzufinden. Was in den letzten Wochen alles geschah, liegt wohlverstaut und halbvergessen hinter uns, 4 Tage Ruhe hier haben schon neue Menschen aus uns gemacht, und es regt sich neue Lebenskraft und Tatendrang wird spürbar. Das Einordnen hunderter Blätter aus vergangenen Jahren bringt Erlebnisse die, unvergesslich, doch lange vergraben lagen. So herrliche Blätter voller Runen, wie zauberhafte Keime zu neuen Schaffensmöglichkeiten aufgespeichert in den Mappen (...). Ich will nicht undankbar sein, gegen Dessau; aber ich habe nicht annähernd das dort getan, was ich erwartet hatte, als wir hinzogen. Es ist nun gut, finde ich, dass wir wieder einmal von allen Bindungen los und befreit sind, und der Ernst dieser Jetztzeit zwingt zu äusserster Verinnerlichung und Conzentration der Gestaltungskraft – wie im Kriege in den Jahren 1914–18.»[4]

Trotzdem sind die Briefe Feiningers aus dem Frühjahr 1933 noch durchsetzt mit dem Schrecken vor allem über die jüngsten Ereignisse am 1. April mit dem Boykott jüdischer Geschäfte. Gleich mit seinem ersten Schreiben aus Deep hatte er Julia Feininger gebeten, in Berlin noch Ausgaben der altvertrauten «Chicago Tribune» zu kaufen. Er selbst hatte auf der Zugfahrt an die Küste eine gelesen – «darin gibt es so interessante Kommentare zum gegenwärtigen Stand der Dinge; man bekommt da eine Vorstellung (die keine deutsche Zeitung zu geben wagt), wie sehr die Welt alarmiert ist über die jüdischen Verfolgungen und andere Barbareien gegen Kunst und Wissenschaft».[5] Nicht nur, dass sie selbst zusammen mit Galka Scheyer Zeugen der Übergriffe in Dessau gewesen waren, nun war auch die Kunde von Berliner Angriffen auf die jüdische Verwandtschaft von Julia zu ihnen gedrungen. Ihre Mutter Jeanette stammte aus der Familie Zuntz, die eine der größten deutschen Kaffeeröstereien mit mehreren Filialen in der Hauptstadt besaß. Julias Cousin August Zuntz hatte sich noch im März vom Chefsessel auf die Position eines stillen Gesellschafters zurückgezogen, und obwohl zugleich ein Mitglied der NSDAP in die Unternehmensleitung aufgenommen wurde – einer der frühesten Fälle von «Arisierung» im neuen Staat –, waren auch die Zuntz-Verkaufsstellen am 1. April boykottiert worden.

Die Feiningers standen August Zuntz sehr nahe, weil er moderne Kunst sammelte und immer wieder zu finanzieller Unterstützung bereit gewesen war. Nun erbat sich Feininger nähere Auskünfte von Julia zu dessen Lage, nahm distanziert-interessiert von der bevorstehenden Ablösung Justis als Direktor der Nationalgalerie Kenntnis und empörte sich über das Verbot einer Theaterinszenierung von Max Reinhardt: «Seit 35 Jahren der weltgrößte und überall bewunderte Theaterintendant + Genie! Aber in Frankreich, den USA und in England + Russland ist der Abscheu über die Verfolgungen so groß, dass diese Länder schon mit einem weltweiten Boykott drohen – und wo bliebe dann Adolf? Der doch hilflos ist, wenn er nicht unbegrenzt über Geld verfügt? Seine Absichten mögen ja die besten sein – aber alle sind sich einig, dass er die Kontrolle über die Kräfte verliert, die er entfesselt hat.»[6] Feininger nahm damit einen deutschen Topos aus der Anfangszeit der nationalsozialistischen Herrschaft auf: den des im Grunde politisch vernünftigen Hitlers, der aber vom aus dem Machtrausch der SA resultierenden gesellschaftlichen Terror überrascht worden wäre.

Weil das Ehepaar Feininger 1933 nur einige Tage voneinander getrennt verbrachte, gibt es wenige Briefe aus dieser hochbrisanten Zeit. Der überraschendste, den Lyonel Feininger schrieb, stammt vom 19. Mai, als Julia Feininger, die Mitte April in Deep eingetroffen war, noch einmal zu einer Nachbehandlung nach Berlin zurückgekehrt war. Gleich nach dem ersten kurzen Absatz mit einer Wetterschilderung bricht es aus Feininger hinaus: «Und ganz hingerissen, vollbegeistert: bin ich von Hitlers Rede vor dem Reichstage – vor der Welt! – Habe ich nicht tausendmal gefragt, warum steht denn keiner endlich auf und verkündet von höchster, öffentlicher Stelle, was Millionen wissen und keiner bis jetzt ausgesprochen hat: woran die Schuld für die Verelendung der ganzen Welt liegt? und wie allein der Weg führen kann den die Welt begehen muss, wenn je wieder Frieden und Wohlstand auferstehen sollen? Der alte Hindenburg? Ach! Diesem unendlich verehrten Greise fehlte die Kraft, das heilige, werktätige Feuer. Die Vision! – – – Für alle Zeit, muss diese Rede Hitler's als höchste Leistung dastehen, ein Monument der Gesinnung, wie sie so absolut und einmütig noch niemals von einem Volke verkündet wurde. Und endlich besitzt die Welt an drei Männern, Mussolini, Roosevelt und Hitler, die Führung, nach der sie geschrieen hat! Keiner von ihnen ‹berufsmässige› Politiker, sondern Geister, die über ihrer Zeit stehen und die vollstes, stärkstes Menschtum erfüllt. – – – ‹Wo gehobelt wird, da fallen Späne›; vergessen muss werden, was ungerechterweise viele im Lande gelitten haben: gegenüber der Hoffnung auf eine Einigung, wie sie vor noch wenigen Monaten schier undenkbar schien. I hope you won't think I'm ‹preaching!› Wer kann sich dieser Begeisterung heute noch entziehen, über eine derartig grosse Tat? Klein und nichtig erscheinen heute alle Sonderinteressen. In allen Einzelheiten ist die Rede Hitler's bewundernswert. Nichts blieb darin ungesagt und sie steht mit eherner Logik geführt und einheitlich da.»[7]

Was hatte Hitler gesagt, das Feininger derart begeisterte wie nichts Politisches sonst zuvor oder danach in seinem Leben? Die einstündige Ansprache des Reichskanzlers vom 17. Mai in der Krolloper, wohin das Parlament nach dem Reichstagsbrand vom Februar ausgewichen war, wurde von der deutschen Presse einhellig als «Friedensrede» gefeiert. Wenige Tage zuvor hatte der Völkerbund, dem Deutschland noch angehörte, auf französischen Antrag hin einen Beschluss gefasst. Dieser gab vor, dass künftig die bewaffneten Einheiten der paramilitärischen Verbände des neuen deutschen Regimes (SA, SS und Stahlhelm) in die vom Versailler Vertrag vorgeschriebene Höchstgrenze für die Heeresstärke des Reichs einzurechnen waren und dass die von Hitler bereits angekündigte Wiedereinführung einer allgemeinen Wehrpflicht unzulässig sei. Daraufhin proklamierte Hitler den unbedingten Friedenswillen Deutschlands, das aber nicht dauerhaft zur zweitrangigen Macht erniedrigt werden dürfte. Grundfehler der Nachkriegsordnung wären gerade die Bestimmungen des Versailler Vertrags, die das deutsche Volk demütigten.

Damit traf er in der Tat genau die Meinung Feiningers, der schon 1919 gegen die Friedensbedingungen gewettert hatte. Zudem nahm Hitler in seiner Rede vom 17. Mai eine Initiative des wie er seit Januar 1933 regierenden amerikanischen Präsidenten Franklin D. Roosevelt auf, der am Vortag einen internationalen Verzicht auf Angriffswaffen vorgeschlagen hatte. Und der italienische faschistische Staatschef Benito Mussolini regte noch am Tag von Hitlers Rede an, einen Viererpakt zwischen seinem Land, Deutschland, Frankreich und Großbritannien zu bilden, um das angeblich verlorene europäische Gleichgewicht wiederherzustellen. So erklärt sich das Feiningersche Lob für diese drei Politiker.

Nur wenige Tage zuvor hatte er Gropius zu dessen fünfzigstem Geburtstag geschrieben, und aus diesem Anlass erinnerte er sich an die gemeinsame Anfangszeit am Bauhaus, die Feininger im Rückblick als nationale Tat betrachtete: «Es hat mich stark überkommen, wie absolut der Erste er [Gropius] gewesen ist, der den Kampf um die Zusammenführung aller geistigen, aufbauenden Kräfte, für das geschlagene Deutschland aufgenommen und in nicht zu beirrendem, stetem Ringen durchgeführt hat, blos um jetzt von allen geschlagen und verdächtigt zu werden.»[8] In Hitlers Worten fand er diesbezüglich Bestätigung: Der Einsatz für Deutschlands Wohl war wichtig; dieses Land betrachtete er ungeachtet der nationalsozialistischen Regierung weiterhin als das seine. Feiningers Zorn über die Bemühungen anderer Staaten, es kleinzuhalten, hatte sich seit 1919 nicht vermindert.

Sogar noch anderthalb Jahre später, als sich seine kurzfristige Hitler-Euphorie längst verflüchtigt hatte, kommentierte Feininger das tödliche Attentat auf den jugoslawischen König Alexander bei dessen Staatsbesuch in Marseille vor allem mit unversöhnlichem Blick auf das zweite dortige Opfer, den französischen Außenminister Louis

Barthou. Dieser war im Mai 1933 die treibende Kraft beim Bemühen des Völkerbunds gewesen, der drohenden deutschen Aufrüstung unter Hitler einen Riegel vorzuschieben: «Was ‹Marseilles› [sic] anbetrifft, das ist ja schauerlich! Und wird nichts irgendwie bessern. Der König Alexander war ein tüchtiger Mann, und erstrebte nur Gutes für sein Volk. (…) Bei dem zweiten, zufälligen Opfer, Barthou, könnte man vielleicht an einen Deus ex machina denken, denn der Mann hat schwerste Fehler mit Meisterschaft und Ausdauer begangen. Auch er wollte ‹das Beste›, wohl! Jedenfalls leben seine Irrtümer weiter, zum größten Unheil der Nationen.»[9] Den Hauptteil der Schuld am Scheitern der Weimarer Republik suchte Feininger zunächst nicht bei den Nationalsozialisten, sondern im aus seiner Sicht feindlich gesinnten Ausland.

Während seiner Zeit in Deep wurde in Berlin die Schlacht um die Nationalgalerie geschlagen, und die anfängliche Begeisterung des Ehepaars Feininger über die Berufung Alois Schardts zum Nachfolger Justis wich einer Desillusionierung über die Kulturpolitik der NSDAP, die an Rosenbergs modernefeindlicher Linie festhielt und sich, wie gesehen, nicht durch Schardts Beschwörung der gotischen Herkunft von Feiningers Kunst ein Kuckucksei ins Nest legen ließ. Zwar blieb der noch von Justi eingerichtete Feininger-Raum im Kronprinzenpalais erhalten, aber es war keine Rede davon, dass diese Gemälde von den neuen Machthabern als exemplarisch deutsch gefeiert worden wären, wie Feininger es sich erhofft hatte. Die von Schardt betriebene Etablierung als eine Art Staatskünstler scheiterte bereits, während Feininger noch in Deep weilte, und als er mit Julia im Herbst nach Berlin zurückkam, war der neue Direktor schon wieder entmachtet. Die Unsicherheit über die Zukunft war wieder da, und so verschoben die Feiningers auch erst einmal ihre Wohnungssuche und schlüpften bei Freunden im Berliner Stadtteil Wannsee unter. Das war so weit ab vom Zentrum, dass sich das Gefühl der Ausgrenzung verstärkte. Für den Winter musste es reichen; aber während des nächsten Sommerhalbjahrs würde Julia Feininger ein endgültiges Domzil suchen müssen, während Lyonel sich wieder in der *splendid isolation* von Deep aufhalten wollte.

An Berlin führte kein Weg vorbei. Zwar war das dorthin umgezogene Bauhaus mittlerweile endgültig geschlossen, aber die Zugehörigkeit Feiningers hatte ohnehin nur noch auf dem Papier bestanden; mit dem Auszug aus dem Dessauer Meisterhaus war der letzte zählbare Vorteil seiner Bindung ans Bauhaus weggefallen. Im Gegenteil bedeutete die Identifikation mit diesem Aushängeschild der den Nationalsozialisten verhassten funktionalistischen Moderne nunmehr ein Risiko.

Sich bei Leuten anzubiedern, die ihm ideologisch hätten nützlich sein können, kam für Feininger jedoch nicht in Frage. In Berlin hielt er Kontakt mit den dort verbliebenen früheren Bauhaus-Kollegen, obwohl die beiden ihm vertrautesten, Klee und Kandinsky, Deutschland schon im Herbst 1933 verlassen hatten. Georg Muche und Joost Schmidt waren als Lehrer an privaten Kunsthochschulen in der Hauptstadt untergekommen, und auch ältere Bekanntschaften frischte Feininger nun wieder auf. Darunter war Edwin Redslob, der sofort nach Hitlers Regierungsantritt geschasste ehemalige Reichskunstwart, mit dem Feininger die Leidenschaft fürs Hollywood-Kino verband: «Wir verabredeten uns im ersten Jahr der Nazizeit, wenn im Hinterhof der Tauentzienstraße ein dort verstecktes Kino Filme zeigte, die zu sehen sich lohnte.»[10]

Die engste Freundschaft in den Jahren des «Dritten Reichs» entwickelte sich aber zu Karl Schmidt-Rottluff, der als Gründungsmitglied der «Brücke» zu Beginn der nationalsozialistischen Herrschaft wie Feininger zwischen Hoffen und Bangen schwankte, ob seine Werke den neuen Machthabern genehm sein würden. Der Expressionismus war von Beginn an als spezifisch deutsches Kunstphänomen gefeiert worden, doch dessen Deformation der Körper widersprach allem, was die NS-Kulturpolitik propagierte. Für Erich Heckel galt das Gleiche; auch mit ihm pflegte Feininger nun einen engen Austausch. Ein anderer alter expressionistischer Weggefährte hatte dagegen schon in der Weimarer Republik mit ihm gebrochen: «Ich hatte gestern von Adolf Knoblauch einen Brief, aus dem ich nicht ohne weiteres klug werde. Er sagt sich (wieder ein Mal) von meiner Kunst los, oder von mir, oder von beidem – aber irgendetwas scheint dabei in ihm zu klingen. Du wirst ja sehen. Ich glaube, er ist furchtbar vereinsamt, und grollt mir, dass ich (wie er meint) es nicht bin. So oder ähnlich; und spricht von ‹vertaner Liebe›, weil ich mich ‹von der Kurve› lossagte in Weimar. Kunst und Evangelismus gehen nimmer ‹t'zamm›.»[11]

Vor allem aber lebte Feiningers erste Familie noch in Berlin, und wenn ihn auch mit Clara Feininger nichts weiter mehr verband als die monatlichen Alimentezahlungen, so intensivierte sich jetzt wieder der Kontakt zu seinen beiden Töchtern, der mit dem Wegzug aus Zehlendorf 1919 weitgehend abgebrochen war. Die Töchter hatten beide Feiningers künstlerisches Talent geerbt. Eleonore, die von allen Lore gerufen wurde, hatte als Siebzehnjährige eine Ausbildung an der Kunstschule zwar abbrechen müssen, als vor den Toren des Instituts der revolutionäre Straßenkampf tobte, war dann aber Fotografin geworden und hatte beim Verlagshaus Ullstein eine Anstellung als Laborantin gefunden, ehe sie sich 1930 mit einem eigenen Atelier selbständig machte.[12] Sie war unverheiratet geblieben und immer noch eng mit der Mutter verbunden.

Marianne dagegen hatte nach einer Ausbildung zur Modezeichnerin geheiratet, hieß nun Noack und war Mutter zweier Töchter geworden. Noch 1932 hatte Feininger nach einem mehrtägigen Berlin-Aufenthalt an seine Frau geschrieben: «Zu Lore ging ich schliesslich nur aus dem Grunde dass das liebe Kind es erfahren hatte, dass ich da sei und mich anrief. Es war natürlich gut so, und ich war nachher froh, sie und Marianne gesehen zu haben. Aber zu einer Aussprache in der kurzen Zeit meines Besuchs dort reichte es bei allen Dreien von uns nicht. Wir waren froh, einander zu begegnen, und was hätten wir schliesslich viel sagen können. Marianne ist nur ¾ so gross wie

Lore, sie ist ganz zart und klein geworden und hat tiefe Spuren unter den Augen. Schien etwas verschlossen zu sein, aber sonst recht zufrieden, still bei Lore zu bleiben.»[13] 1934 aber, als Julia Feininger Ende August aus Deep nach Berlin abreiste, um nun endlich eine feste Bleibe in Berlin zu finden, kam sie bei Mariannes Familie im Jungfernheideweg unter.

Diese Wohnung lag in der erst kurz zuvor errichteten «Großsiedlung Siemensstadt», die Hans Scharoun geplant hatte und an deren Bau sich in den Jahren 1929 bis 1931 einige der namhaftesten Architekten der Weimarer Moderne beteiligt hatten; die Wohnzeile von Marianne Noack hatte etwa Walter Gropius entworfen. Hier fühlte sich Julia Feininger, die dem Dessauer Meisterhaus noch nachtrauerte, begreiflicherweise wohl, und so kaprizierte sie sich bei ihrer Wohnungssuche auf die nähere Umgebung. Fündig wurde sie schließlich ein paar Straßen weiter, im Lenther Steig 21: viereinhalb Zimmer im ersten Geschoss eines unspektakulären dreistöckigen Mehrfamilienhauses aus den späten zwanziger Jahren, im Gegensatz zum Renommierprojekt der Großsiedlung Siemensstadt von keinem prominenten Architekten errichtet. Und es lag ebenso weit außerhalb vom Stadtzentrum wie die Vorjahresunterkunft in Wannsee. Entsprechend skeptisch war Lyonel Feininger.

«Diese Ferne von Berlin! mit obligaten Fahrgeldern, (Höchstwahrscheinlich wäre auch ein Telefon nötig?) und dann, gerade das, was mir sehr am Herzen liegt: wo dann bleiben für mich die Stadt und das für mich so anregende Leben auf den Strassen, all die geliebten weiten Strassengänge, die Nähe der paar Freunde und Kollegen. Ich fühle es so sicher, wie nötig der Verkehr und Austausch mit Karl [Schmidt-Rottluff], Heckel, für meine Arbeit sind; ich war viel zu lange ganz auf meine eigene Quälerei in der Malerei angewiesen. Hemmungen sind in mir, bis zur Krankhaftigkeit, entstanden, in den letzten 4–5 Jahren; ich brauche den Impuls, gelegentlich, durch Andersgeartete, die von Anbeginn meiner Malerei mit dabei waren, und von denen ich immer wieder frischen Anstoss erhielt. (...) Es erstarrt alles in mir auf dem Wege zum Bilde, weil ich zu sehr die Vollkommenheit suche und nur Erstarrung erreiche. (…) Mir fehlt eben die Dosis Sorglosigkeit und die eigentliche Befreiung von der Vergrübeltheit in die mich die Jahre am Bauhaus brachten.»[14] Zwei Tage später bekräftigte er seine Bedenken noch einmal und skizzierte einen Ausweg, der allerdings bei seiner Frau wenig Freude ausgelöst haben dürfte: «Wenn Du keinen Erfolg bei der Suche haben solltest, dann wirst Du mich bereit finden, als letztes Rückzugsgebiet einen Winter hier in Deep zu versuchen.»[15] Dort gab es für relativ wenig Geld ganze Raumfluchten, die Feininger fürs ungestörte Arbeiten beanspruchte. Die zuvor noch so wortreich eingeklagten Sozialkontakte der Hauptstadt schienen ihm plötzlich nicht mehr entscheidend.

Das Ostseedorf war vor allem sein Refugium, und auch wenn Julia Feininger die Urlaubsaufenthalte dort genossen hatte, war es für sie keine Option, dauerhaft in Deep zu leben. Das musste Lyonel Feininger einsehen. Nach seiner Abreise aus dem Badeort und einem anschließenden Besuch im nahen westpommerschen Dorf Kuhtz, wo er noch zwei Wochen bei Freunden verbrachte, bezog das Ehepaar Ende Oktober 1934 die Wohnung im Lenther Steig. Mehr als deren Hälfte nahm Feininger selbst in Beschlag: zwei Zimmer als Atelier und das halbe Zimmer als dessen Abstellraum. Während seine Frau sich darüber beklagte, außer Hausarbeit nichts zu tun zu haben, vermisste Feininger die nötige Stimmung zum Malen: Mehr als drei oder vier Bilder pro Jahr habe er seit dem Wegzug aus Dessau nicht vollendet, klagte er gegenüber Galka Scheyer.[16]

Feiningers Haltung zum Antisemitismus

Im Jahr 1933 hatte die nationalsozialistische Mission, das gesamte öffentliche Leben in Deutschland zu erobern, unmittelbar nach der Reichstagswahl begonnen: erst das Ermächtigungsgesetz, dann der «Juden-Boykott»; im Juni wurde mit der SPD die größte Oppositionspartei verboten; und in den Museen begann der Aussonderungsprozess unerwünschter «entarteter Kunst» erstmals mit der erwähnten Wanderausstellung im Dresdener Rathaus, die am 23. September 1933 eröffnet wurde. Unter den insgesamt zweihundert Arbeiten waren auch Bilder und Graphiken von Lyonel Feininger. Trotzdem gab es für ihn kein Ausstellungsverbot, anders als etwa für Jawlensky und Kandinsky. Letzterer erklärte sich das damit, dass «wir keine echten Germanen sind – ich dazu noch ‹ein reinabstrakter› und Bauhauslehrer».[17] Jawlensky bemerkte angesichts dieser unterschiedlichen Behandlung nur konsterniert: «Feininger ist erlaubt.»[18]

Aber der Rückgang der öffentlichen Präsenz Feiningers war eklatant, gerade im Vergleich mit den regelrechten Festspielen, die ihm die deutschen Museen und Galerien in der Schlussphase der Weimarer Republik aus Anlass seines sechzigsten Geburtstags bereitet hatten. Von den nur noch fünf Ausstellungen, die 1933 mit Feininger-Werken in Deutschland durchgeführt wurden, verfolgten zwei bereits diffamierende Absichten: die Dresdner Schau und die bereits erwähnte Dessauer Präsentation im Schaufester einer dortigen Tageszeitung. 1934 gab es außer der wandernden Ausstellung mit «entarteter Kunst» keine weitere öffentliche Präsentation Feiningers.

Andere Künstler in ähnlicher Lage versuchten, sich dem Regime anzudienen: Am 18. August 1934, einen Tag vor der Volksabstimmung über die Vereinigung der Ämter von Reichspräsident und Reichskanzler, die Hitlers Macht absolut machen sollte, veröffentlichte die NSDAP-Zeitung «Völkischer Beobachter» einen «Aufruf der Kulturschaffenden». Dieser forderte die Wähler zur Zustimmung auf, und er war nicht nur von einschlägig bekannten Parteigängern Hitlers wie Paul Schultze-Naumburg, Josef Thorak oder Hanns Johst unterzeichnet, sondern auch von Kollegen, deren Kunst Feininger schätzte, so etwa Ernst Barlach, Erich Heckel, Georg Kolbe, Ludwig Mies van der Rohe und Emil Nolde. Sie alle bestätigten mit ihrer Unterschrift, dass sie «zu des Führers Gefolgschaft» zählten.

Gleichzeitig wurden die Ausstellungsmöglichkeiten geringer, weil vor allem der jüdische Kunsthandel immer stärker schikaniert wurde. Darunter waren viele Galeristen, die zu Feiningers treuesten Partnern gehört hatten: «Übrigens las ich gestern, dass Galerie Arnold (Gutbier) auch eingegangen ist», schrieb er Julia Feininger im Herbst 1934. «Wenn möglich, beabsichtige Gutbier (aber erst nachdem er sich erholt hat!) entweder in Nord- oder Süddeutschland einen Salon zu eröffnen. Dresden, jedenfalls, scheint endgültig erledigt zu sein. Das geht auch dann so weiter, nach und nach wird alles gleichgeschaltet sein, die ‹Berliner Secession›, sagte mir Nonne [die Frau von Joost Schmidt], existiert nicht mehr, sondern ist jetzt eine Ausstellungs-Angelegenheit für ‹Kraft durch Freude›.»[19] Ein Jahr später entnahm er einem englischen Zeitungsausschnitt, den ihm eine Freundin zugeschickt hatte, dass die Gestapo allein in Berlin fünfzig Kunsthandlungen geschlossen habe, die Juden gehörten. «Die K.-K. [Kulturkammer] hat entschieden, dass ‹Nichtarier› ungeeignet sind, mit Kunst zu handeln!! – – – Also der Wahnsinn dort überschlägt sich!»[20]

Für Feininger stellte sich deshalb das Problem, wohin er mit seinen Bildern sollte. Nachdem er im April 1933 das Meisterhaus in Dessau geräumt hatte, wurden die meisten in Berlin eingelagert, weil er damit rechnete, mit dem Amtsantritt von Alois Schardt in der Nationalgalerie dort ein dauerhaftes Domizil für sie zu bekommen. Das erwies sich schnell als Trugschluss, aber Schardt hatte nach seiner Ablösung vom neuen Posten weiterhin die Direktorenstelle der Moritzburg inne. Also wurden Feiningers Werke nun dorthin verlagert: in den Torturm, der ihm von 1929 bis 1931 als Atelier gedient hatte und seitdem weiterhin zu seiner Verfügung stand. Schon einige Bilder der großen Retrospektive von 1931 waren dort untergebracht worden, nachdem der Künstler sie bei der Fortführung an anderen Stationen ausgesondert hatte, «denn viele der älteren sind für öffentliche Neugierde und Ratlosigkeit der Kritiker nicht geeignet. Es waren eine ganze Reihe solcher darunter die wir wieder zurückhaben müssen und gut verstauen für später. In Halle können wir sie im Museum ‹magazinieren›, dort stören sie uns nicht.»[21] Die

Berliner Wohnung war viel zu klein, um dort Bilder in größerer Zahl aufzubewahren, doch noch vor dem Einzug setzte er Julia Feininger nach Halle in Bewegung, um zumindest einige Werke wieder abzuholen.[22]

Beim Transport aus Berlin nach Halle und wieder zurück stand den Feiningers jeweils als Helfer ein junger Mann zur Seite, den sie kennengelernt hatten, als er 1929 am Bauhaus ein Architekturstudium aufnahm: Hermann Klumpp. Der 1902 geborene Unternehmersohn aus Quedlinburg hatte zunächst Jura studiert und in Dessau damit begonnen, ein Buch über die «Abstraktion in der Malerei» am Beispiel Klee, Kandinsky und Feininger zu schreiben.[23] Dafür suchte er näheren Kontakt zu diesen drei Bauhaus-Meistern. Mit Julia und Lyonel Feininger verstand er sich auf Anhieb besonders gut; er begleitete das Ehepaar in den Folgejahren mehrfach bei dessen Ostseeurlauben, und zeitweise bekam er von ihnen ein Zimmer im Meisterhaus gestellt. Schon an dessen Räumung 1933 war er beteiligt gewesen, und wann immer fortan im «Dritten Reich» etwas Heikles anstand, verließen sich die Feiningers auf ihn.

So abermals 1935, als absehbar wurde, dass Schardts Position nun auch in Halle unhaltbar sein und deshalb die Moritzburg keine Sicherheit für Feiningers Kunst mehr bieten würde. Klumpp brachte deshalb im Herbst 1935 einen Großteil der dort aufbewahrten Werke in einer Nacht-und-Nebel-Aktion mit einem Lieferwagen der Wäscherei seiner Familie nach Quedlinburg. Darunter waren siebenundfünfzig Gemälde, als wichtigstes «Gelmeroda XI» aus dem Jahr 1929, das Feininger erst wenige Monate zuvor seinem Sohn Laurence zu dessen Promotion geschenkt hatte. Diese Bilder und etliche graphische Arbeiten wurden von Klumpp während der NS-Zeit versteckt. Damit ging er ein hohes persönliches Risiko ein, und auch nach Kriegsende bewies er Mut, als es sich als unmöglich darstellte, die Werke aus der Sowjetischen Besatzungszone und später dann der DDR in die Vereinigten Staaten zu schicken. Klumpp behielt sie bei sich, obwohl Feiningers Werk nun ein zweites Mal staatlich verfemt wurde: diesmal als Ausdruck eines Kunst- und Gesellschaftsverständnisses, das angeblich nicht den Interessen der Werktätigen entsprach.[24]

Es gab noch andere mutige Sachwalter der modernen Kunst im «Dritten Reich». So etwa Harald Busch, der 1934 die Leitung der Gemäldesammlung in der Hamburger Kunsthalle übertragen bekam. Obwohl er NSDAP-Mitglied war und erwartungsgemäß sofort mit der Neuordnung der Bestände begann, beließ er die von seinem Vorgänger Gustav Pauli aufgebaute Modernekollektion an ihrem Platz und ergänzte sie sogar noch durch Leihgaben, die ihm Maler zur Verfügung stellten, «um eine wirksame Herausstellung der heute vielfach angegriffenen Künstler ermöglichen zu können».[25] Angesichts dieses Engagements wurde ihm bereits im Folgejahr wieder gekündigt. Von Lyonel Feininger hatte Busch drei Bilder erhalten. Er konnte sie sich aus zwanzig Arbeiten aussuchen, die Julia Feininger auf Geheiß ihres Mannes, der sich noch an der Ostsee aufhielt, im Oktober 1934 «für Hamburg» zusammenstellte. Dabei legte er allerdings Wert darauf, dass es sich um ältere Werke handelte: «Ich hätte wirklich bedauert, jetzt bereits mit Bildern vom Sommer die Ausstellung beschicken zu müssen. Ich halte es für wichtig, erst eine ordentliche Reihe neuer Bilder zusammen zu haben und sie dann geschlossen zu zeigen in Berlin.»[26]

Das war der früheste Hinweis auf Feiningers bevorstehende erste Soloausstellung seit 1932. Ausrichter war die Berliner Galerie Ferdinand Möller, die im Februar und März des Folgejahres insgesamt hundert Aquarelle, Kohle- und Federzeichnungen zeigte, darunter gleich siebzig aus den Jahren 1933 / 34. Der Kunstkritiker Wilhelm Arntz berichtete seinem Freund, dem Maler Willi Baumeister, vom Verkaufserfolg dieser Ausstellung: «In der Kunstwelt, der deutschen, wogt's hin und her. Mal so, mal so. Ich male so! – Du wirst Dich von vaterländischer Anerkennung ziemlich abgewandt und abgefunden haben. Dir winken Auslandspatente. Wo aber gehöre ich hin? In Berlin: Marcks, der Bildner, großer Erfolg, so daß er keine Sorgen mehr habe. Barlach weniger. Dix, unter den Fittichen von Lenk male glatte, bourgeoise Hegaulandschaften (bei Singen) und verkaufe eine an rheinischen Sammler. Auch Feininger Aquarelle, mehrere. Muche ist gleichfalls zufrieden.»[27]

Eine zweite Berliner Feininger-Einzelausstellung richteten im Frühjahr 1936 die Brüder Karl und Josef Nierendorf in ihrer Galerie zum fünfundsechzigsten Geburtstag des Künstlers aus. Sie fiel zwar mit insgesamt zweiundvierzig Arbeiten im Vergleich zu früheren Schauen klein aus, bot allerdings gleich achtundzwanzig Gemälde. Das erste Halbjahr 1936 war in Deutschland vom Bemühen des NS-Regimes geprägt, sich angesichts der bevorstehenden Olympischen Spiele von Berlin gegenüber dem Ausland einen liberalen Anstrich zu geben. Das versuchte auch der Hamburger Kunstverein zu nutzen, der am 21. Juli, kurz vor der Eröffnung der Spiele, eine Ausstellung namens «Malerei und Plastik in Deutschland 1936» präsentierte, in der zwei Gemälde von Feininger gezeigt wurden, darunter die 1934 entstandene Ansicht des nahe bei Deep gelegenen Ostseeorts Cammin. Dieses Bild ist deshalb bemerkenswert, weil es Feiningers beide großen Motivleidenschaften, die alten Dörfer und das Meer, zusammenführt: Der Blick fällt durch eine enge Gasse, die von weitgehend fensterlosen Häusern in Braun- und Ockerfarben gesäumt wird, auf einen winzigen Küstenausschnitt unter einem dreifach quergestreiften Himmel, der sich von Marineblau oben über Grün wie das Meer bis zu einem lichten Grau unten aufhellt. Feininger greift hier den Stil jener Jahre auf, die er als seine malerisch stärksten empfand: der Kriegszeit, in der er mehrfach Pariser Straßenszenen heraufbeschworen hatte, die in der Anlage der Architektur die Gasse von Cammin vorwegnahmen.

Auf dem kleinen Meeresausschnitt ist eines der in Feiningers Seestücken unvermeidlichen Segelboote zu sehen, und wie mittlerweile meist üblich verzichtete der Maler auf jede andere menschliche Präsenz. Gerade seine Ostseebilder sind Darstellungen eines Rückzugs, der sich der Wirklichkeit im «Dritten Reich» ebenso verweigerte wie dessen Symbolen. Waren in den Bildern aus dem späten Kaiserreich oder der frühen Republik Fahnen und deren heraldische Muster noch häufig vertreten, gibt es keine Hakenkreuze in Feiningers Bildern, obwohl er sie in den pommerschen Orten, die er in den Sommermonaten der dreißiger Jahre skizzierte, dauernd vor Augen gehabt haben muss.

Insgesamt wurden im Hamburger Kunstverein Werke von hundertneunundsiebzig Künstlern präsentiert; hundertachtzehn von ihnen sollten ein Jahr später zu denen gehören, deren Werke offiziell als «entartet» klassifiziert wurden. Die Ausstellung im Kunstverein währte nur zehn Tage, ehe sie auf Geheiß der Reichskulturkammer geschlossen werden musste.

Eine dritte Ausstellung mit Feiningers Beteiligung im Jahr 1936 hatte auf Vermittlung von Karl Nierendorf parallel zur Präsentation in dessen eigener Galerie im Graphischen Kabinett Günther Franke in München stattgefunden. Sie war Landschaftsaquarellen gewidmet und mit Malern wie Beckmann, Schmidt-Rottluff, Heckel, Nolde, Marcks und eben Feininger mutig besetzt. Dort wurde wie in der Nierendorf-Geburtstagsausstellung gut verkauft, wie man einem Brief von Julia Feininger entnehmen kann, in dem sie sich einige Monate später gegenüber Galka Scheyer wieder einmal über ausbleibende Geschäfte in den Vereinigten Staaten beklagte: «Dagegen blüht das Geschäft im armen, ausgepoverten deutschen Vaterland. (…) Amerika mit all seinem Goldreichtum der Welt und diesen reichgesäten Millionären bringt nicht den Mut, Verstand, die Liebe oder wer weiss, wie man es nennen soll, auf, ein grosses Bild zu erwerben – und in diesem augenblicklich vielleicht ärmsten Land der Erde geschieht ein grosser Verkauf nach dem anderen – das man sich auf einer Seite die Haare rauft, wahrend man sie ja auf der andern mit einer Sorte von Freude und Genugtuung wachsen lassen muss – – – hübsch mag man danach aussehen!»[28] Der Stolz auf den kommerziellen Erfolg in Deutschland überwog bisweilen immer noch den Abscheu vor den dortigen Zuständen.

Der war jedoch immer weiter angewachsen. Kurz vor dem Ende der Ausstellung in der Galerie Möller hatte Feininger im Vorjahr schon konstatiert: «Über meine Arbeit, außer dass ich arbeite, will ich immer noch am liebsten schweigen. Ich kann nur sagen, dass ich hoffnungsfroh bin. (‹hoffnungsfroh›! in einer hoffnungslosen Phase der Kulturgeschichte, in einem Land, in dem die Staatsmacht alle lebendigen kulturellen Elemente systematisch verfolgt – man kann nur hoffnungsfroh sein in seinem eigenen Bestreben).»[29] Zwei Tage zuvor hatte er von Karl Schmidt-Rottluff erfahren, dass seine Kunst in den Fokus eines mächtigen nationalsozialistischen Gegenspielers geraten war: «Karl rief mich um ½ 22 an, um mir zu sagen, dass unsere Bilder heute von einer Kommission begutachtet würden – aber er glaubt, dass unsere Chancen ziemlich dünn stehen, denn die Aktion wurde von Rosenberg befohlen + er steht über Goebbels in der Rangliste.»[30] Wenig später vermeldete Feininger: «1000 Schriftsteller, sämtlich bisher in der Kultur-Kammer eingetragen, haben Briefe erhalten des Inhalts dass nach d. 1. April sie nichts mehr verlegen lassen dürfen oder öffentlich ihren Beruf ausüben, wegen ‹politischer Unzuverlässigkeit›. (…) Es ist ein tödlicher Schlag gegen den Beruf der Schriftsteller, und man sieht, dass bereits etwas Ähnliches im Gange ist, gegen die Künstlerschaft.»[31] Er sollte recht behalten.

Wobei der für eine Mitgliedschaft in der Kulturkammer (die zwingend war, um in Deutschland ausstellen zu dürfen) notwendige Ariernachweis zunächst gar nicht von ihm selbst verlangt wurde, sondern von seinem jüngsten Sohn. Theodore Lux Feininger malte ja auch, und als einige seiner Bilder in München ausgestellt werden sollten (in ebenjenem Graphischen Kabinett, das im Folgejahr Lyonel Feininger zeigte), erreichte ihn ein nach Deep nachgeschicktes Schreiben der Kulturkammer, wo er sich gemeinsam mit seinem Vater aufhielt. Der schrieb von dort aufs Höchste erregt an seine Frau: «Kultur-Kammer! Feininger möge sich genau ausweisen, über seine arische Abstammung, hat sich was mit schöpferischem Künstlertum hierzulande! Am liebsten ginge ich hin und schleuderte ihnen ihren

Wisch mitsamt ‹Gesinde-Büchlein› vor die Füsse. Aber die Sache ist (...) als ernst aufzufassen. Nun habe ich keine Taufscheine sämtlicher Vorfahren! Nur die Angaben aus den Kirchenregistern die der gute Werner Rotmaler [sic] damals einzog. Und ich habe sie herausgefischt, heute, und sehe zu meiner grossen Erleichterung dass sogar von den Eltern meiner Mutter die Geburtsorte angegeben sind! Da müsste es doch möglich sein – wenn auch kaum bis zum Termin 18.IV.35!!! (den Wisch bekam ich gestern am 10ten)! – durch Vermittlung des Pater Lucius die nötigen Beglaubigungen zu erhalten, von den Pfarrern die in Frage kommen. Also sende ich hier den Stinkwisch der K.K. und den Zettel (aber wie Gold aufzubewahren)! von Werner Rotmaler zur Orientierung.»[32]

Werner Rothmaler war ein Weimarer Schulfreund von Andreas Feininger, der für dessen Vater in den späten zwanziger Jahren Ahnenforschung betrieben hatte, sodass die wesentlichen Informationen zu Feiningers Vorfahren bereitlagen. Zusätzliche erbat er nun, wie angekündigt, von den Pfarreien der südwestdeutschen Herkunftsregionen seiner Familie. Aber Julia Feininger, obwohl getauft, galt den Nationalsozialisten als Jüdin. Umso erfreuter berichtete Lyonel Feininger ihr nach Eingang eines zweiten Briefs vom Fortgang der Sache: «Die Kulturkammer verlangt Deinen und meinen Taufschein für Lux – ‹Der Nachweis der arischen Abstammung Ihrer Grosseltern erübrigt sich, da dieser von Ihrem Vater, Lyonel Feininger, bereits angefordert ist.› (wird die K.K. die Grosseltern mütterlicherseits übersehen?)»[33]

Das Ganze löste sich schließlich sogar ganz in Wohlgefallen auf, als sich Karl Nierendorf, der auch an Feininger junior interessiert war, einschaltete und die Kulturkammer darauf hinwies, dass Theodore Lux wie sein Vater amerikanischer Staatsbürger war: «Lux bekam von Nierendorf gestern einen erfreulichen Bescheid in der K.K. Angelegenheit. Ausländer brauchen, um in Deutschland im 3. Reich auszustellen, nicht der Kammer anzugehören! Das ist eine authentische Auskunft von der Kammer selbst – nur muss der Kunstausstellungs-Veranstalter die Erlaubnis zur Ausstellung einholen. Infolgedessen fällt die ganze schäbige, quälerische Frage für Lux fort, und der Junge ist unendlich erleichtert in seinem Gemüt. Er hat sehr darunter gelitten. Ausserdem braucht er nicht, bei Nierendorf, jedes Mal gleich eine ‹Ausstellung› zu haben, sondern seine Bilder stehen da und können jederzeit gezeigt werden, wenn sich Interessenten melden – oder er kann im Inneren Raum ein oder mehrere Bilder gehängt werden, so nebenbei.»[34]

Die kurze Aufregung hatte aber das Risiko deutlich gemacht, das der staatliche Antisemitismus für eine künstlerische Karriere bedeutete. Feininger war schon vor der NS-Zeit gelegentlich für einen Juden gehalten worden – zu sehr wurde künstlerischer Avantgardismus mit Judentum gleichgesetzt. Kurz nach der glücklichen Fügung in der Frage des Ariernachweises für Theodore Lux beauftragte Lyonel Feininger einen Rechtsanwalt, gegen den in Berlin ansässigen Jüdischen Verlag vorzugehen. Dieser hatte dem Maler im 1928 erschienenen zweiten Band seines «Jüdischen Lexikons» einen eigenen Eintrag gewidmet. Das Unternehmen sollte dazu verpflichtet werden, den Beziehern des Buchs Mitteilung über die Falschinformation zu machen. Der Verlag sah sich dazu indes außerstande und gab lapidar zu bedenken: «Im Jahre 1928 hatte im übrigen die Frage der jüdischen Abstammung nicht dieselbe Bedeutung wie heute.»[35]

Autor des inkriminierten Lexikontextes war der mittlerweile nach Palästina emigrierte jüdische Kunsthistoriker Karl Schwarz, der Feininger zudem in seine Monographie «Die Juden in der Kunst» aufgenommen hatte. Einem Emigranten wollte Lyonel Feininger keine Schwierigkeiten machen, und so verfolgte er die Sache nicht weiter. Er war nur deshalb darauf aufmerksam geworden, weil ihn nun auch die jüngste Ausgabe von «Meyers Konversations-Lexikon» mit Verweis auf das ältere Nachschlagewerk als Juden führte. Hier vermutete Feininger böse Absicht: «Der Referent von Meyers' Konv.Lex. dagegen, wollte ‹Feininger› liebend gerne los werden aus dem Bereiche ‹arischer› Kunst! und hat darum das ‹Rassische› betont, und somit ungeprüft ihn zu den Juden geschickt.»[36]

Er sah damals Methode in seiner Diskreditierung als Jude. Gegenüber dem befreundeten Kunstschriftsteller Johannes Kleinpaul hatte er im August 1935 ebenso zornig wie stolz betont: «Nun, wir Feiningers sind seit undenklichen Zeiten ‹reine Arier›, und gläubige Katholiken aus Schwabenland, und hätte man mir eine ‹Million› dafür angeboten, ich würde in der Vergangenheit unseres Stammes doch keinen ‹Nichtarischen› aufweisen können! Trotzdem war der Nachweis für mich insofern etwas schwierig, als meine Großeltern nach Amerika ausgewandert waren, in den 40er Jahren des vorigen Jahrhunderts, und ‹Taufscheine› standen mir, als Erbteil, (außer dem meinigen!) nicht zu Gebote. Außerdem war es recht schwierig, den Geburtsort des Großvaters mütterlicherseits zu ermitteln; das hat eine längere Korrespondenz mit Verwandten in den USA verursacht, aber Gottlob, zuguterletzt ‹hatten wir ihn›, und ich konnte sämtliche ‹Belege› durch Kirchen-registerliche, beglaubigte Abschriften dem Präsidenten der K.K. vorlegen. Nun ‹kann ich Kunst schaffen› und bin dem entsprechend erleichtert. Eine glänzende Kritik über mein Schaffen, erschienen in Jena in der Zeitung dort, brachte vor einigen Wochen die Weimar-Thüringische Regierung (ich bitte Sie) so außer Fassung, daß sie, wie man es mir wenigstens berichtet hat, höchstselbst der Redaktion besagter Zeitung sofort eine heftige Reklamation zukommen ließ, weswegen sie sich erlaube, den ‹Juden Feininger› so zu loben! Worauf aber ein Dementi erfolgen konnte, und die Regierung sich zufrieden gab, da der Feininger doch ein ‹Arier› sei. Schade, so ein ‹unbequemer› Maler, für viele ‹Kollegen›. Wie oft habe ich es erleben müssen, ‹der Jude Feininger› genannt zu werden! Sie haben ja auch Barlach, Pechstein (auf Anzeige Nolde's!!!) und andere, ‹Juden› gescholten, die so rein ‹arisch› sind, wie man's nur sein kann. Und irgendeine Abwehr gibt's dagegen nicht – leider!»[37]

Der Verweis auf das NSDAP-Mitglied Emil Nolde als Denunziant von Kollegen und überzeugter Antisemit war damals unter Malern verbreitet, wurde aber erst nach 1945 öffentlich.[38]

Die für Feininger prägendste Erfahrung antisemitischer Hetze ereignete sich allerdings nicht in Berlin, sondern ausgerechnet in Deep, jenem Dorf, das sein inzwischen in Schweden lebender Sohn Andreas als derart untypisch für Deutschland ansah, dass er sich selbst 1935 bescheinigte, «über 2 Jahre praktisch nicht mehr in Deutschland gewesen zu sein, im neuen Deutschland, denn Deep in seiner Abgeschiedenheit ist ja nicht anders als hier».[39] Im buchstäblichen Mikrokosmos dieses Ferienorts mit seinen damals vielleicht zweihundert Bewohnern und den während der Sommermonate in mehrfacher Zahl anreisenden Badegästen lässt sich dank Feiningers Briefen wie mit einem Brennglas der Blick auf den zunehmenden Antisemitismus im «Dritten Reich» fokussieren. Schon im Jahr vor Hitlers Kanzlerschaft hatte er der noch nicht angereisten Julia Feininger über die immer zahlreicher werdenden Hakenkreuzfahnen an den Strandkörben und Sandburgen berichtet – Zeichen, in denen er aber nur eine Radikalisierung der Gäste erkennen wollte.

Das geliebte Deep selbst nahm Feininger lange in Schutz. «Jacksons, Ilse Neumann – sie kommen doch nicht in der Hauptsaison her?», erkundigte er sich kurz nach seiner Ankunft im April 1933 bei seiner Frau, die ihm von der Möglichkeit berichtet hatte, dass diese jüdischen Bekannten sie am Urlaubsort besuchen könnten. Doch selbst für den Sommer sah er kein wirkliches Problem: «Von unseren Deepern krümmt ihnen keiner ein Haar! Unseren Freunden, für die wir einstehen, sollte hier das Geringste von den Fischern geschehen! – – In der Reisezeit (Schulferien) gibt es überall ‹Antisemiten›, aber was sollten sie unseren Freunden tun? Der einzige, der Politik treibt und wenigstens ‹von der Partei› spricht, ist ‹Peschamelke› [ein Dorfbewohner] – und der hat so freundlich nach Dir gefragt, wann Du kämest? (…) Wenn erst sich im Reiche zeigt, welche Schäden für den heiligen Wohlstand die antisemitische Hetze zeitigt, wird diese Bewegung mit aller Macht abgeblasen werden. Darauf verlasse Dich. Um den ‹Arbeitsdienst› zu betreiben, braucht die Regierung sehr viel Geld – und das Geld, oh glaube mir, wird immer weniger im Lande!

Diese beiden Fragen hängen auf's engste miteinander verknüpft.»[40] Wie die meisten Deutschen glaubte Feininger allerdings, dass Hitler die wirtschaftliche Erholung des Landes mehr am Herzen läge als der Antisemitismus. Seine Frau hatte da ein wesentlich besseres Gespür.

Julia Feiningers Besorgnis, die man in den beruhigenden Passagen von Feiningers Briefen aus Deep überdeutlich herausliest, resultierte aus ihrer persönlichen Lage als getaufte Jüdin. Ihre Verwandtschaft mütterlicherseits war bereits Opfer der nationalsozialistischen Übergriffe geworden, und sie sah im Berliner Alltag früh Anzeichen für das sich verschärfende antisemitische Klima. Feininger verwies deshalb gerne auf die Abgeschiedenheit von Deep: «Für's Erste ist hier Frieden, und von allem Weltgeschehen eine unendliche Ferne! Es soll auch für uns so bleiben.»[41] Aber das war Wunschdenken, wie sich in den Folgejahren zeigen sollte. 1934 hatte Julia Feininger die drei Sommermonate gemeinsam mit ihrem Mann in Deep verbracht, ehe sie wegen der Wohnungssuche Anfang September ohne ihn nach Berlin zurückkehrte, aber schon damals hatte sich die Präsenz nationalsozialistischer Symbole in dem Badeort noch einmal verstärkt.

Im Jahr danach trennten sich die Wege der Ehepartner abermals: Lyonel Feininger fuhr mit Theodore Lux bereits Ende März nach Deep ins Sommerquartier, während Julia Feininger nach Heidelberg aufbrach, um für Laurence dessen Dissertation abzutippen – ohne ihre vielfältigen Organisationsleistungen wären die Männer der Familie aufgeschmissen gewesen. Ende Mai kam sie dann nach Deep und musste entdecken, dass über der Dorfstraße, am zentralsten Punkt des Orts, dem Brückenkopf über die Regamündung, ein Banner aufgespannt war: «Juden sind hier unerwünscht». Der Küstenort war, wie erst kürzlich bekannt geworden war, als Standort für einen Militärflughafen ausersehen, und Feininger hatte seiner Frau schon vor deren Ankunft darüber berichtet: «Es spielen sich große Veränderungen hier in Deep ab – ich möchte darüber nicht auf einer offenen Karte schreiben –, aber ‹unser› Deep ist, so fürchte ich, dem Untergang geweiht. Es wird ein wichtiger Fliegerhorst werden, und man wird eine Kaserne bauen, etwas jenseits der ersten ‹Lichtung›, samt einer, wie sie sagen, neuen Chaussee zum Gebrauch der Küstenverteidigung. Du kannst Dir vorstellen, was das für Veränderungen mit sich bringen wird.»[42] Was er nicht vorausgesehen hatte, waren die Auswirkungen auf den Antisemitismus im Dorf. Anlässlich der beginnenden Bauarbeiten kamen viele Beschäftigte neu nach Deep, die sich der NSDAP verbunden fühlten, und die Abhängigkeit der kleinen Kommune von der politischen Lage wuchs. Aber das verschwieg er seiner Frau lieber.

Im Jahr 1935 hatte die nationalsozialistische Führung die antisemitische Propaganda forciert, um den auf dem Nürnberger Parteitag von Mitte September zur Verkündigung vorgesehenen neuen «Rassegesetzen» den Weg zu bereiten. In den Ostseebädern wurden im Zuge dieser Stimmungsmache von den lokalen Parteiorganisationen Schmähtransparente gegen jüdische Gäste ausgehängt – so eben auch in Deep. Julia Feininger sah sich unter dem Eindruck des Banners außerstande, hier die Ferien zu verbringen, und so reisten sie, ihr Mann und Theodore Lux nach wenigen Tagen ab. An Johannes Kleinpaul schrieb Lyonel Feininger zwei Monate später über das ungewohnte, aber offenbar produktive Erlebnis, einen Sommer abseits der Ostseeküste verbringen zu müssen: «Grundsätzlich will ich nicht von Stimmungen schreiben, die uns alternde Menschen in diesen Zeiten nur zu oft und zu schwer befallen. Seit vielen Wochen habe ich täglich gearbeitet an der Staffelei, hier zu Hause in unserer ‹Stadtwohnung›. Wir sind extra darum am 1. Juni aus Deep, aus dem ‹Sommergast-Trubel› (der jedes Jahr aufdringlicher wird, seitdem Besucher aus ganz besonderen Kreisen überall an den Erholungsorten auftauchen) geflüchtet, und ich habe in diesen Wochen vieles angefangen.»[43]

Feininger hing jedoch weiter an Deep. Hier hatte er mittlerweile ein Dutzend Mal die Sommer verbracht, er war Stammgast in den Fremdenzimmern der ortsansässigen Familie Wilcke, und nirgendwo fühlte er sich als Zeichner derart inspiriert. Dass er seiner Frau vor deren Ankunft in Deep nicht von dem dort angebrachten Hetztransparent erzählt hatte, zeigt, wie schwer er sich mit dem Gedanken tat, mit dem vertrauten Ort zu brechen. Obwohl Julia Feininger ihm unmissverständlich klarmachte, dass die paar Tage von Ende Mai 1935 ihr letzter Besuch in Deep gewesen seien, fuhr Feininger Ende August noch einmal für einen Monat dorthin, weil er seinem Sohn Laurence einen gemeinsamen Urlaubsaufenthalt versprochen hatte.

In seinen Briefen, die er während dieses Aufenthalts an die in Berlin zurückgebliebene Julia Feininger schrieb, warb er geradezu um Verständnis: nicht etwa für seine Illoyalität, sondern für die Unschuld von Deep. Er warb auch um eine Rückkehr seiner Frau dorthin: «Das möchte ich aber gleich sagen», bekräftigte er schon im ersten Brief nach der Ankunft, «die ‹freundliche› Begrüssung, die jedem neuankommenden Gaste entgegenstarrt, gespannt über die Strasse und auf weises [sic] Zeug in schwarzen Buchstaben von einem ‹Sommergast› bei Runge diensteifrig gemalt, wie man erzählt, hat nichts mit der Deeper Bevölkerung zu tun. Das ist ausgeheckt von dem eben erwähnten, offenbar schon in Deutschland bereisten, Sommergast und P. G. [Parteigenossen] und von ihm insceniert. Die Deeper selbst haben weder Verständnis noch Sympathie dafür. Herr Wilcke erzählte mir, er sei zum ersten Male in seiner ‹Innung› gewesen, in Treptow und hat dort erfahren, dass auf die amtliche Aufforderung, alle Hausvermieter in Deep und Umgebung sollten inserieren und sich gegen Besuch von ‹Nichtariern› verwahren, ein einziger Mann sich eingefunden hätte mit seinem Inserat. (…) Du kannst ruhig, wenn Dir das Herz danach strebt, hierherkommen und Deep ein letztes Mal begrüssen, und geniessen, und wirst von keinem Menschen auch nur angesehen werden. Das sage ich Dir, damit dieses Schreckgespenst ganz aus Deinem armen Köpfchen verschwindet. Aber wenn Du nicht kommen magst, begreife ich natürlich den Grund, der nicht Sorge um die eigene Person sein kann, sondern das Gefühl einer ungeheuren Beleidigung, die einer ganzen Rasse zugefügt wird.»[44]

Man wird sich schwer damit tun, diese Mitteilung sensibel zu nennen, und Feininger kam in seinen nächsten Briefen immer wieder auf das Thema zurück, so etwa am 31. August, als er das Transparent dem Ort «aufoktroyiert» nannte, und am 1. September, als er resolut erklärte: «Nur gemeinste politische Diktatur könnte ein anständiges, gesittetes Volk zu solchen Machenschaften zwingen (…) und diese Abscheulichkeit hängt da und zeugt gegen die ‹neue Gesinnung› und ist eine Verhöhnung der gesamten Zivilisation. Und wer sieht's jetzt? Es ist ja keiner da!»[45] Er wollte dadurch Mitgefühl bei seiner Frau für das angeblich gebeutelte Dorf erregen, doch die Argumentation ist selbst mitleiderregend. Als einzige persönliche Konsequenz beschloss Feininger, künftig die übliche Route ins Dorfzentrum zu wechseln, um den Anblick des antisemitischen Banners zu vermeiden: «Wir benützen die Holzbrücke und sehen's nicht.»[46]

Dennoch wurde schließlich auch für Lyonel Feininger im Jahr 1935 eine Grenze überschritten, doch es brauchte einen ihn selbst betreffenden antisemitischen Eklat, um ihn zu aktivem Handeln zu provozieren. «Ich komme soeben vom Ortsvorsteher Runge, nachdem ich zuerst Herrn Tesch aufgesucht habe, wegen durch Augenzeugen verbürgter Verläumdung», schrieb er am 3. September gleich am Morgen («¾ 9 früh») an Julia Feininger. «Es war von einem ‹Dritten›, auf den ich auch noch fahnde – nämlich dem ‹Oberkörper›, dem ziegelrot verbrannten Menschen der stets ohne Oberkleid herumläuft, (Vielmehr humpelt, denn er ist Invalide) vor Kageler's Ladentüre vorgestern abend behauptet worden, ich sei Jude.»

Das nun ging Feininger zu weit: «Herrn und Frau Tesch fand ich (es war 8.10 morgens) in ihrer Laube Kaffee trinkend. Den alten Manne habe ich in aller Ruhe gefragt, woher er denn wisse, dass ich Jude sei, und wieso er dazu käme, öffentlich vor Zeugen, (und trotz Kageler's genauste Widerrede) so etwas zu behaupten? Du hättest nun den alten Recken sehen sollen, wie er versuchte, alles zu läugnen (…). Ich habe schonungslos weiter ausgesagt was man mir erzählt hatte, und ihn ausgefragt – mit dem Resultat dass er sich mit seiner schweren Krankheit entschuldigte – – – wenn er, was er absolut nicht mehr wisse, etwas gesagt haben sollte, bäte er mich um Verzeihung. Er bat zuletzt immer wieder, dass ich seine Entschuldigung annehmen möchte, es war mir schwer, ihn so vor mir zu sehen. Er war sehr erschüttert. (…) Ich erfragte den Namen des ‹Oberkörpers› und erfuhr, dass er bei Johann Wachs wohnt und ‹Knaack› heisst. Laurence und ich sind ihm und seiner Frau in den letzten Tagen unterwegs öfter begegnet, und es fiel uns auf, wie grotesk verzerrt sein Gesicht wurde als er, geradeaus nach vorne starrend, an uns vorbei ging – ebenso die Alte – – – Na, den stelle ich auch heute noch und dann habe ich hoffentlich so ziemlich hier ausgemistet, genügend ‹muck-raking› getan.»[47] Der für ihn unübliche Gefühlsausbruch erinnert an seinen Auftritt auf der Zehlendorfer Polizeistation im Ersten Weltkrieg, als man ihm nachlässiges Meldeverhalten vorgeworfen hatte. Erst die persönliche Kränkung trieb Feininger auf die Barrikaden.

Noch während er an seinem Brief an Julia Feininger saß, sah Lyonel Feininger Herrn Knaack auf der Straße: «Als er vorüber ging, sprang ich hier vom Schreiben auf, ging an den Zaun und rief ihn an. Dem habe ich's aber ebenfalls mit ‹Ruhe und Bestimmtheit› gesagt, was ich auf dem Herzen hatte. Weil ‹viele› behaupteten, ich sei Jude, hätte er es ebenfalls ‹angenommen›, etc. (…) Er hat sich entschuldigt, was ja die Hauptsache war schliesslich, aber dann ein unüberbietbares Gewäsch angefangen, über sein ‹überzeugtes National-Sozialistentum›, so dass ich ihn fragte, ob das Nat.Soz.tum denn jeden Anstand und jede Menschlichkeit ausschliesse? ‹Das nicht›, (sagte er) aber er handle nach dem ‹Führerprinzip›!! Also rücksichtslos. Also, kurz, ich forderte kategorisch von ihm ‹Richtigstellung› und verliess ihn grusslos, wofür mir ein ‹Heil Hitler› nachtönte ehe er sich auf den Weg zu seiner vorangegangenen Ollen machte. (…) Well, don't you worry. I've done a lot of good to-day, and told some mean people just what I think of them. It has done me a lot of good. And you can book it as a result, if it comforts you at all, that if you came here to-morrow, nobody would now dare to say a word or molest you in any way.»

Aber er schrieb im selben Brief auch: «Wie ich nun die Sache sehe, ist es besser Du kommst nicht her – Wilckes sind zu ängstlich geworden (…). Und ob wir, Laurence und ich, hier bleiben? Gestern wäre für mich kein Gedanke daran möglich; aber nachdem ich ‹aufgeräumt› habe, überlege ich sehr, ob es nicht das Beste wäre, ein paar Wochen doch auszuhalten.» So rechtfertigte Feininger vor sich selbst, dass er weiter in Deep blieb, trotz der üblen Nachrede: «Ha ha! Wenn ich's mir überlege, wie plötzlich wieder alle nun versichern, welches Ansehen wir bei ihnen geniessen und immer genossen haben, die uns noch gestern verläumdeten! Habe ich nicht recht, wenn ich fühle, wie die heutigen Menschen traumwandelnd in einer mechanisierten, entmenschten Zwangsvorstellung agieren? Du kannst ihnen ihre Schande ins Gesicht sagen, sie erröten nicht einmal.»[48]

Doch Feininger blieb bei ihnen, noch bis zum Ende des Monats, wie gebucht. Julia Feininger verzweifelte daran und schrieb ihm ins Urlaubsquartier: «Die ganze Angelegenheit ist widerlich (…) Deep ist jetzt für mich gestorben.»[49] Selbst der gemeinsame Hochzeitstag am 25. September war kein Anlass für Lyonel Feininger, Deep vorzeitig zu verlassen. Kurz vor seiner Abreise wurde das Banner über der Hauptstraße dann von einem Herbststurm herabgerissen, wie Feininger zufrieden registrierte. Allerdings hatte niemand im Ort die Notwendigkeit gesehen, es abzunehmen.

Eine Rückkehr auf Probe

Nach dieser Erfahrung sah Julia Feininger keine Zukunft mehr in Deutschland. Und auch ihr Mann musste sich mit dem Gedanken vertraut machen, dass seine Zeit in diesem Staat nach fast einem halben Jahrhundert zu Ende gehen würde. Lange hatte er sich selbst über die Aussichtslosigkeit hinweggetäuscht, mit dem nationalsozialistischen Regime ein Arrangement finden zu können. Zu Beginn, im Jahr 1933, war seine große Hoffnung Alois Schardt gewesen, da winkte noch der Status eines Staatskünstlers. Und später, nach der Einordnung als «Entarteter», hatte sich Feininger in die Illusion geflüchtet, als Amerikaner würde er in Deutschland dennoch unbehelligt arbeiten können. Vor der Realität verschloss er die Augen, weil er keine Alternative zu seiner deutschen Existenz sah: Sein Publikum war hier, in keinem anderen Land erwartete er auch nur annähernd dasselbe Interesse an seiner Kunst. Das korrumpierte ihn – ein charakteristisches Künstlerphänomen. Das Werk stand über allem, sogar über den Demütigungen, die seine Frau zu erdulden hatte. Erst als Feininger gewärtig sein musste, ungerechtfertigt selbst als Jude abgestempelt zu werden, weil ein Moderner wie er aus der Perspektive einer durch Hetzpropaganda verblendeten Öffentlichkeit doch gar nichts anderes sein konnte, da erkannte er, dass es im «Dritten Reich» nicht mehr um Geschmacksfragen in Sachen der Kunst ging, sondern um Leben und Tod.

Neben der ideologischen gab es keine zweite Deutungsmöglichkeit, und selbst eine Parteinahme für den Nationalsozialismus schützte nicht vor Verfemung, das hatte ihm das Beispiel Noldes gezeigt. Wie sollte erst jemand wie Lyonel Feininger bestehen können, dem die Grobheiten und das Denunziantentum im NS-Staat ein Gräuel waren und der zudem als «jüdisch versippt» galt? Mit Rationalität war diesem politischen System nicht beizukommen, und seine Kunst sah Feininger im Gegensatz zu Malern wie Pablo Picasso oder Diego Rivera nicht als Waffe an. Wenn er kämpfte, dann war es in Form von Zornesausbrüchen. Aber er war viel zu sehr auf Ungestörtheit angewiesen, um in einem Deutschland weiter arbeiten zu können, das in keiner Hinsicht Frieden machen wollte. Und wenn Feininger seine Arbeit nicht mehr möglich sein würde, war auch seines Bleibens hier nicht länger.

Das neue Jahr begann deshalb für ihn in deprimierter Stimmung. An Galka Scheyers Bruder Erich, einen treuen Sammler seiner Graphik, schrieb er im Januar 1936 auf einer kleinen, nur mit seinem Namen bedruckten Karte fatalistisch: «Liebe Freunde: ganz herzlich habe ich mich heute über den Empfang Ihrer guten Grüsse und Glückwünsche für das Neue Jahr gefreut, und ganz herzlich erwiedern meine Frau und ich dieselben! Für das Jahr 1936: Alles Gute! (und das schliesst sehr vieles ein!) An unsere guten Freunde denken wir viel. Ihre Schicksale zerreissen uns. Die allermeisten sind ausserlandes. Wir halten so lange durch, bis die Reihe an uns ist. Ihre getreuen L. Feininger u. Frau.»[50] Es bestand kein Zweifel mehr, dass man in Deutschland auf Abruf lebte. Die einzige Option für eine neue Existenz aber waren die Vereinigten Staaten. Einreisekontingente oder Affidavits mussten Lyonel Feininger als amerikanischer Staatsbürger zwar nicht interessieren, und seine Frau würde er problemlos mitnehmen können. Doch wie könnten sie dann ihren Lebensunterhalt verdienen, wo sich auf dem dortigen Kunstmarkt gar nichts tat?

Die früheren Erfahrungen mit den amerikanischen Kritikern waren ebenfalls nicht dazu angetan, die Feiningers optimistisch zu stimmen. Im Gegenteil: Seit 1929, als man ihn als Trojanisches Pferd aus Deutschland in der MoMA-Schau «19 Living American Painters» beschimpft hatte, war Feininger in seiner Wahlheimat ja nur noch populärer geworden, hatte in den größten Museen ausgestellt und war zeitweise wie ein Staatskünstler gefeiert worden. Auch wenn sich das im Nationalsozialismus drastisch geändert hatte, stand immer noch zu viel auf dem Spiel für einen Fünfundsechzigjährigen, um leichtfertig einen Neuanfang in einem Land zu wagen, das er seit fast einem halben Jahrhundert nicht mehr gesehen hatte. Die gelegentlichen Hoffnungen auf zumindest eine kurze Heimkehr hatten sich in der Vergangenheit stets zerschlagen. Nun aber ergab sich ganz unerwartet doch noch eine Möglichkeit.

Denn ebenfalls zu Beginn des neuen Jahres erhielt Feininger die Anfrage des Mills College, der bereits erwähnten Kunsthochschule für Frauen im kalifornischen Oakland, in dessen kommendem Sommerkursprogramm eine sechswöchige Dozentur zu übernehmen. Galka Scheyer, die bereits mehrfach im College als Vortragende aufgetreten war, hatte im Vorjahr zunächst Klee und Kandinsky vorgeschlagen, beide sprachen allerdings kein Englisch.[51] Einen ehemaligen Bauhaus-Meister aber wollte das College unbedingt als Dozenten gewinnen;

neben Feininger waren im Dezember 1935 noch Ludwig Mies van der Rohe und Gerhard Marcks angeschrieben worden. Mehr als eine europäische Lehrkraft konnte sich das College angesichts der hohen Reisekosten jedoch nicht leisten. Dass die Präsidentin von Mills sich schließlich für Feininger entschied, lag daran, dass er als Erster seine Zustimmung signalisiert hatte und dank seiner amerikanischen Herkunft sowohl über die besseren Sprach- als auch Landeskenntnisse verfügte.[52]

Für Feininger bot sich damit die Gelegenheit, zwei Probleme auf einmal loszuwerden: ein – wenngleich nur vorübergehendes – Ventil für Julia Feiningers Beklemmung über den wachsenden deutschen Antisemitismus zu schaffen und einen Ersatz für den nunmehr unmöglich gewordenen Sommeraufenthalt in Deep zu finden. Das Angebot war darüber hinaus finanziell verlockend: Im ersten Schreiben waren Feininger von Alfred Neumeyer, der ihn für Mills gewinnen wollte, tausendfünfhundert Dollar Honorar in Aussicht gestellt worden. Doch dann gab es einiges Hin und Her. Da es Feininger zur Bedingung gemacht hatte, dass seine Frau mitkommen könne, reduzierte Neumeyer das Angebot auf tausendzweihundert Dollar, versuchte aber, ihn mit einer Ausstellung in der Kunstgalerie des Colleges zu locken.[53] Der kam jedoch schon wieder ins Grübeln, ob eine Reise überhaupt angeraten wäre: «Meine Frau und ich werden ohnehin von mannigfaltigen Zweifeln und Bedenken befallen, über die Ausführbarkeit, unter den jetzigen Verhältnissen, dieser an sich so verlockenden Reise. Wir haben das Gefühl, uns dabei in eine wirtschaftlich bedenkliche Lage zu bringen. Wir werden eher Erleichterung als Enttäuschung empfinden, falls wir die Reise unterlassen können!»[54] Schließlich sagte er jedoch zu. Der Sommerkurs und die begleitende Ausstellung sollten am 22. Juni beginnen.

Mit der endgültigen Entscheidung fiel eine Bürde von Feininger ab, zumal er jüngst neue Angriffe auf seine Kunst hatte erleben müssen. An seinen Freund Kleinpaul schrieb er: «In diesen Monaten nach Neujahr hat für mich eine schicksalsschwere Frage Entscheidung gefunden: ich fahre auf ein paar Monate nach Amerika. Meine Frau will mitreisen; ich will ihr das Land meiner Geburt zeigen und es selber wieder sehen nach einer Abwesenheit von 49 Jahren. Den praktischen Anlass dazu hat die Einladung eines großen College in San Francisco [sic] gegeben, während der Sommer-Ferien als Gast einen sechswöchigen Mal-Unterricht zu erteilen. (…) Für jetzt dies nur. Die Zeit war sehr quälend, und ich habe mit Entsetzen erlebt, wie ich eigentlich zu allem Handeln untauglich geworden bin in diesen letzten Jahren. Aber sind wir erst draußen, wird sich alles zum besseren wenden und ich aus diesem Terrorzustand in dem ich mich solange befinde herauskommen. Sie werden hierin den eigentlichen Grund herausfinden, weswegen ich zum Schreiben mich nicht habe aufraffen können. Mehr will ich darüber nicht sagen. Meine Ausstellung bei Nierendorf ist seit 2 Wochen im Gange. (…) Im Kronprinzen-Palais hat die Verwaltung Klee, Kokoschka und mich zu den Ausländern umgehängt. Auch die Presse komplimentiert uns hinaus zu den Ausländern. Wir werden sehen, ob sich das auf die Dauer aufrechterhalten lässt. Die ‹Schwarze Front› (oder heißt es ‹Korps›?) hat einen Schmähartikel gegen die Modernen gebracht in den letzten Tagen, bezeichnenderweise anonym. Es geht also gegen das eigene Künstlervolk jetzt kräftig los.»[55] Dazu passte, dass am 26. Mai der Beschluss der Reichskulturkammer erging, fortan auch von Ehegatten ihrer Mitglieder Ariernachweise zu verlangen. Nicht, dass Feininger ihr als Amerikaner hätte angehören müssen, aber die Affäre um seinen jüngsten Sohn hatte ihm im Vorjahr gezeigt, wie leicht deutsche Aussteller in vorauseilendem Gehorsam nach entsprechenden Nachweisen fragten, und dann hätte eine Verweigerung nur noch mehr Aufmerksamkeit auf Julia Feininger gelenkt.

Als die Verschärfung dieser Bestimmung in Kraft trat, waren die Feiningers allerdings schon unterwegs. Lyonel hatte die Überfahrt nach New York für Anfang Mai gebucht, um vor der Weiterreise nach Oakland noch einige Wochen bei angenehmem Frühjahrsklima in seiner Geburtsstadt verbringen zu können. Ende Mai würde es von dort wieder per Schiff durch den Panamakanal nach Kalifornien gehen, wo eine Zwischenstation in Los Angeles eingeplant war, um Galka Scheyer zu besuchen. Die Rückreise im September sollte mit der Eisenbahn quer durch den Kontinent erfolgen und dann per Schiff von New York nach Stockholm führen, zu Andreas und Wysse Feininger und deren im September 1935 geborenen Sohn Tomas. Ihren ersten Enkel hatten die Feiningers noch nicht gesehen, und Andreas war euphorisch angesichts des anstehenden Besuchs, mehr noch allerdings über die sich anbahnende Neuorientierung seiner Eltern nach Amerika: «Das war ja wohl der grossartigste Brief seit vielen Jahren!», schrieb er nach Erhalt der Nachricht. «Wir sind überzeugt, es wird die schönste Zeit Eures Lebens werden!»[56]

Der Anfang der Feiningerschen Reise zurück in sein Geburtsland gestaltete sich indes schwierig. Da das Deutsche Reich die Mitführung von Devisen und größeren Reichsmarkbeträgen verbot, stellte sich für das Ehepaar das Problem der Finanzierung ihrer ersten amerikanischen Wochen. Feininger bat deshalb das Mills College darum, ein Drittel seines Honorars vorab zu bekommen: «Ich erkundigte mich bei United States Lines und erfuhr, dass es angängig ist, Geld bei der Ankunft in New-York – – da ich ja amerikanischer Staatsbürger bin – – an Bord ausgezahlt zu erhalten.»[57] Die schöne Idee erwies sich indes als Fehlschlag; als die Feiningers sich kurz vor der Landung am 14. Mai noch auf dem Schiff die fünfhundert Dollar aushändigen lassen wollten, wusste der Zahlmeister nichts von dieser Vereinbarung, und so standen sie doch ganz ohne Geld da. Da sie am Kai von John Lutz, einem Cousin mütterlicherseits von Lyonel Feininger, abgeholt wurden, der sie in den ersten Tagen ihres Aufenthalts in seinem Haus in Newark beherbergte, konnten sie aber ruhig abwarten, bis Neumeyer die Summe telegraphisch überweisen ließ.[58]

Inzwischen begab sich Lyonel Feininger auf die Spuren seiner Vergangenheit, bestaunte und fotografierte das seit 1887 vollkommen veränderte New York: Manhattans Wolkenkratzer stellten eine ganz neue Kulisse dar; mit dem Empire State Building war dort erst wenige Jahre zuvor das damals höchste Gebäude der Welt errichtet worden. Feininger hatte auch den Kontakt zu seinem Kindheitsfreund H. Francis Kortheuer wieder aufgenommen, der sich als unentbehrlicher Ankerpunkt in der neuen alten Heimat erweisen sollte. Kortheuers Ferienhäuschen in Falls Village, einem hundertsiebzig Kilometer nördlich von New York City in den Hügeln von Connecticut gelegenen Ort, den die Feiningers 1936 erstmals besuchten, wurde vom folgenden Jahr an für mehr als anderthalb Jahrzehnte zu ihrem festen Sommerquartier, zum dauerhaften Ersatz für Deep.

Der fünftägige Aufenthalt bei Galka Scheyer in deren Haus am Blue Heights Drive bot eine weitere emotionale Wiederbegegnung und Gelegenheit, sich nach den vielen Missverständnissen seit der letzten dramatischen Begegnung im Frühjahr 1933 auszusprechen. Scheyer tat bekanntlich alles, um für sich als Agentin der «Blue Four» und speziell Feiningers zu werben. Das Haus war dekoriert mit seinen Bildern, doch deren Vielzahl musste das Ehepaar vor allem daran erinnern, wie wenig Verkäufe es seit Scheyers Aufbruch nach Amerika gegeben hatte. Als es mit dem Zug am 19. Juni nach Oakland weiterging, war Feininger klargeworden, dass Scheyer sich eher als Missionarin denn als Agentin verstand. Wenn es tatsächlich einen Umzug in die Vereinigten Staaten geben würde, brauchte er verlässlichere und vor allem besser vernetzte Händler. Da traf es sich gut, dass Karl Nierendorf im selben Sommer nach New York umziehen wollte, um dort eine Zweigstelle seiner Berliner Galerie zu eröffnen. Mit ihm war Feininger schon im Gespräch über eine Ostküstenvertretung; einen entsprechenden Partner an der Westküste hoffte er in den folgenden Wochen im Oakland benachbarten San Francisco zu finden, wo das Herz der Kunstszene Kaliforniens schlug.

Der Auftritt Feiningers am Mills College war blendend vorbereitet. Solange er dort lehrte, lief parallel seine Ausstellung in der College-Galerie; danach hatte Neumeyer für August und September eine weitere Station im San Francisco Museum of Art organisiert. Mit zweiunddreißig Gemälden, vierundvierzig Aquarellen und achtunddreißig Zeichnungen war es die größte Schau seit der Retrospektive von 1931, und in der Prospektbroschüre zur «Summer Session» von 1936 trommelte Neumeyer heftig für seinen Gast: «Auf dem Feld der Kunst wünschen sich manche, die Handhabung von Pinsel, Bleistift, Meißel und Stichel zu meistern; andere Unterrichtung über die Geschichte des künstlerischen Schaffens. Um beide Interessen zu berücksichtigen, bietet die Summer Session of Art im Jahr 1936 als Lehrkraft fürs Malen und Zeichnen den unter den modernen Malern herausragenden Lyonel Feininger.»[59]

Feininger lehrte sechs Wochen lang jeweils an fünf Tagen von neun Uhr morgens bis zwölf Uhr mittags und dann nach einer zweistündigen Pause nochmals drei Stunden am Nachmittag. Für die Teilnahme hatten Interessentinnen fünfzig Dollar zu entrichten. Bei der Ausstellungseröffnung zum Auftakt des Sommerprogramms hielt Neumeyer eine kleine Rede auf Feininger, die mit höchstem Lob schloss: «Er ist voller Verlangen nach einem Reich der reinsten Schönheit, aber indem er bevorzugt die modernen Mittel exakter architektonischer Analyse nutzt, verbunden mit der Liebe zum Konstruieren und dem Geist des Konstruierens, tritt er den überzeugenden Beweis an, dass man dieses Ziel verfolgen kann, ohne in die Falle der abgenutzten Romantik zu gehen. Er ist ein Ingenieur, oder besser: ein Architekt im Land des Schönen. Wir sehen, wie sein Geist nach einer grundlegenden Analyse der komplizierten Wirklichkeit fragt, und wir lernen, mit seinen Augen zu sehen. Er ist ein wahrer Künstler, und wir glauben an seine Kunst.»[60]

Feininger hatte seit den Weimarer Jahren des Bauhauses nicht mehr gelehrt, aber er kam bei den Schülerinnen von Beginn an blendend an. «Die Beteiligung an den Kursen nimmt erfreulich zu, und alle scheinen mich für ziemlich erfolgreich zu halten. Also bin auch ich zufrieden.»[61] Die Atmosphäre an dem Mädchen-College gefiel ihm, sie stellte das genaue Gegenteil der auf Virilität und Aggressivität ausgerichteten Gesellschaftsästhetik des «Dritten Reichs» dar, und herzliche Aufnahme fand er nicht nur bei Neumeyer, sondern ebenso dank dem Architekten Richard Neutra, der wie er als Dozent engagiert war und mit dem sich die Feiningers bei dessen einmonatigem Aufenthalt im Jahr 1930 am Bauhaus in Dessau angefreundet hatten. Lyonel Feininger besuchte mit seinen Kursen denn auch gelegentlich dessen Veranstaltungen.

Ansonsten war der Aufenthalt in Oakland tatsächlich fast ein Ferienersatz. Julia Feininger nahm während der Kursverpflichtungen ihres Mannes andere Lehrangebote wahr, bereitete dessen nächste Veranstaltungen vor und übte sich im Übersetzen ins Englische. An den Wochenenden machte das Ehepaar Ausflüge nach San Francisco und in die Naturparks im Nordosten von Kalifornien und in Nevada. Dieser beiden Feiningers unbekannte Teil der Vereinigten Staaten begeisterte sie für das Land, und vor allem Julia Feininger wurde angesichts der bevorstehenden Rückkehr nach Deutschland geradezu verzweifelt. «Nun ist unsere Zeit hier bald wieder vorbei», schrieb sie am 22. Juli an Galka Scheyer, «und es scheint, als hätte sie kaum angefangen. Wir waren ganz furchtbar gerne hier, es war eine gute Umgebung für uns, wir mochten die Menschen gut leiden und haben es von so vielen Seiten gehört, dass wir es bald selber glauben, dass Leo's Unterricht ausgezeichnet und sehr fruchtbar war. Ich selber habe grossen Nutzen von den Kursen, die ich hörte, ich nehme eine grosse Menge Anregung mit nach Deutschland. Es ist nur schade, dass man nichts davon dort anwenden und für andere nutzbar machen kann. Wie es uns überhaupt vorkommen mag, nachdem wir nun hier diese selbstverständliche Freiheit genossen haben, wieder das Scheuklappen-Leben dort führen zu müssen – – das kann ich mir ja auch nur schwer vorstellen. In anderthalb Wochen sind wir wieder auf der Wanderschaft. Schade!»[62]

Zum Abschied von Mills kam aber ein Hoffnungsschimmer auf: «Die Schüler haben eine einmütig unterzeichnete Eingabe gemacht, dass sie Feininger für das nächste Jahr wieder haben wollen. Nun müssen wir sehen, ob daraus etwas wird. (...) Ja, Emmychen, das war nun Amerika, es war wunderschön, wir verlassen es beide mit schwerem Herzen und wir hoffen auf ein Wiederkommen.»[63]

Aber ihr Herz war schwerer als das seine. Theodore Lux Feininger erinnerte sich fast ein halbes Jahrhundert später an die Ankunft seiner Eltern in der Berliner Wohnung am Lenther Steig; «Trotz des erfreulichen Ergebnisses der Wiederaufnahme des Kontakts zu seinem Geburtsland hatte er darauf bestanden, wieder in sein Atelier in Siemensstadt zurückzukehren. Das war ein harter Schlag für meine Mutter. Angesichts ihrer jüdischen Abstammung hatte sie verständlicherweise gehofft, die Nazis endgültig losgeworden zu sein. Auch ich, der ich schon meine Taschen für die Vereinigten Staaten gepackt hatte, war schwer enttäuscht; ich trennte mich im November 1936 von meinen Eltern mit der nur halb ernst gemeinten Ankündigung meines Vaters, dass wir uns vielleicht in Kürze schon in New York wiedersehen würden.»[64]

Der Abschied von ihrem Sohn war nicht dazu angetan, das Leben in Berlin erträglicher zu machen. «Wir sind so vereinsamt», schrieb Julia Feininger im Dezember an Galka Scheyer, «Lux ist endlich in New York seit Anfang November, hat eine eigene Wohnung und wir hoffen, dass er seinen Weg dort sicher und erfolgreich machen wird. Er ist begeistert, genau wie wir es waren und nun kommen die Feiningers doch wieder in ihr Land, wohin sie gehören – – ach, wären wir doch auch erst wieder so weit! (…) Von Mills hören wir Liebes und geheimnisvolle Möglichkeiten einer Wiedervereinigung – – aber nächstes Jahr gehen wir bestimmt nicht wieder hin – – und das trifft auch mit unsern eigenen Plänen gut zusammen, denn wir gingen doch so gerne mit Andreas, und der kann dieses Jahr nicht. (…) Ich bin seit wir wieder in Deutschland sind dauernd krank, manchmal mehr, manchmal geht es etwas besser, aber im Allgemeinen recht elend.»[65]

Lyonel Feininger konnte nicht übersehen, wie die Situation in Berlin seiner Frau zusetzte. Doch es brauchte wieder einen Anlass, der ihn selbst betraf, um ihn zum Handeln zu bewegen. Oder genauer gesagt: zu einer Verweigerung, die dann die endgültige Entscheidung erzwang, wie Theodore Lux Feininger berichtet: «Ein groteskes Dokument, das nun vor mir liegt, brachte ihn zur Vernunft. Es ist eine förmliche Vorladung, auf offiziellem Briefpapier samt Hakenkreuz, die den ‹Herrn Kunstmaler Lyonel Feininger› aufforderte, sich am Folgetag um 7 Uhr abends bei ‹unserem Ortsgruppenleiter› einzufinden und Dokumente mitzubringen, die seine Identität belegen. (…) Der Anlass für diese Vorladung war nicht angegeben. Datiert ist sie auf den 30. März 1937. (…) Nach dem Eintreffen der Vorladung – so hörte ich von meiner Mutter lange nach dem Ereignis – muss es eine kurze Zeitspanne gegeben haben, in der mein Vater getobt und geflucht hat, dass er ‹hingehen werde, um zu sehen, was sie im Schilde führen›; dass er amerikanischer Staatsbürger sei und sich ‹nicht einschüchtern lasse von einem Haufen etc. etc.› – aber er wurde schließlich doch überzeugt, der Vorladung nicht Folge zu leisten. Und als veritabler Deus ex machina kam just um diese Zeit eine andere Benachrichtigung, diesmal aber aus Kalifornien.»[66] Es war die Wiedereinladung des Mills College.

Entgegen der Angabe von Theodore Lux Feininger traf diese Nachricht allerdings erst am 28. Mai 1937 ein, also nicht einmal einen Monat vor dem Beginn des nächsten Sommerkurses. Der Grund dafür war die kurzfristige Absage von Oskar Kokoschka, der in diesem Jahr als Dozent für Malerei und Zeichnen engagiert worden war. Auch er war ein «entarteter Künstler», der seit 1934 im Prager Exil lebte. Doch er bekam 1937 in seiner Heimatstadt Wien eine Retrospektive im Österreichischen Museum für Kunst und Industrie ausgerichtet, deren Vorbereitung ihn so in Anspruch genommen hatte, dass er sich kurz vor der Eröffnung entschloss, auf Mills zu verzichten.

Die Bitte von Neumeyer, für Kokoschka einzuspringen, erreichte Feininger zu einem Zeitpunkt, als seine Frau und er sich bereits entschlossen hatten, der Angst, in der sie lebten, seit er der Vorladung vom 30. März nicht gefolgt war, ein Ende zu setzen und Deutschland zu verlassen. Einem Brief von Julia Feininger an den gerade nach New York emigrierten Kunsthändler Curt Valentin von Mitte April kann man die Bedrückungen der Tage zuvor ablesen: «Wir hatten soviel erhofft, als wir Sie hier Weihnachten zuletzt sahen und es kam alles so anders, durch Geschehnisse, über die wir wirklich nicht mehr Herr waren, weil wir einfach nicht die nötige Robustheit besitzen, gegen Manches aufzukommen. (…) Wir hoffen ja noch immer im Laufe des Sommers endlich wieder in meines Mannes Heimat zu kommen – es ist auch meine Heimat – – – – –»[67] Damals hatte Julia Feininger allerdings erkennbar noch keine endgültige Emigration im Sinn.

Doch auf den Entschluss dazu lief es schon in den nächsten beiden Wochen hinaus. Die Situation in Deutschland war unerträglich geworden, und Theodore Lux Feininger bildete ja nun so etwas wie einen familiären Brückenkopf in den Vereinigten Staaten. Andreas Feininger war ebenfalls fest entschlossen, mit seiner Familie nach New York überzusiedeln, seit die Eltern ihn auf ihrer Rückreise im August 1936 in Stockholm besucht hatten und er dabei die Aufnahmen seines Vaters von der Stadt gesehen hatte. Fortan war er zum vehementesten Fürsprecher einer Emigration geworden. Einige Wochen nach dem Abschied der Eltern aus Schweden schrieb er ihnen und dem jüngeren Bruder nach Berlin: «Und Du, Lux, sollst am 4. November wirklich fahren? Wir finden daß [sic] außerordentlich spannend (Du vermutlich auch) und wenigstens ich beneide Dich in aller Freundschaft herzlichst! Du weißt, New York ist mein Traum seit langem, und seit Papileos Fotos ganz besonders! Bist Du erst einmal dort und installiert, haben wir also einen positiven Grund, hinzufahren, dann wird es wohl hoffentlich auch nicht mehr allzu lange dauern, bis wir dort landen! Dann werde ich die Fotos meines Lebens machen!»[68]

Mit dieser Prognose sollte er richtigliegen. Andreas Feininger gilt heute als der wichtigste New-York-Fotograf des 20. Jahrhunderts. Ein anderes amerikanisches Buchprojekt hatte er sogar schon fest in Planung: einen Fotoband zu San Francisco, nachdem ihm sein Vater von der Stadt vorgeschwärmt hatte. Seiner Mutter wünschte er zu deren sechsundfünfzigstem Geburtstag am 23. November 1936, dass die Familie den nächsten gemeinsam in San Francisco feiern werde.[69] Andreas Feininger spekulierte also bereits damals auf mehr als nur einen weiteren Ferienkurs in Kalifornien. Nachdem die Eltern ihm Ende April geschrieben hatten, dass sie nun endlich zur Emigration entschlossen waren, antwortete er noch begeisterter als im Vorjahr: «Absolut einverstanden! Das einzig Richtige, meiner Ansicht nach! Und glaubt mir, es wird zehnmal besser gehen, als Ihr jetzt vielleicht zu hoffen wagt! Und so viel Freunde und alte Bekannte Ihr dort treffen werdet! Und Lux! Und wir kommen dann nächstes Jahr auch dorthin!»[70] Schon drei Monate später wollten die Feiningers Berlin in Richtung New York verlassen.

Und dann kam die Anfrage aus Oakland, die alles noch beschleunigte. Seine verbindliche Zusage an Mills für den zweiten Sommerkurs gab Lyonel Feininger telegraphisch am 31. Mai. Und dem Telegramm schickte er einen persönlichen Brief an Neumeyer hinterher: «Aber unsere Freude über die Einladung möchte ich Ihnen unumwunden ausdrücken, denn sie wirkt sich aus wie ein ‹Smile of Fortune›, unter den jetzigen Umständen. Unser Plan stand seit Monaten fest; wir haben zum 1. August unsere Wohnung gekündigt und hatten vor, Ende Juli erst auf ca. 3 Wochen zu unseren Kindern nach Stockholm zu fahren, und dann zurück nach Hamburg, um uns dort einzuschiffen mit unseren sämtlichen Besitztümern, um nach New York endgültig zu übersiedeln. Das wäre ein ziemliches Abenteuer gewesen, denn wir hatten noch nicht die Sicherheit, dass wir pekuniär durchkommen würden. Dass Mills uns braucht, beseitigt nun die Ungewissheit. Wir sind so froh, gleichzeitig Ihnen und Mills aus schwerer Verlegenheit durch unsere Annahme helfen zu können! (…) Nun soll es wahr sein, dass wir wieder nach Mills kommen, und unsere Freunde wieder sehen? In weniger als 4 Wochen?»[71]

Die Aussicht auf die bevorstehende Klärung seiner Lebenssituation beflügelte Feininger. Endlich würde er wieder unbeschwert künstlerisch arbeiten können. Dass die letzten Monate ihm auch in dieser Hinsicht zugesetzt hatten, lässt sich einem Nachsatz aus dem Brief entnehmen, mit dem er noch am selben Tag Theodore Lux über das baldige Wiedersehen informierte: «Von den 30 Bildern, die ich seit vorigem Herbst begann, sind nur 6 oder 8 vollendet worden. Alle anderen habe ich ausgelöscht.»[72] Nun malte er sich zumindest seine Zukunft schön. Für den 11. Juni 1937 buchten die Feiningers ihre Schiffspassage in die Emigration. Ausgerechnet ein Dampfer namens «Europa» sollte sie nach Amerika bringen.

ALLES WAR SO INTENSIV

Botschafterin des Bauhauses in der Welt: Marguerite Friedlaender

Ein Charakteristikum Lyonel Feiningers war die Treue, zu Menschen und zu Orten. Trotzdem hatte er immer wieder mit Umzügen geliebäugelt, und seine langen Sommeraufenthalte an der Ostsee waren Ausdruck der Sehnsucht nach Aufbruch. Aber der sollte nicht mit einem Abbruch verbunden sein, und deshalb fiel ihm die Rückkehr in die Vereinigten Staaten auch dann noch so schwer, als sich seine Hoffnungen auf eine Zukunft als Maler im nationalsozialistischen Staat längst erledigt hatten. Dieses Zurückschrecken vor der Konsequenz eines Neubeginns hatte sich seit Feiningers letzter mutiger Entscheidung, dem Amtsantritt als Bauhaus-Meister im Jahr 1919, immer wieder gezeigt. So etwa 1929, als er damit eine alte Weggefährtin aus den Weimarer Bauhaus-Tagen enttäuschte. Und nicht nur sie.

Am 14. Mai jenes Jahres war Feininger einer strategischen Einladung zum Abendessen gefolgt. Gastgeber war Gerhard Marcks, der zehn Jahre zuvor mit ihm einer der erstberufenen Meister am Bauhaus gewesen war, den Umzug nach Dessau 1925 aber nicht mitgemacht, sondern lieber in Halle eine Professur für Bildhauerkunst angenommen hatte: an der «Burg». So nannte man die dortige Handwerker- und Kunstgewerbeschule nach ihrem Hauptsitz in der mittelalterlichen Burg Giebichenstein, einer Anlage im Norden der Stadt hoch über dem Flusslauf der Saale. Schon drei Jahre später war Marcks deren kommissarischer Direktor geworden. Doch nicht in offizieller Eigenschaft hatte er den Kollegen Feininger an diesem Abend zu sich gebeten, sondern zu einem vorgeblich rein privaten Abendessen im Freundeskreis. Dessen Absicht war allerdings eine dienstliche: Feininger sollte abgeworben werden.

Marcks bewohnte einen ehemaligen Klosterhof auf einer Insel in der Saale, zu Fuß flussabwärts in einer halben Stunde von der Burg aus zu erreichen. Feininger nutzte die Gelegenheit zu einem der von ihm so geliebten ausgiebigen Spaziergänge, denn er arbeitete damals mitten in der Stadt, in der Moritzburg, der ehemaligen Residenz der Magdeburger Erzbischöfe als Landesherren von Halle. Mittlerweile beherbergte dieser Renaissancebau das Städtische Museum, dessen Direktor Alois Schardt war. Seit er dort 1926 angetreten war, hatte das Haus die Vorreiterrolle bei der musealen Durchsetzung von Feiningers Kunst in Deutschland übernommen, und den Höhepunkt dieser Bemühungen stellte just 1929 Schardts bereits erwähntes Angebot an Feininger dar, in der Moritzburg ein Atelierzimmer zu beziehen, um dort eine repräsentative Ansicht der Stadt zu malen. Das war der erste öffentliche Auftrag, den Feininger bislang erhalten hatte, ein sehr repräsentativer zudem, und sein neues Atelier hatte er Anfang Mai entsprechend erwartungsvoll bezogen. Statt des sonst üblichen Ostseeaufenthalts im ganzen warmen Halbjahr sollte es diesmal also vorab eine Arbeitsphase in einer Großstadt geben.

In Halle gab es noch einige andere kulturpolitisch einflussreiche Menschen, die den Maler für die Burg gewinnen wollten. Deshalb hatte Marcks seine Essenseinladung auch gleich zu Beginn von Feiningers Aufenthalt ausgesprochen und die weitere Runde aus alten Bekannten rekrutiert. Schardt sollte natürlich dabei sein; er kam gemeinsam mit Feininger, und im Domizil von Marcks fanden die beiden den erst im vergangenen Jahr vom Bauhaus an die Burg gewechselten Schweizer Architekten Hans Wittwer vor – also eine Art Rollenmodell für Feininger, wenn es denn nach Marcks gehen sollte. Und ein solches allein war nicht genug. Als fünften Gast hatte Marcks eine weitere Lehrkraft mit Bauhaus-Vergangenheit geladen: Marguerite Friedlaender. Im Gegensatz zu Wittwer war sie eine enge Freundin von Feininger.

Friedlaender war mit einunddreißig Jahren die Jüngste im abendlichen Kreis, während Feininger mittlerweile bereits auf die sechzig zuging. Aber auch sie war Bauhäuslerin der ersten Stunde: 1919, im Gründungsjahr, hatte sie das Studium in Weimar aufgenommen, nachdem sie zuvor als Dekorentwerferin in einer Porzellanfabrik im nahe Weimar gelegenen Rudolstadt angestellt war. Gerade in der unmittelbaren Anfangszeit war es nicht unüblich, dass das Bauhaus Studenten anlockte, die bereits im Berufsleben gestanden hatten; die verbale Beschwörung der klassischen Handwerkerterminologie von «Meistern», «Gesellen», «Lehrlingen» signalisierte eine intensivere Praxisrelevanz als bei anderen Kunsthochschulen. Auch die junge Friedlaender war prompt dieser Rhetorik verfallen, als sie bei einer Besichtigung des gerade eröffneten Bauhauses im Sommer 1919 die Imagebroschüre mit dem Manifest von Walter Gropius und Feiningers Kathedralenholzschnitt in die Hand bekommen hatte. «Genau das ist es», erinnerte sie sich noch mehr als fünfzig Jahre später in ihrer auf Englisch geschriebenen Autobiographie «The Invisible Core – A Potter's Life and Thoughts», «ich muss zum Bauhaus gehen und dort mein Handwerk erlernen.»[1] Friedlaender trat als gestandene Porzellanmalerin in die von Marcks als Formmeister geleitete Keramikklasse ein, und über ihn lernte sie dann Feininger kennen.

Die Freundschaft zwischen Marcks und Feininger hatte ihren Anfang noch in Berlin genommen, im kurzlebigen Arbeitsrat für Kunst, den der Architekt Bruno Taut initiiert hatte, um die revolutionäre Regierung zu beraten. Dort war außerdem auch Gropius Mitglied, der als Architekt schon in der Vorkriegszeit mit dem Bildhauer Marcks zusammengearbeitet hatte. In Feininger fanden die beiden nun einen Geistesverwandten, der für Gropius vor allem als Weimarkenner und -liebhaber wichtig wurde, als sich die dortigen Bauhaus-Pläne konkretisierten und der künftige Direktor in größter Eile einen Lehrkörper aus möglichst gleichgesinnten Vertrauten rekrutieren musste. Was hätte nähergelegen, als Marcks und Feininger für Weimar zu gewinnen? Die chaotische Anfangszeit dort schweißte das Trio zusammen, doch in ihr war auch schon das spätere Zerwürfnis zwischen Marcks und Gropius angelegt. Ästhetisch fühlte sich Feininger stets an der Seite des Bildhauers, aber dem Bauhaus-Direktor sollte er institutionell die Treue halten.

In Weimar war die neugeschaffene Keramikwerkstatt im Herbst 1919 provisorisch in der früheren Hoftöpferei, dem noch heute bestehenden J. F. Schmidt Fliesen- und Ofenfachbetrieb, untergebracht worden, einer kleinen Fabrik mit Brennerei, in der die gewerbliche Produktion neben dem Lehrbetrieb weiterlief, sodass Meister Marcks mit seinen ersten vier Lehrlingen – darunter schon Marguerite Friedlaender – nur kleine Töpferwaren herstellen konnte. Marcks selbst hatte noch nie getöpfert, sich aber für die schlichte Formensprache der bemalten Westerwaldkeramik begeistert und deshalb für die Ausbildung beschlossen, dass sich die Studenten an solch klassischen Formen versuchen sollten, während er selbst die Bemalung der Objekte übernahm. Ihm war aber klar, dass er für die Töpferei zusätzlich einen erfahrenen Praktiker finden musste, damit er als Formmeister auch einen Werkmeister zur Seite hätte.

Marcks setzte von Beginn an auf engen Kontakt zu seinen Studenten. Jeden Samstag empfing er sie bei sich zu Hause, wo es mehr Platz gab als in der Fabrik, und dort traf Friedlaender erstmals Lyonel Feininger, der als Formmeister und Leiter der Graphischen Werkstätten des Bauhauses eng mit Marcks kooperierte. Die junge Frau war bereits durch Marcks' Ideal der untrennbaren Verbindung von Handwerk und Kunst geprägt. Nun fand sie in Feininger ein weiteres Vorbild, an dem sie vor allem dessen Konzentration aufs eigene Tun bewunderte: Die Lehre stand für Feininger im Dienst seiner Kunst, aber zugleich bot sie die Möglichkeit, anderen das Selbstverständnis beizubringen, dass alles im Leben dem kreativen Schaffen unterzuordnen sei. Zwischen den dreien entwickelte sich eine Freundschaft, die ein Leben lang Bestand haben sollte – auch deshalb, weil sie mit einem furchtbaren Ereignis verknüpft war: dem Tod von Wieland, Marcks' zweitem Sohn, 1919 kurz nach dessen Geburt. 1980, ein Jahr bevor er selbst starb, schrieb der greise Marcks an Friedlaender einen bewegenden Brief mit einer Summa ihrer sechs Jahrzehnte umspannenden Bekanntschaft: «Das erste Erlebnis, an das ich mich erinnere als sei es gestern gewesen, war der traurige Tag, da Du mir halfest, den kleinen so rasch gestorbenen Wieland zum Begräbnis mit Blumen zu schmücken – Maria lag noch im Wochenbett. Und Du und Papi Leo, Ihr kamt als einzige mit zum Begräbnis – unvergessliche Freundesdienste.»[2]

Feininger gehörte in Friedlaenders Augen neben Marcks zu den «stillen Bauhaus-Meistern» (zu denen sie außerdem noch Paul Klee und Oskar Schlemmer zählte), deren Einfluss auf die Weimarer Studenten sie aber höher einschätzte als den von Kollegen, «die sich ins Rampenlicht zu stellen verstanden», darüber jedoch ihre Arbeit vernachlässigten.[3] Das richtete sich vor allem gegen Gropius, der sich von 1922 an für die kommerziellere Ausrichtung des Bauhauses und eine industriegerechte Gestaltung einsetzte – auch aus finanziellen Gründen, weil das Land Thüringen von seiner jungen Renommierkunsthochschule Erträge erwartete. Dabei stand die Keramikwerkstatt im Mittelpunkt des Interesses. Sie bewies bereits im Dezember 1919, dass hier angewandte Kunst entstehen konnte, die auch verkäuflich war: Zu Weihnachten hatten die vier Lehrlinge von Marcks Spielzeugfiguren getöpfert, sie gemeinsam mit dem Meister bemalt und auf dem Weimarer Markt erfolgreich verkauft.

Doch im Frühjahr 1920 kündigte die Firma J. F. Schmidt den Vertrag über die Nutzung ihrer Fabrik durch das Bauhaus wieder auf, und die Keramikabteilung stand ohne Werkstatt da. In diesem Moment kam Dornburg ins Spiel, dreißig Kilometer östlich von Weimar an der Saale gelegen – ein winziges Dorf, in dem die Weimarer Großherzöge aber gleich drei kleine Schlösser als Sommerresidenz unterhalten hatten. Dort betrieben die Brüder Max und Karl Krehan eine Töpferwerkstatt, die seit Generationen in Familienbesitz war. Ein Töpfermeister namens Friedrich Blau, der sich als Lobbyist für seinen Berufsstand betätigte, war von Gropius auf der Suche nach einem Werkmeister für die Keramikabteilung angeschrieben worden und hatte daraufhin die Krehans empfohlen.[4] Deshalb fuhr eine kleine Bauhaus-Delegation, bestehend aus dem Direktor, Marcks und Friedlaender, nach Dornbug, um sie kennenzulernen. Vor allem Marcks war beeindruckt: Hier wurde seinen Vorstellungen gemäß noch ganz aus der Tradition heraus gearbeitet.

Als klarwurde, dass Max Krehan als der Praktiker unter den Brüdern zwar bereit wäre, die Stelle des Werkmeisters anzutreten, aber nicht den Familienbetrieb aufzugeben und nach Weimar umzusiedeln, beantragte der Meisterrat am 17. April 1920 bei der Staatsregierung kurzerhand die Verlegung der Bauhaus-Keramikwerkstatt nach Dornburg. Um der Politik die Entscheidung schmackhaft zu machen, verwies ein eigens erstelltes Konzeptpapier auf die Möglichkeit, das nach der Abdankung des Großherzogs nicht mehr benötigte Marstallgebäude der Dornburger Schlösser zu einer zusätzlichen Töpferwerkstatt umzubauen. Da es in Staatsbesitz war, bedeutete deren Einrichtung nur geringe Kosten. Dieses Konzept war von Marguerite Friedlaender aufgesetzt worden,[5] die dafür noch mehrfach nach Dornburg gefahren war und sich darüber zur engsten Vertrauten von Marcks entwickelte. Dann ging alles sehr schnell: Schon Anfang Mai wurde das Marstallgebäude ans Bauhaus übertragen, der Umbau begann sofort. Ohne ihn wäre der Lehrbetrieb nicht möglich gewesen, denn die Werkstatt der Krehans stand zwar zur Verfügung, doch man wollte nicht noch einmal den Fehler wiederholen, allein in einem bestehenden Betrieb unterzukommen, dessen fortlaufende Produktion die Ausbildung beeinträchtigen könnte.

Der Umzug nach Dornburg erfolgte offiziell zum 1. Oktober 1920 und bedeutete eine Art von Exil für Marguerite Friedlaender, wenn es auch ein überwiegend glückliches war. Die Bedingungen dort waren frugal: Die Lehrlinge bezogen die winzigen Dachkammern des Marstalls, wo ehedem die Pferdeknechte untergebracht waren; für eine Renovierung des Gebäudes hatte es in der Kürze der Zeit nicht gereicht, weil alle Anstrengungen auf den Umbau zur neuen

Werkstatt gerichtet waren. Marcks zog mit seiner Familie in ein zum Schlösserareal gehörendes Nachbarhaus, Krehans Wohnhaus mit der dortigen Werkstatt lag nur ein paar Straßen entfernt. Man muss sich die Dornburger Gemeinschaft als ein Lehrmodell vorstellen, bei dem Leben und Lernen Hand in Hand gingen. War der Unterricht an den fußgetriebenen Töpferscheiben oder mit den Glasurfarben vorbei, ging es im Sommer hinunter ans Ufer der Saale, wo man zum Entsetzen der Dorfbewohner nackt badete und dabei eifrig Aktstudien betrieb. In kälteren Jahreszeiten blieb man in der Marstallwerkstatt zusammen, um sich vorzulesen. In dieser Dornburger Abgeschiedenheit konzentrierte sich die kleine Keramikklasse immer mehr auf sich selbst; nur an den Wochenenden fuhren sie zu Festen oder Verabredungen zurück in die Stadt, während Marcks weitaus öfter als von ihm gewünscht zu Meisterratssitzungen geladen wurde.

In Dornburg entwickelte sich in mehrfacher Hinsicht eine Außenstelle des Bauhauses. Hier wurde die am Ausbildungsprinzip mittelalterlicher Bauhütten orientierte Anfangskonzeption der Lehranstalt konsequent beibehalten, während sie sonst vermehrt auf Zuarbeit für die Industrie setzte, was 1923 in Gropius' berühmten Slogan «Kunst und Technik eine neue Einheit» für die erste Bauhaus-Ausstellung mündete. Marcks, der als Autodidakt auf seinem Feld das besondere Bedürfnis verspürte, eine umso stärker in der Handwerkstradition fundierte Ausbildung zu betreiben, empfand diesen Wechsel der Programmatik als Verrat am ursprünglichen Ideal. Angesichts der eskalierenden Auseinandersetzungen mit der Zentrale in Weimar schlug er im Vorfeld der Bauhaus-Ausstellung als deren Titel nur halb scherzhaft «Bau hau auwei!» vor (was er als Kürzel für «Bauhaus Ausstellung Weimar» ausgab) und versah diesen schriftlichen Vorschlag auch gleich noch mit dem Entwurf einer neuen Landesfahne für den erst 1920 unter Beteiligung von Sachsen-Weimar gegründeten Freistaat Thüringen, dem er ein Sternenbanner nach dem Vorbild der Vereinigten Staaten – dem gefürchteten Vorreiter aller industriellen Modernisierung – verpassen wollte.[6]

Dabei war es weiterhin ausgerechnet die Keramikklasse, die die größte kommerzielle Außenwirkung von allen Bauhaus-Abteilungen entwickelte: Die dort produzierten Gefäße verkauften sich gut, weil Krehans und Marcks' Liebe zur traditionellen Formgebung dem allgemeinen Geschmack entsprach. Das war Gropius ein Dorn im Auge, wie der ungarische Bauhaus-Lehrling Andor Weininger beschrieb: «Ich erinnere mich an ein Treffen, zu dem die Bauhaus-Töpfer aus Dornburg eine große Ladung ihrer neuesten Produkte mitbrachten, um sie vorzuführen und zu verkaufen. Es war eine wunderschöne Auswahl, verführerisch in ihrer Einfachheit. Wie üblich entwickelte sich eine Diskussion mit sowohl Lob als auch Vorbehalten. Dann aber kam Gropius mit der beißenden Bemerkung, dass jedes Stück, wie fein auch immer hergestellt, sich von den anderen unterscheide: ‹Wollen wir das? Brauchen wir das?›»[7] Dabei beruhte das klassische Ausbildungsprinzip in Dornburg auf serieller Fertigung. Von Max Krehan übernahm Friedlaender die später von ihren eigenen Schülern immer wieder zitierte Regel: Erst nach Hunderten von Versuchen an derselben Form entwickele man die Freiheit zur eigenen ästhetischen Handschrift bei der Ausführung.

Resultat dieses Prinzips war eine große Produktion von Formen desselben Typs, und Marcks verweigerte sich gar nicht generell den neuen Erwartungen der Bauhaus-Zentrale betreffs industrieorientierter Gestaltung. Während in der Krehanschen Werkstatt die Ausbildung stattfand, wurde das Marstallgebäude im Laufe der Jahre zum Experimentierlabor für technische Prozesse zur Rationalisierung der Arbeitsschritte beim Drehen, Brennen und Glasieren. Diese Versuche überließ Marcks aber lieber zwei später dazugestoßenen Lehrlingen, die zu bedeutenden Keramikern werden sollten: Otto Lindig und Theodor Bogler. Der Formmeister selbst entzog sich den ungeliebten Vorgaben durch Gropius, in deren Ablehnung er sich mit seinem Kollegen Lyonel Feininger einig war. Als 1924 das Ende des Bauhauses in Weimar entschieden wurde, waren beide entschlossen, Gropius nicht mehr zu folgen, wohin dieser mit der Hochschule auch ziehen würde.

Feininger sollte diesem Vorsatz allerdings untreu werden, während Marcks im Februar 1925 den Ruf nach Halle auf die Bildhauerprofessur der Burg Giebichenstein annahm.

Verbündete beim Kampf gegen die Mechanisierung

Unterstützung in seinem Widerstand gegen den neuen Kurs des Bauhauses hatte Marcks nicht nur bei Feininger gefunden, sondern auch und vor allem bei Marguerite Friedlaender, die als Lehrling zu seiner wichtigsten Hilfskraft in der Dornburger Keramikwerkstatt geworden war. Das lag daran, dass sie sich dem neuen Domizil intensiver verschrieb als alle anderen. Hatte sie bislang zu niemandem am Bauhaus engere Beziehungen unterhalten als zu Marcks und Feininger, so trat nun Max Krehan in ihr Leben. Nur einen Monat nach dem Umzug nach Dornburg begann sie ein Liebesverhältnis mit dem handwerklich begabteren der beiden Töpferbrüder. Der sah sich als letzter Vertreter seiner Handwerkerdynastie, denn sowohl seine Ehe als auch die des Bruders Karl waren ohne männliche Nachkommen geblieben, und damit drohte die Dornburger Familienwerkstatt unterzugehen, weil es in der Geschichte der thüringischen Töpferzunft noch nie eine Frau als Meister gegeben hatte.

Die Bewunderung Friedlaenders für die Handwerkskunst des mehr als zwanzig Jahre älteren Max Krehan steigerte sich in eine emotionale Abhängigkeit, von der ein erst 2007 in englischer Übersetzung bekannt gewordenes Tagebuch Auskunft gibt, dem sie selbst die Widmung «Dem letzten Töpfer seines Stammes» beigab.[8] Es war eine Elegie – Friedlaender begann es am 31. Oktober 1925, fünfzehn Tage, nachdem Max Krehan an den Folgen eines kurz zuvor erlittenen Herzinfarkts mit nur fünfzig Jahren gestorben war. Sein Todestag war ein Samstag, jener Wochentag, den er und Friedlaender fünf Jahre lang für ihre Affäre reserviert hatten, und sie begleitete ihn beim Sterben im Kreis seiner Familie, womit die Liebesbeziehung in ihren Augen nachträglich legitimiert wurde und sie sich als wahre Erbin des Krehanschen Handwerks eingesetzt sah. Im Tagebuch, das konsequent als Folge von Briefen an den geliebten Toten gehalten ist, schwört sie ihm unter dem Datum des 22. November, dem Totensonntag des Jahres 1925: «Ich werde Deine Werkstatt in Halle aufbauen, sodass Du glücklich über Dein Werk sein kannst (mein Werk, dass ich Dir schulde) – und dann brauchst Du nicht traurig zu sein, wenn es im Moment auch so aussieht, als wäre es das Ende Deiner Töpferei. Denn das ist es nicht.»[9] Im darauffolgenden Frühling legte sie selbst in Halle ihre Meisterprüfung ab – als erste Frau in diesem Gewerbe.

Ihre Verpflichtung gegenüber Max Krehan sollte Marguerite Friedlaender auch deshalb ihr Leben lang begleiten, weil sie sich selbst verantwortlich machte für seinen Tod. Im Sommer 1925 hatte sie sich nach einem halben Jahr Bedenkzeit entschlossen, Marcks nach Halle an die Burg zu folgen und dort auf seinen Vorschlag hin als Professorin die Keramikabteilung zu leiten. Ausschlaggebend für ihre Zusage war zwar ein gemeinsamer Besuch mit Krehan in Halle gewesen, der ihr ungeachtet ihrer Liebesbeziehung zugeraten hatte (Halle lag nur eine einstündige Bahnfahrt von Dornburg entfernt), doch der offizielle Amtsantritt Friedlaenders an der Burg fiel auf den 1. November, und so sah sie in ihrem unmittelbar bevorstehenden Abschied aus Dornburg die Ursache für den Tod des Geliebten: «Du, ich habe Dich getötet, weil ich weggehen wollte. Und Du Edler sagtest nicht Nein, aber Du starbst am Tag, bevor wir uns hätten trennen müssen», notierte sie gleich im ersten Eintrag ihres Trauertagebuchs.[10] Krehans Andenken wurde die Triebfeder von Friedlaenders Schaffen. Sie selbst aber entwickelte sich darüber zur Einzelgängerin, und diese Entwicklung sollte sich von 1940 an im amerikanischen Exil noch verstärken.

Die Erfahrung, auf sich allein gestellt zu sein, hatte die 1896 in Lyon geborene Tochter des deutschen Seidenhändlers Theodor Friedlaender und dessen englischer Frau Rose aber schon viel früher gemacht. Als sie mitten im Ersten Weltkrieg eine Ausbildung zur

Bildhauerin an der Staatlichen Kunstgewerbeschule in Berlin begann, erfolgte das gegen den erklärten Willen des Vaters. Der war als Eigentümer eines seit mehreren Generationen bestehenden jüdischen Familienunternehmens ein traditioneller Patriarch und sah die Zukunft seiner beiden Töchter – die Friedlaenders hatten fünf Kinder – als gut verheiratete Ehefrauen, auch wenn er Wert auf deren Schulbildung legte. Marguerite war das jüngere der beiden Mädchen und hatte ihr Abitur 1913 auf einem englischen Internat abgelegt, ehe sie kurz vor Kriegsbeginn wieder zur Familie stieß, die bereits 1910 aus Lyon zurück nach Berlin gezogen war. Die dreisprachig aufgewachsene junge Frau wurde jedoch in der deutschen Hauptstadt nie heimisch und brach ihr dortiges Studium 1918 ab, um in Rudolstadt die Stelle als Porzellanmalerin anzunehmen. Wie sehr diese Entscheidung dem Wunsch zu verdanken war, Berlin verlassen zu können, zeigte sich im Entschluss, nach nicht einmal einem Jahr Berufspraxis das künstlerische Studium doch wieder aufzunehmen, als sich mit dem Bauhaus in Weimar eine Möglichkeit dazu bot. Dort empfand Friedlaender erstmals in ihrem Leben Geborgenheit.

Die Liebesbeziehung zu Krehan sollte der prägendste Einfluss während ihrer fünf Dornburger Lebensjahre sein. Doch nicht nur seinetwegen erlebte Friedlaender die dortige Gemeinschaft im besten Sinne als eine verschworene – ihre Liaison mit Krehan wurde nicht publik, obwohl sie weder Marcks noch den Kommilitonen verborgen bleiben konnte. Die Diskretion der diesbezüglichen Anspielungen ist selbst in den letzten Briefen, die Marcks und seine frühere Schülerin mehr als ein halbes Jahrhundert später wechselten, bemerkenswert. Allerdings waren Leben und Arbeit in Dornburg auch geprägt von einem libertären Kunstverständnis, das Erotik durchaus mit einschloss. In allen Erinnerungen an diese Zeit tauchen die erwähnten gemeinsamen Badeausflüge an die Saale auf, bei denen man sich nackt im Wasser tummelte und gegenseitig zeichnete. Nicht nur Friedlaender und Krehan verliebten sich in Dornburg ineinander, sondern ebenso die Lehrlinge Lydia Foucar und Johannes Driesch, und Marcks selbst, ein verheirateter Mann, der jedoch nur wenige Jahre älter war als seine Schülerinnen, entbrannte immer wieder mal in Leidenschaft für diese. Wie weit die Beziehungen jeweils gingen, bleibt bis heute offen, aber noch in seiner Hallenser Zeit scherzte Marcks 1932 in einem Brief an seine Frau Maria nach einer mit einem Freund durchzechten Nacht uber seine Faszination für Trude Jalowetz, eine damalige Studentin, die ihm Modell stand und später eine bedeutende Weberin werden sollte: «Unsere Sauftour ist sehr harmonisch verlaufen und endete früh um 5 in Jalowetzens Bett (sie war aber schon abgereist).»[11]

Friedlaender resümierte das Lebens- und Liebesgefühl in Dornburg so: «Wir bewunderten unsere Meister als Menschen wie als Künstler, und das nicht aus theoretischen Gründen. Es waren Leben und Werk dieser Menschen, das uns mitriß und zutiefst bewegte. Arbeit und Leben bildeten eine wunderbare Einheit.» Diese Faszination galt neben dem geliebten Krehan und dem zeit ihres Lebens platonisch vergötterten Marcks weiterhin auch einigen von deren in Weimar verbliebenen Kollegen: «Am Bauhaus in Weimar pflegte Klee manchmal Geige zu spielen, oder es war bei Feininger ‹offenes Haus›, wobei er Klavier spielte und ein Freund von ihm Flöte blies.»[12]

Feininger, als einziger der Meister damals schon in seinen Fünfzigern, wurde gerade seiner Zurückhaltung wegen von den Studentinnen geschätzt: Er galt als Inbegriff der Integrität – bezüglich seines Lebenswandels, aber auch angesichts seines Lehrverständnisses, das, um mit Friedlaender zu reden, «nicht aus theoretischen Gründen» bestand, sondern aufs praktische Schaffen als Basis des Schöpferischen setzte. Als Gropius 1935 aus seinem damaligen Wirkungsort London Fragebögen an ehemalige Bauhaus-Mitarbeiter, die nun im Exil lebten, schickte, schrieb ihm die mittlerweile in den Niederlanden arbeitende Friedlaender unversöhnlich: «Ihre letzte Frage betr. den ‹Bauhausgedanken› ist sehr schwer zu beantworten. Da der ‹Bauhausgedanke› sich im Laufe der Jahre sehr verändert hat, kann ich nur folgendes sagen. ‹Der Bauhausgedanke› der ersten 3 Jahre (alle schöpferischen Kräfte in das Handwerk – und nicht in schlechte Kunst – die Kathedrale des Handwerks als Ziel) habe ich für mich versucht 100 %ig zu verwirklichen. (…) Den Bauhausgedanken, wie er später mir in Dessau erschien, empfinde ich als Lebens- und Kunstfeindlich weil er immer wieder Theorien zum Kunstideal erhob.»[13] Sie war entschlossen, ihrem Ursprungsideal und damit dem Vorbild Max Krehans treu zu bleiben.

Auch zu Feiningers Tugenden zählte solche künstlerische Treue, aber er vergaß nie, dass er Gropius seine Berufung zum Meister verdankte, und nahm deshalb im Gegensatz zu Marcks oder Friedlaender niemals öffentlich Stellung gegen die vom Direktor 1923 proklamierte «neue Einheit» von Kunst und Technik. Mehr als das – Feininger folgte Gropius bekanntlich nach Dessau, als der ihm dort völlige Freiheit anbot: Freiheit von der Verpflichtung zur Lehre, Mietfreiheit in einem der von Gropius neu errichteten Meisterhäuser, allerdings auch Gehaltsfreiheit, aber Feininger hatte mittlerweile genug Erfolg auf dem Kunstmarkt, um damit sein notwendiges Einkommen bestreiten zu können. Die symbolische Wirkung seines Verbleibs im Meisteramt legitimierte das neue Bauhaus und dessen Ausrichtung. Marcks hatte 1925 umsonst darauf gewartet, dass Feininger den Exodus nach Halle mitmachte, aber die Hoffnung darauf verließ ihn nicht. Das war der Hintergrund für jenes Werben um den Freund im Jahr 1929, das zur Abendeinladung vom 14. Mai geführt hatte.

Wenn Friedlaender später feststellte, dass «in gewissem Maße Halle zu der ersten Stelle [wurde], wo die Grundsätze des Bauhauses auf die Probe gestellt wurden»,[14] dann bezog sie sich auf das Bemühen von Marcks, dort seine und Feiningers Überzeugungen von der «alten Einheit» von Kunst und Handwerk umzusetzen. Er konnte dabei auf die Unterstützung von Paul Thiersch zählen, eines Architekten, der seit 1915 Direktor der Burg Giebichenstein war und geschickt die zunehmenden Zerwürfnisse am Bauhaus nutzte, um von Gropius Enttäuschte nach Halle zu locken. Der 1879 geborene Thiersch besaß indes nicht die Feiningersche Integrität, wie Marguerite Friedlaender bald nach ihrer Ankunft feststellen musste, als der Burgdirektor sie offensiv umwarb. Er stellte seine amourösen Avancen erst ein, als mit Franz Rudolf Wildenhain Anfang 1926 ein weiterer Krehan-Schüler nach Halle wechselte, mit dem Friedlaender ein Liebesverhältnis einging – die gemeinsame Erinnerung an den Meister, der den gegenüber Friedlaender fast zehn Jahre jüngeren Wildenhain 1924 als letzten Studenten der Dornburger Keramikklasse aufgenommen hatte, verband die beiden. Sie heirateten 1930, aber es war von Beginn an eine Ersatzbeziehung, die wie die Lehrmethode Friedlaenders ganz im Banne des Andenkens an Max Krehan stand.

Die unbedingte Treue zu geliebten Menschen verband Friedlaender und Feininger, und Marcks gedachte, diese Seelenverwandtschaft auszuspielen. In einem Brief an seine in Dessau gebliebene Frau schilderte Feininger am Tag nach dem eingangs erwähnten Abendessen dessen Umstände und machte deutlich, dass Marguerite Friedlaender für die Hauptrolle bei dem Plan vorgesehen war, ihn zum Wechsel vom Bauhaus nach Halle zu bewegen. Sie sollte Feininger mit der Aussicht locken, die Leitung der Buchbindeabteilung in der Burg zu übernehmen, deren Studentinnenanteil besonders hoch war: «Of course I know nothing about book-binding», schreibt Feininger mit Spott im vertraulichen Englisch an seine Frau, «and there are about 30 girls in that workroom! If they decided to want me, how terrible it would be: – they would come and get me! I've done with young ladies!» Julia Feininger wird das ebenso gerne gelesen haben wie Feiningers Fazit in seinem Brief, dass es zwar Andeutungen betreffs einer «Lehrstelle» in Halle ohne «Gegenverpflichtung» gegeben habe, aber er sich schon beim Anschein einer Verpflichtung unwohl fühle und es weiterhin vorziehe, ganz frei kommen und gehen zu können – «as now in Dessau».[15] Der von Marcks, Friedlaender und Schardt strategisch eingefädelte Abwerbeversuch vom Mai 1929 blieb erfolglos.

Drei Jahre später hatte sich das Bild gewandelt. Aus Deep schrieb Julia Feininger am 2. September 1932 an Alois Schardt: «wir würden ausserordentlich gerne nach halle ziehen, da wir dort die menschen haben, die innerlich zu uns stehen und mit ihnen und ihrer frau in nächster nähe zu leben, wäre für uns ein grosses glück, das wissen sie beide.»[16] Das war einerseits Ausdruck der ungebrochenen Sympathie nicht nur für das Ehepaar Schardt, sondern auch für die Familie Marcks und für Marguerite Friedlaender; andererseits lässt sich das plötzlich doch artikulierte Interesse an einem Umzug nach Halle aus der mittlerweile politisch äußerst heiklen Situation des Bauhauses erklären. Anhalt, dessen Hauptstadt Dessau war, wurde ja seit Mai 1932 als erster deutscher Teilstaat von einem nationalsozialistischen Ministerpräsidenten regiert. Dagegen musste das Land Preußen, in dem Halle lag, immer noch als ein Hort politischer Stabilität erscheinen, auch wenn es seit dem als «Preußenschlag» bezeichneten Staatsstreich vom 20. Juli 1932 nicht mehr sozialdemokratisch geführt, sondern nunmehr vom damaligen Reichskanzler Franz von Papen kommissarisch mitregiert wurde. Immerhin aber schien diese Konstellation für ein konservatives Bollwerk gegen die Nazis zu sprechen, und das wusste die jüdischstämmige Julia Feininger zu schätzen.

Genutzt hätte ein so später Wechsel nach Halle den Feiningers jedoch nichts mehr, denn in der Burg Giebichenstein sollte schon 1933 allen früheren Bauhäuslern gekündigt werden. Als Erste traf es im April Marguerite Friedlaender, die von der Stadt als Bauernopfer betrachtet wurde, weil man hoffte, mit der Entlassung der einzigen jüdischen Lehrkraft den Vorstellungen der neuen Reichsregierung unter Hitler Genüge tun zu können. Gerhard Marcks, der im Vorjahr nach vier Jahren als kommissarischer Direktor der Burg das Amt endlich doch fest übernommen hatte, protestierte gegen die Entlassung seiner ehemaligen Schülerin und jetzigen Kollegin, worauf er selbst im Juni erst beurlaubt und dann zum 30. September seines Postens enthoben wurde – zusammen mit allen seinen Vertrauten in der Kunstschule, darunter Friedlaenders Ehemann Franz Rudolf Wildenhain, der seit 1930 die Keramikklasse geleitet hatte.

Deshalb war Wildenhain zunächst in Halle geblieben, obwohl

Friedlaender sofort nach der städtischen «Bitte», die Burg zu verlassen, auch dem ganzen Land den Rücken gekehrt hatte. Sie war nach Lausanne in die Schweiz gereist, wohin ihre Eltern bereits 1932 umgezogen waren – was ihnen ermöglicht hatte, ihre sämtlichen Vermögenswerte mitzunehmen. So konnte Theodor Friedlaender seiner Tochter Geld für einen Neubeginn als selbständige Töpferin geben. Sie ging im Sommer 1933 in die Niederlande, wo in Den Haag einer ihrer Brüder lebte, und fand bald in der Kleinstadt Putten, gut hundert Kilometer entfernt, eine leere Werkstatt, die sie anmietete. Wildenhain stieß erst im Frühjahr 1934 dazu, nachdem sein Versuch gescheitert war, an der Essener Folkwang-Schule, wo er schon seit 1929 neben der Lehrverpflichtung in Halle unterrichtet hatte, unterzukommen. Beide wählten für ihre Werkstatt den Namen «Het Kruikje» (das Krüglein).[17]

In den Niederlanden änderte Wildenhain seinen Vornamen ins niederländische Frans, während seine Frau von 1933 an konsequent als Friedlaender-Wildenhain firmierte. War der Umzug in die Niederlande logistisch leicht gewesen, sollte es 1940 komplizierter werden. Marguerite Friedlaender wanderte am 2. März, zwei Monate vor dem deutschen Einmarsch in die Niederlande, in die Vereinigten Staaten aus. Wildenhain musste in Putten zurückbleiben, weil er wegen seiner Staatsangehörigkeit keine Einreiseerlaubnis erhalten hatte – das Kontingent für deutsche Einwanderer war wegen der Vielzahl der vor den Nazis Flüchtenden ausgeschöpft. Diesmal dauerte die Trennung sieben Jahre, und paradoxerweise war diese Zeit, in der sie bestenfalls in Briefkontakt standen, die harmonischste ihres Ehelebens: Friedlaender hatte bei der Übersiedlung nach Amerika als ihren Familiennamen nur noch «Wildenhain» angegeben und bemühte sich während all der Jahre, ihren Mann nachzuholen. Dieser war zwar in den Niederlanden geblieben, musste 1942 aber dennoch in die Wehrmacht einrücken. Kurz vor Kriegsende war er angesichts des absehbaren alliierten Sieges desertiert und hatte die letzten Tage der deutschen Besatzung in einem Versteck in Amsterdam überlebt.[18]

Wie nach dem Tod von Max Krehan begann Friedlaender, in Amerika nach der erzwungenen Trennung von Wildenhain ein Tagebuch zu führen, in dem sie nun über Jahre hinweg Zwiesprache mit dem abwesenden Gefährten hielt. Sie hatte bei der Ausreise neben zahlreichen Proben ihrer gemeinsamen Töpferkunst auch einige seiner Aquarelle mitgenommen, die sie nun auf Ausstellungen in Amerika zeigte, um dort das Terrain für ihn zu bereiten. Doch den Namen Wildenhain sollte sie fortan vor allem mit ihrer eigenen Arbeit zu einem Begriff machen.

Der Traum vom kalifornischen Abenteuer

Nach der Ankunft in New York am 12. März 1940 kam Friedlaender zunächst bei ihrem jüngeren Bruder Georges in der 5th Avenue unter und suchte Lyonel Feininger auf, der bereits seit 1937 in Manhattan lebte, um sich über die Möglichkeiten künstlerischer Betätigung im neuen Land zu informieren. Sie kontaktierte auch alte Bauhaus-Bekannte wie Josef Albers im Black Mountain College und den mittlerweile in Harvard lehrenden Gropius. Letzterer bot ihr an, sie an die amerikanische Porzellanindustrie zu vermitteln – ein konsequenter Gedanke, denn Marguerite Friedlaender hatte seit 1929 für die Staatliche Porzellan-Manufaktur in Berlin, die weiterhin unter dem alten Markennamen KPM (Königliche Porzellan-Manufaktur) produzierte, Vasen, Kaffee- und Teegeschirre entworfen und war auch in den Niederlanden mit Entwürfen für die in Maastricht ansässige Porzellanfabrik Regout erfolgreich gewesen: Auf der Pariser Weltausstellung von 1937 hatte sie damit eine Silbermedaille gewonnen. Es war indes nicht die einzige Auszeichnung für ihre Arbeit auf dieser Weltausstellung, denn ihr KPM-Geschirr, das den Namen «Hallesche Form» trug, wurde in Paris in Albert Speers berühmt-berüchtigtem Deutschen Pavillon gezeigt (natürlich ohne Namensnennung der jüdischen Gestalterin) und bekam einen Grand Prix zugesprochen.

Friedlaender hatte sich mit solchen Industrieentwürfen als Meisterin der sachlichen Form erwiesen, was retrospektiv wie ein Verrat an ihren früheren handwerklichen Idealen aussehen könnte. Es war aber überlebenswichtig gewesen – erst für die Kunstgewerbeschule in Halle, die durch die Kooperation mit der Staatlichen Porzellan-Manufaktur Fordergelder und Einnahmen generiert hatte, die in der bald einsetzenden Wirtschaftskrise das städtische Budget entlasten sollten; und dann für die Künstlerin selbst im niederländischen Exil, wo sie sich durch den Verdienst als Designerin den Betrieb von «Het Kruikje» leisten konnte. Noch mehr galt das im amerikanischen Exil, weil sie dort mit einem bereits etablierten Produkt auftreten konnte. Die «Hallesche Form» war weltweit gefeiert und zum Designaushängeschild der Burg Giebichenstein geworden. Friedlaender erzählte später gerne, dass sie bei einem Gespräch mit dem kunstfördernden Milliardär John D. Rockefeller Jr. kurz nach ihrer Ankunft in New York mit Tee bewirtet worden war, der in dem von ihr entworfenen Geschirr serviert wurde.

Was machte Friedlaenders Stil aus, dass er einerseits den jahrhundertealten Traditionen des Töpferhandwerks entsprach und andererseits zum Inbegriff moderner Porzellanfertigung werden konnte? Der Unterschied beider Materialien – Ton und Porzellan – ist dabei wichtig. Das eine galt als bodenständig, handwerklich hergestellt, das andere als edel und nur vom Großbetrieb einer Manufaktur zu produzieren. Wer sich auf die kommerzielle Herstellung von Porzellan einließ, der musste aber nicht nur seine Arbeit anders ausrichten, sondern auch seine ästhetischen Überzeugungen hintanstellen.

Von Krehan und Marcks hatte Friedlaender die Vorliebe für bauchige Keramik übernommen, die mit Ornamenten verziert oder figural bemalt wurde. Die frühe Bauhaus-Ästhetik in Weimar hatte noch sehr wenig vom sachlich-technoiden Purismus, der heute als ihr ästhetisches Markenzeichen gilt. Auf der ersten Bauhaus-Ausstellung wurde die Keramikabteilung mit den Dornburger Erzeugnissen besonders beachtet, weil sie die bislang kommerziell erfolgreichste und damit auch in der breiten Öffentlichkeit wirksamste Produktlinie der Schule bildeten. Individuelle Handschriften so begabter Lehrlinge wie Friedlaender, Foucar oder Driesch waren in Dornburg unerwünscht, die Gestaltung der Tongefäße orientierte sich am Vorbild des Werkmeisters Krehan, die Dekors an den Vorlieben des Formmeisters Marcks. Diese Einbindung in einen Werkstattkontext sollte später die Arbeit für externe Auftraggeber erleichtern, weil die Bauhaus- und Burg-Töpfer gelernt hatten, sich in den Dienst einer Tradition zu stellen. An ästhetische Revolution verschwendeten sie keine Gedanken. Ihr Ideal war eine zeitgemäße Keramik, die aus den Ursprüngen des Handwerks erwuchs.

Diesem Ziel sollte Marguerite Friedlaender treu bleiben, als die Staatliche Prozellan-Manufaktur ihre Kooperation mit der Burg Giebichenstein aufnahm. Ihre Abneigung gegen die programmatische Umorientierung des Bauhauses seit 1922 richtete sich gegen eine Ausbildung, die in ihren Augen alles von vorneherein dem Zweck industrieller Verwertung unterwarf. In Dornburg wurden demgegenüber erst einmal Grundlagen geschaffen, die später ermöglichen würden, Entwürfe sowohl für Einzel- als auch für Massenfertigung zu machen.

Im Berliner Auftrag an ihre Keramikklasse in Halle sah Friedlaender einen Prüfstein für diese Überzeugung, und deshalb gab sie ihre Lehrtätigkeit auf und verschrieb sich für die nächsten Jahre ganz der Leitung des an der Burg neugeschaffenen Versuchslaboratoriums für die Porzellanmanufaktur. Deren Interesse lag darin, ihre Sparte des Gebrauchsporzellans durch zeitgemäße Entwürfe zu erneuern, und Friedlaender bat deshalb auch Gerhard Marcks um seine Mitwirkung. Ihre wichtigste Mitstreiterin aber wurde die direkt bei der Manufaktur angestellte junge Designerin Trude Petri, der sich die später hinzugefügten Linienornamente der «Halleschen Form» verdankten. Friedlaender hatte ihr Berliner Porzellansortiment ursprünglich streng funktional gestaltet, um bewusst mit der Tradition aufwendig dekorierter Tafelgeschirre zu brechen, die gemäß der KPM-Tradition

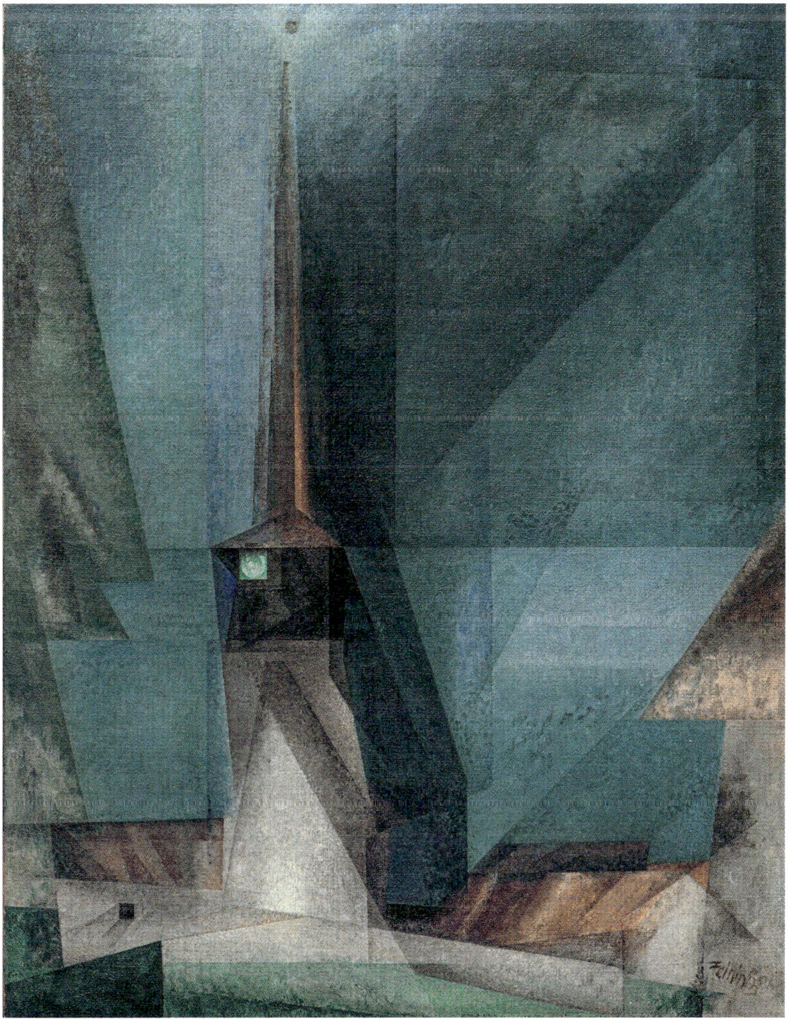

Ein 1936 gemaltes Abschiedsbild von Deutschland, das Lyonel Feininger 1942 den Durchbruch in den Vereinigten Staaten bescherte: «Gelmeroda XIII», das letzte Gemälde aus der Serie mit Darstellungen der kleinen Dorfkirche aus der Nähe von Weimar.

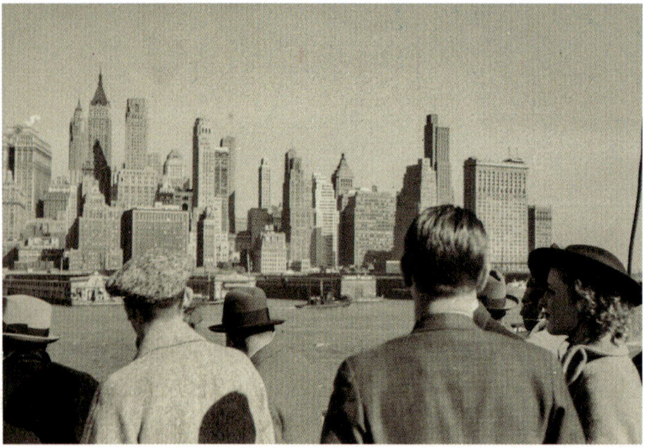

Die Ankunft in New York 1936, seine erste Rückkehr in die Heimat nach fast einem halben Jahrhundert, hielt Lyonel Feininger selbst in Fotos fest, hier der Blick auf die Hochhäuser von Manhattan vom Passagierdampfer aus.

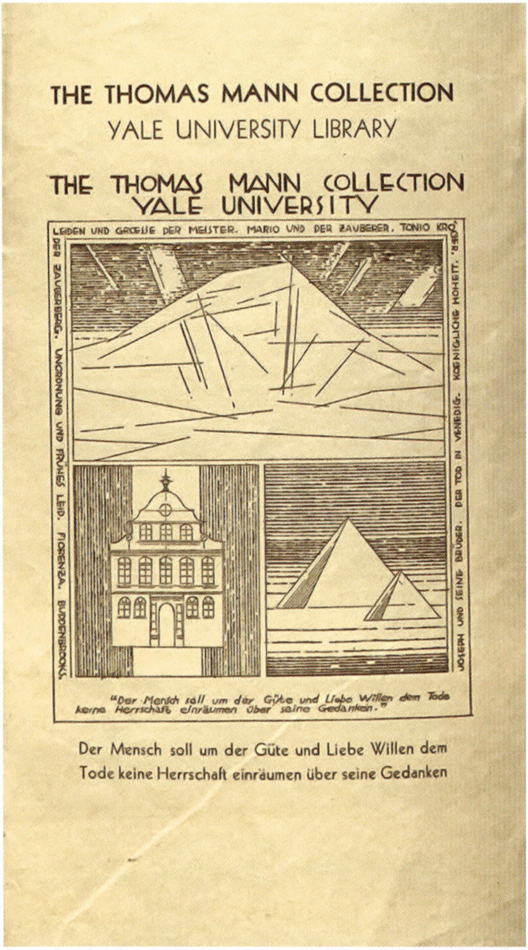

Seinen ersten amerikanischen Auftrag verdankte Feininger der Tatsache, dass er in seinem Heimatland als deutscher Emigrant galt: 1937 gab die Yale University bei ihm dieses Exlibris für ihre Thomas Mann Collection in Auftrag.

Adolf Hitler und Lyonel Feininger sind sich persönlich nie begegnet, aber beim Besichtigen eines Depots mit «entarteter Kunst» im Jahr 1938 wurde dem Diktator unter anderem die «Marienkirche mit dem Pfeil» vorgeführt (unten links zu erkennen).

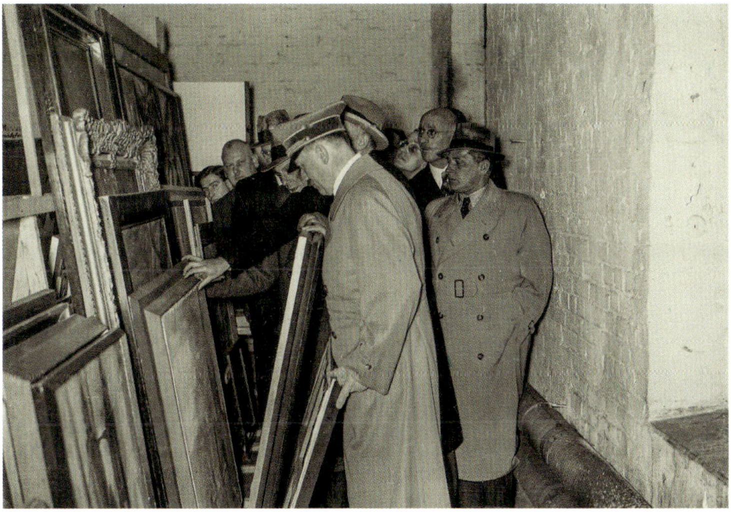

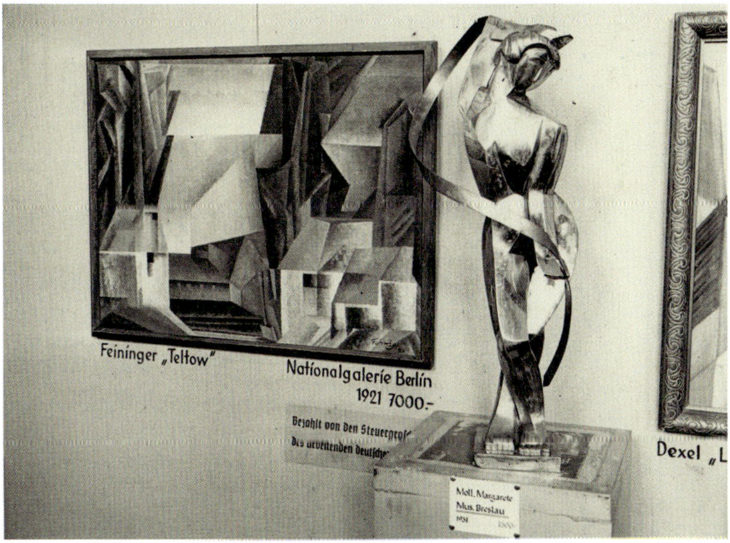

Denunziation der Moderne: Lyonel Feiningers Werke waren fester Bestandteil der nationalsozialistischen Wanderausstellung «Entartete Kunst». Beim darin fälschlicherweise mit «Teltow» beschrifteten Gemälde handelt es sich um «Hopfgarten» von 1920, das damals dem Museum der bildenden Künste in Leipzig gehörte.

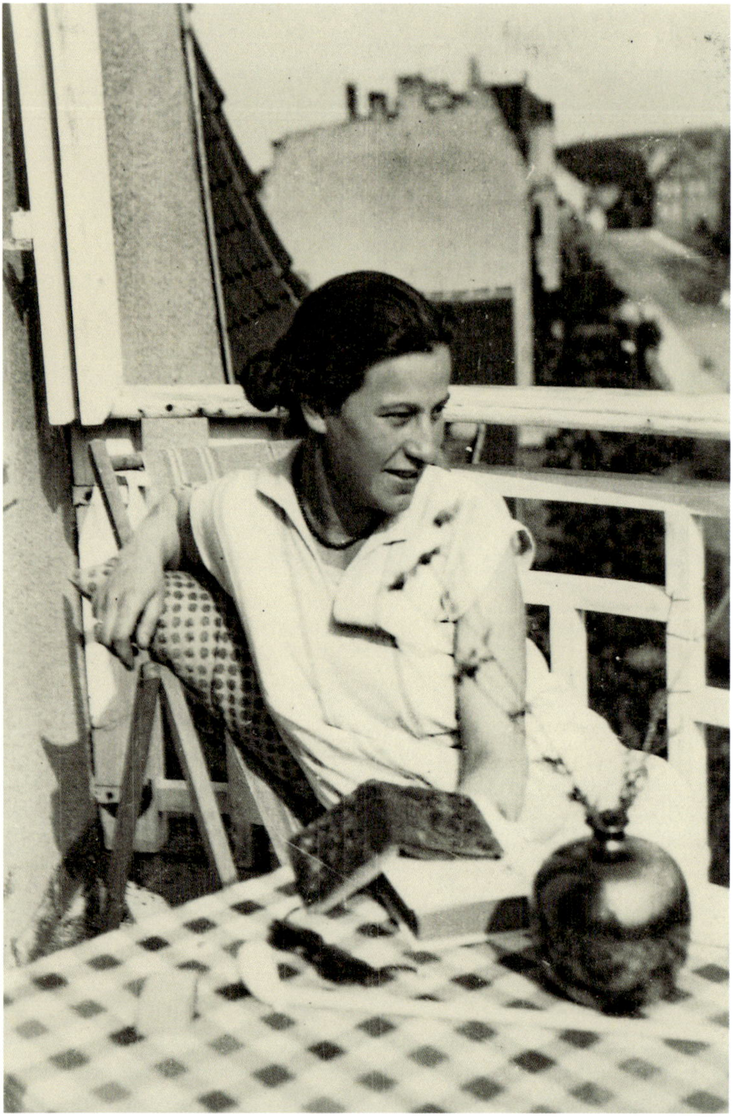

Marguerite Friedlaender versuchte Lyonel Feininger vom Bauhaus abzuwerben, seit sie selbst an der Kunsthochschule Burg Giebichenstein in Halle lehrte. Diese Aufnahme der Keramikerin entstand Anfang der dreißiger Jahre auf ihrem dortigen Balkon.

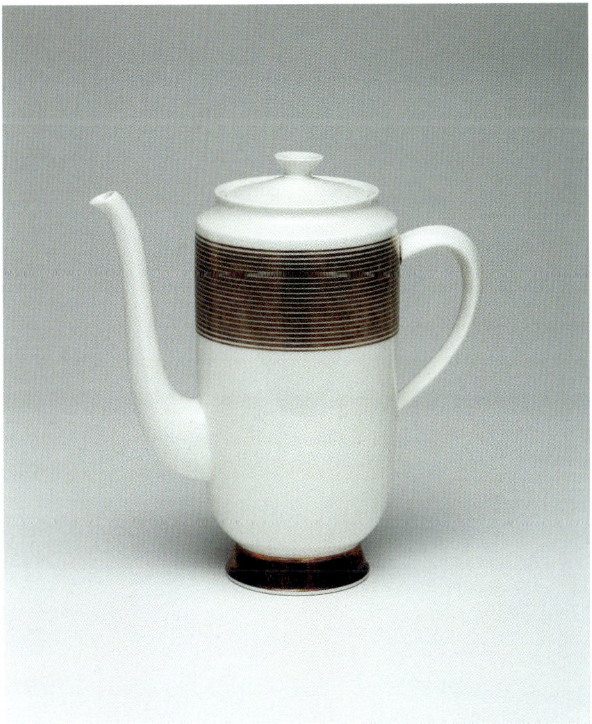

Die Verbindung von Sachlichkeit und Eleganz hatte sie am Bauhaus gelernt: Ihr 1929 entworfenes Service «Hallesche Form» für die Staatliche Porzellan-Manufaktur KPM in Berlin machte Marguerite Friedlaender weltberühmt.

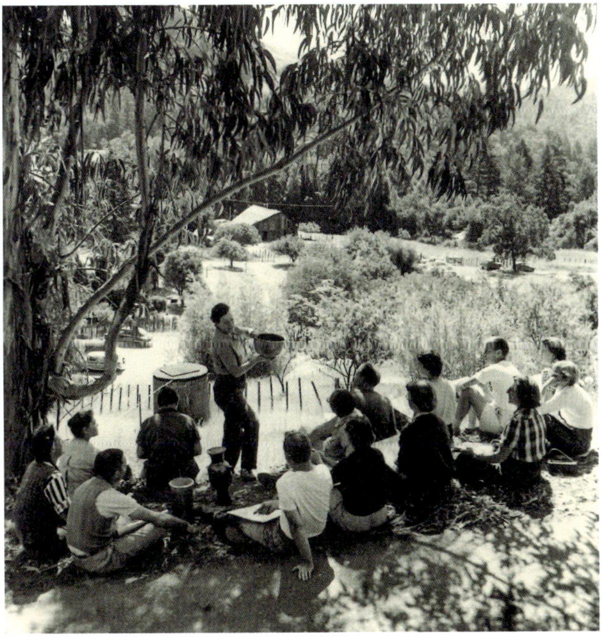

Mit ihren Sommerkursen in Pond Farm wurde Marguerite Friedlaender nach dem Zweiten Weltkrieg zur Begründerin der modernen Keramik in den Vereinigten Staaten. Hier führt sie die Teilnehmer des Kurses von 1956 in ihr Werk ein; im Hintergrund kann man die zur Werkstatt umgebaute Scheune erkennen.

In den Vereinigten Staaten fertigte Lyonel Feininger fast ausschließlich Bilder nach seinen alten deutschen «Naturnotizen» an. Die wichtigste Ausnahme bildeten Ansichten von New York, wo er nun lebte. Aquarelle, die Manhattan bei Nacht zeigen, sind die ersten dieser Art; sie entstanden bereits 1937, im Jahr der Ankunft.

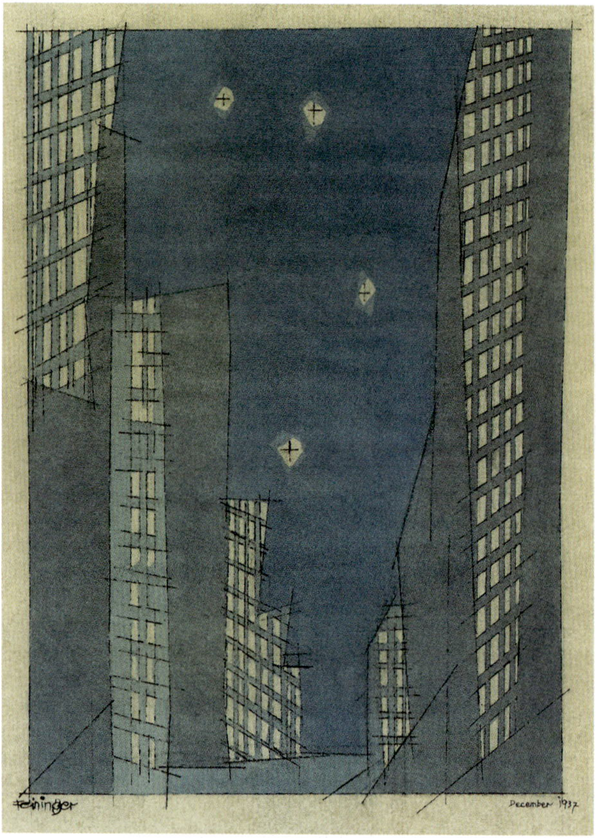

Spätes gemeinsames Familienglück in New York: Lyonel Feininger mit seiner Frau Julia und zweien seiner drei Söhne, Andreas und Theodore Lux. Der mittlere Sohn Laurence lebte in Italien.

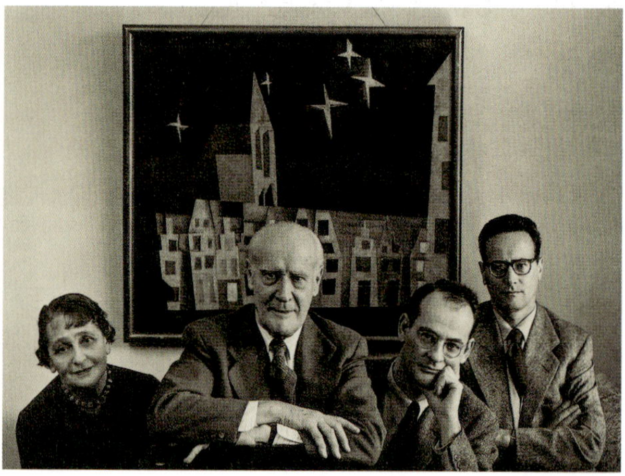

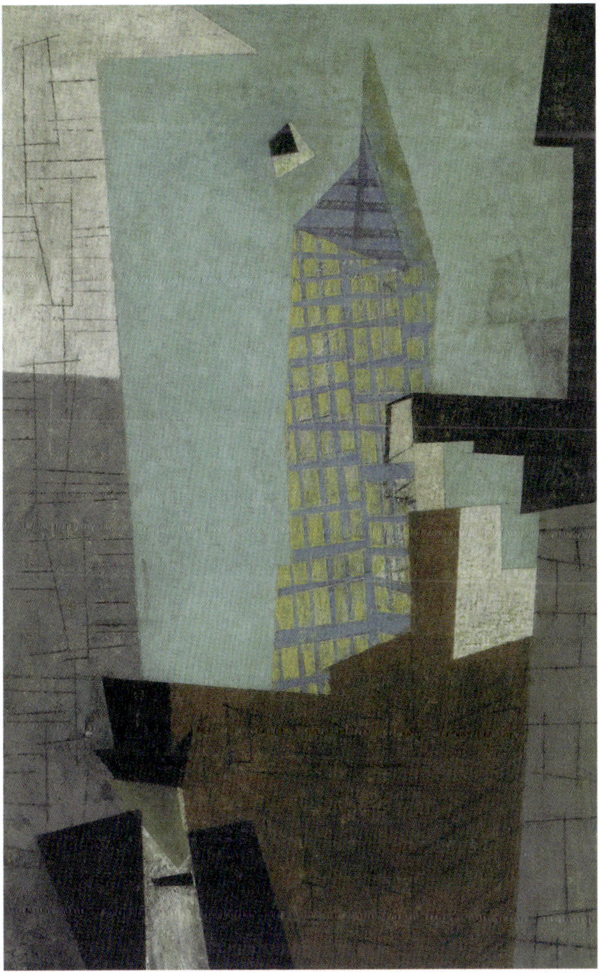

Eine späte Manhattan-Ansicht, gemalt 1952: Feininger betitelte sie «Mana Hata», ein von seinem Malerfreund Mark Tobey angeregter Verweis auf «Mannahatta», den indigenen Namen der Insel.

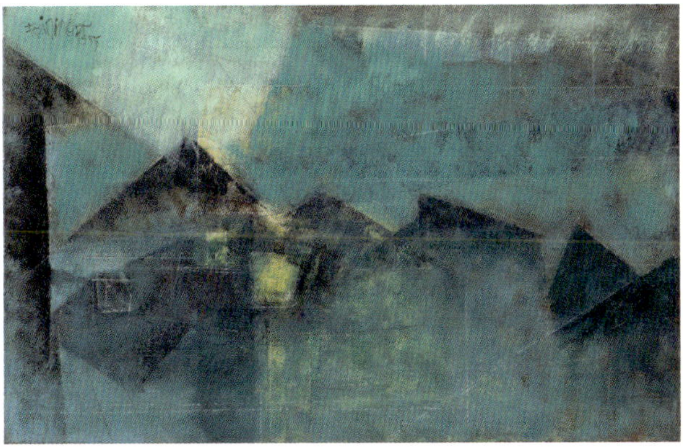

Feiningers letztes vollendetes Gemälde, «Evening Haze» aus dem Jahr 1955, trägt zwar einen englischen Titel, zeigt aber eine typische Giebellandschaft jener deutschen Kleinstädte, die der Maler so sehr liebte.

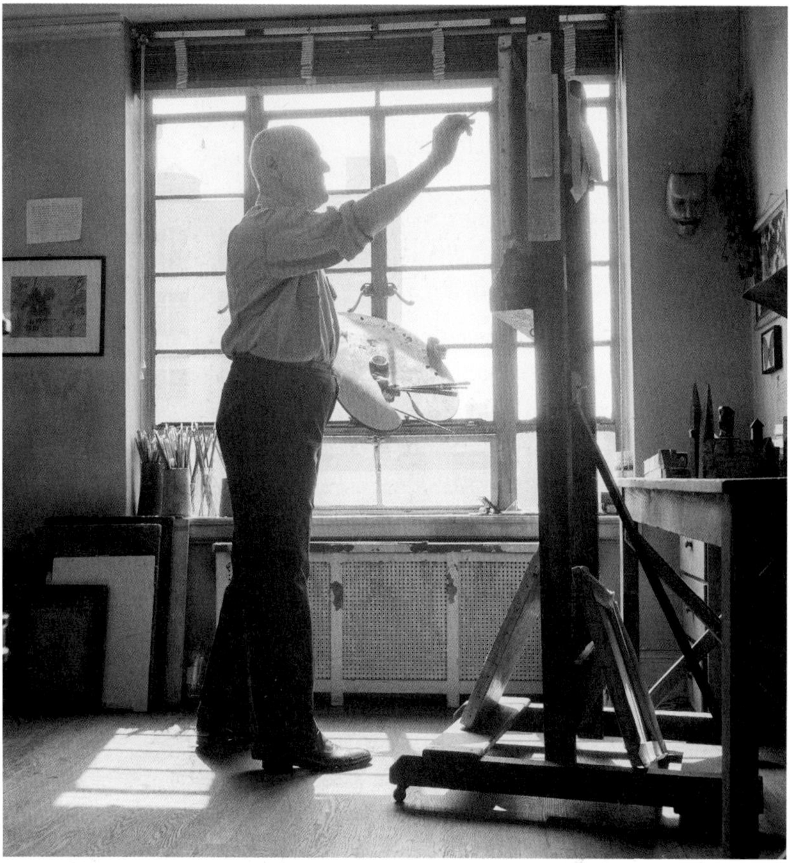

Lyonel Feininger mit achtzig Jahren, 1951 aufgenommen von seinem Sohn Andreas in der Wohnung des Vaters in der East 22nd Street.

bislang typisch für die Produktion gewesen waren. Deren meist figurale Bemalungen empfand Friedlaender als überkommenes feudales Erbe einer Manufaktur, die ja die königliche Herkunft noch im Firmennamen trug.

Um für die neue Republik angemessenes Porzellan zu schaffen, nahm sie bei ihren Entwürfen Formen zum Vorbild, die aus der volkstümlichen Keramik stammten, aber durch monochrome Glasuren die Qualität des Materials besonders ausstellten. Mit den geometrischen Dekorergänzungen von Trude Petri wurde dann doch noch den Erwartungen des Publikums an die mit dem Namen KPM verbundene Luxusproduktion Rechnung getragen, allerdings in einer möglichst sachlichen Weise, die durch Verwendung von Goldlackierung lediglich einen Anknüpfungspunkt zur früheren Opulenz bot. Am Verkauf der in Halle entwickelten Porzellanmodelle war die Burg mit einer Provision beteiligt, und ihr Signet prangte neben dem der KPM auf jedem einzelnen Stück[19] – eine Imagewerbung, von der die Schule international profitierte. Und die Marguerite Friedlaender die Türen im amerikanischen Exil weit aufstieß.

Sie vergaß auch in den Vereinigten Staaten ihren Schwur auf Max Krehans Lehrmodell nicht. Und zudem fühlte sie sich dem Vorbild des in Deutschland zurückgebliebenen und dort als «entarteter Künstler» geschmähten Gerhard Marcks verpflichtet: Ästhetische Kompromisse wollte sie nicht eingehen. So wie Marcks 1922 an Gropius auf dessen Ansinnen, die Dornburger Töpferwerkstatt müsse funktionaler entwerfen, geantwortet hatte: «Mir erscheinen die Menschen wichtiger als erfolgreiche Geschirrproduktion, und die Menschen bilden sich am Handwerk, was für uns Erfolgsritter allerdings schwer einzusehen ist»,[20] so schlug nun Friedlaender das Angebot von Gropius aus, sie in der Industrie unterzubringen.

Eine erste Ausstellung in den Vereinigten Staaten hatte sie bald auf eigene Initiative vereinbart: Das Graphikkabinett des Maryland Institute in Baltimore zeigte bereits im April 1940 zwei Wochen lang ihre Töpferwaren zusammen mit Aquarellen von Frans Wildenhain.

Sie selbst hielt dort ihren ersten amerikanischen Vortrag, vor der örtlichen Sektion der American Ceramic Society; Englisch war ja ganz buchstäblich Friedlaenders Muttersprache. Dieser erste Erfolg bestärkte sie in ihrer Zuversicht, auch hier reüssieren zu können, und schon im Mai verließ sie die Ostküste wieder und reiste drei Monate lang quer durch den Kontinent nach San Francisco, wo sie ein junges Ehepaar aufsuchte, das im Frühjahr 1939 mit seiner kleinen Tochter zu Besuch in Putten gewesen war: Gordon und Jane Herr.

Er war Architekt, sie Schriftstellerin und Tochter einer reichen Kaufmannsfamilie aus San Francisco. Beide hatten lebensreformerische Ideale und planten die Gründung einer kalifornischen Künstlerkommune. Zu diesem Zweck hatten sich die Herrs Ende 1938 nach Europa begeben, um dort in existenziellen Nöten steckenden Künstlern eine Teilnahme an ihrem Experiment anzubieten, und sich mit Marguerite Friedlaender und Frans Wildenhain angefreundet. Letzterer hatte zwar kurz zuvor noch drei Monate lang einen Lehrauftrag in Halle wahrgenommen,[21] doch die Ehe mit seiner jüdischen Frau machte den Gedanken an ein dauerhaftes Arbeiten in Deutschland unmöglich. Das amerikanische Abenteuer klang verlockend.

Nach ihrer Rückkehr in die Vereinigten Staaten kauften die Herrs denn auch tatsächlich in den Hügeln oberhalb des Ortes Guerneville im kalifornischen Sonoma County, eine Autostunde nördlich von San Francisco, eine fünfundsechzig Hektar große Farm und luden ihre beiden europäischen Freunde am 7. Dezember 1939 definitiv zur Übersiedelung ein: «Hier soll es – wenn möglich – eine Art Gilde geben, die die Maßstäbe des Handwerks und kreativer Fähigkeit aufrechthält. Es soll eine ehrenamtliche Gesellschaft sein – ohne jede Geschäftsinteressen. Die erste Werkstatt hier könnte den Kern einer solchen Gilde bilden. Denkt darüber nach. Diese Werkstatt könnte unter uns begründet werden. Andere werden folgen – da bin ich mir sicher.»[22] Vom Erhalt dieses Schreibens an bemühte sich das Ehepaar Friedlaender-Wildenhain in den Niederlanden um die Ausreise.

Nachdem nur sie in die Vereinigten Staaten gelangt war, arbeitete Marguerite Friedlaender dort weiter an der Emigration ihres Mannes. In Kalifornien angekommen, hatte sie erfahren, dass die Herrs auf ihrem Grundstück, das sie nach einem kleinen Teich «Pond Farm» benannt hatten, noch nichts anzubieten hatten, was die Aufnahme eines Töpfereibetriebs ermöglicht hätte. Also verdingte Friedlaender sich erst einmal als Kellnerin in San Francisco, fand aber bald Anstellung als Töpferlehrerin am College of Arts and Crafts im benachbarten Oakland – «an Deiner Stelle», wie sie im Tagebuch für Wildenhain notierte.[23] Denn ihr Plan war, dem College die Berufung ihres Ehemanns zur Lehrkraft nahezulegen, wenn sie nach Pond Farm übersiedeln würde, und so die Einreisegenehmigung für ihn zu erlangen.

Friedlaender unterrichtete nur zweimal in der Woche halbtags, verdiente aber monatlich vierhundert Dollar und konnte die hochschuleigene Töpferwerkstatt nutzen. Der Umgang mit den von ihr als faul und ungebildet empfundenen Studenten erschütterte jedoch ihr Vertrauen in die amerikanischen Ausbildungsprinzipien im Kunsthandwerk nachhaltig und bestärkte sie in ihrer Absicht, sich eine eigene Werkstatt einzurichten. Kurz vor Weihnachten 1941 – die Vereinigten Staaten waren zwei Wochen zuvor in den Krieg gegen Deutschland eingetreten und die Hoffnungen, Wildenhain könnte seiner Frau nach Amerika folgen, damit auf unabsehbare Zeit zerstört – erfüllte sich endlich der Traum, dessentwegen sie nach Kalifornien gekommen war. Im «Press Democrat», der Lokalzeitung von Santa Rosa, dem Hauptort von Sonoma County, erschien eine kurze Notiz: «Die derzeit am California College of Arts and Crafts in Oakland lehrende Mrs. Wildenhain hat ihren Wohnsitz in Pond Farm, Guerneville, bezogen. Sie berichtet uns, dass ihr Brennofen in dieser Woche fertiggestellt worden ist und sie die Arbeit in ihrer neuen Werkstatt bald aufnehmen wird.»[24]

Begründerin einer neuen Tradition

Von diesem Tag ging eine neue Epoche der amerikanischen Kunstgeschichte aus, und Marguerite Friedlaender alias Wildenhain war ihre Protagonistin. Sie war die Erste, die tatsächlich zu den Herrs auf die Pond Farm zog, wo Gordon Herr eine alte Scheune nach ihren Vorstellungen zu einer Töpferwerkstatt umgebaut und mit ihr gemeinsam einen provisorischen Holzbungalow mit spartanischer Ausstattung als Wohngebäude für Friedlaender errichtet hatte. Sie sollte später auch die Letzte sein, die dort lebte, nachdem sich die Künstlerkolonie nicht so entwickelt hatte, wie von Herr erhofft.

Zwar zogen in den folgenden Jahren tatsächlich wie erwartet weitere Künstler nach, die meisten davon deutschstämmig: der Fotograf Otto Hagel und dessen Frau Hansel Mieth, die Weberin Trude Guermonprez[25], der Kunstschmied Victor Ries und vor allem von August 1947 an tatsächlich auch Frans Wildenhain. Doch gerade dessen endlich genehmigte Einreise in die Vereinigten Staaten legte den Keim fürs Scheitern der Pond-Farm-Kolonie. Er und Gordon Herr hatten schon beim Kennenlernen in Putten 1939 mehr Gemeinsamkeiten gefunden, als sie zwischen der kompromisslosen Künstlerin Marguerite Friedlaender und den beiden lebens- und liebeslustigen Männern bestanden, und der amerikanische Gast hatte scharfsinnig die Konflikte zwischen den beiden Künstlerpersönlichkeiten erkannt: «Marguerite Friedlaender ist nicht glücklich, natürlich nicht. Sie fühlt die Last ihrer Jahre, sie schon 43, er noch 34, und er ist unbewusst grausam und gedankenlos. (…) Will kein Heim, keine Besitztümer, nichts, was ihn irgendwie binden könnte. Nur die Sonne, eine Flasche Wein und 300 Gulden im Jahr, seine Zahnbürste in der Tasche – Schlaf, wann immer sich die Gelegenheit ergibt – wie [Hermann Hesses] Goldmund. Wir sprachen darüber, und er hat das Buch gelesen. Aber ihre Bedürfnisse existieren für ihn nicht. (…) Ich mag ihn sehr, und wir stimmen in allem überein, außer der Frage von Heim, Kindern und einer Frau. Er kann keine Verantwortung übernehmen. Unmöglich. Ein Naturkind.»[26]

Angesichts des isolierten Lebens auf Pond Farm entwickelte sich dieser alte Konflikt zwischen den wiedervereinigten Eheleuten neu, und Gordon Herr schlug sich nun ganz auf die Seite von Wildenhain, während sich Friedlaender mit Jane Herr gut verstand. Wildenhain war nach dem Kriegsende noch in britische Kriegsgefangenschaft geraten, obwohl er, wie erwähnt, desertiert war und im Versteck überlebt hatte. Trotzdem galt er als ehemaliger Wehrmachtssoldat, was ihm in den Niederlanden nicht verziehen wurde; bisweilen musste er sich später wieder verstecken, diesmal jedoch vor der drohenden Rache der Holländer. Seine Jahre seit 1942 in Europa waren verlorene gewesen. Nun erhoffte er sich ein neues, vor allem freieres Leben in den Vereinigten Staaten, doch er traf dort auf eine Frau, die sich mittlerweile zu einer Eremitin im Dienste der Töpferkunst entwickelt hatte. Der Reporter einer Zeitung aus Kentucky, der sie 1946 porträtierte, hatte über seinen Besuch auf Pond Farm geschrieben: «Frau Wildenhain arbeitet allein, und bisweilen spricht sie drei oder vier Tage lang kein einziges Wort. Es gibt kein Telefon, das sie stören könnte, nicht einmal ein Radio, das die Stille unterbräche.»

Sie liebte diese Zurückgezogenheit, doch die verlor sie nun, als Wildenhain zu ihr stieß. Das winzige Haus unterhalb der Werkstatt musste für zwei Personen ausgebaut worden, und nun stand auch wieder jemand neben ihr an Drehscheibe und Brennofen, der eigene Vorstellungen von Keramikkunst hatte. Friedlaender aber war mittlerweile in ihrer neuen Heimat – die amerikanische Staatsbürgerschaft hatte sie 1945 erhalten – eine Berühmtheit: Eine zehnwöchige Ausstellung im renommierten Art Institute of Chicago im Frühjahr 1941 hatte sie als Marguerite Wildenhain zum Inbegriff der zeitgenössischen Töpferkunst in Amerika werden lassen. Aber just, dass sie unter seinem Familiennamen derart reüssiert hatte, das warf ihr Mann ihr nun vor: «You have stolen my name for your work!»[27]

Frans Wildenhains amerikanischer Biograph Bruce A. Austin

nennt diesen Ausbruch «sowohl seltsam als auch bezeichnend»,[28] weil Friedlaender in Dornburg und Halle ja dessen Lehrerin gewesen war und der Vorwurf in dem Moment explizit erhoben wurde, als Wildenhain 1950 Pond Farm verließ – in Begleitung von Marguerite Friedlaenders Sekretärin Majorie McIlroy, mit der er eine Affäre begonnen hatte und die seine zweite Frau werden sollte, als 1955 die erste Ehe geschieden war. Da ihm im Bundesstaat New York eine Professur an der gerade neu geschaffenen Rochester School for American Craftsmen angeboten worden war (die Friedlaender zuvor ausgeschlagen hatte), zog er von Guerneville ans andere Ende des Landes. Zwanzig Jahre lang sollte Wildenhain dort bis zu seiner Pensionierung lehren und eine eigene Werkstatt führen, die er «Shop One» nannte, aber nach dem Vorbild von Pond Farm gestaltet hatte – wie auch seine Lehrmethoden sich an den Erfahrungen orientierten, die er in Dornburg, Halle, Putten und Pond Farm an der Seite von Marguerite Friedlaender gesammelt hatte.

Frans Wildenhain starb am 25. Januar 1980, fünf Jahre vor Friedlaender. In einem Tagebucheintrag vom 14. April 1976 findet sich eine bewegende Reminiszenz an die letzte gemeinsame Zeit vor dem Zerwürfnis: «Wenn ich an die Zeit in P. F. und S. F. [Pond Farm und San Francisco] denke, erscheint sie mir als Traum. Ich war der Träumer, und du warst meine große Traumfrau. Du hast mir so viel mehr gegeben, als du selbst wusstest. Wenn ich dankbar zu sein habe – und ich bin es –, dann dir gegenüber. (...) Ich habe dich immer bewundert und mehr.»[29] Marguerite Friedlaender hat diese Zeilen, die trotz des bitteren Endes ihrer Ehe voller Achtung für sie waren, leider nie gesehen.

Für sie war die Trennung persönliches Drama und ästhetische Befreiung zugleich. Sie fiel zusammen mit der Möglichkeit, ihre Werkstatt, die ihr bislang von den Herrs zur Verfügung gestellt wurde, selbst zu erwerben. Da die in Pond Farm seit 1949 angebotenen Kurse nicht so viele Teilnehmer anzogen, wie Gordon Herr kalkuliert hatte, steckte seine Künstlerkolonie in finanziellen Schwierigkeiten. 1950 brauchte Herr einen neuen Kredit über achttausend Dollar, den aber nur die mittlerweile landesweit bekannte Künstlerin Friedlaender bewilligt bekam. Sie reichte das Geld an ihn weiter, ließ aber für den Fall, dass er es nicht fristgerecht zurückzahlen würde, notariell vereinbaren, dass dann jene drei Hektar von Pond Farm, auf denen ihre Werkstatt und das Wohnhaus standen, in ihr Eigentum übergehen sollten.[30] Genauso kam es 1953, als die Kurse eingestellt werden mussten, nachdem Jane Herr gestorben war und sich damit jede Hoffnung auf finanzielle Hilfe durch ihre reiche Familie zerschlug.

Doch Gordon Herr sollte Friedlaender nie verzeihen, dass sie nun tatsächlich auf die Grundstücksübertragung bestand. Das Verhältnis zwischen beiden war nicht erst durch Wildenhains Wiederabschied oder Herrs finanzielle Probleme zerrüttet worden. Es hatte schon zuvor darunter gelitten, dass sich Friedlaender als wesentlich durchsetzungsstärker bei allem erwies, was die Organisation des Lebens auf Pond Farm betraf. Das brüskierte Herr als formellen Eigentümer der Künstlerkolonie. Als Friedlaender 1949 ihre eigenen neunwöchigen Töpferseminare nach der Einstellung des sonstigen Kursangebots fortsetzte und für ihren Werkstattbetrieb auch noch konsequent den Namen «Pond Farm» benutzte, schlug die einstige Freundschaft in Feindschaft um.

Bei der Werbung für die Sommerkurse knüpfte Friedlaender explizit an ihre Zeit im Bauhaus in Dornburg an, indem sie die ärmliche Lebensweise auf Pond Farm zur notwendigen Bedingung von Kreativität erklärte. So sagte sie etwa 1954 einem amerikanischen Journalisten: «Wir waren furchtbar arm am Bauhaus, viele von uns hatten nicht einmal Schuhe. Doch das war wunderbar – diese Armut. Alles war so intensiv. Wir hatten Spaß. Die Studenten arbeiteten tagsüber zehn Stunden lang an der Töpferscheibe und besuchten abends noch Vorlesungen. Die Ausbildung war aber wegen etwas anderem strapaziös. Der Meister gestattete nicht, dass Töpferanfänger auch nur ein einziges Stück brannten, ehe sie nicht hunderte davon gedreht hatten. Nach Ablauf von drei Jahren kam ein staatlich bestellter Prüfer, und wenn sie dann fünf perfekte Gefäße drehen konnten, bekamen sie ihren Gesellenbrief.»[31]

An dieses Muster hielt sie sich nun in ihren eigenen Kursen, die im Juli und August stattfanden und zu denen immer mehr Schüler pilgerten, die gerade das frugale Leben während der sommerlichen Lehrgänge schätzten, weil dabei nichts von der Ausbildung ablenkte. Das musste Gordon Herr bitter aufstoßen, dessen eigene Idealvorstellung es gewesen war, hier ein amerikanisches Bauhaus zu etablieren, was dann aber in seinen Augen just an der von Friedlaender so verherrlichten Armut gescheitert war.[32] Nathan McMahon, der 1954 am Sommerkurs teilnahm, beschreibt in seinen Erinnerungen einen regelrechten Kleinkrieg zwischen Herr und Friedlaender, als die Töpferin über dem Tor zu ihrem Grundstück die Aufschrift «Pond Farm Pottery» anbringen ließ.[33] In der Abgeschiedenheit von Sonoma County wurde ein später Kampf um die Deutungshoheit übers Bauhaus ausgetragen, der den Auseinandersetzungen dreißig Jahre früher in Weimar an Heftigkeit nicht nachstand.

Mit dem Verhältnis Friedlaenders zu ihrem neuen Heimatland verhielt es sich ähnlich: Persönlich hatte sie längst ihren Frieden gemacht mit den Vereinigten Staaten, deren freiheitlich-individualistisches Gesellschaftsverhältnis sie bewunderte, aber ästhetisch ließ sie weiterhin kein gutes Haar am amerikanischen Kunstverständnis. Ihre Sommerkurse sah sie als dezidiertes Gegenprogramm zu einer dortigen Kulturindustrie, die sie als mechanisiert und kommerzialisiert verabscheute. Jeden Morgen empfing sie die aus Guerneville zur Pond Farm Pottery heraufwandernden Teilnehmer mit Lesungen aus Schriften von Goethe, Rodin oder Voltaire, wie sie selbst es in den Zusammenkünften zwischen Bauhaus-Lehrern und -Schülern kennengelernt hatte. Die Werkstatt in der umgebauten Scheune war in ihrem Aufbau exakt der Dornburger nachempfunden: In zwei Reihen standen fußbetriebene Töpferdrehscheiben hintereinander, und an der hintersten saß Friedlaender, um alle Teilnehmer im Blick zu haben und deren Arbeiten korrigieren zu können. Das Ziel lautete dabei nicht, eine bestimmte Ästhetik zu vermitteln, sondern die Fertigkeiten des Handwerks, aus denen dann die Freiheit zur eigenen künstlerischen Entwicklung entstehen würde. Das bedeutete aber auch vollständige Unterwerfung unter den Willen der Meisterin von Pond Farm, die in ihrem Drei-Hektar-Reich unumschränkte Herrscherin war.

In ihrem Fach war sie in der neuen amerikanischen Heimat erfolgreicher als die viel berühmteren Bauhäusler Gropius, Moholy-Nagy oder Feininger in deren jeweiligen Metiers. Nur Josef und Anni Albers übten als Lehrer im Black Mountain College ähnlichen Einfluss aus, und dort, in North Carolina, hatte Friedlaender ihren spektakulärsten Auftritt, als sie 1952 ein Keramiksymposium mit dem Briten Bernard Leach leitete. Die sich daran anschließende schriftlich ausgetragene Kontroverse zwischen beiden ist legendär, zumindest in der englischsprachigen Welt, wo Leach nach wie vor als der prominenteste Keramiker gilt. Marguerite Friedlaender aber hatte keine Angst vor großen Namen. Sie kannte ja vom Bauhaus her die Allergroßten und auch deren Schwächen.

Der Auftritt am Black Mountain College hatte eine Vorgeschichte in England: Die Reformschule in Dartington Hall im ländlichen Devon hatte im Juli 1952 eine Internationale Konferenz für Töpfer und Weber organisiert, zu der Friedlaender geladen war. Da sie die Reise dorthin mit einem Besuch bei Gerhard Marcks in Hamburg verbinden konnte, sagte sie zu. Stargast der Veranstaltung indes war Leach, der in den zwanziger Jahren die englische Töpferei mit der japanischen zusammengebracht hatte und damit stilprägend für die internationale Bewegung der Studiokeramik wurde. Auf seine Vermittlung hin nahmen mit dem Töpfer Hamada Shoji und dem Kunsthistoriker Soetsu Yanagi die beiden Hauptprotagonisten von Mingei teil, der in den zwanziger Jahren begonnenen Rückbesinnung japanischer Töpfer auf die alten Handwerkstraditionen ihres Landes. Diese Bewegung war Friedlaender sympathisch, und Leach hatte sich bezüglich des amerikanischen Töpferwesens genauso skeptisch gezeigt wie sie, weil er in dem Einwandererland zwar viele Wurzeln des Handwerks sah, aber keine ausreichend tiefe Verwurzelung.

Was Leach und Friedlaender jedoch unterschied, war ihre jeweilige Exilerfahrung. Leach hatte Anfang des 20. Jahrhunderts jahrelang in Japan gelebt, war aber als Kind englischer Eltern 1887 in China zur Welt gekommen, sodass ihm der Ferne Osten vertraut war. Seine Rückkehr dorthin war eine freiwillige gewesen, während Friedlaender ohne die Nationalsozialisten Deutschland wohl nie verlassen hätte. In Pond Farm versuchte sie deshalb, so viel von der deutschen Töpfertradition und dem Bauhaus zu retten, wie es ihr möglich war, aber genau diese Bemühung hielt Leach für sinnlos, weil Amerika nicht fähig sei, ein solches Handwerkserbe anzutreten: Dort bleibe nur die Möglichkeit eines oberflächlichen Amalgams der Stile, und ohnehin sei alles auf industrielle Fertigung ausgerichtet. Friedlaender sah plötzlich ihre eigene Arbeit mit jenen Klischees konfrontiert, die sie selbst betreffs Amerika pflegte, und verteidigte sich dagegen mit einem Vortrag. Noch waren aus ihren Sommerkursen in Pond Farm ja nicht all die europäisch ausgebildeten Schüler hervorgegangen, die später die Lehrstühle an den amerikanischen Kunsthochschulen besetzen sollten.

Friedlaenders Vortrag in Dartington Hall trug den Titel «The Potter in the New World», wobei diese Neue Welt sowohl Amerika als auch die Moderne meinte. Nicht an Traditionen fehle es jeweils, sondern an natürlichem Instinkt. Ethik und Ausdruckskraft des Handwerks seien viel wichtiger als dessen Techniken. Was Friedlaender beschwor, war eine Rückkehr zum einfachen Leben; Leach hingegen sprach sich pauschal gegen die Wandlung des Handwerks zur Kunst aus. Sie lebte in Pond Farm ihr Ideal, während sie in Leach einen Töpfer sah, der zwar über die Traditionen verfügte, sich aber nicht von der modernen Gesellschaft abkehrte. Dass ausgerechnet in den Vereinigten Staaten, der Speerspitze von Mechanisierung und Industrialisierung im 20. Jahrhundert, diese Frau, die die meisten Experten bislang nur als Gestalterin der berühmten «Halleschen Form» gekannt hatten, alteuropäischen Idealen gemäß arbeitete, ließ die Konferenzteilnehmer staunen. Nach Dartington Hall war Marguerite Friedlaender mit einem Schlag rund um die Welt die bekannteste Töpferin Amerikas.

So war es nur konsequent, dass sie als amerikanische Gastgeberin auftrat, als Leach, wieder zusammen mit Hamada und Yanagi, vom Black Mountain College für Oktober 1952 zu einem zweiwöchigen Workshop eingeladen wurde. Da die erst 1933 gegründete Kunsthochschule im ländlichen North Carolina dem Vorbild des Bauhauses folgen wollte, hatte man sich zu Beginn sofort die Dienste von Josef Albers und seiner jüdischen Frau Anni gesichert, die in Dessau zu Zentralfiguren des Bauhauses aufgestiegen waren, aber im nationalsozialistischen Deutschland keine Zukunft mehr für sich sahen. Josef Albers amtierte von 1938 bis 1949 als Rektor des Colleges und holte in dieser Zeit zahlreiche frühere Kollegen entweder in den Lehrkörper oder zumindest als Dozenten für die auch hier zur Finanzierung des Colleges wichtigen Sommerkurse, darunter 1945 Lyonel Feininger. Dass es bis 1952 dauerte, ehe Marguerite Friedlaender engagiert werden sollte, mag daran gelegen haben, dass sie Albers während der gemeinsamen Weimarer Jahre nicht geschätzt und ihn später als willigen Helfer von Gropius' Neuausrichtung in Dessau kritisiert hatte – was Albers wusste, weshalb er bei Friedlaenders Start in Amerika trotz ihrer Anfrage nicht geholfen hatte. Der neue Rektor des Black Mountain College, der Dichter Charles Olson, hatte dagegen bereits im Februar 1952, kurz nach seinem Amtsantritt, Friedlaender eine Professur für Keramik angeboten – ausgerechnet auf Empfehlung Bernhard Leachs, der die Kollegin zwar noch gar nicht persönlich kannte, aber von den Unstimmigkeiten auf Pond Farm gehört hatte. Friedlaender lehnte allerdings ab: «Wie Sie wissen, errichten wir in Pond Farm genau das, was Sie sich im Black Mountain College vorgenommen haben, und ich will diesen Ort nicht verlassen, den ich selbst in so großem Ausmaß mitaufgebaut habe.»[34]

Im selben Brief aber äußerte sie Interesse, bei dem von Olson angekündigten Workshop mit Leach und den beiden Japanern die Rolle einer «hostess-potter», einer gastgebenden Töpferin, zu übernehmen, da das College damals keine eigene Lehrkraft für Keramik besaß. Als man sich darauf verständigt hatte, stieg Friedlaender aus der kalifornischen Ferne mit der ihr eigenen Bestimmtheit sofort in die Organisation ein: «Gibt es jemanden an Ihrem College, der sich darum kümmert, dass Ton und Glasurmaterialien vorhanden sind, wenn die Töpfer da sein werden? Gibt es vernünftige Töpferdrehscheiben, die unentbehrlich sind für den Kurs (nur fußgetriebene, keine elektrischen)? Wenn nicht, sagen Sie mir Bescheid, und ich werde Ihnen eine Zeichnung anfertigen, damit Sie rechtzeitig ein paar gebaut bekommen. (…) Ich komme gerne ein paar Tage früher, um nachzusehen, ob alles seine Ordnung hat und arbeitsbereit ist.»[35]

So reiste Friedlaender für die zweite Oktoberhälfte nach North Carolina zu dem Workshop, der nun als Töpferseminar unter ihrer Leitung ausgewiesen wurde. Das Programm sah elf gemeinsame Tage der vier Dozenten vor, bei denen sich Vorträge, Diskussionen und Vorführungen abwechselten, ehe Friedlaender die letzten drei Tage allein bestreiten sollte, weil Leach, Hamada und Yanagi dann schon abreisen mussten.[36] Man hatte die Töpferin diesbezüglich umschmeichelt: Nach den Ereignissen von Dartington Hall, deren Kunde bis nach North Carolina gedrungen war, wurde sie in der Korrespondenz mit dem College als «the most important craftsman in America» adressiert, und man wollte sie im Anschluss an das Seminar gleich noch für drei weitere Wochen Lehrtätigkeit dabehalten.[37] Auch das lehnte sie ab, aber einem Fragebogen, den sie nach ihrem Aufenthalt für das Black Mountain College ausfüllte, ist ablesbar, wie stolz sie auf ihren neuerworbenen Weltruhm war. Nach ihrer Motivation zum Besuch des Colleges befragt, schrieb sie: «Man bat mich, <u>die</u> amerikanische Töpferin zu sein, die es mit Leach (Engl.) und Hamada (Japan) aufnehmen könne.»[38]

Und das konnte sie, zumindest vom Selbstbewusstsein her. Einer der zwanzig Teilnehmer des Seminars erinnerte sich: «Zwei Wochen lang die Rolle der Gastgeberin auszufüllen, zehrte an Marguerites Geduld, aber sie verlor nie ein Wort über die anderen Töpfer oder deren Vorführungen, bis Leach, Hamada und Yanagi aufgebrochen waren, um ihre Tour anderswo fortzusetzen. Als sie weg und die Teilnehmer noch versammelt waren, sagte Marguerite: ‹Ich will Sie alle morgen früh um 9 Uhr in der Töpferwerkstatt sehen.› Ich blieb und ging am nächsten Tag in die Werkstatt. Um 9 Uhr kam Marguerite herein und sagte: ‹Vergessen Sie alles, was Sie bisher gehört haben. Jetzt werde ich Ihnen zeigen, wie man ordentlich töpfert.›»[39] Marguerite Friedlaender hatte Leach damit auch praktisch den Kampf angesagt. Trotzdem hatte sie ihn und seine beiden japanischen Mitstreiter auf die Pond Farm eingeladen, weil deren gemeinsame Amerikareise in Kalifornien enden sollte, und die drei besuchten sie tatsächlich und hinterließen als Zeichen des Respekts ihre Handabdrücke auf einer weiß gekalkten Wand in der Werkstattscheune.

Aber diese Geste versöhnte sie nicht mit Leachs Ansichten; sie bezog auch noch schriftlich Stellung dagegen: mit einem offenen Brief, der ein halbes Jahr später in der amerikanischen Zeitschrift «Craft Horizons» erschien. Darin griff sie einmal mehr Leachs Argument der mangelnden Verwurzelung des amerikanischen Handwerks an: «Auch Amerika hat Wurzeln, aber es sind viele, und sie stammen von überall her auf der Welt, von allen Ethnien ab. Darin liegt seine Einmaligkeit, seine Großartigkeit – in diesem Zusammenwachsen von tausend Teilen. Ein Land wie Amerika kann nicht nur eine Ausdrucksform haben, eine Weise, Dinge zu tun. Es muss zwangsläufig so viele Ausdrucksformen haben wie Quellen seines Lebens als Ganzem. Das macht Amerikas Schönheit und Größe aus, und niemand auf diesem Kontinent würde nur eine einzelne Form, eine einzige Denkweise herrschen sehen wollen. Denn unsere Tradition ist genau das Gegenteil: Sie steht für die Wahlfreiheit des Individuums.»[40] Damit hatte sie ihre Rolle als Repräsentantin des amerikanischen

Töpferhandwerks angenommen. Marguerite Friedlaender fühlte sich endlich wieder heimisch.

Umso verheerender traf sie Anfang 1963 die Ankündigung der kalifornischen Regierung, dass sowohl ihr kleines Grundstück als auch die weiterhin Gordon Herr gehörenden größeren Teile von Pond Farm enteignet werden sollten, um sie der Erweiterung eines Naturschutzgebiets zuzuschlagen: des Armstrong Redwoods State Parks. Der existierte seit 1934 und umfasste einen im ehemaligen Holzfällergebiet von Sonoma County mittlerweile seltenen Redwoods-Wald direkt unterhalb von Pond Farm. Nun sollte ebenso das naturbelassene Grasland auf dem Höhenzug oberhalb davon unter Schutz gestellt werden, und für die Verbindung beider Gebiete brauchte man das Farmgelände. Herr empörte sich über die geringe Höhe der ihm angebotenen Entschädigung und prozessierte, Friedlaender entsetzte sich über die Vorstellung, ihr Refugium aufgeben zu müssen, und protestierte. Herr erzielte nach jahrelangen juristischen Auseinandersetzungen schließlich einen Vergleich, der ihm das Doppelte der ursprünglich vorgeschlagenen Summe zusprach, doch die Anwaltskosten fraßen das Geld komplett auf; der ehemalige Kunstvisionär zog sich tief enttäuscht nach Mexiko zurück, wo er 1972 starb.

Friedlaender dagegen hatte Erfolg, weil sie viele Schüler ihrer Sommerkurse mobilisieren konnte, die mittlerweile akademische Positionen innehatten. Das Büro des Gouverneurs von Kalifornien wurde mit Petitionen für ein Verbleiben der Töpferwerkstatt überschwemmt, und schon im August 1963 versicherte man einer der Antragstellerinnen, dass die zuständige Naturschutzbehörde «sehr ernsthaft» erwäge, nach dem Erwerb von Friedlaenders Eigentum dieser dort ein langfristiges Wohn- und Arbeitsrecht einzuräumen: «Wir sind uns des wundervollen kulturellen Beitrags von Mrs. Wildenhain bewusst, auch ihrer Ausbildung junger Künstler, die dann zur Lebensfreude der Menschen in Kalifornien und der ganzen Nation beitragen.»[41] Marguerite Friedlaender erhielt schließlich sogar ein lebenslanges Aufenthaltsrecht im neuen State Park, der unter dem Namen Austin Creek Recreation Area am 1. Januar 1964 eröffnet wurde, mit der weiterarbeitenden Pond Farm Pottery mittendrin.

Doch die Wertschätzung für das Werk von Marguerite Friedlaender war nicht so groß wie vom Gouverneursbüro behauptet. Das zeigte sich schon vier Jahre später, als Friedlaender, mittlerweile siebzig Jahre alt, dem Bundesstaat Kalifornien ihre private Kunstsammlung zum Kauf anbot, um sie dauerhaft in der Pond Farm Pottery bewahren zu können. Der Bestand umfasste «30 Zeichnungen von Gerhard Marcks und etwa 40 seiner Holzschnitte, 11 kleine und mittelgroße G. Marcks-Bronzeplastiken, 15 antike peruanische und andere indianische Töpferwaren, 1 Picasso-Radierung, 1 Feininger-Holzschnitt, rund 40 meiner besten Gefäße, die ich in den letzten rund 20 Jahren versammelt habe».[42] Sie hatte Anfang Juni 1967 von ihrem Anwalt Michael Blume die kalifornische Naturschutzbehörde als neue Eigentümerin ihres Grundstücks anschreiben lassen, die jedoch nach zehnwöchigem Schweigen das Angebot höflich ablehnte: «Besser als im Besucherzentrum eines Naturparks scheint uns die Sammlung aufgehoben in einer der Kunstfakultäten eines unserer State Colleges oder der Universität oder einem öffentlichen Museum wie etwa dem San Francisco de Young Museum. Mir ist ein exzellentes State College in Santa Rosa bekannt, das sehr interessiert daran sein könnte, die Sammlung in Besitz zu nehmen.»[43] Blume schrieb daraufhin an Friedlaender, dass er diese Absage als weiteres Beispiel der «over-economy», einer übertriebenen Sparsamkeit der gegenwärtigen kalifornischen Regierung ansehe[44] – wenige Monate zuvor war der Republikaner Ronald Reagan zum neuen Gouverneur gewählt worden.

Friedlaender war Parteigängerin der Demokraten und ließ die Sache auf sich beruhen. Ihre Sammlung bot sie 1970 dem Luther College in Iowa als Geschenk an, einer Kunsthochschule, an der ihr Schüler Dean Schwarz lehrte und die ihr im Jahr zuvor die Ehrendoktorwürde verliehen hatte. Das College akzeptierte das Angebot sofort und bekam zudem später weitere Objekte aus Marguerite Friedlaenders Nachlass. So ist die Pond Farm Pottery und damit Kalifornien nahezu alle persönlichen Gegenstände der Künstlerin verlustig gegangen. Nur auf den Wegen des Geländes liegen nach wie vor etliche der Scherben ihrer Töpferwaren, die Friedlaender dort bei der Pflasterung auszustreuen pflegte, um das Ambiente spielerisch zu gestalten; teilweise kann man noch ihre eigenen Töpfermarken darauf identifizieren. Und die alten Bäume sind noch da, unter denen sie ihre Studenten während der Sommerkurse zu den Lesungen zu versammeln pflegte, bevor es wieder an die Töpferscheiben in der großen Holzscheune ging.

1948 hatte sie ihren ersten Schüler auf Pond Farm unterrichtet, den chinesischen Studenten Hui Ka Kwong, der eines Tages vor dem Tor gestanden und um Aufnahme gebeten hatte. Gemäß der fernöstlichen Handwerkstradition unterwarf er sich sämtlichen Launen seiner Meisterin und auch den spartanischen Lebensverhältnissen – Friedlaender erzählte später, Hui habe während seines Aufenthalts in ihrem und Wildenhains Haus unter dem Küchentisch geschlafen.[45] Nach den desillusionierenden Erfahrungen zu Beginn ihrer kalifornischen Jahre am College in Oakland entsprach dieses von Respekt und Fleiß bestimmte Schülerverhalten dem, was sie aus Dornburg kannte, und als im Folgesommer der kommerzielle Lehrbetrieb auf Pond Farm begann, bot sie ihren ersten Töpferkurs an, für den sich vier Teilnehmer anmeldeten. 1952, als nur noch dieser Kurs übriggeblieben war, waren es schon zehn, und in den sechziger Jahren, als sich die Sommerseminare bereits zur Legende entwickelt hatten, wurde die Maximalzahl von Friedlaender auf dreißig festgelegt. So hielt sie es bis 1979, als sie sich, inzwischen zweiundachtzig Jahre alt, inmitten eines laufenden Kurses entschloss, ihre Lehrtätigkeit zu beenden.

Sie setzte einen Brief an die Teilnehmer auf, der den Ton eines Vermächtnisses hatte: «Das ist für uns alle, aber besonders für mich ein denkwürdiger Tag: ein Tag der Traurigkeit, aber auch einer der Freude, ein Tag, an dem man zurückschaut, aber auch nach vorne. Ihr habt ein Leben vor Euch, ich habe das nicht – aber was ich an Euch weitergeben konnte, wird, so hoffe ich, für den Rest Eures Lebens reichen. Das Leben für mich war nicht leicht, und das wird es höchstwahrscheinlich auch für Euch nicht sein. Aber das Leben eines Künstlers hält seine sehr eigentümlichen Berechtigungen bereit, seine eigenen Freuden und Ängste, seine eigenen Leiden und auch tiefe und wichtige Befriedigungen. Wenn es Euch gut ergeht, denkt bisweilen an mich – und wenn es einmal nicht so gut geht, denkt genau dann auch an mich und schöpft Atem und setzt alle Energien und Begabungen, die Ihr besitzt, ein, arbeitet hart und haltet durch. Ihr wart für so viele Jahre meine Freunde und meine Familie, dass ich mir ein Leben ohne Euch nicht vorstellen kann. Ich danke Euch allen und jedem von Euch für alles, was Ihr für mich getan habt. Ich wünsche Euch ein produktives und glückliches Leben, soweit jedes Leben glücklich sein wird, das etwas Größerem und Tieferem gewidmet ist als Eigennutz oder Erfolg. Tut alles, was Ihr tun könnt, und das so gut wie möglich. Das ist mein Abschied von Euch.»[46]

Diese spontane Entscheidung erschien ihr dann doch selbst zu abrupt; für einen Abschied, wie ihn sich ihre treuen Schüler wünschten, war kein Platz geblieben. Deshalb sollte sie im Jahr danach noch einmal vierundzwanzig von ihnen für die üblichen neun Wochen in der Pond Farm Pottery versammeln – diesmal jedoch nicht als öffentlich ausgeschriebener Sommerkurs, sondern nur auf Einladung an diejenigen, die schon im vergangenen Jahr teilgenommen hatten. Für Marguerite Friedlaender waren sie so etwas wie ihre Familie. Am 24. Februar 1985 starb sie in ihrem Wohnhaus auf der Pond Farm.

Vierunddreißig Jahre später ist der Juli in Guerneville so heiß, wie er es hier wohl immer während der Sommerkurse gewesen ist. Durch die himmelhohen Redwoods führt der Weg zu den Verwaltungsgebäuden des State Parks. Er wird mittlerweile nicht mehr von der kalifornischen Naturschutzbehörde betrieben und gepflegt, sondern von den Stewards of the Coast and Redwoods, einer lokalen Organisation, die in den achtziger Jahren entstand, um sich des Naturerbes im Tal des Russian River anzunehmen, und nach der Jahrtausendwende, als Kalifornien aus finanziellen Gründen mehrere State Parks schließen wollte, deren Verwaltung übernahm. So geschah es auch 2007 im Fall des Armstrong Redwoods State Park samt der Austin Creek Recreation Area, und damit ging das frühere Anwesen von Marguerite Friedlaender in die Betreuung der Stewards über. Etwas Besseres konnte der Pond Farm Pottery gar nicht passieren. Sie wurde seitdem unter Denkmalschutz gestellt, und die Restaurierung der Gebäude hat begonnen.

Um zu ihnen zu gelangen, muss man einige hundert Höhenmeter auf einer engen, kurvenreichen und teilweise extrem steilen Straße in beklagenswertem Zustand überwinden. Es ist derselbe Weg, den die Teilnehmer der Sommerkurse täglich zurücklegten, denn Friedlaender brachte sie nur in Ausnahmefällen bei sich oder im winzigen Gästehaus oberhalb der Scheunenwerkstatt unter. Die meisten übernachteten unten im Tal des Russian River, einem beliebten Feriengebiet mit zahlreichen Motels, Campingplätzen und Boys Camps, in denen Pfadfindergruppen aus der Bay Area um San Francisco ihre Sommer verbrachten. Gleich vor dem Eingang zum Armstrong Redwoods State Park hatte Gordon Herr Ende 1949 das Hexagon House errichtet, ein sechseckiges Holzgebäude mit zehn schlichten Gästezimmern auf zwei Ebenen um einen zentralen Gemeinschaftsraum, der sich nach oben in einen Turm öffnete. Es gehörte zur Tragik von Herr, dass dieses ambitionierteste Werk des ausgebildeten Architekten nur eine Saison lang Gäste seiner Künstlerkolonie beherbergte und dann nur noch von Teilnehmern der Friedlaenderschen Sommerkurse genutzt wurde. Nachdem es auch diese Funktion verloren hatte, wurde es in den achtziger Jahren verkauft und erst zu einem Restaurant und später zu einer Diskothek umgebaut, ehe es 1996 abbrannte. Heute sind nur noch Reste der Fundamente zu sehen.

Den Gebäuden auf dem Gelände der Pond Farm Pottery drohte jahrelang ein ähnliches Schicksal. Sie verfielen, weil sich nach dem

Tod von Friedlaender niemand mehr um die Anlage kümmerte. Dass sie nicht abbrannten, darf man ein Wunder nennen; schon Marguerite Friedlaender hatte, obwohl sie einen Elektroofen benutzte, bei jedem Töpferbrand in ihrer Scheune größte Sorgen, dass dadurch in der Sommertrockenheit ein Feuer ausgelöst werden könnte. Noch im Spätsommer 2019 sollte die Pond Farm Pottery nur knapp den damaligen Großfeuern in Sonoma County entgehen. Fast wären damals die mehr als zehnjährigen Anstrengungen, den Ort wiederherzustellen und künstlerisch zu beleben, wieder zunichtegemacht worden.

Noch liegt der Ort, an dem Keramikgeschichte geschrieben wurde, wie im Dornröschenschlaf hinter einem Zaun mit zugekettetem Tor. Links steht das kleine Gästehaus, genau gegenüber die mit ihrem dreieckigen First spektakulär aufragende alte Scheune mit der Werkstatt, und rechts unterhalb von ihr muss das Wohnhaus liegen, doch davon sieht man vom Eingang aus nichts. Wie sich dann erweist, ist das auch besser so. Die Scheune ist mittlerweile ganz wiederhergestellt, im Inneren stehen die Drehscheiben, als könnte sofort wieder ein Sommerkurs abgehalten werden, und das Gästehaus ist seit dem Februar 2019 wieder so weit hergerichtet, dass hier Künstlerresidenzen angeboten werden, die den alten Geist von Pond Farm wiederbeleben sollen. Die Restaurierung des asbestbelasteten und von Ungeziefer befallenen früheren Wohnhauses aber steht noch aus, und der Anblick des verwinkelten Holzbaus zeigt, dass hier viel Arbeit zu leisten sein wird.

Michele Luna von den Stewards of the Coast and Redwoods führt über das Gelände. Sie ist die treibende Kraft hinter der Wiederbelebung der Pond Farm Pottery. Für Interessenten bietet sie Führungen durch das sonst unzugängliche Grundstück an, das die Herzkammer des Schaffens von Marguerite Friedlaender war und nun eine Herzensangelegenheit von Michele Luna geworden ist. Sie will dafür sorgen, dass die Stille, die Friedlaender so liebte, zumindest insoweit gestört wird, dass der Ort für Besucher zugänglich und wieder als das erkennbar wird, was er war: eine amerikanische Exilstätte, in der etwas überlebte, was in Europa nicht mehr existieren durfte.[47] Der Exilant Thomas Mann hatte anlässlich seiner Ausbürgerung die nationalsozialistische Regierung wissen lassen: «Wo ich bin, ist Deutschland.» Marguerite Friedlaender hätte mindestens so berechtigt sagen können: Wo ich bin, ist das Bauhaus.

DIE UNZERSTÖRTE ERINNERUNG

Lyonel Feininger wieder zurück in den Vereinigten Staaten

Als Galka Scheyer gegen Ende ihres Lebens gefragt wurde, ob sie Feininger eher für einen Deutschen oder für einen Amerikaner halte, antwortete sie: «Für einen Amerikaner.» Weil er bis zum sechzehnten Lebensjahr in New York gelebt habe, wo er damals schon seine beiden Lebensthemen gefunden habe: Schiffe und Architektur. Zwar habe die europäische Architektur gleichfalls tiefen Eindruck auf ihn gemacht,[1] aber bei Scheyers letzter Begegnung mit Feininger im Mai 1944 hatte der Maler ihr sein Aquarell «Blaue Wolkenkratzer» geschenkt, das im Oktober 1937, kurz nach seiner endgültigen Rückkehr in die Vereinigten Staaten, entstanden war und eine Ansicht von Manhattan zeigte. Das war in ihren Augen der Beweis, dass Feininger Deutschland und dessen für sein Werk zuvor so wichtigen Stätten nun auch künstlerisch Lebewohl gesagt hatte.

Die Abfahrt am 11. Juni 1937 mit der «Europa» erfolgte in Bremen, neunundvierzig Jahre und siebeneinhalb Monate nachdem Feininger am 25. Oktober 1887 in Deutschland angekommen war. Dass es sich damals um eine Reise ohne Wiederkehr für fast ein halbes Jahrhundert handeln würde, hätte niemand gedacht. Doch diesmal war ihm klar, dass er eine Entscheidung fürs Leben getroffen hatte. Der Bruch war endgültig, und wie um ihn zu unterstreichen, ließ Feininger die zuvor so akribisch von seiner Frau gesammelten Zeugnisse des bisherigen künstlerischen Wirkens in Berlin zurück. «Ich bedauere, Ihnen sagen zu müssen, dass ich Ihnen nur wenig Material schicken kann, weil ich fast alle meine Fotos von Gemälden, eine ganze Kiste voller Broschüren, Kritiken, Ausstellungskataloge und andere Reproduktionen in Deutschland eingelagert habe», schrieb er im Oktober 1937 einem Journalisten des «San Francisco Chronicle», der ihn um Bildvorlagen für einen Artikel gebeten hatte: «Als ich meine Sachen in Deutschland zurückließ, geschah das aus der Überzeugung heraus, meinen Weg in Amerika ohne die Hilfe vergangener ‹Triumphe›, die in einem anderen Land errungen wurden, zu machen.»[2]

Das alte Leben blieb zurück, und entsprechend melancholisch berichtete Lyonel Feininger über den Aufbruch in Berlin, als er von Bord der «Europa» aus Galka Scheyer sein Kommen ankündigte: «Manchmal geschehen Wunder: Mir scheint, in diesem Jahr ist wieder ein besonders großes geschehen. Ihr reizender Brief kam gerade in Siemensstadt an, als wir auszogen, um nach Amerika und zum ‹Mills› aufzubrechen. Der Lenther-Steig wird uns nicht mehr sehen, und auch in Deutschland werden wir nicht länger leben; denn wir sind unterwegs ins ‹Land der Freiheit› und bringen alle unsere Bilder und Möbelstücke mit nach New York. Mills hatte wieder angefragt, und das in großer Eile; sodass wir nur 10 Tage hatten, um all unsere Besitztümer zusammenzupacken und unsere Zelte in Deutschland abzubrechen, bevor wir Berlin in Richtung Bremen und der ‹Europa› verließen. (…) Es war herzzerreißend, so viele gute Freunde zurückzulassen; und wie wehmütig sie waren, als sie uns gehen sahen. Und dann auch noch so plötzlich! Sodass fast keine Vorbereitung darauf möglich war; dieser letzte Blick in die geliebten Gesichter, als wir aus dem Lehrter Bhf. herausrollten und alle so traurig zurückließen, verfolgt uns.»[3]

Mit einem raschen Ende des Hitler-Regimes rechnete niemand mehr in Deutschland, zu groß war mittlerweile dessen Rückhalt bei der Bevölkerung angesichts der binnenwirtschaftlichen Erholung und außenpolitischer Erfolge wie dem Einmarsch deutscher Truppen 1936 ins entmilitarisierte Rheinland und der Rückgewinnung des Saargebiets durch Volksabstimmung im Jahr zuvor. Die Olympischen Spiele von Berlin hatten dem nationalsozialistischen Staat internationales Ansehen gebracht, und die immer weiter verschärfte Rassengesetzgebung schien auf keinen diplomatischen Widerstand mehr zu stoßen.

Die Übersiedlung der Feiningers war dadurch erleichtert worden, dass seit kurzem alle Söhne im Ausland lebten: Andreas war mit seiner Familie in Stockholm, Laurence Anfang 1937 nach Rom gegangen, um dort Kirchenmusikforschung zu betreiben, und Theodore Lux wartete in New York auf sie. Dass es mit seinem Appartement auf der East 85th Street in Manhattan ein erstes sicheres Quartier für die Eltern geben würde, machte die Sache einfacher. Doch nach der Ankunft in New York am 17. Juni bezogen sie erst einmal ein Zimmer im Hotel Earle am Washington Square, bevor es nach Oakland weiterging, diesmal per Zug. Die endgültige Klärung der Frage, wo die Feiningers sich überhaupt in den Vereinigten Staaten ansiedeln würden, stand noch aus, nachdem die Begeisterung über Kalifornien beim letztjährigen Besuch so groß gewesen war. Ein Entschluss war aber noch nicht notwendig, denn der umfangreichste Teil dessen, was die Feiningers aus Europa an Gepäck mitgeführt hatten, wurde in New York gar nicht erst ausgeladen: Drei Kisten mit insgesamt achtunddreißig Gemälden, die ihnen auf der Zugreise viel zu beschwerlich gewesen wären, gingen gleich per Schiff weiter nach Oakland. Dort sollten die Bilder den Kern einer Ausstellung bilden, die zunächst im Mills College und dann im erst zwei Jahre zuvor gegründeten San Francisco Museum of Modern Art gezeigt wurde.

Diese Gemälde waren das Startkapital für Amerika. Nach Feiningers eigener Schätzung repräsentierten sie einen Wert von zusammen etwa dreißigtausend Dollar. Sie gegen die Risiken des Transports angemessen zu versichern, war ihm finanziell unmöglich gewesen; beim Einschiffen hatte er nur ein Zehntel des Betrags angegeben und die drei Kisten als «Haushaltswaren» deklariert, wodurch er auch weniger Scherereien mit dem amerikanischen Zoll erhoffte. Das Problem war dabei gar nicht die Einfuhr der Kunstwerke, sondern die mögliche Annahme, er hätte sie als Amerikaner in den Vereinigten Staaten gemalt und nur zwischenzeitlich nach Europa gebracht. Dann nämlich wären sie zollrechtlich bei der Ausfuhr zu registrieren gewesen. Dass Feininger seit fünfzig Jahren in Europa gelebt hatte und nur einmal für ein paar Wochen zurückgekehrt war – welchem überzeugten Amerikaner sollte das plausibel erscheinen? Zudem gab es damals wie heute in den Vereinigten Staaten kein Melderegister, und so fehlte jede Möglichkeit zur raschen Überprüfung etwaiger früherer Aufenthalte. An seinen Gastgeber in Oakland, Alfred Neumeyer, schrieb Feininger aus New York vorsorglich, dass gegebenenfalls eidesstattlich zu versichern sei, dass er die Bilder tatsächlich alle in Deutschland gemalt habe und deshalb keines beim Zoll bislang aktenkundig sein könne: «Es gibt so viele rote Linien heutzutage, aber Mills College hat zweifellos genug Erfahrung betreffs der notwendigen Formalitäten, und so kann es keine Schwierigkeiten oder unnötige Verzögerungen dabei geben, die Kisten durch den Zoll zu bringen.»[4]

Noch wichtiger jedoch als die achtunddreißig Gemälde war die große Zahl ungerahmter und deshalb leicht transportierbarer Aquarelle und Holzschnitte. Sie passten, wie Feininger im selben Brief an Neumeyer schrieb, in einen einzigen Koffer, den das Ehepaar nicht aus der Hand gab. Und auch die meisten Naturnotizen hatten sie persönlich im Gepäck, denn so wie bisher das gesamte Schaffen Feiningers auf diesen über Jahrzehnte angesammelten Beobachtungen beruhte, würde es wohl weiterhin sein, weil Zuwachs kaum mehr zu erwarten war. Die Intensität des Zeichnens hatte schon in den letzten Sommeraufenthalten an der Ostsee abgenommen, nicht zuletzt wegen des Ärgers über das Vordringen der Nazis im geliebten Deep, und der kalifornische Aufenthalt im vergangenen Jahr hatte Feininger schmerzhaft gezeigt, dass es in den Vereinigten Staaten trotz aller landschaftlichen Schönheiten schwer sein würde, Inspiration für weitere Naturnotizen zu finden; er hatte damals keine einzige gezeichnet. In den restlichen Jahren seines Lebens beklagte er mehrfach, dass ihm die Vereinigten Staaten nie wieder so vertraut und lieb werden würden, wie es Deutschland gewesen war.

Dabei hatte diese Vertrautheit ihm am Schluss seiner deutschen

Jahre auch nicht mehr geholfen. Die wenigen Bilder, die er zuletzt noch vollendet hatte, waren vor allem Sehnsuchtsmotive wie etwa «Gelmeroda XIII», mit dem er nach jahrelanger Pause noch ein weiteres Mal an seinen mythischen Motivort angeknüpft hatte. Und das letzte in Deutschland fertiggestellte Gemälde stammte aus der Serie seiner Schiffsdarstellungen: «Der Schlepper», 1934 in Berlin begonnen, aber erst im Mai 1937 vollendet. Es ist, als hätte der Maler sich in der finalen Arbeit des eigenen Aufbruchs noch einmal versichern müssen: Er brachte über den bereits angelegten Farben streng linear gezogene Bleistiftstriche zur Verstärkung von Reling und Takelage an, als sollte das hinter einem kleinen Schleppkahn hergezogene Segelschiff erst seefest gemacht werden. An der höchsten Mastspitze flattert wie zum Trotz die mittlerweile von den Nazis wieder abgeschaffte schwarzrotgoldene Fahne der deutschen Republik, und am Heck ist die französische Trikolore aufgezogen – ein letzter Gruß an seine beiden geliebten europäischen Länder, ehe er selbst in See stach, um nie wieder auf den alten Kontinent zurückzukommen.

«Der Schlepper» sollte für mehr als zwei Jahre das letzte Gemälde gewesen sein, weil Feininger sich in den Vereinigten Staaten lange mit neuen Bildern schwertat. An Galka Scheyer schrieb er im November 1938: «Wissen Sie, dass ich noch nicht einen Pinselstrich hier in Amerika gemalt habe? Und dass ich seit dem 28ten Mai zum letzten Mal die Palette, in Siemensstadt als der Kabelbescheid aus Mills kam, aus der Hand legte? Das war 1937, und bald haben wir 1939.» Erstmals seit 1906 malte er nicht mehr; was ihn künstlerisch interessierte, fand seinen Ausdruck zunächst nur noch in Aquarellen. Aber es besorgte ihn nicht: «Jetzt wird etwas ganz neues, befreites, zustande kommen; ich freue mich schon darauf.»[5] Als er 1939 wieder zu malen anfing, benutzte er allerdings noch jahrelang seine deutschen Naturnotizen als Vorlagen.

Der zeitweise Verzicht auf Gemälde hatte seinen Grund im völligen Umbruch der Lebensbedingungen. Der Gewohnheitsmensch Feininger war ans Malen im Atelier gewöhnt: In Zehlendorf hatte er eines nahe dem Familiendomizil gehabt, in Weimar eines im Hauptgebäude des Bauhauses, in Dessau eines im Meisterhaus und in Berlin-Siemensstadt immerhin noch zwei für die künstlerische Arbeit reservierte Zimmer in der Mietwohnung. Dort wurde jeweils im Winterhalbjahr konzentriert gemalt, während Aquarelle ebenso abseits dieser vertrauten Umgebung entstehen konnten. Ein eigenes Atelier im klassischen Sinne aber sollte Feininger in den letzten beiden Lebensjahrzehnten nie mehr haben. Hätte er das geahnt, wären wohl viel mehr Bilder aus Deutschland mit in die Vereinigten Staaten gekommen. Der Großteil war aber bei Hermann Klumpp in Quedlinburg zurückgeblieben, der nun auch auf die Anweisung der Feiningers wartete, wann er ihnen das Berliner Mobiliar nachschicken sollte.

Ans Wohnen verschwendete Feininger aber weniger Überlegungen als ans Malen. Er rechnete auch für Amerika damit, seine bewährte Arbeitsroutine fortführen zu können. Dass sich die erst nach einer längeren Pause wieder einstellte, erklärte er rückblickend ein paar Jahre später mit der Befremdung, über die ihm seine Landsleute hinweghelfen mussten: «Nach so vielen Jahren der Abwesenheit zurückzukommen, war eine seltsame Erfahrung. Ich ging als Musiker und kam zurück als Maler. Die meisten Leute, die ich zuvor gekannt hatte, waren tot. Nichts war mehr übrig von den Gegebenheiten und Umgebungen, die mir einmal vertraut waren. Ich musste mich in jeder Hinsicht neu anpassen und hatte manchmal den Eindruck, dass meine ganze Persönlichkeit in mir verkümmert war. Aber überall begegnete man mir mit Zuvorkommenheit und Gutmütigkeit. Das half sehr, und doch dauerte es eine Weile, bis ich neue Schößlinge austrieb. – – – In Deutschland war ich ‹der Amerikaner›; hier, in meinem Geburtsland, wurde ich manchmal als ein deutscher Maler eingeordnet und betrachtet – einige haben sogar Einflüsse chinesischer Kunst in meinem Werk gesehen! – Aber was wäre das für ein Künstler, der nicht mit dem Universum verbunden wäre?»[6]

Dass es in New York nicht einfach sein würde, von seiner Kunst zu leben, war ihm klar. Er hatte ja nicht nur jahrzehntelang die amerikanische Unkultur beschworen, sondern wusste auch um das Desinteresse der dortigen Sammler an seinem Werk. Als Galka Scheyer dem mittlerweile in Paris lebenden Kandinsky über Feiningers Umzug in die Vereinigten Staaten berichtete, stellte die langjährige Agentin beider Künstler resigniert fest: «Für ihn habe ich seit meiner Rückkehr von Deutschland kein Bild verkauft und er braucht es sehr sehr nötig weil er sich eine ganz neue Existenz gründen muss, was sehr schwer ist.»[7] Das heißt, seit mehr als vier Jahren hatte es keinen einzigen Gemäldeverkauf in Amerika gegeben. Deshalb hatte Feininger, wie erwähnt, mit dem 1936 nach New York gekommenen Berliner Galeristen Karl Nierendorf bald nach seiner Ankunft eine Zusammenarbeit vereinbart, die dem Künstler eine jährliche Garantieverkaufssumme von dreitausend Dollar sicherte. Im Gegenzug räumte er den Nierendorf Galleries das Alleinvertretungsrecht für sein Werk in Nordamerika ein[8] – bekanntlich sehr zur Enttäuschung Galka Scheyers, die sich um ihre langjährigen Mühen betrogen sah. Aber sie hatte es eben nicht geschafft, Feininger in seinem Heimatland bekannt zu machen, und das weckte existenzielle Ängste in ihm.

Amerikanische Akklimatisierung

Am Mills College wiederholte sich die positive Erfahrung des Vorjahrs, doch an eine permanente Anstellung dort war nicht zu denken. Schon das diesmalige Engagement war ja nur Folge von Kokoschkas Absage gewesen; die Sponsoren der Sommerkurse an den Hochschulen wünschten sich Abwechslung im Programm. So waren der wieder sechswöchige Aufenthalt in Oakland und ein anschließender Besuch in San Francisco der letzte Aufenthalt Feiningers an der Westküste. Galka Scheyer hatte er diesmal aus Zeitmangel nicht besucht; die beiden sollten sich erst im Frühjahr 1944 in New York wiedersehen. Dort hatten sich die Feiningers eingeigelt. Nur noch ein einziges Mal würde das Ehepaar zu einer größeren Reise in den Vereinigten

Staaten aufbrechen: 1945 nach North Carolina, als sich ein weiterer Lehrauftrag ergab. Ansonsten verließ das Ehepaar New York lediglich in den drückenden Sommermonaten zu Landaufenthalten in den benachbarten Staaten Neuenglands, wo sie Wochenendhäuser von Freunden bewohnen konnten, bevorzugt das bereits genannte von Kortheuer in Falls Village.

Nach der Rückkehr aus Kalifornien Anfang September 1937 waren sie zunächst wie geplant zu ihrem jüngsten Sohn gezogen, um in Ruhe ein eigenes Domizil in Manhattan zu suchen. Die Gelegenheit schien günstig, wie sich Theodore Lux Feininger erinnerte: «Die hartnäckige Depression in der westlichen Welt brachte ein Überangebot von derartig erschwinglichen Wohnungen mit sich, aber keine geeignete für meine Eltern; Leo brauchte ein Atelier, und Julia wollte Komfort. Nach einigen erfolglosen Streifzügen einigten sie sich, den Rest des Jahres im altmodischen Hotel Earle am Washington Square zu verbringen, um auf die Fertigstellung eines modernen Gebäudes zu warten, in welchem ihnen eine neue Wohnung versprochen war.»[9]

Der Bezug von Neubauten hatte mittlerweile Tradition für das Ehepaar: Die Annehmlichkeiten des von Gropius konzipierten Meisterhauses in Dessau und die Praktikabilität der Wohnung im Lenther Steig von Berlin-Siemensstadt hatten sie verwöhnt und den zuvor in Zehlendorf und Weimar bewohnten Altbauten entfremdet. Das Appartement 11k des Hauses 235 in der East 22nd Street zwischen zweiter und dritter Avenue war allerdings im Vergleich mit allen früheren Adressen winzig: «Komfort gab es genug, und die Aussicht, am Bliss Building vorbei auf den East River mit seinem regen Verkehr, konnte als ein Vorzug angesehen werden, aber ein Atelier konnte man diese Zwei-Zimmer-Wohnung nicht nennen.»[10] Das von Mittag an hell einfallende Licht durch die nach Südwesten gehenden Fenster im elften Geschoss machte Feininger das Arbeiten schwer. Doch dafür fand er in den Hochhausschluchten von Manhattan ein amerikanisches Motiv, das seiner Faszination für vertikale Architekturstrukturen entsprach, wie sie sich in den vielen Turmdarstellungen aus deutschen

Städten – Gelmeroda, Halle, Treptow, Ribnitz – gezeigt und den Beginn seiner Malerei schlechthin geprägt hatte: mit den hohen Häusern der engen Straßen von Paris.

Wie er es zuletzt in Deutschland gehalten hatte, vor allem im Falle des Halle-Zyklus, ging er nun mit der Kamera auf Motivsuche. Aus den fast zwanzig Jahren in Manhattan sind eine Vielzahl von Aufnahmen im Nachlass überliefert, nun allerdings bevorzugt farbig, während Feininger zuvor ausschließlich schwarzweiß fotografiert hatte. Die reflektierenden Fassaden der Wolkenkratzer aber gewannen ihre malerische Qualität gerade durch das darauf wechselnde Farbenspiel, weniger durch ein organisches Element ihrer Architektur, die viel zu geometrisch-eintönig war, als dass sie Feininger hätte fesseln können. Die ersten aquarellierten Manhattan-Ansichten, begonnen gleich im September 1937, inszenieren die Straßenschluchten wie Landschaftsbilder: Sie öffnen sich in die Tiefe zu einem Himmel hin, der das eigentliche Thema der Darstellungen ist, was in den häufigen Nachtansichten noch durch die als kindliche Lichtkreuze gesetzten Sterne unterstrichen wird. Manhattan sollte allerdings das einzige regelmäßig benutzte Motiv werden, das Feininger in den Vereinigten Staaten für sich entdeckte.

Trotzdem fühlte sich Feininger wie befreit, wenn er an die in Europa zurückgebliebenen Künstlerfreunde dachte: «Was wird aus Heckel? aus Schmidt-R.? aus Kokoschka? aus Marcks und Anderen? – Wir sind glücklich dass wir hier in den noch freien (vielleicht gar zu ahnungslos unbesorgten) Vereinigten Staaten sind. Gott! ist das Land herrlich!»[11] Das war noch zwei Tage vor der Reichspogromnacht von 1938 geschrieben, die in den Vereinigten Staaten Entsetzen und den entscheidenden Umschwung in der öffentlichen Meinung über Deutschland auslösen sollte.

Für Feininger hatte sich aber schon früher gezeigt, dass der Entschluss, das Land zu verlassen, richtig gewesen war: Nur sechs Wochen nach der Abfahrt aus Bremen hatte Adolf Hitler am 24. Juli 1937 angeordnet, «entartete Kunst» in deutschen Museen zu beschlagnahmen. Fünf Tage zuvor war die erwähnte Ausstellung unter diesem Titel eröffnet worden: Sechshundertfünfzig Werke wurden in den Münchner Hofgartenarkaden zur Schau gestellt, oft mit Angaben darüber, was sie beim Ankauf gekostet hatten, und dem Vermerk «Bezahlt von Steuergroschen des arbeitenden deutschen Volkes». Diese Arbeiten waren in den Vorjahren «freiwillig» aus den Museen entfernt worden. Nun aber wurde auf Anweisung des Propagandaministeriums von der Reichskammer der Bildenden Künste eine Kommission unter Leitung von deren Präsidenten Adolf Ziegler gebildet, die nach und nach durch Deutschland zog und in den öffentlichen Sammlungen unerwünschte Werke aussonderte. Insgesamt wurden im Rahmen dieser Aktion 1937/38 nach offizieller Zählung mehr als sechzehntausend Objekte von rund tausendvierhundert Künstlern konfisziert, und 1938 wurde ein Gesetz verabschiedet, dass deren Enteignung regelte, sodass sie verkauft werden konnten. Die Nazis erhofften sich Deviseneinnahmen, deshalb wurden die prominentesten Arbeiten auf Auktionen in der Schweiz angeboten. Nur ein kleiner Teil der beschlagnahmten Kunst kam noch einmal in Deutschland zum Vorschein, als die Münchner Schau bis 1941 in verschiedenen Städten Station machte und dafür bisweilen neue Bestände brauchte.

Bilder von Feininger waren von Beginn an feste Bestandteile der diffamierenden Ausstellung, in München wurden acht seiner Gemälde, ein Aquarell und dreizehn Holzschnitte gezeigt. Die prominentesten Werke stammten aus dem Halle-Zyklus und dem Besitz der Nationalgalerie. Insgesamt traf die Aktion «Entartete Kunst» in vierzig Museen dreihundertfünfundachtzig Feininger-Arbeiten[12] – illegal, denn die von Joseph Goebbels erlassene Verfügung, die den Aussonderungen von Zieglers Kommission zugrunde lag, hatte diese nur ermächtigt, Werke deutscher Künstler einzuziehen. Allerdings war der Amerikaner Feininger so prominent in den deutschen Museen vertreten wie wenige einheimische Kollegen. Die größte konfiszierte Position stammte mit hundertsiebzig Werken aus dem Schlossmuseum in Weimar, aber auch die Moritzburg in Halle verlor mehr als vierzig Arbeiten von Feininger. Vielfach waren Exemplare der berühmten Bauhaus-Mappen mit Holzschnitten betroffen, sodass das von der kunsthistorischen Forschung erstellte Beschlagnahmeinventar, in dem sämtliche Einzeldarstellungen aufgelistet werden, im Falle Feiningers sogar fünfhundertsechsundfünfzig Positionen auflistet.[13] Er war einer der meistbetroffenen Künstler, in trauriger Gesellschaft mit seinen früheren Weggefährten vom Bauhaus oder Malern wie Conrad Felixmüller, der 1916 gemeinsam mit Feininger in der «Sturm»-Galerie gezeigt worden war.

Unter den mittlerweile ins Ausland gegangenen «Entarteten» verbreitete sich die Kunde von der Ausstellung schnell, doch in die Wut über die Diskreditierung ihrer Kunst mischte sich Stolz über die Aufmerksamkeit, die diese plötzlich fand. So schrieb Kandinsky aus Paris an Galka Scheyer: «Sie haben doch wohl von der Münchener Ausstellung ‹Die entartete Kunst› gelesen? Das arme liebe München! Nun ist der Erfolg ein unerwarteter, der Erfolg ist riesig.»[14] Tatsächlich wurde die auf Anweisung des Propagandaministeriums stark in der Presse besprochene Schau während ihrer viermonatigen Laufzeit von mehr als zwei Millionen Menschen besucht – mehr als das Vierfache der Besucherzahl, die die gleichzeitig im nahen Haus der Kunst veranstaltete Erste Große Deutsche Kunstausstellung mit repräsentativen Werken systemkonformer Malerei erreichte.

Es muss für Feininger seltsam gewesen sein, in Deutschland wegen der Verfemung seiner Kunst durch die Nazis größere Beachtung in der Öffentlichkeit zu finden als in den Vereinigten Staaten. In den ersten sechs Monaten nach seiner Übersiedelung konnte er nur einen einzigen Auftrag verzeichnen, und auch den erhielt er lediglich deshalb, weil er in Amerika als Emigrant galt, der nun für einen anderen Emigranten tätig werden sollte: Die Yale University bestellte bei ihm den Entwurf für ein Exlibris, mit dem die Bücher der dort gerade begründeten «Thomas Mann Collection of Books and Papers» versehen werden sollten.

Der deutsche Literaturnobelpreisträger des Jahres 1929, ein dezidierter Kritiker des Nationalsozialismus, war im Februar 1933 auf eine Vortragstour durchs europäische Ausland gegangen und hatte sich, nachdem Hitlers Regierung in den Reichstagswahlen bestätigt worden war, entschieden, nicht mehr in seine Heimat zurückzukehren. Nach fünf Jahren in der Schweiz sollte auch Mann im Februar 1938 in die Vereinigten Staaten gehen, wo er durch mehrere frühere Lesereisen große Popularität genoss. Auf einer davon, im April 1937, hatte er in Yale den dort lehrenden Literaturwissenschaftler Joseph Warner Angell kennengelernt, der ihm vorschlug, an einer Hochschule ein erstes amerikanisches Archiv zum Werk des Autors einzurichten. Mann unterstützte den Plan und verkaufte mit einem Schlag achtunddreißig Manuskripte an die Universität, die durch weitere Erwerbungen von Erstausgaben und Übersetzungen seines literarischen Werks ergänzt wurden. So entstand binnen weniger Monate die weltweit größte Forschungsbibliothek zu Thomas Mann, die der Schriftsteller selbst am 25. Februar 1938, nur drei Tage nach seiner Ankunft in den Vereinigten Staaten zur letzten Lesereise vor der Übersiedelung, eröffnete: «Zur Universität, die Ausstellung, hübsch und liebevoll. Riesen-Auditorium, Speech, großer Beifall. Autogramme.»[15] Kein Wort jedoch in diesem Tagebucheintrag über das eigens für die Sammlung geschaffene Exlibris von Lyonel Feininger; der Künstler war bei der feierlichen Eröffnung auch nicht anwesend.

Die beiden verband wenig. Zwar teilten sie die Vorliebe für französische und russische Autoren des 19. Jahrhunderts, aber Feininger hat offenbar nie etwas von Thomas Mann gelesen, und dessen Kontakte in der Exilantenszene beschränkten sich auf Musiker, Film- und Theaterleute sowie andere Schriftsteller. Zeitgenössische bildende Künstler interessierten ihn ebenso wenig wie deren Kunst; Thomas Mann hatte nichts übrig für die Moderne. Das immerhin hatte Feininger bei seinem Entwurf berücksichtigt, einem bewusst traditionell gehaltenen Holzschnitt, der sich wie ein Wappenschild aus drei Bildfeldern zusammensetzte, die auf die berühmtesten Romane des

Schriftstellers Bezug nahmen: mit einem Berg auf «Der Zauberberg», dem Lübecker Haus von Manns Großeltern auf «Buddenbrooks» und mit zwei ägyptischen Pyramiden auf «Joseph und seine Brüder». Nur der Berg, im Stil der Kathedralendarstellung des Bauhaus-Manifests von einem Kranz aus Lichtstrahlen umgeben, weist als größtes der drei Bildfelder moderate Züge des für Feininger typischen Kristallisationsprinzips auf, die kleineren beiden Elemente sind dagegen konservativ realistisch ausgeführt. Dreiseitig um diesen Bildblock herum läuft ein Schriftband mit Titeln von Manns Büchern, und ganz unten, als Basis des Ganzen, ist ein Zitat aus dem berühmten «Schnee»-Abschnitt des «Zauberbergs» wiedergegeben: «Der Mensch soll um der Güte und Liebe Willen dem Tode keine Herrschaft einräumen über seine Gedanken.»

Der Januar des Jahres 1938 brachte dann aber einen weiteren Auftrag, einen viel größeren und vor allem öffentlichkeitswirksamen: Feininger wurde engagiert, zwei Wandbilder für das «Marine Transportation Building» zu entwerfen, einen Pavillon, der für die im Folgejahr geplante Weltausstellung in New York errichtet werden sollte. Darin sollte der internationale Seehandel und Schiffsverkehr präsentiert werden, und in der Mitte der Schaufassade des Pavillons erhoben sich nebeneinander zwei riesige doppelte Schiffsrümpfe, die den Eingang rahmten. Links und rechts dieser Rümpfe waren zwei langgestreckte Wandflächen zu füllen. Das entsprach der Mode des im Laufe der dreißiger Jahre aus dem benachbarten Mexiko nach Amerika herübergeschwappten Muralismo, der großflächigen Wandmalerei. Solche Projekte waren durch das Federal Art Project als Teil des von Präsident Roosevelt proklamierten Wirtschaftsförderprogramms «New Deal» im ganzen Land zu einem prägenden Element geworden: In zahlreichen der im Rahmen dieses Programms errichteten öffentlichen Gebäude wurden Wandbilder als Kunst am Bau in Auftrag gegeben, so nun auch auf der Weltausstellung. Feininger mit seiner Liebe zu maritimen Motiven war die perfekte Wahl für das Marine Transportation Building, und er selbst erfüllte sich damit, wie er Alois Schardt gegenüber eingestand,[16] den Traum einer wandfüllenden Umsetzung seiner Kunst.

Zu verdanken hatte er diesen Auftrag dem Architekten des Pavillons, William Muschenheim. Der 1902 geborene New Yorker hatte in den zwanziger Jahren in Peter Behrens' Wiener Architekturbüro gearbeitet, war zuvor aber ein paar Wochen am Bauhaus in Weimar zu Gast gewesen, wo er sich vor allem für die dortige Malerei und damit ebenso für Feiningers Werk begeisterte. Nun bescherte er dem anderthalb Jahrzehnte zuvor bewunderten Künstler einen Großauftrag, dem durch die Vermittlung eines weiteren Freundes ein zweiter für die Weltausstellung folgen sollte: Wilhelm Valentiner, der dem Auswahlkomitee für einen speziell der Gegenwartskunst gewidmeten Pavillon namens «Masterpieces of Art Building» vorstand, ließ für dessen Innenhof von Feininger drei weitere Wandbilder entwerfen. Hier waren es symbolisch aufgeladene Darstellungen mit mediterran anmutenden Landschaften im hellen Sonnenschein, einmal auch unter einem Regenbogen, dazu eingebettete Architekturelemente wie Bogengänge und Türme. Das waren durchaus typische Aspekte seiner Kunst, aber hier doch nur in einem gefälligen dekorativen Stil ausgeführt, während das Marine Transportation Building den fanatischen Schiffemaler Feininger zu einer Verlaufsgeschichte der Seefahrt inspirierte, die links klassische Segelboote, rechts dagegen einen mächtigen modernen Ozeandampfer zeigen sollte. Nur der Letztere wurde dann allerdings realisiert.

Die insgesamt vier Wandbilder für die Weltausstellung waren riesig: jeweils mehr als hundert Quadratmeter. Sie selbst zu malen, wäre dem Endsechziger Feininger kaum möglich gewesen, aber er durfte über die Entwürfe hinaus ohnehin keinen einzigen Strich beitragen, denn die Arbeit an den Gebäuden war Gewerkschaftsmitgliedern vorbehalten. So konnte er nicht mehr tun, als die Übertragung seiner Entwürfe zu kontrollieren. Doch da das Gelände der Weltausstellung, der eigens dafür angelegte Flushing Meadows Corona Park, im nördlichsten New Yorker Stadtteil Queens lag, war der Weg für Feininger zu weit für regelmäßige Besuche auf den Baustellen. Die Bezahlung war exzellent: Viertausendfünfhundert Dollar brachten ihm die Entwürfe ein, das Anderthalbfache seines Fixums bei Nierendorf. Und die über gleich zwei Sommerhalbjahre laufende Ausstellung zog fast fünfundvierzig Millionen Besucher an. Da nach dem Ende der Weltausstellung deren Pavillons entweder abgetragen wurden oder in den Folgejahren verfielen, ist von Feiningers größten Arbeiten nicht mehr geblieben als eine Serie von neunundzwanzig Entwurfszeichnungen und ein halbes Dutzend Schwarzweißaufnahmen der Wandbilder.[17] Deutschland hatte sich übrigens als einziges großes europäisches Land nicht an der Weltausstellung beteiligt, und ein vom New Yorker Bürgermeister Fiorello LaGuardia angeregter Pavillon der deutschen Exilanten war nicht zustande gekommen.

In den Vereinigten Staaten am Ende der dreißiger Jahre war die Kunst hochpolitisiert. Etliche der mit öffentlichen Geldern finanzierten Wandbilder nahmen soziale Themen auf oder setzten Zukunftsentwürfe der Gesellschaft ins Bild. Und durch Exilkünstler aus Deutschland, Italien, Spanien oder der Sowjetunion entwickelte sich eine Wahrnehmung des europäischen Totalitarismus, die wegen dessen Abgrenzung von den Grundwerten der amerikanischen Demokratie bei einem breiten Publikum große Aufmerksamkeit fand. Exemplarisch dafür war eine Ausstellung, die das MoMA vom 7. Dezember 1938 an für acht Wochen zeigte: «Bauhaus 1919–1928». Das war die erste Übersichtsschau außerhalb Deutschlands überhaupt zu der Institution, und zugleich markierte sie deren internationalen Durchbruch – erst seit damals gilt das Bauhaus weltweit als Wiege der Moderne. Mehr als siebenhundert Objekte wurden im Museum gezeigt, wovon allerdings die meisten Fotos waren, weil es sich als unmöglich erwiesen hatte, aus dem nationalsozialistischen Deutschland Leihgaben zu erhalten.

Alfred H. Barr hatte als Ausstellungskurator den gerade erst in die Vereinigten Staaten emigrierten Typographen und ehemaligen Bauhäusler Herbert Bayer gewonnen. Dieser arbeitete bei der Konzeption eng mit Walter Gropius und dessen Frau Ise zusammen, die seit 1937 in Massachusetts lebten, wo Gropius an der Harvard University lehrte. Die Fokussierung aufs erste Jahrzehnt der Hochschule war einerseits dem verlockenden Marketingaspekt eines doppelten Jubiläums zu verdanken: Eröffnung der Ausstellung zehn Jahre nach 1928, Abschluss zwanzig Jahre nach 1919. Zugleich jedoch beschränkte man sich mit dieser Zeitspanne auf das Direktorat von Gropius, mehrte also dessen Ruhm und konnte mit dem letzten Jahrfünft des Bauhauses auch dessen politisch heiklere Phase aussparen: den internen Konflikt nach der Berufung von Hannes Meyer zum Direktor, die Auseinandersetzung mit den Nationalsozialisten, den erzwungenen Umzug von Dessau nach Berlin und die Schließung kurz nach Hitlers Machtantritt.

Das war wichtig für Konzeption und Durchführung der Ausstellung, die laut dem Katalogvorwort von Barr gerade kein «Epitaph aufs Bauhaus» sein sollte, aber vorsichtshalber doch viele von noch in Deutschland verbliebenen Bauhäuslern ausklammerte, weil diese nicht mit der im «Dritten Reich» verfemten Institution in Verbindung gebracht werden sollten. Selbst wenn Arbeiten von ihnen zu sehen waren, wurden die Namen in der Schau und im Katalog verschwiegen; das prominenteste Beispiel dafür war Joost Schmidt, Feiningers Meisterkollege und Nachbar in Dessau. Nirgendwo im Kontext der Ausstellung fielen die Begriffe «Nationalsozialismus» oder «Drittes Reich», man bemühte sich um eine konsequente Entpolitisierung. Das Vorwort deutet an, wie vorsichtig agiert werden musste: «Das Werk vieler Künstler in diesem Buch wird ohne deren Einverständnis gezeigt. Als das Buch kurz vor der Drucklegung stand, schien es ratsam, die Namen von etlichen dieser Künstler zu löschen.»[18]

Kenner des Bauhauses bemerkten das natürlich. Deshalb wurden diejenigen, die im MoMA namentlich genannt wurden, dem Widerstand gegen Hitler zugerechnet – auch das gehörte zur Erfolgsgeschichte der Ausstellung, die damals in der amerikanischen Öffentlichkeit als große Kundgebung des deutschen Exils wahrgenommen wurde. Erst in den letzten Jahren ist eine Relativierung dieses Images erfolgt, etwa durch Peter Hahn: «Man kann in jedem dieser Fälle» – Hahn nennt konkret Gropius, Mies van der Rohe, Kandinsky, Klee, Feininger, Itten, Marcel Breuer, Mohly-Nagy und Bayer – «schwerlich von ‹Exil› im engen Wortsinne sprechen, ebenso wenig wie von politischem Widerstand gegen das neue Regime in Deutschland, geschweige denn antifaschistischen Bemühungen. Die Betroffenen gingen hauptsächlich aus beruflichen Gründen und weil sie glaubten, dass sie außerhalb Deutschlands bessere Möglichkeiten finden würden, ihre künstlerischen Fähigkeiten umzusetzen. Diese Erwartung erwies sich als wohlbegründet. In Amerika fanden zumindest die VIPs exzellente Bedingungen für neue Karrieren vor, weil die Ideen und Errungenschaften des Bauhauses schon da waren.»[19] Und weil sie sich im neuen Land gegenseitig unterstützten. Die MoMA-Ausstellung war so etwas wie ein Ehemaligentreffen von mittlerweile hier tätigen Lehrern und Schülern des Bauhauses. Von Feininger waren einige Gemälde zu sehen, obwohl sie mit der Bauhaus-Praxis nur insofern zu tun hatten, als sie während seiner Zeit als Meister entstanden waren. Ihre Präsentation half jedoch dabei, ihm in den Vereinigten Staaten einen Ruf zu verschaffen. Die Frage, warum Feininger als amerikanischer Staatsbürger eigentlich so lange in Deutschland ausgeharrt hatte, wurde nie gestellt.

Gelmeroda als Trumpf und Triumph

Allerdings ebneten ihm weder die Bauhaus-Ausstellung noch die Wandbilder für die Weltausstellung den Weg auf den Kunstmarkt oder in die öffentlichen Sammlungen der Vereinigten Staaten. Verglichen mit der musealen Präsenz, die er in der ausgehenden Weimarer Republik in Deutschland genossen hatte, war die amerikanische Rezeption lächerlich: 1941, vier Jahre nach seiner Ausreise, war Feininger lediglich in zehn dortigen Museumssammlungen vertreten;

selbst das von seinem Freund und Fürsprecher Barr geleitete MoMA besaß erst ein einziges Aquarell: «Dawn», eine Manhattan-Ansicht aus dem Jahr 1938. Nur drei Jahre später allerdings sollten bereits siebenundzwanzig Museen in den Vereinigten Staaten Werke von Feininger enthalten, und das MoMA hatte gleich zwei Gemälde angekauft. Was war geschehen?

Nachdem die Wandbildentwürfe ohne Beteiligung Nierendorfs vereinbart worden waren, was Feininger zwar dessen Provision ersparte, den Galeristen aber verärgert hatte, und weiterhin keine nennenswerten Kunstverkäufe erfolgten, die das jährliche Fixum wieder eingespielt hätten, wurde der Vertrag Ende 1939 nicht mehr verlängert. Feininger stand nun ohne regelmäßiges Einkommen da. Und als es ihm im Frühjahr 1941 endlich gelang, mit den beiden Galeristen Curt Valentin und Marian Willard neue Vertragspartner zu finden, musste er sich mit einem niedrigeren Garantiebetrag begnügen: zweihundert Dollar pro Monat. Dafür entfalteten diese Galeristen weitaus mehr Aktivitäten. Valentin war als Jude 1937 aus Deutschland in die Vereinigten Staaten emigriert, wobei er damals auch für Feininger einige Bilder transportiert hatte. In der 57th Street, zwischen MoMA und Central Park, gründete er 1938 die Buchholz Gallery, die nach Valentins früherem Arbeitgeber in Berlin benannt war. Karl Buchholz war von den Nationalsozialisten mit der Verwertung von als «entartet» beschlagnahmter Kunst beauftragt worden. Eine unter seinem Namen laufende Galerie in New York war daher nützlich, obwohl Valentin dort selbständig agierte. Die Kontakte zu Buchholz sicherten ihm einen kontinuierlichen Zufluss an Bildern der Avantgarde, und seine Galerie etablierte sich als eine der wichtigsten für die Moderne in der Stadt. Direkt daneben hatte deshalb 1940 die amerikanische Kunsthändlerin Marian Willard ihr Geschäft eröffnet, und beide arbeiteten bald zusammen, um Ausstellungen etwa mit Werken von Alexander Calder, Klee oder David Smith zu zeigen.

Nun beschlossen sie, auch Feininger gemeinsam zu vermarkten. Der Auftakt dazu war eine gemeinsame Schau anlässlich seines siebzigsten Geburtstags. Sie wurde in beiden Galerien mit insgesamt fünfundachtzig Bildern veranstaltet und wanderte danach noch in weitere Städte. «Es war ein Erfolg, und es gab einige erstaunlich warmherzige Kritiken in den Zeitungen und den Kunstzeitschriften – (Geldlich ließ die Schau vieles zu wünsche übrig) – vielleicht kommt der financielle Erfolg nach», schrieb Feininger nach Ablauf der New Yorker Präsentation an Galka Scheyer.[20] Seine bis dahin wichtigste amerikanische Kunsthändlerin musste erfahren, dass ihre New Yorker Konkurrenz sich von Feininger die Exklusivvertretung von dessen Werk hatte einräumen lassen. Der Vertragstext lautete: «Curt Valentin und Marian Willard vereinbaren hiermit, Lyonel Feininger für die Dauer von zwei Jahren monatlich $ 200,00 zu zahlen, beginnend am 1. Juni 1941 bis zum 31. Mai 1943. Im Gegenzug dafür stimmt Lyonel Feininger zu, den oben erwähnten Parteien alle Gemälde, Aquarelle und Zeichnungen, die er während dieses Zeitraums schafft, unverzüglich zu übergeben. Sollte eine der Parteien die Ersetzung einer oder zwei Arbeiten aus dem Schaffen dieser Zeitspanne durch früher hergestellte Werke derselben Art wünschen, kann das in gegenseitigem Einvernehmen aller Beteiligten erfolgen. Gleichzeitig werden Curt Valentin und Marian Willard als einzige Agenten von Lyonel Feininger eingesetzt, was ihnen das Recht gibt, sämtliche verfügbaren Werke, die außerhalb der Zeitspanne vom 1. Juni 1941 bis zum 31. Mai 1943 entstanden sind, zu verkaufen, wofür sie eine Kommission von 50 % erhalten. Sollte irgendein Werk direkt aus dem Atelier von Lyonel Feininger verkauft werden, erhalten die Agenten eine Kommission von ⅓. Sollte Lyonel Feininger irgendein Auftrag für ein Werk mit oder ohne die Zuarbeit der Agenten erteilt werden, erhalten sie eine Kommission von 25 %. Sollte Lyonel Feininger eine Lehrtätigkeit annehmen, die seine Schaffenszeit reduziert, sind die Agenten berechtigt, die monatliche Zuwendung auf $ 150,00 zu reduzieren. Die Agenten sind berechtigt, während der Laufzeit jegliche Ausstellung von Lyonel Feiningers Werk unter denselben Bedingungen zu vereinbaren. Die Agenten werden sich sämtlicher Korrespondenz bezüglich des Werks, Verkäufen, Ausstellungen etc. annehmen. Die Agenten behalten sich bei Ablauf dieses Vertrags eine Option auf Erneuerung vor.»[21] Im Frühjahr 1943, kurz vor Ende der vereinbarten Vertragslaufzeit, gab es eine weitere Doppelausstellung in beiden Galerien, die noch deutlich mehr Aufmerksamkeit erregte als die zwei Jahre zuvor veranstaltete.

Damit war Feininger eine Ausnahme unter den aus Deutschland gekommenen Künstlern. Nachdem das «Dritte Reich» am 11. Dezember 1941, vier Tage nach dem Angriff des japanischen Verbündeten auf Pearl Harbor, dem die amerikanische Kriegserklärung gefolgt war, seinerseits den Vereinigten Staaten den Krieg erklärt hatte, entstand ein antideutsches Ressentiment, das sich auf alle Lebensbereiche erstreckte: «Die Haltung gegenüber moderner deutscher Kunst änderte sich, als die Vereinigten Staaten in den Krieg eintraten. Es wurde für amerikanische Institutionen so gut wie unmöglich, öffentlich weiterhin deutsche Kunst zu unterstützen. Einige setzten ihre Anstrengungen fort, indem sie deutschen Exilanten halfen, aber nur solche wie Grosz, der amerikanischer Staatsbürger geworden war, oder Lyonel Feininger, ein gebürtiger Amerikaner, konnten während der Kriegszeit noch kontinuierlich ausstellen.»[22]

Der traditionelle amerikanische Patriotismus wandelte sich durch den Krieg zum Nationalismus, und er zeigte kein Verständnis für Künstler, die sich nicht bedingungslos auf die Seite ihres Gastlandes stellten: persönlich und in ihrer Kunst. Feininger dagegen war hin und her gerissen zwischen der Liebe zu Deutschland und dem Abscheu über dessen Regierung; für ein patriotisches Engagement als amerikanischer Künstler, wie es von der Öffentlichkeit erwartet wurde, konnte er sich nicht erwärmen: «Durch die schreckliche Weltlage werden unsere Bemühungen beim kreativen Schaffen schwer beeinträchtigt. Es erheben sich sogar Stimmen gegen das Recht des freien Künstlers, seine Arbeit fortzusetzen, wenn er sich nicht auf Propagandaplakate etc. verlegt. Das ist mir vollkommen unmöglich. Natürlich sollten Künstler, die durch Ausbildung und Neigung zu solchen Arbeiten befähigt sind, ihre Kraft und ihr Talent unbedingt darauf verwenden, den Nazismus zu besiegen; aber ich habe seit fünfunddreißig Jahren permanent für meine eigenen Ziele gekämpft und besitze keine Kapazität für die nun so lautstark geforderte Reklametätigkeit. ‹Ein Plakat besitzt keinen Wert, wenn es die Massen nicht anspricht und keine Deutschen totet›! (Ich zitiere nur!)»[23]

Diese Einstellung hätte für Feininger gefährlich werden können, hatte er doch in New York weiterhin vorrangig deutsche Motive gemalt und aus seinen nostalgischen Erinnerungen an das frühere Leben im heutigen Feindesland keinen Hehl gemacht. Aber ausgerechnet ein dezidiert deutsches Bild sollte mitten im Krieg zu Feiningers spektakulärstem amerikanischen Erfolg werden. Aus Deutschland hatte er auch das letzte Gemälde der Gelmeroda-Werkreihe mitgebracht: «Gelmeroda XIII», vollendet 1936 in Berlin nach der Rückkehr vom Mills College und wohl so etwas wie ein Bekenntnisbild zum Leben in Deutschland, zu dem sich Feininger damals ein weiteres Mal entschlossen hatte. Denn das Vorgängerwerk «Gelmeroda XII» lag schon sieben Jahre zurück, als er sich noch einmal seinem allerliebsten deutschen Motiv zuwandte. Das dreizehnte war zugleich das einzige Gelmeroda-Gemälde, das er noch selbst besaß, während die meisten anderen in deutsche Museumssammlungen gelangt waren, das zwölfte in die prominenteste: die der Berliner Nationalgalerie. Dort war «Gelmeroda XII» 1937 beschlagnahmt worden; ein Jahr später wurde es über Buchholz nach Amerika verkauft, an das von Alexander Dorner geleitete Museum der Rhode Island School of Design in Providence – als erstes Gelmeroda-Bild in einer amerikanischen Sammlung.

Dorner war ein alter Bekannter Feiningers aus Deutschland, der das der Moderne besonders verpflichtete Provinzialmuseum in Hannover geleitet hatte und ebenfalls 1937 nach Amerika gekommen war, wo er den Direktorenposten in Providence bekam. Er nutzte ihn dazu, Bilder seiner alten «entarteten» Favoriten aus Deutschland aufzukaufen, die nun günstig zu haben waren. Das fand aber kaum öffentlichen Widerhall. Ganz anders dagegen im Fall von «Gelmeroda XIII». Dieses Bild wurde zur Sensation, als Feininger es im Dezember 1942 in eine Ausstellung des Metropolitan Museum in New York gab, die den Titel «Artists for Victory» trug – amerikanische Künstler unterstützten mit Werken die Kriegsführung ihres Landes. Eine Jury wählte aus dieser Schau Arbeiten aus, die dann für das Museum angekauft wurden, im Gesamtwert von zweiundfünfzigtausend Dollar. Darunter befand sich auch «Gelmeroda XIII», dessen Preis von der Jury mit zweitausendfünfhundert Dollar bestimmt wurde – dem höchsten Betrag, den bis dahin ein Bild von Lyonel Feininger erzielt hatte.

Für den Maler war das eine Erleichterung, nicht nur der willkommenen Summe wegen, die höher war als das Fixum, das er in einem ganzen Jahr von Valentin und Willard bezog, sondern vor allem angesichts der endlich dokumentierten Anerkennung als amerikanischer Künstler, und das zudem in einer dezidiert patriotischen Ausstellung. Da die Jurierung gleich zu Beginn der elfwöchigen Laufzeit erfolgt war, fanden die preisgekrönten Arbeiten bei den Besuchern besondere Beachtung. Dabei aber störte Feininger, dass die große öffentliche Aufmerksamkeit vorrangig der stattlichen Preissumme, nicht jedoch dem Werk selbst galt. Kurz nach dem Ende der Metropolitan-Schau besuchte er in New York eine Gedächtnisausstellung für den 1941 verstorbenen Alexej von Jawlensky und stellte fest: «Es ist unser aller Schicksal, Ausgestoßene aus Europa zu sein; unsere Werke sind weit verstreut, die meisten mittlerweile hier; und mit ihrer Verstreuung ist auch die ‹Aura› unseres Rufs verschwunden. Was für ein Äquivalent könnte sie oder ihre Schöpfer in einem fremden Land erwarten? Es ist doch so, dass das Vorkriegs-Europa das einzige Land war, in dem Ehrungen einen gewissen intrinsischen Wert hatten, wenn auch nicht immer.»[24] Der Ankauf von «Gelmeroda XIII» hatte an seiner Skepsis gegenüber der amerikanischen Wertschätzung von Kunst nichts geändert, ganz im Gegenteil.

Aber der Erfolg des Bildes und auch die kurz danach von entsprechend großem Presserummel begleitete zweite Einzelschau in den Galerien von Valentin und Willard machten ihn über die Grenzen von New York hinaus bekannt. Dadurch konnte am Museum of Modern Art ein alter Plan wiederaufgenommen werden. Schon bei der Vorbereitung der Bauhaus-Ausstellung von 1938 war Alfred H. Barr an sein Missgeschick mit Feininger in der Ausstellung «19 Living American Painters» fast zehn Jahre früher erinnert worden, als die amerikanischen Kritiker sich über die Einbeziehung eines «Deutschen» empört hatten. An Alexander Dorner, der anlässlich des von seinem Museum erworbenen Feininger-Gemäldes damals eine eigene Studie über den Maler vorbereitete, hatte Barr im Frühjahr 1938 geschrieben: «Unglücklicherweise musste ich [1929] den Museumsjob annehmen, der mir keine Zeit ließ, irgendetwas außer Katalogen zu schreiben. Ich bin wirklich sehr erleichtert bei dem Gedanken, dass nun jemand anderer ein Buch auf Englisch über diesen großartigen amerikanischen Künstler machen wird. Darf ich Ihnen aber drei oder vier meiner Gedanken über Feininger mitteilen, die Ihnen vielleicht von Nutzen sein können? (1) Feiningers Amerikanismus – sein besonderer Unterschied zu jedem anderen in Deutschland arbeitenden Künstler. Die Ähnlichkeit seines Werks mit dem des hervorragenden amerikanischen Künstlers Charles Demuth. (2) Feininger als Künstler in der Fremde – Vergleich mit Whistler. Gewisse Ähnlichkeiten mit Whistler und (3) die Parallele zwischen Feiningers Beziehung zum Kubismus und Whistlers Beziehung zur Courbet-Manet-Tradition – Verfeinerung und Gefühlsvertiefung. (4) Feininger als der einzige wichtige Kubist, der in sein Werk romantisches Gefühl hat einfließen lassen. In diesem Zusammenhang (5) Feiningers Beziehung zur deutschen Tradition – die Verschmelzung der Formen des Kubismus mit dem hochromantischen Gefühl für Raum, Distanz, das Meer, mittelalterliche Häuser und Kirchen, etc. – metaphorisch gesprochen eine Art Verschmelzung von Braque und Caspar David Friedrich, natürlich mit vielen originellen und persönlichen Elementen.»[25]

Barr hatte das Gefühl, Feininger gegenüber noch etwas gutmachen zu müssen. Die Gelegenheit dazu war sechs Jahre später endlich gekommen: Für die Zeit vom 24. Oktober 1944 bis zum 14. Januar 1945 kündigte das MoMA die erste Feininger-Retrospektive in den Vereinigten Staaten an, mit mehr als hundertfünfzig Arbeiten, darunter fast die Hälfte Gemälde und davon wiederum ein Drittel aus den amerikanischen Jahren. Die älteste Zeichnung aber stammte aus dem Jahr 1889, und das Gros der gezeigten Arbeiten war natürlich in Deutschland entstanden.

Angesichts der feindlichen Stimmung des Publikums gegenüber deutscher Kunst stand Barr als Kurator vor einem weitaus größeren Problem als 1929, nur ging er es diesmal offensiv an. In guter MoMA-Tradition wurde nicht allein Feiningers Werk ausgestellt, sondern mit dem eines zweiten Künstlers ergänzt. Barr wählte dafür den in Amerika ungleich bekannteren Marsden Hartley, der im Vorjahr verstorben war; die erste Retrospektive danach durfte also auf großes Interesse stoßen. Außerdem waren beide Künstler in Berlin befreundet gewesen, Bedenken Feiningers gegen die Auswahl also nicht zu befürchten – umso weniger, als Hartley im aufwendigen Katalog, der die Doppelschau begleitete,[26] an zweite Stelle gesetzt wurde und der ihm gewidmete Teil nur ein kurzes Vorwort des MoMA-Ausstellungsdirektors Monroe Wheeler enthielt, während Feiningers Kataloghälfte gleich zwei umfangreiche Interpretationen bot, die aus den Federn von Alois Schardt und Barr selbst stammten.

Noch nach fünfzehn Jahren schlug sich im Katalogtext von Barr die Verletzung nieder, die seinerzeit die Kritik an der Berücksichtigung Feiningers bei der Auswahl der «19 Living American Painters» hinterlassen hatte – und das Bemühen, die Entscheidung nun nachträglich zu rechtfertigen. Schon die Überschrift ist programmatsch: «Lyonel Feininger – American Artist». Barr zitiert die damalige Einschätzung der Kritiker, Feininger wäre in Deutschland «unamerikanisch» geworden, und versucht nachzuweisen, wie tief geprägt der Künstler durch seine amerikanischen Kindheitseindrücke sei. Er ordnet darüber hinaus das Schaffen des Künstlers in eine amerikanische

Traditionslinie ein, bei der – ganz gemäß Barrs früherem Brief an Dorner – Whistler das Muster für Feininger abgibt, als «the leading American expatriate painter in the later 19th century», eine Position, die «in our time» Feininger eingenommen habe.[27] Und Barr fährt fort: «Whistler war und ist immer noch der weltweit bekannteste amerikanische Künstler, aber sein eigenes Land wurde erst stolz auf diesen Ruhm, als er gestorben und eines einer Bilder in den Louvre gelangt und zu einem der beliebtesten Motive geworden war.»[28] Der Verweis auf das 1891 von der französischen Republik angekaufte «Porträt der Mutter des Künstlers» legt den Schluss nahe, mit dem Erwerb von Feiningers «Gelmeroda XIII» für das Metropolitan Museum, das amerikanische Äquivalent zum Louvre, sei nun den Weg geebnet für eine ähnliche Revision der früheren Missachtung in der Heimat.

Natürlich konnte ein Text über Feininger im Kriegsjahr 1944 nicht ohne Hinweis auf den Nationalsozialismus auskommen. Als Barr den Künstler 1927 in Deutschland besuchte, heißt es gleich im ersten Satz, sei Hitler dort nicht mehr gewesen als «eine unbedeutende Wolke am Horizont».[29] Nun war bei vier der fünfundsiebzig Gemälde, die das MoMA zeigte, im Katalog vermerkt, dass sie nach der Beschlagnahmung als «entartete Kunst» nach Amerika verkauft worden waren. Pikanterweise fehlte dagegen beim aus Providence ausgeliehenen «Gelmeroda XII» der Hinweis auf die Herkunft aus der Berliner Neuen Nationalgalerie.[30]

Ein Brief, den Feininger während der Vorbereitung des Katalogs an die damit befasste MoMA-Kuratorin Dorothy Canning Miller schrieb, die ihn um eine Auflistung seiner bisherigen Ausstellungen gebeten hatte, zeigt, wie bewusst er sich über das Risiko war, das seine deutsche Vergangenheit angesichts der derzeitigen amerikanischen Wahrnehmung für ihn bedeutete: «Würde es von Interesse sein anzumerken, dass alle erwähnten Einzelausstellungen in deutschen Museen vor der Etablierung des Nazi-Regimes stattgefunden haben, um jeden möglichen Verdacht zu vermeiden, ich wäre ein Liebling dieser

Gentlemen gewesen? Tatsächlich wurden meine Bilder nach 1933 in sämtlichen Nazi-Ausstellungen mit ‹Entarteter Kunst› gezeigt und höchst gemein behandelt.»[31]

Die im Katalog abgedruckte Liste von Einzelausstellungen weist denn auch für die Zeit des «Dritten Reichs» nur zwei Berliner Galerieausstellungen auf. Barr gegenüber hatte Feininger schon zuvor seine Begeisterung mitgeteilt, als der ihm seinen Katalogtext zur Durchsicht geschickt hatte: «Ich kann nicht angemessen ausdrücken, wie gut er uns gefällt, und Ihnen danken für Ihre scharfsichtige Behandlung des Themas meines amerikanischen Hintergrunds. Wir können uns keine einfühlsamere und elegantere Einführung meines Werks und meiner Person im Hinblick auf die vielen Besucher des Museums vorstellen als Ihren Aufsatz. Sie haben mich um eine ehrliche Einschätzung des Textes gebeten; ich habe nicht den leisesten Einwand mit der Ausnahme vielleicht einer Anregung: Lassen Sie die Titel der unterschiedlichen Zeitungen aus, die [1929] kritische ‹Gedankenströme› veröffentlicht haben. Das ‹Zeter und Mordio›, das Sie erwähnen, ist wunderbar, aber lassen Sie diejenigen, die die verschiedenen Beiträge dazu geliefert haben, sich selbst die Mühe machen herauszufinden, dass sie die Urheber waren (wenn sie noch am Leben und daran interessiert sein sollten). Es würde die persönliche Stichelei vermeiden.»[32] Diesem Brief merkt man an, wie sehr auch bei Feininger die Enttäuschung von 1929 noch nachwirkte.

Dass die Retrospektive ihn nun programmatisch als «American Artist» feierte, war die ersehnte öffentliche Genugtuung, und da die Schau danach auf Wanderschaft ging, wurde sein Ruhm durchs ganze Land getragen. Das war zugleich ein wichtiger Einnahmefaktor, denn mit sechsunddreißig Arbeiten stand fast ein Viertel aller seiner im MoMA ausgestellten Werke zum Verkauf.[33] Zum Auftakt der Ausstellung hatte das Museum das 1927 entstandene Gemälde «Dampfer Odin II» erworben, eine der typischen Ostseeküstenansichten, die von den Aufenthalten in Deep inspiriert waren. Barr hatte sie bei seinem Aufenthalt in Dessau noch auf der Staffelei gesehen und sich um einen Ankauf bemüht, seit Feininger das Bild 1937 mit nach New York gebracht hatte.[34] Im November legte das MoMA noch einmal nach und erwarb mit «Das Aquädukt» von 1920 sein zweites Feininger-Gemälde. Das belebte den Markt: «Viele Kaufangebote für Gemälde und Zeichnungen sind an das Museum ergangen, und nun droht ein ‹Erdrutsch› an Verkäufen; ich glaube, dass die Ausstellung endlich den Weg zu breiterer Akzeptanz und Verständnis freigemacht hat. Das Museum of Modern Art ist schließlich die Autorität und vermag es, Bedenken und Unsicherheit bei Sammlern zu zerstreuen.»[35]

Das aus den Verkäufen erzielte Geld konnte Feininger gut gebrauchen, denn im Jahr 1945 fügte sich zwar die Kriegslage endlich zum Besseren, aber mit dem Sieg über Deutschland stellten sich ihm zwei Fragen, die im günstigeren Fall zu finanziellen Herausforderungen werden konnten: Wie stand es um seinen Sohn Laurence, den Feininger bei Kriegsende in Italien vermutete? Damit befand der sich mutmaßlich in einem Teil des Kontinents, der unter amerikanischer Kontrolle war. Doch er war schon vor dem Krieg auf finanzielle Hilfen der Eltern angewiesen gewesen, und daran hatte sich vermutlich nichts geändert. Vor allem aber würde es kostspielig sein, ihn aus dem zerstörten Europa herauszubekommen. Und was war mit Lore und Marianne, Lyonel Feiningers Töchtern aus erster Ehe, die wie ihre Mutter Clara in Berlin wohnten? Postverkehr mit ihnen hatte es seit dem Eintritt der Vereinigten Staaten in den Krieg nicht mehr gegeben. Wenn sie die Bombardierungen der deutschen Hauptstadt und deren Einnahme durch die Rote Armee überlebt haben sollten, würden sie auf absehbare Zeit auf die Unterstützung ihres Vaters angewiesen sein. Seine Töchter hatte Feininger seit dem Abschied aus Berlin nicht mehr gesehen, also seit mittlerweile acht Jahren.

Die anderen beiden Söhne waren dagegen unabhängig. Andreas hatte sich in New York rasch als Fotograf etabliert und arbeitete seit 1943 festangestellt für «Life», die bedeutendste amerikanische Illustrierte jener Zeit. Als Redaktionsfotograf eines derart einflussreichen Blattes musste er keine Einberufung in die Streitkräfte mehr fürchten. Sein jüngster Bruder Theodore Lux hatte sich hingegen unmittelbar nach dem Kriegseintritt der Vereinigten Staaten freiwillig gemeldet, war aber dank seiner Deutschkenntnisse zum Nachrichtendienst der US Army abgestellt worden. Er gehörte zu den insgesamt neunzehntausend «Ritchie Boys»: junge, meist deutsche Männer, die im Camp Ritchie in Maryland als geheime amerikanische Kampfeinheit ausgebildet wurden. An die jeweiligen Kriegsschauplätze verschlug es Theodore Lux jedoch nicht, also bestand weder im Falle des ältesten noch des jüngsten Sohnes Grund zur Besorgnis: Beide waren finanziell abgesichert und fernab des überseeischen Kampfgeschehens.

Bei Laurence war das ganz anders. Er war zuletzt 1939 bei den Eltern zu Besuch gewesen, als er vier Monate in New York verbracht hatte, um die dortigen Bibliotheken für seine musikgeschichtlichen Forschungen zu nutzen. Dann war er nach Trient zurückgekehrt, wo der größte Bestand an Manuskripten spätmittelalterlicher Kirchenmusik lag, auf die sich Laurence Feininger spezialisiert hatte. Mit Beginn des Zweiten Weltkriegs machte sich Lyonel Feininger große Sorgen um seinen mittleren Sohn, obwohl Mussolinis Italien, seit 1936 eng mit dem «Dritten Reich» verbündet, zunächst noch neutral geblieben war. «Unmöglich vorauszusehen, was dort passieren wird, oder für wie lange die Post noch hinüber befördert werden kann. Wir haben nur spärliche Nachrichten von dem Jungen und wissen nicht einmal, ob er all unsere ängstlichen Briefe erhalten hat – einen haben wir sogar per Luftpost geschickt. Er hat viele Freunde in Italien, das ist ein beruhigender Gedanke; aber wir können ihm nicht mit einiger Sicherheit Geld schicken; selbst wenn wir es uns leisten könnten», schrieb er 1939 kurz nach dem Kriegsbeginn in Europa.[36]

Anfang 1941 – Italien war im Juni des Vorjahrs, gerade noch vor dem Waffenstillstand von Compiègne, der die französische Niederlage besiegelte, an Hitlers Seite in den Krieg eingetreten – berichtete Feininger an Galka Scheyer: «Laurence wird von den Ereignissen in

Italien festgehalten und kann jetzt vermutlich nicht mehr weg. Eine Überfahrt für ihn würde wahrscheinlich $ 1000,– kosten. Er ist jetzt in Trient, das sich weit weg von den aktuellen Kriegsschauplätzen befindet, aber der Briefverkehr nimmt Monate in Anspruch, und wir können ihm kein Geld mehr schicken, selbst wenn wir es hätten. Seine Abwesenheit bereitet uns permanent Sorge und Trauer; besonders bei Julia steigert sich das in dieser Situation bis zur Krankheit hinein.»[37]

Ein Brief von Laurence, geschrieben im November 1941, noch kurz vor der Kriegserklärung Italiens an die Vereinigten Staaten, war im Januar 1942 eingetroffen; als amerikanischer Staatsbürger, so erfuhren die Eltern daraus, würde der Musikwissenschaftler nicht auf freiem Fuß bleiben können. Das bestätigte sich, als nach anderthalbjährigem erzwungenen Schweigen endlich wieder ein Schreiben bei ihnen eintraf und sie erfuhren, wo sich ihr Sohn aufhielt: «Er ist jetzt in einem Konzentrationslager in der Nähe von Parma und scheint anständig behandelt zu werden. Er ist in einer alten Burg untergebracht, und das britische und amerikanische Rote Kreuz versorgen die Internierten, bei denen es sich zweifellos um Engländer oder Amerikaner handelt, jede Woche mit Lebensmitteln und Paketen. Wir sind sehr erleichtert, weil wir nun wissen, dass er wenigstens in einem offiziell anerkannten Lager steckt, weit weg von Trient, das sich nahe jener Linie am Po befindet, wo es in Kürze heftige Kämpfe geben wird. An uns, sagt er in seinem 25zeiligen, vierfach zensierten Brief, kann er fortan jeden Monat einmal schreiben; aber seit fast zwei Jahren hat er kein Wort von uns gehört, obwohl wir wiederholt geschrieben und auch mehrere Telegramme geschickt hatten.»[38]

Anfang September 1943 schlossen Italien und die Alliierten einen Waffenstillstand. Da jedoch deutsche Truppen den Krieg auf italienischem Boden fortführten, brach der Kontakt wieder ab: «Kein Wort von Laurence seit letztem Sommer», berichtete Lyonel Feininger Ende Februar 1944. «Wir haben keine Ahnung, was ihm widerfahren ist, außer dass wir sicher sind, dass ihm mit etwa zweihundert amerikanischen und englischen Gefangenen die Flucht aus dem italienischen Internierungslager für Zivilisten gelungen ist, bevor dort Nazis ‹übernommen› haben. (…) Manchmal glauben wir, dass er in einem ordentlichen, gut, wenn auch streng verwalteten Nazi-Konzentrationslager sicherer gewesen wäre als nun beim Herumwandern zwischen tausend Gefahren in den italienischen Bergen.»[39]

Ein halbes Jahr später stellte sich die Lage jedoch vollkommen anders dar: «Laurence ist nach Deutschland in ein Internierungslager für Zivilisten überführt worden; wir machen uns schreckliche Sorgen über seinen Zustand, denn sein bislang letztes Wort stammt aus dem vergangenen Dezember. Damals schrieb er noch aus Italien (aus seinem dritten Lager), und sein Brief ist vor Weihnachten datiert. Dieser Brief erreichte uns im Sommer. Wir haben keine Ahnung, ob er unsere Briefe oder Pakete erhalten hat. Er wartet genau wie wir sehnlich auf Nachrichten. Dieser höllische Krieg.»[40] Erst im Frühjahr 1945, kurz vor der deutschen Kapitulation, teilte das im Pentagon für amerikanische Kriegsgefangene zuständige Büro dem Ehepaar Feininger mit, dass der Name ihres Sohnes wohl versehentlich auf eine Liste mit in deutschen Lagern Internierten gelangt sei; er befinde sich immer noch in Italien.[41]

Die nervenaufreibende Unsicherheit endete erst im Sommer 1945 mit einem eigenen Lebenszeichen von Laurence. Es sollte aber noch ein Jahr dauern, ehe seine Familie ihn wiedersah,[42] und ohne Geld, das seine Eltern ihm aus New York geschickt hatten, hätte Laurence die Überfahrt nicht bezahlen können. Allerdings hatte er ein Rückfahrticket mitgebracht, denn er war in den Kriegsjahren so heimisch in Italien geworden, dass er keine endgültige Übersiedelung nach Amerika mehr erwog. Vielmehr hatte er sich sofort nach Kriegsende für ein Theologiestudium in Trient eingeschrieben, das er später in Rom fortsetzte. 1947 wurde Laurence Feininger zum Priester geweiht und ließ sich in Trient nieder, wo er für den Rest seines Lebens – er starb 1976 bei einem Autounfall – kirchenmusikalische Forschung betrieb.

Auch aus Berlin war im Sommer 1945 Post bei Lyonel Feininger angekommen: Beide Töchter hatten überlebt. Lore, die ältere, hatte ihr Fotoatelier Mitte der dreißiger Jahre aufgeben müssen, konnte jedoch während des Kriegs an den Vereinigten Staatsschulen für freie und angewandte Kunst in Berlin-Charlottenburg unterrichten, obwohl sie nach den nationalsozialistischen Rassegesetzen als «jüdischer Mischling» galt und nicht, wie ihre jüngere Schwester, durch die Ehe mit einem «Arier» geschützt war. Im Jahr 1943 hatte Lore Feininger bei einem Bombenangriff ihr neues Atelier an der Hochschule verloren. Nach der Einnahme Berlins arbeitete sie im amerikanischen Sektor vier Jahre lang als Fotolaborantin für die US Army; der durch ihren Halbbruder Andreas unter Fotografen bekannte Familienname Feininger mag dabei geholfen haben.

Die jüngere Tochter, Marianne Noack, lebte mit ihrem Mann und den beiden Töchtern mittlerweile in München – wie die alleinstehende Lore Feininger war die vierköpfige Familie nach Kriegsende auf Hilfspakete des Vaters aus Amerika angewiesen. Der älteren Tochter schickte Feininger in den kommenden Jahren auch Fotomaterialien, um ihr die Ausübung des Berufs zu ermöglichen.[43] Und Gerhard Marcks, der nach dem Krieg nach Hamburg berufen worden war und ebenso in den Genuss von Carepaketen der Feiningers kam, vermittelte noch 1950 Verkäufe von Feininger-Aquarellen in Deutschland, um mit dem Erlös Lore finanziell unterstützen zu können.[44]

Doch Lyonel Feiningers Erleichterung angesichts des Überlebens seiner beiden Töchter wurde überschattet vom Schicksal Clara Feiningers. Als der Krieg ausbrach, war sie sechzig Jahre alt, ihren Beruf als Pianistin hatte sie unter den für Juden ständig verschärften Gesetzen des «Dritten Reichs» nicht weiter ausüben können. Damals lebte sie in Schöneiche, einem Städtchen gleich östlich von Berlin, doch spätestens seit 1941 war sie wieder in Berlin gemeldet, im Stadtteil Lichtenrade. Da sie über ihren Vater Gustav Fürst zwei jüdische Großeltern hatte und bis Februar 1938 Mitglied der Jüdischen Gemeinde gewesen war, galt sie gemäß den Rassegesetzen von 1935 als «Geltungsjüdin», die «Volljuden» gleichgestellt war, und lebte in ständiger Gefahr, deportiert zu werden. Ihre Tochter Lore behauptete nach dem Krieg, die Mutter sei trotzdem auf Anraten eines befreundeten jüdischen Ehepaars wieder in die Jüdische Gemeinde eingetreten – «weil sie zum Schluß dann eine ‹Entschädigung› bekäme als Verfolgte (…) Das war ein ‹tödlicher Irrtum›!»[45] Ob diese Behauptung zutrifft, ist derzeit nicht zu ermitteln. Jedenfalls hatten seit 1942 die sogenannten Alterstransporte eingesetzt, mit denen betagte Berliner Juden, die aus Sicht der Nazis nicht mehr zur Arbeit taugten, ins Ghetto von Theresienstadt abtransportiert wurden. Und auch Clara Feininger erhielt schließlich die Aufforderung, sich am 10. Januar 1944 um 6.07 Uhr morgens am Anhalter Bahnhof einzufinden, wo die Züge nach Prag aufbrachen, denen für solche Deportationen jeweils zwei Waggons angehängt wurden.[46]

Über den weiteren Lebensweg von Clara Feininger ist nur dokumentiert, dass sie am 23. Oktober von Theresienstadt aus ins Vernichtungslager Auschwitz gebracht wurde. Wann und unter welchen Umständen sie dort starb, ist unbekannt.[47] Ihre Töchter erfuhren während des «Dritten Reichs» nichts über den Verbleib der Mutter, doch im Juni 1945 musste Lore ihrem Vater die Nachricht ihrer Ermordung mitteilen.[48] Feininger hat gegenüber Außenstehenden offenbar nie über Claras entsetzliches Schicksal gesprochen, und Briefe an Julia Feininger gibt es aus der amerikanischen Zeit kaum noch, weil beide die monatelangen Sommeraufenthalte auf dem Land nun gemeinsam bestritten. Seit seiner Rückkehr in die Vereinigten Staaten hatte es keine nachweisbaren Bemühungen seitens Lyonel Feiningers gegeben, die Ausreise seiner in Berlin zurückgebliebenen Angehörigen zu erreichen oder auch nur anzuregen. Gerade im Vergleich mit Galka Scheyers verzweifelten Versuchen, ihre Familie aus Deutschland herauszubekommen, wird hier ein schreckliches Versäumnis sichtbar. Gleichwohl hat Lyonel Feininger selbst dieses Thema nie in schriftlichen Äußerungen berührt.

Am Ende umschwärmt

Das Kriegsende wurde in den Vereinigten Staaten anders erlebt als in Europa. Mit Hitlers Selbstmord am 30. April und der deutschen Kapitulation am 8. Mai 1945 war erst ein Zwischenerfolg erreicht: «V-E» – Victory in Europe. An der Pazifikfront tobte der Kampf weiter. Obwohl die Niederlage Japans nach dem amerikanischen Sieg über Deutschland nun absehbar war, stand die Invasion in Fernost noch bevor, und die US-Truppen hatten in Europa bittere Erfahrungen mit dem feindlichen Widerstand im Abwehrkampf gemacht. Von Erleichterung konnte in der amerikanischen Öffentlichkeit also noch keine Rede sein. Für die Feiningers war das Ende des Kriegs in ihrer früheren Heimat jedoch eine Erlösung – und das ließ Lyonel Feininger unbeschwert auf die letzte große Reise seines Lebens gehen, die zugleich auch sein letzter Auftritt als Lehrer werden sollte.

Im amerikanischen Bundesstaat North Carolina, nahe der Stadt Asheville, war im Sommer 1933 das Black Mountain College gegründet worden. Dessen Entstehung verdankte sich einem fakultätsinternen Streit am Rollins College, einer Kunsthochschule in Florida. In dessen Folge hatte eine Gruppe von Lehrkräften um den Altphilologen John Andrew Rice gekündigt, weil sie den Unterricht sowohl thematisch als auch pädagogisch als zu traditionell empfand. Mit ihrer eigenen Kunsthochschule wollten die akademischen Dissidenten es besser machen. Vorbild war dabei das Bauhaus aus der Weimarer Anfangszeit mit seiner proklamierten handwerklichen Ausbildung und dem intensiven Austausch zwischen Meistern und Lehrlingen, der Einheit von Kunst und Leben. Da traf es sich gut, dass, kurz bevor das Black Mountain College den Lehrbetrieb aufnahm, das Bauhaus in Berlin geschlossen wurde und einige von dessen wichtigsten Protagonisten das nationalsozialistische Deutschland verlassen wollten. Rice bot dem Ehepaar Albers an, nach North Carolina zu kommen. Josef Albers war zuletzt nicht nur Meister für Zeichnen und Schrift am Bauhaus gewesen, sondern auch dessen stellvertretender Direktor, verfügte also über organisatorische Erfahrungen bei der Leitung einer Hochschule, die Rice und seinen Mitstreitern fehlten. Anni Albers wiederum hatte die Webereiklasse am Bauhaus geleitet, und diese Sparte war wichtig für das Profil einer privaten Kunsthochschule, weil damit weibliche Studenten angelockt werden konnten – trotz fortschrittlicher Auffassung musste man Rücksicht auf die Erwartungen der Eltern von künftigen College-Absolventen nehmen, die die für den Betrieb notwendigen Studiengebühren ihrer Kinder zahlen würden.

In einem Werbeflugblatt wird 1937 die Ausbildungsmethode des Colleges so beschrieben: «Black Mountain College [ist] eine koedukative geisteswissenschaftliche Hochschule, in der bewährte Lehrmethoden zum Einsatz kommen und neue Ansätze entwickelt werden; (…) in der Musik, Dramatik und bildende Künste als gleichwertig mit den Kursen angesehen werden, die in den meisten Hochschulen den Schwerpunkt des Curriculums ausmachen (…). Dank seiner Lage (…), seiner Wohnangebote (…) und seiner Größe (…) stellt das College eine Wertegemeinschaft dar, in der ein Student neben der akademischen Ausbildung die Fähigkeit erwerben kann, Verantwortung für die Gemeinschaft zu übernehmen und harmonisch mit anderen Menschen zusammenzuleben.»[49]

Eine Imagebroschüre, die dreizehn Jahre später aufgelegt wurde, als Albers seinen Abschied eingereicht hatte, um an die Yale University zu wechseln, zeigt die Schule in Schwarzweißaufnahmen, die sich bewusst an der mittlerweile legendären Bauhaus-Fotografieästhetik orientieren: offene Fenster im Fassadenausschnitt, darin lachende, sportliche Studenten. Zum Lehrprogramm heißt es: «Gemeinsame Werte führen unsere individuellen Anstrengungen zusammen. Wir sind an Experimenten interessiert; wir glauben an unsere Fähigkeit, dem Alltagsleben Werte abzugewinnen; wir erklären die Künste zur Basis unserer Curriculums; unsere Absicht ist, die Prinzipien der Demokratie in den Unterricht zu tragen. Wir vom Black Mountain College, jeder Einzelne von uns, strebt danach, die Rede vom ‹demokratischen Prozess› durch die Weise, wie wir leben und arbeiten, mit Leben zu füllen. (…) Wir arbeiten gemäß unserem Arbeitsplan, wir arbeiten in unseren Holzwerkstätten und auf den Feldern; wir halten regelmäßig Konzerte ab, Sonntagabend-Ausstellungen und -Lesungen mit und aus den Werken von Studenten und Fakultätsmitgliedern, Modern Dance, Rezitationen, Mittwochnachmittag-Tee, Freitagnacht-Filme, Volksliedgesänge, Volkstänze, Feste. (…) Black Mountain College ist eine der wenigen nicht nach Schwarzen und Weißen getrennten Hochschulen in den Südstaaten; Schüler und Lehrer kommen aus allen Teilen der Vereinigten Staaten, oft auch aus anderen Ländern.»[50] Der Anspruch, Ethik und Ästhetik zu verbinden, war das Erbe von Albers und dessen früherer Wirkungsstätte am Bauhaus.

Als er und seine Frau im November 1933 im Black Mountain College eingetroffen waren, bestand die Hochschule gerade einmal aus zwölf Lehrern, einer Handvoll technischem Personal und zweiundzwanzig Studenten (von denen dreizehn mit ihren Professoren aus Florida gekommen waren). Als das Ehepaar Albers 1950 nach Yale wechselte, studierten neunzig Schüler am Black Mountain College, und um sie kümmerten sich mehr als zweihundertzwanzig Mitarbeiter. Die an den Vorkursen des Bauhauses orientierten Lehrveranstaltungen von Albers hatten der Hochschule einen landesweiten Ruf verschafft – was ebenso an den Lehrkräften lag, die Albers für das College gewann. Darunter waren immer wieder frühere Kollegen und Schüler aus Dessau und Berlin. In der ländlichen Abgeschiedenheit von North Carolina wurde die Bauhaus-Tradition auf diese Weise auch personell fortgesetzt wie nirgendwo sonst auf der Welt.

Feininger erhielt seine Einladung ans Black Montain College am 21. April 1945. Albers hoffte, ihn als Lehrkraft für die Sommer School zu gewinnen. Die hatte er im Vorjahr zum ersten Mal durchführen lassen, nach dem Vorbild anderer amerikanischer Hochschulen. Die Sommerkurse des Jahres 1945 sollten vom 2. Juli bis zum 8. September laufen, die Gebühren für Teilnehmer, die alle zehn Wochen buchten, betrug vierhundert Dollar, für acht Wochen wurden immer noch dreihundertfünfzig Dollar fällig, sonst kostete die Teilnahme pro Woche fünfzig Dollar.[51] Dafür wurden in jenem Jahr neben den fest am Black Mountain College angestellten Josef und Anni Albers sowie der Schreinermeisterin Mary Gregory mehr als ein Dutzend Gastdozenten aufgeboten: die Architekten Walter Gropius und Paul Beidler, die Bildhauer Ossip Zadkine und Mary Callery, die Gestalterin Berta Rudofsky, der Fotograf F. W. Goro von der Illustrierten «Life», die Werbegraphiker Alvin Lustig von der Zeitschrift «Look» und Paul Rand, die Kunsthistoriker Alexander Dorner und Karl With sowie die Maler Fannie Hillsmith und Robert Motherwell. Und als dritter Maler im Programm eben Lyonel Feininger, der im Laufe der Summer School gleich für acht Wochen Unterricht anbot, während seine Kollegen Motherwell und Hillsmith nur vier beziehungsweise fünf Wochen am College präsent waren. Jede Lehrkraft wurde pro Woche mit fünfundzwanzig Dollar, freier Kost und Logis sowie Übernahme der Reisekosten entlohnt; im Falle Feiningers kam noch der Aufenthalt seiner Frau dazu.[52] Albers wusste, dass er damit kein sehr lukratives Angebot unterbreitete: «Obwohl der finanzielle Aspekt einer solchen Beschäftigung – für sechs oder mehr Wochen – nicht glänzend ist, hoffen wir, dass unsere Gastlehrer wie schon im vergangenen Jahr die hiesige Zeit als eine vergnügliche Urlaubszeit in schönen Bergen mit gesundem Klima und in sympathischer Atmosphäre ansehen werden.»[53]

An Feininger hatte er zunächst allerdings gar nicht gedacht. Die beiden Künstler hatten am Bauhaus nicht viel miteinander zu tun gehabt, obwohl auch das Ehepaar Albers in einem der Dessauer Meisterhäuser gewohnt hatte, aber Feininger hielt sich seinerzeit vor allem an Klee und Kandinsky. Ankerpunkt des Summer-School-Programms im Jahr 1945 war Gropius, der schon beim ersten Mal dabei gewesen war und den Albers bereits zu Jahresbeginn für eine zweite Teilnahme gewonnen hatte. Er hatte ihn um Empfehlungen weiterer Dozenten gebeten, aber auch Gropius überging Feininger, als er am

14. Februar antwortete: «Was Maler und Bildhauer angeht, fühle ich mich verloren. Ich bin in diesem Land wirklich auf niemanden gestoßen, der eine führende Persönlichkeit zu sein scheint, aber ich gebe zu, nur wenige getroffen zu haben. Haben Sie Alfred Barr gefragt? Der sollte jemanden kennen.»[54]

Albers wünschte sich amerikanische Gäste, denn Europäer habe er schon zu viele.[55] Und Feininger wurde immer noch Letzteren zugeschlagen. Stattdessen fragte Albers erst einmal für die Malerei- und Grafikdozenturen bei Karl Zerbe, Edward Weston, José Lluís Sert, Guillermo Meza, Abraham Rattner und Roberto Matta an.[56] Erst als diese absagten, schickte er Feininger ein Telegramm, weil es nun schnell gehen musste: «Would you consider teaching painting here in July? Shall telephone sunday morning ten o'clock. Albers.»[57] Feininger nahm die Einladung ebenfalls per Telegramm am 23. April an, sandte aber vorsichtshalber noch am selben Tag einen ausführlichen Brief hinterher, mit dem er Albers an seine Sonderrolle im Bauhaus Dessau erinnerte: «Wie Sie wissen, habe ich nie einen Beruf daraus gemacht, Kunst zu lehren. Ich kann Ihnen daher nicht mehr als eine Andeutung über meine Vorgehensweise geben, die auf Beispiel, Experiment, und konstruktiver Kritik beruht, aber nie ‹ex catedra› erfolgt! Was auch immer darüber hinaus ergänzt wird, richtet sich nach dem Eindruck der individuellen Begabungen und Persönlichkeit eines Schülers, die sich in seinem oder ihrem Werk zeigt. So bin ich am Mills College vorgegangen, und nach Ablauf des 6-Wochen-Kurses waren die erzielten Ergebnisse zufriedenstellend.»[58]

Vom Aufenthalt in North Carolina versprach sich Feininger vor allem ungestörte Arbeit an seinen Aquarellen. Albers war es recht, solange damit die Lücke im Programm geschlossen wurde, und so konnte Feininger schließlich vergnügt feststellen: «Wir freuen uns sehr auf den Sommer mit Ihnen; es wird eine Wiederbelebung der besten Traditionen aus den alten Tagen des Bauhauses, mit einem gewissen Extra, wie ich glaube.»[59] Wichtig war den Feiningers aber ebenso der Abstand zu den weltgeschichtlichen Ereignissen, denen sie in New York nicht entkommen konnten. Das so geliebte Deutschland lag in Trümmern, von den Angehörigen in Europa hatten sie noch nichts gehört. Daran änderte sich auch nichts mehr bis zum Aufbruch nach North Carolina.

Am 11. Juli nahmen die Feiningers einen Nachtzug aus New York nach Asheville. Julia Feininger führte ein Reisetagebuch in einem kleinen Taschenkalender, der pro Tag nur wenige Zeilen zuließ. Den Einträgen ist die Freude über die erste größere Reise seit 1937 anzumerken, zumal sie mitten in der drückenden Sommerhitze ins kühle Bergland führte (Asheville war ein beliebter Ferienort für reiche New Yorker). «Auf und davon!!», notierte sie im Zug. «Rasch ein Taxi bekommen – langes Warten in der Hitze der Penn Station, Zug 45 Minuten verspätet – sehr schönes Abteil – mit Klimaanlage, der Ventilator lief – und endlich sitzen wir in einer Art Kühle.» Nach der Ankunft am Tag danach: «Das College liegt wunderschön, wir haben 2 hübsche Räume im Ateliergebäude – jedermann freundlich – offensichtlich herrscht sehr guter Geist – befremdlich für uns, so viele und so viele junge Leute.»[60]

Unmittelbar bevor sein Unterricht begann,[61] feierte Feininger seinen vierundsiebzigsten Geburtstag, und es wurde ein Festtag wie ehedem im Bauhaus. «Abends singt Carl Brice Schubert, Schumann – einfach wundervoll. Nach dem Konzert zu Albers zu einer privaten Geburtstagsfeier – schrecklich nett, mit Blumen, Keksen – ich hatte unseren Whiskey mitgenommen, wir tranken Highballs mit Eis + Soda. Albers zeigte uns seine neuen Druckgraphiken und schenkte Leo eine zum Geburtstag, sie sind exzellent. Wir lieben dieses präzise, wunderschön ausgewogene Werk sehr, es ist solch ein Gegensatz zu dem von Leo + doch gibt es da eine Beziehung.»[62] An eine deutsche Bekannte aus Berliner Tagen, die ebenfalls in die Vereinigten Staaten emigriert war, schrieb Feininger allerdings etwas später als Dank für deren Glückwünsche: «Es war, obwohl er inmitten von rund 170 Studenten und Fakultätsmitarbeitern und in einer seltsamen Umgebung stattfand, in der ich, einen oder zwei Tage danach, anfing, das (mir verhasste) ‹Unterrichten› aufzunehmen, ein sehr stiller, einsamer Geburtstag.»[63]

Aber die persönliche Atmosphäre am College nahm ihn von Beginn an gefangen. Die Feiningers besuchten während ihres Aufenthalts die Veranstaltungen anderer Dozenten, so etwa die von Gropius während dessen zweiwöchigem Gastspiel am College, und genossen die abendlichen Darbietungen durch andere Dozenten und Studenten. Es war der erwünschte Rückzug von den Kriegsereignissen in ein isoliertes Reich der Kunst. Nur am 14. August brach dann auch dort noch einmal die Weltgeschichte ein: «Gerüchte über Japans bedingungslose Kapitulation verdichten sich – wir hören mehrere Radiosender, um etwas in Erfahrung zu bringen – aber nichts Endgültiges – nach dem Mittagessen mit Herrn Schwartz nach Black Mountain – tropischer Regenguss – ich bin durchnässt (…) – nach dem Abendessen endlich die Verkündigung: V-J. Day. Nationalhymne – sprachlos.»[64] Am Folgetag bekam das ganze College frei, um den Sieg feiern zu können.

Die Erfahrungen am Black Mountain College brachten die einzige gemeinsame Publikation von Lyonel und Julia Feininger hervor, ein Fazit ihres Besuchs, das sie auf Wunsch der Hochschule für die amerikanische Fachzeitschrift «design 47» verfassten. Er ist eines der seltenen Beispiele für ein öffentliches Bekenntnis Feiningers zu seinem Kunstvermittlungsverständnis und gibt Auskunft sowohl über die Begeisterung des Ehepaars für die Atmosphäre am Black Mountain College als auch über sein Gesellschaftsideal unmittelbar nach dem Kriegsende.

«Wenn wir uns im Hinblick auf unser modernes Leben an Meister Eckharts Warnung ‹Willst du den Kern haben, so musst du die Schale zerbrechen› halten wollen, müssen wir die Schale der verschlungenen, verwirrenden Vielförmigkeit unserer Zeit loswerden, um zum ‹Kern› zu gelangen – der aus menschlichen Werten besteht, die mehr als je zuvor entscheidend beim Aufbau jener besseren Welt sind, die wir anstreben (und über die es so viel ‹Gerede› gibt). Diese Erwägung ist nicht nur selbstverständlich, sondern gewinnt noch an Gewicht, wenn man sich daran erinnert, womit die seit dem Ersten Weltkrieg aufgewachsene Generation konfrontiert worden ist: einem Unterricht, der im Aufhäufen historischer Fakten und überschätzter materialistischer Errungenschaften besteht. Dem Zwang, mit Entdeckungen und Erfindungen umzugehen, deren Ausmaß unsere Aufnahmefähigkeit übersteigt; Wandel und Unsicherheit von Tag zu Tag; rein mechanischen Errungenschaften, die derart schnell Veränderungen von Vorstellungen und Lebensumständen hervorriefen, dass keine Zeit für Ausgleich und inneres Wachstum blieb. Im Black Mountain College wird ein Konzept verfolgt, das sich davon sehr unterscheidet. Über die Ziele des Colleges kann man sich in den von Zeit zu Zeit erscheinenden ausgezeichneten Bulletins informieren. Doch was man nur durch Erfahrung erfahren kann und uns während unserer Zeit in der Gemeinschaft so sehr beeindruckt hat, das ist die herrschende Einstellung, mit der dort gelehrt und gelernt wird: eine Einstellung vollständiger Selbstlosigkeit und Hingabe, angeleitet von nie ermüdender Geduld bei der Umsetzung ihrer Vorstellungen von nützlicher Ausbildung. Die wichtigsten Prinzipien dabei sind das Bewusstsein für verantwortliches Denken, um Klarheit zu gewinnen, und das Erreichen von Einfachheit – das schwierigste Ziel bei jeder Herausforderung, sei sie intellektueller, handwerklicher oder künstlerischer Natur. Die Prinzipien der Demokratie werden umgesetzt und wirksam im Dienste des Einzelnen und aller im alltäglichen Leben. Das College besitzt Ackerland und bearbeitet es, um zur Versorgung der Gemeinschaft beizutragen. Arbeit auf diesen Ländereien wird als Äquivalent zu sportlichen Aktivitäten angesehen, die in anderen Colleges so große Bedeutung haben. Die unter Anleitung des Farmers mehrere Wochen lang geleistete Arbeit der Schüler gehört zum Lehrplan. Es gibt keine Rassen- oder Glaubensvorurteile. Es zählt allein die Gesamtheit eines Individuums und inwieweit seine oder ihre Fähigkeiten aktiv zu den Anstrengungen des Ganzen beitragen. Für Anmaßung ist kein Platz, es gibt auch keine Spur davon. Man arbeitet hart am Black Mountain College. Aber überall herrscht eine Atmosphäre von Zufriedenheit und Freude.»[65]

Umgekehrt verdanken wir dem Besuch im Black Mountain College auch die letzten und vor allem genauesten Berichte über Feininger als Lehrer. Gerade das, wovor er selbst Albers gewarnt hatte, seine unkonventionelle, antiautoritäre und anschauliche Kunstvermittlung, begeisterte die Teilnehmer. Die Studentin Elaine Smith Urbaine beschrieb ihren ersten Eindruck so: «Lionel [sic] Feininger, der berühmte Maler, ist gerade angekommen & er ist so bescheiden & ernsthaft & reizend. Ich mag ihn sehr, er ist ein introvertierter Typ. Wird keine Vorlesungen halten, sondern vor kleinen Gruppen sprechen. Das Gegenteil von Zadkine.»[66] Trotzdem nahm sie zunächst an Feiningers Veranstaltungen nicht teil, war aber umso begeisterter, als sie später doch noch dazustieß: «Ich gehe jetzt zu Herrn Feiningers Kursen. Dass ich diese wundervollen Kurse den ganzen Sommer über verpasst habe! Ich nehme meine Skizzen mit zu ihm. Er hält kleine, informelle Kurse ab, weil er so schüchtern und bescheiden ist. Er bringt immer eigene Arbeiten mit, normalerweise Skizzen, aber auch Aquarelle, Tuschfederzeichungen und Gemälde, die aus seiner ganzen vierzig Jahre umspannenden Karriere stammen.»[67]

Ein Vierteljahrhundert später erinnerte sich die kanadische Medizinstudentin Margaret Williamson, die den Kurs als Einundzwanzigjährige besucht hatte, genauer an diese anschauliche Lehrmethode: «[Feininger unterrichtete], indem er einfach sein Werk mit uns teilte. Er brachte bergeweise Zeichnungen mit – alles kleine Skizzen. Damit hatte er seinen Blick trainiert. (...) Er gab uns tausend Tipps und kleine Weisheiten. Seine Skizzenblöcke hatte er früher in der Hüfttasche mit sich herumgetragen, und er erklärte uns, wie er seine Hand trainiert hatte, das festzuhalten, was seine Augen sahen. (...) Als er nach Deutschland gekommen war und sogar noch davor, hatte er immer einen solchen Block in der Tasche und kleine Bleistifte, weil er vermeiden wollte, dass die Leute sahen, dass er zeichnete. Wenn er also in der Untergrundbahn oder einem Bus saß und sich umschaute, zeichnete er das Gesicht einer Person, indem er nur die verborgene Hand seinem Auge folgen ließ. Und er verwandte viel Zeit darauf, auch uns beizubringen, dass unsere Augen und Hände gemeinsam wahrnahmen, was wir sahen. Und er erzählte uns viel über seine Zeichnungen: wie sie besser geworden waren und wie er besser geworden war. Er hatte Beispiele aus seiner sehr frühen Zeit bis in die Gegenwart dabei, und dann sahen wir ihm auch ganze Tage dabei zu, wenn er seine eigenen Sachen machte. So bekamen wir mit, was die Größe dieser Männer und Frauen als Maler ausmachte, und daneben erlebten wir am College den Alltag mit ihnen. Das war für mich das Inspirierendste.»[68]

Williamson hat sogar eine Mitschrift von Feiningers Kurs hinterlassen, die uns das einzige wörtliche Zeugnis seiner Ausführungen bewahrt hat. Feininger begann mit einem charakteristischen Appell: «Zeichnen Sie so viel nach der Natur wie möglich. Sie müssen in sich selbst ruhen – arbeiten, beobachten, ohne sich damit aufzuhalten, was andere tun. Denken Sie daran, dass es eine enge Beziehung zwischen dem Inneren einer Form und deren Äußerem gibt. Versuchen Sie, eine klare Kontur zu entwickeln – fertigen Sie Stillleben an. Halten Sie sie so einfach wie möglich. Wir müssen uns dessen, was wir tun, sehr sicher sein, bevor wir uns selbst Freiheiten gewähren. Wenn Sie Ihre Augen schließen und zeichnen und das dann Persönlichkeit hat und zusammenhängt, wird es besser geraten, als wenn Sie es mit offenen Augen gezeichnet hätten. Arbeiten Sie, woran Sie wollen – Gemälde oder Graphik –, aber zeichnen, zeichnen, zeichnen Sie – das liegt allem zugrunde.» Und an den Rand einer ihrer Mitschriften notierte sie später Feiningers pädagogisches Credo: «Sie können Kunst nicht lehren, Sie müssen sie durch Erfahrung erlernen.»[69]

Die Begeisterung der Summer-School-Teilnehmer über den Kurs von Feininger war so einhellig, dass Albers ihn im Folgejahr wieder einlud. Doch es sollte zu keinem zweiten Besuch im Black Mountain

College kommen, weil im Sommer 1946 die Rückkehr von Laurence Feininger aus Europa anstand.[70]

So waren die zehn Wochen in North Carolina die letzte große Reise der Feiningers, obwohl über die daraus resultierende Auffrischung alter Bauhaus-Erinnerungen und -Bekanntschaften sowie das parallele Kriegsende die Sehnsucht nach Deutschland noch einmal heftig aufflammte. Aber es gab ja eine Möglichkeit für Lyonel Feininger, ihr nachzugeben: in seinen Bildern. Sie hatte zudem den Vorteil, dass ihm die Konfrontation mit dem zerstörten Land erspart blieb. An den während des Kriegs und auch noch danach in Krefeld lehrenden Georg Muche, den Feininger wie seine Töchter mit Hilfspaketen unterstützte, schrieb er: «Doch was nutzt alle Trauer um unwiederbringliche Zeiten, wenigstens haben wir sie in Glück und Frieden durchlebt und können daran zurückdenken. Die Rückerinnerung, zu welcher ich eine ungewöhnliche Begabung besitze, ist für das Beste in meinem Schaffen der vertrauteste Anlaß. Aus vielen Hundert Skizzen und Notizen vor der Natur kann ich stets wählen, und oft nur einige flüchtige Striche enthalten das künftige Werk, sei's Ölbild, sei's Aquarell. Und Weimar?! – Zu jammern hat's keinen Sinn, doch wenn ich an Deutschland, Berlin, Weimar, Dessau und an die geliebte Ostsee denke, bin ich froh, dass ich die unzerstörte Erinnerung daran mir bewahrt habe und nichts von der heutigen Wirklichkeit zu sehen bekommen habe. Die Erinnerung an unser Leben in Deutschland macht mehr als die Hälfte meines Leben aus und nichts soll sie mir vernichten.»[71]

Das letzte Lebensjahrzehnt von Lyonel Feininger ist schnell erzählt. Er selbst resümierte kurz vor seinem achtzigsten Geburtstag spöttisch: «Ich wachse wohl weiter, aber ‹popular› genug, für amerikanische Begriffe, bin ich noch lange nicht. Andererseits geniess ich bei Sammlern, Studierenden und Museumsdirektoren einen guten Ruf und kann als ‹arrivirt› wohl angesprochen werden. Ich selbst habe ängstlich jede Annäherung gemieden; die Presse verschont mich und die Kunst-Kritiker haben einstweilen vollauf mit Modernen zu tun die viel aufregender sind, und hinter denen sie scharf aufpassen müssen, um nur ‹auf dem Laufenden› zu bleiben. Es ist eine Zeit des aufgeregtesten Kunstschaffens; Werke tragen den Stempel dieser Zeit; ich bin dagegen ein Klassiker aus der grauen Vorzeit – – – bestenfalls angesehen als ‹Pionier›. Wir haben noch Zeit nötig. Also nur abwarten, und weiter in Ruhe schaffen.»[72]

Der Künstler und seine Frau igelten sich immer mehr in ihrem New Yorker Zweizimmerappartement ein; direkte Kontakte beschränkten sich fast nur noch auf Besuche ihrer beiden in der Stadt lebenden Söhne und derer Familien. Besonders nach dem Tod der ersten Frau von Theodore Lux im Jahr 1949 intensivierte sich die Beziehung Lyonel Feiningers zu seinem jüngsten Sohn, mit dem zusammen er regelmäßig im nahen Central Park selbstgebaute Segelmodellschiffe ausprobierte – wie früher an der Ostsee. Ansonsten verließ er kaum mehr das Haus. Das hatte seinen Grund auch im nachlassenden Gehör, wodurch Feininger eine regelrechte Aversion gegen Menschenmengen entwickelte. Nachdem eine schwere Operation 1948 zudem seine Bewegungsmöglichkeiten eingeschränkt hatte, gab er seine lebenslange Privatleidenschaft für das Geigespielen auf, und das in New York wieder angeschaffte Harmonium kam ebenfalls kaum mehr zum Einsatz. An manchen Abenden begaben sich die Feiningers in ihrem Wohnzimmer auf Zeitreise: Lyonel projizierte Dias mit deutschen Landschafts- und Gebäudeszenen an die Wand, und zu Festtagen las Julia ihm aus ihrem Tagebuch vor.[73]

Eine späte Lebensfreundschaft entstand aber doch noch: zu Mark Tobey, einem fast zwanzig Jahre jüngeren amerikanischen Maler, den Feininger über die gemeinsame Galeristin Marian Willard 1944 kennengelernt hatte. Auf der «Artists for Victory»-Ausstellung des Metropolitan Museums war Tobey unter den Preisträgern gewesen. Er hatte in den vierziger Jahren eine dichte monochrome Linienmalerei entwickelt, die immer abstraktere Kompositionen hervorbrachte, aber ans nächtliche Gewimmel in Städten oder an Luftbilder aus großer Höhe erinnerte – eine Vorstufe zum Abstrakten Expressionismus, der in den Nachkriegsjahren zum weltweit dominierenden Malstil werden sollte. Auch Feininger legte seine Bilder in Amerika immer reduzierter an; seine Leinwände der Nachkriegszeit wirken oft wie ausgebleicht, und die aus der Zeichnung übernommenen gemalten Konturlinien wurden noch bildbestimmender als zuvor. Doch blieb der Ursprung der Motive in den Naturnotizen immer zu erkennen. Tobey begeisterte sich für diesen Stil, seit er kurz vor ihrem ersten Treffen auf einer Ausstellung in San Francisco Feiningers Gemälde «Vogelwolke» aus dem Jahr 1926 gesehen hatte.

Begegnungen der beiden Künstler hat es nur wenige gegeben, denn Tobey lebte auf der anderen Seite des Kontinents, in Seattle, und kam nur selten nach New York. Umso intensiver war jedoch der seit 1944 geführte Briefwechsel, in dem Feininger, mehr als ein Vierteljahrhundert nach den Korrespondenzen mit Kubin und Adolf Knoblauch, wieder einen Gesprächspartner fand, mit dem er sich intensiv schriftlich über seine Kunst austauschen konnte. Allerdings spielten diesmal die Zeitumstände keine Rolle; es ging vielmehr um das grundsätzliche Verhältnis der Kunst zur Wirklichkeit.[74] Auch Reminiszenzen an Europa finden sich kaum. Das war ein Sonderfall dieses Briefwechsels. Denn ansonsten umfasste Feiningers Korrespondentenkreis weitgehend alte Bekanntschaften aus den Berliner Jahren und der Bauhaus-Zeit, und die melancholischen Erinnerungen ans geliebte Deutschland und die Klagen über die mangelnde Inspiration durch die amerikanische Umgebung sind dementsprechend feste Topoi.

Durch seinen Rückzug aus der Gesellschaft machte er kaum mehr neue Bekanntschaften. Die Feiningers verließen New York nach 1945 nur noch zu ihren sommerlichen Landaufenthalten in den neuenglischen Nachbarstaaten, und einmal, 1951, hüteten sie dabei für einige Wochen das Wohnhaus von Walter Gropius in Lincoln, Massachusetts. Das hatte der Architekt gemeinsam mit seiner Frau Ise und dem befreundeten Marcel Breuer 1938 ganz nach den eigenen Bedürfnissen entworfen – und nach dem Vorbild der Dessauer Meisterhäuser. So erlebten die Feiningers ein Déjà-vu, und nachdem sie dort allein Lyonels achtzigsten Geburtstag verbracht hatten, entstand in einem Brief an die Witwe des ehemaligen Bauhaus-Meisterkollegen Joost Schmidt noch einmal eine regelrechte Liebeserklärung an das halbe Jahrhundert Lebenszeit in Deutschland.

«Beschaue ich oft hier meine mitgeschleppten hunderten von Natur-Notizen die ich zum Arbeiten in den Sommer Monaten nötig brauche, und lese die Daten unter fast jeder Zeichnung, überkommt's mich doch seltsam. Da sind unzählige Skizzen aus Weimar und der ganzen Umgebung von hundert Dörfern die ich in den Bauhausjahren auf meinem Fahrrad aufsuchte; wenn ich ein Blatt in die Hand nehme, ist's ein Stück Erlebtes, aus einer unwiederbringlich heiteren, arbeitsreichen Zeit, und die Daten gehen oft zurück bis Anfang dieses Jahrhunderts. Andere sogar bis in die Neunziger Jahre des vorigen. Aus alledem ersehe ich, dass ich ein ganzes Stück Weges im Leben zurückgelegt habe, und mir kommt die Vorstellung auf, dass ich mehrere Leben gehabt habe. Ja, liebe Nonne, darüber könnte ich manches erzählen; nur, dass es mir schon seit dem Krieg ergeht wie Ihnen: das Schreiben will nicht recht den Gedanken Ausdruck geben. Erstens ists zuviel das man ungesagt lassen muss, und dann auch, hat die stille Gewohnheit der Aussage in Bildern anstatt der Wörter die Oberhand gewonnen.»[75]

Aber Deutschland liebte ihn nicht so zurück, wie er es sich gewünscht hätte. «Zur Zeit weiss in Deutschland kaum noch jemand etwas von mir; ich bin halb-und-halb eine Legende geworden», stellte er gegenüber einem früheren Braunschweiger Sammler fest.[76] Bis zur ersten größeren Ausstellung der Nachkriegszeit in dem Land, das nun für ihn als alte Heimat galt, dauerte es sechs Jahre. Es war die Kestner-Gesellschaft in Hannover, die damit an die wandernde Retrospektive zum sechzigsten Geburtstag des Malers anknüpfte, die 1932 auch in ihrem Haus Station gemacht hatte. Ansonsten war Feininger mit demselben Problem konfrontiert, das viele in der NS-Zeit emigrierte Künstler hatten: Das deutsche Publikum wollte nicht an sie erinnert werden, sei es aus Scham über deren Vertreibung oder aus Desinteresse angesichts des Wiederauflebens einer Kunstszene nach dem Krieg, die nach ganz neuen, so wenig wie möglich mit der Vergangenheit verbundenen Ausdrucksformen verlangte. Sein früherer Bauhaus-Kollege Georg Muche stellte damals rückblickend fest: «Feininger mußte Deutschland verlassen, als der Nationalsozialismus über uns kam und Unheil brachte. Er, der unser Land liebte und der es besser kannte als wir selbst, er, der die Schönheit unserer Städte, unserer Dörfer und der Ostsee zu den Motiven seiner Bilder gemacht hatte und der damals bei uns mehr Freunde seiner Kunst gefunden hatte als irgendwo sonst auf der Welt, er wurde mit den Seinen vertrieben, ihm ging dieses alles verloren, und wir verloren ihn.»[77]

1954 aber gab es immerhin noch eine Ausstellung, die Feininger selbst als «eine Art von Rechtfertigung»[78] betrachtete: in München, wo seine Bilder zuletzt 1937 beim Auftakt der Schandausstellung «Entartete Kunst» gezeigt worden waren. Nun, siebzehn Jahre später, ermöglichte ihm die Bayerische Akademie der Schönen Künste, neunzig Arbeiten in ihren Räumen zu präsentieren, gleich um die Ecke des damaligen Schauplatzes, den Hofgartenarkaden. Und 1955 erreichte Feininger die Einladung zur ersten documenta nach Kassel, die von ihrem Initiator Arnold Bode ganz bewusst als pädagogische Kunstschau konzipiert wurde. Den Deutschen sollte nicht unmittelbares Gegenwartsschaffen nahegebracht werden, sondern jene Kunst, die von den Nationalsozialisten verfemt worden war – Exil war hier ausnahmsweise ein Qualitätskriterium. Es ist bezeichnend, dass Feininger mit seinen Bildern dort einmal mehr als deutscher Künstler geführt wurde.

Nach Deutschland reisen konnte er als mittlerweile Vierundachtzigjähriger nicht mehr, seine labile Konstitution ließ das nicht zu. Im September 1955 stürzte Feininger beim Ausstieg aus der Badewanne und brach sich dabei die Schulter an. Bei der Untersuchung im Krankenhaus wurden zudem innere Verletzungen an Leber und Gallenblase festgestellt. Die letzten Monate verbachte er deshalb weitgehend im Bett. Am 13. Januar 1956 starb Lyonel Feininger in seiner Wohnung. Beerdigt wurde er vier Tage später auf dem idyllisch gelegenen Mount-Hope-Friedhof der unmittelbar vor New York City gelegenen Kleinstadt Hastings-on-Hudson. Die Grabrede hielt Alfred H. Barr, mit dem er seit 1927 in ständigem Austausch gewesen war. Er sagte über Feininger: «In seinen Briefen sprach er oft von seiner Liebe zu Amerika. Er hoffte zurückzukehren, und dennoch war er zutiefst verunsichert, wie er wohl empfangen würde. Er hatte hierzulande Freunde, besonders Wilhelm Valentiner und Galka Scheyer, aber unter Amerikanern allgemein, selbst jenen, die sich für Kunst interessieren, war es nahezu unbekannt, dass nach dem Tod von Mary Cassatt niemand anders als Lyonel Feininger die Position des bei den Europäern berühmtesten und anerkanntesten amerikanischen Malers erlangt hatte. (…) Aber am Ende erhielten die neuen Wolkenkratzer seiner Heimatstadt New York ihren Platz neben den gotischen Türmen alter deutscher Städte. Und Lyonel Feininger hat seinen berechtigten Platz in der Wertschätzung seiner amerikanischen Landsleute eingenommen – und in ihren Herzen.»[79]

So galt noch das letzte Wort an ihn, wenngleich versöhnlich gemeint, der transatlantischen Zerrissenheit des Künstlers. Unter den unvollendeten Arbeiten, die nach seinem Tod in der Wohnung zurückblieben, waren sowohl deutsche als auch amerikanische Motive. Das einzige Bild jedoch, das Lyonel Feininger 1955 noch hatte beenden können, trägt zwar den englischen Titel «Evening Haze», aber es zeigt eine Giebellandschaft aus Deutschland.

ANHANG

ANMERKUNGEN

Vorwort

1 Lyonel Feininger an Gerhard Marcks, 8. Januar 1952. Zit. in: «Lyonel Feininger – Werke aus dem Nachlass». Berlin 1964, unpag. [S. 9].

2 Leonore Feininger: «Zuerst kam das Klavier …». In: Bettina Brand, Martina Helmig, Barbara Kaiser, Birgit Salomon und Adje Westerkamp (Hrsg.): «Komponistinnen in Berlin». Berlin 1987, S. 300–312, hier S. 312.

3 Vergl. Hans Hess: «Lyonel Feininger». Monographie und Werkverzeichnis. Stuttgart 1959. Eine englische Ausgabe des Buchs erschien 1961 in London. Seit 1987 erstellt der New Yorker Galerist Achim Moeller den ersten Catalogue raisonné zu Feiningers Werk, doch die 2018 begonnene Bereitstellung der Ergebnisse im Internet ist bislang nicht über das Jahr 1918 und damit die ersten zweihundert Nummern hinausgelangt (http://feiningerproject.org/catalogue/index.php, zuletzt abgerufen am 15. Dezember 2020). Moellers Verzeichnis wird jedoch, so viel ist schon klar, gegenüber dem von Hess nur wenige Bilder mehr enthalten. Nicht systematisch erschlossen ist bislang die ungleich größere Anzahl von Aquarellen, und der Umfang der Zeichnungen, die Feininger allerdings nur in den seltensten Fällen als autonome Arbeiten betrachtete, ist kaum zu schätzen; allein von den «Naturnotizen», Feiningers zentralem Arbeitsmaterial in Form von Skizzen, dürfte es mindestens zehntausend geben. Dazu kommen noch an die zweitausend publizierte Karikaturen und Illustrationen.

4 Lyonel Feininger an Theodore Lux Feininger, undat. [frühe fünfziger Jahre]. Zit. in: Barbara Haskell (Hrsg.): «Lyonel Feininger – At the End of the World». New York 2011, S. 154. Eigene Übersetzung.

5 Lyonel Feininger an Galka Scheyer, 13. Dezember 1924. Getty Research Institute (im Folgenden GRI), Peg Weiss papers, 980065, Box 9, F. 56.

Originalität als Verbrechen

1 Feininger selbst hat nur selten über seine Anfänge in Deutschland gesprochen, darunter einmal am Ende seines Lebens mit dem Kunsthistoriker Frederick S. Wight, der ein Katalogvorwort über ihn vorbereitete. Vergl. Frederick S. Wight: «Feininger at Lincoln». Katalog zur Ausstellung im Cleveland Museum of Art. Cleveland 1951, S. 11. Dieser Darstellung folgt die meine.

2 Alois Schardt: unpubliziertes Manuskript über Lyonel Feininger. GRI, Alois Schardt papers, 910172, Box 5, Lyonel Feininger material, F. 2. Karl Feiningers Wut über die finanzielle Leichtfertigkeit seines Sohnes und die daraus resultierende Reaktion, die Schardt schildert, entsprechen in ihrer Heftigkeit einer ähnlichen väterlichen Weisung, die drei Jahre später das Leben Lyonel Feiningers ein weiteres Mal entscheidend bestimmen sollte. Siehe Seite 26.

3 Lyonel Feininger an H. Francis Kortheuer, 4. November 1887. Zit. in: Ernst Scheyer: «Lyonel Feininger – Caricature & Fantasy». Detroit 1964, S. 23. Alle Briefe Feiningers an Kortheuer im Folgenden in eigener Übersetzung.

4 Vergl. Lyonel Feininger an H. Francis Kortheuer, ohne Datum [Februar 1888]. Zit. ebd., S. 24. Die Korrespondenz mit Kortheuer hielt Feininger trotz des elterlichen Verbots heimlich aufrecht, wenn auch in großen Abständen.

5 Lyonel Feininger an H. Francis Kortheuer, 29. Juli 1888. Zit. ebd., S. 30.

6 Auskunft von Lyonel Feininger 1944 ans Museum of Modern Art. MoMA Archives, Alfred H. Barr, Jr. papers, VIII.A. 2.

7 Lux Feininger: «Lyonel Feininger in Deutschland». In Roland März (Hrsg.): «Lyonel Feininger – Von Gelmeroda nach Manhattan». Retrospektive der Gemälde. Berlin 1998, S. 355–358, hier S. 356.

8 Barbara Haskell: «Redeeming the Sacred: The Romantic Modernism of Lyonel Feininger». In: Haskell, 2011, S. 1–197, hier S. 1 f.

9 Lyonel Feininger an Julia Berg, ohne Datum [1905]. Zit. in: Ausstellungskatalog des Detroit Institute of Arts. Detroit 1941, S. 8. Eigene Rückübersetzung.

10 Lyonel Feininger an Alfred H. Barr, 9. August 1944. MoMA Archives, Alfred H. Barr, Jr. papers, VIII.A.2.

11 Lyonel Feininger an Alfred H. Barr, 20. Juli 1944. Ebd., Alfred H. Barr, Jr. papers, VIII.A.3. Eigene Übersetzung.

12 Lyonel Feininger an H. Francis Kortheuer, 8. Januar 1894. Zit. in: Scheyer, 1964, S. 63.

13 Walter Mehring: «Verrufene Malerei». Von Malern, Kennern und Sammlern. Zürich 1958, S. 78.

14 Lyonel Feininger an H. Francis Kortheuer, 27. / 28. Februar 1888. Zit. in: Haskell, 2011, S. 4.

15 Lyonel Feininger an H. Francis Kortheuer, 8. März 1890. Zit. in: Scheyer, 1964, S. 35.

16 Lyonel Feininger an Mary Werner, 24. Juni 1890. Zit. in: Florens Deuchler: «Lyonel Feininger». Sein Weg zum Bauhaus-Meister. Leipzig 1996, S. 10. Eigene Übersetzung.

17 Lyonel Feininger an Alfred V. Churchill, 7. Oktober 1890. Als Originalbrief abgebildet unter https://www.aaa.si.edu/collections/items/detail/lyonel-feininger-to-alfred-churchill-5893, zuletzt abgerufen am 25. Mai 2019. Eigene Übersetzung.

18 Vergl. Achim Moeller (Hrsg.): «Lyonel Feininger – The Early Years 1890–1906». Drawings from a Private Collection. New York 2015, S. 16.

19 Lyonel Feininger an Otto Marcus, 29. September 1947. Zit. in: März, 1998, S. 357.

20 Lyonel Feininger an Alfred V. Churchill, 20. Mai 1890. Als Originalbrief abgebildet unter https://www.aaa.si.edu/collections/items/detail/lyonel-feininger-to-alfred-churchill-5874, zuletzt abgerufen am 25. Mai 2019. Eigene Übersetzung.

21 Lyonel Feininger an Alfred V. Churchill, 7. Oktober 1890. Als Originalbrief abgebildet unter https://www.aaa.si.edu/collections/items/detail/lyonel-feininger-to-alfred-churchill-5893, zuletzt abgerufen am 25. Mai 2019. Eigene Übersetzung.

22 Vergl. Ulrich Luckhardt (Hrsg.): «Lyonel Feininger, Alfred Kubin – Eine Künstlerfreundschaft». Ostfildern 2015, S. 51. In einem früheren Aufsatz hatte Luckhardt noch «weit mehr als 2000 Karikaturen» postuliert («Vom populären Karikaturisten zum unbekannten Maler – Lyonel Feiningers Weg zum unabhängigen Künstler». In: März, 1998, S. 225–229, hier S. 226).

23 Lyonel Feininger an Alfred Vance Churchill, 24. Juni 1893. Zit. in: Scheyer, 1964, S. 158. Eigene Übersetzung.

24 Vergl. Lyonel Feininger an Alfred H. Barr, 24. August 1944. MoMA Archives, Alfred H. Barr, Jr. papers, VIII.A.2.

25 Lyonel Feininger an Julia Berg, 11. Oktober 1905. Harvard Art Museum Archives, Typewritten excerpts of letters from Lyonel Feininger to Julia Feininger 1905–1912, F. 14. Auslassungspunkte ohne Klammern finden sich so in den Exzerpten.

26 Lyonel Feininger an H. Francis Kortheuer, 28. November 1903. Zit. in: Scheyer, 1964, S. 97 f.

27 Lyonel Feininger an Gerhard Marcks, 8. Januar 1952. Zit. in: «Lyonel Feininger – Werke aus dem Nachlass». Berlin 1964, unpag.

28 Vergl. rückblickend Lyonel Feininger an Julia Berg, 6. Februar 1906. Harvard Art Museum Archives, Typewritten excerpts of letters from Lyonel Feininger to Julia Feininger 1905–1912, F. 14.

29 Abgebildet in Ulrich Luckhardt: «Vom populären Karikaturisten zum unbekannten Maler – Lyonel Feiningers Weg zum unabhängigen Künstler». In: März, 1998, S. 227.

30 Lyonel Feininger an Julia Berg, 7. November 1905. Harvard Art Museum Archives, Typewritten excerpts of letters from Lyonel Feininger to Julia Feininger 1905–1912, F. 14.

31 Lyonel Feininger an Julia Feininger, 16. August 1917. Harvard University, Houghton Library, Lyonel Feininger papers, MS Ger 146.1.

32 Lyonel Feininger an Gerhard Marcks, 8. Januar 1952. Zit. in: «Lyonel Feininger – Werke aus dem Nachlass». Berlin 1964, unpag.

33 Leonore Feininger: «Zuerst kam das Klavier ...». In Bettina Brand, Martina Helmig, Barbara Kaiser, Birgit Salomon und Adje Westerkamp (Hrsg): «Komponistinnen in Berlin». Berlin 1987, S. 300–312, hier S. 300.

34 Lyonel Feininger an Julia Berg, 31. Oktober 1905. Harvard Art Museum Archives, Typewritten excerpts of letters from Lyonel Feininger to Julia Feininger 1905–1912, F. 14.

35 Lyonel Feininger an Julia Berg, 3. November 1905. Ebd., Typewritten excerpts of letters from Lyonel Feininger to Julia Feininger 1905–1912, F. 14.

36 Lyonel Feininger an Julia Berg, 26. Januar 1906. Ebd., Typewritten excerpts of letters from Lyonel Feininger to Julia Feininger 1905–1912, F. 14

37 Lyonel Feininger an Julia Berg, 9. Februar 1906. Ebd., Typewritten excerpts of letters from Lyonel Feininger to Julia Feininger 1905–1912, F. 14.

38 Lyonel Feininger an Julia Berg, 4. März 1906. Ebd., Typewritten excerpts of letters from Lyonel Feininger to Julia Feininger 1905–1912, F. 14.

39 Alois Schardt: unveröffentlichtes Manuskript über Lyonel Feininger. GRI, Alois Schardt papers, 910172, Box 5, Lyonel Feininger material, F. 2.

40 Lyonel Feininger an Julia Berg, 12. Juni 1906. Harvard Art Museum Archives, Typewritten excerpts of letters from Lyonel Feininger to Julia Feininger 1905–1912, F. 14.

41 Gespräch mit Judith Pearlman und Rainer Schaper vom 26. März 1984, tran-

skribiert mit handschriftlichen Korrekturen von T. Lux Feininger in: GRI, Judith Pearlman interviews with Bauhaus masters and students, Box 1, folder Feininger, T. Lux, S. 27. Eigene Übersetzung.

42 Vergl. Ulrich Luckhardt: «Lyonel Feininger – Karikaturen». Köln 1998, S. 17.

43 Vergl. Ulrich Luckhardt, Martin Faass: «Lyonel Feininger – Die Zeichnungen und Aquarelle». Köln 1998, S. 230.

44 Bill Blackbeard (Hrsg.): «The Comic Strip Art of Lyonel Feininger». Northampton, MA 1994, S. 5.

45 «The Chicago Sunday Tribune» vom 29. April 1906, Comic Supplement, S. 3. Eigene Übersetzung.

46 Lyonel Feininger an Fred Werner, 15. September 1919. Zit. in: Moeller, 2015, S. 18. Eigene Übersetzung.

47 Vergl. Haskell, 2011, S. 25 f.

48 Vergl. Hess, 1959, S. 84.

49 http://feiningerproject.org/catalogue/index.php, zuletzt abgerufen am 31. Dezember 2020.

50 Lyonel Feininger an Julia Berg, 27. August 1907. Zit. in: Wolfgang Büche: «Vom ‹vergnügten Greis› zum Avantgarde-Maler». In: Christian Philipsen (Hrsg.): «Lyonel Feininger – Paris 1912. Die Rückkehr eines verlorenen Gemäldes». Halle (Saale) 2016, S. 16–23, hier S. 17.

51 Lyonel Feininger an Julia Berg, 29. August 1920. Zit. in: Luckhardt, 2015, S. 27.

52 Vergl. Luckhardt / Faass, 1998, S. 14.

53 Vergl. Lyonel Feininger an Julia Feininger, 11. November 1924. Zit. in: Haskell, 2011, S. 193, Fußnote 246.

54 Otto Eysler an Lyonel Feininger, 28. August 1907. Zit. in: Luckhardt / Faass, 1998, S. 44.

55 Vergl. Luckhardt / Faass, 1998, S. 27.

56 Lyonel Feininger an Julia Berg, 11. Juli 1908. Zit. in: Christiane Weber: «Lyonel Feininger». Genial – verfemt – berühmt. Weimar 2014, S. 127.

57 Zit. in: Luckhardt / Faass, 1998, S. 45.

58 Lyonel Feininger an Julia Feininger, 8. Juni 1914. Harvard Art Museum Archives, Typewritten excerpts of letters from Lyonel Feininger to Julia Feininger 1905–1912, F. 14.

59 Zit. in: Philipsen, 2016, S. 92.

60 Lyonel Feininger an Julia Feininger, 19. September 1910. Zit. in: Deuchler, 1996, S. 67. Eigene Übersetzung.

61 Vergl. Roland März: «Lyonel Feininger – Der Maler». In: März, 1998, S. 27–43, hier S. 29.

62 Paul Erich Küppers im Katalog zu «Paul Klee, Lyonel Feininger – Gemälde Graphik». XXIX. Sonder-Ausstellung der Kestner-Gesellschaft e. V., 30. November 1919 – 1. Januar 1920. Hannover 1919, S. 3–5, hier S. 4.

63 Lyonel Feininger an Alfred V. Churchill, 13. März 1913. In: Archives of American Art, https://www.aaa.si.edu/collections/alfred-vance-churchill-papers-regarding-lyonel-feininger-9000/series-1/box-1-folder-5, zuletzt abgerufen am 15. April 2019. Eigene Übersetzung. In einem ein halbes Jahr später geschriebenen Brief an Julia Feininger wiederholen sich die Kategorien «Monumentalität» und «Konzentration» (25. September 1913. Harvard Art Museum Archives, Typewritten excerpts of letters from Lyonel Feininger to Julia Feininger 1913–1916, F. 15), also aufbauende statt zersetzende Kräfte.

64 Luckhardt, 2015, S. 29.

65 Zit. in: Deuchler, 1996, S. 131.

66 Lyonel Feininger an Alfred H. Barr, 14. Mai 1928. MoMA Archives, Alfred H. Barr, Jr. papers, VIII.A.8.

67 Lyonel Feininger an Alfred Kubin, 25. Dezember 1912. Zit. in: Luckhardt, 2015, S. 195.

68 Alfred Kubin an Lyonel Feininger, 5. Dezember 1912. Zit. ebd., S. 185.

69 Lyonel Feininger an Alfred Kubin, 11. Dezember 1912. Zit. ebd., S., 187.

70 Edward Kramer an Lyonel Feininger, 2. März 1912. Zit. in: Hess, 1959, S. 58.

71 Lyonel Feininger an Alfred V. Churchill, 13. März 1913. In: Archives of American Art, https://www.aaa.si.edu/collections/alfred-vance-churchill-papers-regarding-lyonel-feininger-9000/series-1/box-1-folder-5, zuletzt abgerufen am 15. April 2019. Eigene Übersetzung.

72 Lyonel Feininger an Julia Feininger, 4. April 1913. Zit. in: Haskell, 2011, S. 53. Eigene Übersetzung.

73 Lyonel Feininger an Julia Feininger, 31. Mai 1913. Harvard Art Museum Archives, Typewritten excerpts of letters from Lyonel Feininger to Julia Feininger 1913–1916, F. 15.

74 Lyonel Feininger an Julia Feininger, 1. Juni 1913. Zit. ebd. Eigene Übersetzung.

75 Alfred Kubin an Lyonel Feininger, 14. Juli 1913. Zit. ebd., S. 217.

76 Lyonel Feininger an Alfred Kubin, 5. Oktober 1913. Zit. ebd., S. 227.

77 Mehring, 1958, S. 83.

78 Lyonel Feininger an Julia Feininger, 8. Juni 1914. Harvard Art Museum Archi-

ves, Typewritten excerpts of letters from Lyonel Feininger to Julia Feininger 1913–1916, Folder 15.

Ein gezeichnetes Wesen

1 Karl Feininger an Lyonel Feininger, 8. September 1914. Harvard Art Museum Archives, Houghtin Library, Lyonel Feninger papers, MS Ger 146, 267. Eigene Übersetzung.

2 Lyonel Feininger an Fred Werner, 15. September 1919. Zit. in: Deuchler, 1996, S. 210. Eigene Übersetzung. Auch die Korrespondenz mit dem australischen Staatsbürger Fred Werner hatte fünf Jahre lang geruht, weil Australien als Mitglied des britischen Empires im Krieg mit Deutschland stand. Werner hatte Karl Feininger bei dessen letztem Berlin-Besuch im Jahr 1890 persönlich kennengelernt.

3 Vergl. Karl Feininger an Lyonel Feininger, 15. September 1919. Harvard Art Museum Archives, Houghton Library, Lyonel Feininger papers, MS Ger 146, 269.

4 Wassily Kandinsky an Herwarth Walden, 2. August 1914. GRI, Hans Kleinschmidt Research Files, 950005, F. 12.

5 Lyonel Feininger an Julia Feininger, 30. Mai 1913. Harvard Art Museum Archives, Typewritten excerpts of letters from Lyonel Feininger to Julia Feininger 1913–1916, F. 15.

6 Lyonel Feininger an Julia Feininger, 8. Juni 1914. Ebd.

7 Lyonel Feininger an Julia Feininger, 1. August 1915. Ebd.

8 Lyonel Feininger an Curt Valentin, 22. September 1939. MoMA Archives, Curt Valentin Papers, III.A.10 (4) 1 of 3. Sechs Jahre später sollte der von Feininger selbst abgesegnete Lebenslauf in einem Prospekt zur Summer School des Black Mountain Colleges, in der er unterrichtete, sogar lapidar aufführen: «member of the Blue Rider group» (North Carolina State Archives, North Carolina Museum of Art, Black Mountain College Research Project, II. Research Files, Box 20, F. Files about Individuals: Feininger, Lyonel).

9 Lyonel Feininger an Alfred Kubin, 5. Januar 1915. Zit. in: Luckhardt, 2015, S. 261 f.

10 Lyonel Feininger an Julia Feininger, 10. Juni 1914. Harvard Art Museum Archives, Typewritten excerpts of letters from Lyonel Feininger to Julia Feininger 1913–1916, F. 15.

11 Lyonel Feininger an Wilhelm Mayer, 22. März 1918. GRI, Lyonel Feininger Letters, F. 870210. Der in Tübingen lebende Mediziner Mayer hatte von Feininger das Gemälde «Brücke I» erworben und wurde bis zum Inflationshöhepunkt einer seiner wichtigsten Käufer.

12 Lyonel Feininger an Julia Feininger, 1. August 1915. Harvard Art Museum Archives, Typewritten excerpts of letters from Lyonel Feininger to Julia Feininger 1913–1916, F. 15.

13 Lyonel Feininger an Erich Rosenhain, 26. Februar 1919. https://www.stargardt.de/download/%20III_Bildende%20Kunst.pdf, zuletzt abgerufen am 21. Oktober 2020.

14 MoMA Archives, Alfred H. Barr, Jr. papers, VIII.A.8. Eigene Übersetzung.

15 Lyonel Feininger an Julia Feininger, 2. September 1917. Harvard University, Houghton Library, Lyonel Feininger papers, MS Ger 146.1, Box 26, 1763.

16 Lyonel Feininger an Julia Feininger, 14. Juli 1916. Harvard Art Museum Archives, Typewritten excerpts of letters from Lyonel Feininger to Julia Feininger 1913–1916, F. 15.

17 Vergl. Feiningers Entwurf einer Antwort an die Botschaft, die sich im Nachlass erhalten hat. Zit. in: Haskell, 2011, S. 67.

18 Lyonel Feininger an einen unbekannten Empfänger (Peter Nisbet vermutet darin Alois Schardt, den Feininger aber höchstwahrscheinlich erst 1919 kennenlernte), ohne Datum [März 1917]. In: Peter Nisbet: «Lyonel Feininger's *The Green Bridge II*: Notes on War and Memory». In: «North Carolina Museum of Art Bulletin», Vol. XVII / 1997, Raleigh 1997, S. 56–69, hier S. 63. Eigene Übersetzung.

19 Lyonel Feininger an Julia Feininger, 9. April 1933. MoMA Archives, William S. Lieberman papers, I. A.81.d.

20 Lyonel Feininger an Siegfried Kracauer, 13. September 1944. Ebd., Alfred H. Barr, Jr. papers, VIII.A.2.

21 Entgegen seiner üblichen Gewohnheit bei graphischen Arbeiten ist der Titel nicht zusammen mit Signatur und Datierung unten am Rand vermerkt.

22 Lyonel Feininger an Julia Feininger, 1. August 1915. Harvard Art Museum Archives, Typewritten excerpts of letters from Lyonel Feininger to Julia Feininger 1913–1916, F. 15.

23 Lyonel Feininger an Julia Feininger, 8. August 1917. Harvard University, Houghton Library, Lyonel Feininger papers, MS Ger 146.1, Box 26, 1739.

24 Landesarchiv Berlin, A Rep. 042–05–03, Nr. 36.

25 Lyonel Feininger an Julia Feininger, 14. August 1917. Ebd., Lyonel Feininger papers, MS Ger 146.1, Box 26, 1744.

26 Lyonel Feininger an Julia Feininger, 8. August 1917. Ebd., Lyonel Feininger papers, MS Ger 146.1, Box 26, 1739.

27 Ebd. Julia Feininger war mit dem ältesten Sohn Andreas noch für einige weitere Wochen in Braunlage geblieben.

28 Bezirkskommando IV Berlin, 20. November 1914 (Geheim): Strengere Maßnahmen gegen feindliche Ausländer. Erläuterungen zum Erlaß des Oberkommandos. Landesarchiv Berlin, A Rep. 042–05–03, Nr. 36. Der genaue Wortlaut dieser Regelungen lautete: «Alle über 15 Jahre alten männlichen und weiblichen Angehörigen feindlicher Staaten müssen vom 10.11.1914 ab 1) stets einen Polizei-Ausweis bei sich haben, 2) sich täglich zweimal persönlich auf dem zuständigen oder angewiesenen Polizei-Revier bezw. Amtsbureau melden, 3) dürfen den Ortspolizeibezirk ihres Wohnsitzes nicht ohne Genehmigung verlassen, 4) müssen von 8 Uhr abends bis 7 Uhr vormittags in der eigenen Wohnung sein, 5) dürfen die Wohnung nicht ohne polizeiliche Erlaubnis wechseln und 6) Briefe nicht verschlossen absenden. (…) Befreiungen oder Erleichterungen von den Verpflichtungen zu Nr. 2 bis 4 dürfen bei ausreichender Begründung für einen Tag von der Polizeiverwaltung (dem Amtsvorstand) gewährt werden, auch öfter, aber nicht anschließend. Über Befreiungen oder Erleichterungen von längerer Dauer hat im Auftrag des stellv. Generalkommandos des III. Armeekorps das Bezirkskommando IV Berlin zu entscheiden (…). Nach den höheren Orts erhaltenen Anweisungen wird das Bezirkskommando längere oder dauernde Befreiungen – Erleichterungen nur dann aussprechen, wenn dies einem unabweisbaren dringenden Bedürfnis entspricht.»

29 Vergl. die Erklärung der Vertretung Königliches Ministerium der auswärtigen Angelegenheiten, Berlin, vom 6. Februar 1917, Ebd., A Pr.BR.Rep. 030, Nr. 11364.

30 In einem Brief an Alfred H. Barr behauptete Feininger 1944, auch er habe sich zweimal täglich melden müssen. Vergl. Lyonel Feininger an Alfred H. Barr, 20. Juli 1944. MoMA Archives, Alfred H Barr, Jr. papers VIII.A.3.

31 Vergl. Lyonel Feininger an Alfred Kubin, ohne Datum [wohl Februar 1918]. Zit. in: Luckhardt, 2015, S. 273.

32 Lyonel Feininger an Julia Feininger, 26. August 1917. Harvard University, Houghton Library, Lyonel Feininger papers, MS Ger 146.1, Box 26, 1756.

33 Lyonel Feininger an Julia Feininger, 27. August 1917. Ebd., Lyonel Feininger

papers, MS Ger 146.1, Box 26, 1757. Dieser Brief fehlt bezeichnenderweise in den von Julia Feininger später angefertigten Exzerpten der Schreiben ihres Mannes an sie.

34 Vergl. Lyonel Feininger an Julia Feininger, 2. September 1917. Ebd., Lyonel Feininger papers, MS Ger 146.1, Box 26, 1763.

35 Lyonel Feininger an Julia Feininger, 6. August 1917. Ebd., Lyonel Feininger papers, MS Ger 146.1, Box 26, 1737.

36 Lyonel Feininger an Julia Feininger, 14. August 1917. Ebd., Lyonel Feininger papers, MS Ger 146.1, Box 26, 1744.

37 Lyonel Feininger an Julia Feininger, 18. August 1917. Ebd., Lyonel Feininger papers, MS Ger 146.1, Box, 26, 1748.

38 «Aber der Austausch mit ihnen mag einiges an Anregung bieten.» Lyonel Feininger an Julia Feininger, 15. September 1913. Harvard Art Museum Archives, Typewritten excerpts of letters from Lyonel Feininger to Julia Feininger 1913–1916, F. 15. Das ist nur ein weiteres Beispiel für die Praxis von Julia Feininger, die für die Öffentlichkeit gedachten Selbstzeugnisse ihres Mannes zu frisieren, um ein konsistentes Bild seiner Persönlichkeit zu schaffen. Hier sollte offenbar seine anfängliche Skepsis gegenüber der Avantgarde etwas gemildert werden.

39 Lyonel Feininger an Julia Feininger, 8. August 1917. Harvard University, Houghton Library, Lyonel Feininger papers, MS Ger 146.1, Box 26, 1739.

40 Michael Siebenbrodt: «Lyonel Feininger am Staatlichen Bauhaus in Weimar». In: Ernst Gerhard Güse, Michael Siebenbrodt (Hrsg.): «Lyonel Feininger in Weimar». Weimar 2006, S. 9–17, hier S. 9.

41 Lothar Schreyer: «Lyonel Feininger». Dokumente und Visionen. München 1957, S. 8.

42 Vergl. http://digital.bib-bvb.de/view/bvb_single/single.jsp?dvs=1599713652473~963&locale=de_DE&VIEWER_URL=/view/bvb_single/single.jsp?&DELIVERY_RULE_ID=39&bfe=view/action/singleViewer.do?dvs=&frameId=1&usePid1=true&usePid2=true, zuletzt abgerufen am 10. September 2020.

43 Als Digitalisat einzusehen unter https://digi.ub.uni-heidelberg.de/diglit/sturm1917_1918/0088, zuletzt eingesehen am 10. September 2020. Das Schicksal des kompletten Briefwechsels ist bislang nicht bekannt.

44 Vergl. http://digital.bib-bvb.de/view/bvb_single/single.jsp?dvs=1599714374499~995&locale=de_DE&VIEWER_URL=/view/bvb_single/single.jsp?&DELIVERY_RULE_ID=39&bfe=view/action/singleViewer.do?dvs=&

frameId=1&usePid1=true&usePid2=true, zuletzt eingesehen am 10. September 2020.

45 Vergl. Lyonel Feininger an Julia Feininger, 26. August 1917. Harvard University, Houghton Library, Lyonel Feininger papers, MS Ger 146.1, Box 26, 1756.

46 Adolf Knoblauch, Lyonel Feininger: «Zwiesprache». In: «Der Sturm». Monatsschrift für Kultur und die Künste. Achter Jahrgang, Sechstes Heft, Berlin 1917, S. 82–87, hier S. 82.

47 Ebd.

48 Ebd.

49 Ebd., S. 83.

50 Ebd.

51 Ebd.

52 Ebd., S. 84.

53 Ebd., S. 82.

54 Ebd.

55 Ebd., S. 86.

56 Ebd.

57 Roland März: «Lyonel Feininger – Der Maler». In: März, 1998, S. 27–43, hier S. 34.

58 Lyonel Feininger an Julia Feininger, 6. August 1917. Harvard University, Houghton Library, Lyonel Feininger papers, MS Ger 146.1, Box 26, 1737.

59 Lyonel Feininger an Julia Feininger, 14. August 1917. Ebd., Lyonel Feininger papers, MS Ger 146.1, Box 26, 1744.

60 Lyonel Feininger an Julia Feininger, 15. August 1917. Ebd., Lyonel Feininger papers, MS Ger 146.1, Box 26, 1745.

61 Lyonel Feininger an Julia Feininger, 25. August 1917. Ebd., Lyonel Feininger papers, MS Ger 146.1, Box 26, 1754.

62 Lyonel Feininger an Julia Feininger, 26. August 1917. Ebd., Lyonel Feininger papers, MS Ger 146.1, Box 26, 1756.

63 Lyonel Feininger an Julia Feininger, 23. August 1917. Ebd., Lyonel Feininger papers, MS Ger 146.1, Box 26, 1753.

64 Vergl. Lyonel Feininger an Julia Feininger, 1. September 1917. Ebd., Lyonel Feininger papers, MS Ger 146.1, Box 26, 1761.

65 Die drei letzten Zitate aus Lyonel Feininger an Julia Feininger, 2. September 1917. Ebd., Lyonel Feininger papers, MS Ger 146.1, Box 26, 1763.

66 Mehring, 1958, S. 63.

67 Lyonel Feininger an Wilhelm Mayer, 23. Februar 1918. Zit in: Deuchler, 1996, S. 5.

68 Lyonel Feininger an Wilhelm Mayer, 10. Mai 1918. Zit. ebd.

69 Zit. ebd., S. 190.

70 Lyonel Feininger an Otto Marcus, 29. September 1947. Zit. in: März, 1998, S. 357.

71 Lyonel Feininger an einen unbekannten Empfänger, 14. März 1917. In: «Das Kunstblatt», Juli 1931, S. 216 f.

72 Lyonel Feiniger an Alfred Kubin, 25. März 1918. Zit. in: Luckhardt, 2015, S. 279.

73 Lyonel Feininger an Wilhelm Mayer, 3. November 1918. GRI, Lyonel Feininger Letters, F. 870210.

74 Lyonel Feininger an Wilhelm Mayer, 24. Januar 1919. GRI, Lyonel Feininger Letters, F. 870210.

75 Vergl. Lyonel Feininger an Georg Tappert, 8. Dezember 1918. Zit. in: Haskell, 2011, S. 92.

76 Zit. in: Schmidt, 1964, S. 243 f.

77 Lyonel Feininger an Wilhelm Mayer, 4. Januar 1919. GRI, Lyonel Feininger Letters, F. 870210.

78 Walter Gropius: «Bauhaus-Manifest». Weimar 1919, S. 2.

Ich habe hier eine Mission auf der Erde

1 Lyonel Feininger an Galka Scheyer, 13. Dezember 1945. Zit. in: Isabel Wünsche (Hrsg.): «Galka E. Scheyer & Die Blaue Vier». Briefwechsel 1924–1945. Wabern / Bern 2006, S. 310. Eigene Übersetzung. Wünsches Buch bietet nur eine Auswahl dieser umfangreichen Korrespondenz, die im Norton Simon Museum von Pasadena aufbewahrt wird. Ein vollständiger Kopiensatz ist Bestandteil des Nachlasses der amerikanischen Kunsthistorikerin Peg Weiss, die alles zum Leben von Galka Scheyer zusammentrug, dessen sie habhaft werden konnte. Auf diesem heute im Getty Research Institute befindlichen Bestand beruht dieses Kapitel.

2 GRI, Peg Weiss papers, 980065, Box 127, F. 12.

3 GRI, Peg Weiss papers, 980065, Box 2, F. 32.

4 Galka Scheyer an Lyonel Feininger, 6. November 1933. GRI, Peg Weiss papers, 980065, Box 23, F. 11.

5 Galka Scheyer an Walter Dexel, ohne Datum [Juli 1922]. GRI, Walter Dexel letters received, Box 2, F. 850835–32.

6 Lyonel Feininger an Galka Scheyer, 11. August 1922. GRI, Peg Weiss papers, 980065, Box 5, F. 27. Vergl. auch Lyonel Feininger an Erich Scheyer, 6. Juli 1923. GRI. Galka Scheyer Letters, F. 880279–1.

7 Galka Scheyer an Walter Dexel, ohne Datum [1923]. GRI, Walter Dexel letters received, Box 2, F. 850835–32.

8 Abb. in Wünsche, 2006, S. 29.

9 Vergl. Alexej von Jawlensky an Galka Scheyer, 26. Juli 1923. GRI, Peg Weiss papers, 980065, Box 5, F. 54.

10 Galka Scheyer an Helene von Jawlensky, ohne Datum [Ende Juli 1923]. GRI, Peg Weiss papers, 980065, Box 6, F. 3.

11 Galka Scheyer an Alexej von Jawlensky, 5. September 1923. GRI, Peg Weiss papers, 980065, Box 6, F. 41.

12 Alexej von Jawlensky an Galka Scheyer, 16. September 1923. GRI, Peg Weiss papers, 980065, Box 6, F. 43.

13 Wassily Kandinsky an Galka Scheyer, 11. November 1923. GRI, Peg Weiss papers, 980065, Box 7, F. 5.

14 Margarete Scheyer an Alexej von Jawlensky, ohne Datum [Anfang Juli 1922]. GRI, Peg Weiss papers, 980065, Box 5, F. 13.

15 Galka Scheyer an Alexej von Jawlensky, 31. Dezember 1931. GRI, Peg Weiss papers, 980065, Box 7, F. 15.

16 Paul Klee an Edwin Redslob, ohne Datum [Herbst 1923]. GRI, Peg Weiss papers, 980065, Box 7, F. 3.

17 Paul Klee an Galka Scheyer, 10. Januar 1924. Zit. in: Wünsche, 2006, S. 40.

18 Lyonel Feininger an Galka Scheyer, 13. Januar 1924. Zit. ebd., S. 41.

19 Galka Scheyer an Lyonel Feininger, 16. Januar 1924. Zit. ebd., S. 43.

20 Lyonel Feininger an Galka Scheyer, 24. Februar 1924. GRI, Peg Weiss papers, 980065, Box 7, F. 35.

21 Faksimile im GRI. Peg Weiss papers, 980065, Box 8, F. 3.

22 Galka Scheyer an Alexej von Jawlensky, 12. April 1924. GRI, Peg Weiss papers, 980065, Box 8, F. 13.

23 László Moholy-Nagy an Galka Scheyer, 30. April 1924. Peg Weiss papers. 980065, Box 126, F. 3.

24 Lyonel Feininger an Galka Scheyer, 3. Mai 1924. Zit. in: Wünsche, 2006, S. 54.

25 Vergl. Vivian Endicott Barnett: «The Blue Four Collection at the Norton Simon Museum». New Haven 2002, S. 14.

26 Galka Scheyer an Henriette Scheyer, 3. Januar 1925. GRI, Peg Weiss papers, 980065, Box 10, F. 10.

27 Vergl. Galka Scheyer an Lyonel Feininger, ohne Datum [Dezember 1924]. GRI, Peg Weiss papers, 980065, Box 9, F. 55.

28 Vergl. Lyonel Feininger an Galka Scheyer, 13. Dezember 1924. Zit. in: Wünsche, 2006, S. 85.

29 Lyonel Feininger an Galka Scheyer, 30. Dezember 1924. GRI, Peg Weiss papers, 980065, Box 10, F. 1.

30 Lyonel Feininger an Galka Scheyer, 3. April 1926. GRI, Peg Weiss papers, 980065, Box 11, F. 53. Eigene Übersetzung.

31 Galka Scheyer an Familie Scheyer, 20. September 1924. GRI, Peg Weiss papers, 980065, Box 137, F. 5.

32 Galka Scheyer an Paul und Erich Scheyer, ohne Datum [Dezember 1924 oder Januar 1925]. GRI, Peg Weiss papers, 980065, Box 137, F. 5.

33 Vergl. Wünsche, 2006, S. 111, und Jan Stedman: «Galka Scheyer». In: Sara Campbell (Hrsg.): «The Blue Four Galka Scheyer Collection». Pasadena 1976, S. 9–16, hier S. 12.

34 Galka Scheyer an Feininger, Jawlensky, Kandinsky und Klee, ohne Datum [November 1925]. Zit. in: Barnett, 2002, S. 15.

35 Vergl. Wünsche, 2006, S. 114.

36 Vergl. Galka Scheyer an Wassily Kandinsky, 3. Mai 1928, GRI, Peg Weiss papers, 980065, Box 13, F. 19.

37 Galka Scheyer an Feininger, Jawlensky, Kandinsky und Klee, 4.12.1928. GRI, Peg Weiss papers, 980065, Box 14, F. 13.

38 Julia Feininger an Galka Scheyer, 10. Oktober 1929. GRI, Peg Weiss papers, 980065, Box 15, F. 20.

39 Dessen Kollegen und Freund Diego Rivera hatte Scheyer 1931 in San Francisco kennengelernt und noch im selben Jahr in Mexiko besucht. Vor ihrer Abreise nach Europa im November 1932 hatte sie Rivera um ein Empfehlungsschreiben an Picasso gebeten. Vergl. Diego Rivera an Pablo Picasso, 13. Oktober 1932. GRI, Peg Weiss papers, 980065, Box 126, F. 6.

40 Galka Scheyer an Alexej von Jawlensky, 22. Dezember. 1932. GRI, Peg Weiss papers, 980065, Box 20, F. 55.

41 Galka Scheyer an Lyonel Feininger, 6. November 1933. GRI, Peg Weiss papers, 980065, Box 23, F. 11.

42 Wassily Kandinsky an Galka Scheyer, ohne Datum [Anfang April 1933]. GRI, Peg Weiss papers, 980065, Box 21, F. 42.

43 Galka Scheyer an Lyonel Feininger, 6. November 1933. GRI, Peg Weiss papers, 980065, Box 23, F. 11.

44 Galka Scheyer (in Kandinskys Handschrift) an Paul Klee, 28. April 1933. GRI, Peg Weiss papers, 980065, Box 21, F. 45.

45 Wassily Kandinsky an Galka Scheyer, 12. Mai 1933. GRI, Peg Weiss papers, 980065, Box 22, F. 6.

46 Julia Feininger an Galka Scheyer, 30. April 1933. GRI, Peg Weiss papers, 980065, Box 21, F. 51.

47 Vergl. Notizbuch Nr. 18 in: GRI, Peg Weiss papers, 980065, Box 136, F. 3.

48 Lyonel Feininger an Galka Scheyer, 19. August 1933. GRI, Peg Weiss papers, 980065, Box 22, F. 45. Eigene Übersetzung.

49 Lily Klee an Scheyer, 29. April 1933. Zit. in: Wünsche, 2006, S. 217.

50 Wassily Kandinsky an Galka Scheyer, 7. Oktober 1933. GRI, Peg Weiss papers, 980065, Box 23, F. 4.

51 Alexej von Jawlensky an Galka Scheyer, 27. Oktober 1933. GRI, Peg Weiss papers, 980065, Box 23, F. 10.

52 William H. Clapp an Galka Scheyer, 5. Juli 1933. GRI, Peg Weiss papers, 980065, Box 116, F. 8.

53 Galka Scheyer an das Deutsche Konsulat Los Angeles, 9. Januar 1935. GRI, Peg Weiss papers, 980065, Box 133, F. 12.

54 Galka Scheyer an Feininger, Jawlensky, Kandinsky und Klee, 2. August 1933. Zit. in: Wünsche, 2006, S. 225.

55 Galka Scheyer an Feininger, Jawlensky, Kandinsky und Klee, 13. Februar 1934. Zit. ebd., S. 242.

56 Ebd, S. 243 f.

57 Vergl. Galka Scheyer an Wassily Kandinsky, 13. März 1936. GRI, Peg Weiss papers, 980065, Box 27, F. 6.

58 Im GRI, Peg Weiss papers, 980065, Box 52, F. 14. Für das ausgeliehene Bild von Feininger wurde ein signifikant niedrigerer Wert angesetzt als für jedes der Werke seiner Blue-Four-Kollegen, aber das hatte Galka Scheyer ihm gar nicht erst mitgeteilt.

59 Lyonel Feininger an Galka Scheyer, 2. Januar 1936. Zit. in: Wünsche, 2006, S. 258.

60 Alfred H. Barr an Galka Scheyer, 11. Februar 1934. GRI, Peg Weiss papers. 9800065, Box 126, F. 3.

61 Galka Scheyer an Alfred Neumeyer, 23. April 1936. GRI. Peg Weiss papers. 9800065, Box 126, F. 2. Eigene Übersetzung.

62 Lyonel und Julia Feininger sowie Galka Scheyer an Paul und Lily Klee, 18. Juni 1936. Faksimile in: Wünsche, 2006, S. 319.

63 Lyonel Feininger an Galka Scheyer, 2. September 1937. GRI, Peg Weiss papers, 980065, Box 30, F. 34. Eigene Übersetzung.

64 Galka Scheyer an Lyonel Feininger, 10. September 1937. GRI, Peg Weiss papers, 980065, Box 30, F. 41.

65 Lily Klee an Galka Scheyer, 6. August 1935. GRI, Peg Weiss papers, 980065, Box 26, F. 7.

66 Galka Scheyer an Paul Scheyer, 29. September 1935. GRI, Peg Weiss papers, 980065, Box 137, F. 8.

67 Paul Scheyer an Galka Scheyer, 11. Januar 1936. GRI, Peg Weiss papers, 980065, Box 137, F. 9.

68 Margarete Scheyer an Galka Scheyer, 23. Februar 1937. GRI, Peg Weiss papers, 980065, Box 137, F. 10.

69 Galka Scheyer an Wassily Kandinsky, 30. November 1938. GRI, Peg Weiss papers, 980065, Box 32, F. 38.

70 Lyonel Feininger an Galka Scheyer, 7. November 1938. GRI, Peg Weiss papers, 980065, Box 32, F. 32.

71 Im GRI, Peg Weiss papers, 980065, Box 147, F. 19.

72 Walter Heinemann: «Erinnerungen eines Braunschweiger Juden nach 30 Jahren in der Fremde». In: «Brunsvicensia Judaica». Braunschweig 1966, S. 105–131, hier S. 131.

73 Vergl. Bernard Shire an Peg Weiss, 9. April 1985. GRI, Peg Weiss papers, 980065, Box 128, F. 6.

74 Ebd.

75 GRI, Peg Weiss papers, 980065, Box 121, F. 9.

76 Jeweils im GRI, Peg Weiss papers, 980065, Box 133, F. 12.

77 Galka Scheyer an Paul und Erich Scheyer, 12. Januar 1939. Peg Weiss papers, 980065, Box 137, F. 10.

78 Paula Scheyer an Galka Scheyer, 12. März 1933. GRI, Peg Weiss papers, 980065, Box 133, F. 12.

79 Ebd.

80 Arnold Schönberg an Galka Scheyer, 1. April 1938. GRI, Peg Weiss papers, 980065, Box 139, F. 2.

81 GRI, Peg Weiss papers, 980065, Box 127, F. 12.

82 Galka Scheyer an Lyonel Feininger, 5. August 1944. GRI, Peg Weiss papers, 980065, Box 139, F. 4.

83 Galka Scheyer an Lyonel Feininger, 19. Dezember 1944. Zit. in: Wünsche, 2006, S. 306. Eigene Übersetzung.

84 GRI, Peg Weiss papers, 980065, Box 127, F. 12.

85 Testament von Galka Scheyer. GRI, Peg Weiss papers, 980065, Box 49, F. 20.

86 Ebd.

87 Ebd.

88 Lyonel Feininger an Valeska Heyman, 5. Januar 1946. GRI, Peg Weiss papers, 980065, Box 64.

89 GRI, Peg Weiss papers, 980065, Box 71, F. 1.

Ich wandele über Abgründen

1 Lyonel Feininger an Julia Feininger, 30. Juni 1919. Harvard Art Museum Archives, Typewritten excerpts of letters from Lyonel Feininger to Julia Feininger 1917–1921, F. 16.

2 Lyonel Feininger an Julia Feininger, 24. Juni 1919. Ebd.

3 Karl Feininger an Lyonel Feininger, 15. September 1919. Ebd., B Ms Ger 146, F. 267–271. Eigene Übersetzung.

4 Lyonel Feininger an Julia Feininger, 21. Mai 1919. Zit. in: März, 1998, S. 264.

5 Lyonel Feininger an Julia Feininger, 28. Juni 1919. Harvard Art Museum Archives, Typewritten excerpts of letters from Lyonel Feininger to Julia Feininger 1917–1921, F. 16.

6 Alle drei Zitate aus Lyonel Feininger an Julia Feininger, 1. Juni 1919. Ebd.

7 Lyonel Feininger an Julia Feininger, 2. Juni 1919. Ebd.

8 Frederick S. Wight: «Lyonel Feininger». In: Ausstellungskatalog «Villon, Feininger in The Institute of Contemporary Art». Boston 1949, S. 29–32, hier S. 32.

9 Schreyer, 1957, S. 10.

10 Lyonel Feininger an Paul van Ostaijen, 19. Oktober 1919. Zit. in: Matthijs de Ridder und An Blommaert (Hrsg.): «Jedes Messen der Menschen ist komperativ». De correspondentie tussen Paul van Ostaijen en Lyonel Feininger. Antwerpen 2013, S. 16. Van Ostaijen war während des Krieges ein erklärter Sympathisant der deutschen Besetzung seines Landes gewesen und nach deren Ende im November 1918 für einige Monate in die Reichshauptstadt geflüchtet.

11 Lyonel Feininger an Julia Feininger, 22. Juni 1919. Harvard Art Museum Archives, Typewritten excerpts of letters from Lyonel Feininger to Julia Feininger 1917–1921, F. 16.

12 Lyonel Feininger an Julia Feininger, 20. Juni 1919. Ebd.

13 Lyonel Feininger an Julia Feininger, 1. Juli 1919. Ebd.

14 Lyonel Feininger an Julia Feininger, 22. August 1924. Zit. in: Andreas Hüneke: «Alois Schardt und Lyonel Feininger – Eine folgenreiche Freundschaft». In: Ruth Heftrig, Olaf Peters, Ulrich Rehm (Hrsg.): «Alois J. Schardt». Ein Kunsthistoriker zwischen Weimarer Republik, «Drittem Reich» und Exil in Amerika. Berlin 2013, S. 232–246, hier S. 244.

15 Lyonel Feininger an Marie Churchill, 20. August 1920. In: Archives of American Art, https://www.aaa.si.edu/collections/alfred-vance-churchill-papers-regarding-lyonel-feininger-9000/series-1/box-1-folder-5, zuletzt abgerufen am 15. April 2019. Eigene Übersetzung.

16 Lyonel Feininger an Julia Feininger, 27. Juni 1919. Harvard Art Museum Archives, Typewritten excerpts of letters from Lyonel Feininger to Julia Feininger 1917–1921, F. 16.

17 Gropius, 1919, S. 2 f.

18 Küppers, 1919, S. 4.

19 Alois Schardt: unpubliziertes Manuskript über Lyonel Feininger. GRI, Alois Schardt papers, 910172, Box 5, Lyonel Feininger material, F. 2.

20 Ebd.

21 März, 1998, S. 146.

22 Ebd.

23 Lyonel Feininger an Julia Feininger, 18. September 1931. Harvard University, Houghton Library. Lyonel Feininger papers, Ms Ger 146.1, Box 26, 2284.

24 Alois Schardt: unpubliziertes Manuskript über Lyonel Feininger. GRI, Alois Schardt papers, 910172, Box 5, Lyonel Feininger material, F. 2.

25 «Kunstchronik und Kunstmarkt». Wochenschrift für Kenner und Sammler, Heft 3, 17. Oktober 1919, S. 39 f.

26 Ebd., Heft 6, 7. November 1919, S. 113 f.

27 Lyonel Feininger an Wilhelm Valentiner. Zit. in: Margaret Sterne: «The Passionate Eye». The Life of William R. Valentiner. Detroit 1980, S. 145 f.

28 Lyonel Feininger an Julia Feininger, 23. April 1924. Zit. in: Wolfgang Büche (Hrsg.): «T. Lux Feininger». Von Dessau nach Amerika. Der Weg eines Bauhäuslers. Halle (Saale) 1998, S. 12.

29 Lyonel Feininger an Julia Feininger, 15. Dezember 1923. Harvard Art Mu-

seum Archives, Typewritten excerpts of letters from Lyonel Feininger to Julia Feininger 1922–1924, F. 17.

30 Vergl. ebd.

31 Lyonel Feininger an Galka Scheyer, 30. Dezember 1924. GRI, Peg Weiss papers, 980065, Box 10, F. 1.

32 Wassily Kandinsky an Galka Scheyer, 1. September 1925. GRI, Peg Weiss papers, 980065, Box 10, F. 45.

33 Lily Klee an Galka Scheyer, 13. Dezember 1925. GRI, Peg Weiss papers, 980065, Box 11, F. 19.

34 Lyonel Feininger an Galka Scheyer, 5. November 1926. Zit. in: Wünsche, 2006, S. 148 f.

35 Lyonel Feininger an Galka Scheyer, 5. November 1926. Zit. ebd., S. 148 f.

36 Wassily Kandinsky an Galka Scheyer, 28. Dezember 1926. GRI, Peg Weiss papers, 980065, Box 12, F. 45.

37 Lyonel Feininger an Galka Scheyer, 19. August 1925. GRI, Peg Weiss papers, 980065, Box 10, F. 43.

38 Julia Feininger an Galka Scheyer, 22. Juli 1930. GRI, Peg Weiss papers, 980065, Box 16, F. 30.

39 Vergl. Angelika Beckmann: «Andreas Feininger und seine Großstadtfotografien New Yorks und Chicagos seit den 1940er Jahren». In: «Feininger – Eine Künstlerfamilie». Karlsruhe 2001, S. 103–111, hier S. 103.

40 Lyonel Feininger an Julia Feininger, 2. September 1917. Harvard University, Houghton Library, Lyonel Feininger papers, Ms Ger 146.1, Box 26, 1763.

41 Luckhardt, 1998, «Lyonel Feininger – Karikaturen», S. 47.

42 Lyonel Feininger an Julia Feininger, 15. Dezember 1923. Harvard Art Museum Archives, Typewritten excerpts of letters from Lyonel Feininger to Julia Feininger 1922–1924, F. 17.

43 Lyonel Feininger an Galka Scheyer, 24. Februar 1924. GRI, Peg Weiss papers, 680065, Box 7, F. 43.

44 Lyonel Feininger an Galka Scheyer, 13. Dezember 1924. GRI, Peg Weiss papers, 980065, Box 9, F. 56.

45 Lyonel Feininger an Galka Scheyer, 19. August 1925. GRI, Peg Weiss papers, 980065, Box 10, F. 43.

46 Vergl. Anne Vieth: «Der Galerieraum als zeitlose Bühne». Alfred H. Barr Jr. und der Mythos des White Cube. In: «Zur Einrichtung von Gemäldegalerien». Die Aufzeichnungen von Victor Barvitius aus Prag über seine Reise

nach Dresden, Berlin und München 1883. Dresden 2020, S. 202–211, hier S. 208.

47 Lyonel Feininger an Alfred H. Barr, 11. April 1928. MoMA Archives, Alfred H. Barr, Jr. papers, VIII.A.8. Eigene Übersetzung.

48 Lyonel Feininger an Alfred H. Barr, 14. Mai 1928. Ebd. «Zirchow VII», ein von Feininger auch später noch hochgeschätztes Bild, das er nie verkauft hatte, wurde 1966 von seiner Witwe der National Gallery in Washington geschenkt.

49 Lyonel Feininger an Julia Feininger, 26. September 1932. Harvard University, Houghton Library. Lyonel Feininher papers, Ms Ger 146.1, Box 26, 2327.

50 Lyonel Feininger an Alfred H. Barr, 16. Mai 1929. MoMA Archives, Alfred H. Barr, Jr. papers, VIII.A.8. Eigene Übersetzung.

51 Julia Feininger an Galka Scheyer, 26. Juli 1929. GRI, Peg Weiss papers, 980065, Box 14, F. 34.

52 Alfred H. Barr an Wilhelm Valentiner, 22. November 1929. MoMA Archives, Collection MoMA Exhibitions, 2.2. Eigene Übersetzung.

53 Vergl. MoMA Archives, MoMA Exhibition records 2.2.

54 Zeitungsausschnitt in MoMA Archives, Alfred H. Barr, Jr. papers VIII.A.2. Eigene Übersetzung.

55 Alfred H. Barr an Wilhelm Valentiner, 2. Januar 1930. MoMA Archives, Collection MoMA Exhibitions, 2.2. Eigene Übersetzung.

56 Julia Feininger an Galka Scheyer, 19. Juli 1930. GRI, Peg Weiss papers, 980065, Box 16, F. 30.

57 Alfred H. Barr an Lyonel Feininger, ohne Datum [September 1930]. MoMA Archives, Collection WSL, I. A.81.d. Eigene Übersetzung.

58 Lyonel Feininger an Julia Feininger, 18. September 1931. Harvard University, Houghton Library. Lyonel Feininger papers, Ms Ger 146.1., Box 26, 2284. Haskell kommentiert den Brief zu Recht: «Die Ironie, dass Feininger in Deutschland als amerikanischer Künstler akzeptiert wurde, während man ihm dies in seinem Geburtsland verweigert hatte, entging der Botschaft.» (Haskell, 2011, S. 129. Eigene Übersetzung.)

59 Lyonel Feininger an Julia Feininger, 7. Mai 1931. Harvard University, Houghton Library. Lyonel Feininger papers, Ms Ger 146.1, Box 26, 2249.

60 Lyonel Feininger an Julia Feininger, 12. September 1931. Ebd. Lyonel Feininger papers, Ms Ger 146.1, Box 26, 2281.

61 Lyonel Feininger an Julia Feininger, 18. September 1931. Ebd. Lyonel Feininger papers, Ms Ger 146.1, Box 26, 2284. Feininger besuchte die Schau

im Kronprinzenpalais dann nach seiner Rückkehr aus Deep einmal inkognito.

62 Julia Feininger an Galka Scheyer, 30. März 1932. GRI, Peg Weiss papers, 980065, Box 19, F. 16.

63 Vergl. Lyonel Feininger an Julia Feininger, 13. Juni 1931: «Dein Telegramm erreichte mich soeben», schrieb Feininger seiner Frau aus der Nähe von Paris, «und ich ersehe daraus, dass Du in Halle warst und dass vermutlich die Verhandlungen im Gange sind, oder gar, bereits abgeschlossen (mit anscheinend günstigem Verlauf) und dass ich jetzt meine Unterschrift erst geben soll.» Harvard University, Houghton Library. Lyonel Feininger papers, Ms Ger 146.1, Box 26, 2284.

64 Julia Feininger an Galka Scheyer, 9. Juni 1932. GRI, Peg Weiss papers, 980065, Box 19, F. 51. Julia Feininger hakte zwei Monate später noch einmal nach und betonte, dass sie es «für so unsagbar wichtig für leo [hielte], dass er endlich eine grosse ausstellung in new-york bekäme, es ist doch einfach lächerlich, dass er als americaner dort so unbekannt ist». (Julia Feininger an Galka Scheyer, 13. August 1932. GRI, Peg Weiss papers, 980065, Box 20, F. 12.)

65 Karl Haberstock: «Der Bildersturm 1937», Abschrift eines undatierten Entwurfs. GRI, Wilhelm Arntz Papers, 840001, Box 28, F. 86.

66 Zit. ebd.

67 Lyonel Feininger an Julia Feininger, 11. Mai 1931. Harvard University, Houghton Library. Lyonel Feininger papers, Ms Ger 146.1, Box 26, 2261.

68 Lyonel Feininger an Julia Feininger, 8. Juli 1932. Ebd. Lyonel Feininger papers, Ms Ger 146.1, Box 26, 2317.

69 Lyonel Feininger an Julia Feininger, 10. Juli 1932. Ebd. Lyonel Feininger papers, Ms Ger 146.1, Box 26, 2318.

70 Lyonel Feininger an Julia Feininger, 19. September 1932. Ebd. Lyonel Feininger papers, Ms Ger 146.1, Box 26, 2320.

71 Lyonel Feininger an Julia Feininger, 27. September 1932. Ebd. Lyonel Feininger papers, Ms Ger 146.1, Box 26, 2328.

72 Gespräch von T. Lux Feininger mit Judith Pearlman und Rainer Schaper vom 26. März 1984, transkribiert mit handschriftlichen Korrekturen von T. Lux Feininger. GRI, Judith Pearlman interviews with Bauhaus masters and students, Box 1, F. Feininger, T. Lux, S. 4. Eigene Übersetzung.

Inbrunst einer gläubigen und sehnsüchtigen Zeit

1 Lyonel Feininger an Alois Schardt am 16. Juli 1933. Zit. in: Hüneke, 2013, S. 238.

2 Julia Feininger an Alois Schardt am 16. Juli 1933. Zit. ebd.

3 Vergl. ebd., S. 235.

4 Vergl. Lily Klee an Galka Scheyer, 14. Oktober 1924. In: Wünsche, 2006, S. 80.

5 Richard Robert Rive an Max Sauerlandt am 20. November 1921. Zit. in: Cornelia Wieg: «Ein Oberbürgermeister auf der Suche nach dem ‹Richtigen›». In: Christian Philipsen in Verbindung mit Thomas Bauer-Friedrich (Hrsg.): «Bauhaus Meister Moderne – Das Comeback». Leipzig 2019, S. 123–134, hier S. 131.

6 Feininger an Alfred H. Barr, 14. Mai 1928. MoMA Archives, Alfred H. Barr, Jr. papers, VIII.A.8. Die Vorarbeiten zur Biographie, die über die Gesprächsnotate und einige wenige maschinenschriftliche Seiten nicht hinausgekommen sind, befinden sich in Schardts Nachlass im Getty Research Institute: GRI, Alois Schardt Papers, 910172, Box 5.

7 Julia Feininger an Lyonel Feininger, 25. März 1931. Zit. in: Hüneke, 2013, S. 243.

8 Lyonel Feininger an Julia Feininger, 28. März 1931. Harvard University, Houghton Library. Lyonel Feininger papers, MS Ger 146.1, Box 26, 2246.

9 Lyonel Feininger an Julia Feininger, 30. Mai 1932. Ebd. Lyonel Feininger papers, MS Ger 146.1, Box 26, 2308.

10 Lyonel Feininger an Julia Feininger, 19. September 1932. Ebd. Lyonel Feininger papers, MS Ger 146.1, Box 26, 2320.

11 «Saale-Zeitung» vom 27. März 1933.

12 Vergl. Ruth Heftrig, Olaf Peters, Ulrich Rehm (Hrsg.): «Alois J. Schardt». Ein Kunsthistoriker zwischen Weimarer Republik, «Drittem Reich» und Exil in Amerika. Berlin 2013, S. XVI.

13 Vergl. Franziska Uhlig: «Emil Utitz' Schriften zur Kunstkritik des Expressionismus». In: ebd., S. 45–58, hier S. 48.

14 Zit. in: Mary Wignanek: «Die Expressionisten ausgesondert». Aussonderung, Beschlagnahme und Veräußerung der Werke moderner bildender Kunst des Kunstmuseums Moritzburg Halle (Saale) zwischen 1933 und 1945. In: Philipsen, 2019, S. 229–242, hier S. 230.

15 Zit. in: Gerhard-Marcks-Stiftung (Hrsg.): «Feininger & Marcks». Tradition aus dem Bauhaus. Bremen 2011, S. 63.

16 Vergl. S. 6 des Anmerkungsteils im Handexemplar der Dissertation. GRI, Alois Schardt Papers, 910172, Box 5, F. 5. Dissertation; das Typoskript findet sich in F. 3: Proposed dissertation, 1917.

17 Alois Schardt: «Wesensmerkmale der deutschen bildenden Kunst». Unveröffentlichtes, im Vorwort auf den 10. Juni 1933 datiertes Manuskript, S. 1 f. GRI, Alois Schardt Papers, 910172, Box 6, F. 3 und – mit abweichender Seitenzählung – F. 2. Die überarbeitete Denkschrift, wie Schardt sie dann in Berlin einreichte, wurde erstmals publiziert in: Heftrig / Peters / Rehm, 2013.

18 Ebd., III. Teil, S. 15.

19 Ebd., I. Teil: Neuformulierung der Aufgabe der bildenden Kunst im Geiste einer überstofflichen, volksgemeinschaftlichen Weltauffassung, S. 22 f.

20 Ebd., IV. Teil, S. 33.

21 Vergl. Christoph Zuschlag: «Die Dresdner Ausstellung ‹Entartete Kunst› von 1933 bis 1937». In: «Dresdner Hefte» 77 / 2004, S. 17 – 25.

22 Schardt, Wesensmerkmale, S. 41 f.

23 GRI, Alois Schardt Papers, 910172, Box 6, F. 1.

24 Zit. in: Deuchler 1996, S. 125 f.

25 Willi Wolfradt: «Lyonel Feininger». Junge Kunst, Band 47. Leipzig 1924, S. 5.

26 Schardt, Wesensmerkmale, S. 59.

27 Abgebildet in Dieter Scholz und Maria Obenaus (Hrsg.): «Die Schwarzen Jahre». Geschichten einer Sammlung 1933 – 1945. Berlin 2015, S. 90.

28 Vergl. Jörn Grabowski: «Alois Schardt und die Nationalgalerie – eine Episode im Spiegel der Akten des Zentralarchivs der Staatlichen Museen zu Berlin». In: Heftrig / Peters / Rehm, 2013, S. 89 – 96, hier S. 95.

29 Zit. ebd., unpag. Chronologie.

30 Wassily Kandinsky an Galka Scheyer, 15. / 16. Juli 1933. GRI, Peg Weiss papers, 980065, Box 22, F. 19.

31 Nina Kandinsky an Galka Scheyer, ohne Datum [Mitte Juli 1933]. GRI, Peg Weiss papers, 980065, Box 22, F. 19.

32 Alois Schardt: unbetiteltes und undatiertes Typoskript [wohl 1940], «V. Die Zeit der Nationalsozialisten 1933 – 40.» S. 24 f.; GRI, Alois Schardt Papers, 910172, Box 7, F. 1.

33 Vergl. Grabowski, 2013, S. 92 f.

34 Siegmund Kunisch an Johannes Weidemann, 7. Februar 1936. StaH A 2.33 Nr. 1632 Karton 163 Personalakte Alois Schardt, Blatt 239.

35 StaH A 2.33 Nr. 1632 Karton 163 Personalakte Alois Schardt, Blatt 101.

36 Lyonel Feininger an Julia Feininger, 17. Oktober 1934. Harvard University, Houghton Library. Lyonel Feininger papers, MS Ger 146.1, Box 26, 2348.

37 Johannes Weidemann an Alois Schardt, 20. Juni 1934. StaH A 2.33 Nr. 1632 Karton 163 Personalakte Alois Schardt, Blatt 115.

38 Alois Schardt an Johannes Weidemann, 4. Juli 1934. StaH A 2.33 Nr. 1632 Karton 163 Personalakte Alois Schardt, Blatt 117 / 118.

39 Vergl. Susanna Köhler: «Das Kunstmuseum Moritzburg Halle (Saale) zwischen 1935 und 1945». In: Philipsen, 2019, S. 199 – 207, hier S. 199.

40 Johannes Weidemann an Bernhard Grahmann, 17. September 1934. Zit. in: Wignanek, 2019, S. 232.

41 Alois Schardt an Bernhard Grahmann, 23. November 1934. Zit. ebd., S. 231.

42 Vergl. Haskell, 2011, S. 143.

43 Zit. in: Wignanek, 2019, S. 233.

44 Siegmund Kunisch an Johannes Weidemann, 7. Februar 1936. StaH A 2.33 Nr. 1632 Karton 163 Personalakte Alois Schardt, Blatt 239.

45 Vergl. Diether Schmidt (Hrsg.): «In letzter Stunde 1933 – 1945». Schriften deutscher Künstler des zwanzigsten Jahrhunderts, Band 2. Dresden 1963, S. 246.

46 Alois Schardt an Lyonel Feininger, 4. April 1939. Faksimiliert abgebildet in: Hüneke 2013, S. 240.

47 Alois Schardt an Gotthold Schneider, 6. September 1939. GRI, Alois Schardt Papers, 910172, Box 6, F. 4.

48 Bestätigung vom Außenministerium, ohne Verfasser, 13. Oktober 1939. GRI, Alois Schardt Papers, 910172, Box 6, F. 4.

49 Alfred H. Barr an Frances Perkins, 28. November 1939. MoMA Archives, Alfred H. Barr Jr. Papers, XIV C1. Eigene Übersetzung.

50 Frances Perkins an Alfred H. Barr, 5. Dezember 1939. Ebd. Eigene Übersetzung.

51 Mitteilung des Stadtgesundheitsamts an das Personalbüro, 25. August 1934. StaH A 2.33 Nr. 1632 Karton 163 Personalakte Schardt, Blatt 281.

52 StaH A 2.33 Nr. 1632 Karton 163 Personalakte Schardt, Blatt 286.

53 Galka Scheyer an Helene von Jawlensky, ohne Datum [Ende Juli 1923]. GRI, Peg Weiss papers, 980065, Box 6, F. 3.

54 Karl Nierendorf an Alois Schardt, 12. Mai 1941. GRI, Alois Schardt Papers, 910172, Box 1, F. 7.

55 Vergl. https://www.catalogus-professorum-halensis.de/schardtalois.html, zuletzt abgerufen am 25. Juni 2019.

56 Vergl. verschiedene Stellungnahmen der Stadt Halle vor jeweils anstehenden Ratsbeschlüssen. StaH A 2.33 Nr. 1632 Karton 163 Personalakte Schardt, Blatt 322.
57 GRI, Alois Schardt Papers, 910172, Box 5, F. 2: Lyonel Feininger material.
58 Vergl. Donald Leslie Johnson: «The Fountainheads». Wright, Rand, the FBI and Hollywood. Jefferson 1995, S. 161.
59 Vergl. GRI, Alois Schardt Papers, 91072, Box 8, F. 4
60 Hess, 1959, S. 122.

Also der Wahnsinn dort überschlägt sich

1 Julia Feininger an Galka Scheyer, 17. August 1932. GRI, Peg Weiss papers, 980065, Box 20, F. 12.
2 Julia Feininger an Erich Mendelsohn, 26. März 1933. GRI, Peg Weiss papers, 980065, Box 21, F. 30.
3 Lyonel Feininger an Julia Feininger, 2. Juni 1932. Harvard University, Houghton Library, Lyonel Feininger papers, Ms Ger 146.1, Box 26, 2309.
4 Lyonel Feininger an Julia Feininger, 9. April 1933. Ebd., Lyonel Feininger papers, Ms Ger 146.1, Box 26, 2335.
5 Lyonel Feininger an Julia Feininger, 6. April 1933. Ebd., Lyonel Feininger papers, Ms Ger 146.1, Box 26, 2333. Eigene Übersetzung. Auf den Postkarten, die Feininger an seine Frau schrieb, bediente er sich fortan nur noch der englischen Sprache, und auch in den Briefen wurde sie nun immer häufiger benutzt.
6 Ebd. Eigene Übersetzung.
7 Lyonel Feininger an Julia Feininger, 19. Mai 1933. Ebd., Lyonel Feininger papers, Ms Ger 146.1, Box 2338. Der Brief fehlt bezeichnenderweise in Julia Feiningers für Referenzzwecke angefertigten Exzerpten des häuslichen Briefwechsels. Auch sie selbst hatte in einem Brief an ihren Mann vom gleichen Tag Hitlers Rede gelobt (vergl. Haskell, 2011, S. 143). Ein denkbar unverfänglicher Auszug aus Lyonel Feiningers Schreiben vom 19. Mai 1933 wurde kurz vor dem Ende des Zweiten Weltkriegs unter den Selbstauskünften zitiert, die das Museum of Modern Art dem Katalog seiner Feininger-Retrosepktive beigab: «Since many months I've been ‹as dead as a door-nail›.» (Der private zweite Teil des Briefs ist überwiegend auf Englisch verfasst.) Vergl. MoMA Archives, William S. Lieberman Papers, I. A.81.d. Im Jahr 1944 wäre ein frü-

heres Hitler-Lob aus Feiningers Mund ein Skandal gewesen und musste dementsprechend verschwiegen werden. Aber auch die Forschung seither hat es mit Ausnahme Barbara Haskells konsequent ignoriert.

8 Lyonel Feininger an Julia Feininger, 18. Mai 1933. Ebd., Lyonel Feininger papers, Ms Ger 146.1, Box 26, 2337.

9 Lyonel Feininger an Julia Feininger, 11. Oktober 1934. Ebd., Lyonel Feininger papers, Ms Ger 146.1, Box 26, 2345.

10 Zit. in: «Lyonel Feininger – Werke aus dem Nachlass». Berlin 1964, unpag.

11 Lyonel Feininger an Julia Feininger, 29. September 1931. Harvard University, Houghton Library, Lyonel Feininger papers, Ms Ger 146.1, Box 26, 2285.

12 Vergl. Leonore Feininger, 1987, S. 301 f.

13 Lyonel Feininger an Julia Feininger, 14. Mai 1932. Harvard University, Houghton Library, Lyonel Feininger papers, Ms Ger 146.1, Box 26, 2298.

14 Lyonel Feininger an Julia Feininger, 4. September 1934. Ebd., Lyonel Feininger papers, Ms Ger 146.1, Box 26, 2341.

15 Lyonel Feininger an Julia Feininger, 6. September 1934. Ebd., Lyonel Feininger papers, Ms Ger 146.1, Box 26, 2343.

16 Vergl. Lyonel Feininger an Galka Scheyer, 1. Januar 1936. Zit. in: Wünsche, 2006, S. 258. Nach der Erinnerung von Theodore Lux Feininger, der nach seiner durch die Weltwirtschaftskrise erzwungenen Rückkehr aus Frankreich mit dort einzog, war die Wahl der Wohnung in der Siemensstadt trotzdem ein Glücksfall: «Meine Eltern haben dort für ungefähr achtzehn Monate ein relativ unbeschwertes Leben geführt, obwohl das Land um sie herum seine historische Mission der Welteroberung anging.» (T. Lux Feininger: «Lyonel Feininger's ‹East German Pictures›». In: Katalog «Lyonel Feininger» der Aquavella Galleries. New York 1985, unpag. Eigene Übersetzung.)

17 Wassily Kandinsky an Galka Scheyer, 7. Oktober 1933. GRI, Peg Weiss papers, 980065, Box 23, F. 4.

18 Alexej von Jawlensky an Galka Scheyer, 27. Oktober 1933. GRI, Peg Weiss papers, 980065, Box 23, F. 10.

19 Lyonel Feininger an Julia Feininger, 20. Oktober 1934. Harvard University, Houghton Library, Lyonel Feininger papers, Ms Ger 146.1, Box 26, 2351.

20 Lyonel Feininger an Julia Feininger, 13. September 1935. Ebd., Lyonel Feininger papers, Ms Ger 146.1, Box 26, 2397.

21 Lyonel Feininger an Julia Feininger, 22. September 1932. Ebd., Lyonel Feininger papers, Ms Ger 146.1, Box 26, 2322.

22 Lyonel Feininger an Julia Feininger, 17. Oktober 1934: «Dass im Turme so

viele gute Bilder von mir vorhanden waren hat mich sehr gefreut und nach der Beschreibung in Deinem Brief, hast Du alles Gewünschte hervorgeholt und für die Sendung der Sachen bestens gesorgt. Ich kann es plötzlich nicht mehr erwarten, bis ich an die Arbeit gehe. Diese 18monatige Trennung vom Bisherigen hat mich gezwungen, Neues hinzustellen und noch viel mehr habe ich Neues vorgebahnt, in der Langen Zeit seit Dessau.» Ebd., Lyonel Feininger papers, Ms Ger 146.1, Box 26, 2348.

23 Vergl. hierfür und zum Folgenden Weber, 2014, S. 13 ff.

24 Diesen Interessen konnte laut offizieller Doktrin nur die Ästhetik des Sozialistischen Realismus gerecht werden; das Bauhaus und mit ihm Feininger waren als «Formalisten» in der DDR unerwünscht. Hermann Klumpp hielt dagegen die Erinnerung an Feininger in dem Land aufrecht, das mit Thüringen und der Ostseeküste jene Regionen umfasste, die dem Maler die wichtigsten Motivgeber waren: Er zeigte Interessenten die ihm anvertrauten Werke in seiner Privatwohnung; weder Lyonel Feininger noch nach seinem Tod die Witwe Julia hatten den Freund gedrängt, sie ihnen zurückzugeben. Als allerdings Julia Feininger 1970 starb, forderten ihre beiden noch lebenden Söhne die Herausgabe des Familieneigentums. Klumpp weigerte sich, die Feiningers klagten. Es dauerte bis 1982, ehe ihr Anspruch vor Gericht bestätigt wurde und sie die meisten Bilder ausgehändigt bekamen. Für den restlichen Bestand, vor allem Graphiken, richtete die Stadt Quedlinburg 1986 eine eigene Galerie ein. «Gelmeroda XI» war von Klumpp schon 1974 an die Nationalgalerie in Ostberlin abgegeben worden. Nach der deutschen Wiedervereinigung ging dann auch dieses Bild an die Familie zurück. Hermann Klumpp erlebte das nicht mehr; er starb 1987. Seine Nachkriegsrolle mag dubios gewesen sein, aber die Welt verdankt ihm die Rettung eines bedeutenden Bestandteils des Schaffens von Lyonel Feininger.

25 Zit. in: Büche, 1998, S. 134.

26 Lyonel Feininger an Julia Feininger, 11. Oktober 1934. Harvard University, Houghton Library, Lyonel Feininger papers, Ms Ger 146.1, Box 26, 2345.

27 Wilhelm Arntz an W. B. [Willi Baumeister], 31. März 1935. GRI, Wilhelm Arntz Papers, 840001, Box 28, F. 2.

28 Julia Feininger an Galka Scheyer, 11. Juli 1936. GRI, Peg Weiss papers, 980065, Box 28, F. 18.

29 Lyonel Feininger an Julia Feininger, 29. März 1935. Harvard University, Houghton Library, Lyonel Feininger papers, Ms Ger 146.1, Box 26, 2354. Eigene Übersetzung.

30 Lyonel Feininger an Julia Feininger, 27. März 1935. Ebd., Lyonel Feininger papers, Ms Ger 146.1, Box 26, 2352. Eigene Übersetzung.

31 Lyonel Feininger an Julia Feininger, 1. April 1935. Ebd., Lyonel Feininger papers, Ms Ger 146.1, Box 26, 2356.

32 Lyonel Feninger an Julia Feininger, 11. April 1935. Ebd., Lyonel Feininger papers, Ms Ger 146.1, Box 26, 2363.

33 Lyonel Feininger an Julia Feininger, 5. Mai 1935. Ebd., Lyonel Feininger papers, Ms Ger 146.1, Box 26, 2370.

34 Lyonel Feininger an Julia Feininger, 11. Mai 1935. Ebd., Lyonel Feininger papers, Ms Ger 146.1, Box 26, 2376.

35 Fritz Herrmannsdorfer an Lyonel Feininger, 18. September 1935. Ebd., Lyonel Feininger papers, Ms Ger 146.1, Box 26, 2400.

36 Lyonel Feininger an Julia Feininger, 20. September 1935. Ebd.

37 Lyonel Feininger an Johannes Kleinpaul 3. August 1935. Zit. in: Schmidt, 1963, S. 74 f.

38 Vergl. https://blog.staedelmuseum.de/keine-schwarz-weis-malerei-emil-nolde-im-nationalsozialismus/, zuletzt abgerufen am 8. Dezember 2020. Dem «Fall Emil Nolde» sind zuletzt Charlotte Klonk und Patrick Bahners nachgegangen («Durch die Blume». Der Fall Emil Nolde. In: «Merkur» Nr. 854, Juli 2020, S. 5–18) und dabei zu desillusionierenden Feststellungen nicht nur über Noldes «nordisches» Weltbild, sondern auch über seine bislang meist als davon unbeeinflusst betrachtete Ästhetik gekommen.

39 Andreas Feininger an Julia Feininger, 20. November 1934. Harvard University, Houghton Library, Lyonel Feininger papers, Ms Ger 146, 1–63, 26.

40 Lyonel Feininger an Julia Feininger, 9. April 1933. Ebd., Lyonel Feininger papers, Ms Ger 146.1, Box 26, 2335. Werner Jackson, eigentlich Werner Isaacsohn, hatte als Bauhaus-Geselle und Mitglied der dortigen Jazzkapelle seinen Namen anglisiert, während Ilse Neumann eine Freundin der Feiningers aus Berlin war; beide emigrierten später: Jackson mit seiner Frau nach Großbritannien, Neumann nach New York.

41 Ebd.

42 Lyonel Feininger an Julia Feininger, 29. April 1935. Harvard University, Houghton Library, Lyonel Feininger papers, Ms Ger 146.1, Box 26, 2366. Eigene Übersetzung; Feininger hatte die Postkarte, wie häufig bei heiklen Themen, auf Englisch abgefasst.

43 Lyonel Feininger an Johannes Kleinpaul, 3. August 1935. Zit. in: Schmidt, 1963, S. 74.

44 Lyonel Feininger an Julia Feininger, 29. August 1935. Harvard University, Houghton Library, Lyonel Feininger papers, Ms Ger 146.1, Box 26, 2384.

45 Lyonel Feininger an Julia Feininger, 31. August und 1. September 1935. Ebd., Lyonel Feininger papers, Ms Ger 146.1, Box 26, 2385 und 2386.

46 Ebd.

47 Lyonel Feininger an Julia Feininger, 3. September 1935. Ebd., Lyonel Feininger papers, Ms Ger 146.1, Box 26, 2387.

48 Ebd.

49 Julia Feininger an Lyonel Feininger, 19. September 1935. Zit. in: Haskell, 2011, S. 146. Eigene Übersetzung.

50 Lyonel Feininger an Erich Scheyer, 22. Januar 1936. GRI, Scheyer Letters, F. 880279 – 1.

51 Vergl. Lily Klee an Galka Scheyer, 6. August 1935. GRI, Peg Weiss papers 980065, Box 26, F. 7 und Galka Scheyer an Wassily Kandinsky, 28. Oktober 1935, ebd., F. 20.

52 Vergl. Deseyve, 2011, S. 95.

53 Vergl. Lyonel Feininger an Alfred Neumeyer, 5. Februar 1936. Mills College Archives. Der Briefwechsel zwischen Feininger und Neumeyer wurde mir vom College-Archiv als Scans zur Verfügung gestellt, leider jeweils ohne individuelle Archivkennungen.

54 Lyonel Feininger an Alfred Neumeyer, 10. Februar 1936. Ebd.

55 Lyonel Feininger an Johannes Kleinpaul, 3. April 1936. Zit. in: Schmidt, 1963, S. 76.

56 Andreas Feininger an Julia und Lyonel Feininger, 13. April 1936. Harvard University, Houghton Library, Lyonel Feininger papers, Ms Ger 146, 1 – 63, 46.

57 Lyonel Feininger an Alfred Neumeyer, 10. April 1936. Mills College Archives.

58 Vergl. Lyonel Feininger an Alfred Neumeyer, 19. Mai 1936. Ebd.

59 Zit. nach dem Prospekt. Harvard University, Houghton Library, Lyonel Feininger papers, Mills College materials. Eigene Übersetzung.

60 Alfred Neumeyer: «Introduction to the Art of Lyonel Feininger». Redemanuskript vom Sommer 1936. Zit. nach GRI, Peg Weiss papers, 980065, Box 64. Eigene Übersetzung.

61 Lyonel Feininger an Galka Scheyer, 24. Juni 1936. GRI, Peg Weiss papers, 980065, Box 28, F. 9. Eigene Übersetzung.

62 Julia Feininger an Galka Scheyer, 22. Juli 1936. GRI, Peg Weiss papers, 980065, Box 28, F. 28.

63 Julia Feininger an Galka Scheyer, 1. August 1936. GRI, Peg Weiss papers, 980065, Box 28, F. 34.

64 T. Lux Feininger, 1985, unpag. Eigene Übersetzung.

65 Julia Feininger an Galka Scheyer, 10. Dezember 1936. GRI, Peg Weiss papers, 980065, Box 29, F. 22.

66 T. Lux Feininger, 1985, unpag. Eigene Übersetzung.

67 Julia Feininger an Curt Valentin, 14. April 1937. The Museum of Modern Art Archives, NY, Collection Valentin, III.A.10(4) lot 3.

68 Andreas Feininger an Julia, Lyonel und Lux Feininger, 15. Oktober 1936. Harvard University, Houghton Library, Lyonel Feininger papers, Ms Ger 146, 1–63, 50.

69 Vergl. Andreas Feininger an Julia Feininger, 21. November 1936. Ebd., Ms Ger 146, 1–63, 51.

70 Andreas Feininger an Julia und Lyonel Feininger, 2. Mai 1937. Ebd., Ms Ger 146, 1–63, 58.

71 Lyonel Feininger an Alfred Neumeyer, 31. Mai 1937. Mills College Archives.

72 Lyonel Feininger an Theodore Lux Feininger, 31. Mai 1937. Zit. in: Schmidt, 1963, S. 109.

Alles war so intensiv

1 Auf Deutsch erschien das Buch erst nach dem Tod der Verfasserin. Marguerite Friedlaender: «Ein Leben für die Keramik». Berlin 1989, S. 19.

2 Faksimiliert abgedruckt in: Matthias Rataiczyk (Hrsg.): «Wir machen nach Halle». Marguerite Friedlaender und Gerhard Marcks. Halle 2018, S. 13.

3 Marguerite Friedlaender an William S. Huff, 14. Oktober 1980. Zit. in: Dean und Geraldine Schwarz (Hrsg.): «Marguerite Wildenhain and the Bauhaus». An Eyewitness Anthology. Decorah 2007, S. 128.

4 Vergl. Volker Wahl und Ute Ackermann: «Die Meisterratsprotokolle des Staatlichen Bauhauses Weimar 1919–1925». Weimar 2001, S. 416.

5 Vergl. Katja Schneider: «arbeiten, ohne fortwährende intellektuelle Begriffe zu kauen». Vom Bauhaus an die Burg. In: Rataiczyk, 2018, S. 23–29, hier S. 25.

6 Datiert in Dornburg auf den 21. Oktober 1922, faksimiliert abgebildet in Anke Blümm und Ulrike Bestgen (Hrsg.): «Wege aus dem Bauhaus – Gerhard Marcks und sein Freundeskreis». Weimar 2017, S. 99.

7 Andor Weininger: «Bauhaus und Stijl». GRI, Peg Weiss papers, 980065, Box 141, F. 16.
8 Marguerite Friedlaender: «In Memoriam: To the Last Potter of His Lineage». Übersetzt von William Stone. In: Schwarz, 2007, S. 137–168.
9 Ebd., S. 145. Hier und im Folgenden eigene Rückübersetzung.
10 Ebd, S. 137.
11 Zit. in: Rataiczyk, 2018, S. 127.
12 Friedlaender, 1989, S. 24.
13 Zit. in: Claudia Kanowski: «Avantgarde für den Alltag 1919 – 1933». Drei Fallstudien. In: «Avantgarde für den Alltag». Jüdische Keramikerinnen in Deutschland 1919–1933. Berlin 2013, S. 8–23, hier S. 9 f.
14 Friedlaender, 1989, S. 2.
15 Lyonel Feininer an Julia Feininger, 15. Mai 1929. Zit. in: Rataiczyk, 2018, S. 128.
16 Julia Feininger an Alois Schardt, 2. September 1932. Zit. in: Gerhard-Marcks-Stiftung, 2011, S. 67.
17 Vgl. Dörte Nicolaisen: «Bauhaus Émigrés in the Netherlands». A Biographical Exploration. In: «Netherlands. Bauhaus». Pioneers of a new world. Rotterdam 2019, S. 192–201, hier S. 198.
18 Vergl. Marguerite Wildenhain an Richard Gump, 13. August 1945. Pond Farm Archives, Group 1 / Marguerite Wildenhain, Box 1, Correspondence.
19 Vergl. Kanowski, 2013, S. 10.
20 Zit. in: Schneider, 2018, S. 24.
21 Vergl. Bruce A. Austin: «Frans Wildenhain». 1950–75: Creative and Commercial American Ceramics at Mid-Century. Rochester 2012, S. 29.
22 Gordon Herr an Frans und Marguerite Wildenhain, 7. Dezember 1939. Zit. in: Schwarz 2007, S. 282. Eigene Übersetzung.
23 Zit. in: Austin, 2012, S. 34.
24 «The Press Democrat» vom 20.12.1941. Eigene Übersetzung.
25 Dabei handelte es sich um die bereits erwähnte Trude Jalowetz, die 1939 im niederländischen Exil den ehemaligen Bauhäusler Paul Guermonprez geheiratet hatte und deshalb in Amerika unter ihrem neuen Familiennamen bekannt war. Ihr Mann, gebürtiger Belgier und mittlerweile niederländischer Staatsbürger, war 1944 von den Nazis als Widerstandskämpfer hingerichtet worden. Trude Guermonprez wanderte 1947 in die Vereinigten Staaten aus.
26 Gordon Herr an Jane Herr, 16. Mai 1939. Zit. in: Schwarz, 2007, S. 277 ff. Eigene Übersetzung.
27 Zit. in: Austin, 2012, S. 17.

28 Ebd.

29 Zit. ebd., S. 67 f. Eigene Übersetzung.

30 Notes from a brief interview with Marguerite Wildenhain concerning Pottery Workshop, prepared by Teresa Sammis. Pond Farm Archives Group I / Marguerite Wildenhain, Box I: Interviews.

31 «The Independent-Record», Helena, Montana, vom 2. Mai 1954. Eigene Übersetzung.

32 Gail Herr Steele: «A Daughter's Perspective». In: Schwarz 2007, S. 297–301, hier S. 301.

33 Nathan McMahon: «Madam Was Indisputably French». In Schwarz, 2007, S. 469–496, hier S. 495.

34 Marguerite Wildenhain an Charles Olson, 5. März 1952. North Carolina State Archives, North Carolina Museum of Art Black Mountain College Research Project 1933–1973. II. Research Files, Box 25. Eigene Übersetzung.

35 Marguerite Wildenhain an Charles Olson, 2. April 1952. Ebd., Black Mountain College, II. General Files 1933–1956, Box 25.

36 Vergl. Programmbroschüre. Ebd., Black Mountain College, II. General Files 1933–1956, Box 25.

37 T. R. (Assistent von Olson) an Marguerite Wildenhain, 5. August 1952. Ebd., Black Mountain College, II. General Files 1933–1956, Box 25.

38 Ebd., North Carolina Museum of Art Black Mountain College Research Project 1933–1973. II. Research Files, Box 27. Eigene Übersetzung.

39 Zit. in: Brent Johnson: «A Matter of Tradition». In: Schwarz, 2007, S. 397–407, hier S. 405.

40 Zit. ebd.

41 State of California, Governor's Office an Margaret De Patta, 1. August 1963. Pond Farm Archives Group I / Marguerite Wildenhain Box I: Legal. Eigene Übersetzung.

42 Marguerite Wildenhain an Elwin D. Farwell, 4. September 1970. Zit. in: Schwarz, 2007, S. 662. Eigene Übersetzung.

43 State of California, Department of Parks and Recreation an Michael Blume, 28. August 1967. Pond Farm Archives Group I / Marguerite Wildenhain Box I: Legal. Eigene Übersetzung.

44 Vergl. Michael Blume an Marguerite Friedlaender, 5. September 1967. Pond Farm Archives Group I / Marguerite Wildenhain Box I: Legal.

45 Vergl. Interview mit Bernhard Leach in: Schwarz, 2007, S. 409.

46 Marguerite Wildenhain an David Aurelius und alle Freunde, 24. Juli 1979.

Pond Farm Archives Group I/Marguerite Wildenhain Box I: Correspondence. Eigene Übersetzung.

47 Im Sommer 2020 entging das Gelände der Pond Farm Pottery nur knapp der Zerstörung durch einen der verheerenden Brände in Sonoma County. Die Feuerwehr verhinderte ein Übergreifen der Flammen auf die Gebäude, nachdem im darunter gelegenen Redwood-Wald der Boden Feuer gefangen hatte und sich der Brand in die Austin Recreation Area ausgebreitet hatte. Weite Teile des Naturschutzgebiets und mehrere benachbarte Häuser brannten ab, die Redwood-Bäume konnten ebenso gerettet werden wie die Wirkungsstätte von Marguerite Friedlaender.

Die unzerstörte Erinnerung

1 Tagebucheintrag vom Januar 1945. GRI, Peg Weiss papers, 980065, Box 127, F. 12.

2 Lyonel Feininger an Alfred Frankenstein, 1. Oktober 1937. GRI, Peg Weiss papers, 980065, Box 126, F 2. Eigene Übersetzung.

3 Lyonel Feininger an Galka Scheyer, 14. Juni 1937. Zit. in: Wünsche, 2006, S. 272 f. Eigene Übersetzung.

4 Lyonel Feininger an Alfred Neumeyer, 19. Juni 1937. Mills College Archives.

5 Lyonel Feininger an Galka Scheyer, 7. November 1938. Zit. in: Wünsche, 2006, S., 281.

6 Lyonel Feininger an Alfred H. Barr, 20. Juli 1944. MoMA Archives, Alfred H Barr, Jr. Papers VIII.A.3. Eigene Übersetzung.

7 Galka Scheyer an Wassily Kandinsky, 9. September 1937. GRI, Peg Weiss papers, 980065, Box 30, F. 39.

8 Vergl. Karl Nierendorf an Galka Scheyer, 23. Juni 1939. GRI, Peg Weiss papers, 980065, Box 134, F. 8.

9 Theodore Lux Feininger: «Lyonel Feininger in Amerika». In: Wolfgang Büche (Hrsg.): «Lyonel Feininger – Zurück in Amerika. 1937–1956». Halle 2009, S. 157–161, hier S. 158.

10 Theodore Lux Feininger an Wolfgang Büche, 15. Februar 2008. Zit. in: Büche, 2009, S. 68.

11 Lyonel Feininger an Galka Scheyer, 7. November 1938. Zit. in: Wünsche, 2006, S. 282.

12 Vergl. https://opendatacity.github.io/taz-entartete-kunst/ mit einer 1997 ent-

deckten Liste des Propagandaministeriums, die nach Museen geordnet die Konfiskationen der Jahre 1937 und 1938 verzeichnet. Zuletzt eingesehen am 6. November 2020.

13 Vergl. http://emuseum.campus.fu-berlin.de/eMuseumPlus?service=direct/1/ResultListView/moduleContextFunctionBar.navigator.back&sp=10&sp=Scollection&sp=SfieldValue&sp=0&sp=1&sp=3&sp=SdetailList&sp=525&sp=Sdetail&sp=0&sp=F&sp=500, zuletzt abgerufen am 6. November 2020.

14 Wassily Kandinsky an Galka Scheyer, 19. Oktober 1937. GRI, Peg Weiss papers, 980065, Box 30, F. 55.

15 Thomas Mann: «Tagebücher». 1937–1939. Frankfurt am Main 1980, S. 182.

16 Vergl. GRI, Alois Schardt papers, 910172, Box 5, Lyonel Feininger material, F-1, undat. Manuskript, S. 17.

17 Zu sehen im Onlinekatalog «Lyonel Feininger: Drawings and Watercolors for Murals at the 1939/40 New York World's Fair» der Galerie Achim Moeller. https://www.moellerfineart.com/about/past-exhibitions/lyonel-feininger-dawn-ofa-new-day, zuletzt abgerufen am 9. November 2020.

18 Zit. in: Peter Hahn: «The Bauhaus architects and the rise of modernism in the United States». In: Stephanie Barron (Hrsg.): «Exiles + Emigrés». The Flight of European Artists from Hitler. Los Angeles 1997, S. 214–220, hier S. 219. Eigene Übersetzung.

19 Ebd., S. 214.

20 Lyonel Feininger an Galka Scheyer, 14, April 1941. Zit. in Wünsche, 2006, S. 300.

21 The Museum of Modern Art Archives, Valentin collection, III.A.10.

22 Stephanie Barron: «European Artists in Exile – A Reading Between the Lines». In: Stephanie Barron (Hrsg.): «Exiles + Emigrés». The Flight of European Artists from Hitler. Los Angeles 1997, S. 11–29, hier S. 26.

23 Lyonel Feininger an Galka Scheyer, 18. Juli 1942. GRI, Peg Weiss papers, 980065, Box 37, F. 4. Eigene Übersetzung.

24 Lyonel Feininger an Galka Scheyer, 9. Mai 1943. Zit. in: Wünsche, 2006, S. 304. Eigene Übersetzung.

25 Alfred H. Barr an Alexander Dorner, 14. April 1938. MoMA Archives, Alfred H. Barr, Jr. papers, VIII.A.8. Eigene Übersetzung.

26 Im Internet unter: https://assets.moma.org/documents/moma_catalogue_3157_300062029.pdf?_ga=2.177976165.177171834.1605124664-446143505.1605124664, zuletzt abgerufen am 12. November 2020.

27 Ebd., S. 12.

28 Ebd.

29 Ebd., S. 7.

30 Vergl. ebd., S. 46.

31 Lyonel Feininger an Dorothy Canning Miller, 13. September 1944. Zit. in Hans Hess (Hrsg.): «Lyonel Feininger». New York 1974, S. 63. Eigene Übersetzung.

32 Lyonel Feininger an Alfred H. Barr, 29. August 1944. MoMA Archives, Alfred H. Barr, Jr. papers, VIII.A.2. Eigene Übersetzung.

33 Vergl. die Installation List der Ausstellung. Ebd., CE II.I.59.4.1.

34 Vergl. Lyonel Feininger an Galka Scheyer, 29. Februar 1944. GRI, Peg Weiss papers, 980065, Box 37, F. 4.

35 Lyonel Feininger an Galka Scheyer, 18. November 1944. Ebd. Eigene Übersetzung.

36 Lyonel Feininger an Galka Scheyer, 1. Oktober 1939. GRI, Peg Weiss papers, 980065, Box 37, F. 3. Eigene Übersetzung.

37 Lyonel Feininger an Galka Scheyer, 24. Januar 1941. GRI, Peg Weiss papers, 980065, Box 37, F. 4. Eigene Übersetzung.

38 Lyonel Feininger an Curt Valentin, August 1943 [ohne genaues Datum]. MoMA Archives, Collection Valentin, III.A.10(4). Eigene Übersetzung.

39 Lyonel Feininger an Galka Scheyer, 29. Februar 1944. GRI, Peg Weiss papers, 980065, Box 37, F. 4. Eigene Übersetzung.

40 Lyonel Feininger an Galka Scheyer, 18. November 1944. Ebd. Eigene Übersetzung.

41 Eintrag in Julia Feiningers Tagebuch vom 20. April 1945. North Carolina State Archives. North Carolina Museum of Art, Black Mountain College Research Project, V. Donated Materials, Box 70. F. Busch-Reisinger Museum – Feininger, Lyonel.

42 Vergl. Lyonel Feininger an Barbara Dreier, 1. Juni 1946. Ebd. Theodore and Barbara Dreier Black Mountain College Collection, 1925–1988. PC 1956.14.

43 Vergl. Lyonel Feininger an Lore Feininger, 24. Mai 1947. Abgebildet in März, 1998, S. 25.

44 Vergl. Yvette Deseyve: «… und so findest Du auch zwischen Wolkenkratzern Dein Patmos.» Marcks, Feininger und die Rolle der Curt Valentin Gallery in den späten Dreißiger- bis Fünfzigerjahren. In: Gerhard-Marcks-Stiftung (Hrsg.): «Feininger & Marcks». Tradition aus dem Bauhaus. Bremen 2011, S. 95–99, hier S. 96.

45 Leonore Feininger, 1987, S. 304.

46 Vergl. Dietlinde Peters: «Der Anhalter Bahnhof als Deportations-Bahnhof». Berlin 2011.

47 Vergl. zur Leidensgeschichte von Clara Feininger https://www.stolpersteine-berlin.de/de/biografie/1281, zuletzt abgerufen am 16. November 2020. Lore Feininger behauptet, sie sei während des Transports nach Auschwitz bei einem Fluchtversuch erschossen worden (Leonore Feininger, 1987, S. 304), wofür es aber keine Belege gibt.

48 Vergl. Haskell, 2011, S. 160.

49 Abgebildet in Caroline Collier und Michael Harrison (Hrsg.): «Starting at Zero». Black Mountain College 1933–57. Manchester 2005, S. 2.

50 Black Mountain College, ohne Jahr [1950], unpag.

51 Vergl. North Carolina State Archives, Black Mountain College, II. General Files 1933–1956, Box 16, Folder Applications and Correspondence with Students 1945.

52 Vergl. Josef Albers an Lyonel Feininger, 24. April 1945. Ebd., Black Mountain College, II. General Files 1933–1956, 17, F. Institute, Art, Summer: Faculty, Accepted Guest 1945.

53 Josef Albers an Curt Valentin, 28. Februar 1945. Ebd.

54 Walter Gropius an Josef Albers, 14. Februar 1945. Ebd.

55 Josef Albers an Curt Valentin, 28. Februar 1945. Ebd.

56 Vergl. ebd., Black Mountain College, II. General Files 1933–1956, Box 17, F. Faculty, Rejections 1945.

57 Ebd., Black Mountain College, II. General Files 1933–1956, 17, F. Institute, Art, Summer: Faculty, Accepted Guest 1945.

58 Lyonel Feininger an Josef Albers, 23. April 1945. Ebd. Eigene Übersetzung.

59 Lyonel Feininger an Josef Albers, 29. April 1945. Ebd. Eigene Übersetzung.

60 Das Tagebuch mit den Einträgen zur Reise nach North Carolina wurde in Dias abfotografiert, die in den North Carolina State Archives aufbewahrt werden. Ebd., Black Mountain College Research Project, VIII. Visual Materials – Slides. F. Julia Feininger. Eigene Übersetzung.

61 Für Feiningers fünf Tage nach der Ankunft beginnenden Sommerkurs hatten sich einundzwanzig Schüler eingeschrieben, achtzehn Frauen und drei Männer – eine Folge des Krieges (vergl. die Teilnehmerliste ebd., Black Mountain College, II. General Files 1933–1956, 17, F. Institute, Art, Summer: Comments on Students 1945). Insgesamt zählte die Summer School des Jahres 1945 zweiundfünfzig Teilnehmer in einem Alter von sechzehn bis fünfzig Jahren, und auf dem abgeschiedenen College-Gelände herrschte eine familiäre Stim-

mung wie in einer Landkommune (vergl. ebd., Black Mountain College, II. General Files 1933–1956, Box 17, Folders Applications & Correspondence with Students 1945).

62 Julia Feiningers Tagebuch, 17. Juli 1945. Ebd., North Carolina Museum of Art, Black Mountain College Research Project, VIII. Visual Materials – Slides. F. Julia Feininger. Eigene Übersetzung.

63 Lyonel Feininger an Ilse Neumann, 26. Juli 1945. Lyonel Feininger letters, GRI, F. 860305–46. Eigene Übersetzung.

64 Julia Feiningers Tagebuch, 14. August 1945. North Carolina State Archives. North Carolina Museum of Art, Black Mountain College Research Project, VIII. Visual Materials – Slides. F. Julia Feininger. Eigene Übersetzung,

65 Zitiert nach dem auf den 17. Oktober 1945 datierten, handschriftlich ergänzten Typoskript ebd., Black Mountain College Research Project, V. Donated Materials, Box 70. F. Busch Reisinger Museum – Feininger, Lyonel. Eigene Übersetzung.

66 Elaine Schmitt Urbain an ihre Eltern, undatiertes Brieffragment (Juli 1945). Ebd., Black Mountain College Project Collection, PC.7008, Box 17, F. Elaine Schmitt Family Correspondence, 133.18. Eigene Übersetzung.

67 Elaine Schmitt Urbain an ihre Eltern, 1. September 1945. Ebd., Black Mountain College Project Collection, PC.7008, Box 17, F. Elaine Schmitt Family Correspondence, 133.27. Eigene Übersetzung.

68 Interview mit Margaret Williamson vom 29./30. Oktober 1971. Ebd., North Carolina Museum of Art, Black Mountain College Research Project, IV. Released Interviews, Box 40. F. Busch-Reisinger Museum – Feininger, Lyonel, S. 7. Eigene Übersetzung.

69 Margaret Williamsons Mitschrift befindet sich ebd., Black Mountain College Project Collection, PC.7008, Box 20, Margaret Williamson (Peterson) 7: Notebook. Eigene Übersetzung.

70 Vergl. Lyonel Feininger an Barbara Dreier, 1. Juni 1946. Ebd., Barbara L. Dreier Papers & Corres., PC.1956.14, Subseries 2, F. Feininger.

71 Lyonel Feininger an Georg Muche, ohne Datum [nach 1945]. GRI, Wilhelm Arntz papers, 840001, Box 28, F.2.

72 Lyonel Feininger an Otto Ralfs, 21. Juni 1951. GRI, Peg Weiss papers, 980065, Box 119, F. 3.

73 Vergl. Haskell, 2011, S. 162 f.

74 Vergl. Achim Moeller (Hrsg.): «Years of Friendship 1944–1956». The Correspondence of Lyonel Feininger and Mark Tobey. Ostfildern-Ruit 2006.

75 Lyonel Feininger an Helene Nonne-Schmidt, 2. August 1951. GRI, Joost Schmidt Papers, 860972.

76 Lyonel Feininger an Otto Ralfs, 21. Juni 1951. GRI, Peg Weiss papers, 980065, Box 119, F. 3.

77 Zit. in: Schreyer, 1957, S. 63.

78 Lyonel Feininger an Theodore Lux Feininger, 30. September 1954. Zit. in: Theodore Lux Feininger: «Lyonel Feininger in Amerika». In: Büche, 2009, S. 161.

79 MoMA Archives, Collection WSL, I. A.81.d. Eigene Übersetzung.

LITERATUR

Die konsultierten unpublizierten Archivbestände und im Internet eingesehenen Dokumente sind jeweils in den Fußnoten detailliert ausgewiesen.

Bruce A. Austin: «Frans Wildenhain». 1950–75: Creative and Commercial American Ceramics at Mid-Century. Rochester 2012.

Vivian Endicott Barnett: «The Blue Four Collection at the Norton Simon Museum». New Haven 2002.

Alfred H. Barr, Jr: «Lyonel Feininger – American Artist. In: «Feininger, Hartley». Ausstellungskatalog des Museum of Modern Art, New York 1944, S. 7–13.

Stephanie Barron (Hrsg.): «Exiles + Emigrés». The Flight of European Artists from Hitler. Los Angeles 1997.

Angelika Beckmann: «Andreas Feininger und seine Großstadtfotografien New Yorks und Chicagos seit den 1940er Jahren». In: «Feininger – Eine Künstlerfamilie». Karlsruhe 2001, S. 103–111.

Bill Blackbeard (Hrsg.): «The Comic Strip Art of Lyonel Feininger». Northampton, MA 1994.

Anke Blümm und Ulrike Bestgen (Hrsg.): «Wege aus dem Bauhaus – Gerhard Marcks und sein Freundeskreis». Weimar 2017.

Bettina Brand, Martina Helmig, Barbara Kaiser, Birgit Salomon und Adje Westerkamp (Hrsg): «Komponistinnen in Berlin». Berlin 1987.

Wolfgang Büche: «Feiningers Gemälde *An der Seine, Paris*: Die Geschichte eines Missverständnisses.» In: Christian Philipsen (Hrsg.): «Lyonel Feininger – Paris 1912. Die Rückkehr eines verlorenen Gemäldes». Halle/Saale 2016, S. 48–55.

Wolfgang Büche (Hrsg.): «Lyonel Feininger – Zurück in Amerika. 1937–1956». Halle 2009.

Wolfgang Büche (Hrsg.): «T. Lux Feininger» Von Dessau nach Amerika. Der Weg eines Bauhäuslers. Halle (Saale) 1998.

Sara Campbell (Hrsg.): «The Blue Four Galka Scheyer Collection». Ausstellungskatalog des Norton Simon Museum of Art, Pasadena 1976.

Caroline Collier und Michael Harrison (Hrsg.): «Starting at Zero». Black Mountain College 1933–57. Manchester 2005.

Matthijs de Ridder, An Blommaert (Hrsg.): «Jedes Messen der Menschen ist komperativ». De correspondentie tussen Paul van Ostaijen en Lyonel Feininger. Antwerpen 2013.

Yvette Deseyve: «… und so findest Du auch zwischen Wolkenkratzern Dein Patmos. Marcks, Feininger und die Rolle der Curt Valentin Gallery in den späten Dreißiger- bis Fünfzigerjahren. In: Gerhard-Marcks-Stiftung (Hrsg.): «Feininger & Marcks». Tradition aus dem Bauhaus. Bremen 2011, S. 95–99.

Florens Deuchler: «Lyonel Feininger». Sein Weg zum Bauhaus-Meister. Leipzig 1996.

Edmund de Waal: «The Event of a Thread, the Event of Clay: Black Mountain College and the Crafts. In: Caroline Collier und Michael Harrison (Hrsg.): «Starting at Zero». Black Mountain College 1933–57. Manchester 2005, S. 63–73.

Martin Duberman: «Black Mountain – An Exploration in Community». New York 1972.

Björn Egging: «Sehnsuchtsmotiv und Sinnbilder». Lyonel Feininger und die «letztgültige Bildform». In: Gerhard-Marcks-Stiftung (Hrsg.): «Feininger & Marcks». Tradition aus dem Bauhaus. Bremen 2011, S. 49–52.

Björn Egging: «Vom Kubismus zum Holzschnitt». Feiningers Aufenthalte in Braunlage im Harz. In: Björn Egging (Hrsg.): «Feininger im Harz». Bielefeld 2009, S. 14–25.

Sebastian Ehlert: «Ich brauche Draussensein, Draussenarbeiten». Feiningers Harzzeichnungen im Kontext seiner «Natur-Notizen». In: Björn Egging (Hrsg.): «Feininger im Harz». Bielefeld 2009, S. 94–97.

Leonore Feininger: «Zuerst kam das Klavier …». In Bettina Brand, Martina Helmig, Barbara Kaiser, Birgit Salomon und Adje Westerkamp (Hrsg): «Komponistinnen in Berlin». Berlin 1987, S. 300–312.

T. Lux Feininger: «Biographische Skizzen». In: Wolfgang Büche (Hrsg.): «T. Lux Feininger» Von Dessau nach Amerika. Der Weg eines Bauhäuslers. Halle (Saale) 1998, S. 121–133.

T. Lux Feininger: «Lyonel Feininger in Amerika». In: Wolfgang Büche (Hrsg.): «Lyonel Feininger – Zurück in Amerika. 1937–1956». Halle 2009, S. 157–161.

T. Lux Feininger: «Lyonel Feininger's ‹East German Pictures› ». In: Katalog «Lyonel Feininger» der Aquavella Galleries. New York 1985.

Marguerite Friedlaender-Wildenhain: «Ein Leben für die Keramik». Die Handwerkskunst der großen Keramikerin des Bauhauses». Berlin 1989.

Marguerite Friedlaender: «in memoriam: to the last potter of his lineage». Übersetzt von William Stone. In: Dean und Geraldine Schwarz (Hrsg.): «Marguerite Wildenhain and the Bauhaus». An Eyewitness Anthology. Decorah 2007, S. 137–168.

Gerhard-Marcks-Stiftung (Hrsg.): «Feininger & Marcks». Tradition aus dem Bauhaus. Bremen 2011.

Jörn Grabowski: «Alois Schardt und die Nationalgalerie – eine Episode im Spiegel der Akten des Zentralarchivs der Staatlichen Museen zu Berlin». In: Ruth Heftrig, Olaf Peters, Ulrich Rehm (Hrsg.): «Alois J. Schardt». Ein Kunsthistoriker zwischen Weimarer Republik, «Drittem Reich» und Exil in Amerika. Berlin 2013, S. 89–96.

Walter Gropius: «Bauhaus-Manifest». Weimar 1919.

Ernst Gerhard Güse, Michael Siebenbrodt (Hrsg.): «Lyonel Feininger in Weimar». Weimar 2006.

Peter Hahn: «Bauhaus Architects and Designers Betwen the Old World and the New». In: Stephanie Barron (Hrsg.): «Exiles + Emigrés». The Flight of European Artists from Hitler. Los Angeles 1997, S. 211–223.

Mary Emma Haris: «The Arts at Black Mountain College». Cambridge, MA 1987.

Arie Hartog: «Tradition aus dem Bauhaus». Einige grundsätzliche Überlegungen. In: Gerhard-Marcks-Stiftung (Hrsg.): «Feininger & Marcks». Tradition aus dem Bauhaus. Bremen 2011, S. 17–21.

Barbara Haskell (Hrsg.): «Lyonel Feininger – At the End of the World». New York 2011.

Ruth Heftrig, Olaf Peters, Ulrich Rehm (Hrsg.): «Alois J. Schardt». Ein Kunsthistoriker zwischen Weimarer Republik, «Drittem Reich» und Exil in Amerika. Berlin 2013.

Walter Heinemann: «Erinnerungen eines Braunschweiger Juden nach 30 Jahren in der Fremde». In: «Brunsvicensia Judaica». Gedenkbuch für die jüdischen Mitbürger der Stadt Braunschweig 1933–1945. Braunschweig 1966, S. 105–131.

Hans Hess: «Lyonel Feininger». Monographie und Werkverzeichnis. Stuttgart 1959.

Hans Hess: «Lyonel Feininger». London 1961.

Hans Hess (Hrsg.): «Lyonel Feininger». New York 1974. Textsammlung in der Serie «Documentary Monographs in Modern Art».

Frederick A. Horowitz, Brenda Danilowitz: «Josef Albers: To Open Eyes». The Bauhaus, Black Mountain College, and Yale. New York 2006.

Andreas Hüneke: «Alois Schardt und Lyonel Feininger – Eine folgenreiche Freundschaft». In: Ruth Heftrig, Olaf Peters, Ulrich Rehm (Hrsg.): «Alois J.

Schardt». Ein Kunsthistoriker zwischen Weimarer Republik, «Drittem Reich» und Exil in Amerika. Berlin 2013, S. 232–246.

Brent Johnson: «A Matter of Tradition». In: Dean und Geraldine Schwarz (Hrsg.): «Marguerite Wildenhain and the Bauhaus». An Eyewitness Anthology. Decorah 2007, S. 397–407.

Donald Leslie Johnson: «The Fountainheads». Wright, Rand, the FBI and Hollywood. Jefferson 1995.

Claudia Kanowski: «Avantgarde für den Alltag 1919 – 1933». Drei Fallstudien. In: «Avantgarde für den Alltag». Jüdische Keramikerinnen in Deutschland 1919–1933. Berlin 2013, S. 8–23.

Vincent Katz: «Black Mountain College – Experiment in Art». Madrid 2002.

Charlotte Klonk, Patrick Bahners: «Durch die Blume». Der Fall Emil Nolde. In: «Merkur». Zeitschrift für europäisches Denken, Nr. 854. Berlin 2020, S. 5–18.

Adolf Knoblauch, Lyonel Feininger: «Zwiesprache». In: «Der Sturm». Monatszeitschrift für Kunst und Kultur. September-Ausgabe des Jahrgangs 1917, S. 82–87.

Paul Erich Küppers: unbetitelter Text im Katalog zu «Paul Klee, Lyonel Feininger – Gemälde Graphik». XXIX. Sonder-Ausstellung der Kestner-Gesellschaft e. V., 30. November 1919 – 1. Januar 1920. Hannover 1919, S. 3–5.

Ulrich Luckhardt: «Ausgedacht, gelesen, geträumt und gefunden». Anmerkungen zu vier Gemälden von T. Lux Feininger. In Wolfgang Büche (Hrsg.): «T. Lux Feininger» Von Dessau nach Amerika. Der Weg eines Bauhäuslers. Halle (Saale) 1998, S. 47–49.

Ulrich Luckhardt, Martin Faass: «Lyonel Feininger – Die Zeichnungen und Aquarelle». Köln 1998.

Ulrich Luckhardt: «Lyonel Feininger – Karikaturen». Köln 1998.

Ulrich Luckhardt (Hrsg.): «Lyonel Feininger, Alfred Kubin – Eine Künstlerfreundschaft». Ostfildern 2015.

«Lyonel Feininger – Werke aus dem Nachlass». Berlin 1964.

Roland März (Hrsg.): «Lyonel Feininger – Von Gelmeroda nach Manhattan». Retrospektive der Gemälde. Berlin 1998.

Thomas Mann: «Tagebücher». 1937–1939. Frankfurt am Main 1980.

Walter Mehring: «Verrufene Malerei». Von Malern, Kennern und Sammlern. Zürich 1958.

Achim Moeller (Hrsg.): «Lyonel Feininger – The Early Years 1890–1906». Drawings from a Private Collection. New York 2015.

Achim Moeller (Hrsg.): «Years of Friendship 1944–1956». The Correspondence of Lyonel Feininger and Mark Tobey. Ostfildern-Ruit 2006.

June L. Ness: «Lyonel Feininger». New York 1974.

Dörte Nicolaisen: «Bauhaus Émigrés in the Netherlands». A Biographical Exploration. In: Thomas Mienke Simon (Hrsg.): «Netherlands. Bauhaus». Pioneers of a New World. Rotterdam 2019, S. 192–201.

Peter Nisbet: «Lyonel Feininger's *The Green Bridge II*: Notes on War and Memory». In: «North Carolina Museum of Art Bulletin», Vol. XVII / 1997, Raleigh 1997, S. 56–69.

Dietlinde Peters: «Der Anhalter Bahnhof als Deportations-Bahnhof». Berlin 2011.

Christian Philipsen (Hrsg.): «Lyonel Feininger – Paris 1912. Die Rückkehr eines verlorenen Gemäldes». Halle / Saale 2016.

Christian Philipsen in Verbindung mit Thomas Bauer-Friedrich (Hrsg.): «Bauhaus Meister Moderne – Das Comeback». Leipzig 2019.

Andreas Platthaus: «Auf den Palisaden». Amerikanisches Tagebuch. Berlin 2020.

Matthias Rataiczyk (Hrsg.): «Wir machen nach Halle». Marguerite Friedlaender & Gerhard Marcks. Halle 2018.

Perry T. Rathbone: «Lyonel Feininger». In: «Lyonel Feininger, July – August, 1941». Ausstellungskatalog des Detroit Institute of Arts. Detroit 1941, S. 3–6.

Alois J. Schardt: «Lyonel Feininger». In: «Feininger, Hartley». Ausstellungskatalog des Museum of Modern Art, New York 1944, S. 14–17.

Ernst Scheyer: «Lyonel Feininger – Caricature & Fantasy». Detroit 1964.

Diether Schmidt (Hrsg.): «In letzter Stunde 1933–1945». Schriften deutscher Künstler des zwanzigsten Jahrhunderts, Band 2. Dresden 1963.

Diether Schmidt (Hrsg.): «Manifeste 1905–1933». Schriften deutscher Künstler des zwanzigsten Jahrhunderts, Band 1. Dresden 1964.

Katja Schneider: «The Putten Years». In: Dean und Geraldine Schwarz (Hrsg.): «Marguerite Wildenhain and the Bauhaus». An Eyewitness Anthology. Decorah 2007, S. 233–238.

Katja Schneider: «arbeiten, ohne fortwährende intellektuelle Begriffe zu kauen». Vom Bauhaus an die Burg. In: Matthias Rataiczyk (Hrsg.): «Wir machen nach Halle». Marguerite Friedlaender & Gerhard Marcks. Halle 2018, S. 23–29.

Dieter Scholz, Maria Obenaus (Hrsg.): «Die Schwarzen Jahre». Geschichten einer Sammlung 1933–1945. Berlin 2015.

Dean und Geraldine Schwarz (Hrsg.): «Marguerite Wildenhain and the Bauhaus». An Eyewitness Anthology. Decorah 2007.

Lothar Schreyer: «Lyonel Feininger». Dokumente und Visionen. München 1957.

Margaret Sterne: «The Passionate Eye». The Life of William R. Valentiner. Detroit 1980.

Franziska Uhlig: «Emil Utitz' Schriften zur Kunstkritik des Expressionismus». In: Ruth Heftrig, Olaf Peters, Ulrich Rehm (Hrsg.): «Alois J. Schardt». Ein Kunsthistoriker zwischen Weimarer Republik, «Drittem Reich» und Exil in Amerika. Berlin 2013, S. 45–58.

Anne Vieth: «Der Galerieraum als zeitlose Bühne». Alfred H. Barr Jr. und der Mythos des White Cube. In: «Zur Einrichtung von Gemäldegalerien». Die Aufzeichnungen von Victor Barvitius aus Prag über seine Reise nach Dresden, Berlin und München 1883. Dresden 2020, S. 202–211.

Volker Wahl und Ute Ackermann: «Die Meisterratsprotokolle des Staatlichen Bauhauses Weimar 1919–1925». Weimar 2001

Herwarth Walden: «Der Sturm – Eine Einführung». Berlin 1917.

Christiane Weber: «Lyonel Feininger». Genial – verfemt – berühmt. Weimar 2014.

Frederick S. Wight: «Feininger at Lincoln». Katalog zur Ausstellung im Cleveland Museum of Art. Cleveland 1951.

Frederick S. Wight: «Lyonel Feininger». In: Ausstellungskatalog «Villon, Feininger» in The Institute of Contemporary Art. Boston 1949, S. 29–32.

Mary Wignanek: «Die Expressionisten ausgesondert». Aussonderung, Beschlagnahme und Veräußerung der Werke moderner bildender Kunst des Kunstmuseums Moritzburg Halle (Saale) zwischen 1933 und 1945. In: Christian Philipsen in Verbindung mit Thomas Bauer-Friedrich (Hrsg.): «Bauhaus Meister Moderne – Das Comeback». Leipzig 2019, S. 229–242.

Willi Wolfradt: «Lyonel Feininger». Junge Kunst, Band 47. Leipzig 1924.

Isabel Wünsche (Hrsg.): «Galka E. Scheyer & die Blaue Vier». Briefwechsel 1924–1945. Wabern / Bern 2006.

Christoph Zuschlag: «Die Dresdner Ausstellung ‹Entartete Kunst› von 1933 bis 1937». In: «Dresdner Hefte» 77 / 2004, S. 17–25.

PERSONEN

DANK

Für erste Lektüren des Manuskripts danke ich den Leipziger Lesern Martina Gerhardt und Jan Nicolaisen. Was noch an Fehlern, Irrtümern oder gar – je nach Leserperspektive – Unsinn übrig geblieben sein sollte, geht allein auf mich zurück. Außerdem schulde ich Dank Ulrich Luckhardt von den Internationalen Tagen Ingelheim, Achim Moeller und Mal L. Barasch vom Feininger Family Trust, Nikolai Blaumer, Tyler Smith und Josh Widera vom Thomas Mann House in Pacific Palisades, Heike Catherina Mertens und Silvia Mogel vom Villa Aurora & Thomas Mann House e. V. in Berlin, Margit Kleinman und Theresa Oschmann von der Villa Aurora in Pacific Palisades, Michaela Ullmann von den Special Collections der University of Southern California in Los Angeles, Maristella Casciato vom Getty Research Institute in Los Angeles, Heather South und Clove Barrett von den Western Regional Archives des North Carolina Archive in Asheville, Alice Sebrell vom Black Mountain College Museum + Arts Center in Asheville, Molly Lieberman von den Archiven des Museum of Modern Art in New York City, Megan Schwenke von den Harvard Art Museums in Cambridge, Massachusetts, Petra McGillen vom German Department des Dartmouth College in Hanover, New Hampshire, Michele Luna von den Stewards of the Coast and Redwoods in Guerneville, Callifornia, Janice Brown von den Special Collections des Mills College in Oakland, Thomas Harris vom Norton Simon Museum in Pasadena und Julie J. Thomson.

Besonders dankbar bin ich dem Thomas Mann House in Pacific Palisades und der Alfried Krupp von Bohlen und Halbach-Stiftung, die meinen dortigen Aufenthalt als Fellow im Frühjahr und Sommer 2019 finanziert hat. Nicht nur, dass ich im Residenzhaus selbst eine Arbeitsatmosphäre vorfand, die angenehmer nicht hätte sein können, im nahegelegenen Getty Research Institute (GRI) befinden sich neben einer schier unerschöpflichen kunstgeschichtlichen Forschungsbibliothek auch viele der wichtigsten Dokumente zu Lyonel Feiningers Leben und Werk, namentlich die Nachlässe zweier seiner engsten deutschen Freunde, die ebenfalls ihr Leben in Amerika beschlossen haben: Galka Scheyer und Alois Schardt. Beide sind Gegenstand eigener Kapitel in diesem Buch, weil ihre jeweiligen Exilerfahrungen Lyonel Feiningers Zeit im «Dritten Reich» und seine späten amerikanischen Jahre aus anderer Perspektive erhellen. Im Falle des GRI-Bestands zu Galka Scheyer handelt es sich meist um Abschriften der im Norton Simon Museum von Pasadena aufbewahrten persönlichen Dokumente, die aber von der amerikanischen Kunsthistorikerin Peg Weiss im Rahmen eines nie verwirklichten Buchprojekts zur Künstlergruppe «The Blue Four», der Feininger angehörte, um wesentliche Originalquellen ergänzt wurden, sodass das GRI mittlerweile als international zweitwichtigster Ort für die Feininger-Forschung gelten kann. Ich habe von April bis August 2019 an keinem anderen Ort außerhalb des ehemaligen Schlafzimmers von Thomas Mann, in dem ich damals wohnen durfte, so viel Zeit verbracht wie in den Archivräumen auf dem Getty-Hügel.

Der wichtigste Ort für die Beschäftigung mit Lyonel Feininger bleibt jedoch die Houghton Library der Harvard University in Cambridge, Massachusetts, die über den kompletten Nachlass von Feiningers Familie verfügt. Der Künstler selbst war ungeachtet eigener Behauptung des Gegenteils ein unermüdlicher Briefeschreiber; allein die in Cambridge verwahrte Korrespondenz mit seiner Frau Julia umfasst mehr als zweitausendfünfhundert Nummern, es ist einer der intensivsten Künstlerbriefwechsel überhaupt. Das Unglück wollte es, dass ich von den Houghton-Bibliothekaren im April 2019 erst auf den falschen Bestand verwiesen wurde, nämlich die unvollständigen und teilweise geschönten Abschriften, die Julia Feininger schon zu Lebzeiten ihres Mannes angefertigt und seitdem Interessenten zur Verfügung gestellt hatte – eine Praxis, die bis heute fortdauert, weil damit die Substanz der Originalbriefe geschont wird. Als ich den

Zugang zu diesen erbat, wurde ich zum Opfer eines Computerfehlers, der es während meines Aufenthalts in Cambridge angeblich unmöglich machte, das Gewünschte aufzufinden. Ein bereits fest eingeplanter abermaliger Besuch wurde dann durch die pandemiebedingten Reiseverbote des Jahres 2020 verhindert, doch die Houghton Library wäre mittlerweile ohnehin aus Infektionsschutzgründen für jeglichen Publikumsverkehr geschlossen gewesen. Zugang zu Digitalisaten wurde während der Pandemie nur Angehörigen der Harvard University gewährt, allerdings ist der Großteil des Feininger-Nachlasses überhaupt nicht digitalisiert. Dass ich die für mein Buch wichtigsten Briefe der Jahre 1917/18 und des Jahrzehnts von 1931 bis 1940 doch noch einsehen konnte, verdanke ich der in Harvard lehrenden Literaturwissenschaftlerin Susanne Klingenstein, der es gelang, Scans dieses mehrere hundert Schriftstücke umfassenden Konvoluts für mich anfertigen zu lassen. Beim Rest musste ich auf die zuvor gesichteten Abschriften von Julia Feininger zurückgreifen.

Umso mehr weiß ich heute das Privileg zu schätzen, 2019 noch für vier Monate in den Vereinigten Staaten gewesen zu sein und dort zahlreiche Archive an der West- und der Ostküste aufgesucht zu haben, die mir in der späteren Arbeitsphase an diesem Buch verschlossen geblieben wären. Dass das Interesse der Amerikaner für ihren Landsmann Lyonel Feininger sich auch heute noch in Grenzen hält, hat damals manche Enttäuschung, aber auch Skurrilität bei der Recherche hervorgebracht. Wer darüber etwas erfahren möchte, findet in «Auf den Palisaden», meinem während des Fellowships im Thomas Mann House entstandenen Tagebuch eines Deutschen in Amerika, reiches Material. In diesem Buch hier jedoch ging es um einen Amerikaner in Deutschland.

BILDNACHWEIS

Tafelteil I

Seite 1: Lyonel Feininger, «The Kin-der-Kids abroad»; 2021. Digital image, The Museum of Modern Art, New York / Scala, Florence; **2 oben links:** Klaus E. Göltz, Halle; **oben rechts:** Lyonel Feininger sketching, Graal or Rügen, Baltic coast. Inverted from negative. Harvard Art Museums / Busch-Reisinger Museum, Gift of T. Lux Feininger; Photo: ©President and Fellows of Harvard College; Accession Number: BRLF.675.241; **unten:** Lyonel Feininger, «Das Friedens-Pfeifchen»; https://digi.ub.uni-heidelberg.de/diglit/lb17/0440; **3:** Lyonel Feininger, «The Kinder-Kids. Piemouth is rescued by kind-hearted Pat»; 2021. Digital image, The Museum of Modern Art, New York / Scala, Florence; **4:** Lyonel Feininger, «Wee Willie Winkie's World»; 2021. Digital image, The Museum of Modern Art, New York / Scala, Florence; **5 oben:** Ulrich Luckhardt, Martin Faass: «Lyonel Feininger – Die Zeichnungen und Aquarelle». Köln 1998; **unten:** Lyonel Feininger, «Der weiße Mann» (Madrid, Museum Thyssen-Bornemisza); bpk / Scala; © VG Bild-Kunst, Bonn 2021; **6:** Lyonel Feininger, «Selbstporträt» (Houston, Museum of Fine Arts, Sammlung Sarah Blaffer Foundation); Self-Portrait, 1915 (oil on canvas), Lyonel Feininger / Museum of Fine Arts, Houston, Texas / Museum purchase funded by the Caroline Wiess Law Accessions Endowment Fund / Bridgeman Images; © VG Bild-Kunst, Bonn 2021; **7:** Karl-Schmidt Rottluff, «Porträt von Lyonel Feininger» (Nürnberg, Germanisches Nationalmuseum); akg-images/ album/© Karl Schmidt-Rottluff, VEGAP; © VG Bild-Kunst, Bonn 2021; **8 oben:** Lyonel Feininger, «Grüne Brücke II» (Raleigh, North Carolina Museum of Art); Grüne Brücke II, 1916, Öl a. Lwd., North Carolina Museum of Art, Raleigh, Gift of Mrs. Ferdinand Möller; © VG Bild-Kunst, Bonn 2021; **unten:** Lyonel Feininger; «Kopf in Architektur» (Frankfurt a. M., Sammlung Deutsche Bank AG); akg-images; © VG Bild-Kunst, Bonn 2021.

Tafelteil II

Seite 1: Lyonel Feininger, «Kathedrale»; 2021. Digital image, The Museum of Modern Art, New York / Scala, Florence; © VG Bild-Kunst, Bonn 2021; **2 oben:** Alexej von Jawlensky, «Mystischer Kopf: Galka» (Pasadena, Norton Simon Museum); akg-images; **unten:** Galka Scheyer at the Schindler's Kings Road House. Image courtesy of Norton Simon Museum, The Blue Four Galka Scheyer Collection Archives, Pasadena, California; **3:** Lyonel Feininger, «Glasscherbenbild»; Private collection c / o Moeller Fine Art, New York; © VG Bild-Kunst, Bonn 2021; **4 oben:** Lyonel Feininger, «Die Türme der Stadt» (Köln, Museum Ludwig); akg-images; © VG Bild-Kunst, Bonn 2021; **unten:** Archiv Andreas Hüneke; **5 oben:** Lyonel Feininger; «Der Dom in Halle» (Halle / Saale, Kunstmuseum Moritzburg); akg-images / Bildarchiv Steffens; © VG Bild-Kunst, Bonn 2021; **unten:** Lyonel Feininger; «Marienkirche mit dem Pfeil» 2021 (Halle / Saale, Kunstmuseum Moritzburg); akg-images; © VG Bild-Kunst, Bonn; **6:** Photo by Andreas Feininger / Getty Images; **7 oben:** Lyonel Feininger, «Regamündung III» (Hamburger Kunsthalle); bpk / Hamburger Kunsthalle / Elke Walford; © VG Bild-Kunst, Bonn 2021; **unten:** Privatbesitz; **8:** Moeller Fine Art Projects / The Lyonel Feininger Project, New York / Berlin.

Tafelteil III

Seite 1: Lyonel Feininger, «Gelmeroda XIII» (New York, Metropolitan Museum); akg-images; © VG Bild-Kunst, Bonn 2021; **2 oben:** Passengers on ship deck with the New York skyline in the distance. Inverted from negative. Harvard Art Museums / Busch-Reisinger Museum, Gift of T. Lux Feininger, Photo: ©President and Fellows of Harvard College; Accession Number: BRLF.492.12; © VG Bild-Kunst, Bonn 2021; **unten:** Lyonel Feininger, Ex-Libris Thomas Mann Collection; Joseph Warner Angell Papers (MS 1615). Manuscripts and Archives, Yale University Library; © VG Bild-Kunst, Bonn 2021; **3 oben:** bpk / Bayerische Staatsbibliothek / Archiv Heinrich Hoffmann; **unten:** bpk / Deutsches Historisches Museum / Raumbildverlag Otto Schönstein (Gemälde im Hintergrund: Lyonel Feininger, «Hopfgarten» [Minneapolis Institute of Art]; © VG Bild-Kunst, Bonn 2021); **4:** Washington D.C., Archives of American Art, Smithsonian Institution / Marguerite Wildenhain Papers; **5 oben:** Christoph Sandig, Leipzig; **unten:** Luther College Archives; Decorah, IA.; **6 oben:** Lyonel Feininger, Ohne

Titel («Manhattan at Night»), Privatsammlung New York Courtesy Galerie Utermann; © VG Bild-Kunst, Bonn 2021; **unten:** Arnold Newman Properties / Getty Images; (Gemälde im Hintergrund: Lyonel Feininger, «Sterne über der Stadt» [Privatsammlung], © VG Bild-Kunst, Bonn 2021); **7 oben:** Lyonel Feininger, «Mana Hata»; Private collection c / o Moeller Fine Art, New York; © VG Bild-Kunst, Bonn 2021; **unten:** Lyonel Feininger, «Evening Haze» 2021 (Kunstmuseum Bonn); David Ertl – ARTOTHEK; © VG Bild-Kunst, Bonn; **8:** Photo by Andreas Feininger / The LIFE Picture Collection / Getty Images.